最高人民法院 最高人民检察院
指导性案例罪名
适用指引

本书编写组 编

ZUIGAORENMINFAYUAN ZUIGAORENMINJIANCHAYUAN

ZHIDAOXING ANLI ZUIMING

SHIYONG ZHIYIN

中国检察出版社

图书在版编目（CIP）数据

最高人民法院最高人民检察院指导性案例罪名适用指引 / 本书编写组编 . —北京：中国检察出版社，2022.7

ISBN 978 - 7 - 5102 - 2736 - 3

Ⅰ.①最… Ⅱ.①本… Ⅲ.①刑法 - 罪名 - 法律适用 - 中国 Ⅳ.①D924.305

中国版本图书馆 CIP 数据核字（2022）第 058152 号

最高人民法院 最高人民检察院指导性案例罪名适用指引

本书编写组 编

责任编辑：常嘉文

技术编辑：王英英

封面设计：曹 晓

出版发行：中国检察出版社

社 址：北京市石景山区香山南路 109 号（100144）

网 址：中国检察出版社（www. zgjccbs. com）

编辑电话：(010) 86423709

发行电话：(010) 86423726 86423727 86423728
　　　　　(010) 86423730 86423732

经 销：新华书店

印 刷：河北宝昌佳彩印刷有限公司

开 本：710 mm × 960 mm 16 开

印 张：51.5

字 数：641 千字

版 次：2022 年 7 月第一版 2022 年 7 月第一次印刷

书 号：ISBN 978 - 7 - 5102 - 2736 - 3

定 价：168.00 元

出版说明

2010 年最高人民法院、最高人民检察院相继出台《最高人民法院关于案例指导工作的规定》《最高人民检察院关于案例指导工作的规定》，提出以发布指导性案例和典型案例的方式总结法院审判经验，落实检察院法律监督职能，统一法律适用标准，提高法律监督质量。"两高"指导性案例工作规定发布以来，最高人民法院、最高人民检察院结合中国社会主义法治建设情况，发布了一批又一批的优秀案例。这些案例聚焦正当防卫、网络犯罪、公益诉讼等法律热点问题，体现了最高人民法院、最高人民检察院与时俱进、服务大局的历史使命，具有高度指导意义和实践价值。

为进一步发挥指导性案例的指引作用，本书编写组特别组织编写了《最高人民法院最高人民检察院指导性案例罪名适用指引》。本书收录了最高人民法院指导案例第一至第三十四批，最高人民检察院指导性案例第一至第三十五批。上编罪名适用，以《刑法》总则和分则为基本框架，按其中涉及的重点罪名和常见罪名为线索分类归纳上述案例；下编检察工作指引，以人民检察院的基本职能为线索分类归纳上述案例。本书的出版旨在为广大读者提供更贴近学习和实务需要的指导性案例读物，推进指导性案例的释法说理作用。

本书编写组
2022 年 3 月

目　录

下编　检察工作指引

上篇

罪名适用

第一章　刑法总则

第一节　犯　罪

一、刑事责任能力

徐加富强制医疗案

（法例 63 号）

【关键词】刑事诉讼　强制医疗　有继续危害社会可能

【裁判要点】

　　审理强制医疗案件，对被申请人或者被告人是否"有继续危害社会可能"，应当综合被申请人或者被告人所患精神病的种类、症状，案件审理时其病情是否已经好转，以及其家属或者监护人有无严加看管和自行送医治疗的意愿和能力等情况予以判定。必要时，可以委托相关机构或者专家进行评估。

【相关法条】

　　《中华人民共和国刑法》第 18 条第 1 款

　　《中华人民共和国刑事诉讼法》第 284 条

【基本案情】

　　被申请人徐加富在 2007 年下半年开始出现精神异常，表现为凭空闻声，认为别人在议论他，有人要杀他，紧张害怕，夜晚不睡，随时携带刀自卫，外出躲避。因未接受治疗，病情加重。2012年11月18日4时许，被申请人在其经常居住地听到有人开车来杀他，遂携带刀和榔头欲外出撞车自杀。其居住地的门卫张友发得知其出去要撞车自杀，未给其开门。被申请人见被害人手持一部手机，便认为被害人要叫人来对其加害。被申请人当即用携带的刀刺杀被害人身体，用榔头击打其的头部，致其当场死亡。经法医学鉴定，被害人系头部受到钝器打击，造成严重颅脑损伤死亡。

2012年12月10日，被申请人被公安机关送往成都市第四人民医院住院治疗。2012年12月17日，成都精卫司法鉴定所接受成都市公安局武侯区分局的委托，对被申请人进行精神疾病及刑事责任能力鉴定，同月26日该所出具成精司鉴所〔2012〕病鉴字第105号鉴定意见书，载明：1.被鉴定人徐加富目前患有精神分裂症，幻觉妄想型；2.被鉴定人徐加富2012年11月18日4时作案时无刑事责任能力。2013年1月成都市第四人民医院对被申请人的病情作出证明，证实徐加富需要继续治疗。

【裁判结果】

四川省武侯区人民法院于2013年1月24日作出（2013）武侯刑强初字第1号强制医疗决定书：对被申请人徐加富实施强制医疗。

【裁判理由】

法院生效裁判认为：本案被申请人徐加富实施了故意杀人的暴力行为后，经鉴定属于依法不负刑事责任的精神疾病人，其妄想他人欲对其加害而必须携带刀等防卫工具外出的行为，在其病症未能减轻并需继续治疗的情况下，认定其放置社会有继续危害社会的可能。成都市武侯区人民检察院提出对被申请人强制医疗的申请成立，予以支持。诉讼代理人提出了被申请人是否有继续危害社会的可能应由医疗机构作出评估，本案没有医疗机构的评估报告，对被申请人的强制医疗的证据不充分的辩护意见。法院认为，在强制医疗中如何认定被申请人是否有继续危害社会的可能，需要根据以往被申请人的行为及本案的证据进行综合判断，而医疗机构对其评估也只是对其病情痊愈的评估，法律没有赋予医疗机构对患者是否有继续危害社会可能性方面的评估权利。本案被申请人的病症是被害幻觉妄想症，经常假想要被他人杀害，外出害怕被害必带刀等防卫工具。如果不加约束治疗，被申请人不可能不外出，其外出必携带刀的行为，具有危害社会的可能，故诉讼代理人的意见不予采纳。

（生效裁判审判人员：税长冰、蒋海宜、戴克果）

二、正当防卫

于欢故意伤害案

（法例 93 号）

【关键词】刑事　故意伤害罪　非法限制人身自由　正当防卫　防卫过当

【裁判要点】

1. 对正在进行的非法限制他人人身自由的行为，应当认定为刑法第二十条第一款规定的"不法侵害"，可以进行正当防卫。

2. 对非法限制他人人身自由并伴有侮辱、轻微殴打的行为，不应当认定为刑法第二十条第三款规定的"严重危及人身安全的暴力犯罪"。

3. 判断防卫是否过当，应当综合考虑不法侵害的性质、手段、强度、危害程度，以及防卫行为的性质、时机、手段、强度、所处环境和损害后果等情节。对非法限制他人人身自由并伴有侮辱、轻微殴打，且并不十分紧迫的不法侵害，进行防卫致人死亡重伤的，应当认定为刑法第二十条第二款规定的"明显超过必要限度造成重大损害"。

4. 防卫过当案件，如系因被害人实施严重贬损他人人格尊严或者亵渎人伦的不法侵害引发的，量刑时对此应予充分考虑，以确保司法裁判既经得起法律检验，也符合社会公平正义观念。

【相关法条】

《中华人民共和国刑法》第二十条

【基本案情】

被告人于欢的母亲苏某在山东省冠县工业园区经营山东源大工贸有限公司（以下简称源大公司），于欢系该公司员工。2014年7月28日，苏某及其丈夫于某1向吴某、赵某1借款100万元，双方口头约定月息10%。至2015年10月20日，苏某共计还款154万元。其间，吴某、赵某1因苏某还款不及时，曾指使被害人郭某1等人采取在源大公司车棚内驻扎、在办公楼前支锅做饭等方式催债。2015年11月1日，苏某、于某1再向吴某、赵某1借款35万元。其中10万元，双方口头约定月息10%；另外25万元，通过签订房屋买卖合同，用于某1名下的一套住房作为抵押，双方约定如逾期还款，则将该住房过户给赵某1。2015年11月2日至2016年1月6日，苏某共计向赵某1还款29.8万元。吴某、赵某1认为该29.8万元属于偿还第一笔100万元借款的利息，而苏某夫妇认为是用于偿还第二笔借款。吴某、赵某1多次催促苏某夫妇继续还款或办理住房过户手续，但苏某夫妇未再还款，也未办理住房过户。

2016年4月1日，赵某1与被害人杜某2、郭某1等人将于某1上述住房的门锁更换并强行入住，苏某报警。赵某1出示房屋买卖合同，民警调解后离去。同月13日上午，吴某、赵某1与杜某2、郭某1、杜某7等人将上述住房内的物品搬出，苏某报警。民警处警时，吴某称系房屋买卖纠纷，民警告知双方协商或通过诉讼解决。民警离开后，吴某责骂苏某，并将苏某头部按入座便器接近水面位置。当日下午，赵某1等人将上述住房内物品搬至源大公司门口。其间，苏某、于某1多次拨打市长热线求助。当晚，于某1通过他人调解，与吴某达成口头协议，约定次日将住房过户给赵某1，此后再付30万元，借款本金及利息即全部结清。

4月14日，于某1、苏某未去办理住房过户手续。当日16时许，赵某1纠集郭某2、郭某1、苗某、张某3到源大公司讨债。为找到于某1、苏某，郭某1报警称源大公司私刻财务章。民警到达源大公司后，苏某与赵某1等人因还款纠纷发生争吵。民警告知双方协商解决或到法院起诉后离开。李某3接赵某1电话后，伙同么某、张某2和被害人严某、程某到达源大公司。赵某1等人先后在办公楼前呼喊，在财务室内、餐厅外盯守，在办公楼门厅外烧烤、饮酒，催促苏某还款。其间，赵某1、苗某离开。20时许，杜某2、杜某7赶到源大公司，与李某3等人一起饮酒。20时48分，苏某按郭某1要求到办公楼一楼接待室，于欢及公司员工张某1、马某陪同。21时53分，杜某2等人进入接待室讨债，将苏某、于欢的手机收走放在办公桌上。杜某2用污秽言语辱骂苏某、于欢及其家人，将烟头弹到苏某胸前衣服上，将裤子褪至大腿处裸露下体，朝坐在沙发上的苏某等人左右转动身体。在马某、李某3劝阻下，杜某2穿好裤子，又脱下于欢的鞋让苏某闻，被苏某打掉。杜某2还用手拍打于欢面颊，其他讨债人员实施了揪抓于欢头发或按压于某肩部不准其起身等行为。22时07分，公司员工刘某打电话报警。22时17分，民警朱某带领辅警宋某、郭某3到达源大公司接待室了解情况，苏某和于欢指认杜某2殴打于欢，杜某2等人否认并称系讨债。22时22分，朱某警告双方不能打架，然后带领辅警到院内寻找报警人，并给值班民警徐某打电话通报警情。于欢、苏某想随民警离开接待室，杜某2等人阻拦，并强迫于欢坐下，于某拒绝。杜某2等人卡于欢颈部，将于欢推拉至接待室东南角。于某持刃长 15.3 厘米的单刃尖刀，警告杜某 2 等人不要靠近。杜某 2 出言挑衅并逼近于欢，于欢遂捅刺杜某 2 腹部一刀，又捅刺围逼在其身边的程某胸部、严某腹部、郭某 1 背部各一刀。22 时 26 分，辅警闻声返回接待室。经辅警连续责令，于欢交出尖刀。杜某 2 等四人受伤后，被杜某 7 等人驾车送至冠县人民医院救治。次日 2 时 18 分，杜某 2 经抢救无效，因腹部损伤造成肝固有动脉裂伤及肝右叶创伤导致失血性休克死亡。严某、郭某 1 的损伤均构成重伤二级，程某的损伤构成轻伤二级。

【裁判结果】

山东省聊城市中级人民法院于 2017 年 2 月 17 日作出（2016）鲁 15 刑初 33 号刑事附带民事判决，认定被告人于欢犯故意伤害罪，判处无期徒刑，剥夺政治权利终身，并赔偿附带民事原告人经济损失。

宣判后，被告人于欢及部分原审附带民事诉讼原告人不服，分别提出上诉。山东省高级人民法院经审理于 2017 年 6 月 23 日作出（2017）鲁刑终 151 号刑事附带民事判决：驳回附带民事上诉，维持原判附带民事部分；撤销原判刑事部分，以故意伤害罪改判于欢有期徒刑五年。

【裁判理由】

法院生效裁判认为：被告人于欢持刀捅刺杜某 2 等四人，属于制止正在进行的不法侵害，其行为具有防卫性质；其防卫行为造成一人死亡、二人重伤、一人轻伤的严重后果，明显超过必要限度造成重大损害，构成故意伤害罪，依法应负刑事责任。鉴于于欢的行为属于防卫过当，于欢归案后如实供述主要罪行，且被害方有以恶劣手段侮辱于欢之母的严重过错等情节，对于欢依法应当减轻处罚。原判认定于某犯故意伤害罪正确，审判程序合法，但认定事实不全面，部分刑事判项适用法律错误，量刑过重，遂依法改判于欢有期徒刑五年。

　　本案在法律适用方面的争议焦点主要有两个方面：一是于欢的捅刺行为性质，即是否具有防卫性、是否属于特殊防卫、是否属于防卫过当；二是如何定罪处罚。

　　一、关于于欢的捅刺行为性质

　　《中华人民共和国刑法》（以下简称《刑法》）第二十条第一款规定："为了使国家、公共利益、本人或者他人的人身、财产和其他权利免受正在进行的不法侵害，而采取的制止不法侵害的行为，对不法侵害人造成损害的，属于正当防卫，不负刑事责任。"由此可见，成立正当防卫必须同时具备以下五项条件：一是防卫起因，不法侵害现实存在。不法侵害是指违背法律的侵袭和损害，既包括犯罪行为，又包括一般违法行为；既包括侵害人身权利的行为，又包括侵犯财产及其他权利的行为。二是防卫时间，不法侵害正在进行。正在进行是指不法侵害已经开始并且尚未结束的这段时期。对尚未开始或已经结束的不法侵害，不能进行防卫，否则即是防卫不适时。三是防卫对象，即针对不法侵害者本人。正当防卫的对象只能是不法侵害人本人，不能对不法侵害人之外的人实施防卫行为。在共同实施不法侵害的场合，共同侵害具有整体性，可对每一个共同侵害人进行正当防卫。四是防卫意图，出于制止不法侵害的目的，有防卫认识和意志。五是防卫限度，尚未明显超过必要限度造成重大损害。这就是说正当防卫的成立条件包括客观条件、主观条件和限度条件。客观条件和主观条件是定性条件，确定了正当防卫"正"的性质和前提条件，不符合这些条件的不是正当防卫；限度条件是定量条件，确定了正当防卫"当"的要求和合理限度，不符合该条件的虽然仍有防卫性质，但不是正当防卫，属于防卫过当。防卫过当行为具有防卫的前提条件和制止不法侵害的目的，只是在制止不法侵害过程中，没有合理控制防卫行为的强度，明显超过正当防卫必要限度，并造成不应有的重大损害后果，从而转化为有害于社会的违法犯罪行为。根据本案认定的事实、证据和我国刑法有关规定，于欢的捅刺行为虽然具有防卫性，但属于防卫过当。

首先，于欢的捅刺行为具有防卫性。案发当时杜某2等人对于欢、苏某持续实施着限制人身自由的非法拘禁行为，并伴有侮辱人格和对于欢推搡、拍打等行为；民警到达现场后，于欢和苏某想随民警走出接待室时，杜某2等人阻止二人离开，并对于欢实施推拉、围堵等行为，在于欢持刀警告时仍出言挑衅并逼近，实施正当防卫所要求的不法侵害客观存在并正在进行；于欢是在人身自由受到违法侵害、人身安全面临现实威胁的情况下持刀捅刺，且捅刺的对象都是在其警告后仍向其靠近围逼的人。因此，可以认定其是为了使本人和其母亲的人身权利免受正在进行的不法侵害，而采取的制止不法侵害行为，具备正当防卫的客观和主观条件，具有防卫性质。

其次，于欢的捅刺行为不属于特殊防卫。《刑法》第二十条第三款规定："对正在进行行凶、杀人、抢劫、强奸、绑架以及其他严重危及人身安全的暴力犯罪，采取防卫行为，造成不法侵害人伤亡的，不属于防卫过当，不负刑事责任。"根据这一规定，特殊防卫的适用前提条件是存在严重危及本人或他人人身安全的暴力犯罪。本案中，虽然杜某2等人对于某母子实施了非法限制人身自由、侮辱、轻微殴打等人身侵害行为，但这些不法侵害不是严重危及人身安全的暴力犯罪。其一，杜某2等人实施的非法限制人身自由、侮辱等不法侵害行为，虽然侵犯了于欢母子的人身自由、人格尊严等合法权益，但并不具有严重危及于欢母子人身安全的性质；其二，杜某2等人按肩膀、推拉等强制或者殴打行为，虽然让于欢母子的人身安全、身体健康权遭受了侵害，但这种不法侵害只是轻微的暴力侵犯，既不是针对生命权的不法侵害，又不是发生严重侵害于欢母子身体健康权的情形，因而不属于严重危及人身安全的暴力犯罪。其三，苏某、于某1系主动通过他人协调、担保，向吴某借贷，自愿接受吴某所提 10% 的月息。既不存在苏某、于某 1 被强迫向吴某高息借贷的事实，又不存在吴某强迫苏某、于某 1 借贷的事实，与司法解释以借贷为名采用暴力、胁迫手段获取他人财物以抢劫罪论处的规定明显不符。可见杜某 2 等人实施的多种不法侵害行为，符合可以实施一般防卫行为的前提条件，但不具备实施特殊防卫的前提条件，故于欢的捅刺行为不属于特殊防卫。

最后，于欢的捅刺行为属于防卫过当。《刑法》第二十条第二款规定："正当防卫明显超过必要限度造成重大损害的，应当负刑事责任，但是应当减轻或者免除处罚。"由此可见，防卫过当是在具备正当防卫客观和主观前提条件下，防卫反击明显超越必要限度，并造成致人重伤或死亡的过当结果。认定防卫是否"明显超过必要限度"，应当从不法侵害的性质、手段、强度、危害程度，以及防卫行为的性质、时机、手段、强度、所处环境和损害后果等方面综合分析判定。本案中，杜某 2 一方虽然人数较多，但其实施不法侵害的意图是给苏某夫妇施加压力以催讨债务，在催债过程中未携带、使用任何器械；在民警朱某等进入接待室前，杜某 2 一方对于欢母子实施的是非法限制人身自由、侮辱和对于欢拍打面颊、揪抓头发等行为，其目的仍是逼迫苏某夫妇尽快还款；在民警进入接待室时，双方没有发生激烈对峙和肢体冲突，当民警警告不能打架后，杜某 2 一方并无打架的言行；在民警走出接待室寻找报警人期间，于欢和讨债人员均可透过接待室玻璃清晰看见停在院内的警车警灯闪烁，应当知道民警并未离开；在于欢持刀警告不要逼过来时，杜某 2 等人虽有出言挑衅并向于欢围逼的行为，但并未实施强烈的攻击行为。因此，于欢面临的不法侵害并不紧迫和严重，而其却持刃长 15.3 厘米的单刃尖刀连续捅刺四人，致一人死亡、二人重伤、一人轻伤，且其中一人系被背后捅伤，故应当认定于欢的防卫行为明显超过必要限度造成重大损害，属于防卫过当。

二、关于定罪量刑

首先，关于定罪。本案中，于欢连续捅刺四人，但捅刺对象都是当时围逼在其身边的人，未对离其较远的其他不法侵害人进行捅刺，对不法侵害人每人捅刺一刀，未对同一不法侵害人连续捅刺。可见，于欢的目的在于制止不法侵害并离开接待室，在案证据不能证实其具有追求或放任致人死亡危害结果发生的故意，故于欢的行为不构成故意杀人罪，但他为了追求防卫效果的实现，对致多人伤亡的过当结果的发生持听之任之的态度，已构成防卫过当情形下的故意伤害罪。认定于欢的行为构成故意伤害罪，既是严格司法的要求，又符合人民群众的公平正义观念。

其次，关于量刑。《刑法》第二十条第二款规定："正当防卫明显超过必要限度造成重大损害的，应当负刑事责任，但是应当减轻或者免除处罚。"综合考虑本案防卫权益的性质、防卫方法、防卫强度、防卫起因、损害后果、过当程度、所处环境等情节，对于欢应当减轻处罚。

被害方对引发本案具有严重过错。本案案发前，吴某、赵某1指使杜某2等人实施过侮辱苏某、干扰源大公司生产经营等逼债行为，苏某多次报警，吴某等人的不法逼债行为并未收敛。案发当日，杜某2等人对于欢、苏某实施非法限制人身自由、侮辱及对于欢间有推搡、拍打、卡颈部等行为，于欢及其母亲苏某连日来多次遭受催逼、骚扰、侮辱，导致于欢实施防卫行为时难免带有恐惧、愤怒等因素。尤其是杜某2裸露下体侮辱苏某对引发本案有重大过错。案发当日，杜某2当着于欢之面公然以裸露下体的方式侮辱其母亲苏某。虽然距于欢实施防卫行为已间隔约二十分钟，但于欢捅刺杜某2等人时难免带有报复杜某2辱母的情绪，故杜某2裸露下体侮辱苏某的行为是引发本案的重要因素，在刑罚裁量上应当作为对于欢有利的情节重点考虑。

　　杜某 2 的辱母行为严重违法、亵渎人伦，应当受到惩罚和谴责，但于欢在民警尚在现场调查，警车仍在现场闪烁警灯的情形下，为离开接待室摆脱围堵而持刀连续捅刺四人，致一人死亡、二人重伤、一人轻伤，且其中一重伤者系于欢从背部捅刺，损害后果严重，且除杜某 2 以外，其他三人并未实施侮辱于欢母亲的行为，其防卫行为造成损害远远大于其保护的合法权益，防卫明显过当。于欢及其母亲的人身自由和人格尊严应当受到法律保护，但于欢的防卫行为明显超过必要限度并造成多人伤亡严重后果，超出法律所容许的限度，依法也应当承担刑事责任。

　　根据我国刑法规定，故意伤害致人死亡的，处十年以上有期徒刑、无期徒刑或者死刑；防卫过当的，应当减轻或者免除处罚。如上所述，于欢的防卫行为明显超过必要限度造成重大伤亡后果，减轻处罚依法应当在三至十年有期徒刑的法定刑幅度内量刑。鉴于于欢归案后如实供述主要罪行，且被害方有以恶劣手段侮辱于欢之母的严重过错等可以从轻处罚情节，综合考虑于欢犯罪的事实、性质、情节和危害后果，遂判处于欢有期徒刑五年。

　　　　　　（生效裁判审判人员：吴靖、刘振会、王文兴）

张那木拉正当防卫案

（法例 144 号）

【关键词】刑事　正当防卫　特殊防卫　行凶　宣告无罪
【裁判要点】
1. 对于使用致命性凶器攻击他人要害部位，严重危及他人人身安全的行为，应当认定为刑法第二十条第三款规定的"行凶"，可以适用特殊防卫的有关规定。

2. 对于多人共同实施不法侵害，部分不法侵害人已被制伏，但其他不法侵害人仍在继续实施侵害的，仍然可以进行防卫。

【相关法条】

《中华人民共和国刑法》第 20 条

【基本案情】

张那木拉与其兄张某 1 二人均在天津市西青区打工。2016 年 1 月 11 日，张某 1 与案外人李某某驾驶机动车发生交通事故。事故发生后，李某某驾车逃逸。在处理事故过程中，张那木拉一方认为交警处置懈怠。此后，张那木拉听说周某强在交警队有人脉关系，遂通过鱼塘老板牛某找到周某强，请周某强向交警"打招呼"，周某强应允。3 月 10 日，张那木拉在交警队处理纠纷时与交警发生争吵，这时恰巧周某强给张那木拉打来电话，张那木拉以为周某强能够压制交警，就让交警直接接听周某强的电话，张那木拉此举引起周某强不满，周某强随即挂掉电话。次日，牛某在电话里提醒张那木拉小心点，周某强对此事没完。

3 月 12 日早上 8 时许，张那木拉与其兄张某 1 及赵某在天津市西青区鱼塘旁的小屋内闲聊，周某强纠集丛某、张某 2、陈某 2 新，由丛某驾车，并携带了陈某 2 新事先准备好的两把砍刀，至天津市西青区张那木拉暂住处（分为里屋外屋）。四人首次进入张那木拉暂住处确认张那木拉在屋后，随即返回车内，取出事前准备好的两把砍刀。其中，周某强、陈某 2 新二人各持砍刀一把，丛某、张某 2 分别从鱼塘边操起铁锹、铁锤再次进入张那木拉暂住处。张某 1 见状上前将走在最后边的张某 2 截在外屋，二人发生厮打。周某强、陈某 2 新、丛某进入里屋内，三人共同向屋外拉拽张那木拉，张那木拉向后挣脱。此刻，周某强、陈某 2 新见张那木拉不肯出屋，持刀砍向张那木拉后脑部，张那木拉随手在茶几上抓起一把尖刀捅刺了陈某2新的胸部，陈某2新被捅后退到外屋，随后倒地。其间，丛某持铁锨击打张那木拉后脑处。周某强、丛某见陈某2新倒地后也跑出屋外。张那木拉将尖刀放回原处。此时，其发现张某2仍在屋外与其兄张某甲相互厮打，为防止张某甲被殴打，其到屋外，随手拿起门口处的铁锨将正挥舞砍刀的周某强打入鱼塘中，周某强爬上岸后张那木拉再次将其打落水中，最终致周某强左尺骨近段粉碎性骨折，其所持砍刀落入鱼塘中。此时，张某甲已经将张某2手中的铁锤夺下，并将张某2打落鱼塘中。张那木拉随即拨打电话报警并在现场等待。陈某2新被送往医院后，因单刃锐器刺破心脏致失血性休克死亡；张那木拉头皮损伤程度构成轻微伤；周某强左尺骨损伤程度构成轻伤一级。

【裁判结果】

天津市西青区人民法院于2017年12月13日作出（2016）津0111刑初576号刑事附带民事判决，以被告人张那木拉犯故意伤害罪，判处有期徒刑十二年六个月。被告人张那木拉以其系正当防卫、不构成犯罪为由提出上诉。天津市第一中级人民法院于2018年12月14日作出（2018）津01刑终326号刑事附带民事判决，撤销天津市西青区人民法院（2016）津0111刑初576号刑事附带民事判决，宣告张那木拉无罪。

【裁判理由】

法院生效裁判认为，张那木拉的行为系正当防卫行为，而且是刑法第二十条第三款规定的特殊防卫行为。本案中，张那木拉是在周某强、陈某2新等人突然闯入其私人场所，实施严重不法侵害的情况下进行反击的。周某强、陈某2新等四人均提前准备了作案工具，进入现场时两人分别手持长约50厘米的砍刀，一人持铁锨，一人持铁锤，而张那木拉一方是并无任何思想准备的。周某强一方闯入屋内后径行对张那木拉实施拖拽，并在张那木拉转身向后挣脱时，使用所携带的凶器砸砍张那木拉后脑部。从侵害方人数、所持凶器、打击部位等情节来看，以普通人的认识水平判断，应当认为不法侵害已经达到现实危害张那木拉的人身安全、危及其生命安全的程度，属于刑法第二十条第三款规定的"行凶"。张那木拉为制止正在进行的不法侵害，顺手从身边抓起一把平时生活所用刀具捅刺不法侵害人，具有正当性，属于正当防卫。

另外，监控录像显示陈某2新倒地后，周某强跑向屋外后仍然挥舞砍刀，此时张那木拉及其兄张某1人身安全面临的危险并没有完全排除，其在屋外打伤周某强的行为仍然属于防卫行为。

根据刑法第二十条第三款的规定，对正在进行行凶、杀人、抢劫、强奸、绑架以及其他严重危及人身安全的暴力犯罪，采取防卫行为，造成不法侵害人伤亡的，不属于防卫过当，不负刑事责任。本案中，张那木拉的行为虽然造成了一死一伤的后果，但是属于制止不法侵害的正当防卫行为，依法不负刑事责任。

（生效裁判审判人员：杨雪梅、何振奎、路诚）

陈某正当防卫案

（检例第 45 号）

【关键词】未成年人　故意伤害　正当防卫　不批准逮捕
【要旨】
在被人殴打、人身权利受到不法侵害的情况下，防卫行为虽然造成了重大损害的客观后果，但是防卫措施并未明显超过必要限度的，不属于防卫过当，依法不负刑事责任。

【基本案情】

陈某，未成年人，某中学学生。

2016年1月初，因陈某在甲的女朋友的网络空间留言示好，甲纠集乙等人，对陈某实施了殴打。

1月10日中午，甲、乙、丙等6人（均为未成年人），在陈某就读的中学门口，见陈某从大门走出，有人提议陈某向老师告发他们打架，要去问个说法。甲等人尾随一段路后拦住陈某质问，陈某解释没有告状，甲等人不肯罢休，抓住并围殴陈某。乙的3位朋友（均为未成年人）正在附近，见状加入围殴陈某。其中，有人用膝盖顶击陈某的胸口、有人持石块击打陈某的手臂、有人持钢管击打陈某的背部，其他人对陈某或勒脖子或拳打脚踢。陈某掏出随身携带的折叠式水果刀（刀身长8.5厘米，不属于管制刀具），乱挥乱刺后逃脱。部分围殴人员继续追打并从后投掷石块，击中陈某的背部和腿部。陈某逃进学校，追打人员被学校保安拦住。陈某在反击过程中刺中了甲、乙和丙，经鉴定，该3人的损伤程度均构成重伤二级。陈某经人身检查，见身体多处软组织损伤。

案发后，陈某所在学校向司法机关提交材料，证实陈某遵守纪律、学习认真、成绩优秀，是一名品学兼优的学生。

公安机关以陈某涉嫌故意伤害罪立案侦查，并对其采取刑事拘留强制措施，后提请检察机关批准逮捕。检察机关根据审查认定的事实，依据刑法第二十条第一款的规定，认为陈某的行为属于正当防卫，不负刑事责任，决定不批准逮捕。公安机关将陈某释放同时要求复议。检察机关经复议，维持原决定。

检察机关在办案过程中积极开展释法说理工作，甲等人的亲属在充分了解事实经过和法律规定后，对检察机关的处理决定表示认可。

【不批准逮捕的理由】

公安机关认为，陈某的行为虽有防卫性质，但已明显超过必要限度，属于防卫过当，涉嫌故意伤害罪。检察机关则认为，陈某的防卫行为没有明显超过必要限度，不属于防卫过当，不构成犯罪。主要理由如下：

第一，陈某面临正在进行的不法侵害，反击行为具有防卫性质。任何人面对正在进行的不法侵害，都有予以制止、依法实施防卫的权利。本案中，甲等人借故拦截陈某并实施围殴，属于正在进行的不法侵害，陈某的反击行为显然具有防卫性质。

第二，陈某随身携带刀具，不影响正当防卫的认定。对认定正当防卫有影响的，并不是防卫人携带了可用于自卫的工具，而是防卫人是否有相互斗殴的故意。陈某在事前没有与对方约架斗殴的意图，被拦住后也是先解释退让，最后在遭到对方围打时才被迫还手，其随身携带水果刀，无论是日常携带还是事先有所防备，都不影响对正当防卫作出认定。

第三，陈某的防卫措施没有明显超过必要限度，不属于防卫过当。陈某的防卫行为致实施不法侵害的 3 人重伤，客观上造成了重大损害，但防卫措施并没有明显超过必要限度。陈某被 9 人围住殴打，其中有人使用了钢管、石块等工具，双方实力相差悬殊，陈某借助水果刀增强防卫能力，在手段强度上合情合理。并且，对方在陈某逃脱时仍持续追打，共同侵害行为没有停止，所以就制止整体不法侵害的实际需要来看，陈某持刀挥刺也没有不相适应之处。综合来看，陈某的防卫行为虽有致多人重伤的客观后果，但防卫措施没有明显超过必要限度，依法不属于防卫过当。

【指导意义】

刑法第二十条第一款规定，"为了使国家、公共利益、本人或者他人的人身、财产和其他权利免受正在进行的不法侵害，而采取的制止不法侵害的行为，对不法侵害人造成损害的，属于正当防卫，不负刑事责任"。司法实践通常称这种正当防卫为"一般防卫"。

一般防卫有限度要求，超过限度的属于防卫过当，需要负刑事责任。刑法规定的限度条件是"明显超过必要限度造成重大损害"，具体而言，行为人的防卫措施虽明显超过必要限度但防卫结果客观上并未造成重大损害，或者防卫结果虽客观上造成重大损害但防卫措施并未明显超过必要限度，均不能认定为防卫过当。本案中，陈某为了保护自己的人身安全而持刀反击，就所要保护的权利性质以及与侵害方的手段强度比较来看，不能认为防卫措施明显超过了必要限度，所以即使防卫结果在客观上造成了重大损害，也不属于防卫过当。

正当防卫既可以是为了保护自己的合法权益，也可以是为了保护他人的合法权益。《中华人民共和国未成年人保护法》第六条第二款也规定，"对侵犯未成年人合法权益的行为，任何组织和个人都有权予以劝阻、制止或者向有关部门提出检举或者控告"。对于未成年人正在遭受侵害的，任何人都有权介入保护，成年人更有责任予以救助。但是，冲突双方均为未成年人的，成年人介入时，应当优先选择劝阻、制止的方式；劝阻、制止无效的，在隔离、控制或制服侵害人时，应当注意手段和行为强度的适度。

检察机关办理正当防卫案件遇到争议时，应当根据《最高人民检察院关于实行检察官以案释法制度的规定》，适时、主动进行释法说理工作。对事实认定、法律适用和办案程序等问题进行答疑解惑，开展法治宣传教育，保障当事人和其他诉讼参与人的合法权利，努力做到案结事了。

人民检察院审查逮捕时，应当严把事实关、证据关和法律适用关。根据查明的事实，犯罪嫌疑人的行为属于正当防卫，不负刑事责任的，应当依法作出不批准逮捕的决定，保障无罪的人不受刑事追究。

【相关规定】

《中华人民共和国刑法》第二十条

《中华人民共和国刑事诉讼法》第九十条、第九十二条

朱凤山故意伤害（防卫过当）案

（检例第46号）

【关键词】 民间矛盾　故意伤害　防卫过当　二审检察

【要旨】

在民间矛盾激化过程中，对正在进行的非法侵入住宅、轻微人身侵害行为，可以进行正当防卫，但防卫行为的强度不具有必要性并致不法侵害人重伤、死亡的，属于明显超过必要限度造成重大损害，应当负刑事责任，但是应当减轻或者免除处罚。

【基本案情】

朱凤山，男，1961年5月6日出生，农民。

朱凤山之女朱某与齐某系夫妻，朱某于2016年1月提起离婚诉讼并与齐某分居，朱某带女儿与朱凤山夫妇同住。齐某不同意离婚，为此经常到朱凤山家吵闹。4月4日，齐某在吵闹过程中，将朱凤山家门窗玻璃和朱某的汽车玻璃砸坏。朱凤山为防止齐某再进入院子，将院子一侧的小门锁上并焊上铁窗。5月8日22时许，齐某酒后驾车到朱凤山家，欲从小门进入院子，未得逞后在大门外叫骂。朱某不在家中，仅朱凤山夫妇带外孙女在家。朱凤山将情况告知齐某，齐某不肯作罢。朱凤山又分别给邻居和齐某的哥哥打电

话，请他们将齐某劝离。在邻居的劝说下，齐某驾车离开。23 时许，齐某驾车返回，站在汽车引擎盖上摇晃、攀爬院子大门，欲强行进入，朱凤山持铁叉阻拦后报警。齐某爬上院墙，在墙上用瓦片掷砸朱凤山。朱凤山躲到一边，并从屋内拿出宰羊刀防备。随后齐某跳入院内徒手与朱凤山撕扯，朱凤山刺中齐某胸部一刀。朱凤山见齐某受伤把大门打开，民警随后到达。齐某因主动脉、右心房及肺脏被刺破致急性大失血死亡。朱凤山在案发过程中报警，案发后在现场等待民警抓捕，属于自动投案。

一审阶段，辩护人提出朱凤山的行为属于防卫过当，公诉人认为朱凤山的行为不具有防卫性质。一审判决认定，根据朱凤山与齐某的关系及具体案情，齐某的违法行为尚未达到朱凤山必须通过持刀刺扎进行防卫制止的程度，朱凤山的行为不具有防卫性质，不属于防卫过当；朱凤山自动投案后如实供述主要犯罪事实，系自首，依法从轻处罚，朱凤山犯故意伤害罪，判处有期徒刑十五年，剥夺政治权利五年。

朱凤山以防卫过当为由提出上诉。河北省人民检察院二审出庭认为，根据查明的事实，依据《中华人民共和国刑法》第二十条第二款的规定，朱凤山的行为属于防卫过当，应当负刑事责任，但是应当减轻或者免除处罚，朱凤山的上诉理由成立。河北省高级人民法院二审判决认定，朱凤山持刀致死被害人，属防卫过当，应当依法减轻处罚，对河北省人民检察院的出庭意见予以支持，判决撤销一审判决的量刑部分，改判朱凤山有期徒刑七年。

【检察机关二审审查和出庭意见】

检察机关二审审查认为，朱凤山及其辩护人所提防卫过当的意见成立，一审公诉和判决对此未作认定不当，属于适用法律错误，二审应当作出纠正，并据此发表了出庭意见。主要意见和理由如下：

第一，齐某的行为属于正在进行的不法侵害。齐某与朱某已经分居，齐某当晚的行为在时间、方式上也显然不属于探视子女，故在朱凤山拒绝其进院后，其摇晃、攀爬大门并跳入院内，属于非法侵入住宅。齐某先用瓦片掷砸随后进行撕扯，侵犯了朱凤山的人身权利。齐某的这些行为，均属于正在进行的不法侵害。

第二，朱凤山的行为具有防卫的正当性。齐某的行为从吵闹到侵入住宅、侵犯人身，呈现升级趋势，具有一定的危险性。齐某经人劝离后再次返回，执意在深夜时段实施侵害，不法行为具有一定的紧迫性。朱凤山先是找人规劝，继而报警求助，始终没有与齐某斗殴的故意，提前准备工具也是出于防卫的目的，因此其反击行为具有防卫的正当性。

第三，朱凤山的防卫行为明显超过必要限度造成重大损害，属于防卫过当。齐某上门闹事、滋扰的目的是不愿离婚，希望能与朱某和好继续共同生活，这与离婚后可能实施报复的行为有很大区别。齐某虽实施了投掷瓦片、撕扯的行为，但整体仍在闹事的范围内，对朱凤山人身权利的侵犯尚属轻微，没有危及朱凤山及其家人的健康或生命的明显危险。朱凤山已经报警，也有继续周旋、安抚、等待的余地，但却选择使用刀具，在撕扯过程中直接捅刺齐某的要害部位，最终造成了齐某伤重死亡的重大损害。综合来看，朱凤山的防卫行为，在防卫措施的强度上不具有必要性，在防卫结果与所保护的权利对比上也相差悬殊，应当认定为明显超过必要限度造成重大损害，属于防卫过当，依法应当负刑事责任，但是应当减轻或者免除处罚。

【指导意义】

刑法第二十条第二款规定，"正当防卫明显超过必要限度造成重大损害的，应当负刑事责任，但是应当减轻或者免除处罚"。司法实践通常称本款规定的情况为"防卫过当"。

防卫过当中，重大损害是指造成不法侵害人死亡、重伤的后果，造成轻伤及以下损伤的不属于重大损害；明显超过必要限度是指，根据所保护的权利性质、不法侵害的强度和紧迫程度等综合衡量，防卫措施缺乏必要性，防卫强度与侵害程度对比也相差悬殊。司法实践中，重大损害的认定比较好把握，但明显超过必要限度的认定相对复杂，对此应当根据不法侵害的性质、手段、强度和危害程度，以及防卫行为的性质、手段、强度、时机和所处环境等因素，进行综合判断。本案中，朱凤山为保护住宅安宁和免受可能的一定人身侵害，而致侵害人丧失生命，就防卫与侵害的性质、手段、强度和结果等因素的对比来看，既不必要也相差悬殊，属于明显超过必要限度造成重大损害。

民间矛盾引发的案件极其复杂，涉及防卫性质争议的，应当坚持依法、审慎的原则，准确作出判断和认定，从而引导公民理性平和解决争端，避免在争议纠纷中不必要地使用武力。针对实践当中的常见情形，可注意把握以下几点：一是应作整体判断，即分清前因后果和是非曲直，根据查明的事实，当事人的行为具有防卫性质的，应当依法作出认定，不能惟结果论，也不能因矛盾暂时没有化解等因素而不去认定或不敢认定；二是对于近亲属之间发生的不法侵害，对防卫强度必须结合具体案情作出更为严格的限制；三是对于被害人有无过错与是否正在进行的不法侵害，应当通过细节的审查、补查，作出准确的区分和认定。

人民检察院办理刑事案件，必须高度重视犯罪嫌疑人、被告人及其辩护人所提正当防卫或防卫过当的意见，对于所提意见成立的，应当及时予以采纳或支持，依法保障当事人的合法权利。

【相关规定】

《中华人民共和国刑法》第二十条、第二百三十四条

《中华人民共和国刑事诉讼法》第二百三十五条

于海明正当防卫案

（检例第 47 号）

【关键词】 行凶　正当防卫　撤销案件

【要旨】

对于犯罪故意的具体内容虽不确定，但足以严重危及人身安全的暴力侵害行为，应当认定为刑法第二十条第三款规定的"行凶"。行凶已经造成严重危及人身安全的紧迫危险，即使没有发生严重的实害后果，也不影响正当防卫的成立。

【基本案情】

于海明，男，1977 年 3 月 18 日出生，某酒店业务经理。

2018 年 8 月 27 日 21 时 30 分许，于海明骑自行车在江苏省昆山市震川路正常行驶，刘某醉酒驾驶小轿车（经检测，血液酒精含量 87MG/100ML），向右强行闯入非机动车道，与于海明险些碰擦。刘某的一名同车人员下车与于海明争执，经同行人员劝解返回时，刘某突然下车，上前推搡、踢打于海明。虽经劝解，刘某仍持续追打，并从轿车内取出一把砍刀（系管制刀具），连续用刀面击打于海明颈部、腰部、腿部。刘某在击打过程中将砍刀甩脱，于海明抢到砍刀，刘某上前争夺，在争夺中于海明捅刺刘某的腹部、臀部，砍击其右胸、左肩、左肘。刘某受伤后跑向轿车，于海明继续追砍 2 刀均未砍中，其中 1 刀砍中轿车。刘某跑离轿车，于海明返回轿车，将车内刘某的手机取出放入自己口袋。民警到达现场后，于海明将手机和砍刀交给处警民警（于海明称，拿走刘某的手机是为了防止对方打电话召集人员报复）。刘某逃离后，倒在附近绿化带内，后经送医抢救无效，因腹部大静脉等破裂致失血性休克于当日死亡。于海明经人身检查，见左颈部条形挫伤 1 处、左胸季肋部条形挫伤 1 处。

8 月 27 日当晚公安机关以"于海明故意伤害案"立案侦查，8 月 31 日公安机关查明了本案的全部事实。9 月 1 日，江苏省昆山市公安局根据侦查查明的事实，依据《中华人民共和国刑法》第二十条第三款的规定，认定于海明的行为属于正当防卫，不负刑事责任，决定依法撤销于海明故意伤害案。其间，公安机关依据相关规定，听取了检察机关的意见，昆山市人民检察院同意公安机关的撤销案件决定。

【检察机关的意见和理由】

检察机关的意见与公安机关的处理意见一致，具体论证情况和理由如下：

第一，关于刘某的行为是否属于"行凶"的问题。在论证过程中有意见提出，刘某仅使用刀面击打于海明，犯罪故意的具体内容不确定，不宜认定为行凶。论证后认为，对行凶的认定，应当遵循刑法第二十条第三款的规定，以"严重危及人身安全的暴力犯罪"作为把握的标准。刘某开始阶段的推搡、踢打行为不属于"行凶"，但从持砍刀击打后，行为性质已经升级为暴力犯罪。刘某攻击行为凶狠，所持凶器可轻易致人死伤，随着事态发展，接下来会造成什么样的损害后果难以预料，于海明的人身安全处于现实的、急迫的和严重的危险之下。刘某具体抱持杀人的故意还是伤害的故意不确定，正是许多行凶行为的特征，而不是认定的障碍。因此，刘某的行为符合"行凶"的认定标准，应当认定为"行凶"。

第二，关于刘某的侵害行为是否属于"正在进行"的问题。在论证过程中有意见提出，于海明抢到砍刀后，刘某的侵害行为已经结束，不属于正在进行。论证后认为，判断侵害行为是否已经结

束，应看侵害人是否已经实质性脱离现场以及是否还有继续攻击或
再次发动攻击的可能。于海明抢到砍刀后，刘某立刻上前争夺，侵
害行为没有停止，刘某受伤后又立刻跑向之前藏匿砍刀的汽车，于
海明此时作不间断的追击也符合防卫的需要。于海明追砍两刀均未
砍中，刘某从汽车旁边跑开后，于海明也未再追击。因此，在于海
明抢得砍刀顺势反击时，刘某既未放弃攻击行为也未实质性脱离现
场，不能认为侵害行为已经停止。

第三，关于于海明的行为是否属于正当防卫的问题。在论证过
程中有意见提出，于海明本人所受损伤较小，但防卫行为却造成了
刘某死亡的后果，二者对比不相适应，于海明的行为属于防卫过
当。论证后认为，不法侵害行为既包括实害行为也包括危险行为，
对于危险行为同样可以实施正当防卫。认为"于海明与刘某的伤情
对比不相适应"的意见，只注意到了实害行为而忽视了危险行为，
这种意见实际上是要求防卫人应等到暴力犯罪造成一定的伤害后果
才能实施防卫，这不符合及时制止犯罪、让犯罪不能得逞的防卫需
要，也不适当地缩小了正当防卫的依法成立范围，是不正确的。本
案中，在刘某的行为因具有危险性而属于"行凶"的前提下，于海
明采取防卫行为致其死亡，依法不属于防卫过当，不负刑事责任，
于海明本人是否受伤或伤情轻重，对正当防卫的认定没有影响。公
安机关认定于海明的行为系正当防卫，决定依法撤销案件的意见，
完全正确。

【指导意义】

刑法第二十条第三款规定，"对正在进行行凶、杀人、抢劫、
强奸、绑架以及其他严重危及人身安全的暴力犯罪，采取防卫行
为，造成不法侵害人伤亡的，不属于防卫过当，不负刑事责任"。
司法实践通常称这种正当防卫为"特殊防卫"。

刑法作出特殊防卫的规定，目的在于进一步体现"法不能向不

法让步"的秩序理念，同时肯定防卫人以对等或超过的强度予以反击，即使造成不法侵害人伤亡，也不必顾虑可能成立防卫过当因而构成犯罪的问题。司法实践中，如果面对不法侵害人"行凶"性质的侵害行为，仍对防卫人限制过苛，不仅有违立法本意，也难以取得制止犯罪，保护公民人身权利不受侵害的效果。

适用本款规定，"行凶"是认定的难点，对此应当把握以下两点：一是必须是暴力犯罪，对于非暴力犯罪或一般暴力行为，不能认定为行凶；二是必须严重危及人身安全，即对人的生命、健康构成严重危险。在具体案件中，有些暴力行为的主观故意尚未通过客观行为明确表现出来，或者行为人本身就是持概括故意予以实施，这类行为的故意内容虽不确定，但已表现出多种故意的可能，其中只要有现实可能造成他人重伤或死亡的，均应当认定为"行凶"。

正当防卫以不法侵害正在进行为前提。所谓正在进行，是指不法侵害已经开始但尚未结束。不法侵害行为多种多样、性质各异，判断是否正在进行，应就具体行为和现场情境作具体分析。判断标准不能机械地对刑法上的着手与既遂作出理解、判断，因为着手与既遂侧重的是侵害人可罚性的行为阶段问题，而侵害行为正在进行，侧重的是防卫人的利益保护问题。所以，不能要求不法侵害行为已经加诸被害人身上，只要不法侵害的现实危险已经迫在眼前，或者已达既遂状态但侵害行为没有实施终了的，就应当认定为正在进行。

需要强调的是，特殊防卫不存在防卫过当的问题，因此不能作宽泛的认定。对于因民间矛盾引发、不法与合法对立不明显以及夹杂泄愤报复成分的案件，在认定特殊防卫时应当十分慎重。

【相关规定】

《中华人民共和国刑法》第二十条

侯雨秋正当防卫案

（检例第 48 号）

【关键词】 聚众斗殴　　故意伤害　　正当防卫　　不起诉

【要旨】

单方聚众斗殴的，属于不法侵害，没有斗殴故意的一方可以进行正当防卫。单方持械聚众斗殴，对他人的人身安全造成严重危险的，应当认定为刑法第二十条第三款规定的"其他严重危及人身安全的暴力犯罪"。

【基本案情】

侯雨秋，男，1981 年 5 月 18 日出生，务工人员。

侯雨秋系葛某经营的养生会所员工。2015 年 6 月 4 日 22 时 40 分许，某足浴店股东沈某因怀疑葛某等人举报其店内有人卖淫嫖娼，遂纠集本店员工雷某、柴某等 4 人持棒球棍、匕首赶至葛某的养生会所。沈某先行进入会所，无故推翻大堂盆栽挑衅，与葛某等人扭打。雷某、柴某等人随后持棒球棍、匕首冲入会所，殴打店内人员，其中雷某持匕首两次刺中侯雨秋右大腿。其间，柴某所持棒球棍掉落，侯雨秋捡起棒球棍挥打，击中雷某头部致其当场倒地。该会所员工报警，公安人员赶至现场，将沈某等人抓获，并将侯雨秋、雷某送医救治。雷某经抢救无效，因严重颅脑损伤于 6 月 24 日死亡。侯雨秋的损伤程度构成轻微伤，该会所另有 2 人被打致轻微伤。

公安机关以侯雨秋涉嫌故意伤害罪，移送检察机关审查起诉。浙江省杭州市人民检察院根据审查认定的事实，依据《中华人民共和国刑法》第二十条第三款的规定，认为侯雨秋的行为属于正当防卫，不负刑事责任，决定对侯雨秋不起诉。

【不起诉的理由】

检察机关认为，本案沈某、雷某等人的行为属于刑法第二十条第三款规定的"其他严重危及人身安全的暴力犯罪"，侯雨秋对此采取防卫行为，造成不法侵害人之一雷某死亡，依法不属于防卫过当，不负刑事责任。主要理由如下：

第一，沈某、雷某等人的行为属于"其他严重危及人身安全的暴力犯罪"。判断不法侵害行为是否属于刑法第二十条第三款规定的"其他"犯罪，应当以本款列举的杀人、抢劫、强奸、绑架为参照，通过比较暴力程度、危险程度和刑法给予惩罚的力度等综合作出判断。本案沈某、雷某等人的行为，属于单方持械聚众斗殴，构成犯罪的法定最低刑虽然不重，与一般伤害罪相同，但刑法第二百九十二条同时规定，聚众斗殴，致人重伤、死亡的，依照刑法关于故意伤害致人重伤、故意杀人的规定定罪处罚。刑法作此规定表明，聚众斗殴行为常可造成他人重伤或者死亡，结合案件具体情况，可以判定聚众斗殴与故意致人伤亡的犯罪在暴力程度和危险程度上是一致的。本案沈某、雷某等共5人聚众持棒球棍、匕首等杀伤力很大的工具进行斗殴，短时间内已经打伤3人，应当认定为"其他严重危及人身安全的暴力犯罪"。

第二，侯雨秋的行为具有防卫性质。侯雨秋工作的养生会所与对方的足浴店，尽管存在生意竞争关系，但侯雨秋一方没有斗殴的故意，本案打斗的起因系对方挑起，打斗的地点也系在本方店内，所以双方攻击与防卫的关系清楚明了。沈某纠集雷某等人聚众斗殴属于正在进行的不法侵害，没有斗殴故意的侯雨秋一方可以进行正当防卫，因此侯雨秋的行为具有防卫性质。

第三，侯雨秋的行为不属于防卫过当，不负刑事责任。本案沈某、雷某等人的共同侵害行为，严重危及他人人身安全，侯雨秋为保护自己和本店人员免受暴力侵害，而采取防卫行为，造成不法侵害人之一雷某死亡，依据刑法第二十条第三款的规定，不属于防卫过当，不负刑事责任。

【指导意义】

刑法第二十条第三款规定的"其他严重危及人身安全的暴力犯罪"的认定，除了在方法上，以本款列举的四种罪行为参照，通过比较暴力程度、危险程度和刑法给予惩罚的力度作出判断以外，还应当注意把握以下几点：一是不法行为侵害的对象是人身安全，即危害人的生命权、健康权、自由权和性权利。人身安全之外的财产权利、民主权利等其他合法权利不在其内，这也是特殊防卫区别于一般防卫的一个重要特征；二是不法侵害行为具有暴力性，且应达到犯罪的程度。对本款列举的杀人、抢劫、强奸、绑架应作广义的理解，即不仅指这四种具体犯罪行为，也包括以此种暴力行为作为手段，而触犯其他罪名的犯罪行为，如以抢劫为手段的抢劫枪支、弹药、爆炸物的行为，以绑架为手段的拐卖妇女、儿童的行为，以及针对人的生命、健康而采取的放火、爆炸、决水等行为；三是不法侵害行为应当达到一定的严重程度，即有可能造成他人重伤或死亡的后果。需要强调的是，不法侵害行为是否已经造成实际伤害后果，不必然影响特殊防卫的成立。此外，针对不法侵害行为对他人人身安全造成的严重危险，可以实施特殊防卫。

在共同不法侵害案件中，"行凶"与"其他严重危及人身安全的暴力犯罪"，在认定上可以有一定交叉，具体可结合全案行为特征和各侵害人的具体行为特征作综合判定。另外，对于寻衅滋事行为，不宜直接认定为"其他严重危及人身安全的暴力犯罪"，寻衅滋事行为暴力程度较高、严重危及他人人身安全的，可分别认定为刑法第二十条第三款规定中的行凶、杀人或抢劫。需要说明的是，侵害行为最终成立何种罪名，对防卫人正当防卫的认定没有影响。

人民检察院审查起诉时，应当严把事实关、证据关和法律适用关。根据查明的事实，犯罪嫌疑人的行为属于正当防卫，不负刑事责任的，应当依法作出不起诉的决定，保障无罪的人不受刑事追究。

【相关规定】

《中华人民共和国刑法》第二十条

《中华人民共和国刑事诉讼法》第一百七十七条

三、犯罪形态

王新明合同诈骗案

（法例 62 号）

【关键词】 刑事　合同诈骗　数额犯　既遂　未遂

【裁判要点】

在数额犯中，犯罪既遂部分与未遂部分分别对应不同法定刑幅度的，应当先决定对未遂部分是否减轻处罚，确定未遂部分对应的法定刑幅度，再与既遂部分对应的法定刑幅度进行比较，选择适用处罚较重的法定刑幅度，并酌情从重处罚；二者在同一量刑幅度的，以犯罪既遂酌情从重处罚。

【相关法条】

《中华人民共和国刑法》第 23 条

【基本案情】

2012 年 7 月 29 日，被告人王新明使用伪造的户口本、身份证，冒充房主即王新明之父的身份，在北京市石景山区链家房地产经纪有限公司古城公园店，以出售该区古城路 28 号楼一处房屋为由，与被害人徐某签订房屋买卖合同，约定购房款为100万元，并当场收取徐某定金1万元。同年8月12日，王新明又收取徐某支付的购房首付款29万元，并约定余款过户后给付。后双方在办理房产过户手续时，王新明虚假身份被石景山区住建委工作人员发现，余款未取得。2013年4月23日，王新明被公安机关查获。次日，王新明的亲属将赃款退还被害人徐某，被害人徐某对王新明表示谅解。

【裁判结果】

北京市石景山区人民法院经审理于2013年8月23日作出（2013）石刑初字第239号刑事判决，认为被告人王新明的行为已构成合同诈骗罪，数额巨大，同时鉴于其如实供述犯罪事实，在亲属帮助下退赔全部赃款，取得了被害人的谅解，依法对其从轻处罚。公诉机关北京市石景山区人民检察院指控罪名成立，但认为数额特别巨大且系犯罪未遂有误，予以更正。遂认定被告人王新明犯合同诈骗罪，判处有期徒刑六年，并处罚金人民币六千元。宣判后，公诉机关提出抗诉，认为犯罪数额应为100万元，数额特别巨大，而原判未评价70万元未遂，仅依据既遂30万元认定犯罪数额巨大，系适用法律错误。北京市人民检察院第一分院的支持抗诉意见与此一致。王新明以原判量刑过重为由提出上诉，在法院审理过程中又申请撤回上诉。北京市第一中级人民法院经审理于2013年12月2日作出（2013）一中刑终字第4134号刑事裁定：准许上诉人王新明撤回上诉，维持原判。

【裁判理由】

法院生效裁判认为：王新明以非法占有为目的，冒用他人名义签订合同，其行为已构成合同诈骗罪。一审判决事实清楚，证据确实、充分，定性准确，审判程序合法，但未评价未遂70万元的犯罪事实不当，予以纠正。根据刑法及司法解释的有关规定，考虑王新明合同诈骗既遂30万元，未遂70万元但可对该部分减轻处罚，王新明如实供述犯罪事实，退赔全部赃款取得被害人的谅解等因素，原判量刑在法定刑幅度之内，且抗诉机关亦未对量刑提出异议，故应予维持。北京市石景山区人民检察院的抗诉意见及北京市人民检察院第一分院的支持抗诉意见，酌予采纳。鉴于二审期间王新明申请撤诉，撤回上诉的申请符合法律规定，故二审法院裁定依法准许撤回上诉，维持原判。

本案争议焦点是，在数额犯中犯罪既遂与未遂并存时如何量刑。最高人民法院、最高人民检察院《关于办理诈骗刑事案件具体应用法律若干问题的解释》第六条规定："诈骗既有既遂，又有未遂，分别达到不同量刑幅度的，依照处罚较重的规定处罚；达到同一量刑幅度的，以诈骗罪既遂处罚。"因此，对于数额犯中犯罪行为既遂与未遂并存且均构成犯罪的情况，在确定全案适用的法定刑幅度时，先就未遂部分进行是否减轻处罚的评价，确定未遂部分所对应的法定刑幅度，再与既遂部分对应的法定刑幅度比较，确定全案适用的法定刑幅度。如果既遂部分对应的法定刑幅度较重或者二者相同的，应当以既遂部分对应的法定刑幅度确定全案适用的法定刑幅度，将包括未遂部分在内的其他情节作为确定量刑起点的调节要素进而确定基准刑。如果未遂部分对应的法定刑幅度较重的，应当以未遂部分对应的法定刑幅度确定全案适用的法定刑幅度，将包括既遂部分在内的其他情节，连同未遂部分的未遂情节一并作为量刑起点的调节要素进而确定基准刑。

本案中，王新明的合同诈骗犯罪行为既遂部分为 30 万元，根据司法解释及北京市的具体执行标准，对应的法定刑幅度为有期徒刑三年以上十年以下；未遂部分为 70 万元，结合本案的具体情况，应当对该未遂部分减一档处罚，未遂部分法定刑幅度应为有期徒刑三年以上十年以下，与既遂部分 30 万元对应的法定刑幅度相同。因此，以合同诈骗既遂 30 万元的基本犯罪事实确定对王新明适用的法定刑幅度为有期徒刑三年以上十年以下，将未遂部分 70 万元的犯罪事实，连同其如实供述犯罪事实、退赔全部赃款、取得被害人谅解等一并作为量刑情节，故对王新明从轻处罚，判处有期徒刑六年，并处罚金人民币六千元。

（生效裁判审判人员：高嵩、吕晶、王岩）

第二节　刑　罚

一、认罪认罚

无锡 F 警用器材公司虚开增值税专用发票案

（检例第 81 号）

【关键词】 单位认罪认罚　不起诉　移送行政处罚　合规经营

【要旨】

民营企业违规经营触犯刑法情节较轻，认罪认罚的，对单位和直接责任人员依法能不捕的不捕，能不诉的不诉。检察机关应当督促认罪认罚的民营企业合法规范经营。拟对企业作出不起诉处理的，可以通过公开听证听取意见。对被不起诉人（单位）需要给予行政处罚、处分或者需要没收其违法所得的，应当依法提出检察意见，移送有关主管机关处理。

【基本案情】

被不起诉单位，无锡 F 警用器材新技术有限公司（以下简称"F 警用器材公司"），住所地江苏省无锡市。

被不起诉人乌某某，男，F 警用器材公司董事长。

被不起诉人陈某某，女，F 警用器材公司总监。

被不起诉人倪某，男，F警用器材公司采购员。

被不起诉人杜某某，女，无锡B科技有限公司法定代表人。

2015年12月间，乌某某、陈某某为了F警用器材公司少缴税款，商议在没有货物实际交易的情况下，从其他公司虚开增值税专用发票抵扣税款，并指使倪某通过公司供应商杜某某等人介绍，采用伪造合同、虚构交易、支付开票费等手段，从王某某（另案处理）实际控制的商贸公司、电子科技公司虚开增值税专用发票24份，税额计人民币377344.79元，后F警用器材公司从税务机关抵扣了税款。

乌某某、陈某某、倪某、杜某某分别于2018年11月22日、23日至公安机关投案，均如实供述犯罪事实。11月23日，公安机关对乌某某等四人依法取保候审。案发后，F警用器材公司补缴全部税款并缴纳滞纳金。2019年11月8日，无锡市公安局新吴分局以F警用器材公司及乌某某等人涉嫌虚开增值税专用发票罪移送检察机关审查起诉。检察机关经审查，综合案件情况拟作出不起诉处理，举行了公开听证。该公司及乌某某等人均自愿认罪认罚，在律师的见证下签署了《认罪认罚具结书》。2020年3月6日，无锡市新吴区人民检察院依据《中华人民共和国刑事诉讼法》第一百七十七条第二款规定，对该公司及乌某某等四人作出不起诉决定，就没收被不起诉人违法所得及对被不起诉单位予以行政处罚向公安机关和税务机关分别提出检察意见。后公安机关对倪某、杜某某没收违法所得共计人民币45503元，税务机关对该公司处以行政罚款人民币466131.8元。

【检察履职情况】

1. 开展释法说理，促使被不起诉单位和被不起诉人认罪认罚。新吴区人民检察院受理案件后，向F警用器材公司及乌某某等四人送达《认罪认罚从宽制度告知书》，结合案情进行释法说理，并依法听取意见。乌某某等四人均表示认罪认罚，该公司提交了书面意见，表示对本案事实及罪名不持异议，愿意认罪认罚，请求检察机关从宽处理。

2. 了解企业状况，评估案件对企业生产经营的影响。检察机关为全面评估案件的处理对企业生产经营的影响，通过实地走访、调查，查明该公司成立于 1997 年，系科技创新型民营企业，无违法经营处罚记录，近三年销售额人民币 7000 余万元，纳税额人民币 692 万余元。该公司拥有数十项专利技术、计算机软件著作权和省级以上科学技术成果，曾参与制定 10 项公共安全行业标准，在业内有较好的技术创新影响力。审查起诉期间，公司参与研发的项目获某创新大赛金奖。

3. 提出检察建议，考察涉罪企业改进合规经营情况。该企业发案前有基本的经营管理制度，但公司治理制度尚不健全。在评估案件情况后，检察机关围绕如何推动企业合法规范经营提出具体的检察建议，督促涉罪企业健全完善公司管理制度。该公司根据检察机关建议，制定合规经营方案，修订公司规章制度，明确岗位职责，对员工开展合法合规管理培训，并努力完善公司治理结构。结合该企业上述改进情况，根据单位犯罪特点，在检察机关主持下，由单位诉讼代表人签字、企业盖章，在律师见证下签署《认罪认罚具结书》。

4. 举行公开听证，听取各方意见后作出不起诉决定，并提出检察意见。考虑到本案犯罪情节较轻且涉罪企业和直接责任人员认罪认罚，检察机关拟对涉罪企业及有关人员作出不起诉处理。为提升不起诉决定的公信力和公正性，新吴区人民检察院举行公开听证会，邀请侦查机关代表、人民监督员、特约检察员参加听证，通知涉罪企业法定代表人、犯罪嫌疑人、辩护人到场听证。经听取各方意见，新吴区人民检察院依法作出不起诉决定，同时依法向公安机关、税务机关提出行政处罚的检察意见。公安机关、税务机关对该公司作出相应行政处罚，并没收违法所得。

【指导意义】

1. 对犯罪情节较轻且认罪认罚的涉罪民营企业及其有关责任人员，应当依法从宽处理。检察机关办理涉罪民营企业刑事案件，应当充分考虑促进经济发展，促进职工就业，维护国家和社会公共利益的需要，积极做好涉罪企业及其有关责任人员的认罪认罚工作，促使涉罪企业退缴违法所得、赔偿损失、修复损害、挽回影响，从而将犯罪所造成的危害降到最低。对犯罪情节较轻且认罪认罚、积极整改的企业及其相关责任人员，符合不捕、不诉条件的，坚持能不捕的不捕，能不诉的不诉，符合判处缓刑条件的要提出适用缓刑的建议。

2. 把建章立制落实合法规范经营要求，作为悔罪表现和从宽处罚的考量因素。检察机关在办理企业涉罪案件过程中，通过对自愿认罪认罚的民营企业进行走访、调查，查明企业犯罪的诱发因素、制度漏洞、刑事风险等，提出检察建议。企业通过主动整改、建章立制落实合法规范经营要求体现悔罪表现。检察机关可以协助和督促企业执行，帮助企业增强风险意识，规范经营行为，有效预防犯罪并据此作为从宽处罚的考量因素。

3. 依法做好刑事不起诉与行政处罚、处分有效衔接。检察机关依法作出不起诉决定的案件，要执行好《中华人民共和国刑事诉讼法》第一百七十七条第三款的规定，对被不起诉人需要给予行政处罚、处分或者需要没收其违法所得的，应当提出检察意见，移送有关主管机关处理。有关主管机关应当将处理结果及时通知人民检察院。有关主管机关未及时通知处理结果的，人民检察院应当依法予以督促。

【相关规定】

《中华人民共和国刑法》第三十七条、第二百零五条

《中华人民共和国刑事诉讼法》第十五条、第一百七十三条、第一百七十四条、第一百七十七条

《人民检察院刑事诉讼规则》第三百七十三条

最高人民法院、最高人民检察院、公安部、国家安全部、司法部《关于适用认罪认罚从宽制度的指导意见》

最高人民法院《关于虚开增值税专用发票定罪量刑标准有关问题的通知》第二条

钱某故意伤害案

（检例第 82 号）

【关键词】 认罪认罚　律师参与协商　量刑建议说理　司法救助

【要旨】

检察机关应当健全量刑协商机制，规范认罪认罚案件量刑建议的形成过程。依法听取犯罪嫌疑人、辩护人或者值班律师的意见，通过出示有关证据、释法说理等方式，结合案件事实和情节开展量刑协商，促进协商一致。注重运用司法救助等制度措施化解矛盾，提升办案质效。

【基本案情】

被告人钱某，1982 年 5 月生，浙江嵊州人，嵊州市某工厂工人。

2019 年 9 月 28 日晚，钱某应朋友邀请在嵊州市长乐镇某餐馆与被害人马某某等人一起吃饭。其间，钱某与马某某因敬酒发生争吵，马某某不满钱某喝酒态度持玻璃酒杯用力砸向钱某头部，致其

额头受伤流血。钱某随后从餐馆门口其电瓶车内取出一把折叠刀，在厮打过程中刺中马某某胸部、腹部。马某某随即被送往医院救治，经医治无效于同年 11 月 27 日死亡。案发后，钱某即向公安机关主动投案，如实供述了自己的犯罪行为。案件移送检察机关审查起诉后，钱某表示愿意认罪认罚，在辩护人见证下签署了《认罪认罚具结书》。案发后，被告人钱某向被害人亲属进行了民事赔偿，取得被害人亲属谅解。

绍兴市人民检察院以钱某犯故意伤害罪于 2020 年 5 月 15 日向绍兴市中级人民法院提起公诉，提出有期徒刑十二年的量刑建议。绍兴市中级人民法院经开庭审理，当庭判决采纳检察机关指控的罪名和量刑建议。被告人未上诉，判决已生效。

【检察履职情况】

1. 依法听取意见，开展量刑协商。本案被告人自愿认罪认罚，检察机关在依法审查证据、认定事实基础上，围绕如何确定量刑建议开展了听取意见、量刑协商等工作。根据犯罪事实和量刑情节，检察机关初步拟定有期徒刑十五年的量刑建议。针对辩护人提出钱某有正当防卫性质，属防卫过当的辩护意见，检察机关结合证据阐明被告人激愤之下报复伤害的犯罪故意明显，不属于针对不法侵害实施的防卫行为，辩护人表示认同，同时提交了钱某与被害人亲属达成的调解协议及被害人亲属出具的谅解书。检察机关审查并听取被害方意见后予以采纳，经与被告人及其辩护人沟通协商，将量刑建议调整为有期徒刑十二年，控辩双方达成一致意见。

2. 量刑建议说理。被告人签署具结书前，检察机关向被告人和辩护人详细阐释了本案拟起诉认定的事实、罪名、情节，量刑建议的理由和依据，自首、认罪认罚、赔偿损失及取得谅解等情节的量刑从宽幅度等。被告人表示接受，并在辩护人见证下签署了《认罪认罚具结书》。检察机关提起公诉时随案移送《量刑建议说理书》。

3. 开展司法救助。检察机关受理案件后，检察官多次到被害人家中慰问，了解到被害人家中仅有年迈的父亲和年幼的儿子二人，无力支付被害人医疗费和丧葬费，被告人也家境困难，虽然尽力赔付但不足以弥补被害方的损失。检察机关积极为被害人家属申请了司法救助金，帮助其解决困难，促进双方矛盾化解。

【指导意义】

1. 有效保障辩护人或者值班律师参与量刑协商。办理认罪认罚案件，检察机关应当与被告人、辩护人或者值班律师进行充分有效的量刑协商。检察机关组织开展量刑协商时，应当充分听取被告人、辩护人或者值班律师的意见。检察机关可以通过向被告人出示证据、释法说理等形式，说明量刑建议的理由和依据，保障协商的充分性。被告人及其辩护人或者值班律师提出新的证据材料或者不同意见的，应当重视并认真审查，及时反馈是否采纳并说明理由，需要核实或一时难以达成一致的，可以在充分准备后再开展协商。检察机关应当听取被害方及其诉讼代理人的意见，促进和解谅解，并作为对被告人从宽处罚的重要因素。

2. 运用司法救助促进矛盾化解。对于因民间矛盾纠纷引发，致人伤亡的案件，被告人认罪悔罪态度好，但因家庭经济困难没有赔偿能力或者赔偿能力有限，而被害方又需要救助的，检察机关应当积极促使被告人尽力赔偿被害方损失，争取被害方谅解，促进矛盾化解。同时要积极开展司法救助，落实帮扶措施，切实为被害方纾解困难提供帮助，做实做细化解矛盾等社会治理工作。

【相关规定】

《中华人民共和国刑法》第二百三十四条、第六十七条第一款

《中华人民共和国刑事诉讼法》第十五条、第一百七十三条、第一百七十四条、第一百七十六条

最高人民法院、最高人民检察院、公安部、国家安全部、司法部《关于适用认罪认罚从宽制度的指导意见》

《人民检察院国家司法救助工作细则（试行）》

琚某忠盗窃案

（检例第 83 号）

【关键词】 认罪认罚　无正当理由上诉　抗诉　取消从宽量刑

【要旨】

对于犯罪事实清楚，证据确实、充分，被告人自愿认罪认罚，一审法院采纳从宽量刑建议判决的案件，因被告人无正当理由上诉而不再具有认罪认罚从宽的条件，检察机关可以依法提出抗诉，建议法院取消因认罪认罚给予被告人的从宽量刑。

【基本案情】

被告人琚某忠，男，1985 年 11 月生，浙江省常山县人，农民。

2017 年 11 月 16 日下午，被告人琚某忠以爬窗入室的方式，潜入浙江省杭州市下城区某小区 502 室，盗取被害人张某、阮某某贵金属制品 9 件（共计价值人民币 28213 元）、现金人民币 400 余元、港币 600 余元。案发后公安机关追回上述 9 件贵金属制品，并已发还被害人。

审查起诉期间，检察机关依法告知被告人琚某忠诉讼权利义务、认罪认罚的具体规定，向琚某忠核实案件事实和证据，并出示监控录像等证据后，之前认罪态度反复的被告人琚某忠表示愿意认罪认罚。经与值班律师沟通、听取意见，并在值班律师见证下，检察官向琚某忠详细说明本案量刑情节和量刑依据，提出有期徒刑二年三个月，并处罚金人民币三千元的量刑建议，琚某忠表示认可和接受，自愿签署《认罪认罚具结书》。2018 年 3 月 6 日，杭州市下城区人民检察院以被告人琚某忠犯盗窃罪提起公诉。杭州市下城区人民法院适用刑事速裁程序审理该案，判决采纳检察机关指控的罪名和量刑建议。

同年 3 月 19 日，琚某忠以量刑过重为由提出上诉，下城区人民检察院提出抗诉。杭州市中级人民法院认为，被告人琚某忠不服原判量刑提出上诉，导致原审适用认罪认罚从宽制度的基础已不存在，为保障案件公正审判，裁定撤销原判，发回重审。下城区人民法院经重新审理，维持原判认定的被告人琚某忠犯盗窃罪的事实和定性，改判琚某忠有期徒刑二年九个月，并处罚金人民币三千元。判决后，琚某忠未上诉。

【检察履职情况】

1. 全面了解上诉原因。琚某忠上诉后，检察机关再次阅卷审查，了解上诉原因，核实认罪认罚从宽制度的适用过程，确认本案不存在事实不清、证据不足、定性错误、量刑不当等情形；确认权利告知规范、量刑建议准确适当、具结协商依法进行。被告人提出上诉并无正当理由，违背了认罪认罚的具结承诺。

2. 依法提出抗诉。琚某忠无正当理由上诉表明其认罪不认罚的主观心态，其因认罪认罚而获得从宽量刑的条件已不存在，由此导致一审判决罪责刑不相适应。在这种情况下，检察机关以"被告人不服判决并提出上诉，导致本案适用认罪认罚从宽制度的条件不再具备，并致量刑不当"为由提出抗诉，并在抗诉书中就审查起诉和一审期间依法开展认罪认罚工作情况作出详细阐述。

【指导意义】

被告人通过认罪认罚获得量刑从宽后，在没有新事实、新证据的情况下，违背具结承诺以量刑过重为由提出上诉，无正当理由引起二审程序，消耗国家司法资源，检察机关可以依法提出抗诉。一审判决量刑适当、自愿性保障充分，因为认罪认罚后反悔上诉导致量刑不当的案件，检察机关依法提出抗诉有利于促使被告人遵守协商承诺，促进认罪认罚从宽制度健康稳定运行。检察机关提出抗诉时，应当建议法院取消基于认罪认罚给予被告人的从宽量刑，但不能因被告人反悔行为对其加重处罚。

【相关规定】

《中华人民共和国刑法》第二百六十四条

《中华人民共和国刑事诉讼法》第十五条、第一百七十三条、第一百七十四条、第一百七十六条

最高人民法院、最高人民检察院、公安部、国家安全部、司法部《关于适用认罪认罚从宽制度的指导意见》

林某彬等人组织、领导、参加黑社会性质组织案

（检例第 84 号）

【关键词】认罪认罚　黑社会性质组织犯罪　宽严相济　追赃挽损

【要旨】

认罪认罚从宽制度可以适用于所有刑事案件，没有适用罪名和可能判处刑罚的限定，涉黑涉恶犯罪案件依法可以适用该制度。认罪认罚从宽制度贯穿刑事诉讼全过程，适用于侦查、起诉、审判各个阶段。检察机关办理涉黑涉恶犯罪案件，要积极履行主导责任，发挥认罪认罚从宽制度在查明案件事实、提升指控效果、有效追赃挽损等方面的作用。

【基本案情】

被告人林某彬，男，1983 年 8 月生，北京某投资有限公司法定

代表人，某金融服务外包（北京）有限公司实际控制人。

胡某凯等其他 51 名被告人基本情况略。

被告人林某彬自 2013 年 9 月至 2018 年 10 月，以实际控制的北京某投资有限公司、某金融服务外包（北京）有限公司，通过招募股东、吸收业务员的方式，逐步形成了以林某彬为核心，被告人增某、胡某凯等 9 人为骨干，被告人林某强、杨某明等 9 人为成员的黑社会性质组织。该组织以老年人群体为主要目标，专门针对房产实施系列"套路贷"犯罪活动，勾结个别公安民警、公证员、律师以及暴力清房团伙，先后实施了诈骗、敲诈勒索、寻衅滋事、虚假诉讼等违法犯罪活动，涉及北京市朝阳区、海淀区等 11 个区、72 名被害人、74 套房产，造成被害人经济损失人民币 1.8 亿余元。

林某彬黑社会性质组织拉拢公安民警被告人庞某天入股，利用其身份查询被害人信息，利用其专业知识为暴力清房人员谋划支招。拉拢律师被告人李某杰以法律顾问身份帮助林某彬犯罪组织修改"套路贷"合同模板、代为应诉，并实施虚假诉讼处置房产。公证员被告人王某等人为获得费用提成或收受林某彬黑社会性质组织给予的财物，出具虚假公证文书。

在北京市人民检察院第三分院主持下，全案 52 名被告人中先后有 36 名签署了《认罪认罚具结书》。2019 年 12 月 30 日，北京市第三中级人民法院依法判决，全部采纳检察机关量刑建议。林某彬等人上诉后，2020 年 7 月 16 日，北京市高级人民法院二审裁定驳回上诉，维持原判。

【检察履职情况】

1. 通过部分被告人认罪认罚，进一步查清案件事实，教育转化同案犯。在案件侦查过程中，检察机关在梳理全案证据基础上，引导侦查机关根据先认罪的胡某凯负责公司财务、熟悉公司全部运作的情况，向其讲明认罪认罚的法律规定，促使其全面供述，查清了林某彬黑社会性质组织诈骗被害人房产所实施的多个步骤，证实了林某彬等人以房产抵押借款并非民间借贷，而是为骗取被害人房产所实施的"套路贷"犯罪行为，推动了全案取证工作。审查起诉阶段，通过胡某凯认罪认罚以及根据其供述调取的微信股东群聊天记录等客观证据，对股东韩某军、庞某天等被告人进行教育转化。同时开展对公司业务人员的教育转化工作，后业务人员白某金、吴某等被告人认罪认罚。审查起诉阶段共有 12 名被告人签署了《认罪认罚具结书》。通过被告人的供述及据此补充完善的相关证据，林某彬黑社会性质组织的人员结构、运作模式、资金分配等事实更加清晰。庭前会议阶段，围绕定罪量刑重点，展示全案证据，释明认定犯罪依据，促成 14 名被告人认罪认罚，在庭前会议结束后签署了《认罪认罚具结书》。开庭前，又有 10 名被告人表示愿意认罪认罚，签署了《认罪认罚具结书》。

2. 根据被告人在犯罪中的地位和作用以及认罪认罚的阶段，坚持宽严相济刑事政策，依法确定是否从宽以及从宽幅度。一是将被告人划分为"三类三档"。"三类"分别是公司股东及业务员、暴力清房人员、公证人员，"三档"是根据每一类被告人在犯罪中的地位和作用确定三档量刑范围，为精细化提出量刑建议提供基础。二是是否从宽以及从宽幅度坚持区别对待。一方面，坚持罪责刑相适应，对黑社会性质组织的组织者、领导者林某彬从严惩处，建议法庭依法不予从宽；对积极参加者，从严把握从宽幅度。另一方面，根据被告人认罪认罚的时间先后、对查明案件事实所起的作用、认罪悔罪表现、退赃退赔等不同情况，提出更具针对性的量刑建议。

3. 发挥认罪认罚从宽制度的积极作用，提升出庭公诉效果。出庭公诉人通过讯问和举证质证，继续开展认罪认罚教育，取得良好庭审效果。首要分子林某彬当庭表示愿意认罪认罚，在暴力清房首犯万某春当庭否认知晓"套路贷"运作流程的情况下，林某彬主动向法庭指证万某春的犯罪事实，使万某春的辩解不攻自破。在法庭最后陈述阶段，不认罪的被告人受到触动，也向被害人表达了歉意。

4. 运用认罪认罚做好追赃挽损，最大限度为被害人挽回经济损失。审查起诉阶段，通过强化对认罪认罚被告人的讯问，及时发现涉案房产因多次过户、抵押而涉及多起民事诉讼，已被法院查封或执行的关键线索，查清涉案财产走向。审判阶段，通过继续推动认罪认罚，不断扩大追赃挽损的效果。在庭前会议阶段，林某彬等多名被告人表示愿意退赃退赔；在庭审阶段，针对当庭认罪态度较好，部分退赔已落实到位或者明确表示退赔的被告人，公诉人向法庭建议在退赔到位时可以在检察机关量刑建议幅度以下判处适当的刑罚，促使被告人退赃退赔。全案在起诉时已查封、扣押、冻结涉案财产的基础上，一审宣判前，被告人又主动退赃退赔人民币400余万元。

【指导意义】

1. 对于黑社会性质组织犯罪等共同犯罪案件，适用认罪认罚从宽制度有助于提升指控犯罪质效。检察机关应当注重认罪认罚从宽制度的全流程适用，通过犯罪嫌疑人、被告人认罪认罚，有针对性地收集、完善和固定证据，同时以点带面促使其他被告人认罪认罚，完善指控犯罪的证据体系。对于黑社会性质组织等涉案人数众多的共同犯罪案件，通过对被告人开展认罪认罚教育转化工作，有利于分化瓦解犯罪组织，提升指控犯罪的效果。

2. 将认罪认罚与追赃挽损有机结合，彻底清除有组织犯罪的经济基础，尽力挽回被害人损失。检察机关应当运用认罪认罚深挖涉案财产线索，将退赃退赔情况作为是否认罚的考察重点，灵活运用量刑建议从宽幅度激励被告人退赃退赔，通过认罪认罚成果巩固和扩大追赃挽损的效果。

3. 区别对待，准确贯彻宽严相济刑事政策。认罪认罚从宽制度可以适用于所有案件，但"可以"适用不是一律适用，被告人认罪认罚后是否从宽，要根据案件性质、情节和对社会造成的危害后果等具体情况，坚持罪责刑相适应原则，区分情况、区别对待，做到该宽则宽，当严则严，宽严相济，罚当其罪。对犯罪性质恶劣、犯罪手段残忍、危害后果严重的犯罪分子，即使认罪认罚也不足以从宽处罚的，依法可不予以从宽处罚。

【相关规定】

《中华人民共和国刑法》第二百六十六条、第二百七十四条、第二百九十三条、第二百九十四条、第三百零七条之一

《中华人民共和国刑事诉讼法》第十五条、第一百七十三条、第一百七十四条、第一百七十六条

最高人民法院、最高人民检察院、公安部、国家安全部、司法部《关于适用认罪认罚从宽制度的指导意见》

最高人民法院、最高人民检察院、公安部、司法部《关于办理"套路贷"刑事案件若干问题的意见》

二、减刑、假释、暂予监外执行

王志才故意杀人案

(法例4号)

【关键词】刑事　故意杀人罪　婚恋纠纷引发　坦白悔罪　死刑缓期执行　限制减刑

【裁判要点】

因恋爱、婚姻矛盾激化引发的故意杀人案件，被告人犯罪手段

残忍，论罪应当判处死刑，但被告人具有坦白悔罪、积极赔偿等从轻处罚情节，同时被害人亲属要求严惩的，人民法院根据案件性质、犯罪情节、危害后果和被告人的主观恶性及人身危险性，可以依法判处被告人死刑，缓期二年执行，同时决定限制减刑，以有效化解社会矛盾，促进社会和谐。

【相关法条】

《中华人民共和国刑法》第五十条第二款

【基本案情】

被告人王志才与被害人赵某某（女，殁年 26 岁）在山东省潍坊市科技职业学院同学期间建立恋爱关系。2005 年，王志才毕业后参加工作，赵某某考入山东省曲阜师范大学继续专升本学习。2007 年赵某某毕业参加工作后，王志才与赵某某商议结婚事宜，因赵某某家人不同意，赵某某多次提出分手，但在王志才的坚持下二人继续保持联系。2008 年 10 月 9 日中午，王志才在赵某某的集体宿舍再次谈及婚恋问题，因赵某某明确表示二人不可能在一起，王志才感到绝望，愤而产生杀死赵某某然后自杀的念头，即持赵某某宿舍内的一把单刃尖刀，朝赵的颈部、胸腹部、背部连续捅刺，致其失血性休克死亡。次日 8 时 30 分许，王志才服农药自杀未遂，被公安机关抓获归案。王志才平时表现较好，归案后如实供述自己罪行，并与其亲属积极赔偿，但未与被害人亲属达成赔偿协议。

【裁判结果】

山东省潍坊市中级人民法院于 2009 年 10 月 14 日以（2009）潍刑一初字第 35 号刑事判决，认定被告人王志才犯故意杀人罪，判处死刑，剥夺政治权利终身。宣判后，王志才提出上诉。山东省高级人民法院于 2010 年 6 月 18 日以（2010）鲁刑四终字第 2 号刑事裁定，驳回上诉，维持原判，并依法报请最高人民法院核准。最高人民法院根据复核确认的事实，以（2010）刑三复22651920号刑事裁定，不核准被告人王志才死刑，发回山东省高级人民法院重新审判。山东省高级人民法院经依法重新审理，于2011年5月3日作出（2010）鲁刑四终字第2-1号刑事判决，以故意杀人罪改判被告人王志才死刑，缓期二年执行，剥夺政治权利终身，同时决定对其限制减刑。

【裁判理由】

山东省高级人民法院经重新审理认为：被告人王志才的行为已构成故意杀人罪，罪行极其严重，论罪应当判处死刑。鉴于本案系因婚恋纠纷引发，王志才求婚不成，恼怒并起意杀人，归案后坦白悔罪，积极赔偿被害方经济损失，且平时表现较好，故对其判处死刑，可不立即执行。同时考虑到王志才故意杀人手段特别残忍，被害人亲属不予谅解，要求依法从严惩处，为有效化解社会矛盾，依照《中华人民共和国刑法》第五十条第二款等规定，判处被告人王志才死刑，缓期二年执行，同时决定对其限制减刑。

李飞故意杀人案

（法例12号）

【关键词】 刑事 故意杀人罪 民间矛盾引发 亲属协助抓捕 累犯 死刑缓期执行 限制减刑

【裁判要点】

对于因民间矛盾引发的故意杀人案件，被告人犯罪手段残忍，且系累犯，论罪应当判处死刑，但被告人亲属主动协助公安机关将其抓捕归案，并积极赔偿的，人民法院根据案件具体情节，从尽量化解社会矛盾角度考虑，可以依法判处被告人死刑，缓期二年执行，同时决定限制减刑。

【相关法条】

《中华人民共和国刑法》第五十条第二款

【基本案情】

2006 年 4 月 14 日，被告人李飞因犯盗窃罪被判处有期徒刑二年，2008 年 1 月 2 日刑满释放。2008 年 4 月，经他人介绍，李飞与被害人徐某某（女，殁年 26 岁）建立恋爱关系。同年 8 月，二人因经常吵架而分手。8 月 24 日，当地公安机关到李飞的工作单位给李飞建立重点人档案时，其单位得知李飞曾因犯罪被判刑一事，并以此为由停止了李飞的工作。李飞认为其被停止工作与徐某某有关。

同年 9 月 12 日 21 时许，被告人李飞拨打徐某某的手机，因徐某某外出，其表妹王某某（被害人，时年 16 岁）接听了李飞打来的电话，并告知李飞，徐某某已外出。后李飞又多次拨打徐某某的手机，均未接通。当日 23 时许，李飞到哈尔滨市呼兰区徐某某开设的"小天使形象设计室"附近，再次拨打徐某某的手机，与徐某某在电话中发生吵骂。后李飞破门进入徐某某在"小天使形象设计室"内的卧室，持室内的铁锤多次击打徐某某的头部，击打徐某某表妹王某某头部、双手数下。稍后，李飞又持铁锤先后再次击打徐某某、王某某的头部，致徐某某当场死亡、王某某轻伤。为防止在场的"小天使形象设计室"学徒工佟某报警，李飞将徐某某、王某某及佟某的手机带离现场抛弃，后潜逃。同月 23 日 22 时许，李飞到其姑母李某某家中，委托其姑母转告其母亲梁某某送钱。梁某某得知此情后，及时报告公安机关，并于次日晚协助公安机关将来姑母家取钱的李飞抓获。在本案审理期间，李飞的母亲梁某某代为赔偿被害人亲属 4 万元。

【裁判结果】

黑龙江省哈尔滨市中级人民法院于 2009 年 4 月 30 日以
（2009）哈刑二初字第 51 号刑事判决，认定被告人李飞犯故意杀人
罪，判处死刑，剥夺政治权利终身。宣判后，李飞提出上诉。黑龙
江省高级人民法院于 2009 年 10 月 29 日以（2009）黑刑三终字第
70 号刑事裁定，驳回上诉，维持原判，并依法报请最高人民法院核
准。最高人民法院根据复核确认的事实和被告人母亲协助抓捕被告
人的情况，以（2010）刑五复 66820039 号刑事裁定，不核准被告
人李飞死刑，发回黑龙江省高级人民法院重新审判。黑龙江省高级
人民法院经依法重新审理，于 2011 年 5 月 3 日作出（2011）黑刑
三终字第 63 号刑事判决，以故意杀人罪改判被告人李飞死刑，缓
期二年执行，剥夺政治权利终身，同时决定对其限制减刑。

【裁判理由】

黑龙江省高级人民法院经重新审理认为：被告人李飞的行为
已构成故意杀人罪，罪行极其严重，论罪应当判处死刑。本案系
因民间矛盾引发的犯罪；案发后李飞的母亲梁某某在得知李飞杀
人后的行踪时，主动、及时到公安机关反映情况，并积极配合公
安机关将李飞抓获归案；李飞在公安机关对其进行抓捕时，顺从
归案，没有反抗行为，并在归案后始终如实供述自己的犯罪事实，
认罪态度好；在本案审理期间，李飞的母亲代为赔偿被害方经济
损失；李飞虽系累犯，但此前所犯盗窃罪的情节较轻。综合考虑
上述情节，可以对李飞酌情从宽处罚，对其可不判处死刑立即执
行。同时，鉴于其故意杀人手段残忍，又系累犯，且被害人亲属
不予谅解，故依法判处被告人李飞死刑，缓期二年执行，同时决
定对其限制减刑。

宣告缓刑罪犯蔡某等 12 人减刑监督案

（检例第 70 号）

【关键词】 缓刑罪犯减刑　持续跟进监督　地方规范性文件法律效力　最终裁定纠正违法意见

【要旨】

对于判处拘役或者三年以下有期徒刑并宣告缓刑的罪犯，在缓刑考验期内确有悔改表现或者有一般立功表现，一般不适用减刑。在缓刑考验期内有重大立功表现的，可以参照刑法第七十八条的规定予以减刑。人民法院对宣告缓刑罪犯裁定减刑适用法律错误的，人民检察院应当依法提出纠正意见。人民法院裁定维持原减刑裁定的，人民检察院应当继续予以监督。

【基本案情】

罪犯蔡某，女，1966 年 9 月 6 日出生，因犯受贿罪于 2009 年 12 月 22 日被江苏省南京市雨花台区人民法院判处有期徒刑三年，缓刑四年，缓刑考验期自 2010 年 1 月 4 日起至 2014 年 1 月 3 日止。另有罪犯陈某某、丁某某、胡某等 11 人分别因犯故意伤害、盗窃、诈骗等罪被人民法院判处有期徒刑并宣告缓刑。上述 12 名缓刑罪犯，分别在南京市的 7 个市辖区接受社区矫正。

2013 年 1 月，南京市司法局以蔡某等 12 名罪犯在社区矫正期间确有悔改表现为由，向南京市中级人民法院提出减刑建议。2013 年 2 月 7 日，南京市中级人民法院以蔡某等 12 名罪犯能认罪服法、遵守法律法规和社区矫正相关规定、确有悔改表现为由，依照刑法第七十八条规定，分别对上述罪犯裁定减去六个月、三个月不等的有期徒刑，并相应缩短缓刑考验期。

【检察机关监督情况】

1. 线索发现。2014 年 8 月，南京市人民检察院在开展减刑、假释、暂予监外执行专项检察活动中发现，南京市中级人民法院对 2014 年 8 月之前作出的部分减刑、假释裁定，未按法定期限将裁定书送达南京市人民检察院，随后依法提出书面纠正意见。南京市中级人民法院接受监督意见，将减刑、假释裁定书送达南京市人民检察院。南京市人民检察院通过将减刑、假释裁定书与辖区内在押人员信息库和社区矫正对象信息库进行逐一比对，发现南京市中级人民法院对蔡某等 12 名缓刑罪犯裁定减刑可能不当。

2. 调查核实。为查明蔡某等 12 名缓刑罪犯是否符合减刑条件，南京市人民检察院牵头，组织有关区人民检察院联合调查，调取了蔡某等 12 名罪犯在社区矫正期间的原始档案材料，并实地走访社区矫正部门、基层街道社区，了解相关罪犯在社区矫正期间实际表现、奖惩、有无重大立功表现等情况。经调查核实，蔡某等 12 名缓刑罪犯，虽然在社区矫正期间能够认罪服法，认真参加各类矫治活动，按期报告法定事项，受到多次表扬，均确有悔改表现，但是均无重大立功表现。

3. 监督意见。南京市人民检察院经审查认为，南京市中级人民法院对没有重大立功表现的缓刑罪犯裁定减刑，违反了《最高人民法院关于办理减刑、假释案件具体应用法律若干问题的规定》（法释〔2012〕2 号）第十三条"判处拘役或者三年以下有期徒刑并宣告缓刑的罪犯，一般不适用减刑。前款规定的罪犯在缓刑考验期限内有重大立功表现的，可以参照刑法第七十八条的规定，予以减刑，同时应依法缩减其缓刑考验期限。拘役的缓刑考验期限不能少于二个月，有期徒刑的缓刑考验期限不能少于一年"的规定，依法应当予以纠正。2014 年 10 月 14 日南京市人民检察院向南京市中级人民法院分别发出 12 份《纠正不当减刑裁定意见书》。南京市中级人民法院重新组成合议庭对上述案件进行审理，2014 年 12 月 4 日作出了维持对蔡某等 12 名罪犯减刑的刑事裁定。主要理由是，依据 2004 年、2006 年江苏省、南京市两级人民法院、人民检察院、公安机关、司法行政机关先后制定的有关社区矫正规范性文件的有关规定，蔡某等 12 名罪犯在社区矫正期间受到多次表扬，确有悔改表现，可以给予减刑，因此原刑事裁定并无不当。经再次审查，南京市人民检察院认为南京市中级人民法院的刑事裁定仍违反法律规定，于 2014 年 12 月 24 日向该院发出《纠正违法通知书》，要求该院纠正。

2015 年 1 月 8 日，南京市中级人民法院重新另行组成合议庭对上述案件进行了审理；南京市人民检察院依法派员出庭，宣读了《纠正违法通知书》，发表了检察意见；南京市司法局作为提请减刑的机关，派员出庭发表意见，认为在社区矫正试点期间，为了调动社区矫正对象接受矫正积极性，江苏省、南京市有关部门先后制定规范性文件，规定对获得多次表扬的社区矫正对象可以给予减刑。这些规范性文件目前还没有废止，可以作为减刑的依据。出庭检察人员指出，2012 年 3 月 1 日实施的《社区矫正实施办法》（司发通〔2012〕12 号）明确规定，符合法定减刑条件是为社区矫正人员办理减刑的前提，因此，对缓刑罪犯减刑应当适用法律和司法解释的规定，不应当适用与法律和司法解释相冲突的地方规范性文件。

4. 监督结果。2015 年 1 月 21 日，南京市中级人民法院重新作出刑事裁定，同意南京市人民检察院的纠正意见，认定该院对蔡某等 12 名缓刑罪犯作出的原减刑裁定、原再审减刑裁定，系适用法律错误，分别裁定撤销原减刑裁定、原再审减刑裁定，对蔡某等 12 名缓刑罪犯不予减刑，剩余缓刑考验期继续执行。裁定生效后，南京市中级人民法院及时将法律文书交付执行机关执行，蔡某等12名罪犯在法定期限内到原区司法局报到，接受社区矫正。

【指导意义】

1. 人民法院减刑裁定适用法律错误，人民检察院应当依法监督纠正。人民检察院在办理减刑、假释案件时，应准确把握法院减刑、假释裁定所依据规范性文件。对于地方人民法院、人民检察院制定的司法解释性文件，应当根据《最高人民法院、最高人民检察院关于地方人民法院、人民检察院不得制定司法解释性质文件的通知》予以清理。人民法院依据地方人民法院、人民检察院制定的司法解释性文件作出裁定的，属于适用法律错误，人民检察院应当依法向人民法院提出书面监督纠正意见，监督人民法院重新组成合议庭进行审理。

2. 人民法院对没有重大立功表现的缓刑罪犯裁定减刑的，人民检察院应当予以监督纠正。减刑、假释是我国重要的刑罚执行制度，不符合法定条件和非经法定程序，不得减刑、假释。根据有关法律和司法解释的规定，判处拘役或者三年以下有期徒刑并宣告缓刑的罪犯，一般不适用减刑；在缓刑考验期限内有重大立功表现的，可以参照刑法第七十八条的规定，予以减刑。因此，对缓刑罪犯适用减刑的法定条件限定是在缓刑考验期限内有重大立功表现。根据《社区矫正法》的有关规定，人民检察院依法对社区矫正工作实行法律监督，发现社区矫正机构对宣告缓刑的罪犯向人民法院提出减刑建议不当的，应当依法提出纠正意见；发现人民法院对于确有悔改表现或者有一般立功表现但没有重大立功表现的缓刑罪犯裁定减刑的，应当依法向人民法院发出《纠正不当减刑裁定意见书》，申明监督理由、依据和意见，监督人民法院重新组成合议庭进行审理并作出最终裁定。

3. 人民检察院发现人民法院已经生效的减刑、假释裁定仍有错误的，应当继续向人民法院提出书面纠正意见。人民检察院对人民法院减刑、假释的裁定提出纠正意见后，应当监督人民法院在收到纠正意见后一个月内重新组成合议庭进行审理，并监督人民法院重新作出的裁定是否符合法律规定。人民法院重新作出的裁定仍不符合法律规定的，人民检察院应当继续向人民法院提出纠正意见，提请人民法院按照审判监督程序依法另行组成合议庭重新审理并作出裁定。对人民法院仍然不采纳纠正意见的，人民检察院应当提请上级人民检察院继续监督。

【相关规定】

《中华人民共和国刑法》第七十八条　被判处管制、拘役、有期徒刑、无期徒刑的犯罪分子，在执行期间，如果认真遵守监规，接受教育改造，确有悔改表现的，或者有立功表现的，可以减刑；有下列重大立功表现之一的，应当减刑：

（一）阻止他人重大犯罪活动的；

（二）检举监狱内外重大犯罪活动，经查证属实的；

（三）有发明创造或者重大技术革新的；

（四）在日常生产、生活中舍己救人的；

（五）在抗御自然灾害或者排除重大事故中，有突出表现的；

（六）对国家和社会有其他重大贡献的。

减刑以后实际执行的刑期不能少于下列期限：

（一）判处管制、拘役、有期徒刑的，不能少于原判刑期的二分之一；

（二）判处无期徒刑的，不能少于十三年；

（三）人民法院依照本法第五十条第二款规定限制减刑的死刑缓期执行的犯罪分子，缓期执行期满后依法减为无期徒刑的，不能少于二十五年，缓期执行期满后依法减为二十五年有期徒刑的，不能少于二十年。

《最高人民法院关于办理减刑、假释案件具体应用法律若干问题的规定》（法释〔2012〕2号）第十三条 判处拘役或者三年以下有期徒刑并宣告缓刑的罪犯，一般不适用减刑。

前款规定的罪犯在缓刑考验期限内有重大立功表现的，可以参照刑法第七十八条的规定，予以减刑，同时应依法缩减其缓刑考验期限。拘役的缓刑考验期限不能少于二个月，有期徒刑的缓刑考验期限不能少于一年。

《人民检察院刑事诉讼规则》（高检发释〔2019〕4号）第六百四十一条 人民检察院对人民法院减刑、假释的裁定提出纠正意见后，应当监督人民法院是否在收到纠正意见后一个月以内重新组成合议庭进行审理，并监督重新作出的裁定是否符合法律规定。对最终裁定不符合法律规定的，应当向同级人民法院提出纠正意见。

《最高人民法院、最高人民检察院、公安部、司法部社区矫正实施办法》（司发通〔2012〕12号）第二十八条 社区矫正人员符合法定减刑条件的，由居住地县级司法行政机关提出减刑建议书并附相关证明材料，经地（市）级司法行政机关审核同意后提请社区矫正人员居住地的中级人民法院裁定。人民法院应当自收到之日起一个月内依法裁定；暂予监外执行罪犯的减刑，案情复杂或者情况特殊的，可以延长一个月。司法行政机关减刑建议书和人民法院减刑裁定书副本，应当同时抄送社区矫正人员居住地同级人民检察院和公安机关。

罪犯康某假释监督案

（检例第 71 号）

【关键词】　未成年罪犯　假释适用　帮教

【要旨】

人民检察院办理未成年罪犯减刑、假释监督案件，应当比照成年罪犯依法适当从宽把握假释条件。对既符合法定减刑条件又符合法定假释条件的，可以建议刑罚执行机关优先适用假释。审查未成年罪犯是否符合假释条件时，应当结合犯罪的具体情节、原判刑罚情况、刑罚执行中的表现、家庭帮教能力和条件等因素综合认定。

【基本案情】

罪犯康某，男，1999 年 9 月 29 日出生，汉族，初中文化。2016 年 12 月 23 日因犯抢劫罪被河南省安阳市中级人民法院终审判处有期徒刑三年，并处罚金人民币 1000 元，刑期至 2018 年 11 月 13 日。康某因系未成年罪犯，于 2017 年 1 月 20 日被交付到河南省郑州未成年犯管教所执行刑罚。2018 年 6 月，郑州未成年犯管教所在办理减刑过程中，认定康某认真遵守监规，接受教育改造，确有悔改表现，拟对其提请减刑。

【检察机关监督情况】

1. 线索发现。2018 年 6 月，郑州未成年犯管教所就罪犯康某提请减刑征求检察机关意见，郑州市人民检察院审查认为，康某符合法定减刑条件，同时符合法定假释条件，依据相关司法解释规定可以优先适用假释。与对罪犯适用减刑相比，假释更有利于促进罪犯教育改造和融入社会。

2. 调查核实。为了确保监督意见的准确性，派驻检察室根据假释的条件重点开展了以下调查核实工作：一是对康某改造表现进行考量。通过询问罪犯、监管民警及相关人员，查阅计分考核材料，认定康某在服刑期间确有悔改表现。二是对康某原判犯罪情节进行考量。通过审查案卷材料，查明康某虽系抢劫犯罪，但其犯罪时系在校学生，犯罪情节较轻，且罚金刑已履行完毕。三是对康某假释后是否具有再犯罪危险进行考量。结合司法局出具的"关于对康某适用假释调查评估意见书"，走访调取了康某居住地村支书、邻居等人的证言，证实康某犯罪前表现良好，无犯罪前科和劣迹，且上述人员均愿意协助监管帮教康某。四是对康某家庭是否具有监管条件和能力进行考量。通过走访康某原在校班主任，其证实康某在校期间系班干部，学习刻苦，乐于助人，无违反校规校纪情况；康某的父母职业稳定，认识到康某所犯罪行的社会危险性，对康某假释后监管帮教有明确可行的措施和计划。

3. 监督意见。2018 年 6 月 26 日，郑州市人民检察院提出对罪犯康某依法提请假释的检察意见。郑州未成年犯管教所接受检察机关的意见，于 2018 年 6 月 28 日向郑州市中级人民法院提请审核裁定。为增强假释庭审效果，督促罪犯父母协助落实帮教措施，郑州市人民检察院提出让康某的父母参加假释庭审的建议并被郑州市中级人民法院采纳。

4. 监督结果。2018 年 7 月 27 日，郑州市中级人民法院在郑州未成年犯管教所开庭审理罪犯康某假释案。庭审中，检察人员发表了依法对康某假释的检察意见，对康某成长经历、犯罪轨迹、性格特征、原判刑罚执行、假释后监管条件和帮教措施等涉及康某假释的问题进行了说明。康某的父母以及郑州未成年犯管教所百余名未成年服刑罪犯旁听了庭审，康某父母检讨了在教育孩子问题上的不足并提出了假释后的家庭帮教措施，百余名未成年罪犯受到了很好的法治教育。2018 年 7 月 30 日，郑州市中级人民法院依法对罪犯康某裁定假释。

【指导意义】

1. 罪犯既符合法定减刑条件又符合法定假释条件的，可以优先适用假释。减刑、假释都是刑罚变更执行的重要方式，与减刑相比，假释更有利于维护裁判的权威和促进罪犯融入社会、预防罪犯再犯罪。目前，世界其他法治国家多数是实行单一假释制度或者是假释为主、减刑为辅的刑罚变更执行制度。但在我国司法实践中，减刑、假释适用不平衡，罪犯减刑比例一般在百分之二十多，假释比例只有百分之一左右，假释适用率低。人民检察院在办理减刑、假释案件时，应当充分发挥减刑、假释制度的不同价值功能，对既符合法定减刑条件又符合法定假释条件的罪犯，可以建议刑罚执行机关提请人民法院优先适用假释。

2. 对犯罪时未满十八周岁的罪犯适用假释可以依法从宽掌握，综合各种因素判断罪犯是否符合假释条件。人民检察院办理犯罪时未满十八周岁的罪犯假释案件，应当综合罪犯犯罪情节、原判刑罚、服刑表现、身心特点、监管帮教等因素依法从宽掌握。特别是对初犯、偶犯和在校学生等罪犯，假释后其家庭和社区具有帮教能力和条件的，可以建议刑罚执行机关和人民法院依法适用假释。对罪犯"假释后有无再犯罪危险"的审查判断，人民检察院应当根据相关法律和司法解释的规定，结合未成年罪犯犯罪的具体情节、原判刑罚情况，其在刑罚执行中的一贯表现、帮教条件（包括其身体状况、性格特征、被假释后生活来源以及帮教环境等因素）综合考虑。

3. 对犯罪时未满十八周岁的罪犯假释案件，人民检察院可以建议罪犯的父母参加假释庭审。将未成年人罪犯父母到庭制度引入假释案件审理中，有助于更好地调查假释案件相关情况，客观准确地适用法律，保障罪犯的合法权益，督促罪犯假释后社会帮教责任的落实，有利于发挥司法机关、家庭和社会对罪犯改造帮教的合力作用，促进罪犯的权益保护和改造教育，实现办案的政治效果、法律效果和社会效果的有机统一。

4. 人民检察院应当做好罪犯监狱刑罚执行和社区矫正法律监督工作的衔接，继续加强对假释的罪犯社区矫正活动的法律监督。监狱罪犯被裁定假释实行社区矫正后，检察机关应当按照《中华人民共和国社区矫正法》的有关规定，监督有关部门做好罪犯的交付、接收等工作，并应当做好对社区矫正机构对罪犯社区矫正活动的监督，督促社区矫正机构对罪犯进行法治、道德等方面的教育，组织其参加公益活动，增强其法治观念，提高其道德素质和社会责任感，帮助其融入社会，预防和减少犯罪。

【相关规定】

《中华人民共和国刑法》第八十一条 被判处有期徒刑的犯罪分子，执行原判刑期二分之一以上，被判处无期徒刑的犯罪分子，实际执行十三年以上，如果遵守监规，接受教育改造，确有悔改表现，没有再犯罪的危险的，可以假释。如果有特殊情况的，经最高人民法院核准，可以不受上述执行刑期的限制。

对累犯以及因故意杀人、强奸、抢劫、绑架、放火、爆炸、投放危险物质或者有组织的暴力犯罪被判处十年以上有期徒刑、无期徒刑的犯罪分子，不得假释。

对犯罪分子决定假释时，应当考虑其假释后对所居住社区的影响。

第八十二条 对于犯罪分子的假释，依照本法第七十九条的程序进行。非经法定程序不得假释。

《中华人民共和国刑事诉讼法》第二百七十三条 被判处管制、拘役、有期徒刑或者无期徒刑的罪犯，在执行期间确有悔改表现或者立功表现，应当依法予以减刑、假释的时候，由执行机关提出建议书，报请人民法院审核裁定，并将建议书副本抄送人民检察院。

人民检察院可以向人民法院提出书面意见。

第二百七十四条　人民检察院认为人民法院减刑、假释裁定不当，应当在收到裁定书副本后二十日以内，向人民法院提出书面纠正意见。人民法院应当在收到纠正意见后一个月内重新组成合议庭进行审理，作出最终裁定。

《中华人民共和国未成年人保护法》第五十条　公安机关、人民检察院、人民法院以及司法行政部门，应当依法履行职责，在司法活动中保护未成年人的合法权益。

《中华人民共和国预防未成年人犯罪法》第四十七条　未成年人的父母或者其他监护人和学校、城市居民委员会、农村村民委员会，对因不满十六周岁而不予刑事处罚、免予刑事处罚的未成年人，或者被判处非监禁刑罚、被判处刑罚宣告缓刑、被假释的未成年人，应当采取有效的帮教措施，协助司法机关做好未成年人的教育、挽救工作。

《中华人民共和国社区矫正法》第三十六条　社区矫正机构根据需要，对社区矫正对象进行法治、道德等教育，增强其法治观念，提高其道德素质和悔罪意识。

对社区矫正对象的教育应当根据其个体特征、日常表现等实际情况，充分考虑其工作和生活情况，因人施教。

第四十二条　社区矫正机构可以根据社区矫正对象的个人特长，组织其参加公益活动，修复社会关系，培养社会责任感。

《最高人民法院关于办理减刑、假释案件具体应用法律的规定》第二十六条　对下列罪犯适用假释时可以依法从宽掌握：

（一）过失犯罪的罪犯、中止犯罪的罪犯、被胁迫参加犯罪的罪犯；

（二）因防卫过当或者紧急避险过当而被判处有期徒刑以上刑罚的罪犯；

（三）犯罪时未满十八周岁的罪犯；

（四）基本丧失劳动能力、生活难以自理，假释后生活确有着落的老年罪犯、患严重疾病罪犯或者身体残疾罪犯；

（五）服刑期间改造表现特别突出的罪犯；

（六）具有其他可以从宽假释情形的罪犯。

罪犯既符合法定减刑条件，又符合法定假释条件的，可以优先适用假释。

罪犯王某某暂予监外执行监督案

（检例第 72 号）

【关键词】暂予监外执行监督　徇私舞弊　不计入执行刑期　贿赂　技术性证据的审查

【要旨】

人民检察院对违法暂予监外执行进行法律监督时，应当注意发现和查办背后的相关司法工作人员职务犯罪。对司法鉴定意见、病情诊断意见的审查，应当注重对其及所依据的原始资料进行重点审查。发现不符合暂予监外执行条件的罪犯通过非法手段暂予监外执行的，应当依法监督纠正。办理暂予监外执行案件时，应当加强对鉴定意见等技术性证据的联合审查。

【基本案情】

罪犯王某某，男，1966 年 4 月 3 日出生，个体工商户。2010 年 9 月 16 日，因犯保险诈骗罪被辽宁省营口市站前区人民法院判处有期徒刑五年，并处罚金人民币十万元。

罪犯王某某审前未被羁押但被判处实刑，交付执行过程中，罪犯王某某及其家属以其身体有病为由申请暂予监外执行，法院随后启动保外就医鉴定工作。2011 年 5 月 17 日，营口市站前区人民法院依据营口市中医院司法鉴定所出具的罪犯疾病伤残司法鉴定书，因罪犯王某某患 "2 型糖尿病""脑梗塞"，符合《罪犯保外就医疾病伤残范围》（司发〔1990〕247 号）第十条规定，决定对其暂予监外执行一年。一年期满后，经社区矫正机构提示和检察机关督促，法院再次启动暂予监外执行鉴定工作，委托营口市中医院司法鉴定所进行鉴定。期间，营口市中医院司法鉴定所被上级主管部门依法停业整顿，未能及时出具鉴定意见书。2014 年 7 月 29 日，营口市站前区人民法院依据营口市中医院司法鉴定所出具的罪犯疾病伤残司法鉴定书，以罪犯王某某患有 "高血压病 3 期，极高危""糖尿病合并多发性脑梗塞"，符合《罪犯保外就医疾病伤残范围》（司发〔1990〕247 号）第三条、第十条规定，决定对其暂予监外执行一年。

2015 年 1 月 16 日，营口市站前区人民法院因罪犯王某某犯保险诈骗犯罪属于 "三类罪犯"、所患疾病为 "高血压"，依据 2014 年 12 月 1 日起施行的《暂予监外执行规定》，要求该罪犯提供经诊断短期内有生命危险的证明。罪犯王某某因无法提供上述证明被营口市站前区人民法院决定收监执行剩余刑期有期徒刑三年，已经暂予监外执行的两年计入执行刑期。2015 年 9 月 8 日，罪犯王某某被交付执行刑罚。

【检察机关监督情况】

1. 线索发现。2016 年 3 月，辽宁省营口市人民检察院在对全市两级法院决定暂予监外执行案件进行检察中发现，营口市站前区人民法院对罪犯王某某决定暂予监外执行所依据的病历资料、司法鉴定书等证据材料有诸多疑点，于是调取了该罪犯的法院暂予监外执行卷宗、社区矫正档案、司法鉴定档案等。经审查发现：罪犯王某某在进行司法鉴定时，负责对其进行查体的医生与本案鉴定人不是同一人，卷宗材料无法证实鉴定人是否见过王某某本人；罪犯王某某 2011 年 5 月 17 日、2014 年 7 月 29 日两次得到暂予监外执行均因其患有"脑梗塞"，但两次司法鉴定中均未做过头部 CT 检查。

2. 立案侦查。营口市人民检察院经审查认为，罪犯王某某暂予监外执行过程中有可能存在违纪或违法问题，依法决定对该案进行调查核实。检察人员调取了罪犯王某某在营口市中心医院的住院病历等书证与鉴定档案等进行比对，协调监狱对罪犯王某某重新进行头部 CT 检查，对时任营口市中医院司法鉴定所负责人赵某、营口市中级人民法院技术科科长张某及其他相关人员进行询问。经过调查核实，检察机关基本查明了罪犯王某某违法暂予监外执行的事实，认为相关工作人员涉嫌职务犯罪。2016 年 4 月 10 日，营口市人民检察院以营口市中级人民法院技术科科长张某、营口市中医院司法鉴定所负责人赵某涉嫌徇私舞弊暂予监外执行犯罪，依法对其立案侦查。经侦查查明：2010 年 12 月至 2013 年 5 月，张某在任营口市中级人民法院技术科科长期间，受罪犯王某某亲友等人请托，在明知罪犯王某某不符合保外就医条件的情况下，利用其负责鉴定业务对外进行委托的职务便利，两次指使营口市中医院司法鉴定所负责人赵某为罪犯王某某作出虚假的符合保外就医条件的罪犯疾病伤残司法鉴定意见。赵某在明知罪犯王某某不符合保外就医条件的情况下，违规签发了罪犯王某某因患"糖尿病合并脑梗塞"、符合保外就医条件的司法鉴定书，导致罪犯王某某先后两次被法院决定暂予监外执行。期间，张某收受罪犯王某某亲友给付好处费人民币五万元，赵某收受张某给付的好处费人民币七千元。同时，检察机关注意到罪犯王某某的亲友为帮助王某某违法暂予监外执行，向营口市中级人民法院技术科科长张某等人行贿，但综合考虑相关情节和因素后，检察机关当时决定不立案追究其刑事责任。

3. 监督结果。案件侦查终结后，检察机关以张某构成受贿罪、徇私舞弊暂予监外执行罪，赵某构成徇私舞弊暂予监外执行罪，依法向人民法院提起公诉。2017 年 5 月 27 日，人民法院以张某犯受贿罪、徇私舞弊暂予监外执行罪，赵某犯徇私舞弊暂予监外执行罪，对二人定罪处罚。

判决生效后，检察机关依法向营口市站前区人民法院发出《纠正不当暂予监外执行决定意见书》，提出罪犯王某某在不符合保外就医条件的情况下，通过他人贿赂张某、赵某等人谋取了虚假的疾病伤残司法鉴定意见；营口市站前区人民法院依据虚假鉴定意见作出的暂予监外执行决定显属不当，建议法院依法纠正 2011 年 5 月 17 日和 2014 年 7 月 29 日对罪犯王某某作出的两次不当暂予监外执行决定。

营口市站前区人民法院采纳了检察机关的监督意见，作出《收监执行决定书》，认定"罪犯王某某贿赂司法鉴定人员，被二次鉴定为符合暂予监外执行条件，人民法院以此为依据决定对其暂予监外执行合计二年，上述二年暂予监外执行期限不计入已执行刑期"。后罪犯王某某被收监再执行有期徒刑二年。

【指导意义】

1. 人民检察院对暂予监外执行进行法律监督时，应注重发现和查办违法暂予监外执行背后的相关司法工作人员职务犯罪案件。实践中，违法暂予监外执行案件背后往往隐藏着司法腐败。因此，检察机关在监督纠正违法暂予监外执行的同时，应当注意发现和查办违法监外执行背后存在的相关司法工作人员职务犯罪案件，把刑罚变更执行法律监督与职务犯罪侦查工作相结合，以监督促侦查，以侦查促监督，不断提升法律监督质效。在违法暂予监外执行案件中，一些罪犯亲友往往通过贿赂相关司法工作人员等手段，帮助罪犯违法暂予监外执行，这是违法暂予监外执行中较为常见的一种现象，对于情节严重的，应当依法追究其刑事责任。

2. 对司法鉴定意见、病情诊断意见的审查，应当注重对其及所依据的原始资料进行重点审查。检察人员办理暂予监外执行监督案件时，应当在审查鉴定意见、病情诊断的基础上，对鉴定意见、病情诊断所依据的原始资料进行重点审查，包括罪犯以往就医病历资料、病情诊断所依据的体检记录、住院病案、影像学报告、检查报告单等，判明原始资料以及鉴定意见和病情诊断的真伪、资料的证明力、鉴定人员的资质、产生资料的程序等问题，以及是否能够据此得出鉴定意见、病情诊断所阐述的结论性意见，相关鉴定部门及鉴定人的鉴定行为是否合法有效等。经审查发现疑点的应进行调查核实，可以邀请有专门知识的人参加。同时，也可以视情况要求有关部门重新组织或者自行组织诊断、检查或者鉴别。

3. 办理暂予监外执行案件时，应当加强对鉴定意见等技术性证据的联合审查。司法实践中，负责直接办理暂予监外执行监督案件的刑事执行检察人员一般缺乏专业性的医学知识，为确保检察意见的准确性，刑事执行检察人员在办理暂予监外执行监督案件时，应当委托检察技术人员对鉴定意见等技术性证据进行审查，检察技术人员应当协助刑事执行检察人员审查或者组织审查案件中涉及的鉴定意见等技术性证据。刑事执行检察人员可以将技术性证据审查意见作为审查判断证据的参考，也可以作为决定重新鉴定、补充鉴定或提出检察建议的依据。

【相关规定】

《中华人民共和国刑法》第四百零一条　司法工作人员徇私舞弊，对不符合减刑、假释、暂予监外执行条件的罪犯，予以减刑、假释或者暂予监外执行的，处三年以下有期徒刑或者拘役；情节严重的，处三年以上七年以下有期徒刑。

《中华人民共和国刑事诉讼法》第二百六十七条　决定或者批

准暂予监外执行的机关应当将暂予监外执行决定抄送人民检察院。人民检察院认为暂予监外执行不当的，应当自接到通知之日起一个月以内将书面意见送交决定或者批准暂予监外执行的机关，决定或者批准暂予监外执行的机关接到人民检察院的书面意见后，应当立即对该决定进行重新核查。

第二百六十八条　对暂予监外执行的罪犯，有下列情形之一的，应当及时收监：（一）发现不符合暂予监外执行条件的；（二）严重违反有关暂予监外执行监督管理规定的；（三）暂予监外执行的情形消失后，罪犯刑期未满的。对于人民法院决定暂予监外执行的罪犯应当予以收监的，由人民法院作出决定，将有关的法律文书送达公安机关、监狱或者其他执行机关。不符合暂予监外执行条件的罪犯通过贿赂等非法手段被暂予监外执行的，在监外执行的期间不计入执行刑期。罪犯在暂予监外执行期间脱逃的，脱逃的期间不计入执行刑期。罪犯在暂予监外执行期间死亡的，执行机关应当及时通知监狱或者看守所。

最高人民法院、最高人民检察院、公安部、司法部、国家卫生计生委《暂予监外执行规定》第二十九条　人民检察院发现暂予监外执行的决定或者批准机关、监狱、看守所、社区矫正机构有违法情形的，应当依法提出纠正意见。

第三十条　人民检察院认为暂予监外执行不当的，应当自接到决定书之日起一个月以内将书面意见送交决定或者批准暂予监外执行的机关，决定或者批准暂予监外执行的机关接到人民检察院的书面意见后，应当立即对该决定进行重新核查。

第三十一条　人民检察院可以向有关机关、单位调阅有关材料、档案，可以调查、核实有关情况，有关机关、单位和人员应当予以配合。人民检察院认为必要时，可以自行组织或者要求人民法院、监狱、看守所对罪犯重新组织进行诊断、检查或者鉴别。

第三十二条　在暂予监外执行执法工作中，司法工作人员或者从事诊断、检查、鉴别等工作的相关人员有玩忽职守、徇私舞弊、滥用职权等违法违纪行为的，依法给予相应的处分；构成犯罪的，依法追究刑事责任。

第二章　刑法分则

第一节　危害公共安全罪

王召成等非法买卖、储存危险物质案

（法例 13 号）

【关键词】刑事　非法买卖、储存危险物质　毒害性物质

【裁判要点】

1. 国家严格监督管理的氰化钠等剧毒化学品，易致人中毒或者死亡，对人体、环境具有极大的毒害性和危险性，属于刑法第一百二十五条第二款规定的"毒害性"物质。

2. "非法买卖"毒害性物质，是指违反法律和国家主管部门规定，未经有关主管部门批准许可，擅自购买或者出售毒害性物质的行为，并不需要兼有买进和卖出的行为。

【相关法条】

《中华人民共和国刑法》第一百二十五条第二款

【基本案情】

公诉机关指控：被告人王召成、金国淼、孙永法、钟伟东、周智明非法买卖氰化钠，危害公共安全，且系共同犯罪，应当以非法买卖危险物质罪追究刑事责任，但均如实供述自己的罪行，购买氰

化钠用于电镀，未造成严重后果，可以从轻处罚，并建议对五被告人适用缓刑。

被告人王召成的辩护人辩称：氰化钠系限用而非禁用剧毒化学品，不属于毒害性物质，王召成等人擅自购买氰化钠的行为，不符合刑法第一百二十五条第二款规定的构成要件，在未造成严重后果的情形下，不应当追究刑事责任，故请求对被告人宣告无罪。

法院经审理查明：被告人王召成、金国淼在未依法取得剧毒化学品购买、使用许可的情况下，约定由王召成出面购买氰化钠。2006 年 10 月至 2007 年年底，王召成先后 3 次以每桶 1000 元的价格向倪荣华（另案处理）购买氰化钠，共支付给倪荣华 40000 元。2008 年 8 月至 2009 年 9 月，王召成先后 3 次以每袋 975 元的价格向李光明（另案处理）购买氰化钠，共支付给李光明 117000 元。王召成、金国淼均将上述氰化钠储存在浙江省绍兴市南洋五金有限公司其二人各自承包车间的带锁仓库内，用于电镀生产。其中，王召成用总量的三分之一，金国淼用总量的三分之二。2008 年 5 月和 2009 年 7 月，被告人孙永法先后共用 2000 元向王召成分别购买氰化钠 1 桶和 1 袋。2008 年 7、8 月间，被告人钟伟东以每袋 1000 元的价格向王召成购买氰化钠 5 袋。2009 年 9 月，被告人周智明以每袋 1000 元的价格向王召成购买氰化钠 3 袋。孙永法、钟伟东、周智明购得氰化钠后，均储存于各自车间的带锁仓库或水槽内，用于电镀生产。

【裁判结果】

浙江省绍兴市越城区人民法院于 2012 年 3 月 31 日作出 （2011）绍越刑初字第 205 号刑事判决，以非法买卖、储存危险物质罪，分别判处被告人王召成有期徒刑三年，缓刑五年；被告人金国淼有期徒刑三年，缓刑四年六个月；被告人钟伟东有期徒刑三年，缓刑四年；被告人周智明有期徒刑三年，缓刑三年六个月；被告人孙永法有期徒刑三年，缓刑三年。宣判后，五被告人均未提出上诉，判决已发生法律效力。

【裁判理由】

法院生效裁判认为：被告人王召成、金国淼、孙永法、钟伟东、周智明在未取得剧毒化学品使用许可证的情况下，违反国务院《危险化学品安全管理条例》等规定，明知氰化钠是剧毒化学品仍非法买卖、储存，危害公共安全，其行为均已构成非法买卖、储存危险物质罪，且系共同犯罪。关于王召成的辩护人提出的辩护意见，经查，氰化钠虽不属于禁用剧毒化学品，但系列入危险化学品名录中严格监督管理的限用的剧毒化学品，易致人中毒或者死亡，对人体、环境具有极大的毒害性和极度危险性，极易对环境和人的生命健康造成重大威胁和危害，属于刑法第一百二十五条第二款规定的"毒害性"物质；"非法买卖"毒害性物质，是指违反法律和国家主管部门规定，未经有关主管部门批准许可，擅自购买或者出售毒害性物质的行为，并不需要兼有买进和卖出的行为；王召成等人不具备购买、储存氰化钠的资格和条件，违反国家有关监管规定，非法买卖、储存大量剧毒化学品，逃避有关主管部门的安全监督管理，破坏危险化学品管理秩序，已对人民群众的生命、健康和财产安全产生现实威胁，足以危害公共安全，故王召成等人的行为已构成非法买卖、储存危险物质罪，上述辩护意见不予采纳。王召成、金国淼、孙永法、钟伟东、周智明到案后均能如实供述自己的罪行，且购买氰化钠用于电镀生产，未发生事故，未发现严重环境污染，没有造成严重后果，依法可以从轻处罚。根据五被告人的犯罪情节及悔罪表现等情况，对其可依法宣告缓刑。公诉机关提出的量刑建议，王召成、钟伟东、周智明请求从轻处罚的意见，予以采纳，故依法作出如上判决。

张某某、金某危险驾驶案

（法例 32 号）

【关键词】 刑事　危险驾驶罪　追逐竞驶　情节恶劣

【裁判要点】

1. 机动车驾驶人员出于竞技、追求刺激、斗气或者其他动机，在道路上曲折穿行、快速追赶行驶的，属于《中华人民共和国刑法》第一百三十三条之一规定的"追逐竞驶"。

2. 追逐竞驶虽未造成人员伤亡或财产损失，但综合考虑超过限速、闯红灯、强行超车、抗拒交通执法等严重违反道路交通安全法的行为，足以威胁他人生命、财产安全的，属于危险驾驶罪中"情节恶劣"的情形。

【相关法条】

《中华人民共和国刑法》第一百三十三条之一

【基本案情】

2012 年 2 月 3 日 20 时 20 分许，被告人张某某、金某相约驾驶摩托车出去享受大功率摩托车的刺激感，约定"陆家浜路、河南南路路口是目的地，谁先到谁就等谁"。随后，由张某某驾驶无牌的本田大功率二轮摩托车（经过改装），金某驾驶套牌的雅马哈大功率二轮摩托车（经过改装），从上海市浦东新区乐园路 99 号车行出发，行至杨高路、巨峰路路口掉头沿杨高路由北向南行驶，经南浦大桥到陆家浜路下桥，后沿河南南路经复兴东路隧道、张杨路回到张某某住所。全程 28.5 公里，沿途经过多个公交站点、居民小区、学校和大型超市。在行驶途中，二被告人驾车在密集车流中反复并线、曲折穿插、多次闯红灯、大幅度超速行驶。当行驶至陆家浜路、河南南路路口时，张某某、金某遇执勤民警检查，遂驾车沿河南南路经复兴东路隧道、张杨路逃离。其中，在杨高南路浦建路立交（限速60km/h）张某某行驶速度115km/h、金某行驶速度98km/h；在南浦大桥桥面（限速60km/h）张某某行驶速度108km/h、金某行驶速度108km/h；在南浦大桥陆家浜路引桥下匝道（限速40km/h）张某某行驶速度大于59km/h、金某行驶速度大于68km/h；在复兴东路隧道（限速60km/h）张某某行驶速度102km/h、金某行驶速度99km/h。

2012年2月5日21时许，被告人张某某被抓获到案后，如实供述上述事实，并向公安机关提供被告人金某的手机号码。金某接到公安机关电话通知后于2月6日21时许主动投案，并如实供述上述事实。

【裁判结果】

上海市浦东新区人民法院于2013年1月21日作出（2012）浦刑初字第4245号刑事判决：被告人张某某犯危险驾驶罪，判处拘役四个月，缓刑四个月，并处罚金人民币四千元；被告人金某犯危险驾驶罪，判处拘役三个月，缓刑三个月，并处罚金人民币三千元。宣判后，二被告人均未上诉，判决已发生法律效力。

【裁判理由】

法院生效裁判认为：根据《中华人民共和国刑法》第一百三十三条之一第一款规定，"在道路上驾驶机动车追逐竞驶，情节恶劣的"构成危险驾驶罪。刑法规定的"追逐竞驶"，一般指行为人出于竞技、追求刺激、斗气或者其他动机，二人或二人以上分别驾驶机动车，违反道路交通安全规定，在道路上快速追赶行驶的行为。本案中，从主观驾驶心态上看，二被告人张某某、金某到案后先后供述"心里面想找点享乐和刺激""在道路上穿插、超车、得到心理满足"；在面临红灯时，"刹车不舒服、逢车必超""前方有车就变道曲折行驶再超越"。二被告人上述供述与相关视听资料相互印证，可以反映出其追求刺激、炫耀驾驶技能的竞技心理。从客观行为上看，二被告人驾驶超标大功率的改装摩托车，为追求速度，多次随意变道、闯红灯、大幅超速等严重违章。从行驶路线看，二被告人共同自浦东新区乐园路99号出发，至陆家浜路、河南南路路口接人，约定了竞相行驶的起点和终点。综上所述，可以认定二被告人的行为属于危险驾驶罪中的"追逐竞驶"。

关于本案被告人的行为是否属于"情节恶劣"，应从其追逐竞驶行为的具体表现、危害程度、造成的危害后果等方面，综合分析其对道路交通秩序、不特定多人生命、财产安全威胁的程度是否"恶劣"。本案中，二被告人追逐竞驶行为，虽未造成人员伤亡和财产损失，但从以下情形分析，属于危险驾驶罪中的"情节恶劣"：第一，从驾驶的车辆看，二被告人驾驶的系无牌和套牌的大功率改装摩托车；第二，从行驶速度看，总体驾驶速度很快，多处路段超速达50%以上；第三，从驾驶方式看，反复并线、穿插前车、多次闯红灯行驶；第四，从对待执法的态度看，二被告人在民警盘查时驾车逃离；第五，从行驶路段看，途经的杨高路、张杨路、南浦大桥、复兴东路隧道等均系城市主干道，沿途还有多处学校、公交和地铁站点、居民小区、大型超市等路段，交通流量较大，行驶距离较长，在高速驾驶的刺激心态下和躲避民警盘查的紧张心态下，极易引发重大恶性交通事故。上述行为，给公共交通安全造成一定危险，足以威胁他人生命、财产安全，故可以认定二被告人追逐竞驶的行为属于危险驾驶罪中的"情节恶劣"。

被告人张某某到案后如实供述所犯罪行，依法可以从轻处罚。被告人金某投案自首，依法亦可以从轻处罚。鉴于二被告人在庭审中均已认识到行为的违法性及社会危害性，保证不再实施危险驾驶行为，并多次表示认罪悔罪，且其行为尚未造成他人人身、财产损害后果，故依法作出如上判决。

余某某等人重大劳动安全事故、重大责任事故案

（检例第 94 号）

【关键词】 重大劳动安全事故罪 重大责任事故罪 关联案件办理 追诉漏罪漏犯 检察建议

【要旨】

办理危害生产安全刑事案件，要根据案发原因及涉案人员的职责和行为，准确适用重大责任事故罪和重大劳动安全事故罪。要全面审查案件事实证据，依法追诉漏罪漏犯，准确认定责任主体和相关人员责任，并及时移交职务违法犯罪线索。针对事故中暴露出的相关单位安全管理漏洞和监管问题，要及时制发检察建议，督促落实整改。

【基本案情】

被告人余某某，男，湖北 A 化工集团股份有限公司（简称 A 化工集团）原董事长、当阳市 B 矸石发电有限责任公司（简称 B 矸石发电公司，该公司由 A 化工集团投资控股）原法定代表人。

被告人张某某，男，A 化工集团物资供应公司原副经理。

被告人双某某，男，B 矸石发电公司原总经理。

被告人赵某某，男，A 化工集团原副总经理、总工程师。

被告人叶某某，男，A 化工集团生产部原部长。

被告人赵玉某，男，B 矸石发电公司原常务副总经理兼总工程师。

被告人王某某，男，B 矸石发电公司原锅炉车间主任。

2015 年 6 月，B 矸石发电公司热电联产项目开工建设。施工中，余某某、双某某为了加快建设进度，在采购设备时，未按湖北

省发展与改革委员会关于该项目须公开招投标的要求，自行组织邀请招标。张某某收受无生产资质的重庆某仪表有限公司（简称仪表公司）负责人李某某给予的 4000 元好处费及钓鱼竿等财物，向其采购了质量不合格的"一体焊接式长颈喷嘴"（简称喷嘴），安装在 2 号、3 号锅炉高压主蒸汽管道上。项目建成后，余某某、双某某擅自决定试生产。

2016 年 8 月 10 日凌晨，B 矸石发电公司锅炉车间当班员工巡检时发现集中控制室前楼板滴水、2 号锅炉高压主蒸汽管道保温层漏汽。赵玉某、王某某赶到现场，未发现滴水情况和泄漏点，未进一步探查。8 月 11 日 11 时许，锅炉运行人员发现事故喷嘴附近有泄漏声音且温度比平时高，赵玉某指示当班员工继续加强监控。13 时许，2 号锅炉主蒸汽管道蒸汽泄漏更加明显且伴随高频啸叫声。赵玉某、王某某未按《锅炉安全技术规程》《锅炉运行规程》等规定下达紧急停炉指令。13 时 50 分至 14 时 20 分，叶某某先后三次接到 B 矸石发电公司生产科副科长和 A 化工集团生产调度中心调度员电话报告"2 号锅炉主蒸汽管道有泄漏，请求停炉"。叶某某既未到现场处置，也未按规定下达停炉指令。14 时 30 分，叶某某向赵某某报告"蒸汽管道泄漏，电厂要求停炉"。赵某某未按规定下达停炉指令，亦未到现场处置。14 时 49 分，2 号锅炉高压主蒸汽管道上的喷嘴发生爆裂，致使大量高温蒸汽喷入事故区域，造成 22 人死亡、4 人受伤，直接经济损失 2313 万元。

【检察机关履职过程】

（一）介入侦查

事故发生后，当阳市公安局以涉嫌重大责任事故罪对余某某、双某某、张某某、赵玉某、王某某、赵某某、叶某某等人立案侦查并采取强制措施。当阳市人民检察院提前介入，参加公安机关案情研讨，从三个方面提出取证重点：一是查明事故企业在立项审批、设备采购、项目建设及招投标过程中是否存在违法违规行为；二是查明余某某等人对企业安全生产的管理职责；三是查明在事故过程中，余某某等人的履职情况及具体行为。当阳市公安局补充完善上述证据，侦查终结后，于 2017 年 1 月 23 日至 2 月 22 日对余某某等7 人以涉嫌重大责任事故罪先后向当阳市人民检察院移送起诉。

（二）审查起诉

该事故涉及的系列案件共 11 件 14 人，除上述 7 人外，还包括湖北省特种设备检验检测研究院宜昌分院、当阳市发展与改革局、当阳市质监局工作人员涉嫌的渎职犯罪，A 化工集团有关人员涉嫌的帮助毁灭证据犯罪以及仪表公司涉嫌的生产、销售伪劣产品犯罪。当阳市人民检察院按照案件类型成立多个办案组，根据案件的难易程度调配力量，保证各办案组的审查起诉工作协调推进。由于不同罪名的案情存在密切关联，为使各办案组掌握全部案情，办案部门定期召开检察官联席会议，统一协调系列案件的办理。

当阳市人民检察院审查认为：本次事故发生的最主要原因是 B 矸石发电公司所采购的喷嘴系质量不合格的劣质产品，直接原因是主蒸汽管道蒸汽泄漏形成重大安全隐患时，相关管理人员没有按照操作规程及时停炉，作出正确处置。余某某、双某某作为 A 化工集团负责人和 B 矸石发电公司管理者，在热电联产项目设备采购过程中，未按审批内容公开招标，自行组织邀请招标，监督管理不到位，致使采购人员采购了质量不合格的喷嘴；张某某作为 A 化工集团电气设备采购负责人，收受投标人好处费，怠于履行职责，未严格审查投标单位是否具备相关生产资质，采购了无资质厂家生产的存在严重安全隐患的劣质产品，3 人的主要责任均在于未依法依规履职，致使 B 矸石发电公司的安全生产设施和条件不符合国家规定，从而导致本案事故的发生，涉嫌构成重大劳动安全事故罪。赵某某作为 A 化工集团副总经理、总工程师，叶某某作为该集团生产部部长，赵玉某作为 B 矸石发电公司的副总经理，王某某作为该公司锅炉车间主任，对 B 矸石发电公司的安全生产均负有直接管理职责，4 人在高压蒸汽管道出现漏汽、温度异常并伴随高频啸叫声的危险情况下，未按操作规程采取紧急停炉措施，导致重大伤亡事故发生，4 人的主要责任在于生产、作业过程中违反有关安全管理规定，涉嫌构成重大责任事故罪。

同时，当阳市人民检察院在办案中发现，赵某某在事故发生后同意 A 化工集团安全部部长孙某某（以帮助毁灭证据罪另案处理）将集团办公系统中储存的 13 万余份关于集团内部岗位职责的电子数据（该数据对查清公司高层管理人员在事故中的责任具有重要作用）删除，涉嫌帮助毁灭证据罪，遂依法予以追加起诉。

2017 年 5 月至 6 月，当阳市人民检察院先后以余某某、双某某、张某某涉嫌重大劳动安全事故罪，赵玉某、王某某、叶某某涉嫌重大责任事故罪，赵某某涉嫌重大责任事故罪、帮助毁灭证据罪向当阳市人民法院提起公诉。

（三）指控与证明犯罪

当阳市人民法院分别于 2017 年 6 月 20 日、7 月 4 日、7 月 20 日公开开庭审理上述案件。各被告人对公诉指控的犯罪事实及出示的证据均不持异议，当庭认罪。余某某的辩护人提出余某某不构成犯罪，理由是：（1）A 化工集团虽然是 B 矸石发电公司的控股股东，余某某是法定代表人，但只负责 B 矸石发电公司的投资和重大技改。B 矸石发电公司作为独立的企业法人实行总经理负责制，人员招聘任免、日常管理生产、设备采购均由 B 矸石发电公司自己负责。（2）该事故系多因一果，原因包括设计不符合标准规范要求、事故喷嘴是质量不合格的劣质产品，不能将设计方及不合格产品生产方的责任转嫁由 B 矸石发电公司承担。公诉人针对辩护意见答辩：（1）A 化工集团作为 B 矸石发电公司的控股股东，对 B 矸石发电公司实行人力资源、财务、物资采购、生产调度的"四统一"管理。余某某既是 A 化工集团的董事长，又是 B 矸石发电公司的法定代表人，是企业安全生产的第一责任人。其违规决定采取邀请招标的方式采购设备，致使 B 矸石发电公司采购了质量不合格的喷嘴。（2）本案事故发生的主要原因为喷嘴质量不合格，同时相关管理人员在生产、作业中违反安全管理规定，操作不当，各方都应当在自己职责范围内承担相应的法律责任，不能因为追究其中一方的责任就减轻或免除其他人的责任。因此，应以重大劳动安全事故罪追究余某某的刑事责任。

（四）处理结果

2018 年 8 月 21 日，当阳市人民法院以重大劳动安全事故罪分别判处被告人余某某、双某某、张某某有期徒刑五年、四年、五年；以重大责任事故罪、帮助毁灭证据罪分别判处被告人赵某某有期徒刑四年、六个月，数罪并罚决定执行四年三个月；以重大责任事故罪分别判处被告人叶某某、赵玉某、王某某有期徒刑四年、五年、四年。各被告人均未上诉，判决已生效。

（五）办理关联案件

一是依法惩处生产、销售不符合安全标准的产品犯罪。本案事故发生的最主要原因是安装在主蒸汽管道上的喷嘴质量不合格。2017 年 2 月 17 日，当阳市公安局对喷嘴生产企业仪表公司负责人李某某以涉嫌生产、销售伪劣产品罪向当阳市人民检察院移送起诉。当阳市人民检察院经审查认为，李某某明知生产的喷嘴将被安装于高压蒸汽管道上，直接影响生产安全和他人人身、财产安全，但其为追求经济利益，在不具备生产高温高压设备资质和条件的情况下，通过查看书籍、网上查询的方法自行设计、制造了喷嘴，并伪造产品检测报告和合格证，销售给 B 矸石发电公司，其行为属于生产、销售不符合保障人身、财产安全国家标准、行业标准的产品，造成特别严重后果的情况。本案中的喷嘴既属于伪劣产品，也属于不符合安全标准的产品，李某某的行为同时构成生产、销售伪劣产品罪和生产、销售不符合安全标准的产品罪，根据刑法第149条第2款规定，应当依照处罚较重的生产、销售不符合安全标准的产品罪定罪处罚。5月22日，当阳市人民检察院以该罪对李某某提起公诉。同时，追加起诉了仪表公司为单位犯罪。后李某某及仪表公司被以生产、销售不符合安全标准的产品罪判处刑罚。

二是依法追究职务犯罪。当阳市人民检察院办理本案过程中，依照当时的法定权限深挖事故背后的国家工作人员职务犯罪。查明：当阳市发展和改革局原副局长杨某未落实省、市发展与改革委员会文件要求，未对B矸石发电公司设备采购招投标工作进行监管，致使该公司自行组织邀标，采购了质量严重不合格的喷嘴；当阳市质量技术监督局特监科原科长赵某怠于履行监管职责，未对B矸石发电公司特种设备的安装、使用进行监督检查；宜昌市特种设备检验检测研究院技术负责人韩某、压力管道室主任饶某、副主任洪某在对发生事故的高压主蒸汽管道安装安全质量监督检验工作中，未严格执行国家行业规范，对项目建设和管道安装过程中的违法违规问题没有监督纠正，致使存在严重质量缺陷和安全隐患的高压主蒸汽管道顺利通过监督检验并运行。2017年3月至5月，当阳市人民检察院分别对5人以玩忽职守罪提起公诉（另，饶某还涉嫌构成挪用公款罪）。2018年8月21日，当阳市人民法院分别以玩忽职守罪判处5人有期徒刑三年六个月至有期徒刑三年缓刑四年不等。后5人均提出上诉，宜昌市中级人民法院裁定驳回上诉，维持原判。判决已生效。

（六）制发检察建议

针对本案反映出的当阳市人民政府及有关职能部门怠于履行职

责、相关工作人员责任意识不强、相关企业安全生产观念淡薄等问题，2017 年 8 月 16 日，当阳市人民检察院向当阳市人民政府及市发展和改革局、市质量技术监督局分别发出检察建议，提出组织相关部门联合执法、在全市范围内开展安全生产大检查、加强对全市重大项目工程建设和招投标工作的监督管理、加强对全市特种设备及相关人员的监督管理、加大对企业安全生产知识的宣传等有针对性的意见建议。被建议单位高度重视，通过开展重点行业领域专项整治活动、联合执法等措施，认真整改落实。检察建议促进当地政府有关部门加强了安全生产监管，相关企业提升了安全生产管理水平。

【指导意义】

（一）准确适用重大责任事故罪与重大劳动安全事故罪。两罪主体均为生产经营活动的从业者，法定最高刑均为七年以下有期徒刑。两罪的差异主要在于行为特征不同，重大责任事故罪是行为人"在生产、作业中违反有关安全管理的规定"；重大劳动安全事故罪是生产经营单位的"安全生产设施或者安全生产条件不符合国家规定"。实践中，安全生产事故发生的原因如果仅为生产、作业中违反有关安全管理的规定，或者仅为提供的安全生产设施或条件不符合国家规定，罪名较易确定；如果事故发生系上述两方面混合因素所致，两罪则会出现竞合，此时，应当根据相关涉案人员的工作职责和具体行为来认定其罪名。具体而言，对企业安全生产负有责任的人员，在生产、作业过程中违反安全管理规定的，应认定为重大责任事故罪；对企业安全生产设施或者安全生产条件不符合国家规定负有责任的人员，应认定为重大劳动安全事故罪；如果行为人的行为同时包括在生产、作业中违反有关安全管理的规定和提供安全生产设施或条件不符合国家规定，为全面评价其行为，应认定为重大责任事故罪。

（二）准确界定不同责任人员和责任单位的罪名，依法追诉漏罪漏犯，向相关部门移交职务违法犯罪线索。安全生产刑事案件，有的涉案人员较多，既有一线的直接责任人员，也有管理层的实际控制人，还有负责审批监管的国家工作人员；有的涉及罪名较广，包括生产、销售不符合安全标准的产品罪、玩忽职守罪、受贿罪、帮助毁灭证据罪等；除了自然人犯罪，有的还包括单位犯罪。检察机关办案中，要注重深挖线索，准确界定相关人员责任，发现漏罪漏犯要及时追诉。对负有监管职责的国家工作人员，涉嫌渎职犯罪或者违纪违法的，及时将线索移交相关部门处理。

（三）充分发挥检察建议作用，以办案促安全生产治理。安全生产事关企业健康发展，人民群众人身财产安全，社会和谐稳定。党的十九大报告指出，要"树立安全发展理念，弘扬生命至上、安全第一的思想，健全公共安全体系，完善安全生产责任制，坚决遏制重特大安全事故，提升防灾减灾救灾能力"。检察机关要认真贯彻落实，充分履行检察职能，在依法严厉打击危害企业安全生产犯罪的同时，针对办案中发现的安全生产方面的监管漏洞或怠于履行职责等问题，要积极主动作为，在充分了解有关部门职能范围的基础上，有针对性地制发检察建议，并持续跟踪落实情况，引导企业树牢安全发展理念，督促政府相关部门加强安全生产监管，实现以办案促进治理，为安全生产保驾护航。

【相关规定】

《中华人民共和国刑法》第一百三十四条、第一百三十五条、第一百四十六条、第一百四十九条、第三百零七条第二款、第三百九十七条

《最高人民法院、最高人民检察院关于办理危害生产安全刑事案件适用法律若干问题的解释》第一条、第三条

《最高人民法院关于进一步加强危害生产安全刑事案件审判工作的意见》

宋某某等人重大责任事故案

（检例第 95 号）

【关键词】 事故调查报告　证据审查　责任划分　不起诉　追诉漏犯

【要旨】

对相关部门出具的安全生产事故调查报告，要综合全案证据进行审查，准确认定案件事实和相关人员责任。要正确区分相关涉案人员的责任和追责方式，发现漏犯及时追诉，对不符合起诉条件的，依法作出不起诉处理。

【基本案情】

被告人宋某某，男，山西 A 煤业公司（隶属于山西 B 煤业公司）原矿长。

被告人杨某，男，A 煤业公司原总工程师。

被不起诉人赵某某，男，A 煤业公司原工人。

2016 年 5 月，宋某某作为 A 煤业公司矿长，在 3 号煤层配采项目建设过程中，违反《关于加强煤炭建设项目管理的通知》（发改能源〔2006〕1039 号）要求，在没有施工单位和监理单位的情况下，即开始自行组织工人进行施工，并与周某某（以伪造公司印章罪另案处理）签订虚假的施工、监理合同以应付相关单位的验收。杨某作为该矿的总工程师，违反《煤矿安全规程》（国家安全监管总局令第 87 号）要求，未结合实际情况加强设计和制订安全措施，在 3 号煤层配采施工遇到旧巷时仍然采用常规设计，且部分设计数据与相关要求不符，导致旧巷扩刷工程对顶煤支护的力度不够。

2017 年 3 月 9 日 3 时 50 分许，该矿施工人员赵某某带领 4 名工人在 3101 综采工作面运输顺槽和联络巷交岔口处清煤时，发生顶部支护板塌落事故，导致上覆煤层坍塌，造成 3 名工人死亡，赵某某及一名工人受伤，直接经济损失 635.9 万元。

【检察机关履职过程】

（一）补充侦查

2017 年 5 月 5 日，长治市事故联合调查组认定宋某某、赵某某分别负事故的主要责任、直接责任，二人行为涉嫌重大责任事故罪，建议由公安机关依法处理，并建议对杨某等相关人员给予党政纪处分或行政处罚。2018 年 3 月 18 日，长治市公安局上党分局对赵某某、宋某某以涉嫌重大责任事故罪立案侦查，并于 5 月 31 日移送长治市上党区（案发时为长治县）人民检察院审查起诉。

上党区人民检察院审查认为，该案相关人员责任不明、部分事实不清，公安机关结合事故调查报告作出的一些结论性事实认定缺乏证据支撑。如调查报告和公安机关均认定赵某某在发现顶板漏煤的情况下未及时组织人员撤离，其涉嫌构成重大责任事故罪。检察机关审查发现，认定该事实的证据主要是工人冯某某的证言，但其说法前后不一，现有证据不足以认定该事实。为查清赵某某的责任，上党区人民检察院开展自行侦查，调查核实相关证人证言等证据。再如调查报告和公安机关均认定总工程师杨某"在运输顺槽遇到旧巷时仍然采用常规设计，未结合实际情况及时修改作业规程或补充安全技术措施"，但是公安机关移送的案卷材料中，没有杨某的设计图纸，也没有操作规程的相关规定。针对上述问题检察机关二次退回补充侦查，要求补充杨某的设计图纸、相关操作规程等证据材料；并就全案提出补充施工具体由谁指挥、宋某某和股东代表是否有过商议、安检站站长以及安检员职责等补查意见，以查清相关人员具体行为和责任。后公安机关补充完善了上述证据，查清了相关人员责任等案件事实。

（二）准确认定相关人员责任

上党区人民检察院经审查，认为事故发生的主要原因有：一是该矿违反规定自行施工，项目安全管理不到位；二是项目扩刷支护工程设计不符合行业标准要求。在分清主要和次要原因、直接和间接原因的基础上，上党区人民检察院对事故责任人进行了准确区分，作出相应处理。

第一，依法追究主要责任人宋某某的刑事责任。检察机关审查认为，《关于加强煤炭建设项目管理的通知》要求建设单位要按有关规定，通过招投标方式，结合煤矿建设施工的灾害特点，确定施工和监理单位。宋某某作为建设单位A煤业公司的矿长，是矿井安全生产第一责任人，负责全矿安全生产工作，为节约成本，其违反上述通知要求，在没有施工单位和监理单位（均要求具备相关资质）的情况下，弄虚作假应付验收，无资质情况下自行组织工人施工，长期危险作业，最终发生该起事故，其对事故的发生负主要责任。且事故发生后，其对事故的迟报负直接责任。遂对宋某某以重大责任事故罪向上党区人民法院提起公诉。

第二，依法对赵某某作出不起诉决定。事故调查报告认定赵某某对事故的发生负直接责任，认为赵某某在发现漏煤时未组织人员撤离而是继续清煤导致了事故的发生，公安机关对其以重大责任事故罪移送起诉。检察机关审查起诉过程中，经自行侦查，发现案发地点当时是否出现过顶板漏煤的情况存在疑点，赵某某、冯某某和其他案发前经过此处及上一班工人的证言，均不能印证现场存在漏煤的事实，不能证明赵某某对危害结果的发生有主观认识，无法确定赵某某的责任。因此，依据刑事诉讼法第175条第4款规定，对赵某某作出不起诉决定。

第三，依法追诉漏犯杨某。公安机关未对杨某移送起诉，检察机关认为，《煤矿安全规程》要求，在采煤工作面遇过断层、过老空区时应制定安全措施，采用锚杆、锚索等支护形式加强支护。杨某作为 A 煤业公司总工程师，负责全矿技术工作，其未按照上述规程要求，加强安全设计，履行岗位职责不到位，对事故的发生负主要责任。虽然事故调查报告建议"吊销其安全生产管理人员安全生产知识和管理能力考核合格证"，但行政处罚不能代替刑事处罚。因此，依法对杨某以涉嫌重大责任事故罪予以追诉。

（三）指控与证明犯罪

庭审中，被告人宋某某辩称，是 A 煤业公司矿委会集体决定煤矿自行组织工人施工的，并非其一个人的责任。公诉人答辩指出，虽然自行组织施工的决定是由矿委会作出的，但是宋某某作为矿长，是矿井安全生产的第一责任人，明知施工应当由有资质的施工单位进行且应在监理单位监理下施工，仍自行组织工人施工，且在工程日常施工过程中安全管理不到位，最终导致了该起事故的发生，其对事故的发生负主要责任，应当以重大责任事故罪追究其刑事责任。

（四）处理结果

2018 年 12 月 21 日，上党区人民法院作出一审判决，认定宋某某、杨某犯重大责任事故罪，考虑到二人均当庭认罪悔罪，如实供述自己的犯罪事实，具有坦白情节，且 A 煤业公司积极对被害方进行赔偿，分别判处二人有期徒刑三年，缓刑三年。二被告人均未提出上诉，判决已生效。

事故发生后，主管部门对 A 煤业公司作出责令停产整顿四个月、暂扣《安全生产许可证》、罚款 270 万元的行政处罚。对宋某某开除党籍，吊销矿长安全资格证，给予其终生不得担任矿长职务、处年收入 80% 罚款等处罚；对杨某给予吊销安全生产知识和管理能力考核合格证的处罚。对 A 煤业公司生产副矿长、安全副矿长等 5 人分别予以吊销安全生产知识和管理能力考核合格证、撤销职务、留党察看、罚款或解除合同等处理；对 B 煤业公司董事长、总经理、驻 A 煤业公司安检员等 9 人分别给予相应的党政纪处分及行政处罚；对长治市上党区原煤炭工业局总工程师、煤炭工业局驻 A 煤业公司原安检员等 10 人分别给予相应的党政纪处分。对时任长治县县委书记、县长等 4 人也给予相应的党政纪处分。

【指导意义】

（一）安全生产事故调查报告在刑事诉讼中可以作为证据使用，应结合全案证据进行审查。安全生产事故发生后，相关部门作出的事故调查报告，与收集调取的物证、书证、视听资料、电子数据等相关证据材料一并移送给司法机关后，调查报告和这些证据材料在刑事诉讼中可以作为证据使用。调查报告对事故原因、事故性质、责任认定、责任者处理等提出的具体意见和建议，是检察机关办案中是否追究相关人员刑事责任的重要参考，但不应直接作为定案的依据，检察机关应结合全案证据进行审查，准确认定案件事实和涉案人员责任。对于调查报告中未建议移送司法机关处理，侦查（调查）机关也未移送起诉的人员，检察机关审查后认为应当追究刑事责任的，要依法追诉。对于调查报告建议移送司法机关处理，侦查（调查）机关移送起诉的涉案人员，检察机关审查后认为证据不足或者不应当追究刑事责任的，应依法作出不起诉决定。

（二）通过补充侦查完善证据体系，查清涉案人员的具体行为和责任大小。危害生产安全刑事案件往往涉案人员较多，案发原因复杂，检察机关应当根据案件特点，从案发直接原因和间接原因、主要原因和次要原因、涉案人员岗位职责、履职过程、违反有关管理规定的具体表现和事故发生后的施救经过、违规行为与结果之间的因果关系等方面进行审查，证据有欠缺的，应当通过自行侦查或退回补充侦查，补充完善证据，准确区分和认定各涉案人员的责任，做到不枉不纵。

（三）准确区分责任，注重多层次、多手段惩治相关涉案人员。对涉案人员身份多样的案件，要按照各涉案人员在事故中有无主观过错、违反了哪方面职责和规定、具体行为表现及对事故发生所起的作用等，确定其是否需要承担刑事责任。对于不予追究刑事责任的涉案人员，相关部门也未进行处理的，发现需要追究党政纪责任，禁止其从事相关行业，或者应对其作出行政处罚的，要及时向有关部门移送线索，提出意见和建议。确保多层次的追责方式能起到惩戒犯罪、预防再犯、促进安全生产的作用。

【相关规定】

《中华人民共和国刑法》第一百三十四条第一款

《中华人民共和国刑事诉讼法》第一百七十一条、第一百七十五条

《人民检察院刑事诉讼规则》第三百五十六条、三百六十七条

《最高人民法院、最高人民检察院关于办理危害生产安全刑事案件适用法律若干问题的解释》第一条、第六条

《最高人民法院关于进一步加强危害生产安全刑事案件审判工作的意见》第四条、第六条、第八条

黄某某等人重大责任事故、谎报安全事故案

（检例第 96 号）

【关键词】谎报安全事故罪　引导侦查取证　污染处置　化解社会矛盾

【要旨】

检察机关要充分运用行政执法和刑事司法衔接工作机制，通过积极履职，加强对线索移送和立案的法律监督。认定谎报安全事

罪，要重点审查谎报行为与贻误事故抢救结果之间的因果关系。对同时构成重大责任事故罪和谎报安全事故罪的，应当数罪并罚。应注重督促涉事单位或有关部门及时赔偿被害人损失，有效化解社会矛盾。安全生产事故涉及生态环境污染等公益损害的，刑事检察部门要和公益诉讼检察部门加强协作配合，督促协同行政监管部门，统筹运用法律、行政、经济等手段严格落实企业主体责任，修复受损公益，防控安全风险。

【基本案情】

被告人黄某某，男，福建A石油化工实业有限公司（简称A公司）原法定代表人兼执行董事。

被告人雷某某，男，A公司原副总经理。

被告人陈某某，男，A公司原常务副总经理兼安全生产管理委员会主任。

被告人陈小某，男，A公司码头原操作工。

被告人刘某某，男，A公司码头原操作班长。

被告人林某某，男，B船务有限公司（简称B公司）"天桐1"船舶原水手。

被告人叶某某，男，B公司"天桐1"船舶原水手长。

被告人徐某某，男，A公司原安全环保部经理。

2018年3月，C材料科技有限公司（简称C公司）与A公司签订货品仓储租赁合同，租用A公司3005#、3006#储罐用于存储其向福建某石油化工有限公司购买的工业用裂解碳九（简称碳九）。同年，B公司与C公司签订船舶运输合同，委派"天桐1"船舶到A公司码头装载碳九。

同年11月3日16时许，"天桐1"船舶靠泊在A公司2000吨级码头，准备接运A公司3005#储罐内的碳九。18时30分许，当班的刘某某、陈小某开始碳九装船作业，因码头吊机自2018年以来一直处于故障状态，二人便违规操作，人工拖拽输油软管，将岸上输送碳九的管道终端阀门和船舶货油总阀门相连接。陈小某用绳索把输油软管固定在岸上操作平台的固定支脚上，船上值班人员将船上的输油软管固定在船舶的右舷护栏上。19 时许，刘某某、陈小某打开码头输油阀门开始输送碳九。其间，被告人徐某某作为值班经理，刘某某、陈小某作为现场操作班长及操作工，叶某某、林某某作为值班水手长及水手，均未按规定在各自职责范围内对装船情况进行巡查。4 日凌晨，输油软管因两端被绳索固定致下拉长度受限而破裂，约 69.1 吨碳九泄漏，造成 A 公司码头附近海域水体、空气等受到污染，周边 69 名居民身体不适接受治疗。泄漏的碳九越过围油栏扩散至附近海域网箱养殖区，部分浮体被碳九溶解，导致网箱下沉。

事故发生后，雷某某到达现场向 A 公司生产运行部副经理卢某和计量员庄某核实碳九泄漏量，在得知实际泄漏量约有 69.1 吨的情况后，要求船方隐瞒事故原因和泄漏量。黄某某、雷某某、陈某某等人经商议，决定在对外通报及向相关部门书面报告中谎报事故发生的原因是法兰垫片老化、碳九泄漏量为 6.97 吨。A 公司也未按照海上溢油事故专项应急预案等有关规定启动一级应急响应程序，导致不能及时有效地组织应急处置人员开展事故抢救工作，直接贻误事故抢救时机，进一步扩大事故危害后果，并造成不良的社会影响。经审计，事故造成直接经济损失 672.73 万元。经泉州市生态环境局委托，生态环境部华南环境科学研究所作出技术评估报告，认定该起事故泄露的碳九是一种组分复杂的混合物，其中含量最高的双环戊二烯为低毒化学品，长期接触会刺激眼睛、皮肤、呼吸道及消化道系统，遇明火、高热或与氧化剂接触，有引起燃烧爆炸的危险。本次事故泄露的碳九对海水水质的影响天数为 25 天，对海洋沉积物及潮间带泥滩的影响天数为 100 天，对海洋生物质量的影响天数为 51 天，对海洋生态影响的最大时间以潮间带残留污染物全部挥发计，约 100 天。

【检察机关履职过程】

（一）介入侦查

经事故调查组认定，该事故为企业生产管理责任不落实引发的化学品泄漏事故。事故发生后，泉州市泉港区人民检察院与泉州市及泉港区原安监部门、公安机关等共同就事故定性与侦查取证方向问题进行会商。泉港区人民检察院根据已掌握的情况并听取省、市两级检察院指导意见，提出涉案人员可能涉嫌重大责任事故罪、谎报安全事故罪。2018 年 11 月 10 日、11 月 23 日，泉港公安分局分别以涉嫌上述两罪对黄某某等 8 人立案侦查。泉港区人民检察院提前介入引导侦查，提出取证方向和重点：尽快固定现场证据，调取能体现涉案人员违规操作及未履行日常隐患排查和治理职责的相关证据，及船舶安全管理文件、复合软管使用操作规程、油船码头安全作业规程、A 公司操作规程等证据材料；根据案件定性，加强对犯罪现场的勘验，强化勘验现场与言词证据的印证关系；注重客观证据的收集，全面调取监控视频、语音通话、短信、聊天记录等电子证据。侦查过程中，持续跟进案件办理，就事实认定、强制措施适用、办案程序规范等进一步提出意见建议。11 月 24 日，泉港区人民检察院对相关责任人员批准逮捕后，发出《逮捕案件继续侦查取证意见书》，要求公安机关及时调取事故调查报告，收集固定直接经济损失、人员受损、环境污染等相关证据，委托相关机构出具涉案碳九属性的检验报告，调取 A 公司谎报事故发生原因、泄漏量以及谎报贻误抢救时机等相关证据材料，并全程跟踪、引导侦查取证工作。上述证据公安机关均补充到位，为后续案件办理奠定了扎实的基础。

（二）审查起诉

案件移送起诉后，泉港区人民检察院成立以检察长为主办检察官的办案组，针对被告人陈某某及其辩护人提出的陈某某虽被任命为常务副总经理职务，但并未实际参与安全生产，也未履行安全生产工作职责，其不构成重大责任事故罪的意见，及时要求公安机关调取 A 公司内部有关材料，证实了陈某某实际履行 A 公司安全生产职责，系安全生产第一责任人的事实。针对公安机关出具的陈某某、刘某某、陈小某系主动投案的到案经过说明与案件实际情况不符等问题，通过讯问被告人、向事故调查组核实等方式自行侦查进行核实。经查，公安机关根据掌握的线索，先后将陈某某、刘某某、陈小某带至办案中心进行审查，3 人均不具备到案的主动性。本案未经退回补充侦查，2019 年 6 月 6 日，泉港区人民检察院以黄某某、雷某某、陈某某涉嫌重大责任事故罪、谎报安全事故罪，以陈小某等 5 人涉嫌重大责任事故罪向泉港区人民法院提起公诉，并分别提出量刑建议。

（三）指控与证明犯罪

鉴于该案重大复杂，泉港区人民检察院建议法院召开庭前会议，充分听取被告人、辩护人的意见。2019 年 7 月 5 日，泉港区人民法院开庭审理此案。庭审中，部分被告人及辩护人提出黄某某、雷某某、陈某某的谎报行为未贻误抢救时机，不构成谎报安全事故罪；被告人陈某某不具有安全生产监管责任，不构成重大责任事故罪；对部分被告人应当适用缓刑等辩解和辩护意见。公诉人针对上述辩护意见有针对性地对各被告人展开讯问，并全面出示证据，充分证实了检察机关指控的各被告人的犯罪事实清楚、证据确实充分。针对黄某某等人的行为不构成谎报安全事故罪的辩解，公诉人答辩指出，黄某某等人合谋并串通他人瞒报碳九泄露数量，致使 A 公司未能采取最高级别的一级响应（溢油量 50 吨以上），而只是采取最低级别的三级响应（溢油量 10 吨以下）。按照规定，一级响应需要全公司和社会力量参与应急，三级响应则仅需运行部门和协议单位参与应急。黄某某等人的谎报行为贻误了事故救援时机，导致直接经济损失扩大，同时造成了恶劣社会影响，依法构成谎报安全事故罪。针对陈某某不构成重大责任事故罪的辩解，公诉人指出，根据补充调取的书证及相关证人证言、被告人供述和辩解等证据，足以证实陈某某在案发前被任命为常务副总经理兼安全生产管理委员会主任，并已实际履行职务，系 A 公司安全生产第一责任人，其未在责任范围内有效履行安全生产管理职责，未发现并制止企业日常经营中长期存在的违规操作行为，致使企业在生产、作业过程中存在重大安全隐患，最终导致本案事故的发生，其应当对事故的发生承担主要责任，构成重大责任事故罪。针对应当对部分被告人适用缓刑的辩护意见，公诉人指出，本案性质恶劣，后果严重，不应对被告人适用缓刑。公诉人在庭审中的意见均得到一、二审法院的采纳。

（四）处理结果

2019 年 10 月 8 日，泉港区人民法院作出一审判决，采纳检察机关指控的事实、罪名及量刑建议。对被告人黄某某以重大责任事故罪、谎报安全事故罪分别判处有期徒刑三年六个月、一年六个月，数罪并罚决定执行四年六个月；对被告人雷某某以重大责任事故罪、谎报安全事故罪分别判处有期徒刑二年六个月、二年三个月，数罪并罚决定执行四年三个月；对被告人陈某某以重大责任事故罪、谎报安全事故罪分别判处有期徒刑一年六个月，数罪并罚决定执行二年六个月。对陈小某等 5 名被告人，以重大责任事故罪判处有期徒刑一年六个月至二年三个月不等。禁止黄某某、雷某某在判决规定期限内从事与安全生产相关的职业。雷某某等 6 人不服一审判决，提出上诉。2019 年 12 月 2 日，泉州市中级人民法院裁定驳回上诉，维持原判。判决已生效。

（五）污染处置

该起事故造成码头附近海域及海上网箱养殖区被污染，部分区域空气刺鼻，当地医院陆续接治接触泄漏碳九的群众 69 名，其中留院观察 11 名。泄漏的碳九越过围油栏扩散至网箱养殖区约 300 亩，直接影响海域面积约 0.6 平方公里，受损网箱养殖区涉及养殖户 152 户、养殖面积 99 单元。针对事故造成的危害后果，泉港区人民检察院认真听取被害人的意见和诉求，积极协调政府相关职能部门督促 A 公司赔偿事故周边群众的经济损失。在一审判决前，A 公司向受损养殖户回购了受污染的网箱养殖鲍鱼等海产品，及时弥补了养殖户损失，化解了社会矛盾。

泉港区人民检察院在提前介入侦查过程中，发现事故对附近海域及大气造成污染，刑事检察部门与公益诉讼检察部门同步介入，密切协作配合，根据当地行政执法与刑事司法衔接工作规定，及时启动重大案件会商机制，联系环保、海洋与渔业等部门，实地查看污染现场，了解事件进展情况。并针对案件性质、可能导致的后果等情况进行风险评估研判，就污染监测鉴定、公私财产损失计算、海域污染清理、修复等事宜对公安机关侦查和环保部门取证工作提出意见建议。前期取证工作，为泉州市生态环境局向厦门海事法院提起海洋自然资源与生态环境损害赔偿诉讼，奠定了良好基础。

【指导意义】

（一）准确认定谎报安全事故罪。一是本罪主体为特殊主体，是指对安全事故负有报告职责的人员，一般为发生安全事故的单位中负有组织、指挥或者管理职责的负责人、管理人员、实际控制人、投资人以及其他负有报告职责的人员，不包括没有法定或者职务要求报告义务的普通工人。二是认定本罪，应重点审查谎报事故的行为与贻误事故抢救结果之间是否存在刑法上的因果关系。只有谎报事故的行为造成贻误事故抢救的后果，即造成事故后果扩大或致使不能及时有效开展事故抢救，才可能构成本罪。如果事故已经完成抢救，或者没有抢救时机（危害结果不可能加重或扩大），则不构成本罪。构成重大责任事故罪，同时又构成谎报安全事故罪的，应当数罪并罚。

（二）健全完善行政执法与刑事司法衔接工作机制，提升法律监督实效。检察机关要认真贯彻落实国务院《行政执法机关移送涉嫌犯罪案件的规定》和中共中央办公厅、国务院办公厅转发的原国务院法制办等八部门《关于加强行政执法与刑事司法衔接工作的意见》以及应急管理部、公安部、最高人民法院、最高人民检察院联合制定的《安全生产行政执法与刑事司法衔接工作办法》，依照本地有关细化规定，加强相关执法司法信息交流、规范案件移送、加强法律监督。重大安全生产事故发生后，检察机关可通过查阅案件资料、参与案件会商等方式及时了解案情，从案件定性、证据收集、法律适用等方面提出意见建议，发现涉嫌犯罪的要及时建议相关行政执法部门向公安机关或者监察机关移送线索，着力解决安全生产事故有案不移、以罚代刑、有案不立等问题，形成查处和治理重大安全生产事故的合力。

（三）重视被害人权益保障，化解社会矛盾。一些重大安全生产事故影响范围广泛，被害人人数众多，人身损害和财产损失交织。检察机关办案中应高度重视维护被害人合法权益，注重听取被害人意见，全面掌握被害人诉求。要加强与相关职能部门的沟通配合，督促事故单位尽早赔偿被害人损失，及时回应社会关切，有效化解社会矛盾，确保实现办案政治效果、法律效果和社会效果相统一。

（四）安全生产事故涉及生态环境污染的，刑事检察部门要和公益诉讼检察部门加强协作配合，减少公共利益损害。化工等领域的安全生产事故，造成生态环境污染破坏的，刑事检察部门和公益诉讼检察部门要加强沟通，探索"一案双查"，提高效率，及时通报情况、移送线索，需要进行公益损害鉴定的，及时引导公安机关在侦查过程中进行鉴定。要积极与行政机关磋商，协同追究事故企业刑事、民事、生态损害赔偿责任。推动建立健全刑事制裁、民事赔偿和生态补偿有机衔接的生态环境修复责任制度。依托办理安全生产领域刑事案件，同步办好所涉及的生态环境和资源保护等领域公益诉讼案件，积极稳妥推进安全生产等新领域公益诉讼检察工作。

【相关法律规定】

《中华人民共和国刑法》第二十五条、第六十九条、第一百三十四条第一款、第一百三十九条之一

《最高人民法院、最高人民检察院关于办理危害生产安全刑事案件适用法律若干问题的解释》第一条、第四条、第六条、第七条、第八条、第十六条

国务院《行政执法机关移送涉嫌犯罪案件的规定》

中共中央办公厅、国务院办公厅转发的原国务院法制办等八部门《关于加强行政执法与刑事司法衔接工作的意见》

应急管理部、公安部、最高人民法院、最高人民检察院《安全生产行政执法与刑事司法衔接工作办法》

夏某某等人重大责任事故案

（检例第 97 号）

【关键词】 重大责任事故罪　交通肇事罪　捕后引导侦查审判监督

【要旨】

内河运输中发生的船舶交通事故，相关责任人员可能同时涉嫌

交通肇事罪和重大责任事故罪，要根据运输活动是否具有营运性质以及相关人员的具体职责和行为，准确适用罪名。重大责任事故往往涉案人员较多，因果关系复杂，要准确认定涉案单位投资人、管理人员及相关国家工作人员等涉案人员的刑事责任。

【基本案情】

被告人夏某某，男，原"X号"平板拖船股东、经营者、驾驶员。

被告人刘某某，男，原"X号"平板拖船驾驶员、平板拖船联营股东。

被告人左某某，男，原平板拖船联营股东、经营者。

被告人段某某，男，原"X号"平板拖船联营股东、经营者。

被告人夏英某，男，原"X号"平板拖船股东、经营者。

2012年3月，在左某某的召集下，"X号"等四艘平板拖船的股东夏某某、刘某某、段某某、伍某某等十余人经协商签订了联营协议，左某某负责日常经营管理及财务，并与段某某共同负责船只调度；夏某某、夏英某、刘某某负责"X号"平板拖船的具体经营。在未依法取得船舶检验合格证书、船舶登记证书、水路运输许可证、船舶营业运输证等经营资质的情况下，上述四艘平板拖船即在湖南省安化县资江河段部分水域进行货运车辆的运输业务。

2012年12月8日晚12时许，按照段某某的调度安排，夏某某、刘某某驾驶的"X号"在安化县烟溪镇十八渡码头搭载四台货运车，经资江水域柘溪水库航道前往安化县平口镇。因"X号"无车辆固定装置，夏某某、刘某某仅在车辆左后轮处塞上长方形木条、三角木防止其滑动，并且未要求驾乘人员离开驾驶室实行"人车分离"。次日凌晨3时许，"X号"行驶至平口镇安平村河段时，因刘某某操作不当，船体发生侧倾，致使所搭载的四台货运车辆滑入柘溪水库，沉入水中。该事故造成10名司乘人员随车落水，其中 9 人当场溺亡，直接经济损失 100 万元。

【检察机关履职过程】

（一）捕后引导侦查

事故发生后，"X 号"驾驶员夏某某、刘某某主动投案，安化县公安局对二人以涉嫌重大责任事故罪立案侦查，经检察机关批准，对二人采取逮捕措施。安化县人民检察院审查批准逮捕时认为，在案证据仅能证明事故经过及后果，而证明联营体的组建、经营管理及是否违反安全生产规定的证据尚未到位。作出批捕决定的同时，提出详细的继续取证提纲，要求公安机关进一步查清四艘平板拖船的投资、经营管理情况及联营协议各方是否制定并遵守相关安全生产管理规定等。后公安机关补充完善了上述证据，对夏某某、刘某某以涉嫌重大责任事故罪向安化县人民检察院移送起诉。

（二）指控和证明犯罪

安化县人民检察院经审查，对夏某某、刘某某以涉嫌重大责任事故罪向安化县人民法院提起公诉。安化县人民法院公开开庭审理此案，庭审中，辩护律师辩称：该案若定性为重大责任事故罪，刘某某不是事故船舶股东，应宣判无罪；若定性为交通肇事罪，夏某某不是肇事驾驶员，也没有指使或强令违章驾驶行为，应宣判无罪。对此，公诉人出示事故调查报告、其他股东等证人证言、收据等证据，指出刘某某既是联营船舶的股东，又接受联营组织安排与夏某某一起负责经营管理"X 号"；夏某某、刘某某在日常经营管理中，实施了非法运输、违规夜间航行、违规超载、无证驾驶或放任无证驾驶等违反安全管理规定的行为，二人均构成重大责任事故罪。安化县人民法院经审理认为该案是在公共交通管理范围内发生的水上交通事故，遂改变定性以交通肇事罪认定罪名。

（三）提出抗诉

检察机关审查后认为一审判决认定罪名有误，遂以一审判决适用法律确有错误为由，依法提出抗诉。主要理由：（1）联营船舶非法营运，长期危险作业。一是四艘船舶系左某某、夏某某、刘某某等股东分别委托他人非法制造，均未取得船舶检验合格证书、船舶登记证书、水路运输许可证、船舶营业运输证等经营资质，非法从事货运车辆运输经营。二是违反规定未配备适格船员。联营协议仅确定了利益分配方案和经营管理人员，左某某、段某某作为联营组织的管理人员，夏英某、夏某某、刘某某作为联营船舶的经营管理人员，违反《中华人民共和国安全生产法》《中华人民共和国内河交通安全管理条例》等规定，未制定安全作业管理规定，未配备拥有适任证的船员。三是联营船舶长期危险作业。未按规定组织船员参加安全生产教育培训，未在船舶上设置固定货运车辆的设施和安全救援设施，且无视海事、交通管理等部门多次作出的停航等行政处罚，无视"禁止夜间渡运、禁止超载、货运车辆人车分离"等安全规定，甚至私自拆除相关部门在船舶上加装的固定限载措施，长期危险营运。（2）夏某某、刘某某系"X号"经营管理人员和驾驶人员，认定重大责任事故罪更能全面准确评价二人的行为。夏某某、刘某某是联营船舶经营管理人员，对上述违规和危险作业情况明知，且长期参与营运，又是事故当晚驾驶人员，实施了超载运输、无证驾驶、超速行驶等违规行为，二人同时违反了有关安全管理的规定和交通运输法规，因而发生重大事故，由于联营船舶运输活动具有营运性质，是生产经营活动，不仅是交通运输，以重大责任事故罪认定罪名更为准确，更能全面评价二人的行为。益阳市中级人民法院二审改变一审罪名认定，支持检察机关抗诉意见。

（四）依法追究股东等管理人员的刑事责任

事故发生后，公安机关分别对左某某、夏英某、段某某等股东以非法经营罪立案侦查，并提请安化县人民检察院批准逮捕。安化县人民检察院审查后，认为缺少事故调查报告、犯罪嫌疑人明知存在安全隐患等方面证据，以事实不清、证据不足为由不批捕。公安机关遂变更强制措施为监视居住，期满后解除，后3人逃匿。公安机关于2015年4月1日对该3人决定刑事拘留并上网追逃。左某某于2016年8月1日被抓获归案，段某某、夏英某分别于2017年11月4日、5日主动投案。后公安机关以涉嫌重大责任事故罪分别将3人移送安化县人民检察院审查起诉。

安化县人民检察院经审查认为，该起事故是联营船舶长期以来严重违反相关安全管理规定危险作业造成的，左某某系联营的召集者，负责日常经营管理、调度及会计事务；段某某实际履行调度职责，且在案发当晚调度事故船只"X号"承载业务；夏英某系事故船舶"X号"的主要经营管理人员，3人对事故发生均负有重要责任，均涉嫌构成重大责任事故罪，先后于2016年12月28日对左某某、2018年8月10日对段某某、夏英某向安化县人民法院提起公诉。此外，对于伍某某等其他联营股东，检察机关审查后认为，其或者未参与经营、管理，或者仅负责"X号"外其他联营船舶的经营、管理，不能认定其对事故的发生负有主要责任或者直接责任，可不予追究刑事责任。

法院审理阶段，左某某及其辩护律师在庭审中，提出联营船舶风险各自承担、左某某不是管理者、联营体已于案发前几天即2012年12月4日解散等辩解。公诉人指出，尽管夏英某、段金某等股东的证言均证实左某某与夏英某于2012年12月4日在电话联系时发生争执并声称要散伙，但股东之间并未就解散进行协商；且左某某记载的联营账目上仍记载了2012年12月5日"X号"加油、修理等经营费用。因此，左某某是联营体管理者，事故发生时联营体仍处于存续状态。法院采纳了检察机关的意见。

（五）处理结果

2015年8月20日，安化县人民法院以交通肇事罪分别判处夏某某、刘某某有期徒刑四年六个月。安化县人民检察院抗诉后，益阳市中级人民法院于 2015 年 12 月 21 日以重大责任事故罪分别判处夏某某、刘某某有期徒刑四年六个月。判决已生效。2017 年 5 月 25 日，安化县人民法院以重大责任事故罪判处左某某有期徒刑三年，左某某提起上诉，二审发回重审，该院作出相同判决，左某某再次上诉后，二审法院裁定维持原判。2018 年 9 月 19 日，安化县人民法院以重大责任事故罪分别判处段某某、夏英某有期徒刑三年，缓刑五年。二人未上诉，判决已生效。

事故发生后，负有监管责任的相关国家工作人员被依法问责。安化县地方海事处原副主任刘雄某、航道股股长姜某某等 6 人，因负有直接安全监管责任，未认真履行职责，或在发现重大安全隐患后没有采取积极、有效的监管措施，被追究玩忽职守罪的刑事责任。安化县交通运输局原党组成员、工会主席余某某等 9 人分别被给予警告、严重警告、记过、撤职等党政纪处分。

【指导意义】

（一）准确适用交通肇事罪与重大责任事故罪。两罪均属危害公共安全犯罪，前罪违反的是"交通运输法规"，后罪违反的是"有关安全管理的规定"。一般情况下，在航道、公路等公共交通领域，违反交通运输法规驾驶机动车辆或者其他交通工具，致人伤亡或者造成其他重大财产损失，构成犯罪的，应认定为交通肇事罪；在停车场、修理厂、进行农耕生产的田地等非公共交通领域，驾驶机动车辆或者其他交通工具，造成人员伤亡或者财产损失，构成犯罪的，应区分情况，分别认定为重大责任事故罪、重大劳动安全事故罪、过失致人死亡罪等罪名。需要指出的是，对于从事营运活动的交通运输组织来说，航道、公路既是公共交通领域，也是其生产经营场所，"交通运输法规"同时亦属交通运输组织的"安全管理的规定"，交通运输活动的负责人、投资人、驾驶人员等违反有关规定导致在航道、公路上发生交通事故，造成人员伤亡或者财产损失的，可能同时触犯交通肇事罪与重大责任事故罪。鉴于两罪前两档法定刑均为七年以下有期徒刑（交通肇事罪有因逃逸致人死亡判处七年以上有期徒刑的第三档法定刑），要综合考虑行为人对交通运输活动是否负有安全管理职责、对事故发生是否负有直接责任、所实施行为违反的主要是交通运输法规还是其他安全管理的法规等，准确选择适用罪名。具有营运性质的交通运输活动中，行为人既违反交通运输法规，也违反其他安全管理规定（如未取得安全许可证、经营资质、不配备安全设施等），发生重大事故的，由于该类运输活动主要是一种生产经营活动，并非单纯的交通运输行为，为全面准确评价行为人的行为，一般可按照重大责任事故罪认定。交通运输活动的负责人、投资人等负有安全监管职责的人员违反有关安全管理规定，造成重大事故发生，应认定为重大责任事故罪；驾驶人员等一线运输人员违反交通运输法规造成事故发生的，应认定为交通肇事罪。

（二）准确界定因果关系，依法认定投资人、实际控制人等涉案人员及相关行政监管人员的刑事责任。危害生产安全案件往往多因一果，涉案人员较多，既有直接从事生产、作业的人员，又有投资人、实际控制人等，还可能涉及相关负有监管职责的国家工作人员。投资人、实际控制人等一般并非现场作业人员，确定其行为与事故后果之间是否存在刑法意义上的因果关系是个难点。如果投资人、实际控制人等实施了未取得经营资质和安全生产许可证、未制定安全生产管理规定或规章制度、不提供安全生产条件和必要设施等不履行安全监管职责的行为，在此情况下进行生产、作业，导致发生重大伤亡事故或者造成其他严重后果的，不论事故发生是否介入第三人违规行为或者其他因素，均不影响认定其行为与事故后果之间存在刑法上的因果关系，应当依法追究其刑事责任。对发案单位的生产、作业负有安全监管、查处等职责的国家工作人员，不履行或者不正确履行工作职责，致使发案单位违规生产、作业或者危险状态下生产、作业，发生重大安全事故的，其行为也是造成危害结果发生的重要原因，应以渎职犯罪追究其刑事责任。

【相关规定】

《中华人民共和国刑法》第一百三十三条、第一百三十四条第一款

《最高人民法院、最高人民检察院关于办理危害生产安全刑事案件适用法律若干问题的解释》第一条

《中华人民共和国安全生产法》（2009 年）第二、四、五、十六、十七、十八、四十九、五十、五十一条

《中华人民共和国内河交通安全管理条例》（2011 年）第六、九、十五、二十一、二十二条

第二节　破坏社会主义市场经济秩序罪

一、生产、销售伪劣商品罪

北京阳光一佰生物技术开发有限公司、习文有等生产、销售有毒、有害食品案

（法例 70 号）

【关键词】刑事　生产、销售有毒、有害食品罪　有毒有害的非食品原料

【裁判要点】

行为人在食品生产经营中添加的虽然不是国务院有关部门公布的《食品中可能违法添加的非食用物质名单》和《保健食品中可

能非法添加的物质名单》中的物质，但如果该物质与上述名单中所列物质具有同等属性，并且根据检验报告和专家意见等相关材料能够确定该物质对人体具有同等危害的，应当认定为《中华人民共和国刑法》第一百四十四条规定的"有毒、有害的非食品原料"。

【相关法条】

《中华人民共和国刑法》第 144 条

【基本案情】

被告人习文有于 2001 年注册成立了北京阳光一佰生物技术开发有限公司（以下简称阳光一佰公司），系公司的实际生产经营负责人。2010 年以来，被告单位阳光一佰公司从被告人谭国民处以600 元/公斤的价格购进生产保健食品的原料，该原料系被告人谭国民从被告人尹立新处以 2500 元/公斤的价格购进后进行加工，阳光一佰公司购进原料后加工制作成用于辅助降血糖的保健食品阳光一佰牌山芪参胶囊，以每盒 100 元左右的价格销售至扬州市广陵区金福海保健品店及全国多个地区。被告人杨立峰具体负责生产，被告人钟立檬、王海龙负责销售。2012 年 5 月至 9 月，销往上海、湖南、北京等地的山芪参胶囊分别被检测出含有盐酸丁二胍，食品药品监督管理部门将检测结果告知阳光一佰公司及习文有。被告人习文有在得知检测结果后随即告知被告人谭国民、尹立新，被告人习文有明知其所生产、销售的保健品中含有盐酸丁二胍后，仍然继续向被告人谭国民、尹立新购买原料，组织杨立峰、钟立檬、王海龙等人生产山芪参胶囊并销售。被告人谭国民、尹立新在得知检测结果后继续向被告人习文有销售该原料。

盐酸丁二胍是丁二胍的盐酸盐。日前盐酸丁二胍未获得国务院药品监督管理部门批准生产或进口，不得作为药物在我国生产、销售和使用。扬州大学医学院葛晓群教授出具的专家意见和南京医科大学司法鉴定所的鉴定意见证明：盐酸丁二胍具有降低血糖的作用，很早就撤出我国市场，长期使用添加盐酸丁二胍的保健食品可能对机体产生不良影响，甚至危及生命。

从 2012 年 8 月底至 2013 年 1 月案发，阳光一佰公司生产、销售金额达 800 余万元。其中，习文有、尹立新、谭国民参与生产、销售的含有盐酸丁二胍的山芪参胶囊金金额达 800 余万元；杨立峰参与生产的含有盐酸丁二胍的山芪参胶囊金额达 800 余万元；钟立檬、王海龙参与销售的含有盐酸丁二胍的山芪参胶囊金额达 40 余万元。尹立新、谭国民与阳光一佰公司共同故意实施犯罪，系共同犯罪，尹立新、谭国民系提供有毒、有害原料用于生产、销售有毒、有害食品的帮助犯，其在共同犯罪中均系从犯。习文有与杨立峰、钟立檬、王海龙共同故意实施犯罪，系共同犯罪，杨立峰、钟立檬、王海龙系受习文有指使实施生产、销售有毒、有害食品的犯罪行为，均系从犯。习文有在共同犯罪中起主要作用，系主犯。杨立峰、谭国民犯罪后主动投案，并如实供述犯罪事实，系自首，当庭自愿认罪。习文有、尹立新、王海龙归案后如实供述犯罪事实，当庭自愿认罪。钟立檬归案后如实供述部分犯罪事实，当庭对部分犯罪事实自愿认罪。

【裁判结果】

江苏省扬州市广陵区人民法院于 2014 年 1 月 10 日作出（2013）扬广刑初字第 0330 号刑事判决：被告单位北京阳光一佰生物技术开发有限公司犯生产、销售有毒、有害食品罪，判处罚金人民币一千五百万元；被告人习文有犯生产、销售有毒、有害食品罪，判处有期徒刑十五年，剥夺政治权利三年，并处罚金人民币九百万元；被告人尹立新犯生产、销售有毒、有害食品罪，判处有期徒刑十二年，剥夺政治权利二年，并处罚金人民币一百万元；被告人谭国民犯生产、销售有毒、有害食品罪，判处有期徒刑十一年，剥夺政治权利二年，并处罚金人民币一百万元；被告人杨立峰犯生产有毒、有害食品罪，判处有期徒刑五年，并处罚金人民币十万元；被告人钟立檬犯销售有毒、有害食品罪，判处有期徒刑四年，并处罚金人民币八万元；被告人王海龙犯销售有毒、有害食品罪，判处有期徒刑三年六个月，并处罚金人民币六万元；继续向被告单位北京阳光一佰生物技术开发有限公司追缴违法所得人民币八百万元，向被告人尹立新追缴违法所得人民币六十七万一千五百元，向被告人谭国民追缴违法所得人民币一百三十二万元；扣押的含有盐酸丁二胍的山茋参胶囊、颗粒，予以没收。宣判后，被告单位和各被告人均提出上诉。江苏省扬州市中级人民法院于 2014 年 6 月 13 日作出（2014）扬刑二终字第 0032 号刑事裁定：驳回上诉、维持原判。

【裁判理由】

法院生效裁判认为：刑法第一百四十四条规定，"在生产、销售的食品中掺入有毒、有害的非食品原料的，或者销售明知掺有有毒、有害的非食品原料的食品的，处五年以下有期徒刑，并处罚金；对人体健康造成严重危害或者有其他严重情节的，处五年以上十年以下有期徒刑，并处罚金；致人死亡或者有其他特别严重情节的，依照本法第一百四十一条的规定处罚"。最高人民法院、最高人民检察院《关于办理危害食品安全刑事案件适用法律若干问题的解释》（以下简称《解释》）第二十条规定，"下列物质应当认定为'有毒、有害的非食品原料'：（一）法律、法规禁止在食品生产经营活动中添加、使用的物质；（二）国务院有关部门公布的《食品中可能违法添加的非食用物质名单》《保健食品中可能非法添加的物质名单》上的物质；（三）国务院有关部门公告禁止使用的农药、兽药以及其他有毒、有害物质；（四）其他危害人体健康的物质"。第二十一条规定，"'足以造成严重食物中毒事故或者其他严重食源性疾病''有毒、有害非食品原料'难以确定的，司法机关可以根据检验报告并结合专家意见等相关材料进行认定。必要时，人民法院可以依法通知有关专家出庭作出说明"。本案中，盐酸丁二胍系在我国未获得药品监督管理部门批准生产或进口，不得作为药品在我国生产、销售和使用的化学物质；其亦非食品添加剂。盐酸丁二胍也不属于上述《解释》第二十条第二、第三项规定的物质。根据扬州大学医学院葛晓群教授出具的专家意见和南京医科大学司法鉴定所的鉴定意见证明，盐酸丁二胍与《解释》第二十条第二项《保健食品中可能非法添加的物质名单》中的其他降糖类西药（盐酸二甲双胍、盐酸苯乙双胍）具有同等属性和同等危害。长期服用添加有盐酸丁二胍的"阳光一佰牌山芪参胶囊"有对人体产生毒副作用的风险，影响人体健康、甚至危害生命。因此，对盐酸丁二胍应当依照《解释》第二十条第四项、第二十一条的规定，认定为刑法第一百四十四条规定的"有毒、有害的非食品原料"。

被告单位阳光一佰公司、被告人习文有作为阳光一佰公司生产、销售山芪参胶囊的直接负责的主管人员，被告人杨立峰、钟立檬、王海龙作为阳光一佰公司生产、销售山芪参胶囊的直接责任人员，明知阳光一佰公司生产、销售的保健食品山芪参胶囊中含有国家禁止添加的盐酸丁二胍成分，仍然进行生产、销售；被告人尹立新、谭国民明知其提供的含有国家禁止添加的盐酸丁二胍的原料被被告人习文有用于生产保健食品山芪参胶囊并进行销售，仍然向习文有提供该种原料，因此，上述单位和被告人均依法构成生产、销售有毒、有害食品罪。其中，被告单位阳光一佰公司、被告人习文有、尹立新、谭国民的行为构成生产、销售有毒、有害食品罪。被告人杨立峰的行为构成生产有毒、有害食品罪；被告人钟立檬、王海龙的行为均已构成销售有毒、有害食品罪。根据被告单位及各被告人犯罪情节、犯罪数额，综合考虑各被告人在共同犯罪的地位作用、自首、认罪态度等量刑情节，作出如上判决。

（生效裁判审判人员：汤咏梅、陈圣勇、汤军琪）

柳立国等人生产、销售有毒、有害食品，生产、销售伪劣产品案

（检例第 12 号）

【关键词】 生产、销售有毒、有害食品罪　生产、销售伪劣产品罪

【要旨】

明知对方是食用油经销者，仍将用餐厨废弃油（俗称"地沟油"）加工而成的劣质油脂销售给对方，导致劣质油脂流入食用油市场供人食用的，构成生产、销售有毒、有害食品罪；明知油脂经销者向饲料生产企业和药品生产企业等单位销售豆油等食用油，仍将用餐厨废弃油加工而成的劣质油脂销售给对方，导致劣质油脂流向饲料生产企业和药品生产企业等单位的，构成生产、销售伪劣产品罪。

【相关立法】

《中华人民共和国刑法》第一百四十四条、第一百四十条、第一百四十一条第一款

【基本案情】

被告人柳立国，男，山东省人，1975 年出生，原系山东省济南博汇生物科技有限公司（以下简称博汇公司）、山东省济南格林生物能源有限公司（以下简称格林公司）实际经营者。

被告人鲁军，男，山东省人，1968 年出生，原系博汇公司生产负责人。

被告人李树军，男，山东省人，1974 年出生，原系博汇公司、格林公司采购员。

被告人柳立海，男，山东省人，1965 年出生，原系格林公司等企业管理后勤员工。

被告人于双迎，男，山东省人，1970 年出生，原系格林公司员工。

被告人刘凡金，男，山东省人，1975 年出生，原系博汇公司、格林公司驾驶员。

被告人王波，男，山东省人，1981 年出生，原系博汇公司、格林公司驾驶员。

自 2003 年始，被告人柳立国在山东省平阴县孔村镇经营油脂加工厂，后更名为中兴脂肪酸甲酯厂，并转向餐厨废弃油（俗称"地沟油"）回收再加工。2009 年 3 月、2010 年 6 月，柳立国又先后注册成立了博汇公司、格林公司，扩大生产，进一步将地沟油加工提炼成劣质油脂。自 2007 年 12 月起，柳立国从四川、江苏、浙江等地收购地沟油加工提炼成劣质油脂，在明知他人将向其所购的劣质成品油冒充正常豆油等食用油进行销售的情况下，仍将上述劣质油脂销售给他人，从中赚取利润。柳立国先后将所加工提炼的劣质油脂销售给经营食用油生意的山东聊城昌泉粮油实业公司、河南郑州宏大粮油商行等（均另案处理）。前述粮油公司等明知从柳立国处购买的劣质油脂系地沟油加工而成，仍然直接或经勾兑后作为食用油销售给个体粮油店、饮食店、食品加工厂以及学校食堂，或冒充豆油等油脂销售给饲料、药品加工等企业。截止 2011 年 7 月案发，柳立国等人的行为最终导致金额为 926 万余元的此类劣质油脂流向食用油市场供人食用，金额为 9065 万余元的劣质油脂流入非食用油加工市场。

期间，经被告人柳立国招募，被告人鲁军负责格林公司的筹建、管理；被告人李树军负责地沟油采购并曾在格林公司分提车间工作；被告人柳立海从事后勤工作；被告人于双迎负责格林公司机器设备维护及管理水解车间；被告人刘凡金作为驾驶员运输成品油脂；被告人王波作为驾驶员运输半成品和厂内污水，并提供个人账户供柳立国收付货款。上述被告人均在明知柳立国用地沟油加工劣质油脂并对外销售的情况下，仍予以帮助。其中，鲁军、于双迎参与生产、销售上述销往食用油市场的劣质油脂的金额均为134万余元，李树军为765万余元，柳立海为457万余元，刘凡金为138万余元，王波为270万余元；鲁军、于双迎参与生产、销售上述流入非食用油市场的劣质油脂金额均为699万余元，李树军为9065万余元，柳立海为4961万余元，刘凡金为2221万余元，王波为6534万余元。

【诉讼过程】

2011年7月5日，柳立国、鲁军、李树军、柳立海、于双迎、刘凡金、王波因涉嫌生产、销售不符合安全标准的食品罪被刑事拘留，8月11日被逮捕。

该案侦查终结后，移送浙江省宁波市人民检察院审查起诉。浙江省宁波市人民检察院经审查认为，被告人柳立国、鲁军、李树军、柳立海、于双迎、刘凡金、王波违反国家食品管理法规，结伙将餐厨废弃油等非食品原料进行生产、加工，并将加工提炼而成且仍含有有毒、有害物质的非食用油冒充食用油予以销售，并供人食用，严重危害了人民群众的身体健康和生命安全，其行为均触犯了《中华人民共和国刑法》第一百四十四条之规定，犯罪事实清楚，证据确实充分，应当以生产、销售有毒、有害食品罪追究其刑事责任。被告人柳立国、鲁军、李树军、柳立海、于双迎、刘凡金、王波又违反国家食品管理法规，结伙将餐厨废弃油等非食品原料进行生产、加工，并将加工提炼而成的非食用油冒充食用油予以销售，以假充真，销售给饲料加工、药品加工单位，其行为均触犯了《中华人民共和国刑法》第一百四十条之规定，犯罪事实清楚，证据确

实充分，应当以生产、销售伪劣产品罪追究其刑事责任。2012 年 6
月 12 日，宁波市人民检察院以被告人柳立国等人犯生产、销售有
毒、有害食品罪和生产、销售伪劣产品罪向宁波市中级人民法院提
起公诉。

　　2013 年 4 月 11 日，宁波市中级人民法院一审判决被告人柳立
国犯生产、销售有毒、有害食品罪和生产、销售伪劣产品罪，数罪
并罚，判处无期徒刑，剥夺政治权利终身，并处没收个人全部财
产；被告人鲁军犯生产、销售有毒、有害食品罪和生产、销售伪劣
产品罪，数罪并罚，判处有期徒刑十四年，并处罚金人民币四十万
元；被告人李树军犯生产、销售有毒、有害食品罪和生产、销售伪
劣产品罪，数罪并罚，判处有期徒刑十一年，并处罚金人民币四十
万元；被告人柳立海犯生产、销售有毒、有害食品罪和生产、销售
伪劣产品罪，数罪并罚，判处有期徒刑十年六个月，并处罚金人民
币四十万元；被告人于双迎犯生产、销售有毒、有害食品罪和生
产、销售伪劣产品罪，数罪并罚，判处有期徒刑十年，并处罚金人
民币四十万元；被告人刘凡金犯生产、销售有毒、有害食品罪和生
产、销售伪劣产品罪，数罪并罚，判处有期徒刑七年，并处罚金人
民币三十万元；被告人王波犯生产、销售有毒、有害食品罪和生
产、销售伪劣产品罪，数罪并罚，判处有期徒刑七年，并处罚金人
民币三十万元。

　　一审宣判后，柳立国、鲁军、李树军、柳立海、于双迎、刘凡
金、王波提出上诉。

　　浙江省高级人民法院二审认为，柳立国利用餐厨废弃油加工劣
质食用油脂，销往粮油食品经营户，并致劣质油脂流入食堂、居民
家庭等，供人食用，其行为已构成生产、销售有毒、有害食品罪。
柳立国还明知下家购买其用餐厨废弃油加工的劣质油脂冒充合格豆

油等，仍予以生产、销售，流入饲料、药品加工等企业，其行为又构成生产、销售伪劣产品罪，应予二罪并罚。柳立国生产、销售有毒、有害食品的犯罪行为持续时间长，波及范围广，严重危害食品安全，严重危及人民群众的身体健康，情节特别严重，应依法严惩。鲁军、李树军、柳立海、于双迎、刘凡金、王波明知柳立国利用餐厨废弃油加工劣质油脂并予销售，仍积极参与，其行为分别构成生产、销售有毒、有害食品罪和生产、销售伪劣产品罪，亦应并罚。在共同犯罪中，柳立国起主要作用，系主犯；鲁军、李树军、柳立海、于双迎、刘凡金、王波起次要或辅助作用，系从犯，原审均予减轻处罚。原判定罪和适用法律正确，量刑适当；审判程序合法。2013 年 6 月 4 日，浙江省高级人民法院二审裁定驳回上诉，维持原判。

徐孝伦等人生产、销售有害食品案

（检例第 13 号）

【关键词】 生产、销售有害食品罪

【要旨】

在食品加工过程中，使用有毒、有害的非食品原料加工食品并出售的，应当认定为生产、销售有毒、有害食品罪；明知是他人使用有毒、有害的非食品原料加工出的食品仍然购买并出售的，应当认定为销售有毒、有害食品罪。

【相关立法】

《中华人民共和国刑法》第一百四十四条、第一百四十一条第一款

【基本案情】

被告人徐孝伦，男，贵州省人，1969 年出生，经商。

被告人贾昌容，女，贵州省人，1966 年出生，经商。

被告人徐体斌，男，贵州省人，1986 年出生，经商。

被告人叶建勇，男，贵州省人，1980 年出生，经商。

被告人杨玉美，女，安徽省人，1971 年出生，经商。

2010 年 3 月起，被告人徐孝伦、贾昌容在瑞安市鲍田前北村育英街 12 号的加工点内使用工业松香加热的方式对生猪头进行脱毛，并将加工后的猪头分离出猪头肉、猪耳朵、猪舌头、肥肉等销售给当地菜市场内的熟食店，销售金额达 61 万余元。被告人徐体斌、叶建勇、杨玉美明知徐孝伦所销售的猪头系用工业松香加工脱毛仍予以购买，并做成熟食在其经营的熟食店进行销售，其中徐体斌的销售金额为 3.4 万元，叶建勇和杨玉美的销售金额均为 2.5 万余元。2012 年 8 月 8 日，徐孝伦、贾昌容、徐体斌在瑞安市的加工点内被公安机关及瑞安市动物卫生监督所当场抓获，并现场扣押猪头（已分割）50 个，猪耳朵、猪头肉等 600 公斤，松香 10 公斤及销售单。经鉴定，被扣押的松香系工业松香，属食品添加剂外的化学物质，内含重金属铅，经反复高温使用后，铅等重金属含量升高，长期食用工业松香脱毛的禽畜类肉可能会对人体造成伤害。案发后徐体斌协助公安机关抓获两名犯罪嫌疑人。

【诉讼过程】

2012 年 8 月 8 日，徐孝伦、贾昌容因涉嫌生产、销售有毒、有害食品罪被刑事拘留，9 月 15 日被逮捕。2012 年 8 月 8 日，徐体斌因涉嫌生产、销售有毒、有害食品罪被刑事拘留，8 月 13 日被取保候审，2013 年 3 月 12 日被逮捕。2012 年 9 月 27 日，叶建勇、杨玉美因涉嫌生产、销售有毒、有害食品罪被取保候审，2013 年 3 月 12 日被逮捕。

该案由浙江省瑞安市公安局侦查终结后，移送瑞安市人民检察院审查起诉。瑞安市人民检察院经审查认为，被告人徐孝伦、贾昌容在生产、销售的食品中掺有有害物质，被告人徐体斌、叶建勇、杨玉美销售明知掺有有害物质的食品，其中被告人徐孝伦、贾昌容有其他特别严重情节，其行为均已触犯《中华人民共和国刑法》第一百四十四条之规定，犯罪事实清楚、证据确实充分，应当以生产、销售有害食品罪追究被告人徐孝伦、贾昌容的刑事责任；以销售有害食品罪追究被告人徐体斌、叶建勇、杨玉美的刑事责任。被告人徐孝伦、贾昌容、徐体斌、叶建勇、杨玉美归案后均能如实供述自己的罪行，依法可以从轻处罚。2013 年 3 月 1 日，瑞安市人民检察院以被告人徐孝伦、贾昌容犯生产、销售有害食品罪，被告人徐体斌、叶建勇、杨玉美犯销售有害食品罪向瑞安市人民法院提起公诉。

2013 年 5 月 22 日，瑞安市人民法院一审认为，被告人徐孝伦、贾昌容在生产、销售的食品中掺入有害物质，有其他特别严重情节，其行为均已触犯刑法，构成生产、销售有害食品罪；徐体斌、叶建勇、杨玉美销售明知掺有有害物质的食品，其行为均已触犯刑法，构成销售有害食品罪。被告人徐孝伦、贾昌容共同经营猪头加工厂，生产、销售猪头，系共同犯罪。在共同犯罪中，被告人徐孝伦起主要作用，系主犯；被告人贾昌容起次要作用，系从犯，依法减轻处罚。被告人贾昌容、徐体斌、叶建勇归案后均能如实供述自己的罪行，依法从轻处罚。被告人徐体斌有立功表现，依法从轻处罚。依照刑法和司法解释有关规定，判决被告人徐孝伦犯生产、销售有害食品罪，判处有期徒刑十年六个月，并处罚金人民币一百二十五万元；被告人贾昌容犯生产、销售有害食品罪，判处有期徒刑六年，并处罚金人民币六十万元；被告人徐体斌犯销售有害食品罪，判处有期徒刑一年六个月，并处罚金人民币七万元；被告人叶建勇犯销售有害食品罪，判处有期徒刑一年六个月，并处罚金人民币五万元；被告人杨玉美犯销售有害食品罪，判处有期徒刑一年六个月，并处罚金人民币五万元。

一审宣判后，徐孝伦、贾昌容、杨玉美提出上诉。

2013 年 6 月 21 日，浙江省温州市中级人民法院二审裁定驳回上诉，维持原判。

孙建亮等人生产、销售有毒、有害食品案

（检例第 14 号）

【关键词】生产、销售有毒、有害食品罪　共犯

【要旨】

明知盐酸克伦特罗（俗称"瘦肉精"）是国家禁止在饲料和动物饮用水中使用的药品，而用以养殖供人食用的动物并出售的，应当认定为生产、销售有毒、有害食品罪。明知盐酸克伦特罗是国家禁止在饲料和动物饮用水中使用的药品，而买卖和代买盐酸克伦特罗片，供他人用以养殖供人食用的动物的，应当认定为生产、销售有毒、有害食品罪的共犯。

【相关立法】

《中华人民共和国刑法》第一百四十四条

【基本案情】

被告人孙建亮，男，天津市人，1958 年出生，农民。

被告人陈林，男，天津市人，1964 年出生，农民。

被告人郝云旺，男，天津市人，1973 年出生，农民。

被告人唐连庆，男，天津市人，1946 年出生，农民。

被告人唐民，男，天津市人，1971 年出生，农民。

2011 年 5 月，被告人陈林、郝云旺、唐连庆、唐民明知盐酸克

伦特罗（俗称"瘦肉精"）属于国家禁止在饲料和动物饮用水中使用的药品而进行买卖，郝云旺从唐连庆、唐民处购买三箱盐酸克伦特罗片（每箱 100 袋，每袋 1000 片），后陈林从郝云旺处为自己购买一箱该药品，同时帮助被告人孙建亮购买一箱该药品。孙建亮在自己的养殖场内，使用陈林从郝云旺处购买的盐酸克伦特罗片喂养肉牛。2011 年 12 月 3 日，孙建亮将喂养过盐酸克伦特罗片的 9 头肉牛出售，被天津市宝坻区动物卫生监督所查获。经检测，其中 4 头肉牛尿液样品中所含盐酸克伦特罗超过国家规定标准。郝云旺、唐连庆、唐民主动到公安机关投案。

【诉讼过程】

2011 年 12 月 14 日，孙建亮因涉嫌生产、销售有毒、有害食品罪被刑事拘留，2012 年 1 月 9 日被取保候审，10 月 25 日被逮捕。2011 年 12 月 21 日，陈林因涉嫌生产、销售有毒、有害食品罪被刑事拘留，2012 年 1 月 9 日被取保候审，10 月 25 日被逮捕。2011 年 12 月 20 日，郝云旺因涉嫌生产、销售有毒、有害食品罪被取保候审，2012 年 10 月 25 日被逮捕。2011 年 12 月 28 日，唐连庆、唐民因涉嫌生产、销售有毒、有害食品罪被取保候审。

该案由天津市公安局宝坻分局侦查终结后，移送天津市宝坻区人民检察院审查起诉。天津市宝坻区人民检察院经审查认为，被告人孙建亮使用违禁药品盐酸克伦特罗饲养肉牛并将使用该药品饲养的肉牛出售，被告人陈林、郝云旺、唐连庆、唐民明知盐酸克伦特罗是禁止用于饲养供人食用的动物的药品而进行买卖，其行为均触犯了《中华人民共和国刑法》第一百四十四条之规定，应当以生产、销售有毒、有害食品罪追究刑事责任。2012 年 8 月 15 日，天津市宝坻区人民检察院以被告人孙建亮、陈林、郝云旺、唐连庆、唐民犯生产、销售有毒、有害食品罪向宝坻区人民法院提起公诉。

2012 年 10 月 29 日，宝坻区人民法院一审认为，被告人孙建亮使用违禁药品盐酸克伦特罗饲养肉牛并将肉牛出售，其行为已构成生产、销售有毒、有害食品罪；被告人陈林、郝云旺、唐连庆、唐民明知盐酸克伦特罗是禁止用于饲养供人食用的动物药品而代购或卖给他人，供他人用于饲养供人食用的肉牛，属于共同犯罪，应依法以生产、销售有毒、有害食品罪予以处罚。在共同犯罪中，孙建亮起主要作用，系主犯；被告人陈林、郝云旺、唐连庆、唐民起次要作用，系从犯，依法应当从轻处罚。被告人郝云旺、唐连庆、唐民在案发后主动到公安机关投案，并如实供述犯罪事实，属自首，依法可以从轻处罚。被告人孙建亮、陈林到案后如实供述犯罪事实，属坦白，依法可以从轻处罚。依照刑法相关条款规定，判决被告人孙建亮犯生产、销售有毒、有害食品罪，判处有期徒刑二年，并处罚金人民币七万五千元；被告人陈林犯生产、销售有毒、有害食品罪，判处有期徒刑一年，并处罚金人民币二万元；被告人郝云旺犯生产、销售有毒、有害食品罪，判处有期徒刑一年，并处罚金人民币二万元；被告人唐连庆犯生产、销售有毒、有害食品罪，判处有期徒刑六个月，缓刑一年，并处罚金人民币五千元；被告人唐民犯生产、销售有毒、有害食品罪，判处有期徒刑六个月，缓刑一年，并处罚金人民币五千元。

一审宣判后，郝云旺提出上诉。

2012 年 12 月 12 日，天津市第一中级人民法院二审裁定驳回上诉，维持原判。

胡林贵等人生产、销售有毒、有害食品，行贿；
骆梅等人销售伪劣产品；
朱伟全等人生产、销售伪劣产品；
黎达文等人受贿，食品监管渎职案

（检例第 15 号）

【关键词】生产、销售有毒、有害食品罪　生产、销售伪劣产品罪　食品监管渎职罪　受贿罪　行贿罪

【要旨】

实施生产、销售有毒、有害食品犯罪，为逃避查处向负有食品安全监管职责的国家工作人员行贿的，应当以生产、销售有毒、有害食品罪和行贿罪实行数罪并罚。

负有食品安全监督管理职责的国家机关工作人员，滥用职权，向生产、销售有毒、有害食品的犯罪分子通风报信，帮助逃避处罚的，应当认定为食品监管渎职罪；在渎职过程中受贿的，应当以食品监管渎职罪和受贿罪实行数罪并罚。

【相关立法】

《中华人民共和国刑法》第一百四十四条、第一百四十条、第四百零八条之一、第三百八十五条、第三百八十九条

【基本案情】

被告人胡林贵，男，1968 年出生，重庆市人，原系广东省东莞市渝湘腊味食品有限公司股东。

被告人刘康清，男，1964 年出生，重庆市人，原系广东省东莞

市渝湘腊味食品有限公司股东。

被告人叶在均，男，1954 年出生，重庆市人，原系广东省东莞市渝湘腊味食品有限公司股东。

被告人刘国富，男，1976 年出生，重庆市人，原系广东省东莞市渝湘腊味食品有限公司股东。

被告人张永富，男，1969 年出生，重庆市人，原系广东省东莞市渝湘腊味食品有限公司股东。

被告人叶世科，男，1979 年出生，重庆市人，原系广东省东莞市渝湘腊味食品有限公司驾驶员。

被告人骆梅，女，1977 年出生，重庆市人，原系广东省东莞市大岭山镇信立农产品批发市场销售人员。

被告人刘康素，女，1971 年出生，重庆市人，原系广东省东莞市中堂镇江南农产品批发市场销售人员。

被告人朱伟全，男，1958 年出生，广东省人，无业。

被告人曾伟中，男，1971 年出生，广东省人，无业。

被告人黎达文，男，1973 年出生，广东省人，原系广东省东莞市中堂镇人民政府经济贸易办公室（简称经贸办）副主任、中堂镇食品药品监督站站长，兼任中堂镇食品安全委员会（简称食安委）副主任及办公室主任。

被告人王伟昌，男，1965 年出生，广东省人，原系广东省东莞市中堂中心屠场稽查队队长。

被告人陈伟基，男，1982 年出生，广东省人，原系广东省东莞市中堂中心屠场稽查队队员。

被告人余忠东，男，1963 年出生，湖南省人，原系广东省东莞市江南市场经营管理有限公司仓储加工管理部主管。

（一）被告人胡林贵、刘康清、叶在均、刘国富、张永富等人于 2011 年 6 月以每人出资 2 万元，在未取得工商营业执照和卫生许可证的情况下，在东莞市中堂镇江南农产品批发市场租赁加工区建立加工厂，利用病、死、残猪猪肉为原料，加入亚硝酸钠、工业用盐等调料，生产腊肠、腊肉。并将生产出来的腊肠、腊肉运至该市农产品批发市场固定铺位进行销售，平均每天销售约 500 公斤。该工厂主要由胡林贵负责采购病、死、残猪猪肉，刘康清负责销售，刘国富等人负责加工生产，张永富、叶在均等人负责打杂及协作，该加工厂还聘请了被告人叶世科等人负责运输，聘请了骆梅、刘康素等人负责销售上述加工厂生产出的腊肠、腊肉，其中骆梅于 2011 年 8 月初开始受聘担任销售，刘康素于 2011 年 9 月初开始受聘担任销售。

2011 年 10 月 17 日，经群众举报，执法部门查处了该加工厂，当场缴获腊肠 500 公斤、腊肉 500 公斤、未检验的腊肉半成品 2 吨、工业用盐 24 包（每包 50 公斤）、敌百虫 8 支、亚硝酸钠 11 支等物品；10 月 25 日，公安机关在农产品批发市场固定铺位缴获胡林贵等人存放的半成品猪肉 7980 公斤，经广东省质量监督检测中心抽样检测，该半成品含敌百虫等有害物质严重超标。

（二）自 2010 年 12 月至 2011 年 6 月份期间，被告人朱伟全、曾伟中等人收购病、死、残猪后私自屠宰，每月运行 20 天，并将每天生产出的约 500 公斤猪肉销售给被告人胡林贵、刘康清等人。后曾伟中退出经营，朱伟全等人于 2011 年 9 月份开始至案发期间，继续每天向胡林贵等人合伙经营的腊肉加工厂出售病、死、残猪猪肉约 500 公斤。

（三）被告人黎达文于 2008 年起先后兼任中堂镇产品质量和食品安全工作领导小组成员、经贸办副主任、中堂食安委副主任兼办公室主任、食品药品监督站站长，负责对中堂镇全镇食品安全的监督管理，包括中堂镇内食品安全综合协调职能和依法组织各执法部门查处食品安全方面的举报等工作。被告人余忠东于 2005 年起在东莞市江南市场经营管理有限公司任仓储加工管理部的主管。

2010 年至 2011 年期间，黎达文在组织执法人员查处江南农产品批发市场的无证照腊肉、腊肠加工窝点过程中，收受被告人刘康清、胡林贵、余忠东等人贿款共十一次，每次 5000 元，合计 55000 元，其中胡林贵参与行贿十一次，计 55000 元，刘康清参与行贿十次，计 50000 元，余忠东参与行贿六次，计 30000 元。

被告人黎达文在收受被告人刘康清、胡林贵、余忠东等人的贿款之后，滥用食品安全监督管理的职权，多次在组织执法人员检查江南农产品批发市场之前打电话通知余忠东或胡林贵，让胡林贵等人做好准备，把加工场内的病、死、残猪猪肉等生产原料和腊肉、腊肠藏好，逃避查处，导致胡林贵等人在一年多时间内持续非法利用病、死、残猪猪肉生产敌百虫和亚硝酸盐成分严重超标的腊肠、腊肉，销往东莞市及周边城市的食堂和餐馆。

被告人王伟昌自 2007 年起任中堂中心屠场稽查队队长，被告人陈伟基自 2009 年 2 月起任中堂中心屠场稽查队队员，二人所在单位受中堂镇政府委托负责中堂镇内私宰猪肉的稽查工作。2009 年 7 月至 2011 年 10 月间，王伟昌、陈伟基在执法过程中收受刘康清、刘国富等人贿款，其中王伟昌、陈伟基共同收受贿款 13100 元，王伟昌单独受贿 3000 元。

王伟昌、陈伟基受贿后，滥用食品安全监督管理的职权，多次在带队稽查过程中，明知刘康清和刘国富等人非法销售死猪猪肉、排骨而不履行查处职责，王伟昌还多次在参与中堂镇食安委组织的联合执法行动前打电话给刘康清通风报信，让刘康清等人逃避查处。

【诉讼过程】

2011 年 10 月 22 日，胡林贵、刘康清因涉嫌生产、销售有毒、有害食品罪被刑事拘留，11 月 24 日被逮捕。2011 年 10 月 23 日，叶在均、刘国富、张永富、叶世科、骆梅、刘康素因涉嫌生产、销售有毒、有害食品罪被刑事拘留，11 月 24 日被逮捕。2011 年 10 月 28 日，朱伟全、曾伟中因涉嫌生产、销售有毒、有害食品罪被刑事拘留，11 月 24 日被逮捕。2012 年 3 月 6 日，黎达文因涉嫌受贿罪被刑事拘留，3 月 20 日被逮捕。2012 年 4 月 26 日，王伟昌、陈伟基因涉嫌受贿罪被刑事拘留，5 月 10 日被逮捕。2012 年 3 月 6 日，余忠东因涉嫌受贿罪被刑事拘留，3 月 20 日被逮捕。

　　被告人胡林贵、刘康清、叶在均、刘国富、张永富、叶世科、骆梅、刘康素、曾伟中、朱伟全涉嫌生产、销售有毒、有害食品罪一案，由广东省东莞市公安局侦查终结，移送东莞市第一市区人民检察院审查起诉。被告人黎达文、王伟昌、陈伟基涉嫌受贿、食品监管渎职罪，被告人胡林贵、刘康清、余忠东涉嫌行贿罪一案，由东莞市人民检察院侦查终结，移送东莞市第一市区人民检察院审查起诉。因上述两个案件系关联案件，东莞市第一市区人民检察院决定并案审查。东莞市第一市区人民检察院经审查认为，被告人胡林贵、刘康清、叶在均、刘国富、张永富、叶世科无视国法，在生产、销售的食品中掺入有毒、有害的非食品原料，胡林贵、刘康清还为谋取不正当利益，多次向被告人黎达文、王伟昌、陈伟基等人行贿，胡林贵、刘康清的行为均已触犯了《中华人民共和国刑法》第一百四十四条、第三百八十九条第一款之规定，被告人叶在均、刘国富、张永富、叶世科的行为均已触犯了《中华人民共和国刑法》第一百四十四条之规定；被告人骆梅、刘康素在销售中以不合格产品冒充合格产品，其中骆梅销售的金额五十万元以上，刘康素销售的金额二十万元以上，二人的行为均已触犯了《中华人民共和国刑法》第一百四十条之规定；被告人朱伟全、曾伟中在生产、销售中以不合格产品冒充合格产品，生产、销售金额五十万元以上，二人的行为均已触犯了《中华人民共和国刑法》第一百四十条之规定；被告人黎达文、王伟昌、陈伟基身为国家机关工作人员，利用职务之便，多次收受贿款，同时黎达文、王伟昌、陈伟基身为负有食品安全监督管理职责的国家机关工作人员，滥用职权为刘康清等人谋取非法利益，造成恶劣社会影响，三人的行为已分别触犯了《中华人民共和国刑法》第三百八十五条第一款、第四百零八条之一之规定；被告人余忠东为谋取不正当利益，多次向被告人黎达文、王伟昌、陈伟基等人行贿，其行为已触犯《中华人民共和国刑法》第三百八十九条第一款之规定。2012 年 5 月 29 日，东莞市第一市区人民检察院以被告人胡林贵、刘康清犯生产、销售有毒、有害食品罪、行贿罪，叶在均、刘国富、张永富、叶世科犯生产、销售有毒、有害食品罪，骆梅、刘康素犯销售伪劣产品罪，朱伟全、曾伟中犯生产、销售伪劣产品罪，黎达文、王伟昌、陈伟基犯受贿罪、食品监管渎职罪，余忠东犯行贿罪，向东莞市第一人民法院提起公诉。

2012 年 7 月 9 日，东莞市第一人民法院一审认为，被告人胡林贵、刘康清、叶在均、刘国富、张永富、叶世科无视国法，在生产、销售的食品中掺入有毒、有害的非食品原料，其行为已构成生产、销售有毒、有害食品罪，且属情节严重；被告人骆梅、刘康素作为产品销售者，以不合格产品冒充合格产品，其中被告人骆梅销售金额为五十万元以上不满二百万元，被告人刘康素销售金额为二十万元以上不满五十万元，其二人的行为已构成销售伪劣产品罪；被告人朱伟全、曾伟中在生产、销售中以不合格产品冒充合格产品，涉案金额五十万元以上不满二百万元，其二人的行为已构成生产、销售伪劣产品罪；被告人黎达文身为国家工作人员，被告人王伟昌、陈伟基身为受国家机关委托从事公务的人员，均利用职务之便，多次收受贿款，同时，被告人黎达文、王伟昌、陈伟基还违背所负的食品安全监督管理职责，滥用职权为刘康清等人谋取非法利益，造成严重后果，被告人黎达文、王伟昌、陈伟基的行为已构成受贿罪、食品监管渎职罪；被告人胡林贵、刘康清、余忠东为谋取不正当利益，多次向黎达文、王伟昌、陈伟基等人行贿，其三人的行为均已构成行贿罪。对上述被告人的犯罪行为，依法均应惩处，对被告人胡林贵、刘康清、黎达文、王伟昌、陈伟基依法予以数罪并罚。被告人刘康清系累犯，依法应从重处罚；刘康清在被追诉前主动交代其行贿行为，依法可以从轻处罚；刘康清还举报了胡林贵向黎达文行贿 5000 元的事实，并经查证属实，是立功，依法可以从轻处罚。被告人黎达文、王伟昌、陈伟基归案后已向侦查机关退出全部赃款，对其从轻处罚。被告人胡林贵、刘康清、张永富、叶世科、余忠东归案后如实供述犯罪事实，认罪态度较好，均可从轻处罚；被告人黎达文在法庭上认罪态度较好，可酌情从轻处罚。依照刑法相关条款规定，判决：

（一）被告人胡林贵犯生产、销售有毒、有害食品罪和行贿罪，数罪并罚，判处有期徒刑九年九个月，并处罚金人民币十万元。被告人刘康清犯生产、销售有毒、有害食品罪和行贿罪，数罪并罚，判处有期徒刑九年，并处罚金人民币九万元。被告人叶在均、刘国富、张永富、叶世科犯生产、销售有毒、有害食品罪，分别判处有期徒刑八年六个月并处罚金人民币十万元、有期徒刑八年六个月并处罚金人民币十万元、有期徒刑八年三个月并处罚金人民币十万元、有期徒刑七年九个月并处罚金人民币五万元。被告人骆梅、刘康素犯销售伪劣产品罪，分别判处有期徒刑七年六个月并处罚金人民币三万元、有期徒刑六年并处罚金人民币二万元。

（二）被告人朱伟全、曾伟中犯生产、销售伪劣产品罪，分别判处有期徒刑八年并处罚金人民币七万元、有期徒刑七年六个月并处罚金人民币六万元。

（三）被告人黎达文犯受贿罪和食品监管渎职罪，数罪并罚，判处有期徒刑七年六个月，并处没收个人财产人民币一万元。被告人王伟昌犯受贿罪和食品监管渎职罪，数罪并罚，判处有期徒刑三年三个月。被告人陈伟基犯受贿罪和食品监管渎职罪，数罪并罚，判处有期徒刑二年六个月。被告人余忠东犯行贿罪，判处有期徒刑十个月。

一审宣判后，被告人胡林贵、刘康清、叶在均、刘国富、张永富、叶世科、骆梅、刘康素、曾伟中、黎达文、王伟昌、陈伟基提出上诉。

2012 年 8 月 21 日，广东省东莞市中级人民法院二审裁定驳回上诉，维持原判。

王敏生产、销售伪劣种子案

（检例第 61 号）

【关键词】生产、销售伪劣种子罪　假种子　农业生产损失认定

【要旨】

以同一科属的此品种种子冒充彼品种种子，属于刑法上的"假种子"。行为人对假种子进行小包装分装销售，使农业生产遭受较大损失的，应当以生产、销售伪劣种子罪追究刑事责任。

【基本案情】

被告人王敏，男，1991 年 3 月出生，江西农业大学农学院毕业，原四川隆平高科种业有限公司（以下简称隆平高科）江西省宜春地区区域经理。

2017 年 3 月，江西省南昌县种子经销商郭宝珍询问隆平高科的经销商之一江西省丰城市"民生种业"经营部的闵生如、闵蜀蓉父

子（以下简称闵氏父子）是否有"T优705"水稻种子出售，在得到闵蜀蓉的肯定答复并报价后，先后汇款共30万元给闵生如用于购买种子。

闵氏父子找到王敏订购种子，王敏向隆平高科申报了"陵两优711"稻种计划，后闵生如汇款20万元给隆平高科作为订购种子款（单价13元/公斤）。王敏找到金海环保包装有限公司的曹传宝，向其提供制版样式，印制了标有"四川隆平高科种业有限公司""T优705"字样的小包装袋29850个。收到隆平高科寄来的"陵两优711"散装种子后，王敏请闵氏父子帮忙雇工人将运来的散装种子分装到此前印好的标有"T优705"的小包装袋（每袋1公斤）内，并将分装好的24036斤种子运送给郭宝珍。郭宝珍销售给南昌县等地的农户。农户播种后，禾苗未能按期抽穗、结实，导致200余户农户4000余亩农田绝收，造成直接经济损失460余万元。

经查，隆平高科不生产"T优705"种子，其生产的"陵两优711"种子也未通过江西地区的审定，不能在江西地区进行终端销售。

【指控与证明犯罪】

2018年5月8日，江西省南昌县公安局以王敏涉嫌销售伪劣种子罪，将案件移送南昌县人民检察院审查起诉。

审查起诉阶段，王敏辩称自己的行为不构成犯罪，不知道销售的种子为伪劣种子。王敏还辩解：1. 印制小包装袋经过隆平高科的许可；2. 自己没有请工人进行分装，也没有进行技术指导；3. 没有造成大的损失。

检察机关审查认为，现有证据足以认定犯罪嫌疑人王敏将"陵两优711"冒充"T优705"销售给农户，但其是否明知为伪劣种子、"陵两优711"是如何变换成"T优705"的、隆平高科是否授权王敏印刷小包装袋、造成的损失如何认定、哪些人员涉嫌犯罪等问题，有待进一步查证。针对上述问题，南昌县人民检察院两次退回公安机关补充侦查，要求公安机关补充收集订购种子的货运单、合同、签收单、交易记录等书证；核实印制小包装袋有无得到隆平高科的授权，是否有合格证等细节；种子从四川发出，中途有无调换等，"陵两优711"是怎么变换成"T优705"的物流情况；对于损失认定，充分听取辩护人及受害农户的意见，收集受害农户订购种子数量的原始凭证等。

经补充侦查，南昌县公安局进一步收集了物流司机等人的证言、农户购买谷种小票、农作物不同生长期照片、货运单、王敏任职证明等证据。物流司机证言证明货物没有被调换，但货运单上只写了种子，并没有写明具体的种子品名；隆平高科方面一致声称王敏订购的是"陵两优711"，出库单上也注明是"陵两优711"（散子），散子销售不受区域限制，并且该公司从不生产"T优705"；而闵氏父子辩称自己是应农户要求订购"T优705"，到货也是应王敏要求提供场地，王敏代表公司进行分装。因双方没有签订种子订购合同且各执一词，无法查实闵氏父子订购的是哪种种子。但可以明确的是2010年5月17日广西农作物品种审定委员会对"陵两优711"审定通过，可在桂南稻作区或者桂中稻作区南部适宜种植感光型品种的地区作为晚稻种植，在江西省未审定通过。王敏作为隆平高科的区域经理，对公司不生产"T优705"种子应该明知，对"陵两优711"在江西省未被审定通过也应明知。另查实，隆平高科从未授权王敏进行设计、印制"T优705"小包装袋。

针对损失认定，公安机关补充收集了购种票据、证人证言等，认定南昌县及其他地区受害农户合计205户，绝收面积合计4000余亩。为评估损失，公安机关开展现场勘查，邀请农科院土肥、农业、气象方面专家进行评估。评估认定：1. 南昌县部分稻田种植的"陵两优711"尚处始穗期，已无法正常结实，导致绝收。2. 2017年10月下旬评估时，部分稻田种植的"陵两优711"处于齐穗期，但南昌地区晚稻的安全齐穗期是9月20日左右，根据南昌往年气象资料，10月下旬齐穗的水稻将会受到11月份低温影响，无法正常结实，严重时会绝收。3. 根据种子包装袋上注明的平均亩产444.22公斤的数据，结合南昌县往年晚稻平均亩产量，考虑到晚稻因品种和种植方式不同存在差异，产量评估可以以种子包装袋上注明的平均亩产444.22公斤为依据，结合当年晚稻平均单价2.60元/公斤计算损失。205户农户因种植假种子造成的经济损失为444.22公斤/亩×2.60元/公斤×4000亩=4619888元。

综合上述证据情况，检察机关采信评估意见，认定损失为461万余元，王敏及辩护人对此均不再提出异议。

2018年7月16日，南昌县人民检察院以被告人王敏犯生产、销售伪劣种子罪向南昌县人民法院提起公诉。9月10日，南昌县人民法院公开开庭审理了本案。

法庭调查阶段，公诉人宣读起诉书指控被告人王敏身为隆平高科宜春地区区域经理，负有对隆平高科销售种子的质量进行审查监管的职责，其将未通过江西地区审定的"陵两优711"种子冒充"T优705"种子，违背职责分装并销售，使农业生产遭受特别重大损失，其行为构成生产、销售伪劣种子罪。针对以上指控的犯罪事实，公诉人向法庭出示了四组证据予以证明：

一是被告人王敏的立案情况及任职身份信息，证明王敏从农业大学毕业后就从事种子销售业务，有着多年的种子销售经验。2015年8月至2018年2月在隆平高科从事销售工作，身份是江西宜春地区区域经理，职责是介绍和推广公司种子，并代表公司销售种子，对所销售的种子品种、质量负责。

二是相关证人证言，证明王敏接受闵氏父子种子订单，并向公司订购了"陵两优711"种子，印制"T优705"小包装袋分装种子并予以冒充销售。其中，闵蜀蓉证言证明郭宝珍需要"T优705"种子，自己向王敏提出采购种子计划，王敏表示有该种种子，并承诺有提成；证人曹传宝等的证言，证明其按王敏要求印制了"T优705"种子小包装袋，王敏予以签字确认。证人闵生如的证言，证明王敏明知印制"T优705"小包装袋用于包装"陵两优711"种子，仍予以签字确认。

三是相关证人证言，证明四川隆平高科研发、运送"陵两优711"到江西丰城等情况。其中，四川隆平高科副总张友强证言证明：王敏向隆平高科江西省级负责人杨剑辉报购了订购"陵两优711"计划；杨剑辉证言证明公司收到"陵两优711"计划并向江西发出"陵两优711"散子，该散子可以销往江西，由江西有资质的经销商卖到广西，但不能在江西直接销售。隆平高科票据显示收到王敏订购"陵两优711"计划并发货至江西。

四是造成损失情况、相关鉴定意见及被害人陈述、证人证言等，证明农户购买种子后造成绝收等损失。

王敏对以上证据无异议，但提出在小包装袋印制版式上签字是闵生如让他签的。

法庭辩论阶段，被告人王敏及其辩护人认为王敏没有主观犯罪故意，其行为不构成犯罪。

公诉人针对辩护意见进行答辩：

第一，从主观方面看，王敏明知公司不生产"T优705"种子，却将其订购的"陵两优711"分装成"T优705"予以销售。王敏主观上明知销售的种子不是订购时的种子，仍对种子进行名实不符的分装，具有销售伪劣种子的主观故意。

第二，从职责角度看，不论王敏还是四川隆平高科的工作人员，都证明所有种子订购，是由经销商报单给区域经理，区域经理再报单给公司，公司发货后，由区域经理分销。王敏作为四川隆平高科宜春地区区域经理，具有对种子质量进行审查的职责，其明知隆平高科不生产"T优705"种子，出于谋利，仍以此种子冒充彼种子进行包装、销售，具备犯罪故意，社会危害性大。

第三，王敏的供述证明，其实施了"在百度上搜索'T优705'及'T优705'审定公告内容"的行为，并将手机上搜索到的"T优705"种子包装袋版式提供给印刷商，后在"T优705"包装袋版式上签字；曹传宝和李亚东（江西运城制版有限公司设计师）都证实"T优705"小包装袋的制版、印刷都是王敏主动联系，还拿出公司的授权书给他们看，并特别交代要在印刷好的袋子上打一个洞，说种子要呼吸；刘英（隆平高科在南昌县的经销商）也证实，从种子公司运过来的种子不可以换其他品种的包装袋卖，这是犯法的事。王敏能够认识"在包装袋印制版式上签字就是对种子的种类、质量负责"的法律意义，仍予以签字。

第四，王敏作为隆平高科的区域经理，实施申报销售计划、设计包装规格、寻找印刷点、签字确认、指导分包作业等行为，均表明王敏积极实施生产、销售伪劣种子犯罪行为，王敏提出是闵生如让他签字，与事实不符，其辩护理由无法成立。

法庭经审理，认为公诉人提交的证据能够相互印证，予以确认。2018年10月25日，江西省南昌县人民法院作出一审判决，以生产、销售伪劣种子罪判处被告人王敏有期徒刑八年，并处罚金人民币十五万元。

王敏不服一审判决，提出上诉。其间，王敏及其家属向南昌县农业局支付460万元用于赔偿受害农民损失。2018年12月26日，南昌市中级人民法院作出终审判决，维持一审法院对上诉人王敏的定性，鉴于上诉期间王敏已积极赔偿损失，改判其有期徒刑七年，并处罚金人民币十五万元。

【指导意义】

生产、销售伪劣种子的行为严重危害国家农业生产安全，损害农民合法利益，及时、准确打击该类犯罪，是检察机关保护农民权益，维护农村稳定的职责。检察机关办理该类案件，应注意把握两方面问题：

（一）以此种子冒充彼种子应认定为假种子。根据刑法第一百四十七条规定，生产、销售假种子，使生产遭受较大损失的，应认定为生产、销售伪劣种子罪。假种子有不符型假种子（种类、名称、产地与标注不符）和冒充型假种子（以甲冒充乙、非种子冒充种子）。现实生活中，完全以非种子冒充种子的，比较少见。犯罪嫌疑人往往抓住种子专业性强、农户识别能力低的弱点，以此种子冒充彼种子或者以不合格种子冒充合格种子进行销售。因农作物生产周期较长，案发较为隐蔽，冒充型假种子往往造成农民投入种植成本，得不到应有收成回报，严重影响农业生产，应当依据刑法予以追诉。

（二）对伪劣种子造成的损失应予综合认定。伪劣种子造成的损失是涉假种子类案件办理时的疑难问题。实践中，可由专业人员根据现场勘查情况，对农业生产产量及其损失进行综合计算。具体可考察以下几方面：一是根据现场实地勘察，邀请农业、气象、土壤等方面专家，分析鉴定农作物生育期异常的原因，能否正常结实，是减产还是绝收等，分析减产或者绝收面积、产量。二是通过审定的农作物区试平均产量与根据现场调查的往年产量，结合当年可能影响产量的气候、土肥等因素，综合评估平均产量。三是根据农作物市场行情及平均单价等，确定直接经济损失。

【相关规定】

《中华人民共和国刑法》第一百四十七条

《中华人民共和国种子法》第四十九条、第九十一条

《最高人民法院、最高人民检察院关于办理生产、销售伪劣商

品刑事案件具体应用法律若干问题的解释》第七条

《最高人民检察院、公安部关于公安机关管辖的刑事案件立案追诉标准的规定（一）》第二十三条

《农作物种子生产经营许可管理办法》第三十三条

南京百分百公司等生产、销售伪劣农药案

（检例第 62 号）

【关键词】生产、销售伪劣农药罪　借证生产农药　田间试验

【要旨】

1. 未取得农药登记证的企业或者个人，借用他人农药登记证、生产许可证、质量标准证等许可证明文件生产、销售农药，使生产遭受较大损失的，以生产、销售伪劣农药罪追究刑事责任。

2. 对于使用伪劣农药造成的农业生产损失，可采取田间试验的方法确定受损原因，并以农作物绝收折损面积、受害地区前三年该类农作物的平均亩产量和平均销售价格为基准，综合计算认定损失金额。

【基本案情】

被告单位南京百分百化学有限责任公司（以下简称百分百公司）。

被告单位中土化工（安徽）有限公司（以下简称中土公司）。

被告单位安徽喜洋洋农资连锁有限公司（以下简称喜洋洋公司）。

被告人许全民，男，1971 年 12 月出生，喜洋洋公司法定代表人、百分百公司实际经营人。

被告人朱桦，男，1971 年 3 月出生，中土公司副总经理。

被告人王友定，男，1970 年 10 月出生，安徽久易农业股份有

限公司（以下简称久易公司）市场运营部经理。

2014 年 5 月，被告单位喜洋洋公司、百分百公司准备从事 50% 吡蚜酮农药（以下简称吡蚜酮）经营活动，被告人许全民以百分百公司的名义与被告人王友定商定，借用久易公司吡蚜酮的农药登记证、生产许可证、质量标准证（以下简称"农药三证"）。双方约定：王友定提供吡蚜酮"农药三证"及电子标签，并对百分百公司设计的产品外包装进行审定，百分百公司按久易公司的标准生产并对产品质量负责。经查，王友定擅自出借"农药三证"，久易公司并未从中营利。

2014 年 5 月 18 日、6 月 16 日，许全民代表百分百公司与中土公司负责销售的副总经理朱桦先后签订 4 吨（单价 93000 元）、5 吨（单价 87000 元）采购合同，向朱桦采购吡蚜酮，并约定质量标准、包装标准、付款方式等内容，合同金额计 813000 元。

2014 年 5 月至 6 月，中土公司在未取得吡蚜酮"农药三证"的情况下，由朱桦负责采购吡蚜酮的主要生产原料，安排人员自研配方，生产吡蚜酮。许全民联系设计吡蚜酮包装袋，并经王友定审定，提供给中土公司分装。该包装袋印制有百分百公司持有的"金鼎"商标，久易公司获得批准的"农药三证"，生产企业标注为久易公司。同年 6 月至 8 月，中土公司先后向百分百公司销售吡蚜酮计 2324 桶（6.972 吨），销售金额计 629832 元。百分百公司出售给喜洋洋公司，由喜洋洋公司分售给江苏多家农资公司，农资公司销售给农户。泰州市姜堰区农户使用该批农药后，发生不同程度的药害，水稻心叶发黄，秧苗矮缩，根系生长受抑制。经调查，初步认定发生药害水稻面积 5800 余亩，折损面积计 2800 余亩，造成经济损失计 270 余万元。经检验，药害原因是因农药中含有烟嘧磺隆（除草剂）成分。但对涉案农药为何混入烟嘧磺隆，被告人无法给出解释，且农药生产涉及原料收购、加工、分装等一系列流程，客观上亦无法查证。

案发后，许全民自动投案并如实供述犯罪事实，朱桦、王友定到案后如实供述犯罪事实。久易公司及王友定向姜堰区农业委员会共同缴纳赔偿款 150 万元，中土公司缴纳赔偿款 150 万元，喜洋洋公司缴纳赔偿款 55 万元，百分百公司及许全民缴纳赔偿款 95 万元，朱桦缴纳赔偿款 80 万元，合计 530 万元。

【指控与证明犯罪】

本案由泰州市姜堰区农业委员会于 2015 年 8 月 12 日移送至姜堰区公安局。8 月 14 日，姜堰区公安局立案侦查。2016 年 5 月 13 日，泰州市姜堰区公安局以许全民等涉嫌生产、销售伪劣农药罪移送泰州市姜堰区人民检察院审查起诉。11 月 1 日，泰州市姜堰区人民检察院以被告单位及被告人涉嫌生产、销售伪劣农药罪向泰州市姜堰区人民法院提起公诉。12 月 14 日，泰州市姜堰区人民法院公开开庭审理了本案。

法庭调查阶段，公诉人宣读起诉书，指控被告人及被告单位在无"农药三证"的情况下，生产、销售有药害成分的农药，并造成特别重大损失，其行为构成生产、销售伪劣农药罪。针对以上指控的犯罪事实，公诉人向法庭出示了三组证据予以证明：

一是销售合同、出库清单、协议书等证据，证明被告单位、被告人借证生产、销售农药的事实。

二是田间试验公证书、农作物生产事故技术鉴定书、检验报告等证据，证明被告单位、被告人生产、销售的吡呀酮中含有烟嘧磺隆（除草剂）成分，是造成水稻受损的直接原因。

三是证人证言、被害人陈述、被告人供述和辩解等证据，证明被告单位、被告人共谋借用"农药三证"，违法生产、销售伪劣农药，造成水稻大面积受损，及农户损失已经得到赔偿的事实。

法庭辩论阶段，被告人及辩护人提出：1. 涉案农药不应认定为伪劣农药，行为人不具有生产伪劣农药的故意。2. 盐城市产品质量监督检验所并非司法鉴定机构，其出具的检验报告不具有证据效力；泰州市农作物事故技术鉴定书是依据农药检测报告等作出的，不应作为定案依据。3. 水稻受损原因不明，不能排除天气、施药方法等因素导致。

公诉人针对辩护意见进行答辩：

第一，虽然因客观原因无法查证涉案农药吡呀酮如何混入烟嘧磺隆（除草剂）成分，但现有证据足以证明，涉案吡呀酮含有烟嘧磺隆（除草剂）成分，并造成水稻大面积减产的危害后果，可以认定为伪劣农药。被告单位、被告人无"农药三证"，未按照经国务院农业主管部门审批获得登记的农药配方进行生产，生产完成后未进行严格检验即出厂销售，主观上具有生产、销售伪劣农药的故意。

第二，盐城市产品质量监督检验所具有农药成分检验资质，其出具的检验报告符合书证有关要求，可证明涉案吡蚜酮含有烟嘧磺隆（除草剂）成分这一事实。泰州市农业委员会依据该检验报告和田间试验结果出具的《农作物事故技术鉴定书》，系按照《江苏省农作物生产事故技术鉴定实施办法》组成专家组开展鉴定后作出的，符合证据规定，能证明受害水稻受损是使用涉案吡蚜酮导致。

第三，为科学确定水稻受损原因，田间试验结果系由泰州市新农农资有限公司申请，在泰州市姜堰公证处的全程监督下，进行拍照、摄像固定取得的。"七种配方，八块试验田"的试验方法，是根据农户将吡呀酮与阿维氟铃尿、戊唑醇、咪鲜三环唑混合施用的实际情况，并考虑涉案吡呀酮仅存在于两个批次，确定第一到第四块试验田分别施用两个批次、不同剂量（20克和40克）的吡呀酮；第五和第六块试验田分别将两个批次吡呀酮与其他农药混合施用；第七块试验田混合施用不含吡呀酮的其他农药；第八块试验田未施用农药。结果显示凡施用涉案农药的试验田，水稻均出现典型的除草剂药害情况，排除了天气等因素影响，证明水稻受害系因农户使用的涉案农药吡呀酮中含有烟嘧磺隆造成。

法庭经审理，认为公诉人提交的证据能够相互印证，予以确认。因被告人许全民自动投案，如实供述罪行，且判决前主动足额赔付了农户损失，达成了谅解，构成自首，依法减轻处罚，2017年9月19日，江苏省泰州市姜堰区人民法院作出一审判决，以生产、销售伪劣农药罪判处被告单位百分百公司罚金五十万元，中土公司罚金四十万元，喜洋洋公司罚金三十五万元；以生产、销售伪劣农药罪判处被告人许全民有期徒刑三年，缓刑五年，并处罚金八万元；因被告人朱桦及王友定系从犯，如实供述，积极赔偿损失，依法减轻处罚，以生产、销售伪劣农药罪判处被告人朱桦有期徒刑三年，缓刑四年，并处罚金五万元；判处被告人王友定有期徒刑三年，缓刑三年，并处罚金人民币二万元。一审宣判后，被告单位及被告人均未上诉，判决已生效。

【指导意义】

（一）借用或通过非法转让获得他人"农药三证"生产农药，并经检验鉴定含有药害成分，使生产遭受较大损失的，应予追诉。根据我国《农药管理条例》规定，农药生产销售应具备"农药三证"。一些企业通过非法转让或者购买等手段非法获取"农药三证"生产不合格农药，扰乱农药市场，往往造成农业生产重大损失，危害农民利益。借用或者通过非法转让获得"农药三证"生产不符合资质农药，经检验鉴定含有药害成分，致使农业生产遭受损失二万元以上的，应当依据刑法予以追诉。农药生产企业将"农药三证"出借给未取得生产资质的企业或者个人，且明知借用方生产、销售伪劣农药的，构成生产、销售伪劣农药罪共同犯罪。其中使农业生产遭受损失五十万元以上，销售金额不满二百万元的，依据刑法第一百四十七条生产、销售伪劣农药罪追诉；销售金额二百万元以上的，依据刑法第一百四十九条从重处罚原则，以生产、销售伪劣产品罪予以追诉。

（二）生产损失认定方法。生产、销售伪劣农药罪为结果犯，需以"使生产遭受较大损失"为前提。办理此类案件，可以采用以下方法认定生产损失：一是运用田间试验确定涉案农药与生产损失的因果关系。可在公证部门见证下，依据农业生产专家指导，根据农户对受损作物实际使用的农药种类，合理确定试验方法和试验所需样本田块数量，综合认定农药使用与生产损失的因果关系。二是及时引导侦查机关收集、固定受损作物折损情况证据。检察机关应结合农业生产具有时令性的特点，引导侦查机关走访受损农户了解情况，实地考察受损农田，及时收集证据，防止作物收割、复播影响生产损失的认定。三是综合评估损害数额。农业生产和粮食作物价格具有一定的波动性，办案中对损害具体数额的评估，应以绝收折损面积为基准，综合考察受损地区前三年农作物平均亩产量和平均销售价格，计算损害后果。

【相关规定】

《中华人民共和国刑法》第一百四十七条、第一百四十九条、第一百五十条

《最高人民法院、最高人民检察院关于办理生产、销售伪劣商品刑事案件具体应用法律若干问题的解释》第七条、第九条

《最高人民检察院、公安部关于公安机关管辖的刑事案件立案追诉标准的规定（一）》第二十三条

《农药管理条例》第四十五条、第四十七条、第五十二条

《农药登记管理办法》第二条

《农药生产许可管理办法》第五条、第二十八条

刘远鹏涉嫌生产、
销售"伪劣产品"（不起诉）案

（检例第 85 号）

【关键词】民营企业 创新产品 强制标准 听证 不起诉

【要旨】

检察机关办理涉企案件，应当注意保护企业创新发展。对涉及创新的争议案件，可以通过听证方式开展审查。对专业性问题，应当加强与行业主管部门沟通，充分听取行业意见和专家意见，促进完善相关行业领域标准。

【基本案情】

被不起诉人刘远鹏（化名），男，1982 年 5 月出生，浙江动迈有限公司（化名）法定代表人。

2017 年 10 月 26 日，刘远鹏以每台 1200 元的价格将其公司生产的"T600D"型电动跑步机对外出售，销售金额合计 5 万余元。浙江省永康市市场监督管理部门通过产品质量抽查，委托浙江省家具与五金研究所对所抽样品的 18 个项目进行检验，发现该跑步机"外部结构""脚踏平台"不符合国家强制标准，被鉴定为不合格产品。2017 年 11 月至 12 月，刘远鹏将研发的"智能平板健走跑步机"以跑步机的名义对外出售，销售金额共计 701.4 万元。经市场监督管理部门委托宁波出入境检验检疫技术中心检验，该产品未根据"跑步机附加的特殊安全要求和试验方法"加装"紧急停止开关"，且"安全扶手""脚踏平台"不符合国家强制标准，被鉴定为不合格产品。

【检察机关履职过程】

2018 年 9 月 21 日，浙江省永康市公安局以刘远鹏涉嫌生产、销售伪劣产品罪对其立案侦查并采取刑事拘留强制措施。案发后，永康市人民检察院介入侦查时了解到涉案企业系当地纳税优胜企业，涉案"智能平板健走跑步机"是该公司历经三年的研发成果，拥有十余项专利。在案件基本事实查清，主要证据已固定的情况下，考虑到刘远鹏系企业负责人和核心技术人员，为保障企业的正常生产经营，检察机关建议对刘远鹏变更强制措施。2018 年 10 月 16 日，公安机关决定对刘远鹏改为取保候审。

2018 年 11 月 2 日，公安机关将案件移送永康市人民检察院审查起诉。经审查，本案的关键问题在于："智能平板健走跑步机"是创新产品还是不合格产品？能否按照跑步机的国家强制标准认定该产品为不合格产品？经赴该企业实地调查核实，永康市人民检察院发现"智能平板健走跑步机"运行速度与传统跑步机有明显区别。通过电话回访，了解到消费者对该产品的质量投诉为零，且普遍反映该产品使用便捷，未造成人身伤害和财产损失。检察机关经进一步审查，鉴定报告中认定"智能平板健走跑步机"为不合格产品的主要依据，是该产品没有根据跑步机的国家强制标准，加装紧急停止装置、安全扶手、脚踏平台等特殊安全配置。经进一步核实，涉案"智能平板健走跑步机"最高限速仅 8 公里/小时，远低于传统跑步机 20 公里/小时的速度，加装该公司自主研发的红外感应智能控速、启停系统后，实际使用安全可靠，并无加装前述特殊安全配置的必要。检察机关又进一步咨询了行业协会和专业人士，业内认为"智能平板健走跑步机"是一种新型健身器材，对其适用传统跑步机标准认定是否安全不尽合理。综合全案证据，永康市人民检察院认为，"智能平板健走跑步机"可能是一种区别于传统跑步机的创新产品，鉴定报告依据传统跑步机质量标准认定其为伪劣产品，合理性存疑。

2019年3月11日，永康市人民检察院对本案进行听证，邀请侦查人员、辩护律师、人大代表、相关职能部门代表和跑步机协会代表共20余人参加听证。经评议，与会听证员一致认为，涉案"智能平板健走跑步机"是企业创新产品，从消费者使用体验和技术参数分析，使用该产品不存在现实隐患，在国家标准出台前，不宜以跑步机的强制标准为依据认定其为不合格产品。

结合听证意见，永康市人民检察院经审查，认定刘远鹏生产、销售的"智能平板健走跑步机"在运行速度、结构设计等方面与传统意义上的跑步机有明显区别，是一种创新产品。对其质量不宜以传统跑步机的标准予以认定，因其性能指标符合"固定式健身器材通用安全要求和试验方法"的国家标准，不属于伪劣产品，刘远鹏生产、销售该创新产品的行为不构成犯罪。综合全案事实，2019年4月28日，永康市人民检察院依法对刘远鹏作出不起诉决定。

该案办理后，经与行业主管、监管部门研究，永康市人民检察院建议永康市市场监督管理部门层报国家有关部委请示"智能平板健走跑步机"的标准适用问题。经层报国家市场监督管理总局，总局书面答复："智能平板健走跑步机"因具有运行速度较慢、结构相对简单、外形小巧等特点，是一种"创新产品"，不适用跑步机的国家标准。总局同时还就"走跑步机"类产品的名称、宣传、安全标准等方面，提出了规范性意见。

【指导意义】

（一）对创新产品要进行实质性审查判断，不宜简单套用现有产品标准认定为"伪劣产品"。刑法规定，以不合格产品冒充合格产品的，构成生产、销售伪劣产品罪。认定"不合格产品"，以违反《产品质量法》规定的相关质量要求为前提。《产品质量法》要求产品"不存在危及人身、财产安全的不合理的危险","有保障人体健康和人身、财产安全的国家标准、行业标准的,应当符合该标准"的要求;同时,产品还应当具备使用性能。根据这些要求,对于已有国家标准、行业标准的传统产品,只有符合标准的才能认定为合格产品;对于尚无国家标准、行业标准的创新产品,应当本着既鼓励创新,又保证人身、财产安全的原则,多方听取意见,进行实质性研判。创新产品在使用性能方面与传统产品存在实质性差别的,不宜简单化套用传统产品的标准认定是否"合格"。创新产品不存在危及人身、财产安全隐患,且具备应有使用性能的,不应当认定为伪劣产品。相关质量检验机构作出鉴定意见的,检察机关应当进行实质审查。

(二)改进办案方式,加强对民营企业的平等保护。办理涉民营企业案件,要有针对性地转变理念,改进方法,严格把握罪与非罪、捕与不捕、诉与不诉的界限标准,把办案与保护企业经营结合起来,通过办案保护企业创新,在办案过程中,注重保障企业正常经营活动。要注重运用听证方式办理涉企疑难案件,善于听取行业意见和专家意见,准确理解法律规定,将法律判断、专业判断与民众的朴素认知结合起来,力争办案"三个效果"的统一。

(三)立足办案积极参与社会治理,促进相关规章制度和行业标准的制定完善。办理涉及企业经营管理和产品技术革新的案件,发现个案反映出的问题带有普遍性、行业性的,应当及时通过与行业主管部门进行沟通并采取提出检察建议等方式,促使行业主管部门制定完善相关制度规范和行业标准等,推进相关领域规章制度健全完善,促进提升治理效果。

【相关规定】

《中华人民共和国刑法》第一百四十条

《中华人民共和国刑事诉讼法》第一百七十七条

《中华人民共和国产品质量法》第二十六条

《最高人民法院、最高人民检察院关于办理生产、销售伪劣商品刑事案件具体应用法律若干问题的解释》第一条

二、妨害对公司、企业的管理秩序罪

博元投资股份有限公司、余蒂妮等人违规披露、不披露重要信息案

（检例第 66 号）

【关键词】违规披露、不披露重要信息 犯罪与刑罚

【要旨】

刑法规定违规披露、不披露重要信息罪只处罚单位直接负责的主管人员和其他直接责任人员，不处罚单位。公安机关以本罪将单位移送起诉的，检察机关应当对单位直接负责的主管人员及其他直接责任人员提起公诉，对单位依法作出不起诉决定。对单位需要给予行政处罚的，检察机关应当提出检察意见，移送证券监督管理部门依法处理。

【基本案情】

被告人余蒂妮，女，广东省珠海市博元投资股份有限公司董事长、法定代表人，华信泰投资有限公司法定代表人。

被告人陈杰，男，广东省珠海市博元投资股份有限公司总裁。

被告人伍宝清，男，广东省珠海市博元投资股份有限公司财务总监、华信泰投资有限公司财务人员。

被告人张丽萍，女，广东省珠海市博元投资股份有限公司董事、财务总监。

被告人罗静元，女，广东省珠海市博元投资股份有限公司监事。

被不起诉单位广东省珠海市博元投资股份有限公司，住所广东省珠海市。

广东省珠海市博元投资股份有限公司（以下简称博元公司）原系上海证券交易所上市公司，股票名称：ST博元，股票代码：600656。华信泰投资有限公司（以下简称华信泰公司）为博元公司控股股东。在博元公司并购重组过程中，有关人员作出了业绩承诺，在业绩不达标时需向博元公司支付股改业绩承诺款。2011年4月，余蒂妮、陈杰、伍宝清、张丽萍、罗静元等人采取循环转账等方式虚构华信泰公司已代全体股改义务人支付股改业绩承诺款3.84亿余元的事实，在博元公司临时报告、半年报中进行披露。为掩盖以上虚假事实，余蒂妮、伍宝清、张丽萍、罗静元采取将1000万元资金循环转账等方式，虚构用股改业绩承诺款购买37张面额共计3.47亿元银行承兑汇票的事实，在博元公司2011年的年报中进行披露。2012年至2014年，余蒂妮、张丽萍多次虚构银行承兑汇票贴现等交易事实，并根据虚假的交易事实进行记账，制作虚假的财务报表，虚增资产或者虚构利润均达到当期披露的资产总额或利润总额的30%以上，并在博元公司当年半年报、年报中披露。此外，博元公司还违规不披露博元公司实际控制人及其关联公司等信息。

【指控与证明犯罪】

2015年12月9日，珠海市公安局以余蒂妮等人涉嫌违规披露、不披露重要信息罪，伪造金融票证罪向珠海市人民检察院移送起诉；2016年2月22日，珠海市公安局又以博元公司涉嫌违规披露、不披露重要信息罪，伪造、变造金融票证罪移送起诉。随后，珠海市人民检察院指定珠海市香洲区人民检察院审查起诉。

检察机关审查认为，犯罪嫌疑单位博元公司依法负有信息披露义务，在2011年至2014年期间向股东和社会公众提供虚假的或者隐瞒主要事实的财务会计报告，对依法应当披露的其他重要信息不按照规定披露，严重损害股东以及其他人员的利益，情节严重。余蒂妮、陈杰作为博元公司直接负责的主管人员，伍宝清、张丽萍、罗静元作为其他直接责任人员，已构成违规披露、不披露重要信息罪，应当提起公诉。根据刑法第一百六十一条规定，不追究单位的刑事责任，对博元公司应当依法不予起诉。

2016 年 7 月 18 日，珠海市香洲区人民检察院对博元公司作出不起诉决定。检察机关同时认为，虽然依照刑法规定不能追究博元公司的刑事责任，但对博元公司需要给予行政处罚。2016 年 9 月 30 日，检察机关向中国证券监督管理委员会发出《检察意见书》，建议对博元公司依法给予行政处罚。

2016 年 9 月 22 日，珠海市香洲区人民检察院将余蒂妮等人违规披露、不披露重要信息案移送珠海市人民检察院审查起诉。2016 年 11 月 3 日，珠海市人民检察院对余蒂妮等 5 名被告人以违规披露、不披露重要信息罪依法提起公诉。珠海市中级人民法院公开开庭审理本案。法庭经审理认为，博元公司作为依法负有信息披露义务的公司，在 2011 年至 2014 年期间向股东和社会公众提供虚假的或者隐瞒主要事实的财务会计报告，或者对依法应当披露的其他重要信息不按照规定披露，严重损害股东或者其他人的利益，情节严重，被告人余蒂妮、陈杰作为公司直接负责的主管人员，被告人伍宝清、张丽萍、罗静元作为其他直接责任人员，其行为均构成违规披露、不披露重要信息罪。2017 年 2 月 22 日，珠海市中级人民法院以违规披露、不披露重要信息罪判处被告人余蒂妮等五人有期徒刑一年七个月至拘役三个月不等刑罚，并处罚金。宣判后，五名被告人均未提出上诉，判决已生效。

【指导意义】

1. 违规披露、不披露重要信息犯罪不追究单位的刑事责任。上市公司依法负有信息披露义务，违反相关义务的，刑法规定了相应的处罚。由于上市公司所涉利益群体的多元性，为避免中小股东利益遭受双重损害，刑法规定对违规披露、不披露重要信息罪只追究直接负责的主管人员和其他直接责任人员的刑事责任，不追究单位的刑事责任。刑法第一百六十二条妨害清算罪、第一百六十二条之二虚假破产罪、第一百八十五条之一违法运用资金罪等也属于此种情形。对于此类犯罪案件，检察机关应当注意审查公安机关移送起诉的内容，区分刑事责任边界，准确把握追诉的对象和范围。

2. 刑法没有规定追究单位刑事责任的，应当对单位作出不起诉决定。对公安机关将单位一并移送起诉的案件，如果刑法没有规定对单位判处刑罚，检察机关应当对构成犯罪的直接负责的主管人员和其他直接责任人员依法提起公诉，对单位应当不起诉。鉴于刑事诉讼法没有规定与之对应的不起诉情形，检察机关可以根据刑事诉讼法规定的最相近的不起诉情形，对单位作出不起诉决定。

3. 对不追究刑事责任的单位，人民检察院应当依法提出检察意见督促有关机关追究行政责任。不追究单位的刑事责任并不表示单位不需要承担任何法律责任。检察机关不追究单位刑事责任，容易引起当事人、社会公众产生单位对违规披露、不披露重要信息没有任何法律责任的误解。由于违规披露、不披露重要信息行为，还可能产生上市公司强制退市等后果，这种误解还会进一步引起当事人、社会公众对证券监督管理部门、证券交易所采取措施的质疑，影响证券市场秩序。检察机关在审查起诉时，应当充分考虑办案效果，根据证券法等法律规定认真审查是否需要对单位给予行政处罚；需要给予行政处罚的，应当及时向证券监督管理部门提出检察意见，并进行充分的释法说理，消除当事人、社会公众因检察机关不追究可能产生的单位无任何责任的误解，避免对证券市场秩序造成负面影响。

【相关规定】

《中华人民共和国刑法》第三十条、第三十一条、第一百六十一条

《中华人民共和国证券法》第一百九十三条

许某某、包某某串通投标立案监督案

（检例第 90 号）

【关键词】 串通拍卖　串通投标　竞拍国有资产　罪刑法定
监督撤案

【要旨】

刑法规定了串通投标罪，但未规定串通拍卖行为构成犯罪。对
于串通拍卖行为，不能以串通投标罪予以追诉。公安机关对串通竞
拍国有资产行为以涉嫌串通投标罪刑事立案的，检察机关应当通过
立案监督，依法通知公安机关撤销案件。

【基本案情】

犯罪嫌疑人许某某，男，1975 年 9 月出生，江苏某事业有限公
司实际控制人。

犯罪嫌疑人包某某，男，1964 年 9 月出生，连云港某建设工程
质量检测有限公司负责人。

江苏省连云港市海州区锦屏磷矿"尾矿坝"系江苏海州发展集
团有限公司（以下简称海发集团，系国有独资）的项目资产，矿区
占地面积近 1200 亩，存有尾矿砂 1610 万吨，与周边村庄形成 35 米
的落差。该"尾矿坝"是应急管理部要求整改的重大危险源，曾两
次发生泄露事故，长期以来维护难度大、资金要求高，国家曾拨付
专项资金 5000 万元用于安全维护。2016 年至 2017 年间，经多次对

外招商，均未能吸引到合作企业投资开发。2017 年 4 月 10 日，海州区政府批复同意海发集团对该项目进行拍卖。同年 5 月 26 日，海发集团委托江苏省大众拍卖有限公司进行拍卖，并主动联系许某某参加竞拍。之后，许某某联系包某某，二人分别与江苏甲建设集团有限公司（以下简称甲公司）、江苏乙工程集团有限公司（以下简称乙公司）合作参与竞拍，武汉丙置业发展有限公司（以下简称丙公司，代理人王某某）也报名参加竞拍。2017 年 7 月 26 日，甲公司、乙公司、丙公司三家单位经两次举牌竞价，乙公司以高于底价竞拍成功。2019 年 4 月 26 日，连云港市公安局海州分局（以下简称海州公安分局）根据举报，以涉嫌串通投标罪对许某某、包某某立案侦查。

【检察机关履职过程】

1. 线索发现。2019 年 6 月 19 日，许某某、包某某向连云港市海州区人民检察院提出监督申请，认为海州公安分局立案不当，严重影响企业生产经营，请求检察机关监督撤销案件。海州区人民检察院经审查，决定予以受理。

2. 调查核实。海州区人民检察院通过向海州公安分局调取侦查卷宗，走访海发集团、拍卖公司，实地勘查"尾矿坝"项目开发现场，并询问相关证人，查明：一是海州区锦屏磷矿"尾矿坝"项目长期闲置，存在重大安全隐患，政府每年需投入大量资金进行安全维护，海发集团曾邀请多家企业参与开发，均未成功；二是海州区政府批复同意对该项目进行拍卖，海发集团为防止项目流拍，主动邀请许某某等多方参与竞拍，最终仅许某某、王某某，以及许某某邀请的包某某报名参加；三是许某某邀请包某某参与竞拍，目的在于防止项目流拍，并未损害他人利益；四是"尾矿坝"项目后期开发运行良好，解决了长期存在的重大安全隐患，盘活了国有不良资产。

3. 监督意见。2019 年 7 月 2 日，海州区人民检察院向海州公安分局发出《要求说明立案理由通知书》。公安机关回复认为，许某某、包某某的串通竞买行为与串通投标行为具有同样的社会危害性，可以扩大解释为串通投标行为。海州区人民检察院认为，投标与拍卖行为性质不同，分别受招标投标法和拍卖法规范，对于串通投标行为，法律规定了刑事责任，而对于串通拍卖行为，法律仅规定了行政责任和民事赔偿责任，串通拍卖行为不能类推为串通投标行为。并且，许某某、包某某的串通拍卖行为，目的在于防止项目流拍，该行为实际上盘活了国有不良资产，消除了长期存在的重大安全隐患，不具有刑法规定的社会危害性。因此，公安机关以涉嫌串通投标罪对二人予以立案的理由不能成立。同时，许某某、包某某的行为亦不符合刑法规定的其他犯罪的构成要件。2019 年 7 月 18 日，海州区人民检察院向海州公安分局发出《通知撤销案件书》，并与公安机关充分沟通，得到公安机关认同。

4. 监督结果。2019 年 7 月 22 日，海州公安分局作出《撤销案件决定书》，决定撤销许某某、包某某串通投标案。

【指导意义】

（一）检察机关发现公安机关对串通拍卖行为以涉嫌串通投标罪刑事立案的，应当依法监督撤销案件。严格遵循罪刑法定原则，法律没有明文规定为犯罪行为的，不得予以追诉。拍卖与投标虽然都是竞争性的交易方式，形式上具有一定的相似性，但二者行为性质不同，分别受不同法律规范调整。刑法第二百二十三条规定，投标人相互串通投标报价，损害招标人或者其他投标人利益，情节严重的，或者投标人与招标人串通投标，损害国家、集体、公民的合法利益的，以串通投标罪追究刑事责任。刑法未规定串通拍卖行为构成犯罪，拍卖法亦未规定串通拍卖行为可以追究刑事责任。公安机关将串通拍卖行为类推为串通投标行为予以刑事立案的，检察机关应当通过立案监督，通知公安机关撤销案件。

（二）准确把握法律政策界限，依法保护企业合法权益和正常经济活动。坚持法治思维，贯彻"谦抑、审慎"理念，严格区分案件性质及应承担的责任类型。对企业的经济行为，法律政策界限不明，罪与非罪不清的，应充分考虑其行为动机和对于社会有无危害及其危害程度，加强研究分析，慎重妥善处理，不能轻易进行刑事追诉。对于民营企业参与国有资产处置过程中的串通拍卖行为，不应以串通投标罪论处。如果在串通拍卖过程中有其他犯罪行为或者一般违法违规行为的，依照刑法、拍卖法等法律法规追究相应责任。

【相关规定】

《中华人民共和国刑法》第三条、第二百二十三条

《中华人民共和国拍卖法》第六十五条

《中华人民共和国招标投标法》第五十三条

《人民检察院刑事诉讼规则》第五百五十七至五百六十一条、第五百六十三条

《最高人民检察院、公安部关于刑事立案监督有关问题的规定（试行)》第六至九条

三、破坏金融管理秩序罪

杨卫国等人非法吸收公众存款案

（检例第 64 号）

【关键词】非法吸收公众存款 网络借贷 资金池

【要旨】

单位或个人假借开展网络借贷信息中介业务之名，未经依法批

准，归集不特定公众的资金设立资金池，控制、支配资金池中的资金，并承诺还本付息的，构成非法吸收公众存款罪。

【基本案情】

被告人杨卫国，男，浙江望洲集团有限公司法定代表人、实际控制人。

被告人张雯婷，女，浙江望洲集团有限公司出纳，主要负责协助杨卫国调度、使用非法吸收的资金。

被告人刘蓓蕾，女，上海望洲财富投资管理有限公司总经理，负责该公司业务。

被告人吴梦，女，浙江望洲集团有限公司经理、望洲集团清算中心负责人，主要负责资金池运作有关业务。

浙江望洲集团有限公司（以下简称望洲集团）于 2013 年 2 月 28 日成立，被告人杨卫国为法定代表人、董事长。自 2013 年 9 月起，望洲集团开始在线下进行非法吸收公众存款活动。2014 年，杨卫国利用其实际控制的公司又先后成立上海望洲财富投资管理有限公司（以下简称望洲财富）、望洲普惠投资管理有限公司（以下简称望洲普惠），通过线下和线上两个渠道开展非法吸收公众存款活动。其中，望洲普惠主要负责发展信贷客户（借款人），望洲财富负责发展不特定社会公众成为理财客户（出借人），根据理财产品的不同期限约定 7%—15% 不等的年化利率募集资金。在线下渠道，望洲集团在全国多个省、市开设门店，采用发放宣传单、举办年会、发布广告等方式进行宣传，理财客户或者通过与杨卫国签订债权转让协议，或者通过匹配望洲集团虚构的信贷客户借款需求进行投资，将投资款转账至杨卫国个人名下 42 个银行账户，被望洲集团用于还本付息、生产经营等活动。在线上渠道，望洲集团及其关联公司以网络借贷信息中介活动的名义进行宣传，理财客户根据望洲集团的要求在第三方支付平台上开设虚拟账户并绑定银行账户。

理财客户选定投资项目后将投资款从银行账户转入第三方支付平台的虚拟账户进行投资活动，望洲集团、杨卫国及望洲集团实际控制的担保公司为理财客户的债权提供担保。望洲集团对理财客户虚拟账户内的资金进行调配，划拨出借资金和还本付息资金到相应理财客户和信贷客户账户，并将剩余资金直接转至杨卫国在第三方支付平台上开设的托管账户，再转账至杨卫国开设的个人银行账户，与线下资金混同，由望洲集团支配使用。

因资金链断裂，望洲集团无法按期兑付本息。截止到2016年4月20日，望洲集团通过线上、线下两个渠道非法吸收公众存款共计64亿余元，未兑付资金共计26亿余元，涉及集资参与人13400余人。其中，通过线上渠道吸收公众存款11亿余元。

【指控与证明犯罪】

2017年2月15日，浙江省杭州市江干区人民检察院以非法吸收公众存款罪对杨卫国等4名被告人依法提起公诉，杭州市江干区人民法院公开开庭审理本案。

1. 法庭调查阶段，公诉人宣读起诉书指控杨卫国等被告人的行为构成非法吸收公众存款罪，并对杨卫国等被告人进行讯问。杨卫国对望洲集团通过线下渠道非法吸收公众存款的犯罪事实和性质没有异议，但辩称望洲集团的线上平台经营的是正常P2P业务，线上的信贷客户均真实存在，不存在资金池，不是吸收公众存款，不需要取得金融许可牌照，在营业执照许可的经营范围内即可开展经营。针对杨卫国的辩解，公诉人围绕理财资金的流转对被告人进行了重点讯问。

公诉人：（杨卫国）如果线上理财客户进来的资金大于借款方的资金，如何操作？

杨卫国：一般有两种操作方式。一种是停留在客户的操作平台上，另一种是转移到我开设的托管账户。如果转移到托管账户，客户就没有办法自主提取了。如果客户需要提取，我们根据客户指令再将资金返回到客户账户。

公诉人：（吴梦）理财客户充值到第三方支付平台的虚拟账户后，望洲集团操作员是否可以对第三方支付平台上的资金进行划拨。

吴梦：可以。

公诉人：（吴梦）请叙述一下划拨资金的方式。

吴梦：直接划拨到借款人的账户，如果当天资金充足，有时候会划拨到杨卫国在第三方支付平台上设立的托管账户，再提现到杨卫国绑定的银行账户，用来兑付线下的本息。

公诉人补充讯问：（吴梦）如果投资进来的资金大于借款方，如何操作？

吴梦：会对一部分进行冻结，也会提现一部分。资金优先用于归还客户的本息，然后配给借款方，然后再提取。

被告人的当庭供述证明，望洲集团通过直接控制理财客户在第三方平台上的虚拟账户和设立托管账户，实现对理财客户资金的归集和控制、支配、使用，形成了资金池。

2. 举证阶段，公诉人出示证据，全面证明望洲集团线上、线下业务活动本质为非法吸收公众存款，并就线上业务相关证据重点举证。

第一，通过出示书证、审计报告、电子数据、证人证言、被告人供述和辩解等证据，证实望洲集团的线上业务归集客户资金设立资金池并进行控制、支配、使用，不是网络借贷信息中介业务。（1）第三方支付平台赋予望洲集团对所有理财客户虚拟账户内的资金进行冻结、划拨、查询的权限。线上理财客户在合同中也明确授权望洲集团对其虚拟账户内的资金进行冻结、划拨、查询，且虚拟账户销户需要望洲集团许可。（2）理财客户将资金转入第三方平台的虚拟账户后，望洲集团每日根据理财客户出借资金和信贷客户的借款需求，以多对多的方式进行人工匹配。当理财客户资金总额大于信贷客户借款需求时，剩余资金划入杨卫国在第三方支付平台开设的托管账户。望洲集团预留第二天需要支付的到期本息后，将剩余资金提现至杨卫国的银行账户，用于线下非法吸收公众存款活动或其他经营活动。（3）信贷客户的借款期限与理财客户的出借期限不匹配，存在期限错配等问题。（4）杨卫国及其控制的公司承诺为信贷客户提供担保，当信贷客户不能按时还本付息时，杨卫国保证在债权期限届满之日起3个工作日内代为偿还本金和利息。实际操作中，归还出借人的资金都来自于线上的托管账户或者杨卫国用于线下经营的银行账户。（5）望洲集团通过多种途径向不特定公众进行宣传，发展理财客户，并通过明示年化收益率、提供担保等方式承诺向理财客户还本付息。

第二，通过出示理财、信贷余额列表，扣押清单，银行卡照片，银行卡交易明细，审计报告，证人证言，被告人供述和辩解等证据，证实望洲集团资金池内的资金去向：（1）望洲集团吸收的资金除用于还本付息外，主要用于扩大望洲集团下属公司的经营业务。（2）望洲集团线上资金与线下资金混同使用，互相弥补资金不足，望洲集团从第三方支付平台提现到杨卫国银行账户资金为2.7亿余元，杨卫国个人银行账户转入第三方支付平台资金为2亿余元。（3）望洲集团将吸收的资金用于公司自身的投资项目，并有少部分用于个人支出，案发时线下、线上的理财客户均遭遇资金兑付困难。

3. 法庭辩论阶段，公诉人发表公诉意见，论证杨卫国等被告人构成非法吸收公众存款罪，起诉书指控的犯罪事实清楚，证据确实、充分。其中，望洲集团在线上经营所谓网络借贷信息中介业务时，承诺为理财客户提供保底和增信服务，获取对理财客户虚拟账户内资金进行冻结、划拨、查询等权限，归集客户资金设立资金池，实际控制、支配、使用客户资金，用于还本付息和其他生产经营活动，超出了网络借贷信息中介的业务范围，属于变相非法吸收公众存款。杨卫国等被告人明知其吸收公众存款的行为未经依法批准而实施，具有犯罪的主观故意。

杨卫国认为望洲集团的线上业务不构成犯罪，不应计入犯罪数额。杨卫国的辩护人认为，国家允许 P2P 行业先行先试，望洲集团设立资金池、开展自融行为的时间在国家对 P2P 业务进行规范之前，没有违反刑事法律，属民事法律调整范畴，不应受到刑事处罚，犯罪数额应扣除通过线上模式流入的资金。

公诉人针对杨卫国及其辩护人的辩护意见进行答辩：望洲集团在线上开展网络借贷中介业务已从信息中介异化为信用中介，望洲集团对理财客户投资款的归集、控制、支配、使用以及还本付息的行为，本质与商业银行吸收存款业务相同，并非国家允许创新的网络借贷信息中介行为，不论国家是否出台有关网络借贷信息中介的规定，未经批准实施此类行为，都应当依法追究刑事责任。因此，线上吸收的资金应当计入犯罪数额。

4. 法庭经审理认为，望洲集团以提供网络借贷信息中介服务为名，实际从事直接或间接归集资金，甚至自融或变相自融行为，本质是吸收公众存款。判断金融业务的非法性，应当以现行刑事法律和金融管理法律规定为依据，不存在被告人开展 P2P 业务时没有禁止性法律规定的问题。望洲集团的行为已经扰乱金融秩序，破坏国家金融管理制度，应受刑事处罚。

2018 年 2 月 8 日，杭州市江干区人民法院作出一审判决，以非法吸收公众存款罪，分别判处被告人杨卫国有期徒刑九年六个月，并处罚金人民币五十万元；判处被告人刘蓓蕾有期徒刑四年六个月，并处罚金人民币十万元；判处被告人吴梦有期徒刑三年，缓刑五年，并处罚金人民币十万元；判处被告人张雯婷有期徒刑三年，缓刑五年，并处罚金人民币十万元。在案扣押冻结款项分别按损失比例发还；在案查封、扣押的房产、车辆、股权等变价后分别按损失比例发还。不足部分责令继续退赔。宣判后，被告人杨卫国提出上诉后又撤回上诉，一审判决已生效。本案追赃挽损工作仍在进行中。

【指导意义】

1. 向不特定社会公众吸收存款是商业银行专属金融业务，任何单位和个人未经批准不得实施。根据《中华人民共和国商业银行法》第十一条规定，未经国务院银行业监督管理机构批准，任何单位和个人不得从事吸收公众存款等商业银行业务，这是判断吸收公众存款行为合法与非法的基本法律依据。任何单位或个人，包括非银行金融机构，未经国务院银行业监督管理机构批准，面向社会吸收公众存款或者变相吸收公众存款均属非法。国务院《非法金融机构和非法金融业务活动取缔办法》进一步明确规定，未经依法批准，非法吸收公众存款、变相吸收公众存款、以任何名义向社会不特定对象进行的非法集资都属于非法金融活动，必须予以取缔。为了解决传统金融机构覆盖不了、满足不好的社会资金需求，缓解个体经营者、小微企业经营当中的小额资金困难，国务院金融监管机构于2016年发布了《网络借贷信息中介机构业务活动管理暂行办法》等"一个办法、三个指引"，允许单位或个人在规定的借款余额范围内通过网络借贷信息中介机构进行小额借贷，并且对单一组织、单一个人在单一平台、多个平台的借款余额上限作了明确限定。检察机关在办案中要准确把握法律法规、金融管理规定确定的界限、标准和原则精神，准确区分融资借款活动的性质，对于违反规定达到追诉标准的，依法追究刑事责任。

2. 金融创新必须遵守金融管理法律规定，不得触犯刑法规定。

金融是现代经济的核心和血脉，金融活动引发的风险具有较强的传导性、扩张性、潜在性和不确定性。为了发挥金融服务经济社会发展的作用，有效防控金融风险，国家制定了完善的法律法规，对商业银行、保险、证券等金融业务进行严格的规制和监管。金融也需要发展和创新，但金融创新必须有效地防控可能产生的风险，必须遵守金融管理法律法规，尤其是依法须经许可才能从事的金融业务，不允许未经许可而以创新的名义擅自开展。检察机关办理涉金融案件，要深入分析、清楚认识各类新金融现象，准确把握金融的本质，透过复杂多样的表现形式，准确区分是真的金融创新还是披着创新外衣的伪创新，是合法金融活动还是以金融创新为名实施金融违法犯罪活动，为防范化解金融风险提供及时、有力的司法保障。

3. 网络借贷中介机构非法控制、支配资金，构成非法吸收公众存款。网络借贷信息中介机构依法只能从事信息中介业务，为借款人与出借人实现直接借贷提供信息搜集、信息公布、资信评估、信息交互、借贷撮合等服务。信息中介机构不得提供增信服务，不得直接或间接归集资金，包括设立资金池控制、支配资金或者为自己控制的公司融资。网络借贷信息中介机构利用互联网发布信息归集资金，不仅超出了信息中介业务范围，同时也触犯了刑法第一百七十六条的规定。检察机关在办案中要通过对网络借贷平台的股权结构、实际控制关系、资金来源、资金流向、中间环节和最终投向的分析，综合全流程信息，分析判断是规范的信息中介，还是假借信息中介名义从事信用中介活动，是否存在违法设立资金池、自融、变相自融等违法归集、控制、支配、使用资金的行为，准确认定行为性质。

【相关规定】

《中华人民共和国刑法》第一百七十六条

《中华人民共和国商业银行法》第十一条

《最高人民法院关于审理非法集资刑事案件具体应用法律若干问题的解释》（法释〔2010〕18号）第一条

马乐利用未公开信息交易案

（法例61号）

【关键词】刑事　利用未公开信息交易罪　援引法定刑　情节特别严重

【裁判要点】

刑法第一百八十条第四款规定的利用未公开信息交易罪援引法定刑的情形，应当是对第一款内幕交易、泄露内幕信息罪全部法定刑的引用，即利用未公开信息交易罪应有"情节严重""情节特别严重"两种情形和两个量刑档次。

【相关法条】

《中华人民共和国刑法》第180条

【基本案情】

2011年3月9日至2013年5月30日期间，被告人马乐担任博时基金管理有限公司旗下的博时精选股票证券投资经理，全权负责投资基金投资股票市场，掌握了博时精选股票证券投资基金交易的标的股票、交易时间和交易数量等未公开信息。马乐在任职期间利用其掌控的上述未公开信息，从事与该信息相关的证券交易活动，操作自己控制的"金某""严某甲""严某乙"三个股票账户，通过临时购买的不记名神州行电话卡下单，先于（1—5个交易日）、同期或稍晚于（1—2个交易日）其管理的"博时精选"基金账户买卖相同股票 76 只，累计成交金额 10.5 亿余元，非法获利 18833374.74 元。2013 年 7 月 17 日，马乐主动到深圳市公安局投案，且到案之后能如实供述其所犯罪行，属自首；马乐认罪态度良好，违法所得能从扣押、冻结的财产中全额返还，判处的罚金亦能全额缴纳。

【裁判结果】

广东省深圳市中级人民法院（2014）深中法刑二初字第 27 号刑事判决认为，被告人马乐的行为已构成利用未公开信息交易罪。但刑法中并未对利用未公开信息交易罪规定"情节特别严重"的情形，因此只能认定马乐的行为属于"情节严重"。马乐自首，依法可以从轻处罚；马乐认罪态度良好，违法所得能全额返还，罚金亦能全额缴纳，确有悔罪表现；另经深圳市福田区司法局社区矫正和安置帮教科调查评估，对马乐宣告缓刑对其所居住的社区没有重大不良影响，符合适用缓刑的条件。遂以利用未公开信息交易罪判处马乐有期徒刑三年，缓刑五年，并处罚金人民币 1884 万元；违法所得人民币 18833374.74 元依法予以追缴，上缴国库。

宣判后，深圳市人民检察院提出抗诉认为，被告人马乐的行为应认定为犯罪情节特别严重，依照"情节特别严重"的量刑档次处罚。一审判决适用法律错误，量刑明显不当，应当依法改判。

广东省高级人民法院（2014）粤高法刑二终字第 137 号刑事裁定认为，刑法第一百八十条第四款规定，利用未公开信息交易，情节严重的，依照第一款的规定处罚，该条款并未对利用未公开信息交易罪规定有"情节特别严重"情形；而根据第一百八十条第一款的规定，情节严重的，处五年以下有期徒刑或者拘役，并处或者单处违法所得一倍以上五倍以下罚金，故马乐利用未公开信息交易，属于犯罪情节严重，应在该量刑幅度内判处刑罚。原审判决量刑适当，抗诉机关的抗诉理由不成立，不予采纳。遂裁定驳回抗诉，维持原判。

二审裁定生效后，广东省人民检察院提请最高人民检察院按照审判监督程序向最高人民法院提出抗诉。最高人民检察院抗诉提出，刑法第一百八十条第四款属于援引法定刑的情形，应当引用第一款处罚的全部规定；利用未公开信息交易罪与内幕交易、泄露内幕信息罪的违法与责任程度相当，法定刑亦应相当；马乐的行为应当认定为犯罪情节特别严重，对其适用缓刑明显不当。本案终审裁定以刑法第一百八十条第四款未对利用未公开信息交易罪规定有"情节特别严重"为由，降格评价马乐的犯罪行为，属于适用法律确有错误，导致量刑不当，应当依法纠正。

最高人民法院依法组成合议庭对该案直接进行再审，并公开开庭审理了本案。再审查明的事实与原审基本相同，原审认定被告人马乐非法获利数额为 18833374.74 元存在计算错误，实际为 19120246.98 元，依法应当予以更正。最高人民法院（2015）刑抗字第 1 号刑事判决认为，原审被告人马乐的行为已构成利用未公开信息交易罪。马乐利用未公开信息交易股票 76 只，累计成交额 10.5 亿余元，非法获利 1912 万余元，属于情节特别严重。鉴于马乐具有主动从境外回国投案自首法定从轻、减刑处罚情节；在未受控制的情况下，将股票兑成现金存在涉案三个账户中并主动向中国证券监督管理委员会说明情况，退还了全部违法所得，认罪悔罪态度好，赃款未挥霍，原判罚金刑得已全部履行等酌定从轻处罚情节，对马乐可予减轻处罚。第一审判决、第二审裁定认定事实清楚，证据确实、充分，定罪准确，但因对法律条文理解错误，导致量刑不当，应予纠正。依照《中华人民共和国刑法》第一百八十条第四款、第一款、第六十七条第一款、第五十二条、第五十三条、第六十四条及《最高人民法院关于适用〈中华人民共和国刑事诉讼法〉的解释》第三百八十九条第（三）项的规定，判决如下：

一、维持广东省高级人民法院（2014）粤高法刑二终字第 137 号刑事裁定和深圳市中级人民法院（2014）深中法刑二初字第 27 号刑事判决中对原审被告人马乐的定罪部分；二、撤销广东省高级人民法院（2014）粤高法刑二终字第 137 号刑事裁定和深圳市中级人民法院（2014）深中法刑二初字第 27 号刑事判决中对原审被告人马乐的量刑及追缴违法所得部分；三、原审被告人马乐犯利用未公开信息交易罪，判处有期徒刑三年，并处罚金人民币 1913 万元；四、违法所得人民币 19120246.98 元依法予以追缴，上缴国库。

【裁判理由】

法院生效裁判认为：本案事实清楚，定罪准确，争议的焦点在于如何正确理解刑法第一百八十条第四款对于第一款的援引以及如何把握利用未公开信息交易罪"情节特别严重"的认定标准。

一、对刑法第一百八十条第四款援引第一款量刑情节的理解和把握

刑法第一百八十条第一款对内幕交易、泄露内幕信息罪规定为："证券、期货交易内幕信息的知情人员或者非法获取证券、期货交易内幕信息的人员，在涉及证券的发行，证券、期货交易或者其他对证券、期货交易价格有重大影响的信息尚未公开前，买入或者卖出该证券，或者从事与该内幕信息有关的期货交易，或者泄露该信息，或者明示、暗示他人从事上述交易活动，情节严重的，处五年以下有期徒刑或者拘役，并处或者单处违法所得一倍以上五倍以下罚金；情节特别严重的，处五年以上十年以下有期徒刑，并处违法所得一倍以上五倍以下罚金。"第四款对利用未公开信息交易罪规定为："证券交易所、期货交易所、证券公司、期货经济公司、基金管理公司、商业银行、保险公司等金融机构的从业人员以及有关监管部门或者行业协会的工作人员，利用因职务便利获取的内幕信息以外的其他未公开的信息，违反规定，从事与该信息相关的证券、期货交易活动，或者明示、暗示他人从事相关交易活动，情节

严重的，依照第一款的规定处罚。"

对于第四款中"情节严重的，依照第一款的规定处罚"应如何理解，在司法实践中存在不同的认识。一种观点认为，第四款中只规定了"情节严重"的情形，而未规定"情节特别严重"的情形，因此，这里的"情节严重的，依照第一款的规定处罚"只能是依照第一款中"情节严重"的量刑档次予以处罚；另一种观点认为，第四款中的"情节严重"只是入罪条款，即达到了情节严重以上的情形，依据第一款的规定处罚。至于具体处罚，应看符合第一款中的"情节严重"还是"情节特别严重"的情形，分别情况依法判处。情节严重的，"处五年以下有期徒刑"，情节特别严重的，"处五年以上十年以下有期徒刑"。

最高人民法院认为，刑法第一百八十条第四款援引法定刑的情形，应当是对第一款全部法定刑的引用，即利用未公开信息交易罪应有"情节严重""情节特别严重"两种情形和两个量刑档次。这样理解的具体理由如下：

（一）符合刑法的立法目的。由于我国基金、证券、期货等领域中，利用未公开信息交易行为比较多发，行为人利用公众投入的巨额资金作后盾，以提前买入或者提前卖出的手段获得巨额非法利益，将风险与损失转嫁到其他投资者，不仅对其任职单位的财产利益造成损害，而且严重破坏了公开、公正、公平的证券市场原则，严重损害客户投资者或处于信息弱势的散户利益，严重损害金融行业信誉，影响投资者对金融机构的信任，进而对资产管理和基金、证券、期货市场的健康发展产生严重影响。为此，《中华人民共和国刑法修正案（七）》新增利用未公开信息交易罪，并将该罪与内幕交易、泄露内幕信息罪规定在同一法条中，说明两罪的违法与责任程度相当。利用未公开信息交易罪也应当适用"情节特别严重"。

（二）符合法条的文意。首先，刑法第一百八十条第四款中的"情节严重"是入罪条款。《最高人民检察院、公安部关于公安机关管辖的刑事案件立案追诉标准的规定（二）》，对利用未公开信息交易罪规定了追诉的情节标准，说明该罪需达到"情节严重"才能被追诉。利用未公开信息交易罪属情节犯，立法要明确其情节犯属性，就必须借助"情节严重"的表述，以避免"情节不严重"的行为入罪。其次，该款中"情节严重"并不兼具量刑条款的性质。刑法条文中大量存在"情节严重"兼具定罪条款及量刑条款性质的情形，但无一例外均在其后列明了具体的法定刑。刑法第一百八十条第四款中"情节严重"之后，并未列明具体的法定刑，而是参照内幕交易、泄露内幕信息罪的法定刑。因此，本款中的"情节严重"仅具有定罪条款的性质，而不具有量刑条款的性质。

（三）符合援引法定刑立法技术的理解。援引法定刑是指对某一犯罪并不规定独立的法定刑，而是援引其他犯罪的法定刑作为该犯罪的法定刑。刑法第一百八十条第四款援引法定刑的目的是为了避免法条文字表述重复，并不属于法律规定不明确的情形。

综上，刑法第一百八十条第四款虽然没有明确表述"情节特别严重"，但是根据本条款设立的立法目的、法条文意及立法技术，应当包含"情节特别严重"的情形和量刑档次。

二、利用未公开信息交易罪"情节特别严重"的认定标准

目前虽然没有关于利用未公开信息交易罪"情节特别严重"认定标准的专门规定，但鉴于刑法规定利用未公开信息交易罪是参照内幕交易、泄露内幕信息罪的规定处罚，最高人民法院、最高人民检察院《关于办理内幕交易、泄露内幕信息刑事案件具体应用法律若干问题的解释》将成交额250万元以上、获利75万元以上等情形认定为内幕交易、泄露内幕信息罪"情节特别严重"的标准，利用未公开信息交易罪也应当遵循相同的标准。马乐利用未公开信息

进行交易活动，累计成交额达 10.5 亿余元，非法获利达 1912 万余元，已远远超过上述标准，且在案发时属全国查获的该类犯罪数额最大者，参照最高人民法院、最高人民检察院《关于办理内幕交易、泄露内幕信息刑事案件具体应用法律若干问题的解释》，马乐的犯罪情节应当属于"情节特别严重"。

（生效裁判审判人员：罗智勇、董朝阳、李剑弢）

马乐利用未公开信息交易案*

（检例第 24 号）

【关键词】适用法律错误　刑事抗诉　援引法定刑　情节特别严重

【基本案情】

马乐，男，1982 年 8 月生。

2011 年 3 月 9 日至 2013 年 5 月 30 日期间，马乐担任博时基金管理有限公司旗下博时精选股票证券投资基金经理，全权负责投资基金投资股票市场，掌握了博时精选股票证券投资基金交易的标的股票、交易时点和交易数量等未公开信息。马乐在任职期间利用其掌控的上述未公开信息，操作自己控制的"金某""严某进""严某雯"三个股票账户，通过临时购买的不记名神州行电话卡下单，从事相关证券交易活动，先于、同期或稍晚于其管理的"博时精选"基金账户，买卖相同股票 76 只，累计成交金额人民币 10.5 亿

---

* 最高人民法院和最高人民检察院都针对本案发布了指导性案例，二案例分别从法院和检察院工作的不同角度对本案进行了分析，现全部收录供读者参考。

余元，非法获利人民币 19120246.98 元。

【诉讼过程】

2013 年 6 月 21 日中国证监会决定对马乐涉嫌利用未公开信息交易行为立案稽查，交深圳证监局办理。2013 年 7 月 17 日，马乐到广东省深圳市公安局投案。2014 年 1 月 2 日，深圳市人民检察院向深圳市中级人民法院提起公诉，指控被告人马乐构成利用未公开信息交易罪，情节特别严重。2014 年 3 月 24 日，深圳市中级人民法院作出一审判决，认定马乐构成利用未公开信息交易罪，鉴于刑法第一百八十条第四款未对利用未公开信息交易罪情节特别严重作出相关规定，马乐属于犯罪情节严重，同时考虑其具有自首、退赃、认罪态度良好、罚金能全额缴纳等可以从轻处罚情节，因此判处其有期徒刑三年，缓刑五年，并处罚金 1884 万元，同时对其违法所得 1883 万余元予以追缴。

深圳市人民检察院于 2014 年 4 月 4 日向广东省高级人民法院提出抗诉，认为被告人马乐的行为应当认定为犯罪情节特别严重，依照"情节特别严重"的量刑档次处罚；马乐的行为不属于退赃，应当认定为司法机关追赃。一审判决适用法律错误，量刑明显不当，应当依法改判。2014 年 8 月 28 日，广东省人民检察院向广东省高级人民法院发出《支持刑事抗诉意见书》，认为一审判决认定情节错误，导致量刑不当，应当依法纠正。

广东省高级人民法院于 2014 年 10 月 20 日作出终审裁定，认为刑法第一百八十条第四款并未对利用未公开信息交易罪规定有"情节特别严重"情形，马乐的行为属"情节严重"，应在该量刑幅度内判处刑罚，抗诉机关提出马乐的行为应认定为"情节特别严重"缺乏法律依据；驳回抗诉，维持原判。

广东省人民检察院认为终审裁定理解法律规定错误，导致认定情节错误，适用缓刑不当，于 2014 年 11 月 27 日提请最高人民检察院抗诉。2014 年 12 月 8 日，最高人民检察院按照审判监督程序向最高人民法院提出抗诉。

【抗诉理由】

最高人民检察院审查认为，原审被告人马乐利用因职务便利获取的未公开信息，违反规定从事相关证券交易活动，累计成交额人民币 10.5 亿余元，非法获利人民币 1883 万余元，属于利用未公开信息交易罪"情节特别严重"的情形。本案终审裁定以刑法第一百八十条第四款并未对利用未公开信息交易罪有"情节特别严重"规定为由，对此情形不作认定，降格评价被告人的犯罪行为，属于适用法律确有错误，导致量刑不当。理由如下：

一、刑法第一百八十条第四款属于援引法定刑的情形，应当引用第一款处罚的全部规定。按照立法精神，刑法第一百八十条第四款中的"情节严重"是入罪标准，在处罚上应当依照本条第一款的全部罚则处罚，即区分情形依照第一款规定的"情节严重"和"情节特别严重"两个量刑档次处罚。首先，援引的重要作用就是减少法条重复表述，只需就该罪的基本构成要件作出表述，法定刑全部援引即可；如果法定刑不是全部援引，才需要对不同量刑档次作出明确表述，规定独立的罚则。刑法分则多个条文都存在此种情形，这是业已形成共识的立法技术问题。其次，刑法第一百八十条第四款"情节严重"的规定是入罪标准，作此规定是为了避免"情节不严重"也入罪，而非量刑档次的限缩。最后，从立法和司法解释先例来看，刑法第二百八十五条第三款也存在相同的文字表述，2011 年《最高人民法院、最高人民检察院关于办理危害计算机信息系统安全刑事案件应用法律若干问题的解释》第三条明确规定了刑法第二百八十五条第三款包含有"情节严重"、"情节特别严重"两个量刑档次。司法解释的这一规定，表明了最高司法机关对援引法定刑立法例的一贯理解。

二、利用未公开信息交易罪与内幕交易、泄露内幕信息罪的违法与责任程度相当，法定刑亦应相当。内幕交易、泄露内幕信息罪和利用未公开信息交易罪，都属于特定人员利用未公开的可能对证券、期货市场交易价格产生影响的信息从事交易活动的犯罪。两罪的主要差别在于信息范围不同，其通过信息的未公开性和价格影响性获利的本质相同，均严重破坏了金融管理秩序，损害了公众投资者利益。刑法将两罪放在第一百八十条中分款予以规定，亦是对两罪违法和责任程度相当的确认。因此，从社会危害性理解，两罪的法定刑也应相当。

三、马乐的行为应当认定为"情节特别严重"，对其适用缓刑明显不当。《最高人民检察院、公安部关于公安机关管辖的刑事案件立案追诉标准的规定（二）》对内幕交易、泄露内幕信息罪和利用未公开信息交易罪"情节严重"规定了相同的追诉标准，《最高人民法院、最高人民检察院关于办理内幕交易、泄露内幕信息刑事案件具体应用法律若干问题的解释》将成交额 250 万元以上、获利 75 万元以上等情形认定为内幕交易、泄露内幕信息罪"情节特别严重"。如前所述，利用未公开信息交易罪"情节特别严重"的，也应当依照第一款的规定，遵循相同的标准。马乐利用未公开信息进行交易活动，累计成交额人民币 10.5 亿余元，从中非法获利人民币 1883 万余元，显然属于"情节特别严重"，应当在"五年以上十年以下有期徒刑"的幅度内量刑。其虽有自首情节，但适用缓刑无法体现罪责刑相适应，无法实现惩罚和预防犯罪的目的，量刑明显不当。

四、本案所涉法律问题的正确理解和适用，对司法实践和维护我国金融市场的健康发展具有重要意义。自刑法修正案（七）增设利用未公开信息交易罪以来，司法机关对该罪是否存在"情节特别严重"、是否有两个量刑档次长期存在分歧，亟需统一认识。正确理解和适用本案所涉法律问题，对明确同类案件的处理、同类从业人员犯罪的处罚具有重要指导作用，对于加大打击"老鼠仓"等严重破坏金融管理秩序的行为，维护社会主义市场经济秩序，保障资本市场健康发展具有重要意义。

【案件结果】

2015 年 7 月 8 日，最高人民法院第一巡回法庭公开开庭审理此案，最高人民检察院依法派员出庭履行职务，原审被告人马乐的辩护人当庭发表了辩护意见。最高人民法院审理认为，最高人民检察院对刑法第一百八十条第四款援引法定刑的理解及原审被告人马乐的行为属于犯罪情节特别严重的抗诉意见正确，应予采纳；辩护人的辩护意见不能成立，不予采纳。原审裁判因对刑法第一百八十条第四款援引法定刑的理解错误，导致降格认定了马乐的犯罪情节，进而对马乐判处缓刑确属不当，应予纠正。

2015 年 12 月 11 日，最高人民法院作出再审终审判决：维持原刑事判决中对被告人马乐的定罪部分；撤销原刑事判决中对原审被告人马乐的量刑及追缴违法所得部分；原审被告人马乐犯利用未公开信息交易罪，判处有期徒刑三年，并处罚金人民币 1913 万元；违法所得人民币 19120246.98 元依法予以追缴，上缴国库。

【要旨】

刑法第一百八十条第四款利用未公开信息交易罪为援引法定刑的情形，应当是对第一款法定刑的全部援引。其中，"情节严重"是入罪标准，在处罚上应当依照本条第一款内幕交易、泄露内幕信息罪的全部法定刑处罚，即区分不同情形分别依照第一款规定的"情节严重"和"情节特别严重"两个量刑档次处罚。

【指导意义】

我国刑法分则"罪状 + 法定刑"的立法模式决定了在性质相近、危害相当罪名的法条规范上，基本采用援引法定刑的立法技术。本案对刑法第一百八十条第四款援引法定刑理解的争议是刑法解释的理论问题。正确理解刑法条文，应当以文义解释为起点，综合运用体系解释、目的解释等多种解释方法，按照罪刑法定原则和罪责刑相适应原则的要求，从整个刑法体系中把握立法目的，平衡法益保护。

1. 从法条文义理解，刑法第一百八十条第四款中的"情节严重"是入罪条款，为犯罪构成要件，表明该罪情节犯的属性，具有限定处罚范围的作用，以避免"情节不严重"的行为也入罪，而非量刑档次的限缩。本条款中"情节严重"之后并未列明具体的法定刑，不兼具量刑条款的性质，量刑条款为"依照第一款的规定处罚"，应当理解为对第一款法定刑的全部援引而非部分援引，即同时存在"情节严重"、"情节特别严重"两种情形和两个量刑档次。

2. 从刑法体系的协调性考量，一方面，刑法中存在与第一百八十条第四款表述类似的条款，印证了援引法定刑为全部援引。如刑法第二百八十五条第三款规定"情节严重的，依照前款的规定处罚"，2011 年《最高人民法院、最高人民检察院关于办理危害计算机信息系统安全刑事案件应用法律若干问题的解释》第三条明确了本款包含有"情节严重"、"情节特别严重"两个量刑档次。另一方面，从刑法其他条文的反面例证看，法定刑设置存在细微差别时即无法援引。如刑法第一百八十条第二款关于内幕交易、泄露内幕信息罪单位犯罪的规定，没有援引前款个人犯罪的法定刑，而是单独明确规定处五年以下有期徒刑或者拘役。这是因为第一款规定了情节严重、情节特别严重两个量刑档次，而第二款只有一个量刑档次，并且不对直接负责的主管人员和其他直接责任人员并处罚金。在这种情况下，为避免发生歧义，立法不会采用援引法定刑的方式，而是对相关法定刑作出明确表述。

3. 从设置利用未公开信息交易罪的立法目的分析，刑法将本罪与内幕交易、泄露内幕信息罪一并放在第一百八十条中分款予以规定，就是由于两罪虽然信息范围不同，但是其通过信息的未公开性和价格影响性获利的本质相同，对公众投资者利益和金融管理秩序的实质危害性相当，行为人的主观恶性相当，应当适用相同的法定量刑幅度，具体量刑标准也应一致。如果只截取情节严重部分的法定刑进行援引，势必违反罪刑法定原则和罪刑相适应原则，无法实现惩罚和预防犯罪的目的。

【相关法律规定】

《中华人民共和国刑法》

第一百八十条　证券、期货交易内幕信息的知情人员或者非法获取证券、期货交易内幕信息的人员，在涉及证券的发行，证券、期货交易或者其他对证券、期货交易价格有重大影响的信息尚未公开前，买入或者卖出该证券，或者从事与该内幕信息有关的期货交易，或者泄露该信息，或者明示、暗示他人从事上述交易活动，情节严重的，处五年以下有期徒刑或者拘役，并处或者单处违法所得一倍以上五倍以下罚金；情节特别严重的，处五年以上十年以下有期徒刑，并处违法所得一倍以上五倍以下罚金。

单位犯前款罪的，对单位判处罚金，并对其直接负责的主管人员和其他直接责任人员，处五年以下有期徒刑或者拘役。

内幕信息、知情人员的范围，依照法律、行政法规的规定确定。

证券交易所、期货交易所、证券公司、期货经纪公司、基金管理公司、商业银行、保险公司等金融机构的从业人员以及有关监管部门或者行业协会的工作人员，利用因职务便利获取的内幕信息以外的其他未公开的信息，违反规定，从事与该信息相关的证券、期货交易活动，或者明示、暗示他人从事相关交易活动，情节严重的，依照第一款的规定处罚。

王鹏等人利用未公开信息交易案

（检例第 65 号）

【关键词】 利用未公开信息交易　间接证据　证明方法

【要旨】

具有获取未公开信息职务便利条件的金融机构从业人员及其近亲属从事相关证券交易行为明显异常，且与未公开信息相关交易高度趋同，即使其拒不供述未公开信息传递过程等犯罪事实，但其他证据之间相互印证，能够形成证明利用未公开信息犯罪的完整证明体系，足以排除其他可能的，可以依法认定犯罪事实。

【基本案情】

被告人王鹏，男，某基金管理有限公司原债券交易员。

被告人王慧强，男，无业，系王鹏父亲。

被告人宋玲祥，女，无业，系王鹏母亲。

2008 年 11 月至 2014 年 5 月，被告人王鹏担任某基金公司交易管理部债券交易员。在工作期间，王鹏作为债券交易员的个人账号为 6610。因工作需要，某基金公司为王鹏等债券交易员开通了恒生系统 6609 账号的站点权限。自 2008 年 7 月 7 日起，该 6609 账号开通了股票交易指令查询权限，王鹏有权查询证券买卖方向、投资类别、证券代码、交易价格、成交金额、下达人等股票交易相关未公开信息；自 2009 年 7 月 6 日起又陆续增加了包含委托流水、证券成交回报、证券资金流水、组合证券持仓、基金资产情况等未公开信息查询权限。2011 年 8 月 9 日，因新系统启用，某基金公司交易管理部申请关闭了所有债券交易员登录 6609 账号的权限。

2009 年 3 月 2 日至 2011 年 8 月 8 日期间，被告人王鹏多次登录 6609 账号获取某基金公司股票交易指令等未公开信息，王慧强、宋玲祥操作牛某、宋某祥、宋某珍的证券账户，同期或稍晚于某基金公司进行证券交易，与某基金公司交易指令高度趋同，证券交易金额共计 8.78 亿余元，非法获利共计 1773 万余元。其中，王慧强交易金额 9661 万余元，非法获利 201 万余元；宋玲祥交易金额 7.8 亿余元，非法获利 1572 万余元。

【指控与证明犯罪】

2015 年 6 月 5 日，重庆市公安局以被告人王鹏、王慧强、宋玲祥涉嫌利用未公开信息交易罪移送重庆市人民检察院第一分院审查起诉。

审查起诉阶段，重庆市人民检察院第一分院审查了全案卷宗，讯问了被告人。被告人王鹏辩称，没有获取未公开信息的条件，也没有向其父母传递过未公开信息。被告人王慧强、宋玲祥辩称，王鹏没有向其传递过未公开信息，买卖股票均根据自己的判断进行。针对三人均不供认犯罪事实的情况，为进一步查清王鹏与王慧强、宋玲祥是否存在利用未公开信息交易行为，重庆市人民检察院第一分院将本案两次退回重庆市公安局补充侦查，并提出补充侦查意见：（1）继续讯问三被告人，以查明三人之间传递未公开信息的情况；（2）询问某基金公司有关工作人员，调取工作制度规定，核查工作区通讯设备保管情况，调取某基金债券交易工作区现场图，以查明王鹏是否具有传递信息的条件；（3）调查王慧强、宋玲祥的亲友关系，买卖股票的资金来源及获利去向，以查明王鹏是否为未公开信息的唯一来源，三人是否共同参与利用未公开信息交易；（4）询问某基金公司其他债券交易员，收集相关债券交易员登录工作账号与 6609 账号的查询记录，以查明王鹏登录 6609 账号是否具有异常性；（5）调取王慧强、宋玲祥在王鹏不具有获取未公开信息的职务便利期间买卖股票情况、与某基金股票交易指令趋同情况，以查明王慧强、宋玲祥在被指控犯罪时段的交易行为与其他时段的交易行为是否明显异常。经补充侦查，三被告人仍不供认犯罪事实，重庆市公安局补充收集了前述第 2 项至第 5 项证据，进一步补强证明王鹏具有获取和传递信息的条件，王慧强、宋玲祥交易习惯的显著异常性等事实。

2015 年 12 月 18 日，重庆市人民检察院第一分院以利用未公开信息交易罪对王鹏、王慧强、宋玲祥提起公诉。重庆市第一中级人民法院公开开庭审理本案。

法庭调查阶段，公诉人宣读起诉书指控三名被告人构成利用未公开信息交易罪，并对三名被告人进行了讯问。三被告人均不供认犯罪事实。公诉人全面出示证据，并针对被告人不供认犯罪事实的情况进行重点举证。

第一，出示王鹏与某基金公司的《劳动合同》《保密管理办法》、6609 账号使用权限、操作方法和操作日志、某基金公司交易室照片等证据，证实：王鹏在 2009 年 1 月 15 日至 2011 年 8 月 9 日期间能够通过 6609 账号登录恒生系统查询到某基金公司对股票和债券的整体持仓和交易情况、指令下达情况、实时头寸变化情况等，王鹏具有获取某基金公司未公开信息的条件。

第二，出示王鹏登录 6610 个人账号的日志、6609 账号权限设置和登录日志、某基金公司工作人员证言等证据，证实：交易员的账号只能在本人电脑上登录，具有唯一性，可以锁定王鹏的电脑只有王鹏一人使用；王鹏通过登录 6609 账号查看了未公开信息，且登录次数明显多于 6610 个人账号，与其他债券交易员登录 6609 账号情况相比存在异常。

第三，出示某基金公司股票指令下达执行情况，牛某、宋某祥、宋某珍三个证券账户不同阶段的账户资金对账单、资金流水、委托流水及成交流水以及牛某、宋某祥、宋某珍的证言等证据，证实：（1）三个证券账户均替王慧强、宋玲祥开设并由他们使用。（2）三个账户证券交易与某基金公司交易指令高度趋同。在王鹏拥有登录6609账号权限之后，王慧强操作牛某证券账户进行股票交易，牛某证券账户在2009年3月6日至2011年8月2日间，买入与某基金旗下股票基金产品趋同股票233只、占比93.95%，累计趋同买入成交金额9661.26万元、占比95.25%。宋玲祥操作宋某祥、宋某珍证券账户进行股票交易，宋某祥证券账户在2009年3月2日至2011年8月8日期间，买入趋同股票343只、占比83.05%，累计趋同买入成交金额1.04亿余元、占比90.87%。宋某珍证券账户在2010年5月13日至2011年8月8日期间，买入趋同股票183只、占比96.32%，累计趋同买入成交金额6.76亿元、占比97.03%。（3）交易异常频繁，明显背离三个账户在王鹏具有获取未公开信息条件前的交易习惯。从买入股数看，2009年之前每笔买入股数一般为数百股，2009年之后买入股数多为数千甚至上万股；从买卖间隔看，2009年之前买卖间隔时间多为几天甚至更久，但2009年之后买卖交易频繁，买卖间隔时间明显缩短，多为一至两天后卖出。（4）牛某、宋某祥、宋某珍三个账户停止股票交易时间与王鹏无权查看6609账号时间即2011年8月9日高度一致。

第四，出示王鹏、王慧强、宋玲祥和牛某、宋某祥、宋某珍的银行账户资料、交易明细、取款转账凭证等证据，证实：三个账户证券交易资金来源于王慧强、宋玲祥和王鹏，王鹏与宋玲祥、王慧强及其控制的账户之间存在大额资金往来记录。

法庭辩论阶段，公诉人发表公诉意见指出，虽然三名被告人均拒不供认犯罪事实，但在案其他证据能够相互印证，形成完整的证据链条，足以证明：王鹏具有获取某基金公司未公开信息的条件，王慧强、宋玲祥操作的证券账户在王鹏具有获取未公开信息条件期间的交易行为与某基金公司的股票交易指令高度趋同，且二人的交易行为与其在其他时间段的交易习惯存在重大差异，明显异常。对上述异常交易行为，二人均不能作出合理解释。王鹏作为基金公司的从业人员，在利用职务便利获取未公开信息后，由王慧强、宋玲祥操作他人账户从事与该信息相关的证券交易活动，情节特别严重，均应当以利用未公开信息交易罪追究刑事责任。

王鹏辩称，没有利用职务便利获取未公开信息，亦未提供信息让王慧强、宋玲祥交易股票，对王慧强、宋玲祥交易股票的事情并不知情；其辩护人认为，现有证据只能证明王鹏有条件获取未公开信息，而不能证明王鹏实际获取了该信息，同时也不能证明王鹏本人利用未公开信息从事交易活动，或王鹏让王慧强、宋玲祥从事相关交易活动。王慧强辩称，王鹏从未向其传递过未公开信息，王鹏到某基金公司后就不知道其还在进行证券交易；其辩护人认为，现有证据不能证实王鹏向王慧强传递了未公开信息，及王慧强利用了王鹏传递的未公开信息进行证券交易。宋玲祥辩称，没有利用王鹏的职务之便获取未公开信息，也未利用未公开信息进行证券交易；其辩护人认为，宋玲祥不是本罪的适格主体，本案指控证据不足。

针对被告人及其辩护人辩护意见，公诉人结合在案证据进行答辩，进一步论证本案证据确实、充分，足以排除其他可能。首先，王慧强、宋玲祥与王鹏为亲子关系，关系十分密切，从王慧强、宋玲祥的年龄、从业经历、交易习惯来看，王慧强、宋玲祥不具备专业股票投资人的背景和经验，且始终无法对交易异常行为作出合理解释。其次，王鹏在证监会到某基金公司对其调查时，畏罪出逃，且离开后再没有回到某基金公司工作，亦未办理请假或离职手续。其辩称系因担心证监会工作人员到他家中调查才离开，逃跑行为及理由明显不符合常理。第三，刑法规定利用未公开信息罪的主体为特殊主体，虽然王慧强、宋玲祥本人不具有特殊主体身份，但其与具有特殊主体身份的王鹏系共同犯罪，主体适格。

法庭经审理认为，本案现有证据已形成完整锁链，能够排除合理怀疑，足以认定王鹏、王慧强、宋玲祥构成利用未公开信息交易罪，被告人及其辩护人提出的本案证据不足的意见不予采纳。

2018 年 3 月 28 日，重庆市第一中级人民法院作出一审判决，以利用未公开信息交易罪，分别判处被告人王鹏有期徒刑六年六个月，并处罚金人民币 900 万元；判处被告人宋玲祥有期徒刑四年，并处罚金人民币 690 万元；判处被告人王慧强有期徒刑三年六个月，并处罚金人民币 210 万元。对三被告人违法所得依法予以追缴，上缴国库。宣判后，三名被告人均未提出上诉，判决已生效。

【指导意义】

经济金融犯罪大多属于精心准备、组织实施的故意犯罪，犯罪嫌疑人、被告人熟悉法律规定和相关行业规则，犯罪隐蔽性强、专业程度高，证据容易被隐匿、毁灭，证明犯罪难度大。特别是在犯罪嫌疑人、被告人不供认犯罪事实、缺乏直接证据的情形下，要加强对间接证据的审查判断，拓宽证明思路和证明方法，通过对间接证据的组织运用，构建证明体系，准确认定案件事实。

1. 明确指控的思路和方法，全面客观补充完善证据。检察机关办案人员应当准确把握犯罪的主要特征和证明的基本要求，明确指控思路和方法，构建清晰明确的证明体系。对于证明体系中证明环节有缺陷的以及关键节点需要补强证据的，要充分发挥检察机关主导作用，通过引导侦查取证、退回补充侦查，准确引导侦查取证方向，明确侦查取证的目的和要求，及时补充完善证据。必要时要与侦查人员直接沟通，说明案件的证明思路、证明方法以及需要补充完善的证据在证明体系中的证明价值、证明方向和证明作用。在涉嫌利用未公开信息交易的犯罪嫌疑人、被告人不供认犯罪事实，缺乏证明犯意联络、信息传递和利用的直接证据的情形下，应当根据指控思路，围绕犯罪嫌疑人、被告人获取信息的便利条件、时间吻合程度、交易异常程度、利益关联程度、行为人专业背景等关键要素，通过引导侦查取证、退回补充侦查或者自行侦查，全面收集相关证据。

2. 加强间接证据的审查，根据证据反映的客观事实判断案件事实。在缺乏直接证据的情形下，通过对间接证据证明的客观事实的综合判断，运用经验法则和逻辑规则，依法认定案件事实，建立从间接证据证明客观事实，再从客观事实判断案件事实的完整证明体系。本案中，办案人员首先通过对三名被告人被指控犯罪时段和其他时段证券交易数据、未公开信息相关交易信息等证据，证明其交易与未公开信息的关联性、趋同度及与其平常交易习惯的差异性；通过身份关系、资金往来等证据，证明双方具备传递信息的动机和条件；通过专业背景、职业经历、接触人员等证据，证明交易行为不符合其个人能力经验；然后借助证券市场的基本规律和一般人的经验常识，对上述客观事实进行综合判断，认定了案件事实。

3. 合理排除证据矛盾，确保证明结论唯一。运用间接证据证明案件事实，构成证明体系的间接证据应当相互衔接、相互支撑、相互印证，证据链条完整、证明结论唯一。基于经验和逻辑作出的判断结论并不必然具有唯一性，还要通过审查证据，进一步分析是否存在与指控方向相反的信息，排除其他可能性。既要审查证明体系中单一证据所包含的信息之间以及不同证据之间是否存在矛盾，又要注重审查证明体系之外的其他证据中是否存在相反信息。在犯罪嫌疑人、被告人不供述、不认罪案件中，要高度重视犯罪嫌疑人、被告人的辩解和其他相反证据，综合判断上述证据中的相反信息是否会实质性阻断由各项客观事实到案件事实的判断过程、是否会削弱整个证据链条的证明效力。与证明体系存在实质矛盾并且不能排除其他可能性的，不能认定案件事实。但不能因为犯罪嫌疑人、被告人不供述或者提出辩解，就认为无法排除其他可能性。犯罪嫌疑人、被告人的辩解不具有合理性、正当性，可以认定证明结论唯一。

【相关规定】

《中华人民共和国刑法》第一百八十条第四款

《中华人民共和国刑事诉讼法》（2018 修正）第五十五条

《最高人民法院最高人民检察院关于办理利用未公开信息交易刑事案件适用法律若干问题的解释》（法释〔2019〕10 号）第四条

朱炜明操纵证券市场案

（检例第 39 号）

【关键词】操纵证券市场　　"抢帽子"交易　公开荐股

【基本案情】

被告人朱炜明，男，1982 年 7 月出生，原系国开证券有限责任公司上海龙华西路证券营业部（以下简称国开证券营业部）证券经纪人，上海电视台第一财经频道《谈股论金》节目（以下简称《谈股论金》节目）特邀嘉宾。

2013 年 2 月 1 日至 2014 年 8 月 26 日，被告人朱炜明在任国开证券营业部证券经纪人期间，先后多次在其担任特邀嘉宾的《谈股论金》电视节目播出前，使用实际控制的三个证券账户买入多支股票，于当日或次日在《谈股论金》节目播出中，以特邀嘉宾身份对其先期买入的股票进行公开评价、预测及推介，并于节目首播后一至二个交易日内抛售相关股票，人为地影响前述股票的交易量和交易价格，获取利益。经查，其买入股票交易金额共计人民币

2094.22 万余元，卖出股票交易金额共计人民币 2169.70 万余元，非法获利 75.48 万余元。

【要旨】

证券公司、证券咨询机构、专业中介机构及其工作人员违背从业禁止规定，买卖或者持有证券，并在对相关证券作出公开评价、预测或者投资建议后，通过预期的市场波动反向操作，谋取利益，情节严重的，以操纵证券市场罪追究其刑事责任。

【指控与证明犯罪】

2016 年 11 月 29 日，上海市公安局以朱炜明涉嫌操纵证券市场罪移送上海市人民检察院第一分院审查起诉。

审查起诉阶段，朱炜明辩称：1. 涉案账户系其父亲朱某实际控制，其本人并未建议和参与相关涉案股票的买卖；2. 节目播出时，已隐去股票名称和代码，仅展示 K 线图、描述股票特征及信息，不属于公开评价、预测、推介个股；3. 涉案账户资金系家庭共同财产，其本人并未从中受益。

检察机关审查认为，现有证据足以认定犯罪嫌疑人在媒体上公开进行了股票推介行为，并且涉案账户在公开推介前后进行了涉案股票反向操作。但是，犯罪嫌疑人与涉案账户的实际控制关系，公开推介是否构成"抢帽子"交易操纵中的"公开荐股"以及行为能否认定为"操纵证券市场"等问题，有待进一步查证。针对需要进一步查证的问题，上海市人民检察院第一分院分别于 2017 年 1 月 13 日、3 月 24 日二次将案件退回上海市公安局补充侦查，要求公安机关补充查证犯罪嫌疑人的淘宝、网银等 IP 地址、MAC 地址（硬件设备地址，用来定义网络设备的位置），并与涉案账户证券交易 IP 地址做筛选比对；将涉案账户资金出入与犯罪嫌疑人个人账户资金往来做关联比对；进一步对其父朱某在关键细节上做针对性询问，以核实朱炜明的辩解；由证券监管部门对本案犯罪嫌疑人的行为是否构成"公开荐股""操纵证券市场"提出认定意见。

经补充侦查，上海市公安局进一步收集了朱炜明父亲朱某等证人证言、中国证监会对朱炜明操纵证券市场行为性质的认定函、司法会计鉴定意见书等证据。中国证监会出具的认定函认定：2013年2月1日至2014年8月26日，朱炜明在《谈股论金》节目中通过明示股票名称或描述股票特征的方法，对15支股票进行公开评价和预测。朱炜明通过其控制的三个证券账户在节目播出前一至二个交易日或当天买入推荐的股票，交易金额2094.22万余元，并于节目播出后一至二个交易日内卖出上述股票，交易金额2169.70万余元，获利75.48万余元。朱炜明所荐股票次日交易价量明显上涨，偏离行业板块和大盘走势。其行为构成操纵证券市场，扰乱了证券市场秩序，并造成了严重社会影响。

结合补充收集的证据，上海市人民检察院第一分院办案人员再次提讯朱炜明，并听取其辩护律师意见。朱炜明在展示的证据面前，承认其在节目中公开荐股，称其明知所推荐股票价格在节目播出后会有所上升，故在公开荐股前建议其父朱某买入涉案15支股票，并在节目播出后随即卖出，以谋取利益。但对于指控其实际控制涉案账户买卖股票的事实予以否认。

针对其辩解，办案人员将相关证据向朱炜明及其辩护人出示，一一阐明证据与朱炜明行为之间的证明关系。1. 账户登录、交易IP地址大量位于朱炜明所在的办公地点，与朱炜明出行等电脑数据轨迹一致。例如，2014年7月17日、18日，涉案的朱某证券账户登录、交易IP地址在重庆，与朱炜明的出行记录一致。2. 涉案三个账户之间与朱炜明个人账户资金往来频繁，初始资金有部分来自于朱炜明账户，转出资金中有部分转入朱炜明银行账户后由其消费，证明涉案账户资金由朱炜明控制。经过上述证据展示，朱炜明对自己实施"抢帽子"交易操纵他人证券账户买卖股票牟利的事实供认不讳。

2017年5月18日，上海市人民检察院第一分院以被告人朱炜明犯操纵证券市场罪向上海市第一中级人民法院提起公诉。7月20日，上海市第一中级人民法院公开开庭审理了本案。

法庭调查阶段，公诉人宣读起诉书指控被告人朱炜明违反从业禁止规定，以"抢帽子"交易的手段操纵证券市场谋取利益，其行为构成操纵证券市场罪。对以上指控的犯罪事实，公诉人出示了四组证据予以证明：

一是关于被告人朱炜明主体身份情况的证据。包括：1. 国开证券公司与朱炜明签订的劳动合同、委托代理合同等工作关系书证；2.《谈股论金》节目编辑陈某等证人证言；3. 户籍资料、从业资格证书等书证；4. 被告人朱炜明的供述。证明：朱炜明于2013年2月至2014年8月担任国开证券营业部证券经纪人期间，先后多次受邀担任《谈股论金》节目特邀嘉宾。

二是关于涉案账户登录异常的证据。包括：1. 证人朱某等证人的证言；2. 朱炜明出入境及国内出行记录等书证；3. 司法会计鉴定意见书、搜查笔录等；4. 被告人朱炜明的供述。证明：2013年2月至2014年8月，"朱某""孙某""张某"三个涉案证券账户的实际控制人为朱炜明。

三是关于涉案账户交易异常的证据。包括：1. 证人陈某等证人的证言；2. 证监会行政处罚决定书及相关认定意见、调查报告等书证；3. 司法会计鉴定意见书；4. 节目视频拷贝光盘、QQ群聊天记录等视听资料、电子数据；5. 被告人朱炜明的供述。证明：朱炜明在节目中推荐的15支股票，均被其在节目播出前一至二个交易日或播出当天买入，并于节目播出后一至二个交易日内卖出。

四是关于涉案证券账户资金来源及获利的证据。包括：1. 证人朱某的证言；2. 证监会查询通知书等书证；3. 司法会计鉴定意见书等；4. 被告人朱炜明的供述。证明：朱炜明在公开推荐股票后，股票交易量、交易价格涨幅明显。"朱某""孙某""张某"三个证券账户交易初始资金大部分来自朱炜明，且与朱炜明个人账户资金往来频繁。上述账户在涉案期间累计交易金额人民币 4263.92 万余元，获利人民币 75.48 万余元。

法庭辩论阶段，公诉人发表公诉意见：

第一，关于本案定性。证券公司、证券咨询机构、专业中介机构及其工作人员，买卖或者持有相关证券，并对该证券或其发行人、上市公司公开作出评价、预测或者投资建议，以便通过期待的市场波动取得经济利益的行为是"抢帽子"交易操纵行为。根据刑法第一百八十二条第一款第（四）项的规定，属于"以其他方法操纵"证券市场，情节严重的，构成操纵证券市场罪。

第二，关于控制他人账户的认定。综合本案证据，可以认定朱炜明通过实际控制的"朱某""孙某""张某"三个证券账户在公开荐股前买入涉案 15 支股票，荐股后随即卖出谋取利益，涉案股票价量均因荐股有实际影响，朱炜明实际获利 75 万余元。

第三，关于公开荐股的认定。结合证据，朱炜明在电视节目中，或明示股票名称，或介绍股票标识性信息、展示 K 线图等，投资者可以依据上述信息确定涉案股票名称，系在电视节目中对涉案股票公开作出评价、预测、推介，可以认定构成公开荐股。

第四，关于本案量刑建议。根据刑法第一百八十二条的规定，被告人朱炜明的行为构成操纵证券市场罪，依法应在五年以下有期徒刑至拘役之间量刑，并处违法所得一倍以上五倍以下罚金。建议对被告人朱炜明酌情判处三年以下有期徒刑，并处违法所得一倍以上的罚金。

被告人朱炜明及其辩护人对公诉意见没有异议，被告人当庭表示愿意退缴违法所得。辩护人提出，考虑被告人认罪态度好，建议从轻处罚。

法庭经审理,认定公诉人提交的证据能够相互印证,予以确认。综合考虑全案犯罪事实、情节,对朱炜明处以相应刑罚。2017年7月28日,上海市第一中级人民法院作出一审判决,以操纵证券市场罪判处被告人朱炜明有期徒刑十一个月,并处罚金人民币76万元,其违法所得予以没收。一审宣判后,被告人未上诉,判决已生效。

【指导意义】

证券公司、证券咨询机构、专业中介机构及其工作人员,违反规定买卖或者持有相关证券后,对该证券或者其发行人、上市公司作出公开评价、预测或者提出投资建议,通过期待的市场波动谋取利益的,构成"抢帽子"交易操纵行为。发布投资咨询意见的机构或者证券从业人员往往具有一定的社会知名度,他们借助影响力较大的传播平台发布诱导性信息,容易对普通投资者交易决策产生影响。其在发布信息后,又利用证券价格波动实施与投资者反向交易的行为获利,破坏了证券市场管理秩序,违反了证券市场公开、公平、公正原则,具有较大的社会危害性,情节严重的,构成操纵证券市场罪。

证券犯罪具有专业性、隐蔽性、间接性等特征,检察机关办理该类案件时,应当根据证券犯罪案件特点,引导公安机关从证券交易记录、资金流向等问题切入,全面收集涉及犯罪的书证、电子数据、证人证言等证据,并结合案件特点开展证据审查。对书证,要重点审查涉及证券交易记录的凭据,有关交易数量、交易额、成交价格、资金走向等证据。对电子数据,要重点审查收集程序是否合法,是否采取必要的保全措施,是否经过篡改,是否感染病毒等。对证人证言,要重点审查证人与犯罪嫌疑人的关系,证言能否与客观证据相印证等。

　　办案中，犯罪嫌疑人或被告人及其辩护人经常会提出涉案账户实际控制人及操作人非其本人的辩解。对此，检察机关可以通过行为人资金往来记录，MAC 地址（硬件设备地址）、IP 地址与互联网访问轨迹的重合度与连贯性，身份关系和资金关系的紧密度，涉案股票买卖与公开荐股在时间及资金比例上的高度关联性，相关证人证言在细节上是否吻合等入手，构建严密证据体系，确定被告人与涉案账户的实际控制关系。

　　非法证券活动涉嫌犯罪的案件，来源往往是证券监管部门向公安机关移送。审查案件过程中，人民检察院可以与证券监管部门加强联系和沟通。证券监管部门在行政执法和查办案件中收集的物证、书证、视听资料、电子数据等证据材料，在刑事诉讼中可以作为证据使用。检察机关通过办理证券犯罪案件，可以建议证券监管部门针对案件反映出的问题，加强资本市场监管和相关制度建设。

　　【相关规定】

　　《中华人民共和国刑法》第一百八十二条

　　《最高人民检察院、公安部关于公安机关管辖的刑事案件立案追诉标准的规定（二）》第三十九条

四、金融诈骗罪

周辉集资诈骗案

（检例第 40 号）

　　【关键词】 集资诈骗　非法占有目的　网络借贷信息中介机构

　　【基本案情】

　　被告人周辉，男，1982 年 2 月出生，原系浙江省衢州市中宝投

资有限公司（以下简称中宝投资公司）法定代表人。

2011 年 2 月，被告人周辉注册成立中宝投资公司，担任法定代表人。公司上线运营"中宝投资"网络平台，借款人（发标人）在网络平台注册、缴纳会费后，可发布各种招标信息，吸引投资人投资。投资人在网络平台注册成为会员后可参与投标，通过银行汇款、支付宝、财付通等方式将投资款汇至周辉公布在网站上的 8 个其个人账户或第三方支付平台账户。借款人可直接从周辉处取得所融资金。项目完成后，借款人返还资金，周辉将收益给予投标人。

运行前期，周辉通过网络平台为 13 个借款人提供总金额约 170 万余元的融资服务，因部分借款人未能还清借款造成公司亏损。此后，周辉除用本人真实身份信息在公司网络平台注册 2 个会员外，自 2011 年 5 月至 2013 年 12 月陆续虚构 34 个借款人，并利用上述虚假身份自行发布大量虚假抵押标、宝石标等，以支付投资人约 20% 的年化收益率及额外奖励等为诱饵，向社会不特定公众募集资金。所募资金未进入公司账户，全部由周辉个人掌控和支配。除部分用于归还投资人到期的本金及收益外，其余主要用于购买房产、高档车辆、首饰等。这些资产绝大部分登记在周辉名下或供周辉个人使用。2011 年 5 月至案发，周辉通过中宝投资网络平台累计向全国 1586 名不特定对象非法集资共计 10.3 亿余元，除支付本金及收益回报 6.91 亿余元外，尚有 3.56 亿余元无法归还。案发后，公安机关从周辉控制的银行账户内扣押现金 1.80 亿余元。

【要旨】

网络借贷信息中介机构或其控制人，利用网络借贷平台发布虚假信息，非法建立资金池募集资金，所得资金大部分未用于生产经营活动，主要用于借新还旧和个人挥霍，无法归还所募资金数额巨大，应认定为具有非法占有目的，以集资诈骗罪追究刑事责任。

【指控与证明犯罪】

2014 年 7 月 15 日，浙江省衢州市公安局以周辉涉嫌集资诈骗罪移送衢州市人民检察院审查起诉。

审查起诉阶段，衢州市人民检察院审查了全案卷宗，讯问了犯罪嫌疑人。针对该案犯罪行为涉及面广，众多集资参与人财产遭受损失的情况，检察机关充分听取了辩护人和部分集资参与人意见，进一步核实了非法集资金额，对扣押的房产等作出司法鉴定或价格评估。针对辩护人提出的非法证据排除申请，检察机关审查后发现，涉案证据存在以下瑕疵：公安机关向部分证人取证时存在取证地点不符合刑事诉讼法规定以及个别辨认笔录缺乏见证人等情况。为此，检察机关要求公安机关予以补正或作出合理解释。公安机关作出情况说明：证人从外地赶来，经证人本人同意，取证在宾馆进行。关于此项情况说明，检察机关审查后予以采信。对于缺乏见证人的个别辨认笔录，检察机关审查后予以排除。

2015 年 1 月 19 日，浙江省衢州市人民检察院以周辉犯集资诈骗罪向浙江省衢州市中级人民法院提起公诉。6 月 25 日，衢州市中级人民法院公开开庭审理本案。

法庭调查阶段，公诉人宣读起诉书指控被告人周辉以高息为诱饵，虚构借款人和借款用途，利用网络 P2P 形式，面向社会公众吸收资金，主要用于个人肆意挥霍，其行为构成集资诈骗罪。对于指控的犯罪事实，公诉人出示了四组证据予以证明：一是被告人周辉的立案情况及基本信息；二是中宝投资公司的发标、招投标情况及相关证人证言；三是集资情况的证据，包括银行交易清单，司法会计鉴定意见书等；四是集资款的去向，包括购买车辆、房产等物证及相关证人证言。

法庭辩论阶段，公诉人发表公诉意见：被告人周辉注册网络借贷信息平台，早期从事少量融资信息服务。在公司亏损、经营难以为继的情况下，虚构借款人和借款标的，以欺诈方式面向不特定投资人吸收资金，自建资金池。在公安机关立案查处时，虽暂可通过"拆东墙补西墙"的方式偿还部分旧债维持周转，但根据其所募资金主要用于还本付息和个人肆意挥霍，未投入生产经营，不可能产生利润回报的事实，可以判断其后续资金缺口势必不断扩大，无法归还所募全部资金，故可以认定其具有非法占有的目的，应以集资诈骗罪对其定罪处罚。

辩护人提出：一是周辉行为系单位行为；二是周辉一直在偿还集资款，主观上不具有非法占有集资款的故意；三是周辉利用互联网从事 P2P 借贷融资，不构成集资诈骗罪，构成非法吸收公众存款罪。

公诉人针对辩护意见进行答辩：第一，中宝投资公司是由被告人周辉控制的一人公司，不具有经营实体，不具备单位意志，集资款未纳入公司财务进行核算，而是由周辉一人掌控和支配，因此周辉的行为不构成单位犯罪。第二，周辉本人主观上认识到资金不足，少量投资赚取的收益不足以支付许诺的高额回报，没有将集资款用于生产经营活动，而是主要用于个人肆意挥霍，其主观上对集资款具有非法占有的目的。第三，P2P 网络借贷，是指个人利用中介机构的网络平台，将自己的资金出借给资金短缺者的商业模式。根据中国银行业监管委员会、工业和信息化部、公安部、国家互联网信息办公室制定的《网络借贷信息中介机构业务活动管理暂行办法》等监管规定，P2P 作为新兴金融业态，必须明确其信息中介性质，平台本身不得提供担保，不得归集资金搞资金池，不得非法吸收公众资金。周辉吸收资金建资金池，不属于合法的 P2P 网络借贷。非法吸收公众存款罪与集资诈骗罪的区别，关键在于行为人对吸收的资金是否具有非法占有的目的。利用网络平台发布虚假高利借款标募集资金，采取借新还旧的手段，短期内募集大量资金，不用于生产经营活动，或者用于生产经营活动与筹集资金规模明显不成比例，致使集资款不能返还的，是典型的利用网络中介平台实施集资诈骗行为。本案中，周辉采用编造虚假借款人、虚假投标项目等欺骗手段集资，所融资金未投入生产经营，大量集资款被其个人肆意挥霍，具有明显的非法占有目的，其行为构成集资诈骗罪。

法庭经审理，认为公诉人出示的证据能够相互印证，予以确认。对周辉及其辩护人提出的不构成集资诈骗罪及本案属于单位犯罪的辩解、辩护意见，不予采纳。综合考虑犯罪事实和量刑情节，2015 年 8 月 14 日，浙江省衢州市中级人民法院作出一审判决，以集资诈骗罪判处被告人周辉有期徒刑十五年，并处罚金人民币 50 万元。继续追缴违法所得，返还各集资参与人。

一审宣判后，浙江省衢州市人民检察院认为，被告人周辉非法集资 10.3 亿余元，属于刑法规定的集资诈骗数额特别巨大并且给人民利益造成特别重大损失的情形，依法应处无期徒刑或者死刑，并处没收财产，一审判决量刑过轻。2015 年 8 月 24 日，向浙江省高级人民法院提出抗诉。被告人周辉不服一审判决，提出上诉。其上诉理由是量刑畸重，应判处缓刑。

本案二审期间，2015 年 8 月 29 日，第十二届全国人大常委会第十六次会议审议通过了《中华人民共和国刑法修正案（九）》，删去《刑法》第一百九十九条关于犯集资诈骗罪"数额特别巨大并且给国家和人民利益造成特别重大损失的，处无期徒刑或者死刑，并处没收财产"的规定。《刑法修正案（九）》于 2015 年 11 月 1 日起施行。

浙江省高级人民法院经审理后认为，《刑法修正案（九）》取消了集资诈骗罪死刑的规定，根据从旧兼从轻原则，一审法院判处周辉有期徒刑十五年符合修订后的法律规定。上诉人周辉具有集资诈骗的主观故意及客观行为，原审定性准确。2016 年 4 月 29 日，二审法院作出裁定，维持原判。终审判决作出后，周辉及其父亲不服判决提出申诉，浙江省高级人民法院受理申诉并经审查后，认为原判事实清楚，证据确实充分，定性准确，量刑适当，于 2017 年 12 月 22 日驳回申诉，维持原裁判。

【指导意义】

是否具有非法占有目的，是正确区分非法吸收公众存款罪和集资诈骗罪的关键。对非法占有目的的认定，应当围绕融资项目真实性、资金去向、归还能力等事实、证据进行综合判断。行为人将所吸收资金大部分未用于生产经营活动，或名义上投入生产经营，但又通过各种方式抽逃转移资金，或供其个人肆意挥霍，归还本息主要通过借新还旧来实现，造成数额巨大的募集资金无法归还的，可以认定具有非法占有的目的。

集资诈骗罪是近年来检察机关重点打击的金融犯罪之一。对该类犯罪，检察机关应着重从以下几个方面开展工作：一是强化证据审查。非法集资类案件由于参与人数多、涉及面广，受主客观因素影响，取证工作易出现瑕疵和问题。检察机关对重大复杂案件要及时介入侦查、引导取证。在审查案件中要强化对证据的审查，需要退回补充侦查或者自行补充侦查的，要及时退查或补查，建立起完整、牢固的证据锁链，夯实认定案件事实的证据基础。二是在法庭审理中要突出指控和证明犯罪的重点。要紧紧围绕集资诈骗罪构成要件，特别是行为人主观上具有非法占有目的、客观上以欺骗手段非法集资的事实梳理组合证据，运用完整的证据体系对认定犯罪的关键事实予以清晰证明。三是要将办理案件与追赃挽损相结合。检察机关办理相关案件，要积极配合公安机关、人民法院依法开展追赃挽损、资产处置等工作，最大限度减少人民群众的实际损失。四是要结合办案开展以案释法，增强社会公众的法治观念和风险防范意识，有效预防相关犯罪的发生。

【相关规定】

《中华人民共和国刑法》第一百九十二条

《最高人民法院关于审理非法集资刑事案件具体应用法律若干问题的解释》第四条

《最高人民检察院、公安部关于公安机关管辖的刑事案件立案追诉标准的规定（二)》第四十九条

五、侵犯知识产权罪

郭明升、郭明锋、孙淑标假冒注册商标案

（法例 87 号）

【关键词】 刑事　假冒注册商标罪　非法经营数额　网络销售刷信誉

【裁判要点】

假冒注册商标犯罪的非法经营数额、违法所得数额，应当综合被告人供述、证人证言、被害人陈述、网络销售电子数据、被告人银行账户往来记录、送货单、快递公司电脑系统记录、被告人等所作记账等证据认定。被告人辩解称网络销售记录存在刷信誉的不真实交易，但无证据证实的，对其辩解不予采纳。

【相关法条】

《中华人民共和国刑法》第二百一十三条

【基本案情】

公诉机关指控：2013 年 11 月底至 2014 年 6 月期间，被告人郭明升为谋取非法利益，伙同被告人孙淑标、郭明锋在未经三星（中国）投资有限公司授权许可的情况下，从他人处批发假冒三星手机裸机及配件进行组装，利用其在淘宝网上开设的"三星数码专柜"

网店进行"正品行货"宣传，并以明显低于市场价格公开对外销售，共计销售假冒的三星手机 20000 余部，销售金额 2000 余万元，非法获利 200 余万元，应当以假冒注册商标罪追究其刑事责任。被告人郭明升在共同犯罪中起主要作用，系主犯。被告人郭明锋、孙淑标在共同犯罪中起辅助作用，系从犯，应当从轻处罚。

被告人郭明升、孙淑标、郭明锋及其辩护人对其未经"SΛMSUNG"商标注册人授权许可，组装假冒的三星手机，并通过淘宝网店进行销售的犯罪事实无异议，但对非法经营额、非法获利提出异议，辩解称其淘宝网店存在请人刷信誉的行为，真实交易量只有 10000 多部。

法院经审理查明："SΛMSUNG"是三星电子株式会社在中国注册的商标，该商标有效期至 2021 年 7 月 27 日；三星（中国）投资有限公司是三星电子株式会社在中国投资设立，并经三星电子株式会社特别授权负责三星电子株式会社名下商标、专利、著作权等知识产权管理和法律事务的公司。2013 年 11 月，被告人郭明升通过网络中介购买店主为"汪亮"、账号为 play2011—1985 的淘宝店铺，并改名为"三星数码专柜"，在未经三星（中国）投资公司授权许可的情况下，从深圳市华强北远望数码城、深圳福田区通天地手机市场批发假冒的三星 I8552 手机裸机及配件进行组装，并通过"三星数码专柜"在淘宝网上以"正品行货"进行宣传、销售。被告人郭明锋负责该网店的客服工作及客服人员的管理，被告人孙淑标负责假冒的三星 I8552 手机裸机及配件的进货、包装及联系快递公司发货。至 2014 年 6 月，该网店共计组装、销售假冒三星 I8552 手机 20000 余部，非法经营额 2000 余万元，非法获利 200 余万元。

【裁判结果】

江苏省宿迁市中级人民法院于 2015 年 9 月 8 日作出（2015）宿中知刑初字第 0004 号刑事判决，以被告人郭明升犯假冒注册商标罪，判处有期徒刑五年，并处罚金人民币160万元；被告人孙淑标犯假冒注册商标罪，判处有期徒刑三年，缓刑五年，并处罚金人民币20万元。被告人郭明锋犯假冒注册商标罪，判处有期徒刑三年，缓刑四年，并处罚金人民币20万元。宣判后，三被告人均没有提出上诉，该判决已经生效。

【裁判理由】

法院生效裁判认为，被告人郭明升、郭明锋、孙淑标在未经"SAMSUNG"商标注册人授权许可的情况下，购进假冒"SAMSUNG"注册商标的手机机头及配件，组装假冒"SAMSUNG"注册商标的手机，并通过网店对外以"正品行货"销售，属于未经注册商标所有人许可在同一种商品上使用与其相同的商标的行为，非法经营数额达2000余万元，非法获利200余万元，属情节特别严重，其行为构成假冒注册商标罪。被告人郭明升、郭明锋、孙淑标虽然辩解称其网店售销记录存在刷信誉的情况，对公诉机关指控的非法经营数额、非法获利提出异议，但三被告人在公安机关的多次供述，以及公安机关查获的送货单、支付宝向被告人郭明锋银行账户付款记录、郭明锋银行账户对外付款记录、"三星数码专柜"淘宝记录、快递公司电脑系统记录、公安机关现场扣押的笔记等证据之间能够互相印证，综合公诉机关提供的证据，可以认定公诉机关关于三被告人共计销售假冒的三星I8552手机20000余部，销售金额2000余万元，非法获利200余万元的指控能够成立，三被告人关于销售记录存在刷信誉行为的辩解无证据予以证实，不予采信。被告人郭明升、郭明锋、孙淑标，系共同犯罪，被告人郭明升起主要作用，是主犯；被告人郭明锋、孙淑标在共同犯罪中起辅助作用，是从犯，依法可以从轻处罚。故依法作出上述判决。

（生效裁判审判人员：程黎明、朱庚、白金）

丁某某、林某某等人假冒注册商标立案监督案

（检例第 93 号）

【关键词】 制假售假 假冒注册商标 监督立案 关联案件管辖

【要旨】

检察机关在办理售假犯罪案件时，应当注意审查发现制假犯罪事实，强化对人民群众切身利益和企业知识产权的保护力度。对于公安机关未立案侦查的制假犯罪与已立案侦查的售假犯罪不属于共同犯罪的，应当按照立案监督程序，监督公安机关立案侦查。对于跨地域实施的关联制假售假犯罪，检察机关可以建议公安机关并案管辖。

【基本案情】

被告人丁某某，女，1969 年 9 月出生，福建省晋江市个体经营者。

被告人林某某，男，1986 年 8 月出生，福建省晋江市个体经营者。

被告人张某，男，1991 年 7 月出生，河南省光山县个体经营者。

其他被告人基本情况略。

玛氏食品（嘉兴）有限公司（以下简称玛氏公司）是注册于浙江省嘉兴市的一家知名食品生产企业，依法取得"德芙"商标专用权，该注册商标的核定使用商品为巧克力等。2016 年 8 月至 2016 年 12 月期间，丁某某等人雇佣多人在福建省晋江市某小区民房生产假冒"德芙"巧克力，累计生产 2400 箱，价值人民币 96 万元。2017 年 9 月至 2018 年 1 月期间，林某某等人雇佣多人在福建省晋江市某工业园区厂房生产假冒"德芙"巧克力，累计生产 1392 箱，价值人民币 55.68 万元。2016 年下半年至 2017 年年底，张某等人购进上述

部分假冒"德芙"巧克力，通过注册的网店向社会公开销售。

【检察机关履职过程】

1. 线索发现。2018年1月23日，嘉兴市公安局接玛氏公司报案，称有网店销售假冒其公司生产的"德芙"巧克力，该局指定南湖公安分局立案侦查。2018年4月6日，南湖公安分局以涉嫌销售伪劣产品罪提请南湖区人民检察院审查批准逮捕网店经营者张某等人，南湖区人民检察院进行审查后，作出批准逮捕决定。在审查批准逮捕过程中，南湖区人民检察院发现，公安机关只对销售假冒"德芙"巧克力的行为进行立案侦查，而没有继续追查假冒"德芙"巧克力的供货渠道、生产源头，可能存在对制假犯罪应当立案侦查而未立案侦查的情况。

2. 调查核实。南湖区人民检察院根据犯罪嫌疑人张某等人关于进货渠道的供述，调阅、梳理公安机关提取的相关微信聊天记录、网络交易记录、账户资金流水等电子数据，并主动联系被害单位玛氏公司，深入了解"德芙"商标的注册、许可使用情况、产品生产工艺流程、成分配料、质量标准等。经调查核实发现，本案中的制假行为涉嫌生产销售伪劣产品、侵犯知识产权等犯罪。

3. 监督意见。经与公安机关沟通，南湖公安分局认为，本案的造假窝点位于福建省晋江市，销售下家散布于福建、浙江等地，案件涉及多个侵权行为实施地，制假犯罪不属本地管辖。南湖区人民检察院认为，本案是注册地位于嘉兴市的玛氏公司最先报案，且有南湖区消费者网购收到假冒"德芙"巧克力的证据，无论是根据最初受理地、侵权结果发生地管辖原则，还是基于制假售假行为的关联案件管辖原则，南湖公安分局对本案中的制假犯罪均具有管辖权。鉴于此，2018年5月15日，南湖区人民检察院向南湖公安分局发出《要求说明不立案理由通知书》。

4. 监督结果。南湖公安分局收到《要求说明不立案理由通知书》后，审查认为该案现有事实证据符合立案条件，决定以涉嫌生产、销售伪劣产品罪对丁某某、林某某等人立案侦查，其后陆续将犯罪嫌疑人抓获归案，并一举捣毁位于福建省晋江市的造假窝点。南湖公安分局侦查终结，以丁某某、林某某、张某等人涉嫌生产、销售伪劣产品罪移送起诉。南湖区人民检察院经委托食品检验机构进行检验，不能认定本案中的假冒"德芙"巧克力为伪劣产品和有毒有害食品，但丁某某、林某某等人未经注册商标所有人许可，在生产巧克力上使用"德芙"商标，应当按假冒注册商标罪起诉，张某等人通过网络公开销售假冒"德芙"巧克力，应当按销售假冒注册商标的商品罪起诉。2019 年 1 月 14 日，南湖区人民检察院以被告人丁某某、林某某等人犯假冒注册商标罪，被告人张某等人犯销售假冒注册商标的商品罪，向南湖区人民法院提起公诉。2019 年 11 月 1 日，南湖区人民法院以假冒注册商标罪判处丁某某、林某某等 7 人有期徒刑一年二个月至四年二个月，并处罚金；以销售假冒注册商标的商品罪判处张某等 4 人有期徒刑一年至三年四个月，并处罚金。一审宣判后，被告人均未提出上诉，判决已生效。

【指导意义】

（一）检察机关审查批准逮捕售假犯罪嫌疑人时，发现公安机关对制假犯罪未立案侦查的，应当履行监督职责。制假售假犯罪严重损害国家和人民利益，危及广大人民群众的生命和财产安全，侵害企业的合法权益，破坏社会主义市场经济秩序，应当依法惩治。检察机关办理售假犯罪案件时，应当注意全面审查、追根溯源，防止遗漏对制假犯罪的打击。对于公安机关未立案侦查的制假犯罪与已立案侦查的售假犯罪不属于共同犯罪的，按照立案监督程序办理；属于共同犯罪的，按照纠正漏捕漏诉程序办理。

（二）加强对企业知识产权的保护，依法惩治侵犯商标专用权犯罪。保护知识产权就是保护创新，检察机关应当依法追诉破坏企业创新发展的侵犯商标专用权、专利权、著作权、商业秘密等知识产权犯罪，营造公平竞争、诚信有序的市场环境。对于实施刑法第二百一十三条规定的假冒注册商标行为，又销售该假冒注册商标的商品，构成犯罪的，以假冒注册商标罪予以追诉。如果同时构成刑法分则第三章第一节生产、销售伪劣商品罪各条规定之罪的，应当依照处罚较重的罪名予以追诉。

（三）对于跨地域实施的关联制假售假案件，检察机关可以建议公安机关并案管辖。根据《最高人民法院、最高人民检察院、公安部、国家安全部、司法部、全国人大常委会法制工作委员会关于实施刑事诉讼法若干问题的规定》第三条第四项和《最高人民法院、最高人民检察院、公安部关于办理侵犯知识产权刑事案件适用法律若干问题的意见》第一条的规定，对于跨地域实施的关联制假售假犯罪，并案处理有利于查明案件事实、及时打击制假售假犯罪的，检察机关可以建议公安机关并案管辖。

【相关规定】

《中华人民共和国刑法》第二百一十三条、第二百一十四条

《中华人民共和国刑事诉讼法》第一百一十三条

《人民检察院刑事诉讼规则》第五百五十七条、第五百五十九条、第五百六十条

《最高人民法院、最高人民检察院、公安部关于办理侵犯知识产权刑事案件适用法律若干问题的意见》第一条

《最高人民法院、最高人民检察院、公安部、国家安全部、司法部、全国人大常委会法制工作委员会关于实施刑事诉讼法若干问题的规定》第三条

《最高人民检察院、公安部关于刑事立案监督有关问题的规定（试行）》第四条、第七条

邓秋城、双善食品（厦门）有限公司等
销售假冒注册商标的商品案

（检例第 98 号）

【关键词】销售假冒注册商标的商品　食品安全　上下游犯罪
公益诉讼

【要旨】

办理侵犯注册商标类犯罪案件，应注意结合被告人销售假冒商
品数量、扩散范围、非法获利数额及在上下游犯罪中的地位、作用
等因素，综合判断犯罪行为的社会危害性，确保罪责刑相适应。在
认定犯罪的主观明知时，不仅考虑被告人供述，还应综合考虑交易
场所、交易时间、交易价格等客观行为，坚持主客观相一致。对侵
害众多消费者利益的情形，可以建议相关社会组织或自行提起公益
诉讼。

【基本案情】

被告人邓秋城，男，1981 年生，广州市百益食品贸易有限公司
（以下简称百益公司）负责人。

被告单位双善食品（厦门）有限公司（以下简称双善公司），
住所地福建省厦门市。

被告人陈新文，男，1981 年生，双善公司实际控制人。

被告人甄连连，女，1984 年生，双善公司法定代表人。

被告人张泗泉，男，1984 年生，双善公司销售员。

被告人甄政，男，1986 年生，双善公司发货员。

2017 年 5 月至 2019 年 1 月初，被告人邓秋城明知从香港购入

的速溶咖啡为假冒"星巴克""STARBUCKS VIA"等注册商标的商品，仍伙同张晓建（在逃）以每件人民币180元这一明显低于市场价（正品每件800元，每件20盒，每盒4条）的价格，将21304件假冒速溶咖啡（每件20盒，每盒5条，下同）销售给被告单位双善公司，销售金额383万余元。被告人邓秋城、陈新文明知百益公司没有"星巴克"公司授权，为便于假冒咖啡销往商业超市，伪造了百益公司许可双善公司销售"星巴克"咖啡的授权文书。2017年12月至2019年1月初，被告人陈新文、甄连连、张泗泉、甄政以双善公司名义从邓秋城处购入假冒"星巴克"速溶咖啡后，使用伪造的授权文书，以双善公司名义将19264件假冒"星巴克"速溶咖啡销售给无锡、杭州、汕头、乌鲁木齐等全国18个省份50余家商户，销售金额共计724万余元。

案发后，公安机关在百益公司仓库内查获待售假冒"星巴克"速溶咖啡6480余件，按实际销售价格每件180元计算，价值116万余元；在被告单位双善公司仓库内查获假冒"星巴克"速溶咖啡2040件，由于双善公司向不同销售商销售的价格不同，对于尚未销售的假冒商品的货值金额以每件340元的最低销售价格计算，价值69万余元。

【检察机关履职情况】

1. 审查起诉。2019年4月1日，江苏省无锡市公安局新吴分局（以下简称新吴分局）以犯罪单位双善公司、被告人陈新文、甄连连、甄政涉嫌销售假冒注册商标的商品罪向江苏省无锡市新吴区人民检察院（以下简称新吴区检察院）移送起诉。同年8月22日，新吴分局以被告人邓秋城涉嫌假冒注册商标罪、销售假冒注册商标的商品罪移送起诉。新吴区检察院并案审查，重点开展以下工作：

一是准确认定罪名及犯罪主体。涉案咖啡系假冒注册商标的商品，是否属于有毒有害或不符合安全标准的食品，将影响案件定性，但在案证据没有关于假冒咖啡是否含有有毒有害成分、是否符合安全标准及咖啡质量的鉴定意见。鉴于该部分事实不清，检察机关要求公安机关对照 GB 7101—2015《食品安全国家标准 饮料》等的规定，对扣押在案的多批次咖啡分别抽样鉴定。经鉴定，涉案咖啡符合我国食品安全标准，不构成生产、销售有毒、有害食品罪等罪名。公安机关基于被告人邓秋城销售假冒咖啡的行为，认定其涉嫌构成销售假冒注册商标的商品罪；基于在百益公司仓库内查获的假冒咖啡的制作和灌装工具，认为邓秋城亦实施了生产、制造假冒咖啡的行为，认定其同时构成假冒注册商标罪，故以涉嫌两罪移送起诉。检察机关经审查认为，现场仅有咖啡制作和罐装工具，无其他证据，且同案犯未到案，证明邓秋城实施制造假冒咖啡行为的证据不足，在案证据只能证实邓秋城将涉案假冒咖啡销售给犯罪单位双善公司，故改变邓秋城行为的定性，只认定销售假冒注册商标的商品罪一罪。检察机关还依职权主动对百益公司是否构成单位犯罪、是否需要追加起诉进行了审查，认定百益公司系邓秋城等为经营假冒咖啡于 2018 年 4 月专门设立。根据最高人民法院《关于办理单位犯罪案件具体应用法律有关问题的解释》第二条的规定，个人为进行违法犯罪活动而设立的公司、企业、事业单位实施犯罪的，不以单位犯罪论，故对百益公司的行为不应认定为单位犯罪。

二是追加认定犯罪数额。检察机关从销售单和买家证言等证据材料中发现，除公安机关移送起诉的被告人邓秋城销售金额 121 万元、犯罪单位双善公司销售金额 324 万元的事实外，邓秋城、双善公司还另有向其他客户销售大量假冒咖啡的行为。检察机关就百益公司、双善公司收取、使用货款的交易明细、公司员工聊大记录等证据退回公安机关补充侦查，公安机关补充调取了百益公司与双善公司以及邓秋城与被告人甄连连个人账户之间合计 600 万余元的转账记录、双善公司员工工作微信内涉案咖啡发货单照片 120 余份后，检察机关全面梳理核对销售单、快递单、汇款记录等证据，对邓秋城销售金额补充认定了 172 万余元，对双善公司销售金额补充认定了 400 万余元。

三是综合判断被告人主观上是否明知是假冒注册商标的商品。被告人邓秋城、陈新文、甄连连处于售假上游，有伪造并使用虚假授权文书、以明显低于市场价格进行交易的行为，应认定三人具有主观明知。在侦查阶段初期，被告人甄政否认自己明知涉案咖啡系假冒注册商标的商品，公安机关根据其他被告人供述、证人证言等证据，证实其采用夜间收发货、隐蔽包装运输等异常交易方式，认定其对售假行为具有主观明知。后甄政供认了自己的罪行，并表示愿意认罪认罚。经补充侦查，公安机关结合销售商证言，查明被告人张泗泉明知涉案咖啡被超市认定为假货被下架、退货，但仍继续销售涉案咖啡，金额达 364 万余元，可认定张泗泉具有主观明知。鉴于公安机关未将张泗泉一并移送，检察机关遂书面通知对张泗泉补充移送起诉。

四是综合考量量刑情节，提出量刑建议。针对销售假冒注册商标的商品罪的特点，在根据销售金额确定基准刑的前提下，充分考虑各被告人所处售假环节、假冒产品类别、销售数量、扩散范围等各项情节，在辩护人或值班律师的见证下，5 名被告人均自愿认罪认罚，认可检察机关指控的全部犯罪事实和罪名，接受检察机关提出的有期徒刑一年九个月至五年不等，罚金 10 万元至 300 万元不等的量刑建议。2019 年 9 月 26 日，新吴区检察院以被告人邓秋城、被告单位双善公司及陈新文、甄连连、张泗泉、甄政构成销售假冒注册商标的商品罪向江苏省无锡市新吴区人民法院（以下简称新吴区法院）提起公诉。

2. 指控与证明犯罪。2019 年 11 月 7 日，新吴区法院依法公开开庭审理本案。庭审过程中，部分辩护人提出以下辩护意见：（1）商品已销售,但仅收到部分货款,货款未收到的部分事实应当认定为犯罪未遂;(2)被告人邓秋城获利较少,且涉案重大事项均由未到案的同案犯决定,制假售假源头均来自未到案同案犯,其在全案中作用较小,在共同犯罪中起次要作用,系从犯。公诉人答辩如下:第一,根据被告单位双善公司内部销售流程,销售员已向被告人甄连连发送销售确认单,表明相关假冒商品已发至客户,销售行为已经完成,应认定为犯罪既遂,是否收到货款不影响犯罪既遂的认定。第二,邓秋城处于整个售假环节上游,在全案中地位作用突出,不应认定为从犯。首先,邓秋城实施了从香港进货、骗取报关单据、出具虚假授权书、与下家双善公司签订购销合同、收账走账等关键行为;其次,邓秋城销售金额低于双善公司,是因为其处于售假产业链的上游环节,销售单价低于下游经销商所致,但其销售数量高于双善公司。正是由于邓秋城实施伪造授权文书、提供进口报关单等行为,导致假冒咖啡得以进入大型商业超市,销售范围遍布全国,受害消费者数量众多,被侵权商标知名度高,媒体高度关注。合议庭对公诉意见和量刑建议予以采纳。

3. 处理结果。2019 年 12 月 6 日,新吴区法院作出一审判决,以销售假冒注册商标的商品罪判处被告单位双善公司罚金 320 万元;分别判处被告人邓秋城、陈新文等五人有期徒刑一年九个月至五年不等,对被告人张泗泉、甄政适用缓刑,并对邓秋城等五人各处罚金 10 万元至 300 万元不等。判决宣告后,被告单位和被告人均未提出上诉,判决已生效。

鉴于此案侵害众多消费者合法权益,损害社会公共利益,新吴区检察院提出检察建议,建议江苏省消费者权益保护委员会(以下简称江苏消保委)对双善公司提起消费民事公益诉讼。江苏消保委依法向江苏省无锡市中级人民法院(以下简称无锡中院)提起侵害消费者权益民事公益诉讼,主张涉案金额三倍的惩罚性赔偿。无锡中院于 2020 年 9 月 18 日立案受理。

【指导意义】

（一）依法严惩假冒注册商标类犯罪，切实维护权利人和消费者合法权益

依法严厉惩治侵犯注册商标犯罪行为，保护权利人对注册商标的合法权益是检察机关贯彻国家知识产权战略，营造良好知识产权法治环境的重要方面。在办理侵犯注册商标犯罪案件中，检察机关应当全面强化职责担当。对于商品可能涉及危害食品药品安全、社会公共安全的，应当引导公安机关通过鉴定检验等方式就产品质量进行调查取证，查明假冒商品是否符合国家产品安全标准，是否涉嫌构成生产、销售有毒有害食品罪等罪名。如果一行为同时触犯数个罪名，则应当按照法定刑较重的犯罪进行追诉。制假售假犯罪链条中由于层层加价销售，往往出现上游制售假冒商品数量大但销售金额小、下游销售数量小而销售金额大的现象。检察机关在提出量刑建议时，不能仅考虑犯罪金额，还要综合考虑被告人在上下游犯罪中的地位与作用、所处的制假售假环节、销售数量、扩散范围、非法获利数额、社会影响等多种因素，客观评价社会危害性，体现重点打击制假售假源头的政策导向，做到罪刑相适应，有效惩治犯罪行为。

（二）对销售假冒注册商标的商品犯罪的上下游人员，应注意结合相关证据准确认定不同环节被告人的主观明知

司法实践中，对于销售主观明知的认定，应注意审查被告人在上下游犯罪中的客观行为。对售假源头者，可以通过是否伪造授权文件等进行认定；对批发环节的经营者，可以通过进出货价格是否明显低于市场价格，以及交易场所与交易方式是否合乎常理等因素进行甄别；对终端销售人员，可以通过客户反馈是否异常等情况进行判断；对确受伪造变造文件蒙蔽或主观明知证据不足的人员，应

坚持主客观相一致原则，依法不予追诉。

（三）一体发挥刑事检察和公益诉讼检察职能，维护社会公共利益

检察机关依法履职的同时，要善于发挥刑事检察和公益诉讼检察职能合力，用好检察建议等法律监督措施，以此推动解决刑事案件涉及的公共利益保护和社会治理问题。对于侵害众多消费者利益，涉案金额大，侵权行为严重的，检察机关可以建议有关社会组织提起民事公益诉讼，也可以自行提起民事公益诉讼，以维护社会公众合法权益。

【相关规定】

《中华人民共和国刑法》第二十三条、第二十六条、第二十七条、第二百一十三条、第二百一十四条

《最高人民法院、最高人民检察院关于办理侵犯知识产权刑事案件具体应用法律若干问题的解释》第九条

《最高人民法院关于审理单位犯罪案件具体应用法律有关问题的解释》第二条

广州卡门实业有限公司涉嫌销售假冒注册商标的商品立案监督案

（检例第 99 号）

【关键词】在先使用　听证　监督撤案　民营企业保护

【要旨】

在办理注册商标类犯罪的立案监督案件时，对符合商标法规定的正当合理使用情形而未侵犯注册商标专用权的，应依法监督公安

机关撤销案件，以保护涉案企业合法权益。必要时可组织听证，增强办案透明度和监督公信力。

【基本案情】

申请人广州卡门实业有限公司（以下简称卡门公司），住所地广东省广州市。

2013年3月，卡门公司开始在服装上使用"KM"商标。2014年10月30日，卡门公司向原国家工商行政管理总局商标局（以下简称商标局）申请注册该商标在服装、帽子等商品上使用，商标局以该商标与在先注册的商标近似为由，驳回申请。2016年6月14日，卡门公司再次申请在服装、帽子等商品上注册"KM"商标，2017年2月14日，商标局以该商标与在先注册的商标近似为由，仅核准"KM"商标在睡眠用眼罩类别上使用，但卡门公司继续在服装上使用"KM"商标。其间，卡门公司逐渐发展为在全国拥有门店近600家、员工近10000余名的企业。

2015年11月20日，北京锦衣堂企业文化发展有限公司（以下简称锦衣堂公司）申请在服装等商品上注册"KM"商标，商标局以该商标与在先注册的商标近似为由，驳回申请。2016年11月22日，锦衣堂公司再次申请在服装等商品上使用"KM"商标。因在先注册的近似商标被撤销，商标局于2018年1月7日核准该申请。后锦衣堂公司授权北京京津联行房地产经纪有限公司（以下简称京津联行公司）使用该商标。2018年1月，京津联行公司授权周某经营的服装专卖店使用"KM"商标。2018年5月，京津联行公司向全国多地市场监管部门举报卡门公司在服装上使用"KM"商标，并以卡门公司涉嫌销售假冒注册商标的商品罪向广东省佛山市公安局南海分局（以下简称南海分局）报案。南海分局于同年5月31日立案，并随后扣押卡门公司物流仓库中约9万件标记"KM"商标的服装。

【检察机关履职情况】

1. 受理立案监督。2018 年 5 月 31 日，南海分局以卡门公司涉嫌销售假冒注册商标的商品罪立案侦查。6 月 8 日，卡门公司不服公安机关立案决定，向广东省佛山市南海区人民检察院（以下简称南海区检察院）申请监督撤案。南海区检察院依法启动立案监督程序。

调查核实南海区检察院向公安机关发出《要求说明立案理由通知书》。公安机关在《立案理由说明书》中认为，卡门公司未取得"KM"商标服装类别的商标权，且未经"KM"商标所有人锦衣堂公司许可，在服装上使用"KM"商标，情节严重，涉嫌犯罪，故立案侦查。经南海区检察院审查发现，公安机关认定卡门公司涉嫌销售假冒注册商标的商品罪存在以下问题：一是欠缺卡门公司申请过"KM"商标的相关证据；二是卡门公司与锦衣堂公司申请"KM"商标的先后时间不清晰；三是欠缺卡门公司"KM"商标的使用情况、销售金额、销售规模等证据。

针对上述问题，南海区检察院进行了调查核实：一是调取卡门公司申请商标注册的材料、"KM"商标使用情况、服装生产、销售业绩表、对外宣传材料及京津联行公司委托生产、销售"KM"服装数量和规模等证据，查明卡门公司两次申请注册"KM"商标的时间均早于锦衣堂公司，卡门公司自成立时已使用并一直沿用"KM"商标，且卡门公司在全国拥有多家门店，具有一定规模和影响力。二是主动联系佛山市南海区市场监督局、广州市工商行政管理局，了解卡门公司"KM"服装被行政扣押后又解除扣押的原因，查明广东省工商行政管理局认定卡门公司"KM"商标使用行为属于在先使用。三是两次召开听证会，邀请公安机关、行政执法部门人员及卡门公司代理律师参加听证，并听取了京津联行公司的意见，充分了解公安机关立案、扣押财物及涉案企业对立案所持异议的理由及依据，并征求行政执法部门意见。四是咨询法律专家，详细了解近似商标的判断标准、在先使用抗辩等。

2. 监督意见。南海区检察院经审查认为，公安机关刑事立案的理由不能成立。一是卡门公司存在在先使用的事实。卡门公司在锦衣堂公司取得"KM"商标之前，已经长期使用"KM"商标。二是卡门公司主观上没有犯罪故意。卡门公司在生产、销售服装期间，一直沿用该商标，从未对外宣称是锦衣堂公司或京津联行公司产品，且卡门公司经营的"KM"服装品牌影响力远大于上述两家公司，并无假冒他人注册商标的故意。卡门公司生产、销售"KM"服装的行为不构成销售假冒注册商标的商品罪，公安机关立案错误，应予纠正。

3. 处理结果。2018 年 8 月 3 日，南海区检察院发出《通知撤销案件书》。同年 8 月 10 日，南海分局撤销案件，并发还扣押货物。卡门公司及时出售货物，避免了上千万元经济损失。

【指导意义】

（一）检察机关办理侵犯知识产权犯罪案件，应注意审查是否存在法定的正当合理使用情形

办理侵犯知识产权犯罪案件，检察机关在依法惩治侵犯知识产权犯罪的同时，还应注意保护权利人的正当权益免遭损害。其中一个重要方面是应注意审查是否存在不构成知识产权侵权的法定情形。如《商标法》第五十九条规定的商标描述性使用、在先使用，《著作权法》第二十四条规定的合理使用，第二十五条、第三十五条第二款、第四十二条第二款、第四十六条第二款规定的法定许可，《专利法》第六十七条规定的现有技术、第七十五条规定的专利先用权等正当合理使用的情形，防止不当启动刑事追诉。对于当事人提出的立案监督申请，检察机关经过审查和调查核实，认定有在先使用等正当合理使用情形，侵权事由不成立的，应依法通知公

安机关撤销案件。

（二）正确把握商标在先使用的抗辩事由

商标注册人申请商标注册前，他人已经在同一种商品或者类似商品上先于商标注册人使用与注册商标相同或者近似并有一定影响的商标的，注册商标专用权人无权禁止该使用人在原使用范围内继续使用该商标，注册商标所有人仅可以要求其附加适当区别标识。判断是否存在在先使用抗辩事由，需重点审查以下方面：一是在先使用人是否在商标注册人申请注册前先于商标注册人使用该商标。二是在先使用商标是否已产生一定影响。三是在先商标使用人主观上是否善意。只有在全面审查案件证据事实的基础上综合判断商标使用的情况，才能确保立案监督依据充分、意见正确，才能说服参与诉讼的各方接受监督结果，做到案结事了。

（三）开展立案监督工作必要时可组织听证，增强办案透明度和监督公信力

听证是检察机关贯彻以人民为中心，充分尊重和保障当事人的知情权、参与权、监督权，健全完善涉检矛盾纠纷排查化解机制的有效举措。检察机关组织听证应当提前通知各方做好听证准备，整理好争议点，选取合适的听证员。听证中应围绕涉案当事人对刑事立案所持异议的理由和依据、公安机关立案的证据和理由、行政执法部门及听证员的意见展开，重点就侵权抗辩事由是否成立、是否具有犯罪的主观故意等焦点问题进行询问，全面审查在案证据，以准确认定公安机关立案的理由是否成立。通过听证开展立案监督工作，有助于解决在事实认定、法律适用问题上的分歧，化解矛盾纠纷，既推动规范执法，又增强检察监督公信力。

【相关规定】

《中华人民共和国商标法》第五十九条

《中华人民共和国刑事诉讼法》第八条

《最高人民检察院关于充分履行检察职能加强产权司法保护的意见》第十二条

《人民检察院刑事诉讼规则（试行)》第五百五十二条至五百六十三条

《人民检察院审查案件听证工作规定》

陈力等八人侵犯著作权案

（检例第 100 号）

【关键词】网络侵犯视听作品著作权　未经著作权人许可
引导侦查　电子数据

【要旨】

办理网络侵犯视听作品著作权犯罪案件，应注意及时提取、固定和保全相关电子数据，并围绕客观性、合法性、关联性要求对电子数据进行全面审查。对涉及众多作品的案件，在认定"未经著作权人许可"时，应围绕涉案复制品是否系非法出版、复制发行且被告人能否提供获得著作权人许可的相关证明材料进行审查。

【基本案情】

被告人陈力，男，1984 年生，2014 年 11 月 10 日因犯侵犯著作权罪被安徽省合肥市高新技术开发区人民法院判处有期徒刑七个月，罚金人民币十五万元，2014 年 12 月 25 日刑满释放。

被告人林崟等其他 7 名被告人基本情况略。

2017 年 7 月至 2019 年 3 月，被告人陈力受境外人员委托，先后招募被告人林崟、赖冬、严杰、杨小明、黄亚胜、吴兵峰、伍健兴，组建 QQ 聊天群，更新维护"www.131zy.net""www.zuikzy.com"等多个盗版影视资源网站。其中，陈力负责发布任务并给群内其他成员发放报酬；林釜负责招募部分人员、培训督促其他成员完成工作任务、统计工作量等；赖冬、严杰、杨小明等人通过从正版网站下载、云盘分享等方式获取片源，通过云转码服务器进行切片、转码、增加赌博网站广告及水印、生成链接，最后将该链接复制粘贴至上述盗版影视资源网站。其间，陈力收到境外人员汇入的盗版影视资源网站运营费用共计1250万余元，各被告人从中获利50万至1.8万余元不等。

案发后，公安机关从上述盗版影视网站内固定、保全了被告人陈力等人复制、上传的大量侵权影视作品，包括《流浪地球》《廉政风云》《疯狂外星人》等2019年春节档电影。

【检察机关履职情况】

1. 审查逮捕。2019年春节，《流浪地球》等八部春节档电影在院线期间集体遭高清盗版，盗版电影通过各种途径流入网络。上海市人民检察院第三分院（以下简称上海三分院）应公安机关邀请介入侦查，引导公安机关开展取证固证工作。一是通过调取和恢复QQ群聊天记录并结合各被告人到案后的供述，查明陈力团伙系共同犯罪，确定各被告人对共同实施的运营盗版影视资源网站行为的主观认知。二是联系侵权作品较为集中的美日韩等国家的著作权集体管理组织，由其出具涉案作品的版权认证文书。2019年4月8日，公安机关对陈力团伙中的8名被告人提请逮捕，上海三分院依法批准逮捕。

2. 审查起诉。2019年8月29日，上海市公安局以被告人陈力等人涉嫌侵犯著作权罪向上海三分院移送起诉。本案涉及的大量影视作品涵盖电影、电视剧、综艺、动漫等多种类型，相关著作权人分布国内外。收集、审查是否获得权利人许可的证据存在难度。为进一步夯实证据基础，检察机关要求公安机关及时向国家广播电视总局调取"信息网络传播视听节目许可证"持证机构名单，以证实被告人陈力操纵的涉案网站均系非法提供网络视听服务的网站。同时，要求公安机关对陈力设置的多个网站中相对固定的美日韩剧各个版块，按照从每个网站下载 300 部的均衡原则抽取了 2425 部作品，委托相关著作权认证机构出具权属证明，证实抽样作品均系未经著作权人许可的侵权作品，且陈力等网站经营者无任何著作权人许可的相关证明材料。在事实清楚、证据确实、充分的基础上，8 名被告人在辩护人或值班律师的见证下均自愿认罪认罚，接受检察机关提出的有期徒刑十个月至四年六个月不等、罚金 2 万元至 50 万元不等的确定刑量刑建议，并签署了认罪认罚具结书。

2019 年 9 月 27 日，上海三分院以被告人陈力等 8 人构成侵犯著作权罪向上海市第三中级人民法院（以下简称上海三中院）提起公诉。

3. 指控与证明犯罪。2019 年 11 月 15 日，上海三中院召开庭前会议，检察机关及辩护人就举证方式、鉴定人出庭、非法证据排除等事项达成共识，明确案件事实、证据和法律适用存在的分歧。同年 11 月 20 日，本案依法公开开庭审理。8 名被告人及其辩护人对指控的罪名均无异议，但对本案非法经营数额的计算提出各自辩护意见。陈力的辩护人提出，陈力租借服务器的费用及为各被告人发放的工资应予扣除，其他辩护人提出应按照各被告人实得报酬计算非法经营数额。此外，本案辩护人均提出境外人员归案后会对各被告人产生影响，应当对各被告人适用缓刑。公诉人对此答辩：第一，通过经营盗版资源网站的方式侵犯著作权，其网站经营所得即为非法经营数额，租借服务器以及用于发放各被告人的报酬等支出系犯罪成本，不应予以扣除。公诉机关按照各被告人加入 QQ 群以及获取第一笔报酬的时间，认定各被告人参与犯罪的起始时间，并结合对应期间网站的整体运营情况，计算出各被告人应承担的非法经营数额，证据确实、充分。第二，本案在案证据已能充分证实各被告人实施了共同犯罪及其在犯罪中所起的作用，按照相关法律和司法解释规定，境外人员是否归案不影响各被告人的量刑。第三，本案量刑建议是根据各被告人的犯罪事实、证据、法定酌定情节、社会危害性等因素综合判定，并经各被告人具结认可，而且本案侵权作品数量多、传播范围广、经营时间长，具有特别严重情节，且被告人陈力在刑罚执行完毕后五年内又犯应当判处有期徒刑以上刑罚之罪，构成累犯，故不应适用缓刑。合议庭采纳了公诉意见和量刑建议。

4. 处理结果。2019 年 11 月 20 日，上海三中院作出一审判决，以侵犯著作权罪分别判处被告人陈力等 8 人有期徒刑十个月至四年六个月不等，各处罚金 2 万元至 50 万元不等。判决宣告后，被告人均未提出上诉，判决已生效。

【指导意义】

（一）充分发挥检察职能，依法惩治网络侵犯视听作品著作权犯罪，切实维护权利人合法权益

依法保护著作权是国家知识产权战略的重要内容。检察机关坚决依法惩治侵犯著作权犯罪，尤其是注重惩治网络信息环境下的侵犯著作权犯罪。网络环境下侵犯视听作品著作权犯罪具有手段日益隐蔽、组织分工严密、地域跨度大、证据易毁损和隐匿等特点，且日益呈现高发多发态势，严重破坏网络安全与秩序，应予严惩。为准确指控和证明犯罪，检察机关在适时介入侦查、引导取证时，应注意以下方面：一是提取、固定和保全涉案网站视频链接、链接所指向的视频文件、涉案网站影视作品目录、涉案网站视频播放界面；二是固定、保全涉案网站对应的云转码服务器后台及该后台中的视频链接；三是比对确定云转码后台形成的链接与涉案网站播放的视频链接是否具有同一性；四是对犯罪过程中涉及的多个版本盗版影片，技术性地针对片头片中片尾分别进行作品的同一性对比。

（二）检察机关办理网络侵犯著作权犯罪案件，应围绕电子数据的客观性、合法性和关联性进行全面审查，依法适用认罪认罚从宽制度，提高办案质效

网络环境下侵犯著作权犯罪呈现出跨国境、跨区域以及智能化、产业化特征，证据多表现为电子数据且难以获取。在办理此类案件时，一方面要着重围绕电子数据的客观性、合法性和关联性进行全面审查，区分不同类别的电子数据，采取有针对性的审查方法，特别要注意审查电子数据与案件事实之间的多元关联，综合运用电子数据与其他证据，准确认定案件事实。另一方面，面对网络犯罪的复杂性，检察机关要注意结合不同被告人的地位与作用，充分运用认罪认罚从宽制度，推动查明犯罪手段、共犯分工、人员关系、违法所得分配等案件事实，提高办案效率。

（三）准确把握"未经著作权人许可"的证明方法

对于涉案作品种类众多且权利人分散的案件，在认定"未经著作权人许可"时，应围绕涉案复制品是否系非法出版、复制发行，被告人能否提供获得著作权人许可的相关证明材料予以综合判断。为证明涉案网站系非法提供网络视听服务的网站，可以收集"信息网络传播视听节目许可证"持证机构名单等证据，补强对涉案复制品系非法出版、复制发行的证明。涉案侵权作品数量众多时，可进行抽样取证，但应注意审查所抽取的样本是否具有代表性、抽样范围与其他在案证据是否相符、抽样是否具备随机性等影响抽样客观性的因素。在达到追诉标准的侵权数量基础上，对抽样作品提交著作权人进行权属认证，以确认涉案作品是否均系侵权作品。

【相关规定】

《中华人民共和国刑法》第二百一十七条

《中华人民共和国著作权法》第十条

《中华人民共和国刑事诉讼法》第十五条

《音像制品管理条例》第三条

《计算机信息网络国际互联网安全保护管理办法》第五条

《最高人民法院、最高人民检察院关于办理侵犯知识产权刑事案件具体应用法律若干问题的解释》第五条、第十一条

《最高人民法院、最高人民检察院、公安部关于办理侵犯知识产权刑事案件适用法律若干问题的意见》第十一条、第十五条

《人民检察院刑事诉讼规则》第二百五十二条

姚常龙等五人假冒注册商标案

（检例第 101 号）

【关键词】假冒注册商标　境内制造境外销售　共同犯罪

【要旨】

凡在我国合法注册且在有效期内的商标，商标所有人享有的商标专用权依法受我国法律保护。未经商标所有人许可，无论假冒商品是否销往境外，情节严重构成犯罪的，依法应予追诉。判断侵犯注册商标犯罪案件是否构成共同犯罪，应重点审查假冒商品生产者和销售者之间的意思联络情况、对假冒违法性的认知程度、对销售价格与正品价格差价的认知情况等因素综合判断。

【基本案情】

被告人姚常龙，男，1983 年生，日照市东港区万能国际贸易有限公司（以下简称万能国际公司）法定代表人。

被告人古进，男，1989 年生，万能国际公司采购员。

被告人魏子皓，男，1990 年生，万能国际公司销售组长。

被告人张超，男，1990 年生，万能国际公司销售组长。

被告人庄乾星，女，1989 年生，万能国际公司销售组长。

2015 年至 2019 年 4 月，被告人姚常龙安排被告人古进购进打印机、标签纸、光纤模块等材料，伪造"CISCO""HP""HUAWEI"光纤模块等商品，并安排被告人魏子皓、张超、庄乾星向境外销售。姚常龙、古进共生产、销售假冒上述注册商标的光纤模块 10万余件，销售金额共计人民币 3162 万余元；现场扣押假冒光纤模块、交换机等 11975 件，价值 383 万余元；姚常龙、古进的违法所得数额分别为 400 万元、24 万余元。魏子皓、张超、庄乾星销售金额分别为 745 万余元、429 万余元、352 万余元；违法所得数额分别为 20 万元、18.5 万元和 14 万元。

【检察机关履职情况】

1. 审查逮捕。2019 年 4 月，山东省日照市公安局（以下简称日照市公安局）接到惠普公司报案后立案侦查。同年 5 月 24 日，山东省日照市人民检察院（以下简称日照市检察院）以涉嫌假冒注册商标罪对被告人姚常龙、古进批准逮捕；对被告人魏子皓、张超、庄乾星因无法证实犯罪故意和犯罪数额不批准逮捕，同时要求公安机关调取国外买方证言及相关书证，以查明魏子皓、张超、庄乾星是否具有共同犯罪故意及各自的犯罪数额。

2. 审查起诉。2019 年 7 月 19 日，日照市公安局补充证据后以被告人姚常龙、古进涉嫌假冒注册商标罪，被告人魏子皓、张超、庄乾星涉嫌销售假冒注册商标的商品罪，移送日照市检察院起诉。同年 7 月 23 日，日照市检察院将该案交由山东省日照市东港区人民检察院（以下简称东港区检察院）办理。

东港区检察院在审查起诉期间要求公安机关补充完善了以下证据：一是调取被告人姚常龙等 5 人之间的 QQ 聊天记录、往来电子邮件等电子数据，证实庄乾星、张超、魏子皓主观上明知销售的商品系姚常龙、古进假冒注册商标的商品，仍根据姚常龙的安排予以销售,构成无事前通谋的共同犯罪。二是调取电子合同、发货通知、订单等电子数据,结合扣押在案的销售台账及被告人供述、证人证言等证据,证实本案各被告人在共同犯罪中所起的作用大小。三是调取涉案商标的商标注册证、核准商标转让、续展注册证明等书证,证实涉案商标系在我国注册,且在有效期内。经对上述证据进行审查,东港区检察院认为,现有证据能够证实被告人庄乾星、张超、魏子皓三人在加入万能国际公司担任销售人员后,曾对公司产品的价格与正品进行对比,且收悉产品质量差的客户反馈意见,在售假过程中发现是由古进负责对问题产品更换序列号并换货等,上述证据足以证实庄乾星、张超、魏子皓三人对其销售的光纤模块系姚常龙、古进贴牌制作的假冒注册商标的商品具有主观明知。故认定该三人构成假冒注册商标罪,与姚常龙、古进构成共同犯罪。检察机关还依法对万能国际公司是否构成单位犯罪进行了审查,认定万能国际公司自2014年成立后截至案发,并未开展其他业务,实际以实施犯罪活动为主,相关犯罪收益也均未归属于万能国际公司。根据最高人民法院《关于办理单位犯罪案件具体应用法律有关问题的解释》第二条的规定,公司、企业、事业单位设立后,以实施犯罪为主要活动的,不以单位犯罪论处,故不构成单位犯罪。

2019年9月6日,东港区检察院变更公安机关移送起诉的罪名,以被告人姚常龙、古进、庄乾星、张超、魏子皓均构成假冒注册商标罪向山东省日照市东港区人民法院(以下简称东港区法院)提起公诉。

3. 指控与证明犯罪。2019年10月10日,东港区法院依法公开开庭审理本案。庭审过程中,部分辩护人提出以下辩护意见:(1)被告人庄乾星、张超、魏子皓与被告人姚常龙不构成共同犯罪;(2)本案商品均销往境外,社会危害性较小。公诉人答辩如下:第一,庄乾星、张超、魏子皓明知自己销售的假冒注册商标的商品系姚常龙、古进贴牌生产仍继续销售，具有假冒注册商标的主观故意，构成假冒注册商标的共同犯罪。第二，本案中涉案商品均销往境外，但是被侵权商标均在我国注册登记，假冒注册商标犯罪行为发生在我国境内，无论涉案商品是否销往境外均对注册商标所有人合法权益造成侵害。合议庭对公诉意见予以采纳。

4. 处理结果。2019 年 12 月 12 日，东港区法院作出一审判决，以假冒注册商标罪分别判处被告人姚常龙、古进、庄乾星、张超、魏子皓有期徒刑二年二个月至四年不等，对古进、庄乾星、张超、魏子皓适用缓刑。同时对姚常龙判处罚金 500 万元，对古进等四人各处罚金 14 万元至 25 万元不等。一审判决后，上述被告人均未上诉，判决已生效。

【指导意义】

（一）假冒在我国取得注册商标的商品销往境外，情节严重构成犯罪的，依法应予追诉

凡在我国合法注册且在有效期内的商标，商标所有权人享有的商标专用权依法受我国法律保护。未经注册商标所有人许可，假冒在我国注册的商标的商品，无论由境内生产销往境外，还是由境外生产销往境内，均属违反我国商标管理法律法规，侵害商标专用权，损害商品信誉，情节严重的，构成犯罪。司法实践中，要加强对跨境侵犯注册商标类犯罪的惩治，营造良好营商环境。

（二）假冒注册商标犯罪中的上下游被告人是否构成共同犯罪，应结合假冒商品生产者和销售者之间的意思联络、对违法性的认知程度、对销售价格与正品价格差价认知情况等因素综合判断

侵犯注册商标犯罪案件往往涉案人数较多，呈现团伙作案、分工有序实施犯罪的特点。实践中，对被告人客观行为表现为生产、销售等分工负责情形的，检察机关应结合假冒商品生产者和销售者

之间的意思联络情况，销售者对商品生产、商标标识制作等违法性认知程度，对销售价格与正品价格差价的认知情况，销售中对客户有无刻意隐瞒、回避商品系假冒，以及销售者的从业经历等因素，综合判断是否构成共同犯罪。对于部分被告人在假冒注册商标行为持续过程中产生主观明知，形成分工负责的共同意思联络，并继续维持或者实施帮助销售行为的，应认定构成共同犯罪。

【相关规定】

《中华人民共和国刑法》第二十五条、第二十七条、第三十条、第六十四条、第六十七条、第二百一十三条

《最高人民法院、最高人民检察院关于办理侵犯知识产权刑事案件具体应用法律若干问题的解释》第一条、第十二条、第十三条

《最高人民法院关于审理单位犯罪案件具体应用法律有关问题的解释》第二条

金义盈侵犯商业秘密案

（检例第 102 号）

【关键词】 侵犯商业秘密　司法鉴定　专家辅助办案　证据链

【要旨】

办理侵犯商业秘密犯罪案件，被告人作无罪辩解的，既要注意审查商业秘密的成立及侵犯商业秘密的证据，又要依法排除被告人取得商业秘密的合法来源，形成指控犯罪的证据链。对鉴定意见的审查，必要时可聘请或指派有专门知识的人辅助办案。

【基本案情】

被告人金义盈，1981 年生，案发前系温州菲涅尔光学仪器有限

公司（以下简称菲涅尔公司）法定代表人、总经理。

温州明发光学科技有限公司（以下简称明发公司）成立于1993年，主要生产、销售放大镜、望远镜等光学塑料制品。明发公司自1997年开始研发超薄型平面放大镜生产技术，研发出菲涅尔放大镜（"菲涅尔放大镜"系一种超薄放大镜产品的通用名称）批量生产的制作方法——耐高温抗磨专用胶板、不锈钢板、电铸镍模板三合一塑成制作方法和镍模制作方法。明发公司根据其特殊设计，将胶板、模板、液压机分别交给温州市光大橡塑制品公司、宁波市江东精杰模具加工厂、瑞安市永鑫液压机厂生产。随着生产技术的研发推进，明发公司不断调整胶板、模板、液压机的规格和功能，不断变更对供应商的要求，经过长期合作，三家供应商能够提供匹配的产品及设备。

被告人金义盈于2005年应聘到明发公司工作，双方签订劳动合同，最后一次合同约定工作期限为2009年7月16日至2011年7月16日。其间，金义盈先后担任业务员、销售部经理、副总经理，对菲涅尔超薄放大镜制作方法有一定了解，并掌握设备供销渠道、客户名单等信息。金义盈与明发公司签订有保密协议，其承担保密义务的信息包括：（1）技术信息，包括产品设计、产品图纸、生产模具、生产制造工艺、制造技术、技术数据、专利技术、科研成果等；（2）经营信息，包括商品产、供、销渠道，客户名单，买卖意向，成交或商谈的价格，商品性能、质量、数量、交货日期等。并约定劳动合同期限内、终止劳动合同后两年内及上述保密内容未被公众知悉期内，不得向第三方公开上述保密内容。

2011年初，金义盈从明发公司离职，当年3月24日以其姐夫应某甲、应某乙的名义成立菲涅尔公司，该公司2011年度浙江省地方税（费）纳税综合申报表载明金义盈为财务负责人。菲涅尔公司成立后随即向上述三家供应商购买与明发公司相同的胶板、模具和液压机等材料、设备，使用与明发公司相同的工艺生产同一种放大镜进入市场销售，造成明发公司经济损失人民币 122 万余元。

【检察机关履职情况】

1. 审查起诉。2018 年 1 月 23 日，浙江省温州市公安局以金义盈涉嫌侵犯商业秘密罪移送温州市人民检察院（以下简称温州市检察院）审查起诉。1 月 25 日，温州市检察院将本案交由瑞安市人民检察院（以下简称瑞安市检察院）办理。本案被告人未作有罪供述，为进一步夯实证据基础，检察机关退回公安机关就以下事项补充侦查：金义盈是否系菲涅尔公司实际经营者，该公司生产技术的取得途径，明发公司向金义盈支付保密费情况以及金义盈到案经过等事实。

8 月 16 日，瑞安市检察院以被告人金义盈构成侵犯商业秘密罪向浙江省瑞安市人民法院（瑞安市法院）提起公诉。

2. 指控与证明犯罪。庭审过程中，检察机关申请两名鉴定人员出庭，辩护人申请有专门知识的人出庭，就《司法鉴定意见书》质证。被告人金义盈及辩护人提出以下辩护意见：（1）鉴定人检索策略错误、未进行技术特征比对、鉴定材料厚度未能全覆盖鉴定结论，故现有证据不足以证明明发公司掌握的菲涅尔超薄放大镜生产工艺属于"不为公众所知悉"的技术信息。（2）涉案三家供应商信息属于通过公开途径可以获取的信息，不属于商业秘密。（3）菲涅尔公司系通过正常渠道获知相关信息，其使用的生产工艺系公司股东应某甲通过向其他厂家学习、询问而得知，金义盈没有使用涉案技术、经营信息的行为及故意，并提供了 8 份文献证明涉案技术信息已公开。（4）保密协议仅对保密内容作了原则性规定，不具有可操作性，保密协议约定了保密津贴，但明发公司未按约向被告人金义盈发放保密津贴。

公诉人答辩如下：第一，涉案工艺具备非公知性。上海市科技咨询服务中心知识产权司法鉴定所鉴定人通过对现有专利、国内外文献以及明发公司对外宣传材料等内容进行检索、鉴定后认为，明发公司菲涅尔超薄放大镜的特殊制作工艺不能从公开渠道获取，属于"不为公众所知悉"的技术信息。该《司法鉴定意见书》系侦查机关委托具备知识产权司法鉴定资质的机构作出的，鉴定程序合法，意见明确，具有证据证明力。涉案菲涅尔超薄放大镜的制作工艺集成了多种技术，不是仅涉及产品尺寸、结构、材料、部件的简单组合，无法通过公开的产品进行直观或简单的测绘、拆卸或投入少量劳动、技术、资金便能直接轻易获得，相反，须经本领域专业技术人员进行长期研究、反复试验方能实现。故该辩护意见不能对鉴定意见形成合理怀疑。

第二，涉案供应商信息属于商业秘密。供应商、明发公司员工证言等证据证实，三家供应商提供的胶板、模具、液压机产品和设备均系明发公司技术研发过程中通过密切合作，对规格、功能逐步调整最终符合批量生产要求后固定下来的，故相关供应商供货能力的信息为明发公司独有的经营信息，具有秘密性。明发公司会计凭证、增值税专用发票以及供应商、明发公司员工证言证实，涉案加工设备、原材料供应商均系明发公司花费大量人力、时间和资金，根据明发公司生产工艺的特定要求，对所供产品及设备的规格、功能进行逐步调试、改装后选定，能够给明发公司带来成本优势，具有价值性。明发公司与员工签订的《保密协议》中明确约定了保密事项，应当认定明发公司对该供应商信息采取了合理的保护措施，具有保密性。

第三，金义盈在明发公司任职期间接触并掌握明发公司的商业秘密。明发公司员工证言等证据证实，金义盈作为公司分管销售的副总经理，因工作需要熟悉菲涅尔超薄放大镜生产制作工艺、生产过程、加工流程等技术信息，知悉生产所需的特定设备和原材料的采购信息及销售信息。

第四，金义盈使用了明发公司的商业秘密。明发公司的菲涅尔超薄放大镜制作工艺涉及多种技术，加工时的温度、压力、保压时间等工艺参数均有特定化的要求。根据鉴定意见和专家意见，金义盈使用的超薄放大镜生产工艺与明发公司菲涅尔超薄放大镜生产工艺在相关的技术秘点比对上均实质相同，能够认定金义盈使用了商业秘密。

第五，现有证据足以排除金义盈通过其他合法渠道获取或自行研发超薄放大镜生产工艺的可能。经对菲涅尔公司账册及企业营收情况进行审计，证实该公司无任何研发资金投入，公司相关人员均无超薄放大镜等同类产品经营、技术研发背景，不具有自行研发的能力和行为。金义盈辩称其技术系由其姐夫应某甲从放大镜设备厂家蔡某处习得，但经调查蔡某并未向其传授过放大镜生产技术，且蔡某本人亦不了解该技术。

第六，保密协议约定明确，被告人金义盈应当知晓其对涉案技术信息和经营信息负有保密义务。证人证言、权利人陈述以及保密协议中保密津贴与月工资同时发放的约定，能够证实明发公司支付了保密费。合议庭对公诉意见予以采纳。

3. 处理结果。2019 年 9 月 6 日，瑞安市法院以侵犯商业秘密罪判处被告人金义盈有期徒刑一年六个月，并处罚金 70 万元。宣判后，被告人提出上诉，温州市中级人民法院裁定驳回上诉，维持原判。

【指导意义】

（一）依法惩治侵犯商业秘密犯罪，首先要准确把握商业秘密的界定

商业秘密作为企业的核心竞争力，凝聚了企业在社会活动中创造的智力成果，关系到企业生存与发展。依法保护商业秘密是国家

知识产权战略的重要组成部分。检察机关依法严惩侵害商业秘密犯罪，对保护企业合法权益，营造良好营商环境，推进科技强国均有十分重要的意义。商业秘密是否成立，是认定是否构成侵犯商业秘密罪的前提条件。检察机关应着重审查以下方面：第一，涉案信息是否不为公众所知悉。注意审查涉案商业秘密是否不为其所属领域的相关人员普遍知悉和容易获得，是否属于《最高人民法院关于审理侵犯商业秘密民事案件适用法律若干问题的规定》第四条规定的已为公众所知悉的情形。第二，涉案信息是否具有商业价值。注意审查证明商业秘密形成过程中权利人投入研发成本、支付商业秘密许可费、转让费的证据；审查反映权利人实施该商业秘密获取的收益、利润、市场占有率等会计账簿、财务分析报告及其他体现商业秘密市场价值的证据。第三，权利人是否采取了相应的保密措施。注意审查权利人是否采取了《最高人民法院关于审理侵犯商业秘密民事案件适用法律若干问题的规定》第六条规定的保密措施，并注意审查该保密措施与商业秘密的商业价值、重要程度是否相适应、是否得到实际执行。

（二）对于被告人不认罪的情形，要善于运用证据规则，排除被告人合法取得商业秘密的可能性，形成指控犯罪的证据链

由于商业秘密的非公开性和犯罪手段的隐蔽性，认定被告人是否实施了侵犯商业秘密的行为往往面临证明困境。在被告人不作有罪供述时，为查明犯罪事实，检察机关应注意引导公安机关从被告人使用的信息与权利人的商业秘密是否实质上相同、是否具有知悉和掌握权利人商业秘密的条件、有无取得和使用商业秘密的合法来源，全面客观收集证据。特别是要着重审查被告人是否存在合法取得商业秘密的情形，应注意围绕辩方提出的商业秘密系经许可、承继、自行研发、受让、反向工程等合法方式获得的辩解，引导公安机关收集被告人会计账目、支出凭证等能够证明是否有研发费用、

资金投入、研发人员工资等研发成本支出的证据；收集被告人所在单位研发人员名单、研发资质能力、实施研发行为、研发过程的证据；收集有关商业秘密的转让合同、许可合同、支付转让费、许可费的证据；收集被告人是否通过公开渠道取得产品并实施反向工程对产品进行拆卸、测绘、分析的证据，以及被告人因传承、承继商业秘密的书证等证据。通过证据之间的相互印证，排除被告人获取、使用商业秘密来源合法的可能性的，可以证实其实施侵犯商业秘密的犯罪行为。

（三）应注重对鉴定意见的审查，必要时引入有专门知识的人参与案件办理

办理侵犯商业秘密犯罪案件，由于商业秘密的认定，以及是否构成对商业秘密的侵犯，往往具有较强专业性，通常需要由鉴定机构出具专门的鉴定意见。检察机关对鉴定意见应予全面细致审查，以决定是否采信。对鉴定意见的审查应注意围绕以下方面：一是审查鉴定主体的合法性，包括鉴定机构、鉴定人员是否具有鉴定资质，委托鉴定事项是否符合鉴定机构的业务范围，鉴定人员是否存在应予回避等情形；二是审查鉴定材料的客观性，包括鉴定材料是否真实、完整、充分，取得方式是否合法，是否与原始材料一致等；三是审查鉴定方法的科学性，包括鉴定方法是否符合国家标准、行业标准，方法和标准的选用是否符合相关规定。同时，要注意审查鉴定意见与其他在案证据能否相互印证，证据之间的矛盾能否得到合理解释。必要时，可聘请或指派有专门知识的人辅助审查案件，出庭公诉时可申请鉴定人及其他有专门知识的人出庭，对鉴定意见的科学依据以及合理性、客观性发表意见，通过对技术性问题的充分质证，准确认定案件事实，加强指控和证明犯罪。

【相关规定】

《中华人民共和国刑法》第二百一十九条

《最高人民法院关于适用〈中华人民共和国刑事诉讼法〉的解释》第一百零五条

《最高人民检察院、公安部关于公安机关管辖的刑事案件立案追诉标准的规定（二）》第七十三条

《最高人民法院关于审理侵犯商业秘密民事案件适用法律若干问题的规定》第四条、第六条

《最高人民检察院关于指派、聘请有专门知识的人参与办案若干问题的规定（试行）》

六、扰乱市场秩序罪

王力军非法经营再审改判无罪案

（法例 97 号）

【关键词】刑事　非法经营罪　严重扰乱市场秩序　社会危害性　刑事违法性　刑事处罚必要性

【裁判要点】

1. 对于刑法第二百二十五条第四项规定的"其他严重扰乱市场秩序的非法经营行为"的适用，应当根据相关行为是否具有与刑法第二百二十五条前三项规定的非法经营行为相当的社会危害性、刑事违法性和刑事处罚必要性进行判断。

2. 判断违反行政管理有关规定的经营行为是否构成非法经营罪，应当考虑该经营行为是否属于严重扰乱市场秩序。对于虽然违反行政管理有关规定，但尚未严重扰乱市场秩序的经营行为，不应当认定为非法经营罪。

【相关法条】

《中华人民共和国刑法》第二百二十五条

【基本案情】

内蒙古自治区巴彦淖尔市临河区人民检察院指控被告人王力军犯非法经营罪一案，内蒙古自治区巴彦淖尔市临河区人民法院经审理认为，2014 年 11 月至 2015 年 1 月期间，被告人王力军未办理粮食收购许可证，未经工商行政管理机关核准登记并颁发营业执照，擅自在临河区白脑包镇附近村组无证照违法收购玉米，将所收购的玉米卖给巴彦淖尔市粮油公司杭锦后旗蛮会分库，非法经营数额 218288.6 元，非法获利 6000 元。案发后，被告人王力军主动退缴非法获利 6000 元。2015 年 3 月 27 日，被告人王力军主动到巴彦淖尔市临河区公安局经侦大队投案自首。原审法院认为，被告人王力军违反国家法律和行政法规规定，未经粮食主管部门许可及工商行政管理机关核准登记并颁发营业执照，非法收购玉米，非法经营数额 218288.6 元，数额较大，其行为构成非法经营罪。鉴于被告人王力军案发后主动到公安机关投案自首，主动退缴全部违法所得，有悔罪表现，对其适用缓刑确实不致再危害社会，决定对被告人王力军依法从轻处罚并适用缓刑。宣判后，王力军未上诉，检察机关未抗诉，判决发生法律效力。

最高人民法院于 2016 年 12 月 16 日作出（2016）最高法刑监 6 号再审决定，指令内蒙古自治区巴彦淖尔市中级人民法院对本案进行再审。

再审中，原审被告人王力军及检辩双方对原审判决认定的事实无异议，再审查明的事实与原审判决认定的事实一致。内蒙古自治区巴彦淖尔市人民检察院提出了原审被告人王力军的行为虽具有行政违法性，但不具有与刑法第二百二十五条规定的非法经营行为相当的社会危害性和刑事处罚必要性，不构成非法经营罪，建议再审依法改判。原审被告人王力军在庭审中对原审认定的事实及证据无异议，但认为其行为不构成非法经营罪。辩护人提出了原审被告人王力军无证收购玉米的行为，不具有社会危害性、刑事违法性和应受惩罚性，不符合刑法规定的非法经营罪的构成要件，也不符合刑法谦抑性原则，应宣告原审被告人王力军无罪。

【裁判结果】

内蒙古自治区巴彦淖尔市临河区人民法院于 2016 年 4 月 15 日作出（2016）内 0802 刑初 54 号刑事判决，认定被告人王力军犯非法经营罪，判处有期徒刑一年，缓刑二年，并处罚金人民币 20000 元；被告人王力军退缴的非法获利款人民币 6000 元，由侦查机关上缴国库。最高人民法院于 2016 年 12 月 16 日作出（2016）最高法刑监 6 号再审决定，指令内蒙古自治区巴彦淖尔市中级人民法院对本案进行再审。内蒙古自治区巴彦淖尔市中级人民法院于 2017 年 2 月 14 日作出（2017）内 08 刑再 1 号刑事判决：一、撤销内蒙古自治区巴彦淖尔市临河区人民法院（2016）内 0802 刑初 54 号刑事判决；二、原审被告人王力军无罪。

【裁判理由】

内蒙古自治区巴彦淖尔市中级人民法院再审认为，原判决认定的原审被告人王力军于 2014 年 11 月至 2015 年 1 月期间，没有办理粮食收购许可证及工商营业执照买卖玉米的事实清楚，其行为违反了当时的国家粮食流通管理有关规定，但尚未达到严重扰乱市场秩序的危害程度，不具备与刑法第二百二十五条规定的非法经营罪相当的社会危害性、刑事违法性和刑事处罚必要性，不构成非法经营罪。原审判决认定王力军构成非法经营罪适用法律错误，检察机关提出的王力军无证照买卖玉米的行为不构成非法经营罪的意见成立，原审被告人王力军及其辩护人提出的王力军的行为不构成犯罪的意见成立。

（生效裁判审判人员：辛永清、百灵、何莉）

叶经生等组织、领导传销活动案

（检例第 41 号）

【关键词】组织、领导传销活动　网络传销　骗取财物

【基本案情】

被告人叶经生，男，1975 年 12 月出生，原系上海宝乔网络科技有限公司（以下简称宝乔公司）总经理。

被告人叶青松，男，1973 年 10 月出生，原系宝乔公司浙江省区域总代理。

2011 年 6 月，被告人叶经生等人成立宝乔公司，先后开发"经销商管理系统网站""金乔网商城网站"（以下简称金乔网）。以网络为平台，或通过招商会、论坛等形式，宣传、推广金乔网的经营模式。

金乔网的经营模式是：1. 经上线经销商会员推荐并缴纳保证金成为经销商会员，无需购买商品，只需发展下线经销商，根据直接或者间接发展下线人数获得推荐奖金，晋升级别成为股权会员，享受股权分红。2. 经销商会员或消费者在金乔网经销商会员处购物消费满 120 元以上，向宝乔公司支付消费金额 10% 的现金，即可注册成为返利会员参与消费额双倍返利，可获一倍现金返利和一倍的金乔币（虚拟电子货币）返利。3. 金乔网在全国各地设立省、地区、县（市、区）三级区域运营中心，各运营中心设区域代理，由经销商会员负责本区域会员的发展和管理，享受区域范围内不同种类业绩一定比例的提成奖励。

2011 年 11 月，被告人叶青松经他人推荐加入金乔网，缴纳三

份保证金并注册了三个经销商会员号。因发展会员积极，经金乔网审批成为浙江省区域总代理，负责金乔网在浙江省的推广和发展。

截至案发，金乔网注册会员 3 万余人，其中注册经销商会员 1.8 万余人。在全国各地发展省、地区、县三级区域代理 300 余家，涉案金额 1.5 亿余元。其中，叶青松直接或间接发展下线经销商会员 1886 人，收取浙江省区域会员保证金、参与返利的消费额 10% 现金、区域代理费等共计 3000 余万元，通过银行转汇给叶经生。叶青松通过抽取保证金推荐奖金、股权分红、消费返利等提成的方式非法获利 70 余万元。

【要旨】

组织者或者经营者利用网络发展会员，要求被发展人员以缴纳或者变相缴纳"入门费"为条件，获得提成和发展下线的资格。通过发展人员组成层级关系，并以直接或者间接发展的人员数量作为计酬或者返利的依据，引诱被发展人员继续发展他人参加，骗取财物，扰乱经济社会秩序的，以组织、领导传销活动罪追究刑事责任。

【指控与证明犯罪】

2012 年 8 月 28 日、2012 年 11 月 9 日，浙江省松阳县公安局分别以叶青松、叶经生涉嫌组织、领导传销活动罪移送浙江省松阳县人民检察院审查起诉。因叶经生、叶青松系共同犯罪，松阳县人民检察院作并案处理。

2013 年 3 月 11 日，浙江省松阳县人民检察院以被告人叶经生、叶青松犯组织、领导传销活动罪向松阳县人民法院提起公诉。松阳县人民法院公开开庭审理了本案。

法庭调查阶段，公诉人宣读起诉书指控被告人叶经生、叶青松利用网络，以会员消费双倍返利为名，吸引不特定公众成为会员、经销商，组成一定层级，采取区域累计计酬方式，引诱参加者继续发展他人参与，骗取财物，扰乱经济社会秩序，其行为构成组织、领导传销活动罪。在共同犯罪中，被告人叶经生起主要作用，系主犯；被告人叶青松起辅助作用，系从犯。

针对起诉书指控的犯罪事实，被告人叶经生辩解认为，宝乔公司系依法成立，没有组织、领导传销的故意，金乔网模式是消费模式的创新。

公诉人针对涉及传销的关键问题对被告人叶经生进行讯问：

第一，针对成为金乔网会员是否要向金乔网缴纳费用，公诉人讯问：如何成为金乔网会员，获得推荐奖金、消费返利？被告人叶经生回答：注册成为金乔网会员，需缴纳诚信保证金7200元，成为会员后发展一个经销商就可以获得奖励1250元；参与返利，消费要达到120元以上，并向公司缴纳10%的消费款。公诉人这一讯问揭示了缴纳保证金、缴纳10%的消费款才有资格获得推荐奖励、返利，保证金及10%的消费款其实质就是入门费。金乔网的经营模式符合传销组织要求参加者以缴纳费用或者购买商品、服务等方式获得加入资格的组织特征。

第二，针对金乔网利润来源、计酬或返利的资金来源，公诉人讯问：除了收取的保证金和10%的消费款费用，金乔网还有无其他收入？被告人叶经生回答：收取的10%的消费款就足够天天返利了，金乔网的主要收入是保证金、10%的消费款，支出主要是天天返利及推荐奖、运营费用。公诉人讯问：公司收取消费款有多少，需返利多少？被告人叶经生回答：收到4000万左右，返利也要4000万，我们的经营模式不需要盈利。公诉人通过讯问，揭示了金乔网没有实质性的经营活动，其利润及资金的真实来源系后加入人员缴纳的费用。如果没有新的人员加入，根本不可能维持其"经营活动"的运转，符合传销活动骗取财物的本质特征。

同时，公诉人向法庭出示了四组证据证明犯罪事实：

一是宝乔公司的工商登记、资金投入、人员组成、公司财务资料、网站功能等书证。证明：宝乔公司实际投入仅 300 万元，没有资金实力建立与其宣传匹配的电子商务系统。

二是宝乔公司内部人员证言及被告人的供述等证据。证明：公司缺乏售后服务人员、系统维护人员、市场推广及监管人员，员工主要从事虚假宣传，收取保证金及消费款，推荐佣金，发放返利。

三是宝乔公司银行明细、公司财务资料、款项开支情况等证据，证明：公司收入来源于会员缴纳的保证金、消费款。技术人员的证言等证据，证明：网站功能简单，不具备第三方支付功能，不能适应电子商务的需求。

四是金乔网网站系统的电子数据及鉴定意见，并由鉴定人出庭作证。鉴定人揭示网络数据库显示了宝乔网会员加入时间、缴纳费用数额、会员之间的推荐（发展）关系、获利数额等信息。鉴定人当庭通过对上述信息的分析，指出数据库表格中的会员账号均列明了推荐人，按照推荐人关系排列，会员层级呈金字塔状，共有 68 层。每个结点有左右两个分支，左右分支均有新增单数，则可获得推荐奖金，奖金实行无限代计酬。证明：金乔网会员层级呈现金字塔状，上线会员可通过下线、下下线会员发展会员获得收益。

法庭辩论阶段，公诉人发表公诉意见，指出金乔网的人财物及主要活动目的，在于引诱消费者缴纳保证金、消费款，并从中非法牟利。其实质是借助公司的合法形式，打着电子商务旗号进行网络传销。同时阐述了这种新型传销活动的本质和社会危害。

辩护人提出：金乔网没有入门费，所有的人员都可以在金乔网注册，不缴纳费用也可以成为金乔网的会员。金乔网没有设层级，经销商、会员、区域代理之间不存在层级关系，没有证据证实存在层级获利。金乔网没有拉人头，没有以发展人员的数量作为计酬或返利依据。直接推荐才有奖金，间接推荐没有奖金，没有骗取财物，不符合组织、领导传销活动罪的特征。

公诉人答辩：金乔网缴纳保证金和消费款才能获得推荐佣金和返利的资格，本质系入门费。上线会员可以通过发展下线人员获取收益，并组成会员、股权会员、区域代理等层级，本质为设层级。以推荐的人数作为发放佣金的依据系直接以发展的人员数量作为计酬依据，区域业绩及返利资金主要取决于参加人数的多少，实质属于以发展人员的数量作为提成奖励及返利的依据，本质为拉人头。金乔网缺乏实质的经营活动，不产生利润，以后期收到的保证金、消费款支付前期的推荐佣金、返利，与所有的传销活动一样，人员不可能无限增加，资金链必然断裂。传销组织人员不断增加的过程实际也是风险不断积累和放大的过程。金乔网所谓经营活动本质是从被发展人员缴纳的费用中非法牟利，具有骗取财物的特征。

法庭经审理，认定检察机关出示的证据能够相互印证，予以确认。被告人及其辩护人提出的不构成组织、领导传销活动罪的辩解、辩护意见不能成立。

2013 年 8 月 23 日，浙江省松阳县人民法院作出一审判决，以组织、领导传销活动罪判处被告人叶经生有期徒刑七年，并处罚金人民币 150 万元。以组织、领导传销活动罪判处被告人叶青松有期徒刑三年，并处罚金人民币 30 万元。扣押和冻结的涉案财物予以没收，继续追缴二被告人的违法所得。

二被告人不服一审判决，提出上诉。叶经生的上诉理由是其行为不构成组织、领导传销活动罪。叶青松的上诉理由是量刑过重。浙江省丽水市中级人民法院经审理，认定原判事实清楚，证据确实、充分，定罪准确，量刑适当，审判程序合法，驳回上诉，维持原判。

【指导意义】

随着互联网技术的广泛应用，微信、语音视频聊天室等社交平台作为新的营销方式被广泛运用。传销组织在手段上借助互联网不断翻新，打着"金融创新"的旗号，以"资本运作""消费投资""网络理财""众筹""慈善互助"等为名从事传销活动。常见的表现形式有：组织者、经营者注册成立电子商务企业，以此名义建立电子商务网站。以网络营销、网络直销等名义，变相收取入门费，设置各种返利机制，激励会员发展下线，上线从直接或者间接发展的下线的销售业绩中计酬，或以直接或者间接发展的人员数量为依据计酬或者返利。这类行为，不管其手段如何翻新，只要符合传销组织骗取财物、扰乱市场经济秩序本质特征的，应以组织、领导传销活动罪论处。

检察机关办理组织、领导传销活动犯罪案件，要紧扣传销活动骗取财物的本质特征和构成要件，收集、审查、运用证据。特别要注意针对传销网站的经营特征与其他合法经营网站的区别，重点收集涉及入门费、设层级、拉人头等传销基本特征的证据及企业资金投入、人员组成、资金来源去向、网站功能等方面的证据，揭示传销犯罪没有创造价值，经营模式难以持续，用后加入者的财物支付给先加入者，通过发展下线牟利骗取财物的本质特征。

【相关规定】

《中华人民共和国刑法》第二百二十四条之一

《最高人民检察院、公安部关于公安机关管辖的刑事案件立案追诉标准的规定（二）》第七十八条

温某某合同诈骗立案监督案

（检例第 91 号）

【关键词】合同诈骗　合同欺诈　不应当立案而立案　侦查环节"挂案"　监督撤案

【要旨】

检察机关办理涉企业合同诈骗犯罪案件，应当严格区分合同诈骗与民事违约行为的界限。要注意审查涉案企业在签订、履行合同过程中是否具有非法占有目的和虚构事实、隐瞒真相的行为，准确认定是否具有诈骗故意。发现公安机关对企业之间的合同纠纷以合同诈骗进行刑事立案的，应当依法监督撤销案件。对于立案后久侦不结的"挂案"，检察机关应当向公安机关提出纠正意见。

【基本案情】

犯罪嫌疑人温某某，男，1975 年 10 月出生，广西壮族自治区钦州市甲水务有限公司（以下简称甲公司）负责人。

2010 年 4 月至 5 月间，甲公司分别与乙建设有限公司（以下简称乙公司）、丙建设股份有限公司（以下简称丙公司）签订钦州市钦北区引水供水工程《建设工程施工合同》。根据合同约定，乙公司和丙公司分别向甲公司支付 70 万元和 110 万元的施工合同履约保证金。工程报建审批手续完成后，甲公司和乙公司、丙公司因工程款支付问题发生纠纷。2011 年 8 月 31 日，丙公司广西分公司经理王某某到南宁市公安局良庆分局（以下简称良庆公安分局）报案，该局于 2011 年 10 月 14 日对甲公司负责人温某某以涉嫌合同诈骗罪刑事立案。此后，公安机关未传唤温某某，也未采取刑事强制措施，直至 2019 年 8 月 13 日，温某某被公安机关采取刑事拘留措施，并被延长刑事拘留期限至 9 月 12 日。

【检察机关履职过程】

1. 线索发现。2019 年 8 月 26 日，温某某的辩护律师向南宁市良庆区人民检察院提出监督申请，认为甲公司与乙公司、丙公司之间的纠纷系支付工程款方面的经济纠纷，并非合同诈骗，请求检察机关监督公安机关撤销案件。良庆区人民检察院经审查，决定予以受理。

2. 调查核实。经走访良庆公安分局，查阅侦查卷宗，核实有关问题，并听取辩护律师意见，接收辩护律师提交的证据材料，良庆区人民检察院查明：一是甲公司案发前处于正常生产经营状态，2006 年至 2009 年间，经政府有关部门审批，同意甲公司建设钦州市钦北区引水供水工程项目，资金由甲公司自筹；二是甲公司与乙公司、丙公司签订《建设工程施工合同》后，向钦州市环境保护局钦北分局等政府部门递交了办理"钦北区引水工程项目管道线路走向意见"的报批手续，但报建审批手续未能在约定的开工日前完成审批，双方因此另行签订补充协议，约定了甲公司所应承担的违约责任；三是报建审批手续完成后，乙公司、丙公司要求先支付工程预付款才进场施工，甲公司要求按照工程进度支付工程款，双方协商不下，乙公司、丙公司未进场施工，甲公司也未退还履约保证金；四是甲公司在该项目工程中投入勘测、复垦、自来水厂建设等资金 3000 多万元，收取的 180 万元履约保证金已用于自来水厂的生产经营。

3. 监督意见。2019 年 9 月 16 日，良庆区人民检察院向良庆公安分局发出《要求说明立案理由通知书》。良庆公安分局回复认为，温某某以甲公司钦州市钦北区引水供水工程项目与乙公司、丙公司签订合同，并收取履约保证金，而该项目的建设环评及规划许可均未获得政府相关部门批准，不具备实际履行建设工程能力，其行为涉嫌合同诈骗。良庆区人民检察院认为，甲公司与乙公司、丙公司签订《建设工程施工合同》时，引水供水工程项目已经政府有关部门审批同意。合同签订后，甲公司按约定向政府职能部门提交该项目报建手续，得到了相关职能部门的答复，在项目工程未能如期开工后，甲公司又采取签订补充协议、承担相应违约责任等补救措施，并且甲公司在该项目工程中投入大量资金，收取的履约保证金也用于公司生产经营。因此，不足以认定温某某在签订合同时具有虚构事实或者隐瞒真相的行为和非法占有对方财物的目的，公安机关以合同诈骗罪予以刑事立案的理由不能成立。对于甲公司不退还施工合同履约保证金的行为，乙公司、丙公司可以向人民法院提起民事诉讼。同时，良庆区人民检察院审查认为，该案系公安机关立案后久侦未结形成的侦查环节"挂案"，应当监督公安机关依法处理。2019 年 9 月 27 日，良庆区人民检察院向良庆公安分局发出《通知撤销案件书》。

4. 监督结果。良庆公安分局接受监督意见，于 2019 年 9 月 30 日作出《撤销案件决定书》，决定撤销温某某合同诈骗案。在此之前，良庆公安分局已于 2019 年 9 月 12 日依法释放了温某某。

【指导意义】

（一）检察机关对公安机关不应当立案而立案的，应当依法监督撤销案件。检察机关负有立案监督职责，有权监督纠正公安机关不应当立案而立案的行为。涉案企业认为公安机关对企业之间的合同纠纷以合同诈骗进行刑事立案，向检察机关提出监督申请的，检察机关应当受理并进行审查。认为需要公安机关说明立案理由的，应当书面通知公安机关。认为公安机关立案理由不能成立的，应当制作《通知撤销案件书》，通知公安机关撤销案件。

（二）严格区分合同诈骗与民事违约行为的界限。注意审查涉案企业在签订、履行合同过程中是否具有虚构事实、隐瞒真相的行为，是否有刑法第二百二十四条规定的五种情形之一。注重从合同项目真实性、标的物用途、有无实际履约行为、是否有逃匿和转移资产的行为、资金去向、违约原因等方面，综合认定是否具有诈骗的故意，避免片面关注行为结果而忽略主观上是否具有非法占有的目的。对于签订合同时具有部分履约能力，其后完善履约能力并积极履约的，不能以合同诈骗罪追究刑事责任。

（三）对于公安机关立案后久侦未结形成的"挂案"，检察机关应当提出监督意见。由于立案标准、工作程序和认识分歧等原因，有些涉民营企业刑事案件逾期滞留在侦查环节，既未被撤销，又未被移送审查起诉，形成"挂案"，导致民营企业及企业相关人员长期处于被追诉状态，严重影响企业的正常生产经营，破坏当地营商环境，也损害了司法机关的公信力。检察机关发现侦查环节"挂案"的，应当对公安机关的立案行为进行监督，同时也要对公安机关侦查过程中的违法行为依法提出纠正意见。

【相关规定】

《中华人民共和国刑法》第二百二十四条

《人民检察院刑事诉讼规则》第五百五十七至五百六十一条、第五百六十三条

《最高人民检察院、公安部关于刑事立案监督有关问题的规定（试行）》第六至九条

第三节　侵犯公民人身权利、民主权利犯罪

一、故意杀人罪

杨菊云（故意杀人）不核准追诉案

（检例第 22 号）

【关键词】不予核准追诉　家庭矛盾　被害人谅解
【基本案情】

犯罪嫌疑人杨菊云，女，1962 年生，四川省简阳市人。

1989 年 9 月 2 日晚，杨菊云与丈夫吴德禄因琐事发生口角，吴德禄因此殴打杨菊云。杨菊云乘吴德禄熟睡，手持家中一节柏树棒击打吴德禄头部，后因担心吴德禄继续殴打自己，便用剥菜尖刀将吴德禄杀死。案发后杨菊云携带儿子吴某（当时不满 1 岁）逃离简阳。9 月 4 日中午，吴德禄继父魏某去吴德禄家中，发现吴德禄被杀死在床上，于是向公安机关报案。公安机关随即开展了尸体检验、现场勘查等调查工作，并于 9 月 26 日立案侦查，但未对杨菊云采取强制措施。

【核准追诉案件办理过程】

杨菊云潜逃后辗转多地，后被拐卖嫁与安徽省凤阳县农民曹某。2013 年 3 月，吴德禄亲属得知杨菊云联系方式、地址后，多次到简阳市公安局、资阳市公安局进行控告，要求追究杨菊云刑事责任。同年 4 月 22 日，简阳市及资阳市公安局在安徽省凤阳县公安机关协助下将杨菊云抓获，后依法对其刑事拘留、逮捕，并通过简阳市人民检察院层报最高人民检察院核准追诉。

简阳市人民检察院、资阳市人民检察院、四川省人民检察院先后对案件进行审查并开展了必要的调查。2013 年 6 月 8 日，四川省人民检察院报最高人民检察院对杨菊云核准追诉。

另据查明：（一）杨菊云与吴德禄之子吴某得知自己身世后，恳求吴德禄父母及其他亲属原谅杨菊云。吴德禄的父母等亲属向公安机关递交谅解书，称鉴于杨菊云将吴某抚养成人，成立家庭，不再要求追究杨菊云刑事责任。（二）案发地部分群众表示，吴德禄被杀害，当时社会影响很大，现在事情过去二十多年，已经没有什么影响。

最高人民检察院审查认为：犯罪嫌疑人杨菊云故意非法剥夺他人生命，依据《中华人民共和国刑法》第十二条、1979 年《中华人民共和国刑法》第一百三十二条规定，应当适用的法定量刑幅度的最高刑为死刑。本案虽然情节、后果严重，但属于因家庭矛盾引发的刑事案件，且多数被害人家属已经表示原谅杨菊云，被害人与犯罪嫌疑人杨菊云之子吴某也要求不追究杨菊云刑事责任。案发地群众反映案件造成的社会影响已经消失。综合上述情况，本案不属于必须追诉的情形，依据 1979 年《中华人民共和国刑法》第七十六条第四项规定，决定对杨菊云不予核准追诉。

【案件结果】

2013 年 7 月 19 日，最高人民检察院作出对杨菊云不予核准追诉决定。2013 年 7 月 29 日，简阳市公安局对杨菊云予以释放。

【要旨】

1. 因婚姻家庭等民间矛盾激化引发的犯罪，经过二十年追诉期限，犯罪嫌疑人没有再犯罪危险性，被害人及其家属对犯罪嫌疑人表示谅解，不追诉有利于化解社会矛盾、恢复正常社会秩序，同时不会影响社会稳定或者产生其他严重后果的，对犯罪嫌疑人可以不再追诉。

2. 须报请最高人民检察院核准追诉的案件，侦查机关在核准之前可以依法对犯罪嫌疑人采取强制措施。侦查机关报请核准追诉并提请逮捕犯罪嫌疑人，人民检察院经审查认为必须追诉而且符合法定逮捕条件的，可以依法批准逮捕。

【相关法律规定】

《中华人民共和国刑法》第十二条；1979 年《中华人民共和国刑法》第七十六条、第一百三十二条。

二、故意伤害罪

丁国山等（故意伤害）核准追诉案

（检例第 21 号）

【关键词】 核准追诉　情节恶劣　无悔罪表现

【基本案情】

犯罪嫌疑人丁国山，男，1963 年生，黑龙江省齐齐哈尔市人。

犯罪嫌疑人常永龙，男，1973 年生，辽宁省朝阳市人。

犯罪嫌疑人丁国义，男，1965 年生，黑龙江省齐齐哈尔市人。

犯罪嫌疑人闫立军，男，1970 年生，黑龙江省齐齐哈尔市人。

1991 年 12 月 21 日，李万山、董立君、魏江等三人上山打猎，途中借宿在莫旗红彦镇大韭菜沟村（后改名干拉抛沟村）丁国义家中。李万山酒后因琐事与丁国义侄子常永龙发生争吵并殴打了常永龙。12 月 22 日上午 7 时许，丁国山、丁国义、常永龙、闫立军为报复泄愤，对李万山、董立君、魏江三人进行殴打，并将李万山、董立君装进麻袋，持木棒继续殴打三人要害部位。后丁国山等四人用绳索将李万山和董立君捆绑吊于房梁上，将魏江捆绑在柱子上后逃离现场。李万山头部、面部多处受伤，经救治无效于当日死亡。

【核准追诉案件办理过程】

案发后丁国山等四名犯罪嫌疑人潜逃。莫旗公安局当时没有立案手续，也未对犯罪嫌疑人采取强制措施。2010 年全国追逃行动期间，莫旗公安局经对未破命案进行梳理，并通过网上信息研判、证人辨认，确定了丁国山等四名犯罪嫌疑人下落。2013 年 12 月 25 日，犯罪嫌疑人丁国山、丁国义、闫立军被抓获归案；2014 年 1 月 17 日，犯罪嫌疑人常永龙被抓获归案。2014 年 1 月 25 日，莫旗公安局通过莫旗人民检察院层报最高人民检察对丁国山等四名犯罪嫌疑人核准追诉。

莫旗人民检察院、呼伦贝尔市人民检察院、内蒙古自治区人民检察院对案件进行审查并开展了必要的调查。2014 年 4 月 10 日，内蒙古自治区人民检察院报最高人民检察院对丁国山等四名犯罪嫌疑人核准追诉。

另据查明：（一）案发后四名犯罪嫌疑人即逃跑，在得知李万山死亡后分别更名潜逃到黑龙江、陕西等地，其间对于死伤者及其家属未给予任何赔偿。（二）被害人家属强烈要求严惩犯罪嫌疑人。（三）案发地部分村民及村委会出具证明表示，本案虽然过了 20 多年，但在当地造成的影响没有消失。

最高人民检察院审查认为：犯罪嫌疑人丁国山、丁国义、常永龙、闫立军涉嫌故意伤害罪，并造成一人死亡的严重后果，依据《中华人民共和国刑法》第十二条、1979 年《中华人民共和国刑法》第一百三十四条、全国人民代表大会常务委员会《关于严惩严重危害社会治安的犯罪分子的决定》第一条规定，应当适用的法定量刑幅度的最高刑为死刑。本案情节恶劣、后果严重，虽然已过 20 年追诉期限，但社会影响没有消失，不追诉可能严重影响社会稳定或者产生其他严重后果。本案系共同犯罪，四名犯罪嫌疑人具有共同犯罪故意，共同实施了故意伤害行为，应当对犯罪结果共同承担责任。综合上述情况，依据 1979 年《中华人民共和国刑法》第七十六条第四项规定，决定对犯罪嫌疑人丁国山、常永龙、丁国义、闫立军核准追诉。

【案件结果】

2014 年 6 月 13 日，最高人民检察院作出对丁国山、常永龙、丁国义、闫立军核准追诉决定。2015 年 2 月 26 日，内蒙古自治区呼伦贝尔市中级人民法院以犯故意伤害罪，同时考虑审理期间被告人向被害人进行赔偿等因素，判处主犯丁国山、常永龙、丁国义有期徒刑十四年、十三年、十二年，从犯闫立军有期徒刑三年。被告人均未上诉，检察机关未抗诉，一审判决生效。

【要旨】

涉嫌犯罪情节恶劣、后果严重，并且犯罪后积极逃避侦查，经过二十年追诉期限，犯罪嫌疑人没有明显悔罪表现，也未通过赔礼道歉、赔偿损失等获得被害方谅解，犯罪造成的社会影响没有消失，不追诉可能影响社会稳定或者产生其他严重后果的，对犯罪嫌疑人应当追诉。

【相关法律规定】

《中华人民共和国刑法》第十二条；1979 年《中华人民共和国刑法》第二十二条、第七十六条、第一百三十四条。

三、强奸罪、猥亵罪

齐某强奸、猥亵儿童案

（检例第 42 号）

【关键词】 强奸罪 猥亵儿童罪 情节恶劣 公共场所当众

【基本案情】

被告人齐某，男，1969 年 1 月出生，原系某县某小学班主任。

2011 年夏天至 2012 年 10 月，被告人齐某在担任班主任期间，利用午休、晚自习及宿舍查寝等机会，在学校办公室、教室、洗澡堂、男生宿舍等处多次对被害女童 A（10 岁）、B（10 岁）实施奸淫、猥亵，并以带 A 女童外出看病为由，将其带回家中强奸。齐某还在女生集体宿舍等地多次猥亵被害女童 C（11 岁）、D（11 岁）、E（10 岁），猥亵被害女童 F（11 岁）、G（11 岁）各一次。

【要旨】

1. 性侵未成年人犯罪案件中，被害人陈述稳定自然，对于细节的描述符合正常记忆认知、表达能力，被告人辩解没有证据支持，结合生活经验对全案证据进行审查，能够形成完整证明体系的，可以认定案件事实。

2. 奸淫幼女具有《最高人民法院、最高人民检察院、公安部、司法部关于依法惩治性侵害未成年人犯罪的意见》规定的从严处罚情节，社会危害性与刑法第二百三十六条第三款第二至四项规定的情形相当的，可以认定为该款第一项规定的"情节恶劣"。

3. 行为人在教室、集体宿舍等场所实施猥亵行为，只要当时有多人在场，即使在场人员未实际看到，也应当认定犯罪行为是在"公共场所当众"实施。

【指控与证明犯罪】

（一）提起公诉及原审判决情况

2013 年 4 月 14 日，某市人民检察院以齐某犯强奸罪、猥亵儿童罪对其提起公诉。5 月 9 日，某市中级人民法院依法不公开开庭审理本案。9 月 23 日，该市中级人民法院作出判决，认定齐某犯强奸罪，判处死刑缓期二年执行，剥夺政治权利终身；犯猥亵儿童罪，判处有期徒刑四年六个月；决定执行死刑，缓期二年执行，剥夺政治权利终身。被告人未上诉，判决生效后，报某省高级人民法院复核。

2013 年 12 月 24 日，某省高级人民法院以原判认定部分事实不清为由，裁定撤销原判，发回重审。

2014 年 11 月 13 日，某市中级人民法院经重新审理，作出判决，认定齐某犯强奸罪，判处无期徒刑，剥夺政治权利终身；犯猥亵儿童罪，判处有期徒刑四年六个月；决定执行无期徒刑，剥夺政治权利终身。齐某不服提出上诉。

2016 年 1 月 20 日，某省高级人民法院经审理，作出终审判决，认定齐某犯强奸罪，判处有期徒刑六年，剥夺政治权利一年；犯猥亵儿童罪，判处有期徒刑四年六个月；决定执行有期徒刑十年，剥夺政治权利一年。

（二）提起审判监督程序及再审改判情况

某省人民检察院认为该案终审判决确有错误，提请最高人民检察院抗诉。最高人民检察院经审查，认为该案适用法律错误，量刑不当，应予纠正。2017 年 3 月 3 日，最高人民检察院依照审判监督程序向最高人民法院提出抗诉。

2017 年 12 月 4 日，最高人民法院依法不公开开庭审理本案，最高人民检察院指派检察员出席法庭，辩护人出庭为原审被告人进行辩护。

法庭调查阶段，针对原审被告人不认罪的情况，检察员着重就齐某辩解与在案证据是否存在矛盾，以及有无其他证据或线索支持其辩解进行发问和举证，重点核实以下问题：案发前齐某与被害人及其家长关系如何，是否到女生宿舍查寝，是否多次单独将女生叫出教室，是否带女生回家过夜。齐某当庭供述与被害人及其家长没有矛盾，承认曾到女生宿舍查寝，为女生揉肚子，单独将女生叫出教室问话，带女生外出看病以及回家过夜。通过当庭讯问，进一步印证了被害人陈述细节的真实性、客观性。

法庭辩论阶段，检察员发表出庭意见：

首先，原审被告人齐某犯强奸罪、猥亵儿童罪的犯罪事实清楚，证据确实充分。1. 各被害人及其家长和齐某在案发前没有矛盾。报案及时，无其他介入因素，可以排除诬告的可能。2. 各被害人陈述内容自然合理，可信度高，且有同学的证言予以印证。被害人对于细节的描述符合正常记忆认知、表达能力，如齐某实施性侵害的大致时间、地点、方式、次数等内容基本一致。因被害人年幼、报案及作证距案发时间较长等客观情况，具体表达存在不尽一致之处，完全正常。3. 各被害人陈述的基本事实得到本案其他证据印证，如齐某卧室勘验笔录、被害人辨认现场的笔录、现场照片、被害人生理状况诊断证明等。

其次，原审被告人齐某犯强奸罪情节恶劣，且在公共场所当众猥亵儿童，某省高级人民法院判决对此不予认定，属于适用法律错误，导致量刑畸轻。1. 齐某奸淫幼女"情节恶劣"。齐某利用教师身份，多次强奸二名幼女，犯罪时间跨度长。本案发生在校园内，对被害人及其家人伤害非常大，对其他学生造成了恐惧。齐某的行为具备《最高人民法院、最高人民检察院、公安部、司法部关于依法惩治性侵害未成年人犯罪的意见》第25条规定的多项"更要依法从严惩处"的情节，综合评判应认定为"情节恶劣"，判处十年有期徒刑以上刑罚。2. 本案中齐某的行为属于在"公共场所当众"猥亵儿童。公共场所系供社会上多数人从事工作、学习、文化、娱乐、体育、社交、参观、旅游和满足部分生活需求的一切公用建筑物、场所及其设施的总称，具备由多数人进出、使用的特征。基于对未成年人保护的需要，《最高人民法院、最高人民检察院、公安部、司法部关于依法惩治性侵害未成年人犯罪的意见》第23条明确将"校园"这种除师生外，其他人不能随便进出的场所认定为公共场所。司法实践中也已将教室这种相对封闭的场所认定为公共场所。本案中女生宿舍是 20 多人的集体宿舍，和教室一样属于校园的重要组成部分，具有相对涉众性、公开性，应当是公共场所。《最高人民法院、最高人民检察院、公安部、司法部关于依法惩治性侵害未成年人犯罪的意见》第 23 条规定，在公共场所对未成年人实施猥亵犯罪，"只要有其他多人在场，不论在场人员是否实际看到"，均可认定为当众猥亵。本案中齐某在熄灯后进入女生集体宿舍，当时就寝人数较多，床铺之间没有遮挡，其猥亵行为易被同寝他人所感知，符合上述规定"当众"的要求。

原审被告人及其辩护人坚持事实不清、证据不足的辩护意见，理由是：一是认定犯罪的直接证据只有被害人陈述，齐某始终不认罪，其他证人证言均是传来证据，没有物证，证据链条不完整。二是被害人陈述前后有矛盾，不一致。且其中一个被害人在第一次陈述中只讲到被猥亵，第二次又讲到被强奸，前后有重大矛盾。

针对辩护意见，检察员答辩：一是被害人陈述的一些细节，如强奸的地点、姿势等，结合被害人年龄及认知能力，不亲身经历，难以编造。二是齐某性侵次数多、时间跨度长，被害人年龄小，前后陈述有些细节上的差异和模糊是正常的，恰恰符合被害人的记忆特征。且被害人对基本事实和情节的描述是稳定的。有的被害人虽然在第一次询问时没有陈述被强奸，但在此后对没有陈述的原因做了解释，即当时学校老师在场，不敢讲。这一理由符合孩子的心理。三是被害人同学证言虽然是传来证据，但其是在犯罪发生之后即得知有关情况，因此证明力较强。四是齐某及其辩护人对其辩解没有提供任何证据或者线索的支持。

2018 年 6 月 11 日，最高人民法院召开审判委员会会议审议本案，最高人民检察院检察长列席会议并发表意见：一是最高人民检察院抗诉书认定的齐某犯罪事实、情节符合客观实际。性侵害未成年人案件具有客观证据、直接证据少，被告人往往不认罪等特点。

本案中，被害人家长与原审被告人之前不存在矛盾，案发过程自然。被害人陈述及同学证言符合案发实际和儿童心理，证明力强。综合全案证据看，足以排除合理怀疑，能够认定原审被告人强奸、猥亵儿童的犯罪事实。二是原审被告人在女生宿舍猥亵儿童的犯罪行为属于在"公共场所当众"猥亵。考虑本案具体情节，原审被告人猥亵儿童的犯罪行为应当判处十年有期徒刑以上刑罚。三是某省高级人民法院二审判决确有错误，依法应当改判。

2018年7月27日，最高人民法院作出终审判决，认定原审被告人齐某犯强奸罪，判处无期徒刑，剥夺政治权利终身；犯猥亵儿童罪，判处有期徒刑十年；决定执行无期徒刑，剥夺政治权利终身。

【指导意义】

（一）准确把握性侵未成人犯罪案件证据审查判断标准

对性侵未成年人犯罪案件证据的审查，要根据未成年人的身心特点，按照有别于成年人的标准予以判断。审查言词证据，要结合全案情况予以分析。根据经验和常识，未成年人的陈述合乎情理、逻辑，对细节的描述符合其认知和表达能力，且有其他证据予以印证，被告人的辩解没有证据支持，结合双方关系不存在诬告可能的，应当采纳未成年人的陈述。

（二）准确适用奸淫幼女"情节恶劣"的规定

刑法第二百三十六条第三款第一项规定，奸淫幼女"情节恶劣"的，处十年以上有期徒刑、无期徒刑或者死刑。《最高人民法院、最高人民检察院、公安部、司法部关于依法惩治性侵害未成年人犯罪的意见》第25条规定了针对未成年人实施强奸、猥亵犯罪"更要依法从严惩处"的七种情形。实践中，奸淫幼女具有从严惩处情形，社会危害性与刑法第二百三十六条第三款第二至四项相当的，可以认为属于该款第一项规定的"情节恶劣"。例如，该款第二项规定的"奸淫幼女多人",一般是指奸淫幼女三人以上。本案中,被告人具备教师的特殊身份,奸淫二名幼女,且分别奸淫多次,其危害性并不低于奸淫幼女三人的行为,据此可以认定符合"情节恶劣"的规定。

(三)准确适用"公共场所当众"实施强奸、猥亵未成年人犯罪的规定

刑法对"公共场所当众"实施强奸、猥亵未成年人犯罪,作出了从重处罚的规定。《最高人民法院、最高人民检察院、公安部、司法部关于依法惩治性侵害未成年人犯罪的意见》第 23 条规定了在"校园、游泳馆、儿童游乐场等公共场所"对未成年人实施强奸、猥亵犯罪,可以认定为在"公共场所当众"实施犯罪。适用这一规定,是否属于"当众"实施犯罪至为关键。对在规定列举之外的场所实施强奸、猥亵未成年人犯罪的,只要场所具有相对公开性,且有其他多人在场,有被他人感知可能的,就可以认定为在"公共场所当众"犯罪。最高人民法院对本案的判决表明:学校中的教室、集体宿舍、公共厕所、集体洗澡间等,是不特定未成年人活动的场所,在这些场所实施强奸、猥亵未成年人犯罪的,应当认定为在"公共场所当众"实施犯罪。

【相关规定】

《中华人民共和国刑法》第 236 条、第 237 条

《中华人民共和国刑事诉讼法》第 55 条

《最高人民法院、最高人民检察院、公安部、司法部关于依法惩治性侵害未成年人犯罪的意见》第 2 条、第 23 条、第 25 条

骆某猥亵儿童案

（检例第 43 号）

【关键词】　猥亵儿童罪　网络猥亵　犯罪既遂

【基本案情】

被告人骆某，男，1993 年 7 月出生，无业。

2017 年 1 月，被告人骆某使用化名，通过 QQ 软件将 13 岁女童小羽加为好友。聊天中得知小羽系初二学生后，骆某仍通过言语恐吓，向其索要裸照。在被害人拒绝并在 QQ 好友中将其删除后，骆某又通过小羽的校友周某对其施加压力，再次将小羽加为好友。同时骆某还虚构"李某"的身份，注册另一 QQ 号并添加小羽为好友。之后，骆某利用"李某"的身份在 QQ 聊天中对小羽进行威胁恐吓，同时利用周某继续施压。小羽被迫按照要求自拍裸照十张，通过 QQ 软件传送给骆某观看。后骆某又以在网络上公布小羽裸照相威胁，要求与其见面并在宾馆开房，企图实施猥亵行为。因小羽向公安机关报案，骆某在依约前往宾馆途中被抓获。

【要旨】

行为人以满足性刺激为目的，以诱骗、强迫或者其他方法要求儿童拍摄裸体、敏感部位照片、视频等供其观看，严重侵害儿童人格尊严和心理健康的，构成猥亵儿童罪。

【指控与证明犯罪】

（一）提起、支持公诉和一审判决情况

2017 年 6 月 5 日，某市某区人民检察院以骆某犯猥亵儿童罪对其提起公诉。7 月 20 日，该区人民法院依法不公开开庭审理本案。

法庭调查阶段，公诉人出示了指控犯罪的证据：被害人陈述、证人证言及被告人供述，证明骆某对小羽实施了威胁恐吓，强迫其自拍裸照的行为；QQ 聊天记录截图、小羽自拍裸体照片、身份信息等，证明骆某明知小羽系儿童及强迫其拍摄裸照的事实等。

法庭辩论阶段，公诉人发表公诉意见：被告人骆某为满足性刺激，通过网络对不满 14 周岁的女童进行威胁恐吓，强迫被害人按照要求的动作、姿势拍摄裸照供其观看，并以公布裸照相威胁欲进一步实施猥亵，犯罪事实清楚，证据确实、充分，应当以猥亵儿童罪对其定罪处罚。

辩护人对指控的罪名无异议，但提出以下辩护意见：一是认定被告人明知被害人未满 14 周岁的证据不足。二是认定被告人利用小羽的校友周某对小羽施压、威胁并获取裸照的证据不足。三是被告人猥亵儿童的行为未得逞，系犯罪未遂。四是被告人归案后如实供述，认罪态度较好，可酌情从轻处罚。

针对辩护意见，公诉人答辩：一是被告人骆某供述在 QQ 聊天中已知小羽系初二学生，可能不满 14 周岁，看过其生活照、小视频，了解其身体发育状况，通过周某了解过小羽的基本信息，证明被告人骆某应当知道小羽系未满 14 周岁的幼女。二是证人周某二次证言均证实其被迫帮助骆某威胁小羽，能够与被害人陈述、被告人供述相互印证，同时有相关聊天记录等予以印证，足以认定被告人骆某通过周某对小羽施压、威胁的事实。三是被告人骆某前后实施两类猥亵儿童的行为，构成猥亵儿童罪。1. 骆某强迫小羽自拍裸照通过网络传输供其观看。该行为虽未直接接触被害人，但实质上已使儿童人格尊严和心理健康受到严重侵害。骆某已获得裸照并观看，应认定为犯罪既遂。2. 骆某利用公开裸照威胁小羽，要求与其见面在宾馆开房，并供述意欲实施猥亵行为。因小羽报案，该猥亵行为未及实施，应认定为犯罪未遂。

一审判决情况：法庭经审理，认定被告人骆某强迫被害女童拍摄裸照，并通过 QQ 软件获得裸照的行为不构成猥亵儿童罪。但被告人骆某以公开裸照相威胁，要求与被害女童见面，准备对其实施猥亵，因被害人报案未能得逞，该行为构成猥亵儿童罪，系犯罪未遂。2017 年 8 月 14 日，某区人民法院作出一审判决，认定被告人骆某犯猥亵儿童罪（未遂），判处有期徒刑一年。

（二）抗诉及终审判决情况

一审宣判后，某区人民检察院认为，一审判决在事实认定、法律适用上均存在错误，并导致量刑偏轻。被告人骆某利用网络强迫儿童拍摄裸照并观看的行为构成猥亵儿童罪，且犯罪形态为犯罪既遂。2017 年 8 月 18 日，该院向某市中级人民法院提出抗诉。某市人民检察院经依法审查，支持某区人民检察院的抗诉意见。

2017 年 11 月 15 日，某市中级人民法院开庭审理本案。某市人民检察院指派检察员出庭支持抗诉。检察员认为：1. 关于本案的定性。一审判决认定骆某强迫被害人拍摄裸照并传输观看的行为不是猥亵行为，系对猥亵儿童罪犯罪本质的错误理解。一审判决未从猥亵儿童罪侵害儿童人格尊严和心理健康的实质要件进行判断，导致法律适用错误。2. 关于本案的犯罪形态。骆某获得并观看了儿童裸照，猥亵行为已经实施终了，应认定为犯罪既遂。3. 关于本案量刑情节。根据《最高人民法院、最高人民检察院、公安部、司法部关于依法惩治性侵害未成年人犯罪的意见》第 25 条的规定，采取胁迫手段猥亵儿童的，依法从严惩处。一审判决除法律适用错误外，还遗漏了应当从重处罚的情节，导致量刑偏轻。

原审被告人骆某的辩护人认为，骆某与被害人没有身体接触，该行为不构成猥亵儿童罪。检察机关的抗诉意见不能成立，请求二审法院维持原判。

某市中级人民法院经审理，认为原审被告人骆某以寻求性刺激为目的，通过网络聊天对不满 14 周岁的女童进行言语威胁，强迫被害人按照要求自拍裸照供其观看，已构成猥亵儿童罪（既遂），依法应当从重处罚。对于市人民检察院的抗诉意见，予以采纳。2017 年 12 月 11 日，某市中级人民法院作出终审判决，认定原审被告人骆某犯猥亵儿童罪，判处有期徒刑二年。

【指导意义】

猥亵儿童罪是指以淫秽下流的手段猥亵不满 14 周岁儿童的行为。刑法没有对猥亵儿童的具体方式作出列举，需要根据实际情况进行判断和认定。实践中，只要行为人主观上以满足性刺激为目的，客观上实施了猥亵儿童的行为，侵害了特定儿童人格尊严和身心健康的，应当认定构成猥亵儿童罪。

网络环境下，以满足性刺激为目的，虽未直接与被害儿童进行身体接触，但是通过 QQ、微信等网络软件，以诱骗、强迫或者其他方法要求儿童拍摄、传送暴露身体的不雅照片、视频，行为人通过画面看到被害儿童裸体、敏感部位的，是对儿童人格尊严和心理健康的严重侵害，与实际接触儿童身体的猥亵行为具有相同的社会危害性，应当认定构成猥亵儿童罪。

检察机关办理利用网络对儿童实施猥亵行为的案件，要及时固定电子数据，证明行为人出于满足性刺激的目的，利用网络，采取诱骗、强迫或者其他方法要求被害人拍摄、传送暴露身体的不雅照片、视频供其观看的事实。要准确把握猥亵儿童罪的本质特征，全面收集客观证据，证明行为人通过网络不接触被害儿童身体的猥亵行为，具有与直接接触被害儿童身体的猥亵行为相同的性质和社会危害性。

【相关规定】

《中华人民共和国刑法》第 237 条

《最高人民法院、最高人民检察院、公安部、司法部关于依法惩治性侵害未成年人犯罪的意见》第 2 条、第 19 条、第 25 条

四、虐待罪

于某虐待案

（检例第 44 号）

【关键词】 虐待罪　告诉能力　支持变更抚养权

【基本案情】

被告人于某，女，1986 年 5 月出生，无业。

2016 年 9 月以来，因父母离婚，父亲丁某常年在外地工作，被害人小田（女，11 岁）一直与继母于某共同生活。于某以小田学习及生活习惯有问题为由，长期、多次对其实施殴打。2017 年 11 月 21 日，于某又因小田咬手指甲等问题，用衣服撑、挠痒工具等对其实施殴打，致小田离家出走。小田被爷爷找回后，经鉴定，其头部、四肢等多处软组织挫伤，身体损伤程度达到轻微伤等级。

【要旨】

1. 被虐待的未成年人，因年幼无法行使告诉权利的，属于刑法第二百六十条第三款规定的"被害人没有能力告诉"的情形，应当按照公诉案件处理，由检察机关提起公诉，并可以依法提出适用禁止令的建议。

2. 抚养人对未成年人未尽抚养义务，实施虐待或者其他严重侵害未成年人合法权益的行为，不适宜继续担任抚养人的，检察机关可以支持未成年人或者其他监护人向人民法院提起变更抚养权诉讼。

【指控与证明犯罪】

2017 年 11 月 22 日，网络披露 11 岁女童小田被继母虐待的信息，引起舆论关注。某市某区人民检察院未成年人检察部门的检察人员得知信息后，会同公安机关和心理咨询机构的人员对被害人小田进行询问和心理疏导。通过调查发现，其继母于某存在长期、多次殴打小田的行为，涉嫌虐待罪。本案被害人系未成年人，没有向人民法院告诉的能力，也没有近亲属代为告诉。检察机关建议公安机关对于某以涉嫌虐待罪立案侦查。11月24日，公安机关作出立案决定。次日，犯罪嫌疑人于某投案自首。2018年4月26日，公安机关以于某涉嫌虐待罪向检察机关移送审查起诉。

审查起诉阶段，某区人民检察院依法讯问了犯罪嫌疑人，听取了被害人及其法定代理人的意见，核实了案件事实与证据。检察机关经审查认为，犯罪嫌疑人供述与被害人陈述能够相互印证，并得到其他家庭成员的证言证实，能够证明于某长期、多次对被害人进行殴打，致被害人轻微伤，属于情节恶劣，其行为涉嫌构成虐待罪。

2018年5月16日，某区人民检察院以于某犯虐待罪对其提起公诉。5月31日，该区人民法院适用简易程序开庭审理本案。

法庭调查阶段，公诉人宣读起诉书，指控被告人于某虐待家庭成员，情节恶劣，应当以虐待罪追究其刑事责任。被告人对起诉书指控的犯罪事实及罪名无异议。

法庭辩论阶段，公诉人发表公诉意见：被告人于某虐待未成年家庭成员，情节恶劣，其行为触犯了《中华人民共和国刑法》第二百六十条第一款，犯罪事实清楚，证据确实充分，应当以虐待罪追究其刑事责任。被告人于某案发后主动投案，如实供述自己的犯罪行为，系自首，可以从轻或者减轻处罚。综合法定、酌定情节，建议在有期徒刑六个月至八个月之间量刑。考虑到被告人可能被宣告缓刑，公诉人向法庭提出应适用禁止令，禁止被告人于某再次对被害人实施家庭暴力。

最后陈述阶段，于某表示对检察机关指控的事实和证据无异议，并当庭认罪。

法庭经审理，认为公诉人指控的罪名成立，出示的证据能够相互印证，提出的量刑建议适当，予以采纳。当庭作出一审判决，认定被告人于某犯虐待罪，判处有期徒刑六个月，缓刑一年。禁止被告人于某再次对被害人实施家庭暴力。一审宣判后，被告人未上诉，判决已生效。

【支持提起变更抚养权诉讼】

某市某区人民检察院在办理本案中发现，2015 年 9 月，小田的亲生父母因感情不和协议离婚，约定其随父亲生活。小田的父亲丁某于 2015 年 12 月再婚。丁某长期在外地工作，没有能力亲自抚养被害人。检察人员征求小田生母武某的意见，武某愿意抚养小田。检察人员支持武某到人民法院起诉变更抚养权。2018 年 1 月 15 日，小田生母武某向某市某区人民法院提出变更抚养权诉讼。法庭经过调解，裁定变更小田的抚养权，改由生母武某抚养，生父丁某给付抚养费至其独立生活为止。

【指导意义】

《中华人民共和国刑法》第二百六十条规定，虐待家庭成员，情节恶劣的，告诉的才处理，但被害人没有能力告诉，或者因受到强制、威吓无法告诉的除外。虐待未成年人犯罪案件中，未成年人往往没有能力告诉，应按照公诉案件处理，由检察机关提起公诉，维护未成年被害人的合法权利。

《最高人民法院、最高人民检察院、公安部、司法部关于对判处管制、宣告缓刑的犯罪分子适用禁止令有关问题的规定（试行）》第七条规定，人民检察院在提起公诉时，对可能宣告缓刑的被告人，可以建议禁止其从事特定活动，进入特定区域、场所，接触特定的人。对未成年人遭受家庭成员虐待的案件，结合犯罪情节，检察机关可以在提出量刑建议的同时，有针对性地向人民法院提出适用禁止令的建议，禁止被告人再次对被害人实施家庭暴力，依法保障未成年人合法权益，督促被告人在缓刑考验期内认真改造。

夫妻离婚后，与未成年子女共同生活的一方不尽抚养义务，对未成年人实施虐待或者其他严重侵害合法权益的行为，不适宜继续担任抚养人的，根据《中华人民共和国民事诉讼法》第十五条的规定，检察机关可以支持未成年人或者其他监护人向人民法院提起变更抚养权诉讼，切实维护未成年人合法权益。

【相关规定】

《中华人民共和国刑法》第 72 条、第 260 条

《中华人民共和国未成年人保护法》第 50 条

《中华人民共和国民事诉讼法》第 15 条

《最高人民法院、最高人民检察院、公安部、民政部关于依法处理监护人侵害未成年人权益行为若干问题的意见》第 2 条、第 14 条

《最高人民法院、最高人民检察院、公安部、司法部关于依法办理家庭暴力犯罪案件的意见》第 9 条、第 17 条

《最高人民法院、最高人民检察院、公安部、司法部关于对判处管制、宣告缓刑的犯罪分子适用禁止令有关问题的规定（试行）》第 7 条

五、非法拘禁罪

牛某非法拘禁案

（检例第 106 号）

【关键词】 非法拘禁 共同犯罪 补充社会调查 附条件不起诉
异地考察帮教

【要旨】

检察机关对于公安机关移送的社会调查报告应当认真审查，报告内容不能全面反映未成年人成长经历、犯罪原因、监护教育等情

况的，可以商公安机关补充调查，也可以自行或者委托其他有关组织、机构补充调查。对实施犯罪行为时系未成年人但诉讼过程中已满十八周岁的犯罪嫌疑人，符合条件的，可以适用附条件不起诉。对于外地户籍未成年犯罪嫌疑人，办案检察机关可以委托未成年人户籍所在地检察机关开展异地协作考察帮教，两地检察机关要各司其职，密切配合，确保帮教取得实效。

【基本案情】

被附条件不起诉人牛某，女，作案时 17 周岁，初中文化，无业。

2015 年初，牛某初中三年级辍学后打工，其间经人介绍加入某传销组织，后随该组织到某市进行传销活动。2016 年 4 月 21 日，被害人瞿某（男，成年人）被其女友卢某（另案处理）骗至该传销组织。4 月 24 日上午，瞿某在听课过程中发现自己进入的是传销组织，便要求卢某与其一同离开。乔某（传销组织负责人，到案前因意外事故死亡）得知情况后，安排牛某与卢某、孙某（另案处理）等人进行阻拦。次日上午，瞿某再次开门欲离开时，在乔某指使下，牛某积极参与对被害人瞿某实施堵门、言语威胁等行为，程某（另案处理）等人在客厅内以打牌名义进行看管。15 时许，瞿某在其被拘禁的四楼房间窗户前探身欲呼救时不慎坠至一楼，经法医鉴定，瞿某为重伤二级。

因该案系八名成年人与一名未成年人共同犯罪，公安机关进行分案办理。八名成年人除乔某已死亡外，均被提起公诉，人民法院以非法拘禁罪分别判处被告人有期徒刑一年至三年不等。

【检察机关履职过程】

（一）依法对牛某作出不批准逮捕决定。公安机关对未成年犯罪嫌疑人牛某提请批准逮捕后，检察机关依法讯问牛某，听取其法定代理人、辩护人及被害人的意见。经审查，检察机关认为牛某因被骗加入传销组织后，积极参与实施了非法拘禁致被害人重伤的共同犯罪行为，已构成非法拘禁罪，但在犯罪中起次要作用，且归案后供述稳定，认罪悔罪态度好，愿意尽力赔偿被害人经济损失，采取取保候审足以防止社会危险性的发生，依法对牛某作出不批准逮捕决定，并联合司法社工、家庭教育专家、心理咨询师及其法定代理人组成帮教小组，建立微信群，开展法治教育、心理疏导、就业指导等，预防其再犯。同时，商公安机关对牛某的成长经历、家庭情况、犯罪原因等进行社会调查。

（二）开展补充社会调查。案件移送起诉后，检察机关审查认为，随案移送的社会调查报告不够全面细致。为进一步查明牛某犯罪原因、犯罪后表现等情况，检察机关遂列出详细的社会调查提纲，并通过牛某户籍所在地检察机关委托当地公安机关对牛某的成长经历、犯罪原因、平时表现、社会交往、家庭监护条件、取保候审期间的表现等进行补充社会调查。调查人员通过走访牛某父母、邻居、村委会干部及打工期间的同事了解到，牛某家庭成员共五人，家庭关系融洽，母亲常年在外打工，父亲在家务农，牛某平时表现良好，服从父母管教，村委会愿意协助家庭对其开展帮教。取保候审期间，牛某在一家烧烤店打工，同事评价良好。综合上述情况，检察机关认为牛某能够被社会接纳，具备社会化帮教条件。

（三）促成与被害人和解。本案成年被告人赔偿后，被害人瞿某要求牛某赔偿五万元医药费。牛某及家人虽有赔偿意愿，但因家庭经济困难，无法一次性支付赔偿款。检察机关向被害人详细说明牛某和家人的诚意及困难，并提出先支付部分现金，剩余分期还款的赔偿方案，引导双方减少分歧。经做工作，牛某与被害人接受了检察机关的建议，牛某当面向被害人赔礼道歉，并支付现金两万元，剩余三万元承诺按月还款，两年内付清，被害人为牛某出具了谅解书。

（四）召开听证会，依法作出附条件不起诉决定。鉴于本案涉及传销，造成被害人重伤，社会关注度较高，且牛某在诉讼过程中已满十八周岁，对是否适宜作附条件不起诉存在不同认识，检察机关举行不公开听证会，牛某及其法定代理人、辩护人和侦查人员、帮教人员等参加。听证人员结合具体案情、法律规定和现场提问情况发表意见，一致赞同对牛某附条件不起诉。2018年5月16日，检察机关依法对牛某作出附条件不起诉决定。综合考虑其一贯表现和犯罪性质、情节、后果、认罪悔罪表现及尚未完全履行赔偿义务等因素，参考同案人员判决情况以及其被起诉后可能判处的刑期，确定考验期为一年。

（五）开展异地协作考察帮教。鉴于牛某及其家人请求回户籍地接受帮教，办案检察机关决定委托牛某户籍地检察机关开展异地考察帮教，并指派承办检察官专程前往牛某户籍地检察机关进行工作衔接。牛某户籍地检察机关牵头成立了由检察官、司法社工、法定代理人等组成的帮教小组，根据所附条件共同制定帮助牛某提升法律意识和辨别是非能力、树立正确消费观、提高就业技能等方面的个性化帮教方案，要求牛某按照方案内容接受当地检察机关的帮教，定期向帮教检察官汇报思想、生活状况，根据协议按时、足额将赔偿款汇到被害人账户。办案检察机关定期与当地检察机关帮教小组联系，及时掌握对牛某的考察帮教情况。牛某认真接受帮教，并提前还清赔偿款。考验期满，检察机关综合牛某表现，依法作出不起诉决定。经回访，目前牛某工作稳定，各方面表现良好，生活已经走上正轨。

【指导意义】

（一）办理附条件不起诉案件，应当进行社会调查，社会调查报告内容不完整的，应当补充开展社会调查。社会调查报告是检察机关认定未成年犯罪嫌疑人主观恶性大小、是否适合作附条件不起诉以及附什么样的条件、如何制定具体的帮教方案等的重要参考。

社会调查报告的内容主要包括涉罪未成年人个人基本情况、家庭情况、成长经历、社会生活状况、犯罪原因、犯罪前后表现、是否具备有效监护条件、社会帮教条件等，应具有个性化和针对性。公安机关、人民检察院、人民法院办理未成年人刑事案件，根据法律规定和案件情况可以进行社会调查。公安机关侦查未成年人犯罪案件，检察机关可以商请公安机关进行社会调查。认为公安机关随案移送的社会调查报告内容不完整、不全面的，可以商请公安机关补充进行社会调查，也可以自行补充开展社会调查。

　　（二）对于犯罪时系未成年人但诉讼过程中已满十八周岁的犯罪嫌疑人，可以适用附条件不起诉。刑事诉讼法第二百八十二条规定，对于涉嫌刑法分则第四章、第五章、第六章规定的犯罪，可能判处一年有期徒刑以下刑罚，符合起诉条件，但有悔罪表现的未成年人刑事案件，可以作出附条件不起诉决定。未成年人刑事案件是指犯罪嫌疑人实施犯罪时系未成年人的案件。对于实施犯罪行为时未满十八周岁，但诉讼中已经成年的犯罪嫌疑人，符合适用附条件不起诉案件条件的，人民检察院可以作出附条件不起诉决定。

　　（三）对外地户籍未成年人，可以开展异地协作考察帮教，确保帮教效果。被附条件不起诉人户籍地或经常居住地与办案检察机关属于不同地区，被附条件不起诉人希望返回户籍地或经常居住地生活工作的，办案检察机关可以委托其户籍地或经常居住地检察机关协助进行考察帮教，户籍地或经常居住地检察机关应当予以支持。两地检察机关应当根据被附条件不起诉人的具体情况，共同制定有针对性的帮教方案并积极沟通协作。当地检察机关履行具体考察帮教职责，重点关注未成年人行踪轨迹、人际交往、思想动态等情况，定期走访被附条件不起诉人的法定代理人以及所在社区、单位，并将考察帮教情况及时反馈办案检察机关。办案检察机关应当根据考察帮教需要提供协助。考验期届满前，当地检察机关应当出具被附条件不起诉人考察帮教情况总结报告，作为办案检察机关对被附条件不起诉人是否最终作出不起诉决定的重要依据。

【相关规定】

《中华人民共和国刑法》第二百三十八条

《中华人民共和国刑事诉讼法》第二百七十九条、第二百八十二条、第二百八十三条、第二百八十四条

《人民检察院刑事诉讼规则》第四百六十一条、第四百六十三条、第四百九十六条

《人民检察院办理未成年人刑事案件的规定》第三十条、第三十一条、第四十条、第四十四条

《未成年人刑事检察工作指引（试行)》第二十一条、第三十条、第六十九条、第一百八十一条、第一百九十四条、第一百九十六条

六、绑架罪

忻元龙绑架案

(检例第 2 号)

【关键词】　非法拘禁　共同犯罪　补充社会调查　附条件不起诉　异地考察帮教

【要旨】

对于死刑案件的抗诉，要正确把握适用死刑的条件，严格证明标准，依法履行刑事审判法律监督职责。

【基本案情】

被告人忻元龙，男，1959 年 2 月 1 日出生，汉族，浙江省宁波市人，高中文化。2005 年 9 月 15 日，因涉嫌绑架罪被刑事拘留，

2005 年 9 月 27 日被逮捕。

被告人忻元龙因经济拮据而产生绑架儿童并勒索家长财物的意图，并多次到浙江省慈溪市进行踩点和物色被绑架人。2005 年 8 月 18 日上午，忻元龙驾驶自己的浙 B3C751 通宝牌面包车从宁波市至慈溪市浒山街道团圈支路老年大学附近伺机作案。当日下午 1 时许，忻元龙见女孩杨某某（女，1996 年 6 月 1 日出生，浙江省慈溪市浒山东门小学三年级学生，因本案遇害，殁年 9 岁）背着书包独自一人经过，即以"陈老师找你"为由将杨某某骗上车，将其扣在一个塑料洗澡盆下，开车驶至宁波市东钱湖镇"钱湖人家"后山。当晚 10 时许，忻元龙从杨某某处骗得其父亲的手机号码和家中的电话号码后，又开车将杨某某带至宁波市北仑区新碶镇算山村防空洞附近，采用捂口、鼻的方式将杨某某杀害后掩埋。8 月 19 日，忻元龙乘火车到安徽省广德县购买了一部波导 1220 型手机，于 20 日凌晨 0 时许拨打杨某某家电话，称自己已经绑架杨某某并要求杨某某的父亲于当月 25 日下午 6 时前带 60 万元赎金到浙江省湖州市长兴县交换其女儿。尔后，忻元龙又乘火车到安徽省芜湖市打勒索电话，因其将记录电话的纸条丢失，将被害人家的电话号码后四位 2353 误记为 7353，电话接通后听到接电话的人操宁波口音，而杨某某的父亲讲普通话，由此忻元龙怀疑是公安人员已介入，遂停止了勒索。2005 年 9 月 15 日忻元龙被公安机关抓获，忻元龙供述了绑架杀人经过，并带领公安人员指认了埋尸现场，公安机关起获了一具尸骨，从其浙 B3C751 通宝牌面包车上提取了杨某某头发两根（经法医学 DNA 检验鉴定，是被害人杨某某的尸骨和头发）。公安机关从被告人忻元龙处扣押波导 1220 型手机一部。

【诉讼过程】

被告人忻元龙绑架一案，由浙江省慈溪市公安局立案侦查，于 2005 年 11 月 21 日移送慈溪市人民检察院审查起诉。慈溪市人民检察院于同年 11 月 22 日告知了忻元龙有权委托辩护人等诉讼权利，也告知了被害人的近亲属有权委托诉讼代理人等诉讼权利。按照案件管辖的规定，同年 11 月 28 日，慈溪市人民检察院将案件报送宁波市人民检察院审查起诉。宁波市人民检察院依法讯问了被告人忻元龙，审查了全部案件材料。2006 年 1 月 4 日，宁波市人民检察院以忻元龙涉嫌绑架罪向宁波市中级人民法院提起公诉。

2006 年 1 月 17 日，浙江省宁波市中级人民法院依法组成合议庭，公开审理了此案。法庭审理认为：被告人忻元龙以勒索财物为目的，绑架并杀害他人，其行为已构成绑架罪。手段残忍、后果严重，依法应予严惩。检察机关指控的罪名成立。

2006 年 2 月 7 日，宁波市中级人民法院作出一审判决：一、被告人忻元龙犯绑架罪，判处死刑，剥夺政治权利终身，并处没收个人全部财产。二、被告人忻元龙赔偿附带民事诉讼原告人杨宝凤、张玉彬应得的被害人死亡赔偿金 317640 元、丧葬费 11380 元，合计人民币 329020 元。三、供被告人忻元龙犯罪使用的浙 B3C751 通宝牌面包车一辆及波导 1220 型手机一部，予以没收。

忻元龙对一审刑事部分的判决不服，向浙江省高级人民法院提出上诉。

2006 年 10 月 12 日，浙江省高级人民法院依法组成合议庭，公开审理了此案。法庭审理认为：被告人忻元龙以勒索财物为目的，绑架并杀害他人，其行为已构成绑架罪。犯罪情节特别严重，社会危害极大，依法应予严惩。但鉴于本案的具体情况，对忻元龙判处死刑，可不予立即执行。2007 年 4 月 28 日，浙江省高级人民法院作出二审判决：一、撤销浙江省宁波市中级人民法院（2006）甬刑初字第 16 号刑事附带民事判决中对忻元龙的量刑部分，维持判决的其余部分；二、被告人忻元龙犯绑架罪，判处死刑，缓期二年执行，剥夺政治权利终身。

被害人杨某某的父亲不服，于 2007 年 6 月 25 日向浙江省人民检察院申诉，请求提出抗诉。

浙江省人民检察院经审查认为，浙江省高级人民法院二审判决改判忻元龙死刑缓期二年执行确有错误，于 2007 年 8 月 10 日提请最高人民检察院按照审判监督程序提出抗诉。最高人民检察院派员到浙江专门核查了案件相关情况。最高人民检察院检察委员会两次审议了该案，认为被告人忻元龙绑架犯罪事实清楚，证据确实、充分，依法应当判处死刑立即执行，浙江省高级人民法院以"鉴于本案具体情况"为由改判忻元龙死刑缓期二年执行确有错误，应予纠正。理由如下：

一、忻元龙绑架犯罪事实清楚，证据确实、充分。本案定案的物证、书证、证人证言、被告人供述、鉴定结论、现场勘查笔录等证据能够形成完整的证据体系。公安机关根据忻元龙的供述找到被害人杨某某尸骨，忻元龙供述的诸多隐蔽细节，如埋尸地点、尸体在土中的姿势、尸体未穿鞋袜、埋尸坑中没有书包、打错勒索电话的原因、打勒索电话的通话次数、通话内容、接电话人的口音等，得到了其他证据的印证。

二、浙江省高级人民法院二审判决确有错误。二审改判是认为本案证据存在两个疑点。一是卖给忻元龙波导 1220 型手机的证人傅世红在证言中讲该手机的串号与公安人员扣押在案手机的串号不一致，手机的同一性存有疑问；二是证人宋丽娟和艾力买买提尼牙子证实，在案发当天看见一中年妇女将一个与被害人特征相近的小女孩带走，不能排除有他人作案的可能。经审查，这两个疑点均能够排除。一是关于手机同一性问题。经审查，公安人员在询问傅世红时，将波导 1220 型手机原机主洪义军的身份证号码误记为手机的串号。宁波市人民检察院移送给宁波市中级人民法院的《随案移送物品文件清单》中写明波导 1220 型手机的串号是 350974114389275，且洪义军将手机卖给傅世红的《旧货交易凭证》等证据，清楚地证明了从忻元龙身上扣押的手机即是索要赎金时使用的手机，且手机就在宁波市中级人民法院，手机同一性的疑点能够排除。二是关于是否存在中年妇女作案问题。案卷原有证据能够证实宋丽娟、艾力买买提尼牙子证言证明的"中年妇女带走小女孩"与本案无关。宋丽娟、艾力买买提尼牙子证言证明的中年妇女带走小女孩的地点在绑架现场东侧200米左右，与忻元龙绑架杨某某并非同一地点。艾力买买提尼牙子证言证明的是迪欧咖啡厅南边的电脑培训学校门口，不是忻元龙实施绑架的地点；宋丽娟证言证明的中年妇女带走小女孩的地点是迪欧咖啡厅南边的十字路口，而不是老年大学北围墙外的绑架现场，因为宋丽娟所在位置被建筑物阻挡，看不到老年大学北围墙外的绑架现场，此疑问也已经排除。此外，二人提到的小女孩的外貌特征等细节也与杨某某不符。

三、忻元龙所犯罪行极其严重，对其应当判处死刑立即执行。一是忻元龙精心预谋犯罪、主观恶性极深。忻元龙为实施绑架犯罪进行了精心预谋，多次到慈溪市"踩点"，并选择了相对僻静无人的地方作为行车路线。忻元龙以"陈老师找你"为由将杨某某骗上车实施绑架，与慈溪市老年大学剑桥英语培训班负责人陈老师的姓氏相符。忻元龙居住在宁波市的鄞州区，选择在宁波市的慈溪市实施绑架，选择在宁波市的北仑区杀害被害人，之后又精心实施勒索赎金行为，赴安徽省广德县购买波导1220型手机，使用异地购买的手机卡，赴安徽省宣城市、芜湖市打勒索电话并要求被害人父亲到浙江省长兴县交付赎金。二是忻元龙犯罪后果极其严重、社会危害性极大。忻元龙实施绑架犯罪后，为使自己的罪行不被发现，在得到被害人家庭信息后，当天就将年仅9岁的杨某某杀害，并烧掉了杨某某的书包，扔掉了杨某某挣扎时脱落的鞋子，实施了毁灭罪证的行为。忻元龙归案后认罪态度差。开始不供述犯罪，并隐瞒作案所用手机的来源，后来虽供述犯罪，但编造他人参与共同作案。忻元龙的犯罪行为不仅剥夺了被害人的生命、给被害人家属造成了无法弥补的巨大痛苦，也严重影响了当地群众的安全感。三是二审改判忻元龙死刑缓期二年执行不被被害人家属和当地群众接受。被害人家属强烈要求判处忻元龙死刑立即执行，当地群众对二审改判忻元龙死刑缓期二年执行亦难以接受，要求司法机关严惩忻元龙。

2008 年 10 月 22 日，最高人民检察院依照《中华人民共和国刑事诉讼法》第二百零五条第三款之规定，向最高人民法院提出抗诉。2009 年 3 月 18 日，最高人民法院指令浙江省高级人民法院另行组成合议庭，对忻元龙案件进行再审。

2009 年 5 月 14 日，浙江省高级人民法院另行组成合议庭公开开庭审理本案。法庭审理认为：被告人忻元龙以勒索财物为目的，绑架并杀害他人，其行为已构成绑架罪，且犯罪手段残忍、情节恶劣，社会危害极大，无任何悔罪表现，依法应予严惩。检察机关要求纠正二审判决的意见能够成立。忻元龙及其辩护人要求维持二审判决的意见，理由不足，不予采纳。

2009 年 6 月 26 日，浙江省高级人民法院依照《中华人民共和国刑事诉讼法》第二百零五条第二款、第二百零六条、第一百八十九条第二项，《中华人民共和国刑法》第二百三十九条第一款、第五十七条第一款、第六十四条之规定，作出判决：一、撤销浙江省高级人民法院（2006）浙刑一终字第 146 号刑事判决中对原审被告人忻元龙的量刑部分，维持该判决的其余部分和宁波市中级人民法院（2006）甬刑初字第 16 号刑事附带民事判决；二、原审被告人忻元龙犯绑架罪，判处死刑，剥夺政治权利终身，并处没收个人全部财产，并依法报请最高人民法院核准。

最高人民法院复核认为：被告人忻元龙以勒索财物为目的，绑架并杀害他人的行为已构成绑架罪。其犯罪手段残忍，情节恶劣，后果严重，无法定从轻处罚情节。浙江省高级人民法院再审判决认定的事实清楚，证据确实、充分，定罪准确，量刑适当，审判程序合法。

2009 年 11 月 13 日，最高人民法院依照《中华人民共和国刑事诉讼法》第一百九十九条和《最高人民法院关于复核死刑案件若干问题的规定》第二条第一款的规定，作出裁定：核准浙江省高级人民法院（2009）浙刑再字第 3 号以原审被告人忻元龙犯绑架罪，判处死刑，剥夺政治权利终身，并处没收个人全部财产的刑事判决。

2009 年 12 月 11 日，被告人忻元龙被依法执行死刑。

七、侮辱罪、诽谤罪

郎某、何某诽谤案

（检例第 137 号）

【关键词】网络诽谤　严重危害社会秩序　能动司法　自诉转公诉

【要旨】

利用信息网络诽谤他人，破坏公众安全感，严重扰乱网络社会秩序，符合刑法第二百四十六条第二款"严重危害社会秩序"的，检察机关应当依法履行追诉职责，作为公诉案件办理。对公安机关未立案侦查，被害人已提出自诉的，检察机关应当处理好由自诉向公诉程序的转换。

【基本案情】

被告人郎某，男，1993 年出生，个体工商户。

被告人何某，男，1996 年出生，务工。

被害人谷某，女，1992 年出生，务工。

2020 年 7 月 7 日 18 时许，郎某在杭州市余杭区某小区东门快递驿站内，使用手机偷拍正在等待取快递的被害人谷某，并将视频发布在某微信群。后郎某、何某分别假扮快递员和谷某，捏造谷某结识快递员并多次发生不正当性关系的微信聊天记录。为增强聊天记录的可信度，郎某、何某还捏造"赴约途中""约会现场"等视频、图片。7月7日至7月16日期间，郎某将上述捏造的微信聊天记录截图39张及视频、图片陆续发布在该微信群，引发群内大量低俗、侮辱性评论。

8月5日，上述偷拍的视频以及捏造的微信聊天记录截图27张被他人合并转发，并相继扩散到110余个微信群（群成员约2.6万）、7个微信公众号（阅读数2万余次）及1个网站（浏览量1000次）等网络平台，引发大量低俗、侮辱性评论，严重影响了谷某的正常工作生活。

8月至12月，此事经多家媒体报道引发网络热议，其中，仅微博话题"被造谣出轨女子至今找不到工作"阅读量就达4.7亿次、话题讨论5.8万人次。该事件在网络上广泛传播，给广大公众造成不安全感，严重扰乱了网络社会公共秩序。

【检察履职情况】

（一）推动案件转为公诉程序办理

2020年8月7日，谷某就郎某、何某涉嫌诽谤向浙江省杭州市公安局余杭分局报案。8月13日，余杭分局作出对郎某、何某行政拘留9日的决定。10月26日，谷某委托诉讼代理人向浙江省杭州市余杭区人民法院提起刑事自诉，并根据法院通知补充提交了相关材料。12月14日，法院立案受理并对郎某、何某采取取保候审强制措施。

因相关事件及视频在网络上进一步传播、蔓延，案件情势发生重大变化。检察机关认为，郎某、何某的行为不仅侵害被害人的人格权，而且经网络迅速传播，已经严重扰乱网络社会公共秩序。由于本案被侵害对象系随意选取，具有不特定性，任何人都可能成为被侵害对象，严重破坏了广大公众安全感。对此类案件，由自诉人收集证据并达到事实清楚、证据确实、充分的证明标准难度很大，只有通过公诉程序追诉才能及时、有效收集、固定证据，依法惩罚犯罪、维护社会公共秩序。12月22日，浙江省杭州市余杭区人民检察院建议公安机关立案侦查。

12月25日，余杭分局对郎某、何某涉嫌诽谤罪立案侦查。12月26日，谷某向余杭区人民法院撤回起诉。

（二）引导侦查取证

余杭区人民检察院围绕诽谤罪"情节严重"的标准以及"严重危害社会秩序"的公诉情形，向公安机关提出对诽谤信息传播侵害被害人人格权与社会秩序、公众安全感遭受破坏的相关证据一并收集固定的意见。公安机关经侦查，及时收集、固定了诽谤信息传播扩散情况、引发的低俗评论以及该案给广大公众造成的不安全感等关键证据。

（三）审查起诉

2021年1月20日，余杭分局将该案移送审查起诉。余杭区人民检察院审查认为，郎某、何某为寻求刺激、博取关注，捏造损害他人名誉的事实，在网络上散布，造成该信息被大量阅读、转发，严重侵害谷某的人格权，导致谷某被公司劝退，随后多次求职被拒，使谷某遭受一定经济损失，社会评价也遭受严重贬损，且二被告人侵害对象选择随意，造成不特定公众恐慌和社会安全感、秩序感下降；诽谤信息在网络上大范围流传，引发大量低俗评论，对网络公共秩序造成严重冲击，严重危害社会秩序，符合刑法第二百四十六条第二款"严重危害社会秩序"的规定。

2月26日，余杭区人民检察院依法对郎某、何某以涉嫌诽谤罪提起公诉。鉴于二被告人认罪认罚，对被害人进行赔偿并取得谅解，余杭区人民检察院对二被告人提出有期徒刑一年，缓刑二年的量刑建议。

（四）指控与证明犯罪

2021 年 4 月 30 日，余杭区人民法院依法公开开庭审理本案。庭审中，二被告人再次表示认罪认罚。

辩护人对检察机关指控事实、定性均无异议。郎某的辩护人提出，诽谤信息的传播介入了他人的编辑、转发，属于多因一果。公诉人答辩指出，郎某作为成年人应当知道网络具有开放性、不可控性，诽谤信息会被他人转发或者评论，因此，他人的扩散行为应当由其承担责任。而且，被他人转发，恰恰说明该诽谤信息对社会秩序的破坏。

（五）处理结果

余杭区人民法院审理后当庭宣判，采纳检察机关指控的犯罪事实和量刑建议，判决二被告人有期徒刑一年，缓刑二年。宣判后，二被告人未提出上诉，判决已生效。

【指导意义】

（一）准确把握网络诽谤犯罪"严重危害社会秩序"的认定条件。网络涉及面广、浏览量大，一旦扩散，往往造成较大社会影响，与传统的发生在熟人之间、社区传播形式的诽谤案件不同，通过网络诽谤他人，诽谤信息经由网络广泛传播，严重损害被害人人格权，如果破坏了公序良俗和公众安全感，严重扰乱网络社会公共秩序的，应当认定为《最高人民法院、最高人民检察院关于办理利用信息网络实施诽谤等刑事案件适用法律若干问题的解释》第三条规定的"其他严重危害社会秩序的情形"。对此，可以根据犯罪方式、对象、内容、主观目的、传播范围和造成后果等，综合全案事实、性质、情节和危害程度等予以评价。

（二）坚持能动司法，依法惩治网络诽谤犯罪。网络诽谤传播广、危害大、影响难消除，被害人往往面临举证难、维权难，通过自诉很难实现权利救济，更无法通过自诉有效追究犯罪嫌疑人刑事责任。如果网络诽谤犯罪侵害了社会公共利益，就应当适用公诉程序处理。检察机关要适应新时代人民群众对人格尊严保护的更高需求，针对网络诽谤犯罪的特点，积极主动履职，加强与其他执法司法机关沟通协调，依法启动公诉程序，及时有效打击犯罪，加强对公民人格权的刑法保护，维护网络社会秩序，营造清朗网络空间。

（三）被害人已提起自诉的网络诽谤犯罪案件，因同时侵害公共利益需要适用公诉程序办理的，应当依法处理好程序转换。对自诉人已经提起自诉的网络诽谤犯罪案件，检察机关审查认为属于"严重危害社会秩序"，应当适用公诉程序的，应当履行法律监督职责，建议公安机关立案侦查。在公安机关立案后，对自诉人提起的自诉案件，人民法院尚未受理的，检察机关可以征求自诉人意见，由其撤回起诉。人民法院对自诉人的自诉案件受理以后，公安机关又立案的，检察机关可以征求自诉人意见，由其撤回起诉，或者建议人民法院依法裁定终止自诉案件的审理，以公诉案件审理。

【相关规定】

《中华人民共和国刑法》第二百四十六条

《中华人民共和国民法典》第九百九十条、第九百九十一条、第一千零二十四条

《最高人民法院、最高人民检察院关于办理利用信息网络实施诽谤等刑事案件适用法律若干问题的解释》第二条、第三条

《最高人民法院关于适用〈中华人民共和国刑事诉讼法〉的解释》第一条、第三百二十条

岳某侮辱案

（检例第 138 号）

【关键词】　网络侮辱　裸照　情节严重　严重危害社会秩序
公诉程序

【要旨】

利用信息网络散布被害人的裸体视频、照片及带有侮辱性的文字，公然侮辱他人，贬损他人人格、破坏他人名誉，导致出现被害人自杀等后果，严重危害社会秩序的，应当按照公诉程序，以侮辱罪依法追究刑事责任。

【基本案情】

被告人岳某，男，1982 年出生，农民。

被害人张某，女，殁年 34 岁。

二人系同村村民，自 2014 年开始交往。交往期间，岳某多次拍摄张某裸露身体的照片和视频。2020 年 2 月，张某与岳某断绝交往。岳某为报复张某及其家人，在自己的微信朋友圈、快手 App 散布二人交往期间拍摄的张某的裸体照片、视频，并发送给张某的家人。后岳某的该快手账号因张某举报被封号。5 月，岳某再次申请快手账号，继续散布张某的上述视频及写有侮辱性文字的张某照片，该快手 App 散布的视频、照片的浏览量达到 600 余次。

上述侮辱信息在当地迅速扩散、发酵，造成恶劣社会影响。同时，岳某还多次通过电话、微信骚扰、挑衅张某的丈夫。张某倍受舆论压力，最终不堪受辱服毒身亡。

【检察履职情况】

（一）审查逮捕

2020 年 7 月 6 日，张某的丈夫以张某被岳某强奸为由到公安机关报案。7 月 7 日，河北省肃宁县公安局立案侦查。7 月 13 日，肃宁县公安局以岳某涉嫌强奸罪向河北省肃宁县人民检察院提请批准逮捕。

肃宁县人民检察院审查认为，因张某死亡，且无其他证据，无法证实岳某实施了强奸行为，但岳某为报复张某，将张某的裸体视频及带有侮辱性文字的照片发送到微信朋友圈和快手等网络平台，公然贬损张某人格、破坏其名誉，致张某自杀，情节严重，应当以侮辱罪追究其刑事责任。岳某侮辱他人，在当地造成恶劣影响，范围较广，严重危害社会秩序，应当适用公诉程序追诉。7 月 20 日，肃宁县人民检察院以岳某涉嫌侮辱罪对其批准逮捕。

（二）审查起诉

2020 年 9 月 18 日，肃宁县公安局以岳某涉嫌侮辱罪移送审查起诉。肃宁县人民检察院受理后，根据审查情况，要求公安机关向腾讯、快手公司补充调取岳某的账号信息及发布内容，确定发布内容的浏览量，以及在当地造成的社会影响。审查后，肃宁县人民检察院于 10 月 9 日以岳某涉嫌侮辱罪提起公诉，并结合认罪认罚情况，对岳某提出有期徒刑二年八个月的量刑建议。

（三）指控与证明犯罪

2020 年 11 月 25 日，河北省肃宁县人民法院依法不公开开庭审理本案。

被告人岳某表示认罪认罚。岳某的辩护人提出，岳某的行为不构成犯罪。一是岳某的行为属于民事侵权行为，散布隐私尚未达到"情节严重"；二是岳某出于专门散布张某隐私视频和照片的目的而开设快手账号，两个账号粉丝共 4 人，不会有粉丝以外的人浏览，不符合侮辱罪"公然性"要求。公诉人答辩指出，岳某的行为已构成侮辱罪。一是张某因岳某的侮辱行为而自杀，该侮辱行为与死亡结果存在因果关系，属于"情节严重"；二是侮辱行为具有"公然性"。岳某将被害人的裸照、视频发送到网络上，使不特定多数人均可以看到，符合侮辱罪"公然性"的规定。而且，快手 App 并非只有成为粉丝才能浏览，粉丝人数少不代表浏览人数少，在案证据证实视频和照片的浏览量分别为 222次、429 次，且证人岳某坤等证实曾接收到快手同城推送的带有侮辱性文字的张某照片。

（四）处理结果

2020 年 12 月 3 日，肃宁县人民法院作出判决，采纳检察机关指控的犯罪事实和量刑建议，以侮辱罪判处岳某有期徒刑二年八个月。判决宣告后，岳某未提出上诉，判决已生效。

【指导意义】

（一）侮辱他人行为恶劣或者造成被害人精神失常、自残、自杀等严重后果的，可以认定为"情节严重"。行为人以破坏他人名誉、贬低他人人格为目的，故意在网络上对他人实施侮辱行为，如散布被害人的个人隐私、生理缺陷等，情节严重的，应当认定为侮辱罪。侮辱罪"情节严重"，包括行为恶劣、后果严重等情形，如当众撕光妇女衣服的，当众向被害人泼洒粪便、污物的，造成被害人或者其近亲属精神失常、自残、自杀的，二年内曾因侮辱受过行政处罚又侮辱他人的，在网络上散布被害人隐私导致被广泛传播的，以及其他情节严重情形。

（二）侮辱罪"严重危害社会秩序"可以结合行为方式、社会影响等综合认定。侮辱罪属于告诉才处理的犯罪，但严重危害社会秩序和国家利益的除外。行为人利用信息网络侮辱他人犯罪案件中，是否属于"严重危害社会秩序"的情形，可以根据《最高人民法院、最高人民检察院关于办理利用信息网络实施诽谤等刑事案件适用法律若干问题的解释》的相关规定予以认定。行为人在网络上散布被害人裸照、视频等严重侵犯他人隐私的信息，造成恶劣社会影响的，或者在网络上散布侮辱他人的信息，导致对被害人产生大量负面评价，造成恶劣社会影响的，不仅侵害被害人人格权，而且严重扰乱社会秩序的，可以认定为"其他严重危害社会秩序的情形"，按照公诉程序依法追诉。

（三）准确认定利用网络散布他人裸照、视频等隐私的行为性质。行为人在与被害人交往期间，获得了被害人的裸照、视频等，无论其获取行为是否合法，是否得到被害人授权，只要恶意对外散布，均应当承担相应法律责任，情节严重的，要依法追究刑事责任。对上述行为认定为侮辱罪还是强制侮辱罪，要结合行为人的主客观方面综合判断。如果行为人以破坏特定人名誉、贬低特定人人格为目的，故意在网络上对特定对象实施侮辱行为，情节严重的，应当认定为侮辱罪。如果行为人出于寻求精神刺激等动机，以暴力、胁迫或者其他方式，对妇女进行身体或者精神强制，使之不能反抗或者不敢反抗，进而实施侮辱的行为，应当认定为强制侮辱罪。

【相关规定】

《中华人民共和国刑法》第二百四十六条

《最高人民法院、最高人民检察院关于办理利用信息网络实施诽谤等刑事案件适用法律若干问题的解释》第二条、第三条、第五条

八、侵犯公民个人信息罪

柯某侵犯公民个人信息案

（检例第 140 号）

【关键词】侵犯公民个人信息　业主房源信息　身份识别　信息主体另行授权

【要旨】

业主房源信息是房产交易信息和身份识别信息的组合，包含姓名、通信通讯联系方式、住址、交易价格等内容，属于法律保护的公民个人信息。未经信息主体另行授权，非法获取、出售限定使用范围的业主房源信息，系侵犯公民个人信息的行为，情节严重、构成犯罪的，应当依法追究刑事责任。检察机关办理案件时应当对涉案公民个人信息具体甄别，筛除模糊、无效及重复信息，准确认定侵犯公民个人信息数量。

【基本案情】

被告人柯某，男，1980 年出生，系安徽某信息技术有限公司经营者，开发了"房利帮"网站。

2016 年 1 月起，柯某开始运营"房利帮"网站并开发同名手机 APP，以对外售卖上海市二手房租售房源信息为主营业务。运营期间，柯某对网站会员上传真实业主房源信息进行现金激励，吸引掌握该类信息的房产中介人员（另案处理）注册会员并向网站提供信息，有偿获取了大量包含房屋门牌号码及业主姓名、电话等非公开内容的业主房源信息。

柯某在获取上述业主房源信息后，安排员工冒充房产中介人员逐一电话联系业主进行核实，将有效的信息以会员套餐形式提供给网站会员付费查询使用。上述员工在联系核实信息过程中亦未如实告知业主获取、使用业主房源信息的情况。

自 2016 年 1 月至案发，柯某通过运营"房利帮"网站共非法获取业主房源信息 30 余万条，以会员套餐方式出售获利达人民币 150 余万元。

上海市公安局金山分局在侦办一起侵犯公民个人信息案时，发现该案犯罪嫌疑人非法出售的部分信息购自"房利帮"网站，根据最高人民法院、最高人民检察院、公安部《关于办理网络犯罪案件适用刑事诉讼法若干问题的意见》的规定，柯某获取的均为上海地区的业主信息，遂对柯某立案侦查。

【检察履职情况】

（一）引导侦查取证

2017 年 11 月 17 日，金山分局以柯某涉嫌侵犯公民个人信息罪向上海市金山区人民检察院提请批准逮捕。

11 月 24 日，金山区人民检察院作出批准逮捕决定，并建议公安机关从电子数据、言词证据两方面，针对信息性质和经营模式继续取证。公安机关根据建议，一是调取了完整的运营数据库进行鉴定，确认了信息数量；二是结合"房利帮"网站员工证言，进一步向柯某确认了该公司是由其个人控制经营，以有偿获取、出售个人信息为业，查明本案属自然人犯罪而非单位犯罪。

（二）审查起诉

2018 年 1 月 19 日，金山分局将本案移送审查起诉。经退回补充侦查并完善证据，查清了案件事实。一是对信息数据甄别去重，结合网站的资金支出和柯某供述，进一步明确了有效业主房源信息的数量；二是对相关业主开展随机调查，证实房产中介人员向"房利帮"网站上传信息未经业主事先同意或者另行授权，以及业主在信息泄露后频遭滋扰等情况。

7月27日，金山区人民检察院以柯某涉嫌侵犯公民个人信息罪提起公诉。

（三）指控与证明犯罪

2019年1月16日，上海市金山区人民法院依法公开开庭审理本案。审理中，柯某及其辩护人对柯某的业务模式、涉案信息数量等事实问题无异议，但认为柯某的行为不构成犯罪。

辩护人提出，第一，房源信息是用于房产交易的商用信息，部分信息没有业主实名，不属于刑法保护的公民个人信息；第二，网站的房源信息多由房产中介人员上传，房产中介人员获取该信息时已得到业主许可，系公开信息，网站属合理使用，无须另行授权；第三，网站对信息核实后，将真实房源信息整合，主要向房产中介人员出售，促进房产交易，符合业主意愿和利益。

公诉人答辩指出，柯某的行为依法构成犯罪。第一，业主房源信息中的门牌号码、业主电话，组合后足以识别特定自然人，且部分信息有业主姓名，符合刑法对公民个人信息的界定；第二，业主委托房产中介时提供姓名、电话等，目的是供相对的房产中介提供服务时联系使用，不能以此视为业主同意或者授权中介对社会公开；第三，柯某安排员工冒充房产中介向业主核实时，仍未如实告知信息获取的途径及用途。而且，该网站并不从事中介业务帮助业主寻找交易对象，只是将公民个人信息用于倒卖牟利。

（四）处理结果

2019年12月31日，金山区人民法院作出判决，采纳金山区人民检察院指控的犯罪事实和意见，以侵犯公民个人信息罪判处柯某有期徒刑三年，缓刑四年，并处罚金人民币一百六十万元。宣判后，柯某未提出上诉，判决已生效。

【指导意义】

（一）包含房产信息和身份识别信息的业主房源信息属于公民

个人信息。公民个人信息，是指以电子或者其他方式记录的能够单独或者与其他信息结合识别特定自然人身份或者反映特定自然人活动情况的各种信息，包括姓名、身份证件号码、通信通讯联络方式、住址、账号密码、财产状况、行踪轨迹等。业主房源信息包括房产坐落区域、面积、售租价格等描述房产特征的信息，也包含门牌号码、业主电话、姓名等具有身份识别性的信息，上述信息组合，使业主房源信息符合公民个人信息"识别特定自然人"的规定。上述信息非法流入公共领域存在较大风险。现实生活中，被害人因信息泄露被频繁滋扰，更有大量信息进入黑灰产业链，被用于电信网络诈骗、敲诈勒索等犯罪活动，严重威胁公民人身财产安全、社会公共利益，甚至危及国家信息安全，应当依法惩处。

（二）获取限定使用范围的信息需信息主体同意、授权。对生物识别、宗教信仰、特定身份、医疗健康、金融账户、行踪轨迹等敏感个人信息，进行信息处理须得到信息主体明确同意、授权。对非敏感个人信息，如上述业主电话、姓名等，应当根据具体情况作出不同处理。信息主体自愿、主动向社会完全公开的信息，可以认定同意他人获取，在不侵犯其合法利益的情况下可以合法、合理利用。但限定用途、范围的信息，如仅提供给中介供服务使用的，他人在未经另行授权的情况下，非法获取、出售，情节严重的，应当以侵犯公民个人信息罪追究刑事责任。

（三）认定公民个人信息数量，应当在全面固定数据基础上有效甄别。侵犯公民个人信息案件中，信息一般以电子数据形式存储，往往数据庞杂、真伪交织、形式多样。检察机关应当把握公民个人信息"可识别特定自然人身份或者反映特定自然人活动情况"的标准，准确提炼出关键性的识别要素，如家庭住址、电话号码、姓名等，对信息数据有效甄别。对包含上述信息的认定为有效的公民个人信息，以准确认定信息数量。

【相关规定】

《中华人民共和国刑法》第二百五十三条之一

《中华人民共和国网络安全法》第四十一条、第四十二条

《最高人民法院、最高人民检察院关于办理侵犯公民个人信息刑事案件适用法律若干问题的解释》第一条、第二条、第三条、第四条、第十一条

第四节　侵犯财产罪

一、抢劫罪

董某某、宋某某抢劫案

（法例 14 号）

【关键词】刑事　抢劫罪　未成年人犯罪　禁止令

【裁判要点】

对判处管制或者宣告缓刑的未成年被告人，可以根据其犯罪的具体情况以及禁止事项与所犯罪行的关联程度，对其适用"禁止令"。对于未成年人因上网诱发犯罪的，可以禁止其在一定期限内进入网吧等特定场所。

【相关法条】

《中华人民共和国刑法》第七十二条第二款

【基本案情】

被告人董某某、宋某某（时年 17 周岁）迷恋网络游戏，平时经常结伴到网吧上网，时常彻夜不归。2010 年 7 月 27 日 11 时许，因在网吧上网的网费用完，二被告人即伙同王某（作案时未达到刑

事责任年龄）到河南省平顶山市红旗街社区健身器材处，持刀对被害人张某某和王某某实施抢劫，抢走张某某 5 元现金及手机一部。后将所抢的手机卖掉，所得赃款用于上网。

【裁判结果】

河南省平顶山市新华区人民法院于 2011 年 5 月 10 日作出（2011）新刑未初字第 29 号刑事判决，认定被告人董某某、宋某某犯抢劫罪，分别判处有期徒刑二年六个月，缓刑三年，并处罚金人民币 1000 元。同时禁止董某某和宋某某在 36 个月内进入网吧、游戏机房等场所。宣判后，二被告人均未上诉，判决已发生法律效力。

【裁判理由】

法院生效裁判认为：被告人董某某、宋某某以非法占有为目的，以暴力威胁方法劫取他人财物，其行为均已构成抢劫罪。鉴于董某某、宋某某系持刀抢劫；犯罪时不满十八周岁，且均为初犯，到案后认罪悔罪态度较好，宋某某还是在校学生，符合缓刑条件，决定分别判处二被告人有期徒刑二年六个月，缓刑三年。考虑到被告人主要是因上网吧需要网费而诱发了抢劫犯罪；二被告人长期迷恋网络游戏，网吧等场所与其犯罪有密切联系；如果将被告人与引发其犯罪的场所相隔离，有利于家长和社区在缓刑期间对其进行有效管教，预防再次犯罪；被告人犯罪时不满十八周岁，平时自我控制能力较差，对其适用禁止令的期限确定为与缓刑考验期相同的三年，有利于其改过自新。因此，依法判决禁止二被告人在缓刑考验期内进入网吧等特定场所。

陈邓昌抢劫、盗窃，付志强盗窃案

（检例第 17 号）

【关键词】 第二审程序刑事抗诉　入户抢劫　盗窃罪　补充起诉

【基本案情】

被告人陈邓昌，男，贵州省人，1989 年出生，无业。

被告人付志强，男，贵州省人，1981 年出生，农民。

一、抢劫罪

2012 年 2 月 18 日 15 时，被告人陈邓昌携带螺丝刀等作案工具来到广东省佛山市禅城区澜石石头后二村田边街 10 巷 1 号的一间出租屋，撬门进入房间盗走现金人民币 100 元，后在客厅遇到被害人陈南姐，陈邓昌拿起铁锤威胁不让其喊叫，并逃离现场。

二、盗窃罪

1. 2012 年 2 月 23 日，被告人付志强携带作案工具来到广东省佛山市高明区荷城街道井溢村 398 号 302 房间，撬门进入房间内盗走现金人民币 300 元。

2. 2012 年 2 月 25 日，被告人付志强、陈邓昌密谋后携带作案工具到佛山市高明区荷城街道井溢村 287 号 502 出租屋，撬锁进入房间盗走一台华硕笔记本电脑（价值人民币 2905 元）。后二人以 1300 元的价格销赃。

3. 2012 年 2 月 28 日，被告人付志强携带作案工具来到佛山市高明区荷城街道井溢村 243 号 402 房间，撬锁进入房间后盗走现金人民币 1500 元。

4. 2012 年 3 月 3 日，被告人付志强、陈邓昌密谋后携带六角匙等作案工具到佛山市高明区荷城街道官当村 34 号 401 房，撬锁进入房间后盗走现金人民币 700 元。

5. 2012 年 3 月 28 日，被告人陈邓昌、叶其元、韦圣伦（后二人另案处理，均已判刑）密谋后携带作案工具来到佛山市禅城区跃进路 31 号 501 房间，叶其元负责望风，陈邓昌、韦圣伦二人撬锁进入房间后盗走联想一体化电脑一台（价值人民币 3928 元）、尼康 P300 数码相机一台（价值人民币 1813 元）及 600 元现金人民币。后在逃离现场的过程中被人发现，陈邓昌等人将一体化电脑丢弃。

6. 2012 年 4 月 3 日，被告人付志强携带作案工具来到佛山市高明区荷城街道岗头冯村 283 号 301 房间，撬锁进入房间后盗走现金人民币 7000 元。

7. 2012 年 4 月 13 日，被告人陈邓昌、叶其元、韦圣伦密谋后携带作案工具来到佛山市禅城区石湾凤凰路隔田坊 63 号 5 座 303 房间，叶其元负责望风，陈邓昌、韦圣伦二人撬锁进入房间后盗走现金人民币 6000 元、港币 900 元以及一台诺基亚 N86 手机（价值人民币 608 元）。

【诉讼过程】

2012 年 4 月 6 日，付志强因涉嫌盗窃罪被广东省佛山市公安局高明分局刑事拘留，同年 5 月 9 日被逮捕。2012 年 5 月 29 日，陈邓昌因涉嫌盗窃罪被佛山市公安局高明分局刑事拘留，同年 7 月 2 日被逮捕。2012 年 7 月 6 日，佛山市公安局高明分局以犯罪嫌疑人付志强、陈邓昌涉嫌盗窃罪向佛山市高明区人民检察院移送审查起诉。2012 年 7 月 23 日，高明区人民检察院以被告人付志强、陈邓昌犯盗窃罪向佛山市高明区人民法院提起公诉。

一审期间，高明区人民检察院经进一步审查，发现被告人陈邓昌有三起遗漏犯罪事实。2012 年 9 月 24 日，高明区人民检察院依法补充起诉被告人陈邓昌入室盗窃转化为抢劫的犯罪事实一起和陈邓昌伙同叶其元、韦圣伦共同盗窃的犯罪事实二起。

2012 年 11 月 14 日，佛山市高明区人民法院一审认为，检察机关指控被告人陈邓昌犯抢劫罪、盗窃罪，被告人付志强犯盗窃罪的犯罪事实清楚，证据确实充分，罪名成立。被告人陈邓昌在入户盗窃后被发现，为抗拒抓捕而当场使用凶器相威胁，其行为符合转化型抢劫的构成要件，应以抢劫罪定罪处罚，但不应认定为"入户抢劫"。理由是陈邓昌入户并不以实施抢劫为犯罪目的，而是在户内临时起意以暴力相威胁，且未造成被害人任何损伤，依法判决：被告人陈邓昌犯抢劫罪，处有期徒刑三年九个月，并处罚金人民币四千元；犯盗窃罪，处有期徒刑一年九个月，并处罚金人民币二千元；决定执行有期徒刑五年，并处罚金人民币六千元。被告人付志强犯盗窃罪，处有期徒刑二年，并处罚金人民币二千元。

2012 年 11 月 19 日，佛山市高明区人民检察院认为一审判决适用法律错误，造成量刑不当，依法向佛山市中级人民法院提出抗诉。2013 年 3 月 21 日，佛山市中级人民法院二审判决采纳了抗诉意见，撤销原判对原审被告人陈邓昌抢劫罪量刑部分及决定合并执行部分，依法予以改判。

【抗诉理由】

一审宣判后，佛山市高明区人民检察院审查认为一审判决未认定被告人陈邓昌的行为属于"入户抢劫"，属于适用法律错误，且造成量刑不当，应予纠正，遂依法向佛山市中级人民法院提出抗诉；佛山市人民检察院支持抗诉。抗诉和支持抗诉理由是：

1. 原判决对"入户抢劫"的理解存在偏差。原判决以"暴力行为虽然发生在户内，但是其不以实施抢劫为目的，而是在户内临时起意并以暴力相威胁，且未造成被害人任何损害"为由，未认定被告人陈邓昌所犯抢劫罪具有"入户"情节。根据 2005 年 7 月《最高人民法院关于审理抢劫、抢夺刑事案件适用法律若干问题的意见》关于认定"入户抢劫"的规定,"入户"必须以实施抢劫等犯罪为目的。但是,这里"目的"的非法性不是以抢劫罪为限,还应当包括盗窃等其他犯罪。

2. 原判决适用法律错误。2000 年 11 月《最高人民法院关于审理抢劫案件具体应用法律若干问题的解释》(以下简称《解释》)第一条第二款规定,"对于入户盗窃,因被发现而当场使用暴力或者以暴力相威胁的行为,应当认定为入户抢劫"。依据刑法和《解释》的有关规定,本案中,被告人陈邓昌入室盗窃被发现后当场使用暴力相威胁的行为,应当认定为"入户抢劫"。

3. 原判决适用法律错误,导致量刑不当。"户"对一般公民而言属于最安全的地方。"入户抢劫"不仅严重侵犯公民的财产所有权,更是危及公民的人身安全。因为被害人处于封闭的场所,通常无法求救,与发生在户外的一般抢劫相比,被害人的身心会受到更为严重的惊吓或者伤害。根据刑法第二百六十三条第一项的规定,"入户抢劫"应当判处十年以上有期徒刑、无期徒刑或者死刑,并处罚金或者没收财产。原判决对陈邓昌抢劫罪判处三年九个月有期徒刑,属于适用法律错误,导致量刑不当。

【终审判决】

广东省佛山市中级人民法院二审认为,一审判决认定原审被告人陈邓昌犯抢劫罪,原审被告人陈邓昌、付志强犯盗窃罪的事实清楚,证据确实、充分。陈邓昌入户盗窃后,被被害人当场发现,意图抗拒抓捕,当场使用暴力威胁被害人不许其喊叫,然后逃离案发现场,依法应当认定为"入户抢劫"。原判决未认定陈邓昌所犯的抢劫罪具有"入户"情节,系适用法律错误,应当予以纠正。检察机关抗诉意见成立,予以采纳。据此,依法判决:撤销一审判决对陈邓昌抢劫罪量刑部分及决定合并执行部分;判决陈邓昌犯抢劫罪,处有期徒刑十年,并处罚金人民币一万元,犯盗窃罪,处有期徒刑一年九个月，并处罚金二千元，决定执行有期徒刑十一年，并处罚金一万二千元。

【要旨】

1. 对于入户盗窃，因被发现而当场使用暴力或者以暴力相威胁的行为，应当认定为"入户抢劫"。

2. 在人民法院宣告判决前，人民检察院发现被告人有遗漏的罪行可以一并起诉和审理的，可以补充起诉。

3. 人民检察院认为同级人民法院第一审判决重罪轻判，适用刑罚明显不当的，应当提出抗诉。

【相关法律规定】

《中华人民共和国刑法》第二百六十三条、第二百六十四条、第二百六十九条、第二十五条、第六十九条；《中华人民共和国刑事诉讼法》第二百一十七条、第二百二十五条第一款第二项。

张某、沈某某等七人抢劫案

（检例第 19 号）

【关键词】 第二审程序刑事抗诉 未成年人与成年人共同犯罪 分案起诉 累犯

【基本案情】

被告人沈某某，男，1995 年 1 月出生。2010 年 3 月因抢劫罪被判拘役六个月，缓刑六个月，并处罚金五百元。

被告人胡某某，男，1995 年 4 月出生。

被告人许某，男，1993 年 1 月出生。2008 年 6 月因抢劫罪被判有期徒刑六个月，并处罚金五百元；2010 年 1 月因犯盗窃罪被判有期徒刑七个月，并处罚金一千四百元。

另四名被告人张某、吕某、蒋某、杨某，均为成年人。

被告人张某为牟利，介绍沈某某、胡某某、吕某、蒋某认识，教唆他们以暴力方式劫取助力车，并提供砍刀等犯罪工具，事后负责联系销赃分赃。2010年3月，被告人沈某某、胡某某、吕某、蒋某经被告人张某召集，并伙同被告人许某、杨某等人，经预谋，相互结伙，持砍刀、断线钳、撬棍等作案工具，在上海市内公共场所抢劫助力车。其中，被告人张某、沈某某、胡某某参与抢劫四次；被告人吕某、蒋某参与抢劫三次；被告人许某参与抢劫二次；被告人杨某参与抢劫一次。具体如下：

1. 2010年3月4日11时许，沈某某、胡某某、吕某、蒋某随身携带砍刀，至上海市长寿路699号国美电器商场门口，由吕、沈撬窃停放在该处的一辆黑色本凌牌助力车，当被害人甲制止时，沈、胡、蒋拿出砍刀威胁，沈砍击被害人致其轻伤。后吕、沈等人因撬锁不成，砸坏该车外壳后逃离现场。经鉴定，该助力车价值人民币1930元。

2. 2010年3月4日12时许，沈某某、胡某某、吕某、蒋某随身携带砍刀，结伙至上海市老沪太路万荣路路口的临时菜场门口，由胡、吕撬窃停放在该处的一辆白色南方雅马哈牌助力车，当被害人乙制止时，沈、蒋等人拿出砍刀威胁，沈砍击被害人致其轻微伤，后吕等人撬开锁将车开走。经鉴定，该助力车价值人民币2058元。

3. 2010年3月11日14时许，沈某某、胡某某、吕某、蒋某、许某随身携带砍刀，结伙至上海市胶州路669号东方典当行门口，由沈撬窃停放在该处的一辆黑色宝雕牌助力车，当被害人丙制止时，胡、蒋、沈拿出砍刀将被害人逼退到东方典当行店内，许则在一旁接应，吕上前帮助撬开车锁后由胡将车开走。经鉴定，该助力车价值人民币2660元。

4. 2010 年 3 月 18 日 14 时许，沈某某、胡某某、许某、杨某及王某（男，13 岁）随身携带砍刀，结伙至上海市上大路沪太路路口地铁七号线出口处的停车点，由胡持砍刀威胁该停车点的看车人员，杨在旁接应，沈、许等人则当场劫得助力车三辆。其中被害人丁的一辆黑色珠峰牌助力车，经鉴定，该助力车价值人民币 2090 元。

【诉讼过程】

2010 年 3、4 月，张某、吕某、蒋某、杨某以及三名未成年人沈某某、胡某某、许某因涉嫌抢劫罪先后被刑事拘留、逮捕。2010 年 6 月 21 日，上海市公安局静安分局侦查终结，以犯罪嫌疑人张某、沈某某、胡某某、吕某、蒋某、许某、杨某等七人涉嫌抢劫罪向静安区人民检察院移送审查起诉。静安区人民检察院经审查认为，本案虽系未成年人与成年人共同犯罪案件，但鉴于本案多名未成年人系共同犯罪中的主犯，不宜分案起诉。2010 年 9 月 25 日，静安区人民检察院以上述七名被告人犯抢劫罪依法向静安区人民法院提起公诉。

2010 年 12 月 15 日，静安区人民法院一审认为，七名被告人行为均构成抢劫罪，其中许某系累犯。依法判决：（一）对未成年被告人量刑如下：沈某某判处有期徒刑五年六个月，并处罚金人民币五千元，撤销缓刑，决定执行有期徒刑五年六个月，罚金人民币五千元；胡某某判处有期徒刑七年，并处罚金人民币七千元；许某判处有期徒刑五年，并处罚金人民币五千元。（二）对成年被告人量刑如下：张某判处有期徒刑十四年，剥夺政治权利二年，并处罚金人民币一万五千元；吕某判处有期徒刑十二年六个月，剥夺政治权利一年，并处罚金人民币一万二千元；蒋某判处有期徒刑十二年，剥夺政治权利一年，并处罚金人民币一万二千元；杨某判处有期徒刑二年，并处罚金人民币二千元。

2010 年 12 月 30 日，上海市静安区人民检察院认为一审判决适用法律错误，对未成年被告人的量刑不当，遂依法向上海市第二中级人民法院提出抗诉。张某以未参与抢劫，量刑过重为由，提出上诉。2011 年 6 月 16 日，上海市第二中级人民法院二审判决采纳抗诉意见，驳回上诉，撤销原判决对原审被告人沈某某、胡某某、许某抢劫罪量刑部分，依法予以改判。

【抗诉理由】

一审宣判后，上海市静安区人民检察院审查认为，一审判决对犯罪情节相对较轻的胡某某判处七年有期徒刑量刑失衡，对未成年被告人沈某某、胡某某、许某判处罚金刑未依法从宽处罚，属适用法律错误，量刑不当，遂依法向上海市第二中级人民法院提出抗诉；上海市人民检察院第二分院支持抗诉。抗诉和支持抗诉的理由是：

1. 一审判决量刑失衡，对被告人胡某某量刑偏重。本案中，被告人胡某某、沈某某均参与了四次抢劫犯罪，虽然均系主犯，但是被告人胡某某行为的社会危害性及人身危险性均小于被告人沈某某。从犯罪情节看，沈某某实施抢劫过程中直接用砍刀造成一名被害人轻伤，一名被害人轻微伤；被告人胡某某只有持刀威胁及撬车锁的行为。从犯罪时年龄看，沈某某已满十五周岁，胡某某尚未满十五周岁。从人身危险性看，沈某某因抢劫罪于 2010 年 3 月 4 日被判处拘役六个月，缓刑六个月，缓刑期间又犯新罪；胡某某系初犯。一审判决分别以抢劫罪判胡某某有期徒刑七年、沈某某有期徒刑五年六个月，属于量刑不当。

2. 一审判决适用法律错误，对未成年被告人罚金刑的适用既没有体现依法从宽，也没有体现与成年被告人罚金刑适用的区别。根据最高人民法院《关于适用财产刑若干问题的规定》《关于审理未成年人刑事案件具体应用法律若干问题的解释》的规定，对未成年人犯罪应当从轻或者减轻判处罚金。一审判决对未成年被告人判处罚金未依法从宽，均是按照同案成年被告人罚金的标准判处五千元以上的罚金，属于适用法律错误。

此外，2010 年 12 月 21 日一审判决认定未成年被告人许某系累犯正确，但审判后刑法有所修改。根据 2011 年 2 月全国人大常委会通过的《中华人民共和国刑法修正案（八）》和 2011 年 5 月最高人民法院《关于〈中华人民共和国刑法修正案（八）〉时间效力问题的解释》的有关规定，被告人许某实施犯罪时不满十八周岁，依法不构成累犯。

【终审判决】

上海市第二中级人民法院二审认为，原审判决认定抢劫罪事实清楚，定性准确，证据确实、充分。鉴于胡某某在抢劫犯罪中的地位作用略低于沈某某及对未成年犯并处罚金应当从轻或减轻处罚等实际情况，原判对胡某某主刑及对沈某某、胡某某、许某罚金刑的量刑不当，应予纠正。检察机关的抗诉意见正确，应予支持。另依法认定许某不构成累犯。据此，依法判决：撤销一审判决对原审三名未成年被告人沈某某、胡某某、许某的量刑部分；改判沈某某犯抢劫罪，处有期徒刑五年六个月，并处罚金人民币二千元，撤销缓刑，决定执行有期徒刑五年六个月，罚金人民币二千元；胡某某犯抢劫罪，处有期徒刑五年，罚金人民币二千元；许某犯抢劫罪，处有期徒刑四年，罚金人民币一千五百元。

【要旨】

1. 办理未成年人与成年人共同犯罪案件，一般应当将未成年人与成年人分案起诉，但对于未成年人系犯罪集团的组织者或者其他共同犯罪中的主犯，或者具有其他不宜分案起诉情形的，可以不分案起诉。

2. 办理未成年人与成年人共同犯罪案件，应当根据未成年人在共同犯罪中的地位、作用，综合考量未成年人实施犯罪行为的动机和目的、犯罪时的年龄、是否属于初犯、偶犯、犯罪后的悔罪表现、个人成长经历和一贯表现等因素，依法从轻或者减轻处罚。

3. 未成年人犯罪不构成累犯。

【相关法律规定】

《中华人民共和国刑法》第二百六十三条、第二十五条、第二十六条、第六十一条、第六十五条、第七十七条；《中华人民共和国刑事诉讼法》第二百一十七条、第二百二十五条第一款第二项。

马世龙（抢劫）核准追诉案

（检例第 20 号）

【关键词】核准追诉　后果严重　影响恶劣

【基本案情】

犯罪嫌疑人马世龙，男，1970 年生，吉林省公主岭市人。

1989 年 5 月 19 日下午，犯罪嫌疑人马世龙、许云刚、曹立波（后二人另案处理，均已判刑）预谋到吉林省公主岭市苇子沟街獾子洞村李树振家抢劫，并准备了面罩、匕首等作案工具。5 月 20 日零时许，三人蒙面持刀进入被害人李树振家大院，将屋门玻璃撬开后拉开门锁进入李树振卧室。马世龙、许云刚、曹立波分别持刀逼住李树振及其妻子王某，并强迫李树振及其妻子拿钱。李树振和妻子王某喊救命，曹立波、许云刚随即逃离。马世龙在逃离时被李树振拉住，遂持刀在李树振身上乱捅，随后逃脱。曹立波、许云刚、马世龙会合后将抢得的现金 380 余元分掉。李树振被送往医院抢救无效死亡。

【核准追诉案件办理过程】

案发后马世龙逃往黑龙江省七台河市打工。公安机关没有立案，也未对马世龙采取强制措施。2014 年 3 月 10 日，吉林省公主岭市公安局接到黑龙江省七台河市桃山区桃山街派出所移交案件：当地民警在对辖区内一名叫"李红"的居民进行盘查时，"李红"交待其真实姓名为马世龙，1989 年 5 月伙同他人闯入吉林省公主岭市苇子沟街獾子洞村李树振家抢劫，并将李树振用刀扎死后逃跑。当日，公主岭市公安局对马世龙立案侦查，3 月 18 日通过公主岭市人民检察院层报最高人民检察院核准追诉。

公主岭市人民检察院、四平市人民检察院、吉林省人民检察院对案件进行审查并开展了必要的调查。2014 年 4 月 8 日，吉林省人民检察院报最高人民检察院对马世龙核准追诉。

另据查明：（一）被害人妻子王某和儿子因案发时受到惊吓患上精神病，靠捡破烂为生，生活非常困难，王某强烈要求追究马世龙刑事责任。（二）案发地群众表示，李树振被抢劫杀害一案在当地造成很大恐慌，影响至今没有消除，对犯罪嫌疑人应当追究刑事责任。

最高人民检察院审查认为：犯罪嫌疑人马世龙伙同他人入室抢劫，造成一人死亡的严重后果，依据《中华人民共和国刑法》第十二条、1979 年《中华人民共和国刑法》第一百五十条规定，应当适用的法定量刑幅度的最高刑为死刑。本案对被害人家庭和亲属造成严重伤害，在案发当地造成恶劣影响，虽然经过二十年追诉期限，被害方以及案发地群众反映强烈，社会影响没有消失，不追诉可能严重影响社会稳定或者产生其他严重后果。综合上述情况，依据 1979 年《中华人民共和国刑法》第七十六条第四项规定，决定对犯罪嫌疑人马世龙核准追诉。

【案件结果】

2014年6月26日，最高人民检察院作出对马世龙核准追诉决定。2014年11月5日，吉林省四平市中级人民法院以马世龙犯抢劫罪，同时考虑其具有自首情节，判处其有期徒刑十五年，并处罚金1000元。被告人马世龙未上诉，检察机关未抗诉，一审判决生效。

【要旨】

故意杀人、抢劫、强奸、绑架、爆炸等严重危害社会治安的犯罪，经过二十年追诉期限，仍然严重影响人民群众安全感，被害方、案发地群众、基层组织等强烈要求追究犯罪嫌疑人刑事责任，不追诉可能影响社会稳定或者产生其他严重后果的，对犯罪嫌疑人应当追诉。

【相关法律规定】

《中华人民共和国刑法》第十二条、第六十七条；1979年《中华人民共和国刑法》第七十六条、第一百五十条。

蔡金星、陈国辉等（抢劫）不核准追诉案

（检例第 23 号）

【关键词】　不予核准追诉　　悔罪表现　　共同犯罪

【基本案情】

犯罪嫌疑人蔡金星，男，1963年生，福建省莆田市人。

犯罪嫌疑人陈国辉，男，1963年生，福建省莆田市人。

犯罪嫌疑人蔡金星、林俊雄于1991年初认识了在福建、安徽两地从事鳗鱼苗经营的一男子（姓名身份不详），该男子透露莆田市多人集资14万余元赴芜湖市购买鳗鱼苗，让蔡金星、林俊雄设

法将钱款偷走或抢走，自己作为内应。蔡金星、林俊雄遂召集陈国辉、李建忠、蔡金文、陈锦城赶到芜湖市。经事先"踩点"，蔡金星、陈国辉等六人携带凶器及作案工具，于 1991 年 3 月 12 日上午租乘一辆面包车到被害人林文忠租住的房屋附近。按照事先约定，蔡金星在车上等候，其余五名犯罪嫌疑人进入屋内，陈国辉上前按住林文忠，其他人用水果刀逼迫林文忠，抢到装在一个密码箱内的 14 万余元现金后逃跑。

【核准追诉案件办理过程】

1991 年 3 月 12 日，被害人林文忠到芜湖市公安局报案，4 月 18 日芜湖市公安局对犯罪嫌疑人李建忠、蔡金文、陈锦城进行通缉，4 月 23 日对三人作出刑事拘留决定。李建忠于 2011 年 9 月 21 日被江苏省连云港市公安局抓获，蔡金文、陈锦城于 2011 年 12 月 8 日在福建省莆田市投案（三名犯罪嫌疑人另案处理，均已判刑）。李建忠、蔡金文、陈锦城到案后，供出同案犯罪嫌疑人蔡金星、陈国辉、林俊雄（已死亡）三人。莆田市公安局于 2012 年 3 月 9 日将犯罪嫌疑人蔡金星、陈国辉抓获。2012 年 3 月 12 日，芜湖市公安局对两名犯罪嫌疑人刑事拘留（后取保候审），并通过芜湖市人民检察院层报最高人民检察院核准追诉。

芜湖市人民检察院、安徽省人民检察院分别对案件进行审查并开展了必要的调查。2012 年 12 月 4 日，安徽省人民检察院报最高人民检察院对蔡金星、陈国辉核准追诉。

另据查明：（一）犯罪嫌疑人蔡金星、陈国辉与被害人（林文忠等当年集资做生意的群众）达成和解协议，并支付被害人 40 余万元赔偿金（包括直接损失和间接损失），各被害人不再要求追究其刑事责任。（二）蔡金星、陈国辉居住地基层组织未发现二人有违法犯罪行为，建议司法机关酌情不予追诉。

最高人民检察院审查认为：犯罪嫌疑人蔡金星、陈国辉伙同他人入户抢劫 14 万余元，依据《中华人民共和国刑法》第十二条、1979 年《中华人民共和国刑法》第一百五十条规定，应当适用的法定量刑幅度的最高刑为死刑。本案发生在 1991 年 3 月 12 日，案发后公安机关只发现了犯罪嫌疑人李建忠、蔡金文、陈锦城，在追诉期限内没有发现犯罪嫌疑人蔡金星、陈国辉，二人在案发后也没有再犯罪，因此已超过二十年追诉期限。本案虽然犯罪数额巨大，但未造成被害人人身伤害等其他严重后果。犯罪嫌疑人与被害人达成和解协议，并实际赔偿了被害人损失，被害人不再要求追究其刑事责任。综合上述情况，本案不属于必须追诉的情形，依据 1979 年《中华人民共和国刑法》第七十六条第四项规定，决定对蔡金星、陈国辉不予核准追诉。

【案件结果】

2012 年 12 月 31 日，最高人民检察院作出对蔡金星、陈国辉不予核准追诉决定。2013 年 2 月 20 日，芜湖市公安局对蔡金星、陈国辉解除取保候审。

【要旨】

1. 涉嫌犯罪已过二十年追诉期限，犯罪嫌疑人没有再犯罪危险性，并且通过赔礼道歉、赔偿损失等方式积极消除犯罪影响，被害方对犯罪嫌疑人表示谅解，犯罪破坏的社会秩序明显恢复，不追诉不会影响社会稳定或者产生其他严重后果的，对犯罪嫌疑人可以不再追诉。

2. 1997 年 9 月 30 日以前实施的共同犯罪，已被司法机关采取强制措施的犯罪嫌疑人逃避侦查或者审判的，不受追诉期限限制。司法机关在追诉期限内未发现或者未采取强制措施的犯罪嫌疑人，应当受追诉期限限制；涉嫌犯罪应当适用的法定量刑幅度的最高刑为无期徒刑、死刑，犯罪行为发生二十年以后认为必须追诉的，须报请最高人民检察院核准。

【相关法律规定】

《中华人民共和国刑法》第十二条；1979 年《中华人民共和国刑法》第二十二条、七十六条、第一百五十条。

胡某某抢劫案

（检例第 103 号）

【关键词】　抢劫　在校学生　附条件不起诉　调整考验期

【要旨】

办理附条件不起诉案件，应当准确把握其与不起诉的界限。对于涉罪未成年在校学生附条件不起诉，应当坚持最有利于未成年人健康成长原则，找准办案、帮教与保障学业的平衡点，灵活掌握办案节奏和考察帮教方式。要阶段性评估帮教成效，根据被附条件不起诉人角色转变和个性需求，动态调整考验期限和帮教内容。

【基本案情】

被附条件不起诉人胡某某，男，作案时 17 周岁，高中学生。

2015 年 7 月 20 日晚，胡某某到某副食品商店，谎称购买饮料，趁店主方某某不备，用网购的电击器杵方某某腰部索要钱款，致方某某轻微伤。后方某某将电击器夺下，胡某某逃跑，未劫得财物。归案后，胡某某的家长赔偿了被害人全部损失，获得谅解。

【检察机关履职过程】

（一）补充社会调查，依法作出不批准逮捕决定。案件提请批准逮捕后，针对公安机关移送的社会调查报告不能充分反映胡某某犯罪原因的问题，检察机关及时补充开展社会调查，查明：

胡某某高一时父亲离世，为减轻经济负担，母亲和姐姐忙于工作，与胡某某沟通日渐减少。丧父打击、家庭氛围变化、缺乏关爱等多重因素导致胡某某逐渐沾染吸烟、饮酒等劣习，高二时因成绩严重下滑转学重读高一。案发前，胡某某与母亲就是否直升高三参加高考问题发生激烈冲突，母亲希望其重读高二以提高成绩，胡某某则希望直升高三报考个人感兴趣的表演类院校。在学习、家庭的双重压力下，胡某某产生了制造事端迫使母亲妥协的想法，继而实施抢劫。案发后，胡某某母亲表示愿意改进教育方式，加强监护。检察机关针对胡某某的心理问题，委托心理咨询师对其开展心理测评和心理疏导。在上述工作基础上，检察机关综合评估认为：胡某某此次犯罪主要是由于家庭变故、亲子矛盾、青春期叛逆，加之法治意识淡薄，冲动犯罪，认罪悔罪态度好，具备帮教条件，同时鉴于其赔偿了被害人损失，取得了被害人谅解，遂依法作出不批准逮捕决定。

（二）综合评估，依法适用附条件不起诉。案件审查起诉过程中，有观点认为，胡某某罪行较轻，具有未成年、犯罪未遂、坦白等情节，认罪悔罪，取得被害人谅解，其犯罪原因主要是身心不成熟，亲子矛盾处理不当，因此可直接作出不起诉决定。检察机关认真审查并听取各方面意见后认为，抢劫罪法定刑为三年有期徒刑以上刑罚，根据各种量刑情节，调节基准刑后测算胡某某可能判处有期徒刑十个月至一年，不符合犯罪情节轻微不需要判处刑罚或可以免除刑罚，直接作出不起诉决定的条件。同时，胡某某面临的学习压力短期内无法缓解，参考社会调查、心理疏导的情况，判断其亲子关系调适、不良行为矫正尚需一个过程，为保障其学业、教育管束和预防再犯，从最有利于未成年人健康成长出发，对胡某某附条件不起诉更有利于其回归社会。2016 年 3 月 11 日，检察机关对胡某某作出附条件不起诉决定，考验期一年。

（三）立足帮教目标，对照负面行为清单设置所附条件，协调各方开展精准帮教。检察机关立足胡某某系在校学生的实际，围绕亲子共同需求，确立"学业提升进步，亲子关系改善"的帮教目标，并且根据社会调查列出阻碍目标实现的负面行为清单设置所附条件，如：遵守校纪校规；不得进入娱乐场所；不得吸烟、饮酒；接受心理辅导；接受监护人监管；定期参加社区公益劳动；阅读法治书籍并提交学习心得等。在此基础上，检察机关联合学校、社区、家庭三方成立考察帮教小组，围绕所附条件，制定方案，分解任务，精准帮教。学校选派老师督促备考，关注心理动态，社区为其量身定制公益劳动项目，家庭成员接受"正面管教"家庭教育指导，改善亲子关系。检察机关立足保障学业，灵活掌握帮教的频率与方式，最大程度减少对其学习、生活的影响。组建帮教小组微信群，定期反馈与实时监督相结合，督促各方落实帮教责任，对帮教进度和成效进行跟踪考察，同时要求控制知情范围，保护胡某某隐私。针对胡某某的犯罪源于亲子矛盾这一"症结"，检察机关协同公安民警、被害人、法律援助律师、法定代理人从法、理、情三个层面真情劝诫，胡某某表示要痛改前非。

（四）阶段性评估，动态调整考验期限和帮教措施。考验期内，胡某某表现良好，参加高考并考上某影视职业学院，还积极参与公益活动。鉴于胡某某表现良好、考上大学后角色转变等情况，检察机关组织家长、学校、心理咨询师、社区召开"圆桌会议"听取各方意见。经综合评估，各方一致认为原定考验期限和帮教措施已不适应当前教育矫治需求，有必要作出调整。2016 年 9 月，检察机关决定将胡某某的考验期缩短为八个月，并对最后两个月的帮教内容进行针对性调整：开学前安排其参加企业实习，引导职业规划，开学后指导阅读法律读物，继续筑牢守法堤坝。11 月 10 日考验期届满，检察机关依法对其作出不起诉决定，并进行相关记录封存。目前，胡某某已经大学毕业，在某公司从事设计工作，心态乐观积极，家庭氛围融洽。

【指导意义】

（一）办理附条件不起诉案件，应当注意把握附条件不起诉与不起诉之间的界限。根据刑事诉讼法第一百七十七条第二款，检察机关对于犯罪情节轻微，依照刑法规定不需要判处刑罚或者可以免除刑罚的犯罪嫌疑人，可以决定不起诉。而附条件不起诉的适用条件是可能判处一年有期徒刑以下刑罚，符合起诉条件，但有悔罪表现的未成年犯罪嫌疑人，且只限定于涉嫌刑法分则第四章、第五章、第六章规定的犯罪。对于犯罪情节轻微符合不起诉条件的未成年犯罪嫌疑人，应依法适用不起诉，不能以附条件不起诉代替不起诉。对于未成年犯罪嫌疑人涉嫌刑法分则第四章、第五章、第六章规定的犯罪，根据犯罪情节和悔罪表现，尚未达到不需要判处刑罚或者可以免除刑罚程度，综合考虑可能判处一年有期徒刑以下刑罚，适用附条件不起诉能更好地达到矫正效果，促使其再社会化的，应依法适用附条件不起诉。

（二）对涉罪未成年在校学生适用附条件不起诉，应当最大限度减少对其学习、生活的影响。坚持最有利于未成年人健康成长原则，立足涉罪在校学生教育矫治和回归社会，应尽可能保障其正常学习和生活。在法律规定的办案期限内，检察机关可灵活掌握办案节奏和方式，利用假期和远程方式办案帮教，在心理疏导、隐私保护等方面提供充分保障，达到教育、管束和保护的有机统一。

（三）对于已确定的考验期限和考察帮教措施，经评估后认为不能适应教育矫治需求的，可以适时动态调整。对于在考验期中经历考试、升学、求职等角色转变的被附条件不起诉人，应当及时对考察帮教情况、效果进行评估，根据考察帮教的新情况和新变化，有针对性地调整考验期限和帮教措施，巩固提升帮教成效，促其早日顺利回归社会。考验期限和帮教措施在调整前，应当充分听取各方意见。

【相关规定】

《中华人民共和国刑法》第二百六十三条

《中华人民共和国刑事诉讼法》第一百七十七条、第二百七十七条、第二百七十九条、第二百八十二条、第二百八十三条、第二百八十四条

《人民检察院刑事诉讼规则》第四百六十一条、第四百六十三条、第四百七十六条、第四百八十条

《人民检察院办理未成年人刑事案件的规定》第二十九条、第四十条、第四十一条、第四十二条、第四十三条

《未成年人刑事检察工作指引（试行）》第一百九十四条

二、盗窃罪

张四毛盗窃案

（检例第 37 号）

【关键词】　盗窃　网络域名　财产属性　域名价值

【基本案情】

被告人张四毛，男，1989 年 7 月生，无业。

2009 年 5 月，被害人陈某在大连市西岗区登录网络域名注册网站，以人民币 11.85 万元竞拍取得 "WWW.8.CC" 域名，并交由域名维护公司维护。

被告人张四毛预谋窃取陈某拥有的域名 "WWW.8.CC"，其先利用技术手段破解该域名所绑定的邮箱密码，后将该网络域名转移

绑定到自己的邮箱上。2010 年 8 月 6 日，张四毛将该域名从原有的维护公司转移到自己在另一网络公司申请的 ID 上，又于 2011 年 3 月 16 日将该网络域名再次转移到张四毛冒用"龙嫦"身份申请的 ID 上，并更换绑定邮箱。2011 年 6 月，张四毛在网上域名交易平台将网络域名 "WWW.8.CC" 以人民币 12.5 万元出售给李某。2015 年 9 月 29 日，张四毛被公安机关抓获。

【诉讼过程和结果】

本案由辽宁省大连市西岗区人民检察院于 2016 年 3 月 22 日以被告人张四毛犯盗窃罪向大连市西岗区人民法院提起公诉。2016 年 5 月 5 日，大连市西岗区人民法院作出判决，认定被告人张四毛的行为构成盗窃罪，判处有期徒刑四年七个月，并处罚金人民币五万元。一审宣判后，当事人未上诉，判决已生效。

【要旨】

网络域名具备法律意义上的财产属性，盗窃网络域名可以认定为盗窃行为。

【指导意义】

网络域名是网络用户进入门户网站的一种便捷途径，是吸引网络用户进入其网站的窗口。网络域名注册人注册了某域名后，该域名将不能再被其他人申请注册并使用，因此网络域名具有专属性和唯一性。网络域名属稀缺资源，其所有人可以对域名行使出售、变更、注销、抛弃等处分权利。网络域名具有市场交换价值，所有人可以以货币形式进行交易。通过合法途径获得的网络域名，其注册人利益受法律承认和保护。本案中，行为人利用技术手段，通过变更网络域名绑定邮箱及注册 ID，实现了对域名的非法占有，并使原所有人丧失了对网络域名的合法占有和控制，其目的是为了非法获取网络域名的财产价值，其行为给网络域名的所有人带来直接的经济损失。该行为符合以非法占有为目的窃取他人财产利益的盗窃罪本质属性，应以盗窃罪论处。对于网络域名的价值，当前可综合考虑网络域名的购入价、销赃价、域名升值潜力、市场热度等综合认定。

【相关法律规定】

《中华人民共和国刑法》

第二百六十四条　盗窃公私财物，数额较大的，或者多次盗窃、入户盗窃、携带凶器盗窃、扒窃的，处三年以下有期徒刑、拘役或者管制，并处或者单处罚金；数额巨大或者有其他严重情节的，处三年以上十年以下有期徒刑，并处罚金；数额特别巨大或者有其他特别严重情节的，处十年以上有期徒刑或者无期徒刑，并处罚金或者没收财产。

《中国互联网络域名管理办法》

第二十八条　域名注册申请者应当提交真实、准确、完整的域名注册信息，并与域名注册服务机构签订用户注册协议。

域名注册完成后，域名注册申请者即成为其注册域名的持有者。

第二十九条　域名持有者应当遵守国家有关互联网络的法律、行政法规和规章。

因持有或使用域名而侵害他人合法权益的责任，由域名持有者承担。

第三十条　注册域名应当按期缴纳域名运行费用。域名注册管理机构应当制定具体的域名运行费用收费办法，并报信息产业部备案。

三、诈骗罪

臧进泉等盗窃、诈骗案

（法例 27 号）

【关键词】 刑事　盗窃　诈骗　利用信息网络

【裁判要点】

行为人利用信息网络，诱骗他人点击虚假链接而实际通过预先植入的计算机程序窃取财物构成犯罪的，以盗窃罪定罪处罚；虚构可供交易的商品或者服务，欺骗他人点击付款链接而骗取财物构成犯罪的，以诈骗罪定罪处罚。

【相关法条】

《中华人民共和国刑法》第二百六十四条、第二百六十六条

【基本案情】

一、盗窃事实

2010 年 6 月 1 日，被告人郑必玲骗取被害人金某 195 元后，获悉金某的建设银行网银账户内有 305000 余元存款且无每日支付限额，遂电话告知被告人臧进泉，预谋合伙作案。臧进泉赶至网吧后，以尚未看到金某付款成功的记录为由，发送给金某一个交易金额标注为 1 元而实际植入了支付 305000 元的计算机程序的虚假链接，谎称金某点击该 1 元支付链接后，其即可查看到付款成功的记录。金某在诱导下点击了该虚假链接，其建设银行网银账户中的 305000 元随即通过臧进泉预设的计算机程序，经上海快钱信息服务有限公司的平台支付到臧进泉提前在福州海都阳光信息科技有限公司注册的 "kissal23" 账户中。臧进泉使用其中的 116863 元购买大量游戏点卡，并在 "小泉先生哦" 的淘宝网店上出售套现。案发

后，公安机关追回赃款187126.31元发还被害人。

二、诈骗事实

2010年5月至6月间，被告人臧进泉、郑必玲、刘涛分别以虚假身份开设无货可供的淘宝网店铺，并以低价吸引买家。三被告人事先在网游网站注册一账户，并对该账户预设充值程序，充值金额为买家欲支付的金额，后将该充值程序代码植入一个虚假淘宝网链接中。与买家商谈好商品价格后，三被告人各自以方便买家购物为由，将该虚假淘宝网链接通过阿里旺旺聊天工具发送给买家。买家误以为是淘宝网链接而点击该链接进行购物、付款，并认为所付货款会汇入支付宝公司为担保交易而设立的公用账户，但该货款实际通过预设程序转入网游网站在支付宝公司的私人账户，再转入被告人事先在网游网站注册的充值账户中。三被告人获取买家货款后，在网游网站购买游戏点卡、腾讯Q币等，然后将其按事先约定统一放在臧进泉的"小泉先生哦"的淘宝网店铺上出售套现，所得款均汇入臧进泉的工商银行卡中，由臧进泉按照获利额以约定方式分配。

被告人臧进泉、郑必玲、刘涛经预谋后，先后到江苏省苏州市、无锡市、昆山市等地网吧采用上述手段作案。臧进泉诈骗22000元，获利5000余元，郑必玲诈骗获利5000余元，刘涛诈骗获利12000余元。

【裁判结果】

浙江省杭州市中级人民法院于2011年6月1日作出（2011）浙杭刑初字第91号刑事判决：一、被告人臧进泉犯盗窃罪，判处有期徒刑十三年，剥夺政治权利一年，并处罚金人民币三万元；犯诈骗罪，判处有期徒刑二年，并处罚金人民币五千元，决定执行有期徒刑十四年六个月，剥夺政治权利一年，并处罚金人民币三万五千元。二、被告人郑必玲犯盗窃罪，判处有期徒刑十年，剥夺政治权利一年，并处罚金人民币一万元；犯诈骗罪，判处有期徒刑六个月，并处罚金人民币二千元，决定执行有期徒刑十年三个月，剥夺政治权利一年，并处罚金人民币一万二千元。三、被告人刘涛犯诈骗罪，判处有期徒刑一年六个月，并处罚金人民币五千元。宣判后，臧进泉提出上诉。浙江省高级人民法院于 2011 年 8 月 9 日作出（2011）浙刑三终字第 132 号刑事裁定，驳回上诉，维持原判。

【裁判理由】

法院生效裁判认为：盗窃是指以非法占有为目的，秘密窃取公私财物的行为；诈骗是指以非法占有为目的，采用虚构事实或者隐瞒真相的方法，骗取公私财物的行为。对既采取秘密窃取手段又采取欺骗手段非法占有财物行为的定性，应从行为人采取主要手段和被害人有无处分财物意识方面区分盗窃与诈骗。如果行为人获取财物时起决定性作用的手段是秘密窃取，诈骗行为只是为盗窃创造条件或作掩护，被害人也没有"自愿"交付财物的，就应当认定为盗窃；如果行为人获取财物时起决定性作用的手段是诈骗，被害人基于错误认识而"自愿"交付财物，盗窃行为只是辅助手段的，就应当认定为诈骗。在信息网络情形下，行为人利用信息网络，诱骗他人点击虚假链接而实际上通过预先植入的计算机程序窃取他人财物构成犯罪的，应当以盗窃罪定罪处罚；行为人虚构可供交易的商品或者服务，欺骗他人为支付货款点击付款链接而获取财物构成犯罪的，应当以诈骗罪定罪处罚。本案中，被告人臧进泉、郑必玲使用预设计算机程序并植入的方法，秘密窃取他人网上银行账户内巨额钱款，其行为均已构成盗窃罪。臧进泉、郑必玲和被告人刘涛以非法占有为目的，通过开设虚假的网络店铺和利用伪造的购物链接骗取他人数额较大的货款，其行为均已构成诈骗罪。对臧进泉、郑必玲所犯数罪，应依法并罚。

关于被告人臧进泉及其辩护人所提非法获取被害人金某的网银账户内 305000 元的行为，不构成盗窃罪而是诈骗罪的辩解与辩护意见，经查，臧进泉和被告人郑必玲在得知金某网银账户内有款后，即产生了通过植入计算机程序非法占有目的；随后在网络聊天中诱导金某同意支付 1 元钱，而实际上制作了一个表面付款"1元"却支付 305000 元的假淘宝网链接，致使金某点击后，其网银账户内 305000 元即被非法转移到臧进泉的注册账户中，对此金某既不知情，也非自愿。可见，臧进泉、郑必玲获取财物时起决定性作用的手段是秘密窃取，诱骗被害人点击"1 元"的虚假链接系实施盗窃的辅助手段，只是为盗窃创造条件或作掩护，被害人也没有"自愿"交付巨额财物，获取银行存款实际上是通过隐藏的事先植入的计算机程序来窃取的，符合盗窃罪的犯罪构成要件，依照刑法第二百六十四条、第二百八十七条的规定，应当以盗窃罪定罪处罚。故臧进泉及其辩护人所提上述辩解和辩护意见与事实和法律规定不符，不予采纳。

董亮等四人诈骗案

（检例第 38 号）

【关键词】　诈骗　自我交易　打车软件　骗取补贴
【基本案情】

被告人董亮，男，1981 年 9 月生，无固定职业。

被告人谈申贤，男，1984 年 7 月生，无固定职业。

被告人高炯，男，1974 年 12 月生，无固定职业。

被告人宋瑞华，女，1977 年 4 月生，原系上海杨浦火车站员工。

2015 年，某网约车平台注册登记司机董亮、谈申贤、高炯、宋瑞华，分别用购买、租赁未实名登记的手机号注册网约车乘客端，并在乘客端账户内预充打车费一二十元。随后，他们各自虚构用车订单，并用本人或其实际控制的其他司机端账户接单，发起较短距离用车需求，后又故意变更目的地延长乘车距离，致使应付车费大幅提高。由于乘客端账户预存打车费较少，无法支付全额车费。网约车公司为提升市场占有率，按照内部规定，在这种情况下由公司垫付车费，同样给予司机承接订单的补贴。四被告人采用这一手段，分别非法获取网约车公司垫付车费及公司给予司机承接订单的补贴。董亮获取 40664.94 元，谈申贤获取 14211.99 元，高炯获取 38943.01 元，宋瑞华获取 6627.43 元。

【诉讼过程和结果】

本案由上海市普陀区人民检察院于 2016 年 4 月 1 日以被告人董亮、谈申贤、高炯、宋瑞华犯诈骗罪向上海市普陀区人民法院提起公诉。2016 年 4 月 18 日，上海市普陀区人民法院作出判决，认定被告人董亮、谈申贤、高炯、宋瑞华的行为构成诈骗罪，综合考虑四被告人到案后能如实供述自己的罪行，依法可从轻处罚，四被告人家属均已代为全额退赔赃款，可酌情从轻处罚，分别判处被告人董亮有期徒刑一年，并处罚金人民币一千元；被告人谈申贤有期徒刑十个月，并处罚金人民币一千元；被告人高炯有期徒刑一年，并处罚金人民币一千元；被告人宋瑞华有期徒刑八个月，并处罚金人民币一千元；四被告人所得赃款依法发还被害单位。一审宣判后，四被告人未上诉，判决已生效。

【要旨】

以非法占有为目的，采用自我交易方式，虚构提供服务事实，骗取互联网公司垫付费用及订单补贴，数额较大的行为，应认定为诈骗罪。

【指导意义】

当前，网络约车、网络订餐等互联网经济新形态发展迅速。

一些互联网公司为抢占市场，以提供订单补贴的形式吸引客户参与。某些不法分子采取违法手段，骗取互联网公司给予的补贴，数额较大的，可以构成诈骗罪。

在网络约车中，行为人以非法占有为目的，通过网约车平台与网约车公司进行交流，发出虚构的用车需求，使网约车公司误认为是符合公司补贴规则的订单，基于错误认识，给予行为人垫付车费及订单补贴的行为，符合诈骗罪的本质特征，是一种新型诈骗罪的表现形式。

【相关法律规定】

《中华人民共和国刑法》

第二百六十六条 诈骗公私财物，数额较大的，处三年以下有期徒刑、拘役或者管制，并处或者单处罚金；数额巨大或者有其他严重情节的，处三年以上十年以下有期徒刑，并处罚金；数额特别巨大或者有其他特别严重情节的，处十年以上有期徒刑或者无期徒刑，并处罚金或者没收财产。本法另有规定的，依照规定。

张凯闵等 52 人电信网络诈骗案

（检例第 67 号）

【关键词】跨境电信网络诈骗 境外证据审查 电子数据 引导取证

【要旨】

跨境电信网络诈骗犯罪往往涉及大量的境外证据和庞杂的电子数据。对境外获取的证据应着重审查合法性，对电子数据应着重审查客观性。主要成员固定，其他人员有一定流动性的电信网络诈骗犯罪组织，可认定为犯罪集团。

【基本案情】

被告人张凯闵，男，1981年11月21日出生，中国台湾地区居民，无业。

林金德等其他被告人、被不起诉人基本情况略。

2015年6月至2016年4月间，被告人张凯闵等52人先后在印度尼西亚共和国和肯尼亚共和国参加对中国大陆居民进行电信网络诈骗的犯罪集团。在实施电信网络诈骗过程中，各被告人分工合作，其中部分被告人负责利用电信网络技术手段对大陆居民的手机和座机电话进行语音群呼，群呼的主要内容为"有快递未签收，经查询还有护照签证即将过期，将被限制出境管制，身份信息可能遭泄露"等。当被害人按照语音内容操作后，电话会自动接通冒充快递公司客服人员的一线话务员。一线话务员以帮助被害人报案为由，在被害人不挂断电话时，将电话转接至冒充公安局办案人员的二线话务员。二线话务员向被害人谎称"因泄露的个人信息被用于犯罪活动，需对被害人资金流向进行调查"，欺骗被害人转账、汇款至指定账户。如果被害人对二线话务员的说法仍有怀疑，二线话务员会将电话转给冒充检察官的三线话务员继续实施诈骗。

至案发，张凯闵等被告人通过上述诈骗手段骗取75名被害人钱款共计人民币2300余万元。

【指控与证明犯罪】

（一）介入侦查引导取证

由于本案被害人均是中国大陆居民，根据属地管辖优先原则，2016年4月，肯尼亚将76名电信网络诈骗犯罪嫌疑人（其中大陆居民32人，我国台湾地区居民44人）遣返中国大陆。经初步审查，张凯闵等41人与其他被遣返的人分属互不关联的诈骗团伙，公安机关依法分案处理。2016年5月，北京市人民检察院第二分院经指定管辖本案，并应公安机关邀请，介入侦查引导取证。

鉴于肯尼亚在遣返犯罪嫌疑人前已将起获的涉案笔记本电脑、语音网关（指能将语音通信集成到数据网络中实现通信功能的设备）、手机等物证移交我国公安机关，为确保证据的客观性、关联性和合法性，检察机关就案件证据需要达到的证明标准以及涉外电子数据的提取等问题与公安机关沟通，提出提取、恢复涉案的 Skype 聊天记录、Excel 和 Word 文档、网络电话拨打记录清单等电子数据，并对电子数据进行无污损鉴定的意见。在审查电子数据的过程中，检察人员与侦查人员在恢复的 Excel 文档中找到多份"返乡订票记录单"以及早期大量的 Skype 聊天记录。依据此线索，查实部分犯罪嫌疑人在去肯尼亚之前曾在印度尼西亚两度针对中国大陆居民进行诈骗，诈骗数额累计达 2000 余万元人民币。随后，11 名曾在印度尼西亚参与张凯闵团伙实施电信诈骗，未赴肯尼亚继续诈骗的犯罪嫌疑人陆续被缉捕到案。至此，张凯闵案 52 名犯罪嫌疑人全部到案。

（二）审查起诉

审查起诉期间，在案犯罪嫌疑人均表示认罪，但对其在犯罪集团中的作用和参与犯罪数额各自作出辩解。

经审查，北京市人民检察院第二分院认为现有证据足以证实张凯闵等人利用电信网络实施诈骗，但案件证据还存在以下问题：一是电子数据无污损鉴定意见的鉴定起始基准时间晚于犯罪嫌疑人归案的时间近 11 个小时，不能确定在此期间电子数据是否被增加、删除、修改。二是被害人与诈骗犯罪组织间的关联性证据调取不完整，无法证实部分被害人系本案犯罪组织所骗。三是我国台湾地区警方提供的我国台湾地区犯罪嫌疑人出入境记录不完整，北京市公安局出入境管理总队出具的出入境记录与犯罪嫌疑人的供述等其他证据不尽一致，现有证据不能证实各犯罪嫌疑人参加诈骗犯罪组织的具体时间。

针对上述问题，北京市人民检察院第二分院于2016年12月17日、2017年3月7日两次将案件退回公安机关补充侦查，并提出以下补充侦查意见：一是通过中国驻肯尼亚大使馆确认抓获犯罪嫌疑人和外方起获物证的具体时间，将此时间作为电子数据无污损鉴定的起始基准时间，对电子数据重新进行无污损鉴定，以确保电子数据的客观性。二是补充调取犯罪嫌疑人使用网络电话与被害人通话的记录、被害人向犯罪嫌疑人指定银行账户转账汇款的记录、犯罪嫌疑人的收款账户交易明细等证据，以准确认定本案被害人。三是调取各犯罪嫌疑人护照，由北京市公安局出入境管理总队结合护照，出具完整的出入境记录，补充讯问负责管理护照的犯罪嫌疑人，核实部分犯罪嫌疑人是否中途离开过诈骗窝点，以准确认定各犯罪嫌疑人参加犯罪组织的具体时间。补充侦查期间，检察机关就补侦事项及时与公安机关加强当面沟通，落实补证要求。与此同时，检察人员会同侦查人员共赴国家信息中心电子数据司法鉴定中心，就电子数据提取和无污损鉴定等问题向行业专家咨询，解决了无污损鉴定的具体要求以及提取、固定电子数据的范围、程序等问题。检察机关还对公安机关以《司法鉴定书》记录电子数据勘验过程的做法提出意见，要求将《司法鉴定书》转化为勘验笔录。通过上述工作，全案证据得到进一步完善，最终形成补充侦查卷21册，为案件的审查和提起公诉奠定了坚实基础。

检察机关经审查认为，根据肯尼亚警方出具的《调查报告》、我国驻肯尼亚大使馆出具的《情况说明》以及公安机关出具的扣押决定书、扣押清单等，能够确定境外获取的证据来源合法，移交过程真实、连贯、合法。国家信息中心电子数据司法鉴定中心重新作出的无污损鉴定，鉴定的起始基准时间与肯尼亚警方抓获犯罪嫌疑人并起获涉案设备的时间一致，能够证实电子数据的真实性。涉案笔记本电脑和手机中提取的 Skype 账户登录信息等电子数据与犯罪嫌疑人的供述相互印证，能够确定犯罪嫌疑人的网络身份和现实身份具有一致性。75 名被害人与诈骗犯罪组织间的关联性证据已补充到位，具体表现为：网络电话、Skype 聊天记录等与被害人陈述的诈骗电话号码、银行账号等证据相互印证；电子数据中的聊天时间、通话时间与银行交易记录中的转账时间相互印证；被害人陈述的被骗经过与被告人供述的诈骗方式相互印证。本案的 75 名被害人被骗的证据均满足上述印证关系。

（三）出庭指控犯罪

2017 年 4 月 1 日，北京市人民检察院第二分院根据犯罪情节，对该诈骗犯罪集团中的 52 名犯罪嫌疑人作出不同处理决定。对张凯闵等 50 人以诈骗罪分两案向北京市第二中级人民法院提起公诉，对另 2 名情节较轻的犯罪嫌疑人作出不起诉决定。7 月 18 日、7 月 19 日，北京市第二中级人民法院公开开庭审理了本案。

庭审中，50 名被告人对指控的罪名均未提出异议，部分被告人及其辩护人主要提出以下辩解及辩护意见：一是认定犯罪集团缺乏法律依据，应以被告人实际参与诈骗成功的数额认定其犯罪数额。二是被告人系犯罪组织雇佣的话务员，在本案中起次要和辅助作用，应认定为从犯。三是检察机关指控的犯罪金额证据不足，没有形成完整的证据链条，不能证明被害人是被告人所骗。

针对上述辩护意见，公诉人答辩如下：

一是该犯罪组织以共同实施电信网络诈骗犯罪为目的而组建，首要分子虽然没有到案，但在案证据充分证明该犯罪组织在首要分子的领导指挥下，有固定人员负责窝点的组建管理、人员的召集培训，分工担任一线、二线、三线话务员，该诈骗犯罪组织符合刑法关于犯罪集团的规定，应当认定为犯罪集团。

二是在案证据能够证实二线、三线话务员不仅实施了冒充警察、检察官接听拨打电话的行为，还在犯罪集团中承担了组织管理工作，在共同犯罪中起主要作用，应认定为主犯。对从事一线接听拨打诈骗电话的被告人，已作区别对待。该犯罪集团在印度尼西亚和肯尼亚先后设立3个窝点，参加过2个以上窝点犯罪的一线人员属于积极参加犯罪，在犯罪中起主要作用，应认定为主犯；仅参加其中一个窝点犯罪的一线人员，参与时间相对较短，实际获利较少，可认定为从犯。

三是本案认定诈骗犯罪集团与被害人之间关联性的证据主要有：犯罪集团使用网络电话与被害人电话联系的通话记录；犯罪集团的 Skype 聊天记录中提到了被害人姓名、公民身份号码等个人信息；被害人向被告人指定银行账户转账汇款的记录。起诉书认定的75名被害人至少包含上述一种关联方式，实施诈骗与被骗的证据能够形成印证关系，足以认定75名被害人被本案诈骗犯罪组织所骗。

（四）处理结果

2017年12月21日，北京市第二中级人民法院作出一审判决，认定被告人张凯闵等50人以非法占有为目的，参加诈骗犯罪集团，利用电信网络技术手段，分工合作，冒充国家机关工作人员或其他单位工作人员，诈骗被害人钱财，各被告人的行为均已构成诈骗罪，其中28人系主犯，22人系从犯。法院根据犯罪事实、情节并结合各被告人的认罪态度、悔罪表现，对张凯闵等50人判处十五年至一年九个月不等有期徒刑，并处剥夺政治权利及罚金。张凯闵等部分被告人以量刑过重为由提出上诉。2018年3月，北京市高级人民法院二审裁定驳回上诉，维持原判。

【指导意义】

（一）对境外实施犯罪的证据应着重审查合法性

对在境外获取的实施犯罪的证据，一是要审查是否符合我国刑事诉讼法的相关规定，对能够证明案件事实且符合刑事诉讼法规定的，可以作为证据使用。二是对基于有关条约、司法互助协定、两岸司法互助协议或通过国际组织委托调取的证据，应注意审查相关办理程序、手续是否完备，取证程序和条件是否符合有关法律文件的规定。对不具有规定规范的，一般应当要求提供所在国公证机关证明，由所在国中央外交主管机关或其授权机关认证，并经我国驻该国使、领馆认证。三是对委托取得的境外证据，移交过程中应注意审查过程是否连续、手续是否齐全、交接物品是否完整、双方的交接清单记载的物品信息是否一致、交接清单与交接物品是否一一对应。四是对当事人及其辩护人、诉讼代理人提供的来自境外的证据材料，要审查其是否按照条约等相关规定办理了公证和认证，并经我国驻该国使、领馆认证。

（二）对电子数据应重点审查客观性

一要审查电子数据存储介质的真实性。通过审查存储介质的扣押、移交等法律手续及清单，核实电子数据存储介质在收集、保管、鉴定、检查等环节中是否保持原始性和同一性。二要审查电子数据本身是否客观、真实、完整。通过审查电子数据的来源和收集过程，核实电子数据是否从原始存储介质中提取，收集的程序和方法是否符合法律和相关技术规范。对从境外起获的存储介质中提取、恢复的电子数据应当进行无污损鉴定，将起获设备的时间作为鉴定的起始基准时间，以保证电子数据的客观、真实、完整。三要审查电子数据内容的真实性。通过审查在案言词证据能否与电子数据相互印证，不同的电子数据间能否相互印证等，核实电子数据包含的案件信息能否与在案的其他证据相互印证。

（三）紧紧围绕电话卡和银行卡审查认定案件事实

办理电信网络诈骗犯罪案件，认定被害人数量及诈骗资金数额的相关证据，应当紧紧围绕电话卡和银行卡等证据的关联性来认定犯罪事实。一是通过电话卡建立被害人与诈骗犯罪组织间的关联。通过审查诈骗犯罪组织使用的网络电话拨打记录清单、被害人接到诈骗电话号码的陈述以及被害人提供的通话记录详单等通讯类证据，认定被害人与诈骗犯罪组织间的关联性。二是通过银行卡建立被害人与诈骗犯罪组织间的关联。通过审查被害人提供的银行账户交易明细、银行客户通知书、诈骗犯罪集团指定银行账户信息等书证以及诈骗犯罪组织使用的互联网软件聊天记录，核实聊天记录中是否出现被害人的转账账户，以确定被害人与诈骗犯罪组织间的关联性。三是将电话卡和银行卡结合起来认定被害人及诈骗数额。审查被害人接到诈骗电话的时间、向诈骗犯罪组织指定账户转款的时间，诈骗犯罪组织手机或电脑中储存的聊天记录中出现的被害人的账户信息和转账时间是否印证。相互关联印证的，可以认定为案件被害人，被害人实际转账的金额可以认定为诈骗数额。

（四）有明显首要分子，主要成员固定，其他人员有一定流动性的电信网络诈骗犯罪组织，可以认定为诈骗犯罪集团

实施电信网络诈骗犯罪，大都涉案人员众多、组织严密、层级分明、各环节分工明确。对符合刑法关于犯罪集团规定，有明确首要分子，主要成员固定，其他人员虽有一定流动性的电信网络诈骗犯罪组织，依法可以认定为诈骗犯罪集团。对出资筹建诈骗窝点、掌控诈骗所得资金、制定犯罪计划等起组织、指挥管理作用的，依法可以认定为诈骗犯罪集团首要分子，按照集团所犯的全部罪行处罚。对负责协助首要分子组建窝点、招募培训人员等起积极作用的，或加入时间较长，通过接听拨打电话对受害人进行诱骗，次数较多、诈骗金额较大的，依法可以认定为主犯，按照其参与或组织、指挥的全部犯罪处罚。对诈骗次数较少、诈骗金额较小，在共同犯罪中起次要或者辅助作用的，依法可以认定为从犯，依法从轻、减轻或免除处罚。

【相关规定】

《中华人民共和国刑法》第六条、第二十六条、第二百六十六条

《中华人民共和国刑事诉讼法》第十八条、第二十五条

《中华人民共和国国际刑事司法协助法》第九条、第十条、第二十五条、第二十六条、第三十九条、第四十条、第四十一条、第六十八条

《最高人民法院、最高人民检察院关于办理诈骗刑事案件具体应用法律若干问题的解释》第一条、第二条

《最高人民法院、最高人民检察院、公安部关于办理电信网络诈骗等刑事案件适用法律若干问题的意见》

《最高人民法院、最高人民检察院、公安部关于办理刑事案件收集提取和审查判断电子数据若干问题的规定》

《检察机关办理电信网络诈骗案件指引》

《最高人民法院关于适用〈中华人民共和国刑事诉讼法〉的解释》第四百零五条

李某诈骗、传授犯罪方法牛某等人诈骗案

（检例第 105 号）

【关键词】 涉嫌数罪　听证　认罪认罚从宽　附条件不起诉
家庭教育指导　社会支持

【要旨】

对于一人犯数罪符合起诉条件，但根据其认罪认罚等情况，可能判处一年有期徒刑以下刑罚的，检察机关可以依法适用附条件不起诉。对于涉罪未成年人存在家庭教育缺位或者不当问题的，应当

突出加强家庭教育指导，因案因人进行精准帮教。通过个案办理和法律监督，积极推进社会支持体系建设。

【基本案情】

被附条件不起诉人李某，男，作案时 16 周岁，高中学生。

被附条件不起诉人牛某，男，作案时 17 周岁，高中学生。

被附条件不起诉人黄某，男，作案时 17 周岁，高中学生。

被附条件不起诉人关某，男，作案时 16 周岁，高中学生。

被附条件不起诉人包某，男，作案时 17 周岁，高中学生。

2018 年 11 月至 2019 年 3 月，李某利用某电商超市 7 天无理由退货规则，多次在某电商超市网购香皂、洗发水、方便面等日用商品，收到商品后上传虚假退货快递单号，骗取某电商超市退回购物款累计 8445.53 元。后李某将此犯罪方法先后传授给牛某、黄某、关某、包某，并收取 1200 元"传授费用"。得知这一方法的牛某、黄某、关某、包某以此方法各自骗取某电商超市 15598.86 元、8925.19 元、6617.71 元、6206.73 元。

涉案五人虽不是共同犯罪，但犯罪对象和犯罪手段相同，案件之间存在关联，为便于查明案件事实和保障诉讼顺利进行，公安机关采纳检察机关建议，对五人依法并案处理。

【检察机关履职过程】

（一）适用认罪认罚从宽制度，发挥惩教结合优势。审查逮捕期间，检察机关依法分别告知五名未成年犯罪嫌疑人及其法定代理人认罪认罚从宽制度的法律规定，促其认罪认罚。五名犯罪嫌疑人均表达了认罪认罚的意愿，并主动退赃，取得了被害方某电商超市的谅解。检察机关认为五人虽利用网络实施诈骗，但并非针对不特定多数人，系普通诈骗犯罪，且主观恶性不大，犯罪情节较轻，无逮捕必要，加上五人均面临高考，因而依法作出不批准逮捕决定。审查起诉阶段，检察机关通知派驻检察院的值班律师向五人及其法定代理人提供法律帮助，并根据五人犯罪情节，认罪悔罪态度，认为符合附条件不起诉条件，提出适用附条件不起诉的意见，将帮教方案和附带条件作为具结书的内容一并签署。

（二）召开不公开听证会，依法决定附条件不起诉。司法实践中，对犯数罪可否适用附条件不起诉，因缺乏明确的法律规定而很少适用。本案中，李某虽涉嫌诈骗和传授犯罪方法两罪，但综合全案事实、社会调查情况以及犯罪后表现，依据有关量刑指导意见，李某的综合刑期应在一年以下有期徒刑，对其适用附条件不起诉制度，有利于顺利进行特殊预防、教育改造。为此，检察机关专门针对李某涉嫌数罪是否可以适用附条件不起诉召开不公开听证会，邀请了未成年犯管教干部、少年审判法官、律师、心理咨询师、公益组织负责人等担任听证员。经听证评议，听证员一致认为应对李某作附条件不起诉，以最大限度促进其改恶向善、回归正途。通过听证，李某认识到自己行为的严重性，李某父母认识到家庭教育中存在的问题，参加听证的各方面代表达成了协同帮教意向。2019年12月23日，检察机关对李某等五人依法作出附条件不起诉决定，考验期为六个月。

（三）开展家庭教育指导，因人施策精准帮教。针对家庭责任缺位导致五人对法律缺乏认知与敬畏的共性问题，检察官会同司法社工开展了家庭教育指导，要求五人及其法定代理人在监督考察期间定期与心理咨询师沟通、与检察官和司法社工面谈，并分享法律故事、参加预防违法犯罪宣讲活动。同时，针对五人各自特点分别设置了个性化附带条件：鉴于李某父母疏于管教，亲子关系紧张，特别安排追寻家族故事、追忆成长历程以增强家庭认同感和责任感，修复家庭关系；鉴于包某性格内向无主见、极易被误导，安排其参加"您好陌生人"志愿服务队，以走上街头送爱心的方式锻炼与陌生人的沟通能力，同时对其进行"朋辈群体干扰场景模拟"小组训练，通过场景模拟，帮助其向不合理要求勇敢说"不"；鉴于黄某因达不到父母所盼而缺乏自信，鼓励其发挥特长，担任禁毒教育、网络安全等普法活动主持人，使其在学习法律知识的同时，增强个人荣誉感和家庭认同感；鉴于牛某因单亲家庭而自卑，带领其参加照料空巢老人、探访留守儿童等志愿活动，通过培养同理心增强自我认同，实现"爱人以自爱"；鉴于关某沉迷网络游戏挥霍消费，督促其担任家庭记账员，激发其责任意识克制网瘾，养成良好习惯。

（四）联合各类帮教资源，构建社会支持体系。案件办理过程中，引入司法社工全流程参与精准帮教。检察机关充分发挥"3 + 1"（检察院、未管所、社会组织和涉罪未成年人）帮教工作平台优势，并结合法治进校园"百千万工程"，联合团委、妇联、教育局共同组建"手拉手法治宣讲团"，要求五人及法定代理人定期参加法治教育讲座。检察机关还与辖区内广播电台、敬老院、图书馆、爱心企业签订观护帮教协议，组织五人及法定代理人接受和参与优秀传统文化教育或实践。2020 年 6 月 22 日，检察机关根据五人在附条件不起诉考察期间的表现，均作出不起诉决定。五人在随后的高考中全部考上大学。

【指导意义】

（一）办理未成年人犯罪案件，对于涉嫌数罪但认罪认罚，可能判处一年有期徒刑以下刑罚的，也可以适用附条件不起诉。检察机关应当根据涉罪未成年人的犯罪行为性质、情节、后果，并结合犯罪原因、犯罪前后的表现等，综合评估可能判处的刑罚。"一年有期徒刑以下刑罚"是指将犯罪嫌疑人交付审判，法院对其可能判处的刑罚。目前刑法规定的量刑幅度均是以成年人犯罪为基准设计，检察机关对涉罪未成年人刑罚的预估要充分考虑"教育、感化、挽救"的需要及其量刑方面的特殊性。对于既可以附条件不起诉也可以起诉的，应当优先适用附条件不起诉。存在数罪情形时，要全面综合考量犯罪事实、性质和情节以及认罪认罚等情况，认为并罚后其刑期仍可能为一年有期徒刑以下刑罚的，可以依法适用附条件不起诉，以充分发挥附条件不起诉制度的特殊功能，促使涉罪未成年人及早摆脱致罪因素，顺利回归社会。

（二）加强家庭教育指导，提升考察帮教效果。未成年人犯罪原因往往关联家庭，预防涉罪未成年人再犯，同样需要家长配合。检察机关在办理附条件不起诉案件中，不仅要做好对涉罪未成年人自身的考察帮教，还要通过家庭教育指导，争取家长的信任理解，引导家长转变家庭教育方式，自愿配合监督考察，及时解决问题少年背后的家庭问题，让涉罪未成年人知法悔过的同时，在重温亲情中获取自新力量，真正实现矫治教育预期目的。

（三）依托个案办理整合帮教资源，推动未成年人检察工作社会支持体系建设。检察机关办理未成年人犯罪案件，要在社会调查、人格甄别、认罪教育、不公开听证、监督考察、跟踪帮教等各个环节，及时引入司法社工、心理咨询师等各种专门力量，积极与教育、民政、团委、妇联、关工委等各方联合，依托党委、政府牵头搭建的多元化协作平台，做到专业化办案与社会化支持相结合，最大限度地实现对涉罪未成年人的教育、感化和挽救。

【相关规定】

《中华人民共和国刑法》第二百六十六条、第二百九十五条

《中华人民共和国刑事诉讼法》第一百七十三条、第二百七十七条、第二百八十二条

《人民检察院刑事诉讼规则》第十八条、第四百五十七条、第四百六十三条、第四百八十条

《未成年人刑事检察工作指引（试行)》第一百七十七条、第一百八十八条

《关于适用认罪认罚从宽制度的指导意见》第十九条、第二十三条、第二十六条、第二十七条、第二十八条、第二十九条、第三十条、第三十一条

四、敲诈勒索罪

李卫俊等"套路贷"虚假诉讼案

（检例第 87 号）

【关键词】 虚假诉讼　套路贷　刑民检察协同　类案监督　金融监管

【要旨】

检察机关办理涉及"套路贷"案件时，应当查清是否存在通过虚假诉讼行为实现非法利益的情形。对虚假诉讼中涉及的民事判决、裁定、调解协议书等，应当依法开展监督。针对办案中发现的非法金融活动和监管漏洞，应当运用检察建议等方式，促进依法整治并及时堵塞行业监管漏洞。

【基本案情】

被告人李卫俊，男，1979 年 10 月出生，无业。

2015 年 10 月以来，李卫俊以其开设的江苏省常州市金坛区汇丰金融小额贷款公司为载体，纠集冯小陶、王岩、陆云波、丁众等多名社会闲散人员，实施高利放贷活动，逐步形成以李卫俊为首要分子的恶势力犯罪集团。该集团长期以欺骗、利诱等手段，让借款人虚写远高于本金的借条、签订虚假房屋租赁合同等，并要求借款人提供抵押物、担保人，制造虚假给付事实。随后，采用电话骚扰、言语恐吓、堵锁换锁等"软暴力"手段，向借款人、担保人及其家人索要高额利息，或者以收取利息为名让其虚写借条。在借款

人无法给付时，又以虚假的借条、租赁合同等向法院提起民事诉讼，欺骗法院作出民事判决或者主持签订调解协议。李卫俊等并通过申请法院强制执行，逼迫借款人、担保人及其家人偿还债务，造成 5 人被司法拘留，26 人被限制高消费，21 人被纳入失信被执行人名单，11 名被害人名下房产 6 处、车辆 7 辆被查封。

【检察机关履职过程】

（一）提起公诉追究刑事责任

2018 年 3 月，被害人吴某向公安机关报警，称其在李卫俊等人开办的小额贷款公司借款被骗。公安机关对李卫俊等人以涉嫌诈骗罪立案侦查。经侦查终结，2018 年 8 月 20 日，公安机关以李卫俊等涉嫌诈骗罪移送江苏省常州市金坛区人民检察院审查起诉。金坛区人民检察院审查发现，李卫俊等人长期从事职业放贷活动，具有"套路贷"典型特征，有涉嫌黑恶犯罪嫌疑。办案检察官随即向人民法院调取李卫俊等人提起的民事诉讼情况，发现 2015 年至 2018 年间，李卫俊等人提起民事诉讼上百起，多为民间借贷纠纷，且借条均为格式合同，多数案件被人民法院缺席判决。经初步判断，金坛区人民检察院认为该犯罪集团存在通过虚假诉讼的方式实施"套路贷"犯罪活动的情形。检察机关遂将案件退回公安机关补充侦查。经公安机关补充侦查，查清"套路贷"犯罪事实后，2018 年 12 月 13 日，公安机关以李卫俊等涉嫌诈骗罪、敲诈勒索罪、虚假诉讼罪、寻衅滋事罪再次移送审查起诉。

2019 年 1 月 25 日，金坛区人民检察院对本案刑事部分提起公诉，金坛区人民法院于 2019 年 1 月至 10 月四次开庭审理。经审理查明李卫俊等人犯罪事实后，金坛区人民法院依法认定其为恶势力犯罪集团。2019 年 11 月 1 日，金坛区人民法院以诈骗罪、敲诈勒索罪、虚假诉讼罪、寻衅滋事罪判处李卫俊有期徒刑十二年，并处罚金人民币二十八万元；其余被告人分别被判处有期徒刑八年至三年六个月不等，并处罚金。

（二）开展虚假诉讼案件民事监督

针对审查起诉中发现的李卫俊等人套路贷中可能存在虚假诉讼问题，常州市金坛区人民检察院在做好审查起诉追究刑事责任的同时，依职权启动民事诉讼监督程序，并重点开展了以下调查核实工作：一是对李卫俊等人提起民事诉讼的案件进行摸底排查，查明李卫俊等人共向当地法院提起民间借贷、房屋租赁、买卖合同纠纷等民事诉讼113件，申请民事执行案件80件，涉案金额共计400余万元。二是向相关民事诉讼当事人进行调查核实，查明相关民间借贷案件借贷事实不清，金额虚高，当事人因李卫俊等实施"软暴力"催债，被迫还款。三是对民事判决中的主要证据进行核实，查明作出相关民事判决、裁定、调解确无合法证据。四是对案件是否存在重大金融风险隐患进行核实，查明包括本案在内的小额贷款公司、商贸公司均存在无资质经营、团伙性放贷等问题，金融监管缺位，存在重大风险隐患。

经调查核实，检察机关认为李卫俊等人主要采取签写虚高借条、肆意制造违约、隐瞒抵押事实等手段，假借诉讼侵占他人合法财产。人民法院在相关民事判决中，认定案件基本事实所依据的证据虚假，相关民事判决应予纠正；对于李卫俊等与其他当事人的民事调解书，因李卫俊等人的犯罪行为属于利用法院审判活动，非法侵占他人合法财产，严重妨害司法秩序，损害国家利益与社会公共利益，也应当予以纠正。2019年6月至7月，金坛区人民检察院对该批50件涉虚假诉讼案件向人民法院提出再审检察建议42件，对具有典型意义的8件案件提请常州市人民检察院抗诉。2019年7月，常州市人民检察院向常州市中级人民法院提出抗诉，同年8月，常州市中级法院裁定将8件案件指令金坛区人民法院再审。9月，金坛区人民法院对42件案件裁定再审。10月，金坛区人民法院对该批 50 件案件一并作出民事裁定，撤销原审判决。案件办结后，经调查，2020 年 1 月，金坛区纪委监委对系列民事案件中存在失职问题的涉案审判人员作出了相应的党纪政纪处分。

（三）结合办案参与社会治理

针对办案中发现的社会治理问题，检察机关立足法律监督职能，开展了以下工作。一是推动全市开展集中打击虚假诉讼的专项活动，共办理虚假诉讼案件 103 件，移送犯罪线索 12 件 15 人；与人民法院协商建立民事案件正副卷一并调阅制度及民事案件再审信息共享机制，与纪委监委、公安、司法等相关部门建立线索移送、案件协作机制，有效形成社会治理合力。二是针对发现的小微金融行业无证照开展金融服务等管理漏洞，向行政主管部门发出检察建议 7 份；联合公安、金融监管、市场监管等部门，在全市范围内开展金融整治专项活动，对重点区域进行清理整顿，对非法金融活动集中的写字楼开展"扫楼"行动，清理取缔 133 家非法理财公司，查办 6 起非法经营犯罪案件。三是向常州市人大常委会专题报告民事虚假诉讼检察监督工作情况，推动出台《常州市人大常委会关于全市民事虚假诉讼法律监督工作情况的审议意见》，要求全市相关职能部门加强协作配合，推动政法机关信息大平台建设、实施虚假诉讼联防联惩等 9 条举措。四是针对办案中发现的律师违规代理和公民违法代理的行为，分别向常州市律师协会和相关法院发出检察建议并获采纳。常州市律师协会由此开展专项教育整顿，规范全市律师执业行为，推进加强社会诚信体系建设。

【指导意义】

（一）刑民检察协同，加强涉黑涉恶犯罪中"套路贷"行为的审查。检察机关在办理涉黑涉恶案件存在"套路贷"行为时，应当注重强化刑事检察和民事检察职能协同。既充分发挥刑事检察职能，严格审查追诉犯罪，又发挥民事检察职能，以发现的异常案件线索为基础，开展关联案件的研判分析，并予以精准监督。刑事检察和民事检察联动，形成监督合力，加大打击黑恶犯罪力度，提升法律监督质效。

（二）办理"套路贷"案件要注重审查是否存在虚假诉讼行为。对涉黑涉恶案件中存在"套路贷"行为的，检察机关应当注重审查是否存在通过虚假诉讼手段实现"套路贷"非法利益的情形。对此，可围绕案件中是否存在疑似职业放贷人，借贷合同是否为统一格式，原告提供的证据形式是否不合常理，被告是否缺席判决等方面进行审查。发现虚假诉讼严重损害当事人利益，妨害司法秩序的，应当依职权启动监督，及时纠正错误判决、裁定和调解协议书。

（三）综合运用多种手段促进金融行业治理。针对办案中发现的非法金融活动、行业监管漏洞、诚信机制建设等问题，检察机关应当分析监管缺位的深层次原因，注重运用检察建议等方式，促进行业监管部门建章立制、堵塞管理漏洞。同时，还应当积极会同纪委监委、法院、公安、金融监管、市场监管等单位建立金融风险联防联惩体系，形成监管合力和打击共识。对所发现的倾向性、苗头性问题，可以通过联席会议的方式，加强研判，建立健全信息共享、线索移送、案件协查等工作机制，促进从源头上铲除非法金融活动的滋生土壤。

【相关规定】

《中华人民共和国民事诉讼法》第二百零八条

《中华人民共和国刑法》第二百三十八条、第二百六十六条、第二百七十四条、第二百九十三条、第三百零七条之一

《最高人民法院关于审理民间借贷案件适用法律若干问题的规定》第十九条

庄某等人敲诈勒索案

（检例第 104 号）

【关键词】敲诈勒索　未成年人共同犯罪　附条件不起诉
个性化附带条件　精准帮教

【要旨】

检察机关对共同犯罪的未成年人适用附条件不起诉时，应当遵
循精准帮教的要求对每名涉罪未成年人设置个性化附带条件。监督
考察时，要根据涉罪未成年人回归社会的不同需求，督促制定所附
条件执行的具体计划，分阶段评估帮教效果，发现问题及时调整帮
教方案，提升精准帮教实效。

【基本案情】

被附条件不起诉人庄某，男，作案时 17 周岁，初中文化，在
其父的印刷厂帮工。

被附条件不起诉人顾某，女，作案时 16 周岁，职业高中在读。

被附条件不起诉人常某，男，作案时 17 周岁，职业高中在读。

被附条件不起诉人章某，女，作案时 16 周岁，职业高中在读。

被附条件不起诉人汪某，女，作案时 17 周岁，职业高中在读。

2019 年 6 月 8 日，庄某因被害人焦某给其女友顾某发暧昧短
信，遂与常某、章某、汪某及女友顾某共同商量向焦某索要钱财。
顾某、章某、汪某先用微信把被害人约至某酒店，以顾某醉酒为由
让被害人开房。进入房间后，章某和汪某借故离开，庄某和常某随
即闯入，用言语威胁的手段逼迫焦某写下一万元的欠条，后实际获
得五千元，用于共同观看球赛等消费。案发后，庄某等五人的家长

在侦查阶段赔偿了被害人全部损失，均获得谅解。

【检察机关履职过程】

（一）开展补充社会调查和心理测评，找出每名未成年人需要矫正的"矫治点"，设置个性化附带条件。该案公安机关未提请批准逮捕，直接移送起诉。检察机关经审查认为，庄某等五人已涉嫌敲诈勒索罪，可能判处一年以下有期徒刑，均有悔罪表现，符合附条件不起诉条件，但前期所作社会调查不足以全面反映犯罪原因和需要矫正的关键点，故委托司法社工补充社会调查，并在征得各未成年犯罪嫌疑人及法定代理人同意后进行心理测评。经分析，五人具有法治观念淡薄、交友不当、家长失管失教等共性犯罪原因，同时各有特点：庄某因被父亲强行留在家庭小厂帮工而存在不满和抵触情绪；顾某因被过分宠溺而缺乏责任感，且沉迷网络游戏；汪某身陷网瘾；常某与单亲母亲长期关系紧张；章某因经常被父亲打骂心理创伤严重。据此，检察官和司法社工研究确定了五名未成年人具有共性特点的"矫治点"，包括认知偏差、行为偏差、不良"朋友"等，和每名未成年人个性化的"矫治点"，如庄某的不良情绪、章某的心理创伤等，据此对五人均设置共性化的附带条件：参加线上、线下法治教育以及行为认知矫正活动，记录学习感受；在司法社工指导下筛选出不良"朋友"并制定远离行动方案；参加每周一次的团体心理辅导。同时，设置个性化附带条件：庄某学习管理情绪的方法，定期参加专题心理辅导；顾某、汪某主动承担家务，定期参加公益劳动，逐渐递减网络游戏时间；常某在司法社工指导下逐步修复亲子关系；章某接受心理咨询师的创伤处理。检察机关综合考虑五名未成年人共同犯罪的事实、情节及需要矫正的问题，对五名未成年人均设置了六个月考验期，并在听取每名未成年人及法定代理人对附条件不起诉的意见时，就所附条件、考验期限等进行充分沟通、解释，要求法定代理人依法配合监督考察工作。

在听取公安机关、被害人意见后，检察机关于 2019 年 10 月 9 日对五人作出附条件不起诉决定。

（二）制定具体的帮教计划并及时评估帮教效果，调整帮教方法。在监督考察期间，检察官与司法社工共同制定了督促执行所附条件的具体帮教计划：帮教初期（第 1—3 周）注重训诫教育工作，且司法社工与被附条件不起诉人及法定代理人密切接触，增强信任度；帮教中期（第 4—9 周）通过法治教育、亲子关系修复、行为偏差矫正、团体心理辅导等多措并举，提升被附条件不起诉人法律意识，促使不良行为转变；帮教后期（第 10—26 周）注重促使被附条件不起诉人逐步树立正确的人生观、价值观，自觉遵纪守法。每个阶段结束前通过心理测评、自评、他评等方式评估帮教效果，发现问题及时进行研判，调整帮教方法。比如，帮教初期发现庄某和章某对负责帮教的社工有一定的抵触情绪和回避、对抗行为，通过与司法社工机构共同评估双方信任度和匹配度后，及时更换社工。再如，针对章某在三次心理创伤处理后仍呈现易怒情绪，建议社工及时增加情绪管理能力培养的内容。又如，针对汪某远离不良"朋友"后亟需正面榜样力量引领的情况，联合团委确定大学生志愿者一对一结对引导。

（三）根据未成年人个体需求，协调借助相关社会资源提供帮助，促进回归社会。针对案发后学校打算劝退其中四人的情况，检察机关与教育局、学校沟通协调，确保四人不中断学业。根据五名被附条件不起诉人对就学就业的需求，检察机关积极协调教育部门为顾某、章某分别提供声乐、平面设计辅导，联系爱心企业为常某提供模型设计的实习机会，联系人力资源部门为庄某、汪某提供免费的职业培训，让矫治干预与正向培养双管齐下。经过六个月考察帮教，五名被附条件不起诉人逐步摒弃不良行为，法治观念、守法意识增强，良好生活学习习惯开始养成。2020 年 4 月 9 日，检察机关综合五人考察期表现，均作出不起诉决定。目前，庄某已成为某西点店烘焙师，常某在模具企业学习模型设计，顾某、章某、汪某都实现了在大专院校理想专业学习的愿望。五个家庭也有较大改变，亲子关系融洽。

【指导意义】

（一）附条件不起诉设定的附带条件，应根据社会调查情况合理设置，具有个性化，体现针对性。检察机关办理附条件不起诉案件，应当坚持因案而异，根据社会调查情况，针对涉罪未成年人的具体犯罪原因和回归社会的具体需求等设置附带条件。对共同犯罪未成年人既要针对其共同存在的问题，又要考虑每名涉罪未成年人的实际情况，设定符合个体特点的附带条件并制定合理的帮教计划，做到"对症下药"，确保附条件不起诉制度教育矫治功能的实现。

（二）加强沟通，争取未成年犯罪嫌疑人及其法定代理人、学校的理解、配合和支持。检察机关应当就附带条件、考验期限等与未成年犯罪嫌疑人充分沟通，使其自觉遵守并切实执行。未成年犯罪嫌疑人的法定代理人和其所在学校是参与精准帮教的重要力量，检察机关应当通过释法说理、开展家庭教育指导等工作，与各方达成共识，形成帮教合力。

（三）加强对附带条件执行效果的动态监督，实现精准帮教。检察机关对于附条件不起诉所附带条件的执行要加强全程监督、指导，掌握落实情况，动态评估帮教效果，发现问题及时调整帮教方式和措施。为保证精准帮教目标的实现，可以联合其他社会机构、组织、爱心企业等共同开展帮教工作，帮助涉罪未成年人顺利回归社会。

【相关规定】

《中华人民共和国刑法》第二百七十四条

《中华人民共和国刑事诉讼法》第一百七十七条、第二百八十二条、第二百八十三条、第二百八十四条、第二百八十六条

《人民检察院刑事诉讼规则》第四百六十一条、第四百七十六条、第四百八十条

《人民检察院办理未成年人刑事案件的规定》第四十二条、第四十三条

《未成年人刑事检察工作指引（试行）》第三十一条、第一百八十一条、第一百九十四条、第一百九十五条、第一百九十六条

五、拒不支付劳动报酬罪

天津中国青年旅行社诉天津国青国际旅行社擅自使用他人企业名称纠纷案

（法例 29 号）

【关键词】民事不正当竞争　擅用他人企业名称

【裁判要点】

1. 对于企业长期、广泛对外使用，具有一定市场知名度、为相关公众所知悉，已实际具有商号作用的企业名称简称，可以视为企业名称予以保护。

2. 擅自将他人已实际具有商号作用的企业名称简称作为商业活动中互联网竞价排名关键词，使相关公众产生混淆误认的，属于不正当竞争行为。

【相关法条】

《中华人民共和国民法通则》第一百二十条

《中华人民共和国反不正当竞争法》第五条

【基本案情】

原告天津中国青年旅行社（以下简称天津青旅）诉称：被告天津国青国际旅行社有限公司在其版权所有的网站页面、网站源

代码以及搜索引擎中，非法使用原告企业名称全称及简称"天津青旅"，违反了反不正当竞争法的规定，请求判令被告立即停止不正当竞争行为、公开赔礼道歉、赔偿经济损失 10 万元，并承担诉讼费用。

被告天津国青国际旅行社有限公司（以下简称天津国青旅）辩称："天津青旅"没有登记注册，并不由原告享有，原告主张的损失没有事实和法律依据，请求驳回原告诉讼请求。

法院经审理查明：天津中国青年旅行社于 1986 年 11 月 1 日成立，是从事国内及出入境旅游业务的国有企业，直属于共青团天津市委员会。共青团天津市委员会出具证明称，"天津青旅"是天津中国青年旅行社的企业简称。2007 年，《今晚报》等媒体在报道天津中国青年旅行社承办的活动中已开始以"天津青旅"简称指代天津中国青年旅行社。天津青旅在报价单、旅游合同、与同行业经营者合作文件、发票等资料以及经营场所各门店招牌上等日常经营活动中，使用"天津青旅"作为企业的简称。天津国青国际旅行社有限公司于 2010 年 7 月 6 日成立，是从事国内旅游及入境旅游接待等业务的有限责任公司。

2010 年底，天津青旅发现通过 Google 搜索引擎分别搜索"天津中国青年旅行社"或"天津青旅"，在搜索结果的第一名并标注赞助商链接的位置，分别显示"天津中国青年旅行社网上营业厅 www.lechuyou.com 天津国青网上在线营业厅，是您理想选择，出行提供优质、贴心、舒心的服务"或"天津青旅网上营业厅 www.lechuyou.com 天津国青网上在线营业厅，是您理想选择，出行提供优质、贴心、舒心的服务"，点击链接后进入网页是标称天津国青国际旅行社乐出游网的网站，网页顶端出现"天津国青国际旅行社－青年旅行社青旅/天津国旅"等字样，网页内容为天津国青旅游业务信息及报价，标称网站版权所有：乐出游网－天津国青，并标明了天津国青的联系电话和经营地址。同时，天津青旅通过百度搜索引擎搜索"天津青旅"，在搜索结果的第一名并标注推广链接的位置，显示"欢迎光临天津青旅重合同守信誉单位，汇集国内出境经典旅游线路，100%出团，天津青旅 400 – 611 – 5253022. ctsgz. cn"，点击链接后进入网页仍然是上述标称天津国青乐出游网的网站。

【裁判结果】

天津市第二中级人民法院于 2011 年 10 月 24 日作出（2011）二中民三知初字第 135 号民事判决：一、被告天津国青国际旅行社有限公司立即停止侵害行为；二、被告于本判决生效之日起三十日内，在其公司网站上发布致歉声明持续 15 天；三、被告赔偿原告天津中国青年旅行社经济损失 30000 元；四、驳回原告其他诉讼请求。宣判后，天津国青旅提出上诉。天津市高级人民法院于 2012 年 3 月 20 日作出（2012）津高民三终字第 3 号民事判决：一、维持天津市第二中级人民法院上述民事判决第二、三、四项；二、变更判决第一项"被告天津国青国际旅行社有限公司立即停止侵害行为"为"被告天津国青国际旅行社有限公司立即停止使用'天津中国青年旅行社'、'天津青旅'字样及作为天津国青国际旅行社有限公司网站的搜索链接关键词"；三、驳回被告其他上诉请求。

【裁判理由】

法院生效裁判认为：根据《最高人民法院关于审理不正当竞争民事案件应用法律若干问题的解释》第六条第一款规定："企业登记主管机关依法登记注册的企业名称，以及在中国境内进行商业使用的外国（地区）企业名称，应当认定为反不正当竞争法第五条第（三）项规定的'企业名称'。具有一定的市场知名度、为相关公众所知悉的企业名称中的字号，可以认定为反不正当竞争法第五条第（三）项规定的'企业名称'。"因此，对于企业长期、广泛对外使用，具有一定市场知名度、为相关公众所知悉，已实际具有商号作用的企业名称简称，也应当视为企业名称予以保护。"天津中国青年旅行社"是原告 1986 年成立以来一直使用的企业名称，原告享有企业名称专用权。"天津青旅"作为其企业名称简称，于 2007 年就已被其在经营活动中广泛使用，相关宣传报道和客户也以"天津青旅"指代天津中国青年旅行社，经过多年在经营活动中使用和宣传，已享有一定市场知名度，为相关公众所知悉，已与天津中国青年旅行社之间建立起稳定的关联关系，具有可以识别经营主体的商业标识意义。所以，可以将"天津青旅"视为企业名称与"天津中国青年旅行社"共同加以保护。

《中华人民共和国反不正当竞争法》第五条第（三）项规定，经营者不得采用擅自使用他人的企业名称，引人误认为是他人的商品等不正当手段从事市场交易，损害竞争对手。因此，经营者擅自将他人的企业名称或简称作为互联网竞价排名关键词，使公众产生混淆误认，利用他人的知名度和商誉，达到宣传推广自己的目的的，属于不正当竞争行为，应当予以禁止。天津国青旅作为从事旅游服务的经营者，未经天津青旅许可，通过在相关搜索引擎中设置与天津青旅企业名称有关的关键词并在网站源代码中使用等手段，使相关公众在搜索"天津中国青年旅行社"和"天津青旅"关键词时，直接显示天津国青旅的网站链接，从而进入天津国青旅的网站联系旅游业务，达到利用网络用户的初始混淆争夺潜在客户的效果，主观上具有使相关公众在网络搜索、查询中产生误认的故意，客观上擅自使用"天津中国青年旅行社"及"天津青旅"，利用了天津青旅的企业信誉，损害了天津青旅的合法权益，其行为属于不正当竞争行为，依法应予制止。天津国青旅作为与天津青旅同业的竞争者，在明知天津青旅企业名称及简称享有较高知名度的情况下，仍擅自使用，有借他人之名为自己谋取不当利益的意图，主观恶意明显。依照《中华人民共和国民法通则》第一百二十条规定，天津国青旅应当承担停止侵害、消除影响、赔偿损失的法律责任。至于天津国青旅在网站网页顶端显示的"青年旅行社青旅"字样，并非原告企业名称的保护范围，不构成对原告的不正当竞争行为。

第五节　妨害社会管理秩序罪

一、扰乱公共秩序罪

付宣豪、黄子超破坏计算机信息系统案

（法例 102 号）

【关键词】刑事　破坏计算机信息系统罪　DNS 劫持　后果严重后果特别严重

【裁判要点】

1. 通过修改路由器、浏览器设置、锁定主页或者弹出新窗口等技术手段，强制网络用户访问指定网站的"DNS 劫持"行为，属于破坏计算机信息系统，后果严重的，构成破坏计算机信息系统罪。

2. 对于"DNS 劫持"，应当根据造成不能正常运行的计算机信息系统数量、相关计算机信息系统不能正常运行的时间，以及所造成的损失或者影响等，认定其是"后果严重"还是"后果特别严重"。

【相关法条】

《中华人民共和国刑法》第二百八十六条

【基本案情】

2013 年底至 2014 年 10 月，被告人付宣豪、黄子超等人租赁多台服务器，使用恶意代码修改互联网用户路由器的 DNS 设置，进而使用户登录"2345.com"等导航网站时跳转至其设置的"5w.com"导航网站，被告人付宣豪、黄子超等人再将获取的互联网用户流量出售给杭州久尚科技有限公司（系"5w.com"导航网站所有者），违法所得合计人民币 754762.34 元。

2014 年 11 月 17 日，被告人付宣豪接民警电话通知后自动至公安机关，被告人黄子超主动投案，二被告人到案后均如实供述了上述犯罪事实。

被告人及辩护人对罪名及事实均无异议。

【裁判结果】

上海市浦东新区人民法院于 2015 年 5 月 20 日作出（2015）浦刑初字第 1460 号刑事判决：一、被告人付宣豪犯破坏计算机信息系统罪，判处有期徒刑三年，缓刑三年。二、被告人黄子超犯破坏计算机信息系统罪，判处有期徒刑三年，缓刑三年。三、扣押在案的作案工具以及退缴在案的违法所得予以没收，上缴国库。一审宣判后，二被告人均未上诉，公诉机关未抗诉，判决已发生法律效力。

【裁判理由】

法院生效裁判认为，根据《中华人民共和国刑法》第二百八十六条的规定，对计算机信息系统功能进行破坏，造成计算机信息系统不能正常运行，后果严重的，构成破坏计算机信息系统罪。本案中，被告人付宣豪、黄子超实施的是流量劫持中的"DNS 劫持"。DNS 是域名系统的英文首字母缩写，作用是提供域名解析服务。"DNS 劫持"通过修改域名解析，使对特定域名的访问由原 IP 地址转入到篡改后的指定 IP 地址，导致用户无法访问原 IP 地址对应的网站或者访问虚假网站，从而实现窃取资料或者破坏网站原有正常服务的目的。二被告人使用恶意代码修改互联网用户路由器的 DNS 设置，将用户访问"2345.com"等导航网站的流量劫持到其设置的"5w.com"导航网站，并将获取的互联网用户流量出售，显然是对网络用户的计算机信息系统功能进行破坏，造成计算机信息系统不能正常运行，符合破坏计算机信息系统罪的客观行为要件。

根据《最高人民法院、最高人民检察院关于办理危害计算机信息系统安全刑事案件应用法律若干问题的解释》，破坏计算机信息系统，违法所得人民币二万五千元以上或者造成经济损失人民币五万元以上的，应当认定为"后果特别严重"。本案中，二被告人的违法所得达人民币 754762.34 元，属于"后果特别严重"。

综上，被告人付宣豪、黄子超实施的"DNS 劫持"行为系违反国家规定，对计算机信息系统中存储的数据进行修改，后果特别严重，依法应处五年以上有期徒刑。鉴于二被告人在家属的帮助下退缴全部违法所得，未获取、泄露公民个人信息，且均具有自首情节，无前科劣迹，故依法对其减轻处罚并适用缓刑。

（生效裁判审判人员：李俊、白艳利、朱根初）

徐强破坏计算机信息系统案

（法例 103 号）

【关键词】刑事　破坏计算机信息系统罪　机械远程监控系统

【裁判要点】

企业的机械远程监控系统属于计算机信息系统。违反国家规定，对企业的机械远程监控系统功能进行破坏，造成计算机信息系统不能正常运行，后果严重的，构成破坏计算机信息系统罪。

【相关法条】

《中华人民共和国刑法》第二百八十六条第一款、第二款

【基本案情】

为了加强对分期付款的工程机械设备的管理，中联重科股份有限公司（以下简称中联重科）投入使用了中联重科物联网 GPS 信息服务系统，该套计算机信息系统由中联重科物联网远程监控平台、GPS 终端、控制器和显示器等构成，该系统具备自动采集、处理、存储、回传、显示数据和自动控制设备的功能，其中，控制器、GPS 终端和显示器由中联重科在工程机械设备的生产制造过程中安装到每台设备上。

中联重科对"按揭销售"的泵车设备均安装了中联重科物联网 GPS 信息服务系统，并在产品买卖合同中明确约定"如买受人出现违反合同约定的行为，出卖人有权采取停机、锁机等措施"以及"在买受人付清全部货款前，产品所有权归出卖人所有。即使在买受人已经获得机动车辆登记文件的情况下，买受人未付清全部货款前，产品所有权仍归出卖人所有"的条款。然后由中联重科总部的远程监控维护平台对泵车进行监控，如发现客户有拖欠、赖账等情况，就会通过远程监控系统进行"锁机"，泵车接收到"锁机"指令后依然能发动，但不能作业。

2014 年 5 月间，被告人徐强使用"GPS 干扰器"先后为钟某某、龚某某、张某某名下或管理的五台中联重科泵车解除锁定。具体事实如下：

1. 2014 年 4 月初，钟某某发现其购得的牌号为贵 A77462 的泵车即将被中联重科锁机后，安排徐关伦帮忙打听解锁人。徐某某遂联系龚某某告知钟某某泵车需解锁一事。龚某某表示同意后，即通过电话联系被告人徐强给泵车解锁。2014 年 5 月 18 日，被告人徐强携带"GPS 干扰器"与龚某某一起来到贵阳市清镇市，由被告人

徐强将"GPS干扰器"上的信号线连接到泵车右侧电控柜，再将"GPS干扰器"通电后使用干扰器成功为牌号为贵A77462的泵车解锁。事后，钟某某向龚某某支付了解锁费用人民币40000元，龚某某亦按约定将其中人民币9600元支付给徐某某作为介绍费。当日及次日，龚某某还带着被告人徐强为其管理的其妹夫黄某从中联重科及长沙中联重科二手设备销售有限公司以分期付款方式购得的牌号分别为湘AB0375、湘AA6985、湘AA6987的三台泵车进行永久解锁。事后，龚某某向被告人徐强支付四台泵车的解锁费用共计人民币30000元。

2. 2014年5月间，张某某从中联重科以按揭贷款的方式购买泵车一台，因拖欠货款被中联重科使用物联网系统将泵车锁定，无法正常作业。张某某遂通过电话联系到被告人徐强为其泵车解锁。2014年5月17日，被告人徐强携带"GPS干扰器"来到湖北襄阳市，采用上述同样的方式为张某某名下牌号为鄂FE7721的泵车解锁。事后，张某某向被告人徐强支付解锁费用人民币15000元。

经鉴定，中联重科的上述牌号为贵A77462、湘AB0375、湘AA6985、湘AA6987泵车GPS终端被拆除及控制程序被修改后，中联重科物联网GPS信息服务系统无法对泵车进行实时监控和远程锁车。

2014年11月7日，被告人徐强主动到公安机关投案。在本院审理过程中，被告人徐强退缴了违法所得人民币45000元。

【裁判结果】

湖南省长沙市岳麓区人民法院于2015年12月17日作出（2015）岳刑初字第652号刑事判决：一、被告人徐强犯破坏计算机信息系统罪，判处有期徒刑二年六个月。二、追缴被告人徐强的违法所得人民币45000元，上缴国库。被告人徐强不服，提出上诉。湖南省长沙市中级人民法院于2016年8月9日作出（2016）湘01刑终58

号刑事裁定：驳回上诉，维持原判。该裁定已发生法律效力。

【裁判理由】

法院生效裁判认为，《最高人民法院、最高人民检察院关于办理危害计算机信息系统安全刑事案件应用法律若干问题的解释》第十一条规定，"计算机信息系统"和"计算机系统"，是指具备自动处理数据功能的系统，包括计算机、网络设备、通信设备、自动化控制设备等。本案中，中联重科物联网 GPS 信息服务系统由中联重科物联网远程监控平台、GPS 终端、控制器和显示器等构成，具备自动采集、处理、存储、回传、显示数据和自动控制设备的功能。该系统属于具备自动处理数据功能的通信设备与自动化控制设备，属于刑法意义上的计算机信息系统。被告人徐强利用"GPS 干扰器"对中联重科物联网 GPS 信息服务系统进行修改、干扰，造成该系统无法对案涉泵车进行实时监控和远程锁车，是对计算机信息系统功能进行破坏，造成计算机信息系统不能正常运行的行为，且后果特别严重。根据刑法第二百八十六条的规定，被告人徐强构成破坏计算机信息系统罪。徐强犯罪以后自动投案，如实供述了自己的罪行，系自首，依法可减轻处罚。徐强退缴全部违法所得，有悔罪表现，可酌情从轻处罚。针对徐强及辩护人提出"自己系自首，且全部退缴违法所得，一审量刑过重"的上诉意见与辩护意见，经查，徐强破坏计算机信息系统，违法所得 45000 元，后果特别严重，应当判处五年以上有期徒刑，一审判决综合考虑其自首、退缴全部违法所得等情节，对其减轻处罚，判处有期徒刑二年六个月，量刑适当。该上诉意见、辩护意见，不予采纳。原审判决认定事实清楚，证据确实充分，适用法律正确，量刑适当，审判程序合法。

（生效裁判审判人员：黎璠、刘刚、何琳）

李森、何利民、张锋勃等人
破坏计算机信息系统案

（法例 104 号）

【关键词】刑事　破坏计算机信息系统罪　干扰环境质量监测采样　数据失真　后果严重

【裁判要点】

环境质量监测系统属于计算机信息系统。用棉纱等物品堵塞环境质量监测采样设备，干扰采样，致使监测数据严重失真的，构成破坏计算机信息系统罪。

【相关法条】

《中华人民共和国刑法》第二百八十六条第一款

【基本案情】

西安市长安区环境空气自动监测站（以下简称长安子站）系国家环境保护部（以下简称环保部）确定的西安市 13 个国控空气站点之一，通过环境空气质量自动监测系统采集、处理监测数据，并将数据每小时传输发送至中国环境监测总站（以下简称监测总站），一方面通过网站实时向社会公布，另一方面用于编制全国环境空气质量状况月报、季报和年报，向全国发布。长安子站为全市两个国家直管监测了站之一，由监测总站委托武汉宇虹环保产业股份有限公司进行运行维护，不经允许，非运维方工作人员不得擅自进入。

2016 年 2 月 4 日，长安子站回迁至西安市长安区西安邮电大学南区动力大楼房顶。被告人李森利用协助子站搬迁之机私自截留子站钥匙并偷记子站监控电脑密码，此后至 2016 年 3 月 6 日间，被告人李森、张锋勃多次进入长安子站内，用棉纱堵塞采样器的方法，干扰子站内环境空气质量自动监测系统的数据采集功能。被告人何利民明知李森等人的行为而没有阻止，只是要求李森把空气污染数值降下来。被告人李森还多次指使被告人张楠、张肖采用上述方法对子站自动监测系统进行干扰，造成该站自动监测数据多次出现异常，多个时间段内监测数据严重失真，影响了国家环境空气质量自动监测系统正常运行。为防止罪行败露，2016 年 3 月 7 日、3 月 9 日，在被告人李森的指使下，被告人张楠、张肖两次进入长安子站将监控视频删除。2016 年 2、3 月间，长安子站每小时的监测数据已实时传输发送至监测总站，通过网站向社会公布，并用于环保部编制 2016 年 2 月、3 月和第一季度全国 74 个城市空气质量状况评价、排名。2016 年 3 月 5 日，监测总站在例行数据审核时发现长安子站数据明显偏低，检查时发现了长安子站监测数据弄虚作假问题，后公安机关将五被告人李森、何利民、张楠、张肖、张锋勃抓获到案。被告人李森、被告人张锋勃、被告人张楠、被告人张肖在庭审中均承认指控属实，被告人何利民在庭审中辩解称其对李森堵塞采样器的行为仅是默许、放任，请求宣告其无罪。

【裁判结果】

陕西省西安市中级人民法院于 2017 年 6 月 15 日作出（2016）陕 01 刑初 233 号刑事判决：一、被告人李森犯破坏计算机信息系统罪，判处有期徒刑一年十个月。二、被告人何利民犯破坏计算机信息系统罪，判处有期徒刑一年七个月。三、被告人张锋勃犯破坏计算机信息系统罪，判处有期徒刑一年四个月。四、被告人张楠犯破坏计算机信息系统罪，判处有期徒刑一年三个月。五、被告人张肖犯破坏计算机信息系统罪，判处有期徒刑一年三个月。宣判后，各被告人均未上诉，判决已发生法律效力。

【裁判理由】

法院生效裁判认为，五被告人的行为违反了国家规定。《中华人民共和国环境保护法》第六十八条规定禁止篡改、伪造或者指使篡改、伪造监测数据，《中华人民共和国环境大气污染防治法》第一百二十六条规定禁止对大气环境保护监督管理工作弄虚作假，《中华人民共和国环境计算机信息系统安全保护条例》第七条规定不得危害计算机信息系统的安全。本案五被告人采取堵塞采样器的方法伪造或者指使伪造监测数据，弄虚作假，违反了上述国家规定。

五被告人的行为破坏了计算机信息系统。《最高人民法院、最高人民检察院关于办理危害计算机信息系统安全刑事案件应用法律若干问题的解释》第十一条规定，计算机信息系统和计算机系统，是指具备自动处理数据功能的系统，包括计算机、网络设备、通信设备、自动化控制设备等。根据《最高人民法院、最高人民检察院关于办理环境污染刑事案件适用法律若干问题的解释》第十条第一款的规定，干扰环境质量监测系统的采样，致使监测数据严重失真的行为，属于破坏计算机信息系统。长安子站系国控环境空气质量自动监测站点，产生的监测数据经过系统软件直接传输至监测总站，通过环保部和监测总站的政府网站实时向社会公布，参与计算环境空气质量指数并实时发布。空气采样器是环境空气质量监测系统的重要组成部分。PM10、PM2.5监测数据作为环境空气综合污染指数评估中的最重要两项指标，被告人用棉纱堵塞采样器的采样孔或拆卸采样器的行为，必然造成采样器内部气流场的改变，造成监测数据失真，影响对环境空气质量的正确评估，属于对计算机信息系统功能进行干扰，造成计算机信息系统不能正常运行的行为。

五被告人的行为造成了严重后果。（1）被告人李森、张锋勃、张楠、张肖均多次堵塞、拆卸采样器干扰采样，被告人何利民明知李森等人的行为而没有阻止，只是要求李森把空气污染数值降下来。（2）被告人的干扰行为造成了监测数据的显著异常。2016 年 2 至 3 月间，长安子站颗粒物监测数据多次出现与周边子站变化趋势不符的现象。长安子站 PM2.5 数据分别在 2 月 24 日 18 时至 25 日 16 时、3 月 3 日 4 时至 6 日 19 时两个时段内异常，PM10 数据分别在 2 月 18 日 18 时至 19 日 8 时、2 月 25 日 20 时至 21 日 8 时、3 月 5 日 19 时至 6 日 23 时三个时段内异常。其中，长安子站的 PM10 数据在 2016 年 3 月 5 日 19 时至 22 时由 361 下降至 213，下降了 41%，其他周边子站均值升高了 14%（由 316 上升至 361），6 日 16 时至 17 时长安子站监测数值由 188 上升至 426，升高了 127%，其他子站均值变化不大（由 318 降至 310），6 日 17 时至 19 时长安子站数值由 426 下降至 309，下降了 27%，其他子站均值变化不大（由 310 降至 304）。可见，被告人堵塞采样器的行为足以造成监测数据的严重失真。上述数据的严重失真，与监测总站在例行数据审核时发现长安子站 PM10 数据明显偏低可以印证。（3）失真的监测数据已实时发送至监测总站，并向社会公布。长安子站空气质量监测的小时浓度均值数据已经通过互联网实时发布。（4）失真的监测数据已被用于编制环境评价的月报、季报。环保部在 2016 年二、三月及第一季度的全国 74 个重点城市空气质量排名工作中已采信上述虚假数据，已向社会公布并上报国务院，影响了全国大气环境治理情况评估，损害了政府公信力，误导了环境决策。据此，五被告人干扰采样的行为造成了严重后果，符合刑法第二百八十六条规定的"后果严重"要件。

综上，五被告人均已构成破坏计算机信息系统罪。鉴于五被告人到案后均能坦白认罪，有悔罪表现，依法可以从轻处罚。

（生效裁判审判人员：张燕萍、骆成兴、袁兵）

张竣杰等非法控制计算机信息系统案

（法例 145 号）

【关键词】刑事　非法控制计算机信息系统罪　破坏计算机信息系统罪　采用其他技术手段　修改增加数据　木马程序

【裁判要点】

1. 通过植入木马程序的方式，非法获取网站服务器的控制权限，进而通过修改、增加计算机信息系统数据，向相关计算机信息系统上传网页链接代码的，应当认定为刑法第二百八十五条第二款"采用其他技术手段"非法控制计算机信息系统的行为。

2. 通过修改、增加计算机信息系统数据，对该计算机信息系统实施非法控制，但未造成系统功能实质性破坏或者不能正常运行的，不应当认定为破坏计算机信息系统罪，符合刑法第二百八十五条第二款规定的，应当认定为非法控制计算机信息系统罪。

【相关法条】

《中华人民共和国刑法》第 285 条第 1 款、第 2 款

【基本案情】

自 2017 年 7 月开始，被告人张竣杰、彭玲珑、祝东、姜宇豪经事先共谋，为赚取赌博网站广告费用，在马来西亚吉隆坡市租住的 Trillion 公寓 B 幢 902 室内，相互配合，对存在防护漏洞的目标服务器进行检索、筛查后，向目标服务器植入木马程序（后门程序）进行控制，再使用"菜刀"等软件链接该木马程序，获取目标服务器后台浏览、增加、删除、修改等操作权限，将添加了赌博关键字并设置自动跳转功能的静态网页，上传至目标服务器，提高

赌博网站广告被搜索引擎命中几率。截止 2017 年 9 月底，被告人张竣杰、彭玲珑、祝东、姜宇豪链接被植入木马程序的目标服务器共计 113 台，其中部分网站服务器还被植入了含有赌博关键词的广告网页。后公安机关将被告人张竣杰、彭玲珑、祝东、姜宇豪抓获到案。公诉机关以破坏计算机信息系统罪对四人提起公诉。被告人张竣杰、彭玲珑、祝东、姜宇豪及其辩护人在庭审中均对指控的主要事实予以承认；被告人张竣杰、彭玲珑、祝东及其辩护人提出，各被告人的行为仅是对目标服务器的侵入或非法控制，非破坏，应定性为非法侵入计算机信息系统罪或非法控制计算机信息系统罪，不构成破坏计算机信息系统罪。

【裁判结果】

江苏省南京市鼓楼区人民法院于 2019 年 7 月 29 日作出（2018）苏 0106 刑初 487 号刑事判决：一、被告人张竣杰犯非法控制计算机信息系统罪，判处有期徒刑四年，罚金人民币五万元。二、被告人彭玲珑犯非法控制计算机信息系统罪，判处有期徒刑三年九个月，罚金人民币五万元。三、被告人祝东犯非法控制计算机信息系统罪，判处有期徒刑三年六个月，罚金人民币四万元。四、被告人姜宇豪犯非法控制计算机信息系统罪，判处有期徒刑二年三个月，罚金人民币二万元。一审宣判后，被告人姜宇豪以一审量刑过重为由提出上诉，其辩护人请求对被告人姜宇豪宣告缓刑。江苏省南京市中级人民法院于 2019 年 9 月 16 日作出（2019）苏 01 刑终 768 号裁定：驳回上诉，维持原判。

【裁判理由】

法院生效裁判认为，被告人张竣杰、彭玲珑、祝东、姜宇豪共同违反国家规定，对我国境内计算机信息系统实施非法控制，情节特别严重，其行为均已构成非法控制计算机信息系统罪，且系共同犯罪。南京市鼓楼区人民检察院指控被告人张竣杰、彭玲珑、祝东、姜宇豪实施侵犯计算机信息系统犯罪的事实清楚，证据确实、充分，但以破坏计算机信息系统罪予以指控不当。经查，被告人张竣杰、彭玲珑、祝东、姜宇豪虽对目标服务器的数据实施了修改、增加的侵犯行为，但未造成该信息系统功能实质性的破坏，或不能正常运行，也未对该信息系统内有价值的数据进行增加、删改，其行为不属于破坏计算机信息系统犯罪中的对计算机信息系统中存储、处理或者传输的数据进行删除、修改、增加的行为，应认定为非法控制计算机信息系统罪。部分被告人及辩护人提出相同定性的辩解、辩护意见，予以采纳。关于上诉人姜宇豪提出"量刑过重"的上诉理由及辩护人提出宣告缓刑的辩护意见，经查，该上诉人及其他被告人链接被植入木马程序的目标服务器共计113台，属于情节特别严重。一审法院依据本案的犯罪事实和上诉人的犯罪情节，对上诉人减轻处罚，量刑适当且与其他被告人的刑期均衡。综合上诉人犯罪行为的性质、所造成的后果及其社会危害性，不宜对上诉人适用缓刑。故对上诉理由及辩护意见，不予采纳。

（生效裁判审判人员：王斌、黄霞、李涛）

施某某等 17 人聚众斗殴案

（检例第 1 号）

【关键词】聚众斗殴 实质性化解*

【要旨】

检察机关办理群体性事件引发的犯罪案件，要从促进社会矛盾

---

* 关键词为编者根据全书体例为方便读者增加。

化解的角度，深入了解案件背后的各种复杂因素，依法慎重处理，积极参与调处矛盾纠纷，以促进社会和谐，实现法律效果与社会效果的有机统一。

【基本案情】

犯罪嫌疑人施某某等 9 人系福建省石狮市永宁镇西岑村人。

犯罪嫌疑人李某某等 8 人系福建省石狮市永宁镇子英村人。

福建省石狮市永宁镇西岑村与子英村相邻，原本关系友好。近年来，两村因土地及排水问题发生纠纷。永宁镇政府为解决两村之间的纠纷，曾组织人员对发生土地及排水问题的地界进行现场施工，但被多次阻挠未果。2008 年 12 月 17 日上午 8 时许，该镇组织镇干部与施工队再次进行施工。上午 9 时许，犯罪嫌疑人施某某等 9 人以及数十名西岑村村民头戴安全帽，身背装有石头的袋子，手持木棍、铁锹等器械到达两村交界处的施工地界，犯罪嫌疑人李某某等 8 人以及数十名子英村村民随后也到达施工地界，手持木棍、铁锹等器械与西岑村村民对峙，双方互相谩骂、互扔石头。出警到达现场的石狮市公安局工作人员把双方村民隔开并劝说离去，但仍有村民不听劝说，继续叫骂并扔掷石头，致使二辆警车被砸损（经鉴定损失价值人民币 761 元），三名民警手部被打伤（经鉴定均未达轻微伤）。

【诉讼过程】

案发后，石狮市公安局对积极参与斗殴的西岑村施某某等 9 人和子英村李某某等 8 人以涉嫌聚众斗殴罪向石狮市人民检察院提请批准逮捕。为避免事态进一步扩大，也为矛盾化解创造有利条件，石狮市人民检察院在依法作出批准逮捕决定的同时，建议公安机关和有关部门联合两村村委会做好矛盾化解工作，促成双方和解。2010 年 3 月 16 日，石狮市公安局将本案移送石狮市人民检察院审查起诉。石狮市人民检察院在办案中，抓住化解积怨这一关键，专门成立了化解矛盾工作小组，努力促成两村之间矛盾的化解。在取得地方党委、人大、政府支持后，工作小组多次走访两村所在的永宁镇党委、政府，深入两村争议地点现场查看，并与村委会沟通，制订工作方案。随后协调镇政府牵头征求专家意见并依照镇排水、排污规划对争议地点进行施工，从交通安全与保护环境的角度出发，在争议的排水沟渠所在地周围修建起护栏和人行道，并纳入镇政府的统一规划。这一举措得到了两村村民的普遍认同。化解矛盾工作期间，工作小组还耐心、细致地进行释法说理、政策教育、情绪疏导和思想感化等工作，两村相关当事人及其家属均对用聚众斗殴这种违法行为解决矛盾纠纷的做法进行反省并表示后悔，都表现出明确的和解意愿。2010 年 4 月 23 日，西岑村、子英村两村村委会签订了两村和解协议，涉案人员也分别出具承诺书，表示今后不再就此滋生事端，并保证遵纪守法。至此，两村纠纷得到妥善解决，矛盾根源得以消除。

石狮市人民检察院认为：施某某等 17 人的行为均已触犯了《中华人民共和国刑法》第二百九十二条第一款、第二十五条第一款之规定，涉嫌构成聚众斗殴罪，依法应当追究刑事责任。鉴于施某某等 17 人参与聚众斗殴的目的并非为了私仇或争霸一方，且造成的财产损失及人员伤害均属轻微，并未造成严重后果；两村村委会达成了和解协议，施某某等 17 人也出具了承诺书，从惩罚与教育相结合的原则出发以及有利于促进社会和谐的角度考虑，2010 年 4 月 28 日，石狮市人民检察院根据《中华人民共和国刑事诉讼法》第一百四十二条第二款之规定，决定对施某某等 17 人不起诉。

李泽强编造、故意传播虚假恐怖信息案

（检例第 9 号）

【关键词】 编造、故意传播虚假恐怖信息罪

【要旨】

编造、故意传播虚假恐怖信息罪是选择性罪名。编造恐怖信息以后向特定对象散布，严重扰乱社会秩序的，构成编造虚假恐怖信息罪。编造恐怖信息以后向不特定对象散布，严重扰乱社会秩序的，构成编造、故意传播虚假恐怖信息罪。

对于实施数个编造、故意传播虚假恐怖信息行为的，不实行数罪并罚，但应当将其作为量刑情节予以考虑。

【相关立法】

《中华人民共和国刑法》第二百九十一条之一

【基本案情】

被告人李泽强，男，河北省人，1975 年出生，原系北京欣和物流仓储中心电工。

2010 年 8 月 4 日 22 时许，被告人李泽强为发泄心中不满，在北京市朝阳区小营北路 13 号工地施工现场，用手机编写短信 "今晚要炸北京首都机场"，并向数十个随意编写的手机号码发送。天津市的彭某收到短信后于 2010 年 8 月 5 日向当地公安机关报案，北京首都国际机场公安分局于当日接警后立即通知首都国际机场运行监控中心。首都国际机场运行监控中心随即启动紧急预案，对东、西航站楼和机坪进行排查，并加强对行李物品的检查和监控工作，耗费大量人力、物力，严重影响了首都国际机场的正常工作秩序。

【诉讼过程】

2010 年 8 月 7 日，李泽强因涉嫌编造、故意传播虚假恐怖信息罪被北京首都国际机场公安分局刑事拘留，9 月 7 日被逮捕，11 月 9 日侦查终结移送北京市朝阳区人民检察院审查起诉。2010 年 12 月 3 日，朝阳区人民检察院以被告人李泽强犯编造、故意传播虚假恐怖信息罪向朝阳区人民法院提起公诉。2010 年 12 月 14 日，朝阳区人民法院作出一审判决，认为被告人李泽强法制观念淡薄，为泄私愤，编造虚假恐怖信息并故意向他人传播，严重扰乱社会秩序，已构成编造、故意传播虚假恐怖信息罪；鉴于被告人李泽强自愿认罪，可酌情从轻处罚，依照《中华人民共和国刑法》第二百九十一条之一、第六十一条之规定，判决被告人李泽强犯编造、故意传播虚假恐怖信息罪，判处有期徒刑一年。一审判决后，被告人李泽强在法定期限内未上诉，检察机关也未提出抗诉，一审判决发生法律效力。

卫学臣编造虚假恐怖信息案

（检例第 10 号）

【关键词】 编造虚假恐怖信息罪 严重扰乱社会秩序

【要旨】

关于编造虚假恐怖信息造成"严重扰乱社会秩序"的认定，应当结合行为对正常的工作、生产、生活、经营、教学、科研等秩序的影响程度、对公众造成的恐慌程度以及处置情况等因素进行综合分析判断。对于编造、故意传播虚假恐怖信息威胁民航安全，引起公众恐慌，或者致使航班无法正常起降的，应当认定为"严重扰乱社会秩序"。

【相关立法】

《中华人民共和国刑法》第二百九十一条之一

【基本案情】

被告人卫学臣，男，辽宁省人，1987年出生，原系大连金色假期旅行社导游。

2010年6月13日14时46分，被告人卫学臣带领四川来大连的旅游团用完午餐后，对四川导游李忠键说自己可以让飞机停留半小时，遂用手机拨打大连周水子国际机场问询处电话，询问3U8814航班起飞时间后，告诉接电话的机场工作人员说"飞机上有两名恐怖分子，注意安全"。大连周水子国际机场接到电话后，立即启动防恐预案，将飞机安排到隔离机位，组织公安、安检对飞机客、货舱清仓，对每位出港旅客资料核对确认排查，查看安检现场录像，确认没有可疑问题后，当日19时33分，3U8814航班飞机起飞，晚点33分钟。

【诉讼过程】

2010年6月13日，卫学臣因涉嫌编造虚假恐怖信息罪被大连市公安局机场分局刑事拘留，6月25日被逮捕，8月12日侦查终结移送大连市甘井子区人民检察院审查起诉。2010年9月20日，甘井子区人民检察院以被告人卫学臣涉嫌编造虚假恐怖信息罪向甘井子区人民法院提起公诉。2010年10月11日，甘井子区人民法院作出一审判决，认为被告人卫学臣故意编造虚假恐怖信息，严重扰乱社会秩序，其行为已构成编造虚假恐怖信息罪；鉴于被告人卫学臣自愿认罪，可酌情从轻处罚，依照《中华人民共和国刑法》第二百九十一条之一之规定，判决被告人卫学臣犯编造虚假恐怖信息罪，判处有期徒刑一年六个月。一审判决后，被告人卫学臣在法定期限内未上诉，检察机关也未提出抗诉，一审判决发生法律效力。

袁才彦编造虚假恐怖信息案

（检例第 11 号）

【关键词】 编造虚假恐怖信息罪　择一重罪处断

【要旨】

对于编造虚假恐怖信息造成有关部门实施人员疏散，引起公众极度恐慌的，或者致使相关单位无法正常营业，造成重大经济损失的，应当认定为"造成严重后果"。

以编造虚假恐怖信息的方式，实施敲诈勒索等其他犯罪的，应当根据案件事实和证据情况，择一重罪处断。

【相关立法】

《中华人民共和国刑法》第二百七十四条、第二百九十一条之一

【基本案情】

被告人袁才彦，男，湖北省人，1956 年出生，无业。

被告人袁才彦因经济拮据，意图通过编造爆炸威胁的虚假恐怖信息勒索钱财。2004 年 9 月 29 日，被告人袁才彦冒用名为"张锐"的假身份证，在河南省工商银行信阳分行红星路支行体彩广场分理处申请办理了牡丹灵通卡账户。

2005 年 1 月 24 日 14 时许，被告人袁才彦拨打上海太平洋百货有限公司徐汇店的电话，编造已经放置炸弹的虚假恐怖信息，以不给钱就在商场内引爆炸弹自杀相威胁，要求上海太平洋百货有限公司徐汇店在 1 小时内向其指定的牡丹灵通卡账户内汇款人民币 5 万元。上海太平洋百货有限公司徐汇店即向公安机关报警，并进行人员疏散。接警后，公安机关启动防爆预案，出动警力 300 余名对商

场进行安全排查。被告人袁才彦的行为造成上海太平洋百货有限公司徐汇店暂停营业 3 个半小时。

1 月 25 日 10 时许，被告人袁才彦拨打福州市新华都百货商场的电话，称已在商场内放置炸弹，要求福州市新华都百货商场在半小时内将人民币 5 万元汇入其指定的牡丹灵通卡账户。接警后，公安机关出动大批警力进行人员疏散、搜爆检查，并对现场及周边地区实施交通管制。

1 月 27 日 11 时，被告人袁才彦拨打上海市铁路局春运办公室的电话，称已在火车上放置炸弹，并以引爆炸弹相威胁要求春运办公室在半小时内将人民币 10 万元汇入其指定的牡丹灵通卡账户。接警后，上海铁路公安局抽调大批警力对旅客、列车和火车站进行安全检查。

1 月 27 日 14 时，被告人袁才彦拨打广州市天河城百货有限公司的电话，要求广州市天河城百货有限公司在半小时内将人民币 2 万元汇入其指定的牡丹灵通卡账户，否则就在商场内引爆炸弹自杀。

1 月 27 日 16 时，被告人袁才彦拨打深圳市天虹商场的电话，要求深圳市天虹商场在 1 小时内将人民币 2 万元汇入其指定的牡丹灵通卡账户，否则就在商场内引爆炸弹。

1 月 27 日 16 时 32 分，被告人袁才彦拨打南宁市百货商场的电话，要求南宁市百货商场在 1 小时内将人民币 2 万元汇入其指定的牡丹灵通卡账户，否则就在商场门口引爆炸弹。接警后，公安机关出动警力 300 余名在商场进行搜爆和安全检查。

【诉讼过程】

2005 年 1 月 28 日，袁才彦因涉嫌敲诈勒索罪被广州市公安局天河区分局刑事拘留。2005 年 2 月案件移交袁才彦的主要犯罪地上海市公安局徐汇区分局管辖，3 月 4 日袁才彦被逮捕，4 月 5 日侦查终结移送上海市徐汇区人民检察院审查起诉。2005 年 4 月 14 日，上海市人民检察院将案件指定上海市人民检察院第二分院管辖，4 月 18 日上海市人民检察院第二分院以被告人袁才彦涉嫌编造虚假恐怖信息罪向上海市第二中级人民法院提起公诉。2005 年 6 月 24 日，上海市第二中级人民法院作出一审判决，认为被告人袁才彦为勒索钱财故意编造爆炸威胁等虚假恐怖信息，严重扰乱社会秩序，其行为已构成编造虚假恐怖信息罪，且造成严重后果，依照《中华人民共和国刑法》第二百九十一条之一、第五十五条第一款、第五十六条第一款、第六十四条的规定，判决被告人袁才彦犯编造虚假恐怖信息罪，判处有期徒刑十二年，剥夺政治权利三年。一审判决后，被告人袁才彦提出上诉。2005 年 8 月 25 日，上海市高级人民法院二审终审裁定，驳回上诉，维持原判。

郭明先参加黑社会性质组织、故意杀人、故意伤害案

（检例第 18 号）

【关键词】 第二审程序刑事抗诉 故意杀人罪 罪行极其严重 死刑立即执行

【基本案情】

被告人郭明先，男，四川省人，1972 年出生，无业。1997 年 9 月因犯盗窃罪被判有期徒刑五年六个月，2001 年 12 月刑满释放。

2003 年 5 月 7 日，李泽荣（另案处理，已判刑）等人在四川省三台县"经典歌城"唱歌结账时与该歌城老板何春发生纠纷，被告人郭明先受李泽荣一方纠集，伙同李泽荣、王成鹏、王国军（另案

处理，均已判刑）打砸"经典歌城"，郭明先持刀砍人，致何春重伤、顾客吴启斌轻伤。

2008年1月1日，闵思金（另案处理，已判刑）与王元军在四川省三台县里程乡岩崖坪发生交通事故，双方因闵思金摩托车受损赔偿问题发生争执。王元军电话通知被害人兰金、李西秀等人，闵思金电话召集郭明先及闵思勇、陈强（另案处理，均已判刑）等人。闵思勇与其朋友代安全、兰在伟先到现场，因代安全、兰在伟与争执双方均认识，即进行劝解，事情已基本平息。后郭明先、陈强等人亦分别骑摩托车赶至现场。闵思金向郭明先指认兰金后，郭明先持菜刀欲砍兰金，被路过并劝架的被害人蓝继宇（殁年26岁）阻拦，郭明先遂持菜刀猛砍蓝继宇头部，致蓝继宇严重颅脑损伤死亡。兰金、李西秀等见状，持木棒击打郭明先，郭明先持菜刀乱砍，致兰金重伤，致李西秀轻伤。后郭明先搭乘闵思勇所驾摩托车逃跑。

2008年5月，郭明先负案潜逃期间，应同案被告人李进（犯组织、领导黑社会性质组织罪、故意伤害罪等，被判处有期徒刑十四年）的邀约，到四川省绵阳市安县参加了同案被告人王术华（犯组织、领导黑社会性质组织罪、故意伤害罪等罪名，被判处有期徒刑二十年）组织、领导的黑社会性质组织，充当打手。因王术华对胡建不满，让李进安排人教训胡建及其手下。2009年5月17日，李进见胡建两名手下范平、张选辉在安县花荄镇姜记烧烤店吃烧烤，便打电话叫来郭明先。经指认，郭明先蒙面持菜刀砍击范平、张选辉，致该二人轻伤。

【诉讼过程】

2009年7月28日，郭明先因涉嫌故意伤害罪被四川省绵阳市安县公安局刑事拘留，同年8月18日被逮捕，经查犯罪嫌疑人郭明先还涉嫌王术华等人黑社会性质组织系列犯罪案件。四川省绵阳市安县公安局侦查终结后，移送四川省绵阳市安县人民检察院审查起诉。该院受理后，于 2010 年 1 月 3 日报送四川省绵阳市人民检察院审查起诉。2010 年 7 月 19 日，四川省绵阳市人民检察院对王术华等人参与的黑社会性质组织系列犯罪案件向绵阳市中级人民法院提起公诉，其中指控该案被告人郭明先犯参加黑社会性质组织罪、故意伤害罪和故意杀人罪。

2010 年 12 月 17 日，绵阳市中级人民法院一审认为，被告人郭明先 1997 年因犯盗窃罪被判处有期徒刑，2001 年 12 月 26 日刑满释放后，又于 2003 年故意伤害他人，2008 年故意杀人、参加黑社会性质组织，均应判处有期徒刑以上刑罚，系累犯，应当从重处罚。依法判决：被告人郭明先犯参加黑社会性质组织罪，处有期徒刑两年；犯故意杀人罪，处死刑，缓期二年执行，剥夺政治权利终身；犯故意伤害罪，处有期徒刑五年；数罪并罚，决定执行死刑，缓期二年执行，剥夺政治权利终身。

2010 年 12 月 30 日，四川省绵阳市人民检察院认为一审判决对被告人郭明先量刑畸轻，依法向四川省高级人民法院提出抗诉。2012 年 4 月 16 日，四川省高级人民法院二审判决采纳抗诉意见，改判郭明先死刑立即执行。2012 年 10 月 26 日，最高人民法院裁定核准四川省高级人民法院对被告人郭明先的死刑判决。2012 年 11 月 22 日，被告人郭明先被执行死刑。

【抗诉理由】

一审宣判后，四川省绵阳市人民检察院经审查认为原审判决对被告人郭明先量刑畸轻，依法向四川省高级人民法院提出抗诉；四川省人民检察院支持抗诉。抗诉和支持抗诉理由是：一审判处被告人郭明先死刑，缓期二年执行，量刑畸轻。郭明先 1997 年因犯盗窃罪被判有期徒刑五年六个月，2001 年 12 月刑满释放后，不思悔改，继续犯罪。于 2003 年 5 月 7 日，伙同他人打砸三台县"经典歌城"，并持刀行凶致一人重伤，一人轻伤，其行为构成故意伤害罪。负案潜逃期间，于 2008 年 1 月 1 日在三台县里程乡岩崖坪持刀行凶，致一人死亡，一人重伤，一人轻伤，其行为构成故意杀人罪和故意伤害罪。此后，又积极参加黑社会性质组织，充当他人打手，并于 2009 年 5 月 17 日受该组织安排，蒙面持刀行凶，致两人轻伤，其行为构成参加黑社会性质组织罪和故意伤害罪。根据本案事实和证据，被告人郭明先的罪行极其严重、犯罪手段残忍、犯罪后果严重，主观恶性极大，根据罪责刑相适应原则，应当依法判处其死刑立即执行。

【终审结果】

四川省高级人民法院二审认为，本案事实清楚，证据确实、充分，原审被告人郭明先犯参加黑社会性质组织罪、故意杀人罪、故意伤害罪，系累犯，主观恶性极深，依法应当从重处罚。检察机关认为"原判对郭明先量刑畸轻"的抗诉理由成立。据此，依法撤销一审判决关于原审被告人郭明先量刑部分，改判郭明先犯参加黑社会性质组织罪，处有期徒刑两年；犯故意杀人罪，处死刑；犯故意伤害罪，处有期徒刑五年；数罪并罚，决定执行死刑，并剥夺政治权利终身。经报最高人民法院核准，已被执行死刑。

【要旨】

死刑依法只适用于罪行极其严重的犯罪分子。对故意杀人、故意伤害、绑架、爆炸等涉黑、涉恐、涉暴刑事案件中罪行极其严重，严重危害国家安全和公共安全、严重危害公民生命权，或者严重危害社会秩序的被告人，依法应当判处死刑，人民法院未判处死刑的，人民检察院应当依法提出抗诉。

【相关法律规定】

《中华人民共和国刑法》第二百三十二条、第二百三十四条、第二百九十四条；《中华人民共和国刑事诉讼法》第二百一十七条、第二百二十五条第一款第二项。

李丙龙破坏计算机信息系统案

（检例第 33 号）

【关键词】 破坏计算机信息系统　劫持域名

【基本案情】

被告人李丙龙，男，1991 年 8 月生，个体工商户。

被告人李丙龙为牟取非法利益，预谋以修改大型互联网网站域名解析指向的方法，劫持互联网流量访问相关赌博网站，获取境外赌博网站广告推广流量提成。2014 年 10 月 20 日，李丙龙冒充某知名网站工作人员，采取伪造该网站公司营业执照等方式，骗取该网站注册服务提供商信任，获取网站域名解析服务管理权限。10 月 21 日，李丙龙通过其在域名解析服务网站平台注册的账号，利用该平台相关功能自动生成了该知名网站二级子域名部分 DNS（域名系统）解析列表，修改该网站子域名的 IP 指向，使其连接至自己租用境外虚拟服务器建立的赌博网站广告发布页面。当日 19 时许，李丙龙对该网站域名解析服务器指向的修改生效，致使该网站不能正常运行。23 时许，该知名网站经技术排查恢复了网站正常运行。11 月 25 日，李丙龙被公安机关抓获。至案发时，李丙龙未及获利。

经司法鉴定，该知名网站共有 559 万有效用户，其中邮箱系统有 36 万有效用户。按日均电脑客户端访问量计算，10 月 7 日至 10 月 20 日邮箱系统日均访问量达 12.3 万。李丙龙的行为造成该知名网站 10 月 21 日 19 时至 23 时长达四小时左右无法正常发挥其服务功能，案发当日仅邮件系统电脑客户端访问量就从 12.3 万减少至 4.43 万。

【诉讼过程和结果】

本案由上海市徐汇区人民检察院于 2015 年 4 月 9 日以被告人李丙龙犯破坏计算机信息系统罪向上海市徐汇区人民法院提起公诉。11 月 4 日，徐汇区人民法院作出判决，认定李丙龙的行为构成破坏计算机信息系统罪。根据《最高人民法院、最高人民检察院关于办理危害计算机信息系统安全刑事案件应用法律若干问题的解释》第四条规定，李丙龙的行为符合"造成为五万以上用户提供服务的计算机信息系统不能正常运行累计一小时以上""后果特别严重"的情形。结合量刑情节，判处李丙龙有期徒刑五年。一审宣判后，被告人未上诉，判决已生效。

【要旨】

以修改域名解析服务器指向的方式劫持域名，造成计算机信息系统不能正常运行，是破坏计算机信息系统的行为。

【指导意义】

修改域名解析服务器指向，强制用户偏离目标网站或网页进入指定网站或网页，是典型的域名劫持行为。行为人使用恶意代码修改目标网站域名解析服务器，目标网站域名被恶意解析到其他 IP 地址，无法正常发挥网站服务功能，这种行为实质是对计算机信息系统功能的修改、干扰，符合刑法第二百八十六条第一款"对计算机信息系统功能进行删除、修改、增加、干扰"的规定。根据《最高人民法院、最高人民检察院关于办理危害计算机信息系统安全刑事案件应用法律若干问题的解释》第四条的规定，造成为一万以上用户提供服务的计算机信息系统不能正常运行累计一小时以上的，属于"后果严重"，应以破坏计算机信息系统罪论处；造成为五万以上用户提供服务的计算机信息系统不能正常运行累计一小时以上的，属于"后果特别严重"。

认定遭受破坏的计算机信息系统服务用户数，可以根据计算机信息系统的功能和使用特点，结合网站注册用户、浏览用户等具体情况，作出客观判断。

【相关法律规定】

《中华人民共和国刑法》

第二百八十六条 违反国家规定，对计算机信息系统功能进行删除、修改、增加、干扰，造成计算机信息系统不能正常运行，后果严重的，处五年以下有期徒刑或者拘役；后果特别严重的，处五年以上有期徒刑。

《最高人民法院、最高人民检察院关于办理危害计算机信息系统安全刑事案件应用法律若干问题的解释》

第四条 破坏计算机信息系统功能、数据或者应用程序，具有下列情形之一的，应当认定为刑法第二百八十六条第一款和第二款规定的"后果严重"：

......

（四）造成为一百台以上计算机信息系统提供域名解析、身份认证、计费等基础服务或者为一万以上用户提供服务的计算机信息系统不能正常运行累计一小时以上的；

......

实施前款规定行为，具有下列情形之一的，应当认定为破坏计算机信息系统"后果特别严重"：

......

（二）造成为五百台以上计算机信息系统提供域名解析、身份认证、计费等基础服务或者为五万以上用户提供服务的计算机信息系统不能正常运行累计一小时以上的；

......

李骏杰等破坏计算机信息系统案

（检例第 34 号）

【关键词】 破坏计算机信息系统　删改购物评价　购物网站评价系统

【基本案情】

被告人李骏杰，男，1985 年 7 月生，原系浙江杭州某网络公司员工。

被告人胡榕，男，1975 年 1 月生，原系江西省九江市公安局民警。

被告人黄福权，男，1987 年 9 月生，务工。

被告人董伟，男，1983 年 5 月生，无业。

被告人王凤昭，女，1988 年 11 月生，务工。

2011 年 5 月至 2012 年 12 月，被告人李骏杰在工作单位及自己家中，单独或伙同他人通过聊天软件联系需要修改中差评的某购物网站卖家，并从被告人黄福权等处购买发表中差评的该购物网站买家信息 300 余条。李骏杰冒用买家身份，骗取客服审核通过后重置账号密码，登录该购物网站内部评价系统，删改买家的中差评 347 个，获利 9 万余元。

经查：被告人胡榕利用职务之便，将获取的公民个人信息分别出售给被告人黄福权、董伟、王凤昭。

2012 年 12 月 11 日，被告人李骏杰被公安机关抓获归案。此后，因涉嫌出售公民个人信息、非法获取公民个人信息，被告人胡榕、黄福权、董伟、王凤昭等人也被公安机关先后抓获。

【诉讼过程和结果】

本案由浙江省杭州市滨江区人民检察院于 2014 年 3 月 24 日以被

告人李骏杰犯破坏计算机信息系统罪、被告人胡榕犯出售公民个人信息罪、被告人黄福权等人犯非法获取公民个人信息罪,向浙江省杭州市滨江区人民法院提起公诉。2015年1月12日,杭州市滨江区人民法院作出判决,认定被告人李骏杰的行为构成破坏计算机信息系统罪,判处有期徒刑五年;被告人胡榕的行为构成出售公民个人信息罪,判处有期徒刑十个月,并处罚金人民币二万元;被告人黄福权、董伟、王凤昭的行为构成非法获取公民个人信息罪,分别判处有期徒刑、拘役,并处罚金。一审宣判后,被告人董伟提出上诉。杭州市中级人民法院二审裁定驳回上诉,维持原判。判决已生效。

【要旨】

冒用购物网站买家身份进入网站内部评价系统删改购物评价,属于对计算机信息系统内存储数据进行修改操作,应当认定为破坏计算机信息系统的行为。

【指导意义】

购物网站评价系统是对店铺销量、买家评价等多方面因素进行综合计算分值的系统,其内部储存的数据直接影响到搜索流量分配、推荐排名、营销活动报名资格、同类商品在消费者购买比较时的公平性等。买家在购买商品后,根据用户体验对所购商品分别给出好评、中评、差评三种不同评价。所有的评价都是以数据形式存储于买家评价系统之中,成为整个购物网站计算机信息系统整体数据的重要组成部分。

侵入评价系统删改购物评价,其实质是对计算机信息系统内存储的数据进行删除、修改操作的行为。这种行为危害到计算机信息系统数据采集和流量分配体系运行,使网站注册商户及其商品、服务的搜索受到影响,导致网站商品、服务评价功能无法正常运作,侵害了购物网站所属公司的信息系统安全和消费者的知情权。行为人因删除、修改某购物网站中差评数据违法所得25000元以上,构成破坏计算机信息系统罪，属于"后果特别严重"的情形，应当依法判处五年以上有期徒刑。

【相关法律规定】

《中华人民共和国刑法》

第二百八十六条　违反国家规定，对计算机信息系统功能进行删除、修改、增加、干扰，造成计算机信息系统不能正常运行，后果严重的，处五年以下有期徒刑或者拘役；后果特别严重的，处五年以上有期徒刑。

违反国家规定，对计算机信息系统中存储、处理或者传输的数据和应用程序进行删除、修改、增加的操作，后果严重的，依照前款的规定处罚。

《最高人民法院、最高人民检察院关于办理危害计算机信息系统安全刑事案件应用法律若干问题的解释》

第四条　破坏计算机信息系统功能、数据或者应用程序，具有下列情形之一的，应当认定为刑法第二百八十六条第一款和第二款规定的"后果严重"：

……

（三）违法所得五千元以上或者造成经济损失一万元以上的；

……

实施前款规定行为，具有下列情形之一的，应当认定为破坏计算机信息系统"后果特别严重"：

（一）数量或者数额达到前款第（一）项至第（三）项规定标准五倍以上的；

……

《计算机信息网络国际联网安全保护管理办法》

第六条　任何单位和个人不得从事下列危害计算机信息网络安全的活动：

（一）未经允许，进入计算机信息网络或者使用计算机信息网络资源的；

（二）未经允许，对计算机信息网络功能进行删除、修改或者增加的；

（三）未经允许，对计算机信息网络中存储、处理或者传输的数据和应用程序进行删除、修改或者增加的；

（四）故意制作、传播计算机病毒等破坏性程序的；

（五）其他危害计算机信息网络安全的。

曾兴亮、王玉生破坏计算机信息系统案

（检例第 35 号）

【关键词】破坏计算机信息系统　智能手机终端　远程锁定

【基本案情】

被告人曾兴亮，男，1997 年 8 月生，农民。

被告人王玉生，男，1992 年 2 月生，农民。

2016 年 10 月至 11 月，被告人曾兴亮与王玉生结伙或者单独使用聊天社交软件，冒充年轻女性与被害人聊天，谎称自己的苹果手机因故障无法登录"ICLOUD"（云存储），请被害人代为登录，诱骗被害人先注销其苹果手机上原有的 ID，再使用被告人提供的 ID 及密码登录。随后，曾、王二人立即在电脑上使用新的 ID 及密码登录苹果官方网站，利用苹果手机相关功能将被害人的手机设置修改，并使用"密码保护问题"修改该 ID 的密码，从而远程锁定被害人的苹果手机。曾、王二人再在其个人电脑上，用网络聊天软件与被害人联系，以解锁为条件索要钱财。采用这种方式，曾兴亮单独或合伙作案共 21 起，涉及苹果手机 22 部，锁定苹果手机 21 部，索得人民币合计 7290 元；王玉生参与作案 12 起，涉及苹果手机 12 部，锁定苹果手机 11 部，索得人民币合计 4750 元。2016 年 11 月 24 日，二人被公安机关抓获。

【诉讼过程和结果】

本案由江苏省海安县人民检察院于 2016 年 12 月 23 日以被告人曾兴亮、王玉生犯破坏计算机信息系统罪向海安县人民法院提起公诉。2017 年 1 月 20 日，海安县人民法院作出判决，认定被告人曾兴亮、王玉生的行为构成破坏计算机信息系统罪，分别判处有期徒刑一年三个月、有期徒刑六个月。一审宣判后，二被告人未上诉，判决已生效。

【要旨】

智能手机终端，应当认定为刑法保护的计算机信息系统。锁定智能手机导致不能使用的行为，可认定为破坏计算机信息系统。

【指导意义】

计算机信息系统包括计算机、网络设备、通信设备、自动化控制设备等。智能手机和计算机一样，使用独立的操作系统、独立的运行空间，可以由用户自行安装软件等程序，并可以通过移动通讯网络实现无线网络接入，应当认定为刑法上的"计算机信息系统"。

行为人通过修改被害人手机的登录密码，远程锁定被害人的智能手机设备，使之成为无法开机的"僵尸机"，属于对计算机信息系统功能进行修改、干扰的行为。造成 10 台以上智能手机系统不能正常运行，符合刑法第二百八十六条破坏计算机信息系统罪构成要件中"对计算机信息系统功能进行修改、干扰""后果严重"的情形，构成破坏计算机信息系统罪。

行为人采用非法手段锁定手机后以解锁为条件，索要钱财，在数额较大或多次敲诈的情况下，其目的行为又构成敲诈勒索罪。在这类犯罪案件中，手段行为构成的破坏计算机信息系统罪与目的行为构成的敲诈勒索罪之间成立牵连犯。牵连犯应当从一重罪处断。破坏计算机信息系统罪后果严重的情况下，法定刑为五年以下有期徒刑或者拘役；敲诈勒索罪在数额较大的情况下，法定刑为三年以下有期徒刑、拘役或管制，并处或者单处罚金。本案应以重罪即破坏计算机信息系统罪论处。

【相关法律规定】

《中华人民共和国刑法》

第二百八十六条　违反国家规定，对计算机信息系统功能进行删除、修改、增加、干扰，造成计算机信息系统不能正常运行，后果严重的，处五年以下有期徒刑或者拘役；后果特别严重的，处五年以上有期徒刑。

第二百七十四条　敲诈勒索公私财物，数额较大或者多次敲诈勒索的，处三年以下有期徒刑、拘役或者管制，并处或者单处罚金；数额巨大或者有其他严重情节的，处三年以上十年以下有期徒刑，并处罚金；数额特别巨大或者有其他特别严重情节的，处十年以上有期徒刑，并处罚金。

《最高人民法院、最高人民检察院关于办理危害计算机信息系统安全刑事案件应用法律若干问题的解释》

第十一条　本解释所称"计算机信息系统"和"计算机系统"，是指具备自动处理数据功能的系统，包括计算机、网络设备、通信设备、自动化控制设备等。

……

《最高人民法院、最高人民检察院关于办理敲诈勒索刑事案件适用法律若干问题的解释》

第一条　敲诈勒索公私财物价值二千元至五千元以上、三万元至十万元以上、三十万元至五十万元以上的，应当分别认定为刑法第二百七十四条规定的"数额较大""数额巨大""数额特别巨大"。

各省、自治区、直辖市高级人民法院、人民检察院可以根据本地区经济发展状况和社会治安状况，在前款规定的数额幅度内，共同研究确定本地区执行的具体数额标准，报最高人民法院、最高人民检察院批准。

《江苏省高级人民法院、江苏省人民检察院、江苏省公安厅关于我省执行敲诈勒索公私财物"数额较大""数额巨大""数额特别巨大"标准的意见》

根据《最高人民法院、最高人民检察院关于办理敲诈勒索刑事案件适用法律若干问题的解释》的规定，结合我省经济发展和社会治安实际状况，确定我省执行刑法第二百七十四条规定的敲诈勒索公私财物"数额较大""数额巨大""数额特别巨大"标准如下：

一、敲诈勒索公私财物价值人民币四千元以上的，为"数额较大"；

二、敲诈勒索公私财物价值人民币六万元以上的，为"数额巨大"；

卫梦龙、龚旭、薛东东
非法获取计算机信息系统数据案

（检例第 36 号）

【关键词】非法获取计算机信息系统数据　超出授权范围登录侵入计算机信息系统

【基本案情】

被告人卫梦龙，男，1987 年 10 月生，原系北京某公司经理。

被告人龚旭，女，1983 年 9 月生，原系北京某大型网络公司运营规划管理部员工。

被告人薛东东，男，1989 年 12 月生，无固定职业。

被告人卫梦龙曾于 2012 年至 2014 年在北京某大型网络公司工作，被告人龚旭供职于该大型网络公司运营规划管理部，两人原系同事。被告人薛东东系卫梦龙商业合作伙伴。

因工作需要，龚旭拥有登录该大型网络公司内部管理开发系统的账号、密码、TOKEN 令牌（计算机身份认证令牌），具有查看工作范围内相关数据信息的权限。但该大型网络公司禁止员工私自在内部管理开发系统查看、下载非工作范围内的电子数据信息。

2016 年 6 月至 9 月，经事先合谋，龚旭向卫梦龙提供自己所掌握的该大型网络公司内部管理开发系统账号、密码、TOKEN 令牌。卫梦龙利用龚旭提供的账号、密码、TOKEN 令牌，违反规定多次在异地登录该大型网络公司内部管理开发系统，查询、下载该计算机信息系统中储存的电子数据。后卫梦龙将非法获取的电子数据交由薛东东通过互联网出售牟利，违法所得共计 37000 元。

【诉讼过程和结果】

本案由北京市海淀区人民检察院于 2017 年 2 月 9 日以被告人卫梦龙、龚旭、薛东东犯非法获取计算机信息系统数据罪，向北京市海淀区人民法院提起公诉。6 月 6 日，北京市海淀区人民法院作出判决，认定被告人卫梦龙、龚旭、薛东东的行为构成非法获取计算机信息系统数据罪，情节特别严重。判处卫梦龙有期徒刑四年，并处罚金人民币四万元；判处龚旭有期徒刑三年九个月，并处罚金人民币四万元；判处薛东东有期徒刑四年，并处罚金人民币四万元。一审宣判后，三被告人未上诉，判决已生效。

【要旨】

超出授权范围使用账号、密码登录计算机信息系统，属于侵入计算机信息系统的行为；侵入计算机信息系统后下载其储存的数据，可以认定为非法获取计算机信息系统数据。

【指导意义】

非法获取计算机信息系统数据罪中的"侵入",是指违背被害人意愿、非法进入计算机信息系统的行为。其表现形式既包括采用技术手段破坏系统防护进入计算机信息系统,也包括未取得被害人授权擅自进入计算机信息系统,还包括超出被害人授权范围进入计算机信息系统。

本案中,被告人龚旭将自己因工作需要掌握的本公司账号、密码、TOKEN 令牌等交由卫梦龙登录该公司管理开发系统获取数据,虽不属于通过技术手段侵入计算机信息系统,但内外勾结擅自登录公司内部管理开发系统下载数据,明显超出正常授权范围。超出授权范围使用账号、密码、TOKEN 令牌登录系统,也属于侵入计算机信息系统的行为。行为人违反《计算机信息系统安全保护条例》第七条、《计算机信息网络国际联网安全保护管理办法》第六条第一项等国家规定,实施了非法侵入并下载获取计算机信息系统中存储的数据的行为,构成非法获取计算机信息系统数据罪。按照 2011年《最高人民法院、最高人民检察院关于办理危害计算机信息系统安全刑事案件应用法律若干问题的解释》规定,构成犯罪,违法所得二万五千元以上,应当认定为"情节特别严重",处三年以上七年以下有期徒刑,并处罚金。

【相关法律规定】

《中华人民共和国刑法》

第二百八十五条　违反国家规定,侵入国家事务、国防建设、尖端科学技术领域的计算机信息系统的,处三年以下有期徒刑或者拘役。

违反国家规定,侵入前款规定以外的计算机信息系统或者采用其他技术手段,获取该计算机信息系统中存储、处理或者传输的数据，或者对该计算机信息系统实施非法控制，情节严重的，处三年以下有期徒刑或者拘役，并处或者单处罚金；情节特别严重的，处三年以上七年以下有期徒刑，并处罚金。

《最高人民法院、最高人民检察院关于办理危害计算机信息系统安全刑事案件应用法律若干问题的解释》

第一条 非法获取计算机信息系统数据或者非法控制计算机信息系统，具有下列情形之一的，应当认定为刑法第二百八十五条第二款规定的"情节严重"：

……

（四）违法所得五千元以上或者造成经济损失一万元以上的；

……

实施前款规定行为，具有下列情形之一的，应当认定为刑法第二百八十五条第二款规定的"情节特别严重"：

（一）数量或者数额达到前款第（一）项至第（四）项规定标准五倍以上的；

……

《中华人民共和国计算机信息系统安全保护条例》

第七条 任何组织或者个人，不得利用计算机信息系统从事危害国家利益、集体利益和公民合法利益的活动，不得危害计算机信息系统的安全。

《计算机信息网络国际联网安全保护管理办法》

第六条 任何单位和个人不得从事下列危害计算机信息网络安全的活动：

（一）未经允许，进入计算机信息网络或者使用计算机信息网络资源的；

（二）未经允许，对计算机信息网络功能进行删除、修改或者增加的；

（三）未经允许，对计算机信息网络中存储、处理或者传输的数据和应用程序进行删除、修改或者增加的；

（四）故意制作、传播计算机病毒等破坏性程序的；

（五）其他危害计算机信息网络安全的。

叶源星、张剑秋提供侵入 计算机信息系统程序、谭房妹 非法获取计算机信息系统数据案

（检例第 68 号）

【关键词】专门用于侵入计算机信息系统的程序　非法获取计算机信息系统数据　撞库　打码

【要旨】

对有证据证明用途单一，只能用于侵入计算机信息系统的程序，司法机关可依法认定为"专门用于侵入计算机信息系统的程序"；难以确定的，应当委托专门部门或司法鉴定机构作出检验或鉴定。

【基本案情】

叶源星，男，1977 年 3 月 10 日出生，超市网络维护员。

张剑秋，男，1972 年 8 月 14 日出生，小学教师。

谭房妹，男，1993 年 4 月 5 日出生，农民。

2015 年 1 月，被告人叶源星编写了用于批量登录某电商平台账户的"小黄伞"撞库软件（"撞库"是指黑客通过收集已泄露的用户信息，利用账户使用者相同的注册习惯，如相同的用户名和密

码，尝试批量登陆其他网站，从而非法获取可登录用户信息的行为）供他人免费使用。"小黄伞"撞库软件运行时，配合使用叶源星编写的打码软件（"打码"是指利用人工大量输入验证码的行为）可以完成撞库过程中对大量验证码的识别。叶源星通过网络向他人有偿提供打码软件的验证码识别服务，同时将其中的人工输入验证码任务交由被告人张剑秋完成，并向其支付费用。

2015 年 1 月至 9 月，被告人谭房妹通过下载使用"小黄伞"撞库软件，向叶源星购买打码服务，获取到某电商平台用户信息 2.2 万余组。

被告人叶源星、张剑秋通过实施上述行为，从被告人谭房妹处获取违法所得共计人民币 4 万余元。谭房妹通过向他人出售电商平台用户信息，获取违法所得共计人民币 25 万余元。法院审理期间，叶源星、张剑秋、谭房妹退缴了全部违法所得。

【指控与证明犯罪】

（一）审查起诉

2016 年 10 月 10 日，浙江省杭州市公安局余杭区分局以犯罪嫌疑人叶源星、张剑秋、谭房妹涉嫌非法获取计算机信息系统数据罪移送杭州市余杭区人民检察院审查起诉。其间，叶源星、张剑秋的辩护人向检察机关提出二名犯罪嫌疑人无罪的意见。叶源星的辩护人认为，叶源星利用"小黄伞"软件批量验证已泄露信息的行为，不构成非法获取计算机信息系统数据罪。张剑秋的辩护人认为，张剑秋不清楚组织打码是为了非法获取某电商平台的用户信息。张剑秋与叶源星没有共同犯罪故意，不构成非法获取计算机信息系统数据罪。

杭州市余杭区人民检察院经审查认为，犯罪嫌疑人叶源星编制"小黄伞"撞库软件供他人使用，犯罪嫌疑人张剑秋组织码工打码，犯罪嫌疑人谭房妹非法获取网络用户信息并出售牟利的基本事实清楚，但需要进一步补强证据。2016 年 11 月 25 日、2017 年 2 月 7 日，检察机关二次将案件退回公安机关补充侦查，明确提出需要补查的内容、目的和要求。一是完善"小黄伞"软件的编制过程、运作原理、功能等方面的证据，以便明确"小黄伞"软件是否具有避开或突破某电商平台服务器的安全保护措施，非法获取计算机信息系统数据的功能。二是对扣押的张剑秋电脑进行补充勘验，以便确定张剑秋主观上是否明知其组织打码行为是为他人非法获取某电商平台用户信息提供帮助；调取张剑秋与叶源星的 QQ 聊天记录，以便查明二人是否有犯意联络。三是提取叶源星被扣押电脑的 MAC 地址（又叫网卡地址，由 12 个 16 进制数组成，是上网设备在网络中的唯一标识），分析"小黄伞"软件源代码中是否含有叶源星电脑的 MAC 地址，以便查明某电商平台被非法登陆过的账号与叶源星编制的"小黄伞"撞库软件之间是否存在关联性。四是对被扣押的谭房妹电脑和 U 盘进行补充勘验，调取其中含有账号、密码的文件，查明文件的生成时间和特征，以便确定被查获的存储介质中的某电商平台用户信息是否系谭房妹使用"小黄伞"软件获取。

公安机关按照检察机关的要求，对证据作了进一步补充完善。同时，检察机关就"小黄伞"软件的运行原理等问题，听取了技术专家意见。结合公安机关两次退查后补充的证据，案件证据中存在的问题已经得到解决：

一是明确了"小黄伞"软件具有以下功能特征：（1）"小黄伞"软件用途单一，仅针对某电商平台账号进行撞库和接入打码平台，这种非法侵入计算机信息系统获取用户数据的程序没有合法用途。（2）"小黄伞"软件具有避开或突破计算机信息系统安全保护措施的功能。在实施撞库过程中，一个 IP 地址需要多次登录大量账号，为防止被某电商平台识别为非法登陆，导致 IP 地址被封锁，"小黄伞"软件被编入自动拨号功能，在批量登陆几组账号后，会自动切换新的 IP 地址，从而达到避开该电商平台安全防护的目的。(3)"小黄伞"软件具有绕过验证码识别防护措施的功能。在他人利用非法获取的该电商平台账号登录时，需要输入验证码。"小黄伞"软件会自动抓取验证码图片发送到打码平台，由张剑秋组织的码工对验证码进行识别。(4)"小黄伞"软件具有非法获取计算机信息系统数据的功能。"小黄伞"软件对登陆成功的某电商平台账号，在未经授权的情况下，会自动抓取账号对应的昵称、注册时间、账号等级等信息数据。根据以上特征，可以认定"小黄伞"软件属于刑法规定的"专门用于侵入计算机信息系统的程序"。

二是从张剑秋和叶源星电脑中补充勘查到的 QQ 聊天记录等电子数据证实，叶源星与张剑秋聊天过程中曾提及"扫平台""改一下平台程序""那些人都是出码的"；通过补充讯问张剑秋和叶源星，明确了张剑秋明知其帮叶源星打验证码可能被用于非法目的，仍然帮叶源星做打码代理。上述证据证实张剑秋与叶源星之间已经形成犯意联络，具有共同犯罪故意。

三是通过进一步补充证据，证实了使用撞库软件的终端设备的 MAC 地址与叶源星电脑的 MAC 地址、小黄伞软件的源代码里包含的 MAC 地址一致。上述证据证实叶源星就是"小黄伞"软件的编制者。

四是通过对谭房妹所有包含某电商平台用户账号和密码的文件进行比对，查明了谭房妹利用"小黄伞"撞库软件非法获取的某电商平台用户信息文件不仅包含账号、密码，还包含了注册时间、账号等级、是否验证等信息，而谭房妹从其他渠道非法获取的账号信息文件并不包含这些信息。通过对谭房妹电脑的进一步勘查和对谭房妹的进一步讯问，确定了谭房妹利用"小黄伞"软件登陆某电商平台用户账号的过程和具体时间，该登录时间与部分账号信息文件的生成时间均能一一对应。根据上述证据，最终确定谭房妹利用

"小黄伞"撞库所得的网络用户信息为 2.2 万余组。

综上，检察机关认为案件事实已查清，但公安机关对犯罪嫌疑人叶源星、张剑秋移送起诉适用的罪名不准确。叶源星、张剑秋共同为他人提供专门用于侵入计算机信息系统的程序，均已涉嫌提供侵入计算机信息系统程序罪；犯罪嫌疑人谭房妹的行为已涉嫌非法获取计算机信息系统数据罪。

（二）出庭指控犯罪

2017 年 6 月 20 日，杭州市余杭区人民检察院以被告人叶源星、张剑秋构成提供侵入计算机信息系统程序罪，被告人谭房妹构成非法获取计算机信息系统数据罪，向杭州市余杭区人民法院提起公诉。11 月 17 日，法院公开开庭审理了本案。

庭审中，3 名被告人对检察机关的指控均无异议。谭房妹的辩护人提出，谭房妹系初犯，归案后能如实供述罪行，自愿认罪，请求法庭从轻处罚。叶源星和张剑秋的辩护人提出以下辩护意见：一是检察机关未提供省级以上有资质机构的检验结论，现有证据不足以认定"小黄伞"软件是"专门用于侵入计算机信息系统的程序"。二是张剑秋与叶源星间没有共同犯罪的主观故意。三是叶源星和张剑秋的违法所得金额应扣除支付给码工的钱款。

针对上述辩护意见，公诉人答辩如下：一是在案电子数据、勘验笔录、技术人员的证言、被告人供述等证据相互印证，足以证实"小黄伞"软件具有避开和突破计算机信息系统安全保护措施，未经授权获取计算机信息系统数据的功能，属于法律规定的"专门用于侵入计算机信息系统的程序"。二是被告人叶源星与张剑秋具有共同犯罪的故意。QQ 聊天记录反映两人曾提及非法获取某电商平台用户信息的内容，能证实张剑秋主观明知其组织他人打码系用于批量登录该电商平台账号。张剑秋组织他人帮助打码的行为和叶源星提供撞库软件的行为相互配合，相互补充，系共同犯罪。三是被告人叶源星、张剑秋的违法所得应以其出售验证码服务的金额认定，给码工等相关支出均属于犯罪成本，不应扣除。二人系共同犯罪，应当对全部犯罪数额承担责任。四是3名被告人在庭审中认罪态度较好且上交了全部违法所得，建议从轻处罚。

（三）处理结果

浙江省杭州市余杭区人民法院采纳了检察机关的指控意见，判决认定被告人叶源星、张剑秋的行为已构成提供侵入计算机信息系统程序罪，且系共同犯罪；被告人谭房妹的行为已构成非法获取计算机信息系统数据罪。鉴于3名被告人均自愿认罪，并退出违法所得，对3名被告人判处三年有期徒刑，适用缓刑，并处罚金。宣判后，3名被告人均未提出上诉，判决已生效。

【指导意义】

审查认定"专门用于侵入计算机信息系统的程序"，一般应要求公安机关提供以下证据：一是从被扣押、封存的涉案电脑、U盘等原始存储介质中收集、提取相关的电子数据。二是对涉案程序、被侵入的计算机信息系统及电子数据进行勘验、检查后制作的笔录。三是能够证实涉案程序的技术原理、制作目的、功能用途和运行效果的书证材料。四是涉案程序的制作人、提供人、使用人对该程序的技术原理、制作目的、功能用途和运行效果进行阐述的言词证据，或能够展示涉案程序功能的视听资料。五是能够证实被侵入计算机信息系统安全保护措施的技术原理、功能以及被侵入后果的专业人员的证言等证据。六是对有运行条件的，应要求公安机关进行侦查实验。对有充分证据证明涉案程序是专门设计用于侵入计算机信息系统、非法获取计算机信息系统数据的，可直接认定为"专门用于侵入计算机信息系统的程序"。

证据审查中，可从以下方面对涉案程序是否属于"专门用于侵入计算机信息系统的程序"进行判断：一是结合被侵入的计算机信息系统的安全保护措施，分析涉案程序是否具有侵入的目的，是否具有避开或者突破计算机信息系统安全保护措施的功能。二是结合计算机信息系统被侵入的具体情形，查明涉案程序是否在未经授权或超越授权的情况下，获取计算机信息系统数据。三是分析涉案程序是否属于"专门"用于侵入计算机信息系统的程序。

根据《最高人民法院、最高人民检察院关于办理危害计算机信息系统安全刑事案件应用法律若干问题的解释》第十条和《最高人民法院、最高人民检察院、公安部关于办理刑事案件收集提取和审查判断电子数据若干问题的规定》第十七条的规定，对是否属于"专门用于侵入计算机信息系统的程序"难以确定的，一般应当委托省级以上负责计算机信息系统安全保护管理工作的部门检验，也可由司法鉴定机构出具鉴定意见，或者由公安部指定的机构出具报告。实践中，应重点审查检验报告、鉴定意见对程序运行过程和运行结果的判断，结合案件具体情况，认定涉案程序是否具有突破或避开计算机信息系统安全保护措施，未经授权或超越授权获取计算机信息系统数据的功能。

【相关规定】

《中华人民共和国刑法》第二百八十五条、第二十五条

《最高人民法院、最高人民检察院关于办理危害计算机信息系统安全刑事案件应用法律若干问题的解释》第一条、第二条、第三条、第十条、第十一条

《最高人民法院、最高人民检察院、公安部关于办理刑事案件收集提取和审查判断电子数据若干问题的规定》第十七条

姚晓杰等 11 人破坏计算机信息系统案

（检例第 69 号）

【关键词】破坏计算机信息系统　网络攻击　引导取证　损失认定

【要旨】

为有效打击网络攻击犯罪，检察机关应加强与公安机关的配合，及时介入侦查引导取证，结合案件特点提出明确具体的补充侦查意见。对被害互联网企业提供的证据和技术支持意见，应当结合其他证据进行审查认定，客观全面准确认定破坏计算机信息系统罪的危害后果。

【基本案情】

被告人姚晓杰，男，1983 年 3 月 27 日出生，无固定职业。

被告人丁虎子，男，1998 年 2 月 7 日出生，无固定职业。

其他 9 名被告人基本情况略。

2017 年初，被告人姚晓杰等人接受王某某（另案处理）雇佣，招募多名网络技术人员，在境外成立"暗夜小组"黑客组织。"暗夜小组"从被告人丁虎子等 3 人处购买大量服务器资源，再利用木马软件操控控制端服务器实施 DDoS 攻击（指黑客通过远程控制服务器或计算机等资源，对目标发动高频服务请求，使目标服务器因来不及处理海量请求而瘫痪）。2017 年 2—3 月间，"暗夜小组"成员三次利用 14 台控制端服务器下的计算机，持续对某互联网公司云服务器上运营的三家游戏公司的客户端 IP 进行 DDoS 攻击。攻击导致三家游戏公司的 IP 被封堵，出现游戏无法登录、用户频繁掉线、游戏无法正常运行等问题。为恢复云服务器的正常运营，某互联网公司组织人员对服务器进行了抢修并为此支付 4 万余元。

【指控与证明犯罪】

（一）介入侦查引导取证

2017 年初，某互联网公司网络安全团队在日常工作中监测到多起针对该公司云服务器的大流量高峰值 DDoS 攻击，攻击源 IP 地址来源不明，该公司随即报案。公安机关立案后，同步邀请广东省深圳市人民检察院介入侦查、引导取证。

针对案件专业性、技术性强的特点，深圳市人民检察院会同公安机关多次召开案件讨论会，就被害单位云服务器受到的 DDoS 攻击的特点和取证策略进行研究，建议公安机关及时将被害单位报案提供的电子数据送国家计算机网络应急技术处理协调中心广东分中心进行分析，确定主要攻击源的 IP 地址。

2017 年 6—9 月间，公安机关陆续将 11 名犯罪嫌疑人抓获。侦查发现，"暗夜小组"成员为逃避打击，在作案后已串供并将手机、笔记本电脑等作案工具销毁或者进行了加密处理。"暗夜小组"成员到案后大多作无罪辩解。有证据证实丁虎子等人实施了远程控制大量计算机的行为，但证明其将控制权出售给"暗夜小组"用于 DDoS 网络攻击的证据薄弱。

鉴于此，深圳市检察机关与公安机关多次会商研究"暗夜小组"团伙内部结构、犯罪行为和技术特点等问题，建议公安机关重点做好以下三方面工作：一是查明导致云服务器不能正常运行的原因与"暗夜小组"攻击行为间的关系。具体包括：对被害单位提供的受攻击 IP 和近 20 万个攻击源 IP 作进一步筛查分析，找出主要攻击源的 IP 地址，并与丁虎子等人出售的控制端服务器 IP 地址进行比对；查清主要攻击源的波形特征和网络协议，并和丁虎子等人控制的攻击服务器特征进行比对，以确定主要攻击是否来自于该控制端服务器；查清攻击时间和云服务器因被攻击无法为三家游戏公司提供正常服务的时间；查清攻击的规模；调取"暗夜小组"实施攻击后给三家游戏公司发的邮件。二是做好犯罪嫌疑人线上身份和线下身份同一性的认定工作，并查清"暗夜小组"各成员在犯罪中的分工、地位和作用。三是查清犯罪行为造成的危害后果。

（二）审查起诉

2017年9月19日，公安机关将案件移送广东省深圳市南山区人民检察院审查起诉。鉴于在案证据已基本厘清"暗夜小组"实施犯罪的脉络，"暗夜小组"成员的认罪态度开始有了转变。经审查，全案基本事实已经查清，基本证据已经调取，能够认定姚晓杰等人的行为已涉嫌破坏计算机信息系统罪：一是可以认定系"暗夜小组"对某互联网公司云服务器实施了大流量攻击。国家计算机网络应急技术处理协调中心广东分中心出具的报告证实，筛选出的大流量攻击源 IP 中有 198 个 IP 为僵尸网络中的被控主机，这些主机由 14 个控制端服务器控制。通过比对丁虎子等人电脑中的电子数据，证实丁虎子等人控制的服务器就是对三家游戏公司客户端实施网络攻击的服务器。分析报告还明确了云服务器受到的攻击类型和攻击采用的网络协议、波形特征，这些证据与"暗夜小组"成员供述的攻击资源特征一致。网络聊天内容和银行交易流水等证据证实"暗夜小组"向丁虎子等三人购买上述 14 个控制端服务器控制权的事实。电子邮件等证据进一步印证了"暗夜小组"实施攻击的事实。二是通过进一步提取犯罪嫌疑人网络活动记录、犯罪嫌疑人之间的通讯信息、资金往来等证据，结合对电子数据的分析，查清了"暗夜小组"成员虚拟身份与真实身份的对应关系，查明了小组成员在招募人员、日常管理、购买控制端服务器、实施攻击和后勤等各个环节中的分工负责情况。

审查中，检察机关发现，攻击行为造成的损失仍未查清：部分犯罪嫌疑人实施犯罪的次数，上下游间交易的证据仍欠缺。针对存在的问题，深圳市南山区人民检察院与公安机关进行了积极沟通，于2017年11月2日和2018年1月16日两次将案件退回公安机关补充侦查。一是鉴于证实受影响计算机信息系统和用户数量的证据已无法调取，本案只能以造成的经济损失认定危害后果。因此要求公安机关补充调取能够证实某互联网公司直接经济损失或为恢复网络正常运行支出的必要费用等证据，并交专门机构作出评估。二是进一步补充证实"暗夜小组"成员参与每次网络攻击具体情况以及攻击服务器控制权在"暗夜小组"与丁虎子等人间流转情况的证据。三是对丁虎子等人向"暗夜小组"提供攻击服务器控制权的主观明知证据作进一步补强。

公安机关按要求对证据作了补强和完善，全案事实已查清，案件证据确实充分，已经形成了完整的证据链条。

（三）出庭指控犯罪

2018年3月6日，深圳市南山区人民检察院以被告人姚晓杰等11人构成破坏计算机信息系统罪向深圳市南山区人民法院提起公诉。4月27日，法院公开开庭审理了本案。

庭审中，11名被告人对检察机关的指控均表示无异议。部分辩护人提出以下辩护意见：一是网络攻击无处不在，现有证据不能认定三家网络游戏公司受到的攻击均是"暗夜小组"发动的，不能排除攻击来自其他方面。二是即便认定"暗夜小组"参与对三家网络游戏公司的攻击，也不能将某互联网公司支付给抢修系统数据的员工工资认定为本案的经济损失。

针对辩护意见，公诉人答辩如下：一是案发时并不存在其他大规模网络攻击，在案证据足以证实只有"暗夜小组"针对云服务器进行了DDoS高流量攻击，每次的攻击时间和被攻击的时间完全吻合，攻击手法、流量波形、攻击源IP和攻击路径与被告人供述及其他证据相互印证，现有证据足以证明三家网络游戏公司客户端不能正常运行系受"暗夜小组"攻击导致。二是根据法律规定，"经济损失"包括危害计算机信息系统犯罪行为给用户直接造成的经济损失以及用户为恢复数据、功能而支出的必要费用。某互联网公司为修复系统数据、功能而支出的员工工资系因犯罪产生的必要费用，应当认定为本案的经济损失。

（四）处理结果

2018 年 6 月 8 日，广东省深圳市南山区人民法院判决认定被告人姚晓杰等 11 人犯破坏计算机信息系统罪；鉴于各被告人均表示认罪悔罪，部分被告人具有自首等法定从轻、减轻处罚情节，对 11 名被告人分别判处有期徒刑一年至二年不等。宣判后，11 名被告人均未提出上诉，判决已生效。

【指导意义】

（一）立足网络攻击犯罪案件特点引导公安机关收集调取证据。对重大、疑难、复杂的网络攻击类犯罪案件，检察机关可以适时介入侦查引导取证，会同公安机关研究侦查方向，在收集、固定证据等方面提出法律意见。一是引导公安机关及时调取证明网络攻击犯罪发生、证明危害后果达到追诉标准的证据。委托专业技术人员对收集提取到的电子数据等进行检验、鉴定，结合在案其他证据，明确网络攻击类型、攻击特点和攻击后果。二是引导公安机关调取证明网络攻击是犯罪嫌疑人实施的证据。借助专门技术对攻击源进行分析，溯源网络犯罪路径。审查认定犯罪嫌疑人网络身份与现实身份的同一性时，可通过核查 IP 地址、网络活动记录、上网终端归属，以及证实犯罪嫌疑人与网络终端、存储介质间的关联性综合判断。犯罪嫌疑人在实施网络攻击后，威胁被害人的证据可作为认定攻击事实和因果关系的证据。有证据证明犯罪嫌疑人实施了攻击行为，网络攻击类型和特点与犯罪嫌疑人实施的攻击一致，攻击时间和被攻击时间吻合的，可以认定网络攻击系犯罪嫌疑人实施。三是网络攻击类犯罪多为共同犯罪，应重点审查各犯罪嫌疑人的供述和辩解、手机通信记录等，通过审查自供和互证的情况以及与其他证据间的印证情况，查明各犯罪嫌疑人间的犯意联络、分工和作用，准确认定主、从犯。四是对需要通过退回补充侦查进一步完善上述证据的，在提出补充侦查意见时，应明确列出每一项证据的补侦目的，以及为了达到目的需要开展的工作。在补充侦查过程中，要适时与公安机关面对面会商，了解和掌握补充侦查工作的进展，共同研究分析补充到的证据是否符合起诉和审判的标准和要求，为补充侦查工作提供必要的引导和指导。

（二）对被害单位提供的证据和技术支持意见需结合其他在案证据作出准确认定。网络攻击类犯罪案件的被害人多为大型互联网企业。在打击该类犯罪的过程中，司法机关往往会借助被攻击的互联网企业在网络技术、网络资源和大数据等方面的优势，进行溯源分析或对攻击造成的危害进行评估。由于互联网企业既是受害方，有时也是技术支持协助方，为确保被害单位提供的证据客观真实，必须特别注意审查取证过程的规范性；有条件的，应当聘请专门机构对证据的完整性进行鉴定。如条件不具备，应当要求提供证据的被害单位对证据作出说明。同时要充分运用印证分析审查思路，将被害单位提供的证据与在案其他证据，如从犯罪嫌疑人处提取的电子数据、社交软件聊天记录、银行流水、第三方机构出具的鉴定意见、证人证言、犯罪嫌疑人供述等证据作对照分析，确保不存在人为改变案件事实或改变案件危害后果的情形。

（三）对破坏计算机信息系统的危害后果应作客观全面准确认定。实践中，往往倾向于依据犯罪违法所得数额或造成的经济损失认定破坏计算机信息系统罪的危害后果。但是在一些案件中，违法所得或经济损失并不能全面、准确反映出犯罪行为所造成的危害。有的案件违法所得或者经济损失的数额并不大，但网络攻击行为导致受影响的用户数量特别大，有的导致用户满意度降低或用户流失，有的造成了恶劣社会影响。对这类案件，如果仅根据违法所得或经济损失数额来评估危害后果，可能会导致罪刑不相适应。因此，在办理破坏计算机信息系统犯罪案件时，检察机关应发挥好介入侦查引导取证的作用，及时引导公安机关按照法律规定，从扰乱公共秩序的角度，收集、固定能够证实受影响的计算机信息系统数量或用户数量、受影响或被攻击的计算机信息系统不能正常运行的累计时间、对被害企业造成的影响等证据，对危害后果作出客观、全面、准确认定，做到罪责相当、罚当其罪，使被告人受到应有惩处。

【相关规定】

《中华人民共和国刑法》第二百八十六条

《最高人民法院、最高人民检察院关于办理危害计算机信息系统安全刑事案件应用法律若干问题的解释》第四条、第六条、第十一条

洪小强、洪礼沃、洪清泉、李志荣开设赌场案

（法例 105 号）

【关键词】 刑事 开设赌场罪 网络赌博 微信群

【裁判要点】

以营利为目的，通过邀请人员加入微信群的方式招揽赌客，根据竞猜游戏网站的开奖结果等方式进行赌博，设定赌博规则，利用微信群进行控制管理，在一段时间内持续组织网络赌博活动的，属于刑法第三百零三条第二款规定的"开设赌场"。

【相关法条】

《中华人民共和国刑法》第三百零三条第二款

【基本案情】

2016 年 2 月 14 日，被告人李志荣、洪礼沃、洪清泉伙同洪某 1、洪某 2（均在逃）以福建省南安市英都镇阀门基地旁一出租房为据点（后搬至福建省南安市英都镇环江路大众电器城五楼的套房），雇佣洪某 3 等人，运用智能手机、电脑等设备建立微信群［群昵称为"寻龙诀"，经多次更名后为"（新）九八届同学聊天"］拉拢赌客进行网络赌博。洪某 1、洪某 2 作为发起人和出资人，负责幕后管理整个团伙；被告人李志荣主要负责财务、维护赌博软件；被告人洪礼沃主要负责后勤；被告人洪清泉主要负责处理与赌客的纠纷；被告人洪小强为出资人，并介绍了陈某某等赌客加入微信群进行赌博。该微信赌博群将启动资金人民币 300000 元分成 100 份资金股，并另设 10 份技术股。其中，被告人洪小强占资金股 6 股，被告人洪礼沃、洪清泉各占技术股 4 股，被告人李志荣占技术股 2 股。

参赌人员加入微信群，通过微信或支付宝将赌资转至庄家（昵称为"白龙账房""青龙账房"）的微信或者支付宝账号计入分值（一元相当于一分）后，根据"PC 蛋蛋"等竞猜游戏网站的开奖结果，以押大小、单双等方式在群内投注赌博。该赌博群 24 小时运转，每局参赌人员数十人，每日赌注累计达数十万元。截至案发时，该团伙共接受赌资累计达 3237300 元。赌博群运行期间共分红 2 次，其中被告人洪小强分得人民币 36000 元，被告人李志荣分得人民币 6000 元，被告人洪礼沃分得人民币 12000 元，被告人洪清泉分得人民币 12000 元。

【裁判结果】

江西省赣州市章贡区人民法院于 2017 年 3 月 27 日作出（2016）赣 0702 刑初 367 号刑事判决：一、被告人洪小强犯开设赌场罪，判处有期徒刑四年，并处罚金人民币五万元。二、被告人洪礼沃犯开设赌场罪，判处有期徒刑四年，并处罚金人民币五万元。三、被告人洪清泉犯开设赌场罪，判处有期徒刑四年，并处罚金人民币五万元。四、被告人李志荣犯开设赌场罪，判处有期徒刑四年，并处罚金人民币五万元。五、将四被告人所退缴的违法所得共计人民币66000元以及随案移送的6部手机、1台笔记本电脑、3台台式电脑主机等供犯罪所用的物品，依法予以没收，上缴国库。宣判后，四被告人均未提出上诉，判决已发生法律效力。

【裁判理由】

法院生效裁判认为，被告人洪小强、洪礼沃、洪清泉、李志荣以营利为目的，通过邀请人员加入微信群的方式招揽赌客，根据竞猜游戏网站的开奖结果，以押大小、单双等方式进行赌博，并利用微信群进行控制管理，在一段时间内持续组织网络赌博活动的行为，属于刑法第三百零三条第二款规定的"开设赌场"。被告人洪小强、洪礼沃、洪清泉、李志荣开设和经营赌场，共接受赌资累计达3237300元，应认定为刑法第三百零三条第二款规定的"情节严重"，其行为均已构成开设赌场罪。

（生效裁判审判人员：杨菲、宋征鑫、蔡慧）

谢检军、高垒、高尔樵、杨泽彬开设赌场案

（法例 106 号）

【关键词】 刑事 开设赌场罪 网络赌博 微信群 微信群抢红包

【裁判要点】

以营利为目的，通过邀请人员加入微信群，利用微信群进行控

制管理，以抢红包方式进行赌博，在一段时间内持续组织赌博活动的行为，属于刑法第三百零三条第二款规定的"开设赌场"。

【相关法条】

《中华人民共和国刑法》第三百零三条第二款

【基本案情】

2015年9月至2015年11月，向某（已判决）在杭州市萧山区活动期间，分别伙同被告人谢检军、高垒、高尔樵、杨泽彬等人，以营利为目的，邀请他人加入其建立的微信群，组织他人在微信群里采用抢红包的方式进行赌博。其间，被告人谢检军、高垒、高尔樵、杨泽彬分别帮助向某在赌博红包群内代发红包，并根据发出赌博红包的个数，从抽头款中分得好处费。

【裁判结果】

浙江省杭州市萧山区人民法院于2016年11月9日作出（2016）浙0109刑初1736号刑事判决：一、被告人谢检军犯开设赌场罪，判处有期徒刑三年六个月，并处罚金人民币25000元。二、被告人高垒犯开设赌场罪，判处有期徒刑三年三个月，并处罚金人民币20000元。三、被告人高尔樵犯开设赌场罪，判处有期徒刑三年三个月，并处罚金人民币15000元。四、被告人杨泽彬犯开设赌场罪，判处有期徒刑三年，并处罚金人民币10000元。五、随案移送的四被告人犯罪所用工具手机6只予以没收，上缴国库；尚未追回的四被告人犯罪所得赃款，继续予以追缴。宣判后，谢检军、高尔樵、杨泽彬不服，分别向浙江省杭州市中级人民法院提出上诉。浙江省杭州市中级人民法院于2016年12月29日作出（2016）浙01刑终1143号刑事判决：一、维持杭州市萧山区人民法院（2016）浙0109刑初1736号刑事判决第一项、第二项、第三项、第四项的定罪部分及第五项没收犯罪工具、追缴赃款部分。二、撤销杭州市萧山区人民法院（2016）浙0109刑初 1736 号刑事判决第一项、第二项、第三项、第四项的量刑部分。三、上诉人（原审被告人）谢检军犯开设赌场罪，判处有期徒刑三年，并处罚金人民币 25000 元。四、原审被告人高垒犯开设赌场罪，判处有期徒刑二年六个月，并处罚金人民币 20000 元。五、上诉人（原审被告人）高尔樵犯开设赌场罪，判处有期徒刑二年六个月，并处罚金人民币 15000 元。六、上诉人（原审被告人）杨泽彬犯开设赌场罪，判处有期徒刑一年六个月，并处罚金人民币 10000 元。

【裁判理由】

法院生效裁判认为，以营利为目的，通过邀请人员加入微信群，利用微信群进行控制管理，以抢红包方式进行赌博，设定赌博规则，在一段时间内持续组织赌博活动的行为，属于刑法第三百零三条第二款规定的"开设赌场"。谢检军、高垒、高尔樵、杨泽彬伙同他人开设赌场，均已构成开设赌场罪，且系情节严重。谢检军、高垒、高尔樵、杨泽彬在共同犯罪中地位和作用较轻，均系从犯，原判未认定从犯不当，依法予以纠正，并对谢检军予以从轻处罚，对高尔樵、杨泽彬、高垒均予以减轻处罚。杨泽彬犯罪后自动投案，并如实供述自己的罪行，系自首，依法予以从轻处罚。谢检军、高尔樵、高垒到案后如实供述犯罪事实，依法予以从轻处罚。谢检军、高尔樵、杨泽彬、高垒案发后退赃，二审审理期间杨泽彬的家人又代为退赃，均酌情予以从轻处罚。

（生效裁判审判人员：钱安定、胡荣、张茂鑫）

陈庆豪、陈淑娟、赵延海开设赌场案

（法例 146 号）

【关键词】刑事　开设赌场罪"二元期权"　赌博网站

【裁判要点】

以"二元期权"交易的名义，在法定期货交易场所之外利用互联网招揽"投资者"，以未来某段时间外汇品种的价格走势为交易对象，按照"买涨""买跌"确定盈亏，买对涨跌方向的"投资者"得利，买错的本金归网站（庄家）所有，盈亏结果不与价格实际涨跌幅度挂钩的，本质是"押大小、赌输赢"，是披着期权交易外衣的赌博行为。对相关网站应当认定为赌博网站。

【相关法条】

《中华人民共和国刑法》第 303 条

【基本案情】

2016 年 6 月，北京龙汇联创教育科技有限公司（以下简称"龙汇公司"）设立，负责为龙汇网站的经营提供客户培训、客户维护、客户发展服务，幕后实际控制人周熙坤。周熙坤利用上海麦曦商务咨询有限公司聘请讲师、经理、客服等工作人员，并假冒上海哲荔网络科技有限公司等在智付电子支付有限公司的支付账户，接收全国各地会员注册交易资金。

龙汇网站以经营"二元期权"交易为业，通过招揽会员以"买涨"或"买跌"的方式参与赌博。会员在龙汇网站注册充值后，下载安装市场行情接收软件和龙汇网站自制插件，选择某一外汇交易品种，并选择 1M（分钟）到 60M 不等的到期时间，下单交易金额，并点击"买涨"或"买跌"按钮完成交易。买定离手之后，不可更改交易内容，不能止损止盈，若买对涨跌方向即可盈利交易金额的 76%—78%，若买错涨跌方向则本金全亏，盈亏情况不与外汇实际涨跌幅度挂钩。龙汇网站建立了等级经纪人制度及对应的佣金制度，等级经纪人包括 SB 银级至 PB 铂金三星级六个等级。截止案发，龙汇网站在全国约有 10 万会员。

2017 年 1 月，陈庆豪受周熙坤聘请为顾问、市场总监，从事日常事务协调管理，维系龙汇网站与高级经纪人之间的关系，出席"培训会""说明会"并进行宣传，发展会员，拓展市场。2016 年 1 月，陈淑娟在龙汇网站注册账号，通过发展会员一度成为 PB 铂金一星级经纪人，下有 17000 余个会员账号。2016 年 2 月，赵延海在龙汇网站注册账号，通过发展会员一度成为 PB 铂金级经纪人，下有 8000 余个会员账号。经江西大众司法鉴定中心司法会计鉴定，2017 年 1 月 1 日至 2017 年 7 月 5 日，陈淑娟从龙汇网站提款 180 975.04 美元，赵延海从龙汇网站提款 11598.11 美元。2017 年 7 月 5 日，陈庆豪、陈淑娟和赵延海被抓获归案。陈庆豪归案后，于 2017 年 8 月 8 日退缴 35 万元违法所得。

【裁判结果】

江西省吉安市中级人民法院于 2019 年 3 月 22 日作出（2018）赣 08 刑初 21 号刑事判决，以被告人陈庆豪犯开设赌场罪，判处有期徒刑三年，并处罚金人民币五十万元，驱逐出境；被告人陈淑娟犯赌博罪，判处有期徒刑二年，并处罚金人民币三十万元；被告人赵延海犯赌博罪，判处有期徒刑一年十个月，并处罚金人民币二十万元；继续追缴被告人陈淑娟和赵延海的违法所得。宣判后，陈庆豪、陈淑娟提出上诉。江西省高级人民法院于 2019 年 9 月 26 日作出（2019）赣刑终 93 号刑事判决，以上诉人陈庆豪犯开设赌场罪，改判有期徒刑二年六个月，并处罚金人民币五十万元，驱逐出境；

上诉人陈淑娟犯开设赌场罪，判处有期徒刑二年，并处罚金人民币三十万元；被告人赵延海犯开设赌场罪，判处有期徒刑一年十个月，并处罚金人民币二十万元；继续追缴陈淑娟和赵延海的违法所得。

【裁判理由】

法院生效裁判认为，根据国务院 2017 年修订的《期货交易管理条例》第一条、第四条、第六条规定，期权合约是指期货交易场所统一制定的、规定买方有权在将来某一时间以特定价格买入或者卖出约定标的物的标准化合约。期货交易应当在期货交易所等法定期货交易场所进行，禁止期货交易场所之外进行期货交易。未经国务院或者国务院期货监督管理机构批准，任何单位或者个人不得以任何形式组织期货交易。简言之，期权是一种以股票、期货等品种的价格为标的，在法定期货交易场所进行交易的金融产品，在交易过程中需完成买卖双方权利的转移，具有规避价格风险、服务实体经济的功能。

龙汇"二元期权"的交易方法是下载市场行情接收软件和龙汇网站自制插件，会员选择外汇品种和时间段，点击"买涨"或"买跌"按钮完成交易，买对涨跌方向即可盈利交易金额的 76%—78%，买错涨跌方向则本金即归网站（庄家）所有，盈亏结果与外汇交易品种涨跌幅度无关，实则是以未来某段时间外汇、股票等品种的价格走势为交易对象，以标的价格走势的涨跌决定交易者的财产损益，交易价格与盈亏幅度事前确定，盈亏结果与价格实际涨跌幅度不挂钩，交易者没有权利行使和转移环节，交易结果具有偶然性、投机性和射幸性。因此，龙汇"二元期权"与"押大小、赌输赢"的赌博行为本质相同，实为网络平台与投资者之间的对赌，是披着期权外衣的赌博行为。

被告人陈庆豪在龙汇公司担任中国区域市场总监，从事日常事务协调管理，维护公司与经纪人关系，参加各地说明会、培训会并宣传龙汇"二元期权"，发展新会员和开拓新市场，符合《最高人民法院最高人民检察院公安部关于办理网络赌博犯罪案件适用法律若干问题的意见》（以下简称《意见》）第二条规定的明知是赌博网站，而为其提供投放广告、发展会员等服务的行为，构成开设赌场罪，其非法所得已达到《意见》第二条规定的"收取服务费数额在 2 万元以上的"5 倍以上，应认定为开设赌场"情节严重"。但考虑到其犯罪事实、行为性质、在共同犯罪中的地位作用和从轻量刑情节，对其有期徒刑刑期予以酌减，对罚金刑依法予以维持。陈淑娟、赵延海面向社会公众招揽赌客参加赌博，属于为赌博网站担任代理并接受投注行为，且行为具有组织性、持续性、开放性，构成开设赌场罪，并达到"情节严重"。原判认定陈淑娟、赵延海的罪名不当，二审依法改变其罪名，但根据上诉不加刑原则，维持一审对其量刑。

（生效裁判审判人员：陈建平、汤媛媛、尧宇华）

唐某等人聚众斗殴案

（检例第 107 号）

【关键词】聚众斗殴　违反监督管理规定　撤销附条件不起诉提起公诉

【要旨】

对于被附条件不起诉人在考验期内多次违反监督管理规定，逃避或脱离矫治和教育，经强化帮教措施后仍无悔改表现，附条件不起诉的挽救功能无法实现，符合"违反考察机关监督管理规定，情节严重"的，应当依法撤销附条件不起诉决定，提起公诉。

【基本案情】

被附条件不起诉人唐某，男，作案时 17 周岁，辍学无业。

2017 年 3 月 15 日，唐某与潘某（男，作案时 14 周岁）因琐事在电话中发生口角，相约至某广场斗殴。唐某纠集十余名未成年人，潘某纠集八名未成年人前往约架地点。上午 8 时许，双方所乘车辆行至某城市主干道红绿灯路口时，唐某等人下车对正在等红绿灯的潘某一方所乘两辆出租车进行拦截，对拦住的一辆车上的四人进行殴打，未造成人员伤亡。

【检察机关履职过程】

（一）依法适用附条件不起诉。2017 年 6 月 20 日，公安机关以唐某涉嫌聚众斗殴罪将该案移送检察机关审查起诉。检察机关审查后认为：1. 唐某涉嫌聚众斗殴罪，可能判处一年有期徒刑以下刑罚。唐某虽系聚众斗殴的纠集者，在上班高峰期的交通要道斗殴，但未造成严重后果，且案发时其不满十八周岁，参照最高人民法院量刑指导意见以及当地同类案件已生效判决，评估唐某可能判处有期徒刑八个月至十个月。2. 唐某归案后如实供述犯罪事实，通过亲情会见、心理疏导以及看守所提供的表现良好书面证明材料，综合评估其具有悔罪表现。3. 亲子关系紧张、社会交往不当是唐某涉嫌犯罪的重要原因。唐某的母亲常年外出务工，其与父母缺乏沟通交流；唐某与社会闲散人员交往过密，经常出入夜店，夜不归宿；遇事冲动、爱逞能、好面子，对斗殴行为性质及后果存在认知偏差。4. 具备帮教矫治条件。心理咨询师对唐某进行心理疏导时，其明确表示认识到自己行为的危害性，不再跟以前的朋友来往，并提出想要学厨艺的强烈意愿。对其法定代理人开展家庭教育指导后，其母亲愿意返回家中履行监护职责，唐某明确表示将接受父母的管教和督促。检察机关综合唐某的犯罪情节、悔罪表现、犯罪成因及帮教条件并征求公安机关、法定代理人意见后，认定唐某符合附条件不起诉条件，于 2017 年 7 月 21 日依法对其作出附条件不起诉决定，考验期六个月。

（二）设置可评价考察条件，有针对性地调整强化帮教措施。检察机关成立由检察官、唐某的法定代理人和某酒店负责人组成的帮教小组，开展考察帮教工作。针对唐某的实际情况，为其提供烹饪技能培训，促其参加义务劳动和志愿者活动，要求法定代理人加强监管并禁止其出入特定场所。同时，委托专业心理咨询师对其多次开展心理疏导，对其父母开展家庭教育指导，改善亲子关系。在考验前期，唐某能够遵守各项监督管理规定，表现良好，但后期其开始无故迟到、旷工，还出入酒吧、夜店等娱乐场所。为此，检察机关及时调整强化帮教措施：第一，通过不定时电话访谈、委托公安机关不定期调取其出入网吧、住宿记录等形式监督唐某是否存在违反禁止性规定的行为，一旦发现立即训诫，并通过心理咨询师进行矫治。第二，针对唐某法定代理人监督不力的行为，重申违反考验期规定的严重后果，及时开展家庭教育指导和司法训诫。第三，安排唐某到黄河水上救援队接受先进事迹教育感化，引导其树立正确的价值观，选择具有正能量的人交往。

（三）认定违反监督管理规定情节严重，依法撤销附条件不起诉决定。因唐某自控能力较差，无法彻底阻断与社会不良人员的交往，法定代理人监管意识和监管能力不足，在经过检察机关多次训诫及心理疏导后，唐某仍擅自离开工作的酒店，并明确表示拒绝接受帮教。检察机关全面评估唐某考验期表现，认为其在考验期内，多次夜不归宿，经常在凌晨出入酒吧、夜店、KTV 等娱乐场所；与他人结伴为涉嫌寻衅滋事犯罪的人员助威；多次醉酒，上班迟到、旷工；未向检察机关和酒店负责人报告，擅自离开帮教单位，经劝说仍拒绝上班。同时，唐某的法定代理人也未如实报告唐某日常表现，在检察机关调查核实时，帮助唐某欺瞒。因此，检察机关认定唐某违反考察机关附条件不起诉的监督管理规定，情节严重。2018年1月15日，检察机关依法撤销唐某的附条件不起诉决定。

（四）依法提起公诉，建议不适用缓刑。2018年1月17日，检察机关以唐某涉嫌聚众斗殴罪对其提起公诉。法庭审理阶段，公诉人指出应当以聚众斗殴罪追究其刑事责任，且根据附条件不起诉考验期间调查核实的情况，认为唐某虽认罪但没有悔罪表现，且频繁出入娱乐场所，长期与社会闲散人员交往，再犯可能性较高，不适用缓刑。2018年3月16日，法院作出一审判决，以被告人唐某犯聚众斗殴罪判处有期徒刑八个月。一审宣判后，被告人唐某未上诉。

【指导意义】

（一）针对被附条件不起诉人的实际表现，及时调整监督矫治措施，加大帮教力度。检察机关对干预矫治的情形和再犯风险应当进行动态评估，发现被附条件不起诉人在考验期内违反帮教协议的相关规定时，要及时分析原因，对仍有帮教可能性的，应当调整措施，通过延长帮教期限、心理疏导、司法训诫、家庭教育指导等多种措施加大帮教力度，及时矫正被附条件不起诉未成年人的行为认知偏差。

（二）准确把握"违反考察机关监督管理规定"行为频次、具体情节、有无继续考察帮教必要等因素，依法认定"情节严重"。检察机关经调查核实、动态评估后发现被附条件不起诉人多次故意违反禁止性监督管理规定，或者进入特定场所后违反治安管理规定，或者违反指示性监督管理规定，经检察机关采取训诫提醒、心理疏导等多种措施后仍无悔改表现，脱离、拒绝帮教矫治，导致通过附条件不起诉促进涉罪未成年人悔过自新、回归社会的功能无法实现时，应当认定为刑事诉讼法第二百八十四条第一款第（二）项规定的"情节严重"，依法撤销附条件不起诉决定，提起公诉。

【相关规定】

《中华人民共和国刑法》第二百九十二条

《中华人民共和国刑事诉讼法》第一百七十六条、第二百八十二条、第二百八十三条、第二百八十四条

《人民检察院刑事诉讼规则》第四百六十三条、第四百七十九条

《未成年人刑事检察工作指引（试行）》第一百九十四条、第一百九十五条、第一百九十六条、第二百零四条

二、妨害司法罪

毛建文拒不执行判决、裁定案

（法例 71 号）

【关键词】　刑事　拒不执行判决、裁定罪　起算时间

【裁判要点】

有能力执行而拒不执行判决、裁定的时间从判决、裁定发生法律效力时起算。具有执行内容的判决、裁定发生法律效力后，负有执行义务的人有隐藏、转移、故意毁损财产等拒不执行行为，致使判决、裁定无法执行，情节严重的，应当以拒不执行判决、裁定罪定罪处罚。

【相关法条】

《中华人民共和国刑法》第三百一十三条

【基本案情】

浙江省平阳县人民法院于 2012 年 12 月 11 日作出（2012）温平鳌商初字第 595 号民事判决，判令被告人毛建文于判决生效之日起 15 日内返还陈先银挂靠在其名下的温州宏源包装制品有限公司投资款 200000 元及利息。该判决于 2013 年 1 月 6 日生效。因毛建

文未自觉履行生效法律文书确定的义务，陈先银于 2013 年 2 月 16 日向平阳县人民法院申请强制执行。立案后，平阳县人民法院在执行中查明，毛建文于 2013 年 1 月 17 日将其名下的浙 CVU661 小型普通客车以 150000 元的价格转卖，并将所得款项用于个人开销，拒不执行生效判决。毛建文于 2013 年 11 月 30 日被抓获归案后如实供述了上述事实。

【裁判结果】

浙江省平阳县人民法院于 2014 年 6 月 17 日作出（2014）温平刑初字第 314 号刑事判决：被告人毛建文犯拒不执行判决罪，判处有期徒刑十个月。宣判后，毛建文未提起上诉，公诉机关未提出抗诉，判决已发生法律效力。

【裁判理由】

法院生效裁判认为：被告人毛建文负有履行生效裁判确定的执行义务，在人民法院具有执行内容的判决、裁定发生法律效力后，实施隐藏、转移财产等拒不执行行为，致使判决、裁定无法执行，情节严重，其行为已构成拒不执行判决罪。公诉机关指控的罪名成立。毛建文归案后如实供述了自己的罪行，可以从轻处罚。

本案的争议焦点为，拒不执行判决、裁定罪中规定的"有能力执行而拒不执行"的行为起算时间如何认定，即被告人毛建文拒不执行判决的行为是从相关民事判决发生法律效力时起算，还是从执行立案时起算。对此，法院认为，生效法律文书进入强制执行程序并不是构成拒不执行判决、裁定罪的要件和前提，毛建文拒不执行判决的行为应从相关民事判决于 2013 年 1 月 6 日发生法律效力时起算。主要理由如下：第一，符合立法原意。全国人民代表大会常务委员会对刑法第三百一十三条规定解释时指出，该条中的"人民法院的判决、裁定"，是指人民法院依法作出的具有执行内容并已发生法律效力的判决、裁定。这就是说，只有具有执行内容的判决、裁定发生法律效力后，才具有法律约束力和强制执行力，义务人才有及时、积极履行生效法律文书确定义务的责任。生效法律文书的强制执行力不是在进入强制执行程序后才产生的，而是自法律文书生效之日起即产生。第二，与民事诉讼法及其司法解释协调一致。《中华人民共和国民事诉讼法》第一百一十一条规定：诉讼参与人或者其他人拒不履行人民法院已经发生法律效力的判决、裁定的，人民法院可以根据情节轻重予以罚款、拘留；构成犯罪的，依法追究刑事责任。《最高人民法院关于适用〈中华人民共和国民事诉讼法〉的解释》第一百八十八条规定：民事诉讼法第一百一十一条第一款第六项规定的拒不履行人民法院已经发生法律效力的判决、裁定的行为，包括在法律文书发生法律效力后隐藏、转移、变卖、毁损财产或者无偿转让财产、以明显不合理的价格交易财产、放弃到期债权、无偿为他人提供担保等，致使人民法院无法执行的。由此可见，法律明确将拒不执行行为限定在法律文书发生法律效力后，并未将拒不执行的主体仅限定为进入强制执行程序后的被执行人或者协助执行义务人等，更未将拒不执行判决、裁定罪的调整范围仅限于生效法律文书进入强制执行程序后发生的行为。第三，符合立法目的。拒不执行判决、裁定罪的立法目的在于解决法院生效判决、裁定的"执行难"问题。将判决、裁定生效后立案执行前逃避履行义务的行为纳入拒不执行判决、裁定罪的调整范围，是法律设定该罪的应有之意。将判决、裁定生效之日确定为拒不执行判决、裁定罪中拒不执行行为的起算时间点，能有效地促使义务人在判决、裁定生效后即迫于刑罚的威慑力而主动履行生效裁判确定的义务，避免生效裁判沦为一纸空文，从而使社会公众真正尊重司法裁判，维护法律权威，从根本上解决"执行难"问题，实现拒不执行判决、裁定罪的立法目的。

（生效裁判审判人员：郭朝晖、曾洪宁、裴伦）

上海甲建筑装饰有限公司、
吕某拒不执行判决立案监督案

（检例第 92 号）

【关键词】 拒不执行判决　调查核实　应当立案而不立案　监督立案

【要旨】

负有执行义务的单位和个人以更换企业名称、隐瞒到期收入等方式妨害执行，致使已经发生法律效力的判决、裁定无法执行，情节严重的，应当以拒不执行判决、裁定罪予以追诉。申请执行人认为公安机关对拒不执行判决、裁定的行为应当立案侦查而不立案侦查，向检察机关提出监督申请的，检察机关应当要求公安机关说明不立案的理由。经调查核实，认为公安机关不立案理由不能成立的，应当通知公安机关立案。对于通知立案的涉企业犯罪案件，应当依法适用认罪认罚从宽制度。

【基本案情】

被告单位上海甲建筑装饰有限公司（以下简称甲公司）。

被告人吕某，男，1964 年 8 月出生，甲公司实际经营人。

2017 年 5 月 17 日，上海乙实业有限公司（以下简称乙公司）因与甲公司合同履行纠纷诉至上海市青浦区人民法院。同年 8 月 16 日，青浦区人民法院判决甲公司支付乙公司人民币 3250995.5 元及相关利息。甲公司提出上诉，上海市第二中级人民法院判决驳回上诉，维持原判。2017 年 11 月 7 日，乙公司向青浦区人民法院申请执行。青浦区人民法院调查发现，被执行人甲公司经营地不明，无可供执行的财产，经乙公司确认并同意后，于 2018 年 2 月 27 日裁定终结本次执行程序。2018 年 5 月 9 日，青浦区人民法院恢复执行程序，组织乙公司、甲公司达成执行和解协议，但甲公司经多次催讨仍拒绝履行协议。2019 年 5 月 6 日，乙公司以甲公司拒不执行判决为由，向上海市公安局青浦分局（以下简称青浦公安分局）报案，青浦公安分局决定不予立案。

【检察机关履职过程】

1. 线索发现。2019 年 6 月 3 日，乙公司向上海市青浦区人民检察院提出监督申请，认为甲公司拒不执行法院生效判决，已构成犯罪，但公安机关不予立案，请求检察机关监督立案。青浦区人民检察院经审查，决定予以受理。

2. 调查核实。针对乙公司提出的监督申请，青浦区人民检察院调阅青浦公安分局相关材料和青浦区人民法院执行卷宗，调取甲公司银行流水，听取乙公司法定代表人金某意见，并查询国家企业信用信息公示系统。查明甲公司实际经营人吕某在同乙公司诉讼过程中，将甲公司更名并变更法定代表人为马某某，以致法院判决甲公司败诉后，在执行阶段无法找到甲公司资产。为调查核实甲公司资产情况，青浦区人民检察院又调取甲公司与丙控股集团江西南昌房地产事业部（以下简称丙集团）业务往来账目以及银行流水、银行票据等证据，进一步查明：2018 年 5 月至 2019 年 1 月期间，在甲公司银行账户被法院冻结的情况下，吕某要求丙集团将甲公司应收工程款人民币 2506.99 万元以银行汇票形式支付，其后吕某将该银行汇票背书转让给由其实际经营的上海丁装饰工程有限公司，该笔资金用于甲公司日常经营活动。

3. 监督意见。2019 年 7 月 9 日，青浦区人民检察院向青浦公安分局发出《要求说明不立案理由通知书》。青浦公安分局回复认为，本案尚在执行期间，甲公司未逃避执行判决，没有犯罪事实，不符合立案条件。青浦区人民检察院认为，甲公司在诉讼期间更名并变更法定代表人，导致法院在执行阶段无法查找到甲公司资产，并裁定终结本次执行程序。并且在执行同期，甲公司舍弃电子支付、银行转账等便捷方式，要求丙集团以银行汇票形式向其结算并支付大量款项，该款未进入甲公司账户，但实际用于甲公司日常经营活动，其目的就是利用汇票背书形式规避法院的执行。因此，甲公司存在隐藏、转移财产，致使法院生效判决无法执行的行为，已符合刑法第三百一十三条规定的"有能力执行而拒不执行，情节严重"的情形，公安机关的不立案理由不能成立。2019年8月6日，青浦区人民检察院向青浦公安分局发出《通知立案书》，并将调查获取的证据一并移送公安机关。

4. 监督结果。2019年8月11日，青浦公安分局决定对甲公司以涉嫌拒不执行判决罪立案侦查，同年9月4日将甲公司实际经营人吕某传唤到案并刑事拘留。2019年9月6日，甲公司向乙公司支付了全部执行款项人民币371万元，次日，公安机关对吕某变更强制措施为取保候审。案件移送起诉后，经依法告知诉讼权利和认罪认罚的法律规定，甲公司和吕某自愿认罪认罚。2019年11月28日，青浦区人民检察院以甲公司、吕某犯拒不执行判决罪向青浦区人民法院提起公诉，并提出对甲公司判处罚金人民币15万元，对吕某判处有期徒刑十个月、缓刑一年的量刑建议。2019年12月10日，青浦区人民法院判决甲公司、吕某犯拒不执行判决罪，并全部采纳了检察机关的量刑建议。一审宣判后，被告单位和被告人均未提出上诉，判决已生效。

【指导意义】

（一）检察机关发现公安机关对拒不执行判决、裁定的行为应当立案侦查而不立案侦查的，应当依法监督公安机关立案。执行人民法院依法作出并已发生法律效力的判决、裁定，是被执行人的法定义务。负有执行义务的单位和个人有能力执行而故意以更改企业名称、隐瞒到期收入等方式，隐藏、转移财产，致使判决、裁定无法执行的，应当认定为刑法第三百一十三条规定的"有能力执行而拒不执行，情节严重"的情形，以拒不执行判决、裁定罪予以追诉。申请执行人认为公安机关对拒不执行判决、裁定的行为应当立案侦查而不立案侦查，向检察机关提出监督申请的，检察机关应当要求公安机关说明不立案的理由，认为公安机关不立案理由不能成立的，应当制作《通知立案书》，通知公安机关立案。

（二）检察机关进行立案监督，应当开展调查核实。检察机关受理立案监督申请后，应当根据事实、法律进行审查，并依法开展调查核实。对于拒不执行判决、裁定案件，检察机关可以调阅公安机关相关材料、人民法院执行卷宗和相关法律文书，询问公安机关办案人员、法院执行人员和有关当事人，并可以调取涉案企业、人员往来账目、合同、银行票据等书证，综合研判是否属于"有能力执行而拒不执行，情节严重"的情形。决定监督立案的，应当同时将调查收集的证据材料送达公安机关。

（三）办理涉企业犯罪案件，应当依法适用认罪认罚从宽制度。检察机关应当坚持惩治犯罪与保护市场主体合法权益、引导企业守法经营并重。对于拒不执行判决、裁定案件，应当积极促使涉案企业执行判决、裁定，向被害方履行赔偿义务、赔礼道歉。涉案企业及其直接负责的主管人员和其他直接责任人员自愿如实供述自己的罪行，承认指控的犯罪事实，愿意接受处罚的，对涉案企业和个人可以提出依法从宽处理的确定刑量刑建议。

【相关规定】

《中华人民共和国刑法》第三百一十三条

《中华人民共和国刑事诉讼法》第一百一十三条

《全国人民代表大会常务委员会关于〈中华人民共和国刑法〉第三百一十三条的解释》

《人民检察院刑事诉讼规则》第五百五十七至五百六十一条、第五百六十三条

《最高人民法院关于审理拒不执行判决、裁定刑事案件适用法律若干问题的解释》第一条、第二条

《最高人民检察院、公安部关于刑事立案监督有关问题的规定（试行）》第四条、第五条、第七至九条

三、妨害文物管理罪

张永明、毛伟明、张鹭故意损毁名胜古迹案

（法例 147 号）

【关键词】刑事　故意损毁名胜古迹罪　国家保护的名胜古迹　情节严重　专家意见

【裁判要点】

1. 风景名胜区的核心景区属于刑法第三百二十四条第二款规定的"国家保护的名胜古迹"。对核心景区内的世界自然遗产实施打岩钉等破坏活动，严重破坏自然遗产的自然性、原始性、完整性和稳定性的，综合考虑有关地质遗迹的特点、损坏程度等，可以认定为故意损毁国家保护的名胜古迹"情节严重"。

2. 对刑事案件中的专门性问题需要鉴定，但没有鉴定机构的，可以指派、聘请有专门知识的人就案件的专门性问题出具报告，相关报告在刑事诉讼中可以作为证据使用。

【相关法条】

《中华人民共和国刑法》第 324 条

【基本案情】

2017 年 4 月份左右，被告人张永明、毛伟明、张鹭三人通过微

信联系，约定前往三清山风景名胜区攀爬"巨蟒出山"岩柱体（又称巨蟒峰）。2017年4月15日凌晨4时左右，张永明、毛伟明、张鹭三人携带电钻、岩钉（即膨胀螺栓，不锈钢材质）、铁锤、绳索等工具到达巨蟒峰底部。被告人张永明首先攀爬，毛伟明、张鹭在下面拉住绳索保护张永明的安全。在攀爬过程中，张永明在有危险的地方打岩钉，使用电钻在巨蟒峰岩体上钻孔，再用铁锤将岩钉打入孔内，用扳手拧紧，然后在岩钉上布绳索。张永明通过这种方式于早上6时49分左右攀爬至巨蟒峰顶部。毛伟明一直跟在张永明后面为张永明拉绳索做保护，并沿着张永明布好的绳索于早上7时左右攀爬到巨蟒峰顶部。在巨蟒峰顶部，张永明将多余的工具给毛伟明，毛伟明顺着绳索下降，将多余的工具带回宾馆，随后又返回巨蟒峰，攀爬至巨蟒峰10多米处，被三清山管委会工作人员发现后劝下并被民警控制。在张永明、毛伟明攀爬开始时，张鹭为张永明拉绳索做保护，之后张鹭回宾馆拿无人机，再返回巨蟒峰，沿着张永明布好的绳索于早上7时30分左右攀爬至巨蟒峰顶部，在顶部使用无人机进行拍摄。在工作人员劝说下，张鹭、张永明先后于上午9时左右、9时40分左右下到巨蟒峰底部并被民警控制。经现场勘查，张永明在巨蟒峰上打入岩钉26个。经专家论证，三被告人的行为对巨蟒峰地质遗迹点造成了严重损毁。

【裁判结果】

江西省上饶市中级人民法院于2019年12月26日作出（2018）赣11刑初34号刑事判决：一、被告人张永明犯故意损毁名胜古迹罪，判处有期徒刑一年，并处罚金人民币十万元。二、被告人毛伟明犯故意损毁名胜古迹罪，判处有期徒刑六个月，缓刑一年，并处罚金人民币五万元。三、被告人张鹭犯故意损毁名胜古迹罪，免予刑事处罚。四、对扣押在案的犯罪工具手机四部、无人机一台、对讲机二台、攀岩绳、铁锤、电钻、岩钉等予以没收。宣判后，张永

明提出上诉。江西省高级人民法院于 2020 年 5 月 18 日作出（2020）
赣刑终 44 号刑事裁定，驳回被告人张永明的上诉，维持原判。

【裁判理由】

法院生效裁判认为，本案焦点问题主要为：

一、关于本案的证据采信问题

本案中，三被告人打入 26 个岩钉的行为对巨蟒峰造成严重损
毁的程度，目前全国没有法定司法鉴定机构可以进行鉴定，但是否
构成严重损毁又是被告人是否构成犯罪的关键。根据《最高人民法
院关于适用〈中华人民共和国刑事诉讼法〉的解释》第八十七条
规定："对案件中的专门性问题需要鉴定，但没有法定司法鉴定机
构，或者法律、司法解释规定可以进行检验的，可以指派、聘请有
专门知识的人进行检验，检验报告可以作为定罪量刑的参考。……
经人民法院通知，检验人拒不出庭作证的，检验报告不得作为定罪
量刑的参考。"故对打入 26 个岩钉的行为是否对巨蟒峰造成严重损
毁的这一事实，依法聘请有专门知识的人进行检验合情合理合法。
本案中的四名地学专家，都长期从事地学领域的研究，都具有地学
领域的专业知识，在地学领域发表过大量论文或专著，或主持过地
学方面的重大科研课题，具有对巨蟒峰受损情况这一地学领域的专
门问题进行评价的能力。四名专家均属于"有专门知识的人"。四
名专家出具专家意见系接受侦查机关的有权委托，依据自己的专业
知识和现场实地勘查、证据查验，经充分讨论、分析，从专业的角
度对打岩钉造成巨蟒峰的损毁情况给出了明确的专业意见，并共同
签名。且经法院通知，四名专家中的两名专家以检验人的身份出
庭，对"专家意见"的形成过程进行了详细的说明，并接受了控、
辩双方及审判人员的质询。"专家意见"结论明确，程序合法，具
有可信性。综上，本案中的"专家意见"从主体到程序均符合法定
要求，从证据角度而言，"专家意见"完全符合刑事诉讼法第一百

九十七条的规定，以及《最高人民法院关于适用〈中华人民共和国刑事诉讼法〉的解释》第八十七条关于有专门知识的人出具检验报告的规定，可以作为定罪量刑的参考。

二、关于本案的损害结果问题

三清山于 1988 年经国务院批准列为国家重点风景名胜区，2008 年被列入世界自然遗产名录，2012 年被列入世界地质公园名录。巨蟒峰作为三清山核心标志性景观独一无二、弥足珍贵，其不仅是不可再生的珍稀自然资源型资产，也是可持续利用的自然资产，对于全人类而言具有重大科学价值、美学价值和经济价值。巨蟒峰是经由长期自然风化和重力崩解作用形成的巨型花岗岩体石柱，垂直高度 128 米，最细处直径仅 7 米。本案中，侦查机关依法聘请的四名专家经过现场勘查、证据查验、科学分析，对巨蟒峰地质遗迹点的价值、成因、结构特点及三被告人的行为给巨蟒峰柱体造成的损毁情况给出了"专家意见"。四名专家从地学专业角度，认为被告人的打岩钉攀爬行为对世界自然遗产的核心景观巨蟒峰造成了永久性的损害，破坏了自然遗产的基本属性即自然性、原始性、完整性，特别是在巨蟒峰柱体的脆弱段打入至少 4 个岩钉，加重了巨蟒峰柱体结构的脆弱性，即对巨蟒峰的稳定性产生了破坏，26 个岩钉会直接诱发和加重物理、化学、生物风化，形成新的裂隙，加快花岗岩柱体的侵蚀进程，甚至造成崩解。根据《最高人民法院最高人民检察院关于办理妨害文物管理等刑事案件适用法律若干问题的解释》第四条第二款第一项规定，结合"专家意见"，应当认定三被告人的行为造成了名胜古迹"严重损毁"，已触犯刑法第三百二十四条第二款的规定，构成故意损毁名胜古迹罪。

风景名胜区的核心景区是受我国刑法保护的名胜古迹。三清山风景名胜区列入世界自然遗产、世界地质公园名录，巨蟒峰地质遗迹点是其珍贵的标志性景观和最核心的部分，既是不可再生的珍稀自然资源性资产，也是可持续利用的自然资产，具有重大科学价值、美学价值和经济价值。被告人张永明、毛伟明、张鹭违反社会管理秩序，采用破坏性攀爬方式攀爬巨蟒峰，在巨蟒峰花岗岩柱体上钻孔打入 26 个岩钉，对巨蟒峰造成严重损毁，情节严重，其行为已构成故意损毁名胜古迹罪，应依法惩处。本案对三被告人的入刑，不仅是对其所实施行为的否定评价，更是警示世人不得破坏国家保护的名胜古迹，从而引导社会公众树立正确的生态文明观，珍惜和善待人类赖以生存和发展的自然资源和生态环境。一审法院根据三被告人在共同犯罪中的地位、作用及量刑情节所判处的刑罚并无不当。张永明及其辩护人请求改判无罪等上诉意见不能成立，不予采纳。原审判决认定三被告人犯罪事实清楚，证据确实、充分，定罪准确，对三被告人的量刑适当，审判程序合法。

（生效裁判审判人员：胡淑珠、黄训荣、王慧军）

四、破坏环境资源保护罪

刘强非法占用农用地案

（检例第 60 号）

【关键词】非法占用农用地罪　永久基本农田　"大棚房" 非农建设改造

【要旨】

行为人违反土地管理法规，在耕地上建设"大棚房""生态园""休闲农庄"等，非法占用耕地数量较大，造成耕地等农用地大量毁坏的，应当以非法占用农用地罪追究实际建设者、经营者的刑事责任。

【基本案情】

被告人刘强，男，1979 年 10 月出生，北京大道千字文文化发展有限公司法定代表人。2008 年 1 月，因犯敲诈勒索罪被北京市海淀区人民法院判处有期徒刑二年，缓刑二年。

2016 年 3 月，被告人刘强经人介绍以人民币 1000 万元的价格与北京春杰种植专业合作社（以下简称合作社）的法定代表人池杰商定，受让合作社位于延庆区延庆镇广积屯村东北蔬菜大棚 377 亩集体土地使用权。同年 4 月 15 日，刘强指使其司机刘广岐与池杰签订转让意向书，约定将合作社土地使用权及地上物转让给刘广岐。同年 10 月 21 日，合作社的法定代表人变更为刘广岐。其间，刘强未经国土资源部门批准，以合作社的名义组织人员对蔬菜大棚园区进行非农建设改造，并将园区命名为"紫薇庄园"。截至 2016 年 9 月 28 日，刘强先后组织人员在园区内建设鱼池、假山、规划外道路等设施，同时将原有蔬菜大棚加高、改装钢架，并将其一分为二，在其中各建房间，每个大棚门口铺设透水砖路面，外垒花墙。截至案发，刘强组织人员共建设"大棚房"260 余套（每套面积 350 平方米至 550 平方米不等，内部置橱柜、沙发、藤椅、马桶等各类生活起居设施），并对外出租。经北京市国土资源局延庆分局组织测绘鉴定，该项目占用耕地 28.75 亩，其中含永久基本农田 22.84 亩，造成耕地种植条件被破坏。

截至 2017 年 4 月，北京市规划和国土资源管理委员会、延庆区延庆镇人民政府先后对该项目下达《行政处罚决定书》《责令停止建设通知书》《限期拆除决定书》，均未得到执行。2017 年 5 月，延庆区延庆镇人民政府组织有关部门将上述违法建设强制拆除。

【指控与证明犯罪】

2017 年 5 月 10 日，北京市国土资源局延庆分局向北京市公安局延庆分局移送刘广岐涉嫌非法占用农用地一案，5月13日，北京市公安局延庆分局对刘广岐涉嫌非法占用农用地案立案侦查，经调查发现刘强有重大嫌疑。2017年12月5日，北京市公安局延庆分局以刘强涉嫌非法占用农用地罪，将案件移送北京市延庆区人民检察院审查起诉。

审查起诉阶段，刘强拒不承认犯罪事实，辩称：1.自己从未参与紫薇庄园项目建设，没有实施非法占地的行为。2.紫薇庄园项目的实际建设者、经营者是刘广岐。3.自己与紫薇庄园无资金往来。4.蔬菜大棚改造项目系设施农业，属于政府扶持项目，不属于违法行为。刘广岐虽承认自己是合作社的法定代表人、项目建设的出资人，但对于转让意向书内容、资金来源、大棚内施工建设情况语焉不详。

为进一步查证紫薇庄园的实际建设者、经营者，北京市延庆区人民检察院将案件退回公安机关补充侦查，要求补充查证：1.调取刘强、刘广岐、池杰、张红军（工程承包方）之间的资金往来凭证，核实每笔资金往来的具体操作人，对全案账目进行司法会计鉴定，了解资金的来龙去脉，查实资金实际出让人和受让人。2.寻找关键证人会计李祥彬，核实合作社账目与刘强个人账户的资金往来，确定刘强、刘广岐在紫薇庄园项目中的地位作用。3.就测量技术报告听取专业测量人员的意见，查清所占耕地面积。

经补充侦查，北京市公安局延庆分局收集到证人李祥彬的证言，证实了合作社是刘强出资从池杰手中购买，李祥彬受刘强邀请负责核算合作社的收入和支出。会计师事务所出具的司法鉴定意见书，证实了资金往来去向。在补充侦查过程中，侦查机关调取了紫薇庄园临时工作人员胡楠等人的证言，证实刘广岐是刘强的司机；刘广岐受刘强指使在转让意向书中签字，并担任合作社法定代表人，但其并未与刘强共谋参与非农建设改造事宜。针对辩护律师对测量技术报告数据的质疑，承办检察官专门听取了参与测量人员的意见，准确掌握所占耕地面积。

2018 年 5 月 23 日，北京市延庆区人民检察院以刘强犯非法占用农用地罪向北京市延庆区人民法院提起公诉。7 月 2 日，北京市延庆区人民法院公开开庭审理了本案。

法庭调查阶段，公诉人宣读起诉书，指控被告人刘强违反土地管理法规，非法占用耕地进行非农建设改造，改变被占土地用途，造成耕地大量毁坏，其行为构成非法占用农用地罪。针对以上指控的犯罪事实，公诉人向法庭出示了四组证据予以证明：

一是现场勘测笔录、《测量技术报告书》《非法占用耕地破坏程度鉴定意见》、现场照片 78 张等，证明紫薇庄园园区内存在非法占地行为，改变被占土地用途且数量较大，造成耕地大量毁坏。

二是合作社土地租用合同，设立、变更登记材料，转让意向书，合作社大棚改造工程相关资料，延庆镇政府、北京市国土资源局延庆分局提供的相关书证等证据，证明合作社土地使用权受让相关事宜，以及未经国土资源部门批准，刘强擅自对园区土地进行非农建设改造，并拒不执行行政处罚。

三是司法鉴定意见书、案件相关银行账户的交易流水及凭证、合作社转让改造项目的参与人证言及被告人的供述与辩解等证据材料，证明刘强是紫薇庄园非农建设改造的实际建设者、经营者及合作社改造项目资金来源、获利情况等。

四是紫薇庄园宣传材料、租赁合同、大棚房租户、池杰、李祥彬证人证言等，证明刘强修建大棚共 196 个，其中东院 136 个，西院 60 个，每个大棚都配有耳房，面积 10—20 平方米；刘强将大棚改造后，命名为"紫薇庄园"对外宣传，"大棚房"内有休闲、娱乐、居住等生活设施，对外出租，造成不良社会影响。

被告人刘强对公诉人指控的上述犯罪事实没有异议，当庭认罪。

法庭辩论阶段，公诉人发表了公诉意见，指出刘强作为合作社的实际建设者、经营者，在没有行政批准的情况下，擅自对园区内农用地进行非农建设改造并对外出租，造成严重危害，应当追究刑事责任。

辩护人提出：1. 刘强不存在主观故意，社会危害性小。2. 建造蔬菜"大棚房"符合设施农业政策。3. 刘强认罪态度较好，主动到公安机关投案，具有自首情节。4. 起诉书中指控的假山、鱼池等设施，仅在测量报告中有描述且描述模糊。5. 相关设施已被有关部门拆除。请求法庭对被告人刘强从轻处罚。

公诉人针对辩护意见进行答辩：

第一，刘强受让合作社时指使司机刘广岐代其签字，证明其具有规避法律责任的行为，主观上存在违法犯罪的故意，刘强非法占用农用地，造成大量农用地被严重毁坏，其行为具有严重社会危害性。

第二，关于符合国家政策的说法不实，农业大棚与违法建造的非农"大棚房"存在本质区别，刘强建设的"大棚房"集休闲、娱乐、居住为一体，对农用地进行非农改造，严重违反《土地管理法》永久基本农田保护政策。该项目因违法建设受到行政处罚，但刘强未按照处罚决定积极履行耕地修复义务，直至案发，也未缴纳行政罚款，其行为明显违法。

第三，刘强直到开庭审理时才表示认罪，不符合自首条件。

第四，测量技术报告对案发时合作社建设情况作了详细的记录和专业说明，现场勘验笔录和现场照片均证实了蔬菜大棚改造的实际情况，另有相关证人证言也能证实假山、鱼池存在。

第五，违法设施应由刘强承担拆除并恢复原状的责任，有关行政部门进行拆除违法设施，恢复耕地的行为，不能成为刘强从轻处罚的理由。

法庭经审理，认为公诉人提交的证据能够相互印证，予以确认。对辩护人提出的被告人当庭认罪态度较好的辩护意见予以采纳，其他辩护意见缺乏事实依据，不予采纳。2018 年 10 月 16 日，北京市延庆区人民法院作出一审判决，以非法占用农用地罪判处被告人刘强有期徒刑一年六个月，并处罚金人民币五万元。一审宣判后，被告人刘强未上诉，判决已生效。

刘广岐在明知刘强是合作社非农建设改造的实际建设者、经营者，且涉嫌犯罪的情况下，故意隐瞒上述事实和真相，向公安机关做虚假证明。经北京市延庆区人民检察院追诉，2019 年 3 月 13 日，北京市延庆区人民法院以包庇罪判处被告人刘广岐有期徒刑六个月。一审宣判后，被告人刘广岐未上诉，判决已生效。

本案中，延庆镇规划管理与环境保护办公室虽然采取了约谈、下发《责令停止建设通知书》和《限期拆除决定书》等方式对违法建设予以制止，但未遏制住违法建设，履职不到位，北京市延庆区监察委员会给予延庆镇副镇长等 3 人行政警告处分，1 人行政记过处分，广积屯村村党支部给予该村党支部书记党内警告处分。

【指导意义】

十分珍惜、合理利用土地和切实保护耕地是我国的基本国策。近年来，随着传统农业向产业化、规模化的现代农业转变，以温室大棚为代表的设施农业快速发展。一些地区出现了假借发展设施农业之名，擅自或者变相改变农业用途，在耕地甚至永久基本农田上建设"大棚房""生态园""休闲农庄"等现象，造成土地资源被大量非法占用和毁坏，严重侵害农民权益和农业农村的可持续发展，在社会上造成恶劣影响。2018 年，自然资源部和农业农村部在全国开展了"大棚房"问题专项整治行动，推进落实永久基本农田保护制度和最严格的耕地保护政策。在基本农田上建设"大棚房"予以出租出售，违反《中华人民共和国土地管理法》，属于破坏耕地或者非法占地的违法行为。非法占用耕地数量较大或者造成耕地大量毁坏的，应当以非法占用农用地罪追究实际建设者、经营者的刑事责任。

该类案件中，实际建设者、经营者为逃避法律责任，经常隐藏于幕后。对此，检察机关可以通过引导公安机关查询非农建设项目涉及的相关账户交易信息、资金走向等，辅以相关证人证言，形成严密证据体系，查清证实实际建设者、经营者的法律责任。对于受其操控签订合同或者作假证明包庇，涉嫌共同犯罪或者伪证罪、包庇罪的相关行为人，也要一并查实惩处。对于非法占用农用地面积这一关键问题，可由专业机构出具测量技术报告，必要时可申请测量人员出庭作证。

【相关规定】

《中华人民共和国刑法》第三百一十条、第三百四十二条

《全国人民代表大会常务委员会关于〈中华人民共和国刑法〉第二百二十八条、第三百四十二条、第四百一十条的解释》

《中华人民共和国土地管理法》第七十五条

《最高人民法院关于审理破坏土地资源刑事案件具体应用法律若干问题的解释》第三条

《最高人民检察院、公安部关于公安机关管辖的刑事案件立案追诉标准的规定（一）》第六十七条

五、制作、贩卖、传播淫秽物品罪

钱某制作、贩卖、传播淫秽物品牟利案

（检例第 139 号）

【关键词】 制作、贩卖、传播淫秽物品牟利　私密空间行为偷拍　淫秽物品

【要旨】

自然人在私密空间的日常生活属于民法典保护的隐私。行为人

以牟利为目的，偷拍他人性行为并制作成视频文件，以贩卖、传播方式予以公开，不仅侵犯他人隐私，而且该偷拍视频公开后具有描绘性行为、宣扬色情的客观属性，符合刑法关于"淫秽物品"的规定，构成犯罪的，应当以制作、贩卖、传播淫秽物品牟利罪追究刑事责任。以牟利为目的提供互联网链接，使他人可以通过偷拍设备实时观看或者下载视频文件的，属于该罪的"贩卖、传播"行为。检察机关办理涉及偷拍他人隐私的刑事案件时，应当根据犯罪的主客观方面依法适用不同罪名追究刑事责任。

【基本案情】

被告人钱某，男，1990年出生，无固定职业。

钱某曾因偷拍他人性行为被行政拘留，仍不思悔改，产生通过互联网贩卖偷拍视频文件从中牟利的想法。2017年11月，钱某从网络上购买了多个偷拍设备，分别安装在多家酒店客房内，先后偷拍51对入住旅客的性行为，并将编辑、加工的偷拍视频文件保存至互联网云盘，通过非法网站、即时通讯软件发布贩卖信息。2018年5月9日，公安机关将钱某抓获，并在上述互联网云盘中检出偷拍视频114个。

此外，钱某还以"付费包月观看"的方式，先后182次为他人通过偷拍设备实时观看入住旅客性行为或者下载偷拍视频提供互联网链接。

【检察履职情况】

（一）引导侦查取证

2018年6月8日，四川省成都市公安局锦江分局以钱某涉嫌传播淫秽物品罪向检察机关提请批准逮捕。

四川省成都市锦江区人民检察院审查认为，钱某偷拍他人性行为后既有传播扩散行为，也有编辑加工、贩卖牟利行为，故以制作淫秽物品牟利罪对钱某批准逮捕，并向公安机关提出对扣押在案的手机进行电子数据检查和恢复，对其注册使用的互联网云盘信息进行提取和固定的取证意见。此后，公安机关进一步查明了钱某的作案方式、获利情况和危害后果。

（二）审查起诉

2018年8月15日，锦江分局以钱某涉嫌制作、贩卖、传播淫秽物品牟利罪移送锦江区人民检察院审查起诉。审查起诉期间，钱某辩解其上传到互联网云盘的淫秽视频文件并非偷拍所得，而是从他人处获取后上传互联网用于个人观看。对此，检察机关自行补充侦查，对涉案多家酒店实地察看，详细了解装有偷拍设备的酒店客房布局、特征和偷拍设备安装位置、取景场域，通过与起获的视频文件中拍摄的客房画面逐一比对，结合其有罪供述，发现有114个视频文件中的场景与偷拍现场具有同一性，结合其他证据认定相关视频确系钱某偷拍。

2019年1月29日，锦江区人民检察院以钱某涉嫌制作、贩卖、传播淫秽物品牟利罪提起公诉。

（三）指控与证明犯罪

2019年7月17日、7月24日，四川省成都市锦江区人民法院不公开开庭审理本案。

庭审中，辩护人对视频文件的性质和数量认定等提出了辩护意见。一是涉案的视频文件形式上不具有实物特征，内容上不具有淫秽特征，不属于淫秽物品；二是多个视频文件描绘的是同一对旅客的性行为，即便属于淫秽物品，也应当以被偷拍的旅客的对数认定数量，不能以设备自动分段或人为编辑制作的数量认定。

公诉人答辩指出，偷拍的视频文件属于淫秽物品，数量应当以钱某编辑、制作的数量为标准。一是涉案的视频文件属于淫秽物品。形式上，淫秽物品的视频文件形式与刊物、光盘等有形物具有同质性。对此，《全国人民代表大会常务委员会关于维护互联网安全的决定》明确规定，在互联网上建立淫秽网站、网页，提供淫秽站点链接服务，或者传播淫秽书刊、影片、音像、图片的，依照刑法有关规定追究刑事责任。最高人民法院、最高人民检察院的司法解释对制作、贩卖、传播视频文件、音频文件等淫秽电子信息也有明确规定。内容上，自然人在私密空间的性行为本身不具有淫秽性，但被告人将其编辑、贩卖、对外传播，则具有描绘性行为或者露骨宣扬色情的客观属性，符合刑法对"淫秽物品"的界定。二是视频文件的数量应当以钱某编辑、制作数量为标准，而非依据旅客区分。本案中每个视频文件都是钱某偷拍后通过筛选、剪辑而成；每个视频文件都能够独立播放，内容涉及不同性行为；每个视频文件都是露骨宣扬色情，被非法传播后都能给观看者带来淫秽性刺激，社会危害性不会因为数个片段均反映同一对旅客的性行为而降低。

（四）处理结果

2019 年 7 月 26 日，锦江区人民法院作出判决，采纳检察机关指控的犯罪事实和意见，以制作、贩卖、传播淫秽物品牟利罪判处钱某有期徒刑三年六个月，并处罚金人民币五千元。宣判后，钱某未提出上诉，判决已生效。

（五）制发检察建议

旅客入住酒店偷拍事件频发，导致隐私安全无法得到保障，严重侵犯消费者的个人隐私，暴露出相关行业主管部门监管不力、经营者管理不善问题，检察机关从建立健全旅客隐私保护、落实实名登记入住制度、增加安防设施投入、加强日常检查巡查等方面，向治安主管部门和行业组织发出检察建议。治安主管部门落实整改，对辖区旅馆业进行滚动摸排、对场所软硬件开展检查，强化旅客入住"人证合一"，开展公民隐私权法制宣传，会同市场监管部门联合核查网络摄像头生产、销售商家，督促落实市场主体责任。行业组织开展了旅馆、酒店会员单位法制宣传、隐私安全保护培训，增加安防设备，会同治安主管部门制定治安安全防范规范，加强旅馆业安全管理水平，加大保护公民隐私安全力度。

【指导意义】

（一）准确界定"淫秽物品""贩卖、传播行为"，依法严惩网络背景下传播淫秽物品犯罪。自然人的私人生活安宁和不愿受他人干扰的私密空间、私密活动、私密信息，依法不受侵犯。发生在酒店、旅馆、民宿等非公开空间内的性行为，属于隐私保护的范围。行为人偷拍他人性行为并经互联网传播扩散的视频，不仅侵害个人隐私，而且客观上具有描绘性行为的淫秽性，具有宣扬色情的危害性，符合刑法对"淫秽物品"的界定。行为人有偿提供互联网链接，他人付费后可以实时在线观看，与建立并运营"点对面"式互联网直播平台的传播行为性质相同，应当认定为贩卖、传播行为。

（二）行为人偷拍他人隐私，行为方式、目的多样，应当区分不同情形依法惩处。行为人非法使用偷拍设备窥探他人隐私，未贩卖、传播的，如果相关设备经鉴定属于窃听、窃照专用器材，造成严重后果的，应当以非法使用窃听、窃照专用器材罪追究刑事责任；如果行为人又将偷拍的内容贩卖、传播的，应当按照处罚较重的罪名追究刑事责任。行为人通过远程操控侵入他人自行安装的摄像头后台信息系统，对他人私密空间、行为进行窥探，进行遥控并自行观看，情节严重的，应当以非法控制计算机信息系统罪追究刑事责任；如果行为人在侵入上述计算机信息系统以后，又将偷拍的视频贩卖、传播的，应当按照处罚较重的罪名追究刑事责任。行为人以非法占有他人财物为目的，通过偷拍获取他人隐私，进而要挟他人、获取财物，构成犯罪的，应当以敲诈勒索罪追究刑事责任。上述行为尚未构成犯罪的，应当依法从严追究其行政违法责任。

（三）通过制发检察建议促进社会治理。个人隐私被非法收集、买卖，成为电信网络诈骗、网络传播淫秽物品等犯罪的源头，并催生出一条黑灰产业链，严重侵扰公民生活安宁、财产安全，破坏社会秩序。检察机关办案中要注意剖析案发地区、案发领域管理、制度上的漏洞，研究提出有针对性、可操作性的检察建议，推动有关部门建章立制、堵塞漏洞、消除隐患，促进完善社会治理。

【相关规定】

《中华人民共和国刑法》第三百六十三条、第三百六十七条

《最高人民法院、最高人民检察院关于办理利用互联网、移动通讯终端、声讯台制作、复制、出版、贩卖、传播淫秽电子信息刑事案件具体应用法律若干问题的解释》第一条

《最高人民法院、最高人民检察院关于办理利用互联网、移动通讯终端、声讯台制作、复制、出版、贩卖、传播淫秽电子信息刑事案件具体应用法律若干问题的解释（二）》第一条

第六节　贪污贿赂罪

潘玉梅、陈宁受贿案

（法例 3 号）

【关键词】刑事　受贿罪　"合办"公司受贿　低价购房受贿　承诺谋利　受贿数额计算　掩饰受贿退赃

【裁判要点】

1. 国家工作人员利用职务上的便利为请托人谋取利益，并与请托人以"合办"公司的名义获取"利润"，没有实际出资和参与经

营管理的，以受贿论处。

2. 国家工作人员明知他人有请托事项而收受其财物，视为承诺"为他人谋取利益"，是否已实际为他人谋取利益或谋取到利益，不影响受贿的认定。

3. 国家工作人员利用职务上的便利为请托人谋取利益，以明显低于市场的价格向请托人购买房屋等物品的，以受贿论处，受贿数额按照交易时当地市场价格与实际支付价格的差额计算。

4. 国家工作人员收受财物后，因与其受贿有关联的人、事被查处，为掩饰犯罪而退还的，不影响认定受贿罪。

【相关法条】

《中华人民共和国刑法》第三百八十五条第一款

【基本案情】

2003 年 8、9 月间，被告人潘玉梅、陈宁分别利用担任江苏省南京市栖霞区迈皋桥街道工委书记、迈皋桥办事处主任的职务便利，为南京某房地产开发有限公司总经理陈某在迈皋桥创业园区低价获取 100 亩土地等提供帮助，并于 9 月 3 日分别以其亲属名义与陈某共同注册成立南京多贺工贸有限责任公司（简称多贺公司），以"开发"上述土地。潘玉梅、陈宁既未实际出资，也未参与该公司经营管理。2004 年 6 月，陈某以多贺公司的名义将该公司及其土地转让给南京某体育用品有限公司，潘玉梅、陈宁以参与利润分配名义，分别收受陈某给予的 480 万元。2007 年 3 月，陈宁因潘玉梅被调查，在美国出差期间安排其驾驶员退给陈某 80 万元。案发后，潘玉梅、陈宁所得赃款及赃款收益均被依法追缴。

2004 年 2 月至 10 月，被告人潘玉梅、陈宁分别利用担任迈皋桥街道工委书记、迈皋桥办事处主任的职务之便，为南京某置业发展有限公司在迈皋桥创业园购买土地提供帮助，并先后 4 次各收受该公司总经理吴某某给予的 50 万元。

2004 年上半年，被告人潘玉梅利用担任迈皋桥街道工委书记的职务便利，为南京某发展有限公司受让金桥大厦项目减免 100 万元费用提供帮助，并在购买对方开发的一处房产时接受该公司总经理许某某为其支付的房屋差价款和相关税费 61 万余元（房价含税费 121.0817 万元，潘支付 60 万元）。2006 年 4 月，潘玉梅因检察机关从许某某的公司账上已掌握其购房仅支付部分款项的情况而补还给许某某 55 万元。

此外，2000 年春节前至 2006 年 12 月，被告人潘玉梅利用职务便利，先后收受迈皋桥办事处一党支部书记兼南京某商贸有限责任公司总经理高某某人民币 201 万元和美元 49 万元、浙江某房地产集团南京置业有限公司范某某美元 1 万元。2002 年至 2005 年间，被告人陈宁利用职务便利，先后收受迈皋桥办事处一党支部书记高某某 21 万元、迈皋桥办事处副主任刘某 8 万元。

综上，被告人潘玉梅收受贿赂人民币 792 万余元、美元 50 万元（折合人民币 398.1234 万元），共计收受贿赂 1190.2 万余元；被告人陈宁收受贿赂 559 万元。

【裁判结果】

江苏省南京市中级人民法院于 2009 年 2 月 25 日以（2008）宁刑初字第 49 号刑事判决，认定被告人潘玉梅犯受贿罪，判处死刑，缓期二年执行，剥夺政治权利终身，并处没收个人全部财产；被告人陈宁犯受贿罪，判处无期徒刑，剥夺政治权利终身，并处没收个人全部财产。宣判后，潘玉梅、陈宁提出上诉。江苏省高级人民法院于 2009 年 11 月 30 日以同样的事实和理由作出（2009）苏刑二终字第 0028 号刑事裁定，驳回上诉，维持原判，并核准一审以受贿罪判处被告人潘玉梅死刑，缓期二年执行，剥夺政治权利终身，并处没收个人全部财产的刑事判决。

【裁判理由】

法院生效裁判认为：关于被告人潘玉梅、陈宁及其辩护人提出二被告人与陈某共同开办多贺公司开发土地获取"利润"480万元不应认定为受贿的辩护意见。经查，潘玉梅时任迈皋桥街道工委书记，陈宁时任迈皋桥街道办事处主任，对迈皋桥创业园区的招商工作、土地转让负有领导或协调职责，二人分别利用各自职务便利，为陈某低价取得创业园区的土地等提供了帮助，属于利用职务上的便利为他人谋取利益；在此期间，潘玉梅、陈宁与陈某商议合作成立多贺公司用于开发上述土地，公司注册资金全部来源于陈某，潘玉梅、陈宁既未实际出资，也未参与公司的经营管理。因此，潘玉梅、陈宁利用职务便利为陈某谋取利益，以与陈某合办公司开发该土地的名义而分别获取的480万元，并非所谓的公司利润，而是利用职务便利使陈某低价获取土地并转卖后获利的一部分，体现了受贿罪权钱交易的本质，属于以合办公司为名的变相受贿，应以受贿论处。

关于被告人潘玉梅及其辩护人提出潘玉梅没有为许某某实际谋取利益的辩护意见。经查，请托人许某某向潘玉梅行贿时，要求在受让金桥大厦项目中减免100万元的费用，潘玉梅明知许某某有请托事项而收受贿赂；虽然该请托事项没有实现，但"为他人谋取利益"包括承诺、实施和实现不同阶段的行为，只要具有其中一项，就属于为他人谋取利益。承诺"为他人谋取利益"，可以从为他人谋取利益的明示或默示的意思表示予以认定。潘玉梅明知他人有请托事项而收受其财物，应视为承诺为他人谋取利益，至于是否已实际为他人谋取利益或谋取到利益，只是受贿的情节问题，不影响受贿的认定。

关于被告人潘玉梅及其辩护人提出潘玉梅购买许某某的房产不应认定为受贿的辩护意见。经查，潘玉梅购买的房产，市场价格含税费共计应为 121 万余元，潘玉梅仅支付 60 万元，明显低于该房产交易时当地市场价格。潘玉梅利用职务之便为请托人谋取利益，以明显低于市场的价格向请托人购买房产的行为，是以形式上支付一定数额的价款来掩盖其受贿权钱交易本质的一种手段，应以受贿论处，受贿数额按照涉案房产交易时当地市场价格与实际支付价格的差额计算。

关于被告人潘玉梅及其辩护人提出潘玉梅购买许某某开发的房产，在案发前已将房产差价款给付了许某某，不应认定为受贿的辩护意见。经查，2006 年 4 月，潘玉梅在案发前将购买许某某开发房产的差价款中的 55 万元补给许某某，相距 2004 年上半年其低价购房有近两年时间，没有及时补还巨额差价；潘玉梅的补还行为，是由于许某某因其他案件被检察机关找去谈话，检察机关从许某某的公司账上已掌握潘玉梅购房仅支付部分款项的情况后，出于掩盖罪行目的而采取的退赃行为。因此，潘玉梅为掩饰犯罪而补还房屋差价款，不影响对其受贿罪的认定。

综上所述，被告人潘玉梅、陈宁及其辩护人提出的上述辩护意见不能成立，不予采纳。潘玉梅、陈宁作为国家工作人员，分别利用各自的职务便利，为他人谋取利益，收受他人财物的行为均已构成受贿罪，且受贿数额特别巨大，但同时鉴于二被告人均具有归案后如实供述犯罪、认罪态度好、主动交代，司法机关尚未掌握的同种余罪，案发前退出部分赃款，案发后配合追缴涉案全部赃款等从轻处罚情节，故一、二审法院依法作出如上裁判。

杨延虎等贪污案

（法例 11 号）

【关键词】刑事　贪污罪　职务便利　骗取土地使用权

【裁判要点】

1. 贪污罪中的"利用职务上的便利"，是指利用职务上主管、管理、经手公共财物的权力及方便条件，既包括利用本人职务上主管、管理公共财物的职务便利，也包括利用职务上有隶属关系的其他国家工作人员的职务便利。

2. 土地使用权具有财产性利益，属于刑法第三百八十二条第一款规定中的"公共财物"，可以成为贪污的对象。

【相关法条】

《中华人民共和国刑法》第三百八十二条第一款

【基本案情】

被告人杨延虎 1996 年 8 月任浙江省义乌市委常委，2003 年 3 月任义乌市人大常委会副主任，2000 年 8 月兼任中国小商品城福田市场（2003 年 3 月改称中国义乌国际商贸城，简称国际商贸城）建设领导小组副组长兼指挥部总指挥，主持指挥部全面工作。2002 年，杨延虎得知义乌市稠城街道共和村将列入拆迁和旧村改造范围后，决定在该村购买旧房，利用其职务便利，在拆迁安置时骗取非法利益。杨延虎遂与被告人王月芳（杨延虎的妻妹）、被告人郑新潮（王月芳之夫）共谋后，由王、郑二人出面，通过共和村王某某，以王月芳的名义在该村购买赵某某的 3 间旧房（房产证登记面积 61.87 平方米，发证日期 1998 年 8 月 3 日）。按当地拆迁和旧村改造政策，赵某某有无该旧房，其所得安置土地面积均相同，事实上赵某某也按无房户得到了土地安置。2003 年 3、4 月份，为使 3 间旧房所占土地确权到王月芳名下，在杨延虎指使和安排下，郑新潮再次通过共和村王某某，让该村村民委员会及其成员出具了该 3 间旧房系王月芳 1983 年所建的虚假证明。杨延虎利用职务便利，要求兼任国际商贸城建设指挥部分管土地确权工作的副总指挥、义乌市国土资源局副局长吴某某和指挥部确权报批科人员，对王月芳拆迁安置、土地确权予以关照。国际商贸城建设指挥部遂将王月芳所购房屋作为有村证明但无产权证的旧房进行确权审核，上报义乌市国土资源局确权，并按丈量结果认定其占地面积 64.7 平方米。

此后，被告人杨延虎与郑新潮、王月芳等人共谋，在其岳父王某祥在共和村拆迁中可得 25.5 平方米土地确权的基础上，于 2005 年 1 月编造了由王月芳等人签名的申请报告，谎称"王某祥与王月芳共有三间半房屋，占地 90.2 平方米，二人在 1986 年分家，王某祥分得 36.1 平方米，王月芳分得 54.1 平方米，有关部门确认王某祥房屋 25.5 平方米、王月芳房屋 64 平方米有误"，要求义乌市国土资源局更正。随后，杨延虎利用职务便利，指使国际商贸城建设指挥部工作人员以该部名义对该申请报告盖章确认，并使该申请报告得到义乌市国土资源局和义乌市政府认可，从而让王月芳、王某祥分别获得 72 和 54 平方米（共 126 平方米）的建设用地审批。按王某祥的土地确权面积仅应得 36 平方米建设用地审批，其余 90 平方米系非法所得。2005 年 5 月，杨延虎等人在支付选位费 24.552 万元后，在国际商贸城拆迁安置区获得两间店面 72 平方米土地的拆迁安置补偿（案发后，该 72 平方米的土地使用权被依法冻结）。该处地块在用作安置前已被国家征用并转为建设用地，属国有划拨土地。经评估，该处每平方米的土地使用权价值 35270 元。杨延虎等人非法所得的建设用地 90 平方米，按照当地拆迁安置规定，折合拆迁安置区店面的土地面积为 72 平方米，价值 253.944 万元，扣除其支付的 24.552 万元后，实际非法所得 229.392 万元。

此外，2001 年至 2007 年间，被告人杨延虎利用职务便利，为他人承揽工程、拆迁安置、国有土地受让等谋取利益，先后非法收受或索取 57 万元，其中索贿 5 万元。

【裁判结果】

浙江省金华市中级人民法院于 2008 年 12 月 15 日作出（2008）金中刑二初字第 30 号刑事判决：一、被告人杨延虎犯贪污罪，判处有期徒刑十五年，并处没收财产二十万元；犯受贿罪，判处有期徒刑十一年，并处没收财产十万元；决定执行有期徒刑十八年，并处没收财产三十万元。二、被告人郑新潮犯贪污罪，判处有期徒刑五年。三、被告人王月芳犯贪污罪，判处有期徒刑三年。宣判后，三被告人均提出上诉。浙江省高级人民法院于 2009 年 3 月 16 日作出（2009）浙刑二终字第 34 号刑事裁定，驳回上诉，维持原判。

【裁判理由】

法院生效裁判认为：关于被告人杨延虎的辩护人提出杨延虎没有利用职务便利的辩护意见。经查，义乌国际商贸城指挥部系义乌市委、市政府为确保国际商贸城建设工程顺利进行而设立的机构，指挥部下设确权报批科，工作人员从国土资源局抽调，负责土地确权、建房建设用地的审核及报批工作，分管该科的副总指挥吴某某也是国土资源局的副局长。确权报批科作为指挥部下设机构，同时受指挥部的领导，作为指挥部总指挥的杨延虎具有对该科室的领导职权。贪污罪中的"利用职务上的便利"，是指利用职务上主管、管理、经手公共财物的权力及方便条件，既包括利用本人职务上主管、管理公共财物的职务便利，也包括利用职务上有隶属关系的其他国家工作人员的职务便利。本案中，杨延虎正是利用担任义乌市委常委、义乌市人大常委会副主任和兼任指挥部总指挥的职务便利，给下属的土地确权报批科人员及其分管副总指挥打招呼，才使得王月芳等人虚报的拆迁安置得以实现。

关于被告人杨延虎等人及其辩护人提出被告人王月芳应当获得土地安置补偿，涉案土地属于集体土地，不能构成贪污罪的辩护意见。经查，王月芳购房时系居民户口，按照法律规定和义乌市拆迁安置有关规定，不属于拆迁安置对象，不具备获得土地确权的资格，其在共和村所购房屋既不能获得土地确权，又不能得到拆迁安置补偿。杨延虎等人明知王月芳不符合拆迁安置条件，却利用杨延虎的职务便利，通过将王月芳所购房屋谎报为其祖传旧房、虚构王月芳与王某祥分家事实，骗得旧房拆迁安置资格，骗取国有土地确权。同时，由于杨延虎利用职务便利，杨延虎、王月芳等人弄虚作假，既使王月芳所购旧房的房主赵某某按无房户得到了土地安置补偿，又使本来不应获得土地安置补偿的王月芳获得了土地安置补偿。《中华人民共和国土地管理法》第二条、第九条规定，我国土地实行社会主义公有制，即全民所有制和劳动群众集体所有制，并可以依法确定给单位或者个人使用。对土地进行占有、使用、开发、经营、交易和流转，能够带来相应经济收益。因此，土地使用权自然具有财产性利益，无论国有土地，还是集体土地，都属于刑法第三百八十二条第一款规定中的"公共财物"，可以成为贪污的对象。王月芳名下安置的地块已在 2002 年 8 月被征为国有并转为建设用地，义乌市政府文件抄告单也明确该处的拆迁安置土地使用权登记核发国有土地使用权证。因此，杨延虎等人及其辩护人所提该项辩护意见，不能成立。

综上，被告人杨延虎作为国家工作人员，利用担任义乌市委常委、义乌市人大常委会副主任和兼任国际商贸城指挥部总指挥的职务便利，伙同被告人郑新潮、王月芳以虚构事实的手段，骗取国有土地使用权，非法占有公共财物，三被告人的行为均已构成贪污罪。杨延虎还利用职务便利，索取或收受他人贿赂，为他人谋取利益，其行为又构成受贿罪，应依法数罪并罚。在共同贪污犯罪中，杨延虎起主要作用，系主犯，应当按照其所参与或者组织、指挥的全部犯罪处罚；郑新潮、王月芳起次要作用，系从犯，应减轻处罚。故一、二审法院依法作出如上裁判。

浙江省某县图书馆及赵某、徐某某单位受贿、私分国有资产、贪污案

（检例第 73 号）

【关键词】　单位犯罪　追加起诉　移送线索

【要旨】

人民检察院在对职务犯罪案件审查起诉时，如果认为相关单位亦涉嫌犯罪，且单位犯罪事实清楚、证据确实充分，经与监察机关沟通，可以依法对犯罪单位提起公诉。检察机关在审查起诉中发现遗漏同案犯或犯罪事实的，应当及时与监察机关沟通，依法处理。

【基本案情】

被告单位浙江省某县图书馆，全额拨款的国有事业单位。

被告人赵某，男，某县图书馆原馆长。

被告人徐某某，男，某县图书馆原副馆长。

（一）单位受贿罪

2012 年至 2016 年，为提高福利待遇，经赵某、徐某某等人集体讨论决定，某县图书馆通过在书籍采购过程中账外暗中收受回扣的方式，收受 A 书社梁某某、B 公司、C 图书经营部潘某某所送人民币共计 36 万余元，用于发放工作人员福利及支付本单位其他开支。

（二）私分国有资产罪

2012 年至 2016 年，某县图书馆通过从 A 书社、B 公司、C 图书经营部虚开购书发票、虚列劳务支出、采购价格虚高的借书卡等手段套取财政资金 63 万余元，经赵某、徐某某等人集体讨论决定，将其中的 56 万余元以单位名义集体私分给本单位工作人员。

（三）贪污罪

2015 年，被告人徐某某利用担任某县图书馆副馆长，分管采购业务的职务之便，通过从 C 图书经营部采购价格虚高的借书卡的方式，套取财政资金 3.8 万元归个人所有。

【检察工作情况】

（一）提前介入提出完善证据体系意见，为案件准确定性奠定基础。某县监察委员会以涉嫌贪污罪、受贿罪对赵某立案调查，县人民检察院提前介入后，通过梳理分析相关证据材料，提出完善证据的意见。根据检察机关意见，监察机关进一步收集证据，完善了证据体系。2018 年 9 月 28 日，县监察委员会调查终结，以赵某涉嫌单位受贿罪、私分国有资产罪移送县人民检察院起诉。

（二）对监察机关未移送起诉的某县图书馆，直接以单位受贿罪提起公诉。某县监察委员会对赵某移送起诉后，检察机关审查认为，某县图书馆作为全额拨款的国有事业单位，在经济往来中，账外暗中收受各种名义的回扣，情节严重，根据《刑法》第三百八十七条之规定，应当以单位受贿罪追究其刑事责任，且单位犯罪事实清楚，证据确实充分。经与监察机关充分沟通，2018 年 11 月 12 日，县人民检察院对某县图书馆以单位受贿罪，对赵某以单位受贿罪、私分国有资产罪提起公诉。

（三）审查起诉阶段及时移送徐某某涉嫌贪污犯罪问题线索，依法追诉漏犯漏罪。检察机关对赵某案审查起诉时，认为徐某某作为参与集体研究并具体负责采购业务的副馆长，属于其他直接责任人员，也应以单位受贿罪、私分国有资产罪追究其刑事责任。同时在审查供书商账目时发现，其共有两次帮助某县图书馆以虚增借书卡制作价格方式套取财政资金，但赵某供述只套取一次财政资金用于私分，检察人员分析另一次套取的 3.8 万元财政资金很有可能被经手该笔资金的徐某某贪污，检察机关遂将徐某某涉嫌贪污犯罪线索移交监察机关。监察机关立案调查后，通过进一步补充证据，查明了徐某某参与单位受贿、私分国有资产以及个人贪污的犯罪事实。2018 年 11 月 16 日，县监察委员会调查终结，以徐某某涉嫌单位受贿罪、私分国有资产罪、贪污罪移送县人民检察院起诉。2018 年 12 月 27 日，县人民检察院对徐某某以单位受贿罪、私分国有资产罪、贪污罪提起公诉。

2018 年 12 月 20 日，某县人民法院以单位受贿罪判处某县图书馆罚金人民币二十万元；以单位受贿罪、私分国有资产罪判处赵某有期徒刑一年二个月，并处罚金人民币十万元。2019 年 1 月 10 日，某县人民法院以单位受贿罪、私分国有资产罪、贪污罪判处徐某某有期徒刑一年，并处罚金人民币二十万元。

【指导意义】

（一）检察机关对单位犯罪可依法直接追加起诉。人民检察院审查监察机关移送起诉的案件，应当查明有无遗漏罪行和其他应当追究刑事责任的人。对于单位犯罪案件，监察机关只对直接负责的主管人员和其他直接责任人员移送起诉，未移送起诉涉嫌犯罪单位的，如果犯罪事实清楚，证据确实充分，经与监察机关沟通，检察机关对犯罪单位可以依法直接提起公诉。

（二）检察机关在审查起诉中发现遗漏同案犯或犯罪事实的，应当及时与监察机关沟通，依法处理。检察机关在审查起诉中，如果发现监察机关移送起诉的案件遗漏同案职务犯罪人或犯罪事实的，应当及时与监察机关沟通，依法处理。如果监察机关在本案审查起诉期限内调查终结移送起诉，且犯罪事实清楚，证据确实充分的，可以并案起诉；如果监察机关不能在本案审查起诉期限内调查终结移送起诉，或者虽然移送起诉，但因案情重大复杂等原因不能及时审结的，也可分案起诉。

【相关规定】

《中华人民共和国刑法》第三十条，第三十一条，第三百八十二条第一款，第三百八十三条第一款第一项、第三款，第三百八十七条，第三百九十六条第一款

《中华人民共和国刑事诉讼法》第一百七十六条

《中华人民共和国监察法》第三十四条

李华波贪污案

（检例第 74 号）

【关键词】 违法所得没收程序 犯罪嫌疑人到案 程序衔接

【要旨】

对于贪污贿赂等重大职务犯罪案件，犯罪嫌疑人、被告人逃匿，在通缉一年后不能到案，如果有证据证明有犯罪事实，依照刑法规定应当追缴其违法所得及其他涉案财产的，应当依法适用违法所得没收程序办理。违法所得没收裁定生效后，在逃的职务犯罪嫌疑人自动投案或者被抓获，监察机关调查终结移送起诉的，检察机关应当依照普通刑事诉讼程序办理，并与原没收裁定程序做好衔接。

【基本案情】

被告人李华波，男，江西省上饶市鄱阳县财政局经济建设股原股长。

2006 年 10 月至 2010 年 12 月间，李华波利用担任鄱阳县财政局经济建设股股长管理该县基本建设专项资金的职务便利，伙同该股副股长张庆华（已判刑）、鄱阳县农村信用联社城区信用社主任徐德堂（已判刑）等人，采取套用以往审批手续、私自开具转账支票并加盖假印鉴、制作假银行对账单等手段，骗取鄱阳县财政局基建专项资金共计人民币 9400 万元。除李华波与徐德堂赌博挥霍及同案犯分得部分赃款外，其余赃款被李华波占有。李华波用上述赃款中的人民币 240 余万元为其本人及家人办理了移民新加坡的手续及在新加坡购置房产；将上述赃款中的人民币 2700 余万元通过新加坡中央人民币汇款服务私人有限公司兑换成新加坡元，转入本人及妻子在新加坡大华银行的个人账户内。后李华波夫妇使用转入个人账户内的新加坡元用于购买房产及投资，除用于项目投资的 150 万新加坡元外，其余均被新加坡警方查封扣押，合计 540 余万新加坡元（折合人民币约 2600 余万元）。

【检察工作情况】

（一）国际合作追逃，异地刑事追诉。2011 年 1 月 29 日，李华波逃往新加坡。2011 年 2 月 13 日，鄱阳县人民检察院以涉嫌贪污罪对李华波立案侦查，同月 16 日，上饶市人民检察院以涉嫌贪污罪对李华波决定逮捕。中新两国未签订双边引渡和刑事司法协助条约，经有关部门充分沟通协商，决定依据两国共同批准加入的《联合国反腐败公约》和司法协助互惠原则，务实开展该案的国际司法合作。为有效开展工作，中央追逃办先后多次组织召开案件协调会，由监察、检察、外交、公安、审判和司法行政以及地方执法部门组成联合工作组先后 8 次赴新加坡开展工作。因中新两国最高检察机关均被本国指定为实施《联合国反腐败公约》司法协助的中央机关，其中 6 次由最高人民检察院牵头组团与新方进行工作磋商，拟定李华波案国际司法合作方案，相互配合，分步骤组织实施。

2011 年 2 月 23 日，公安部向国际刑警组织请求对李华波发布红色通报，并向新加坡国际刑警发出协查函。2011 年 3 月初，新加坡警方拘捕李华波。随后新加坡法院发出冻结令，冻结李华波夫妇转移到新加坡的涉案财产。2012 年 9 月，新加坡总检察署以三项"不诚实盗取赃物罪"指控李华波。2013 年 8 月 15 日，新加坡法院一审判决认定对李华波的所有指控罪名成立，判处其 15 个月监禁。

（二）适用特别程序，没收违法所得。李华波贪污公款 9400 万元人民币的犯罪事实，有相关书证、证人证言及同案犯供述等予以证明。根据帮助李华波办理转账、移民事宜的相关证人证言、银行转账凭证复印件、新加坡警方提供的《事实概述》、新加坡法院签发的扣押财产报告等证据，能够证明被新加坡警方查封、扣押、冻结的李华波夫妇名下财产，属于李华波贪污犯罪违法所得。

李华波在红色通报发布一年后不能到案，2013 年 3 月 6 日，上饶市人民检察院向上饶市中级人民法院提出没收李华波违法所得申请。2015 年 3 月 3 日，上饶市中级人民法院作出一审裁定，认定李华波涉嫌重大贪污犯罪，其逃匿新加坡后被通缉，一年后未能到案。现有证据能够证明，被新加坡警方扣押的李华波夫妇名下财产共计 540 余万新加坡元，均系李华波的违法所得，依法予以没收。相关人员均未在法定期限内提出上诉，没收裁定生效。2016 年 6 月 29 日，新加坡高等法院作出判决，将扣押的李华波夫妇名下共计 540 余万新加坡元涉案财产全部返还中方。

（三）迫使回国投案，依法接受审判。为迫使李华波回国投案，中方依法吊销李华波全家四人中国护照并通知新方。2015 年 1 月，新加坡移民局作出取消李华波全家四人新加坡永久居留权的决定。2015 年 2 月 2 日，李华波主动写信要求回国投案自首。2015 年 5 月 9 日，李华波被遣返回国，同日被执行逮捕。2015 年 12 月 30 日，上饶市人民检察院以李华波犯贪污罪，向上饶市中级人民法院提起公诉。2017 年 1 月 23 日，上饶市中级人民法院以贪污罪判处李华波无期徒刑，剥夺政治权利终身，并处没收个人全部财产。扣除同案犯徐德堂等人已被追缴的赃款以及依照违法所得没收程序裁定没收的赃款，剩余赃款继续予以追缴。

【指导意义】

（一）对于犯罪嫌疑人、被告人逃匿的贪污贿赂等重大职务犯罪案件，符合法定条件的，人民检察院应当依法适用违法所得没收程序办理。对于贪污贿赂等重大职务犯罪案件，犯罪嫌疑人、被告人逃匿，在通缉一年后不能到案，如果有证据证明有犯罪事实，依照刑法规定应当追缴其违法所得及其他涉案财产的，人民检察院应当依法向人民法院提出没收违法所得的申请，促进追赃追逃工作开展。

（二）违法所得没收裁定生效后，犯罪嫌疑人、被告人到案的，人民检察院应当依照普通刑事诉讼程序审查起诉。人民检察院依照特别程序提出没收违法所得申请，人民法院作出没收裁定生效后，犯罪嫌疑人、被告人自动投案或者被抓获的，检察机关应当依照普通刑事诉讼程序进行审查。人民检察院审查后，认为犯罪事实清楚，证据确实充分的，应当向原作出裁定的人民法院提起公诉。

（三）在依照普通刑事诉讼程序办理案件过程中，要与原违法所得没收程序做好衔接。对扣除已裁定没收财产后需要继续追缴违法所得的，检察机关应当依法审查提出意见，由人民法院判决后追缴。

【相关规定】

《中华人民共和国刑法》第五十七条第一款，第五十九条，第六十四条，第六十七条第一款，第三百八十二条第一款，第三百八十三条第一款第三项

《中华人民共和国刑事诉讼法》（2012 年 3 月 14 日修正）第十七条，第二百八十条，第二百八十一条，第二百八十二条，第二百八十三条

《中华人民共和国监察法》第四十八条

《最高人民法院、最高人民检察院关于办理贪污贿赂刑事案件适用法律若干问题的解释》第三条第一款，第十九条第一款

《最高人民法院、最高人民检察院关于适用犯罪嫌疑人、被告人逃匿、死亡案件违法所得没收程序若干问题的规定》

金某某受贿案

（检例第 75 号）

【关键词】 职务犯罪　认罪认罚　确定刑量刑建议

【要旨】

对于犯罪嫌疑人自愿认罪认罚的职务犯罪案件，应当依法适用认罪认罚从宽制度办理。在适用认罪认罚从宽制度办理职务犯罪案件过程中，检察机关应切实履行主导责任，与监察机关、审判机关互相配合，互相制约，充分保障犯罪嫌疑人、被告人的程序选择权。要坚持罪刑法定和罪责刑相适应原则，对符合有关规定条件的，一般应当就主刑、附加刑、是否适用缓刑等提出确定刑量刑建议。

【基本案情】

被告人金某某，女，安徽省某医院原党委书记、院长。

2007 年至 2018 年，被告人金某某在担任安徽省某医院党委书记、院长期间，利用职务上的便利，为请托人在承建工程项目、销

售医疗设备、销售药品、支付货款、结算工程款、职务晋升等事项上提供帮助，非法收受他人财物共计人民币1161.1万元、4000欧元。

【检察工作情况】

（一）提前介入全面掌握案情，充分了解被调查人的认罪悔罪情况。安徽省检察机关在提前介入金某某案件过程中，通过对安徽省监察委员会调查的证据材料进行初步审查，认为金某某涉嫌受贿犯罪的基本事实清楚，基本证据确实充分。同时注意到，金某某到案后，不但如实交代了监察机关已经掌握的受贿170余万元的犯罪事实，还主动交代了监察机关尚未掌握的受贿980余万元的犯罪事实，真诚认罪悔罪，表示愿意接受处罚，并已积极退缴全部赃款。初步判定本案具备适用认罪认罚从宽制度条件。

（二）检察长直接承办，积极推动认罪认罚从宽制度适用。安徽省监察委员会调查终结后，于2019年1月16日以金某某涉嫌受贿罪移送安徽省人民检察院起诉，安徽省人民检察院于同月29日将案件交由淮北市人民检察院审查起诉，淮北市人民检察院检察长作为承办人办案。经全面审查认定，金某某受贿案数额特别巨大，在安徽省医疗卫生系统有重大影响，但其自愿如实供述自己的罪行，真诚悔罪，愿意接受处罚，全部退赃，符合刑事诉讼法规定的认罪认罚从宽制度适用条件，检察机关经慎重研究，依法决定适用认罪认罚从宽制度办理。

（三）严格依法确保认罪认罚的真实性、自愿性、合法性。一是及时告知权利。案件移送起诉后，淮北市人民检察院在第一次讯问时，告知金某某享有的诉讼权利和认罪认罚相关法律规定，加强释法说理，充分保障其程序选择权和认罪认罚的真实性、自愿性。二是充分听取意见。切实保障金某某辩护律师的阅卷权、会见权，就金某某涉嫌的犯罪事实、罪名及适用的法律规定，从轻处罚建议，认罪认罚后案件审理适用的程序等，充分听取金某某及其辩护律师的意见，记录在案并附卷。三是提出确定刑量刑建议。金某某虽然犯罪持续时间长、犯罪数额特别巨大，但其自监委调查阶段即自愿如实供述自己的罪行，尤其是主动交代了监察机关尚未掌握的大部分犯罪事实，具有法定从轻处罚的坦白情节；且真诚悔罪，认罪彻底稳定，全部退赃，自愿表示认罪认罚，应当在法定刑幅度内相应从宽，检察机关综合上述情况，提出确定刑量刑建议。四是签署具结书。金某某及其辩护律师同意检察机关量刑建议，并同意适用普通程序简化审理，在辩护律师见证下，金某某自愿签署了《认罪认罚具结书》。

2019 年 3 月 13 日，淮北市人民检察院以被告人金某某犯受贿罪，向淮北市中级人民法院提起公诉，建议判处金某某有期徒刑十年，并处罚金人民币五十万元，并建议适用普通程序简化审理。2019 年 4 月 10 日，淮北市中级人民法院公开开庭，适用普通程序简化审理本案。经过庭审，认定起诉书指控被告人金某某犯受贿罪事实清楚、证据确实充分，采纳淮北市人民检察院提出的量刑建议并当庭宣判，金某某当庭表示服判不上诉。

【指导意义】

（一）对于犯罪嫌疑人自愿认罪认罚的职务犯罪案件，检察机关应当依法适用认罪认罚从宽制度办理。依据刑事诉讼法第十五条规定，认罪认罚从宽制度贯穿刑事诉讼全过程，没有适用罪名和可能判处刑罚的限定，所有刑事案件都可以适用。职务犯罪案件适用认罪认罚从宽制度，符合宽严相济刑事政策，有利于最大限度实现办理职务犯罪案件效果，有利于推进反腐败工作。职务犯罪案件的犯罪嫌疑人自愿如实供述自己的罪行，真诚悔罪，愿意接受处罚，检察机关应当依法适用认罪认罚从宽制度办理。

（二）适用认罪认罚从宽制度办理职务犯罪案件，检察机关应切实履行主导责任。检察机关通过提前介入监察机关办理职务犯罪案件工作，即可根据案件事实、证据、性质、情节、被调查人态度等基本情况，初步判定能否适用认罪认罚从宽制度。案件移送起诉后，人民检察院应当及时告知犯罪嫌疑人享有的诉讼权利和认罪认罚从宽制度相关法律规定，保障犯罪嫌疑人的程序选择权。犯罪嫌疑人自愿认罪认罚的，人民检察院应当就涉嫌的犯罪事实、罪名及适用的法律规定，从轻、减轻或者免除处罚等从宽处罚的建议，认罪认罚后案件审理适用的程序及其他需要听取意见的情形，听取犯罪嫌疑人、辩护人或者值班律师的意见并记录在案，同时加强与监察机关、审判机关的沟通，听取意见。

（三）依法提出量刑建议，提升职务犯罪案件适用认罪认罚从宽制度效果。检察机关办理认罪认罚职务犯罪案件，应当根据犯罪的事实、性质、情节和对社会的危害程度，结合法定、酌定的量刑情节，综合考虑认罪认罚的具体情况，依法决定是否从宽、如何从宽。对符合有关规定条件的，一般应当就主刑、附加刑、是否适用缓刑等提出确定刑量刑建议。对于减轻、免除处罚，应当于法有据；不具备减轻处罚情节的，应当在法定幅度以内提出从轻处罚的量刑建议。

【相关规定】

《中华人民共和国刑法》第六十七条第三款，第三百八十三条第一款第三项、第二款、第三款，第三百八十五条第一款，第三百八十六条

《中华人民共和国刑事诉讼法》第十五条，第一百七十三条，第一百七十四条第一款，第一百七十六条，第二百零一条

《最高人民法院、最高人民检察院关于办理职务犯罪案件认定自首、立功等量刑情节若干问题的意见》第三部分

张某受贿，郭某行贿、职务侵占、诈骗案

（检例第 76 号）

【关键词】　受贿罪　改变提前介入意见　案件管辖　追诉漏罪

【要旨】

检察机关提前介入应认真审查案件事实和证据，准确把握案件定性，依法提出提前介入意见。检察机关在审查起诉阶段仍应严格审查，提出审查起诉意见。审查起诉意见改变提前介入意见的，应及时与监察机关沟通。对于在审查起诉阶段发现漏罪，如该罪属于公安机关管辖，但犯罪事实清楚，证据确实充分，符合起诉条件的，检察机关在征得相关机关同意后，可以直接追加起诉。

【基本案情】

被告人张某，男，北京市东城区某街道办事处环卫所原副所长。

被告人郭某，女，北京某物业公司原客服部经理。

2014 年 11 月，甲小区和乙小区被北京市东城区某街道办事处确定为环卫项目示范推广单位。按照规定，两小区应选聘 19 名指导员从事宣传、指导、监督、服务等工作，政府部门按每名指导员每月 600 元标准予以补贴。上述两小区由北京某物业公司负责物业管理，两小区 19 名指导员补贴款由该物业公司负责领取发放。2014 年 11 月至 2017 年 3 月，郭某在担任该物业公司客服部经理期间，将代表物业公司领取的指导员补贴款共计人民币 33.06 万元据为己有。郭某从物业公司离职后，仍以物业公司客服部经理名义，于 2017 年 6 月、9 月，冒领指导员补贴款共计人民币 6.84 万元据为己有。2014 年 11 月至 2017 年 9 月期间，张某接受郭某请托，利

用担任某街道办事处环卫所职员、副所长的职务便利，不严格监督检查上述补贴款发放，非法收受郭某给予的人民币8.85万元。2018年1月，张某担心事情败露，与郭某共同筹集人民币35万元退还给物业公司。2018年2月28日，张某、郭某自行到北京市东城区监察委员会接受调查，并如实供述全部犯罪事实。

【检察工作情况】

（一）提前介入准确分析案件定性，就法律适用及证据完善提出意见。调查阶段，东城区监委对张某、郭某构成贪污罪共犯还是行受贿犯罪存在意见分歧，书面商请东城区人民检察院提前介入。主张认定二人构成贪污罪共犯的主要理由：一是犯罪对象上，郭某侵占并送给张某的资金性质为国家财政拨款，系公款；二是主观认识上，二人对截留的补贴款系公款的性质明知，并对截留补贴款达成一定共识；三是客观行为上，二人系共同截留补贴款进行分配。

检察机关分析在案证据后认为，应认定二人构成行受贿犯罪，主要理由：一是主观上没有共同贪污故意。二人从未就补贴款的处理使用有过明确沟通，郭某给张某送钱，就是为了让张某放松监管，张某怠于履行监管职责，就是因为收受了郭某所送贿赂，而非自己要占有补贴款。二是客观上没有共同贪污行为。张某收受郭某给予的钱款后怠于履行监管职责，正是利用职务之便为郭某谋取利益的行为，但对于郭某侵占补贴款，在案证据不能证实张某主观上有明确认识，郭某也从未想过与张某共同瓜分补贴款。三是款项性质对受贿罪认定没有影响。由于二人缺乏共同贪占补贴款的故意和行为，不应构成贪污罪共犯，而应分别构成行贿罪和受贿罪，并应针对主客观方面再补强相关证据。检察机关将法律适用和补充完善证据的意见书面反馈给东城区监委。东城区监委采纳了检察机关的提前介入意见，补充证据后，以张某涉嫌受贿罪、郭某涉嫌行贿罪，于2018年11月12日将两案移送起诉。

（二）审查起诉阶段不囿于提前介入意见，依法全面审查证据，及时发现漏罪。案件移送起诉后，检察机关全面严格审查在案证据，认为郭某领取和侵吞补贴款的行为分为两个阶段：第一阶段，郭某作为上述物业公司客服部经理，利用领取补贴款的职务便利，领取并将补贴款非法占为己有，其行为构成职务侵占罪；第二阶段，郭某从物业公司客服部经理岗位离职后，仍冒用客服部经理的身份领取补贴款并非法占为己有，其行为构成诈骗罪。

（三）提起公诉直接追加指控罪名，法院判决予以确认。检察机关在对郭某行贿案审查起诉时发现，郭某侵吞补贴款的行为构成职务侵占罪和诈骗罪，且犯罪事实清楚，证据确实充分，已符合起诉条件。经与相关机关沟通后，检察机关在起诉时追加认定郭某构成职务侵占罪、诈骗罪。

2018 年 12 月 28 日，北京市东城区人民检察院对张某以受贿罪提起公诉；对郭某以行贿罪、职务侵占罪、诈骗罪提起公诉。2019 年 1 月 17 日，北京市东城区人民法院作出一审判决，以受贿罪判处张某有期徒刑八个月，缓刑一年，并处罚金人民币十万元；以行贿罪、职务侵占罪、诈骗罪判处郭某有期徒刑二年，缓刑三年，并处罚金人民币十万一千元。

【指导意义】

（一）检察机关依法全面审查监察机关移送起诉案件，审查起诉意见与提前介入意见不一致的，应当及时与监察机关沟通。检察机关提前介入监察机关办理的职务犯罪案件时，已对证据收集、事实认定、案件定性、法律适用等提出意见。案件进入审查起诉阶段后，检察机关仍应依法全面审查，可以改变提前介入意见。审查起诉意见改变提前介入意见的，检察机关应当及时与监察机关沟通。

（二）对于监察机关在调查其管辖犯罪时已经查明，但属于公安机关管辖的犯罪，检察机关可以依法追加起诉。对于监察机关移送起诉的案件，检察机关在审查起诉阶段发现漏罪，如该罪属于公安机关管辖，但犯罪事实清楚，证据确实充分，符合起诉条件的，经征求监察机关、公安机关意见后，没有不同意见的，可以直接追加起诉；提出不同意见，或者事实不清、证据不足的，应当将案件退回监察机关并说明理由，建议其移送有管辖权的机关办理，必要时可以自行补充侦查。

（三）根据主客观相统一原则，准确区分受贿罪和贪污罪。对于国家工作人员收受贿赂后故意不履行监管职责，使非国家工作人员非法占有财物的，如该财物又涉及公款，应根据主客观相统一原则，准确认定案件性质。一要看主观上是否对侵吞公款进行过共谋，二要看客观上是否共同实施侵吞公款行为。如果具有共同侵占公款故意，且共同实施了侵占公款行为，应认定为贪污罪共犯；如果国家工作人员主观上没有侵占公款故意，只是收受贿赂后放弃职守，客观上使非国家工作人员任意处理其经手的钱款成为可能，应认定为为他人谋取利益，国家工作人员构成受贿罪，非国家工作人员构成行贿罪。如果国家工作人员行为同时构成玩忽职守罪的，以受贿罪和玩忽职守罪数罪并罚。

【相关规定】

《中华人民共和国刑法》第六十七条第一款，第二百六十六条，第二百七十一条第一款，第三百八十三条第一款第一项，第三百八十五条第一款，第三百八十六条，第三百八十九条第一款，第三百九十条

《最高人民法院、最高人民检察院关于办理贪污贿赂刑事案件适用法律若干问题的解释》第一条第一款，第七条第一款，第十一条第一款，第十九条

《最高人民法院、最高人民检察院关于办理诈骗刑事案件具体应用法律的若干问题的解释》第一条，第三条

赛跃、韩成武受贿、食品监管渎职案

（检例第 16 号）

【关键词】 受贿罪　食品监管渎职罪

【要旨】

负有食品安全监督管理职责的国家机关工作人员，滥用职权或玩忽职守，导致发生重大食品安全事故或者造成其他严重后果的，应当认定为食品监管渎职罪。在渎职过程中受贿的，应当以食品监管渎职罪和受贿罪实行数罪并罚。

【相关立法】

《中华人民共和国刑法》第三百八十五条、第四百零八条之一

【基本案情】

被告人赛跃，男，云南省人，1965 年出生，原系云南省嵩明县质量技术监督局（以下简称嵩明县质监局）局长。

被告人韩成武，男，云南省人，1963 年出生，原系嵩明县质监局副局长。

2011 年 9 月 17 日，根据群众举报称云南丰瑞粮油工业产业有限公司（位于云南省嵩明县杨林工业园区，以下简称杨林丰瑞公司）违法生产地沟油，时任嵩明县质监局局长、副局长的赛跃、韩成武等人到杨林丰瑞公司现场检查，查获该公司无生产许可证，其生产区域的配套的食用油加工设备以"调试设备"之名在生产，现场有生产用原料毛猪油 2244.912 吨，其中有的外包装无标签标识等，不符合食品安全标准。9 月 21 日，被告人赛跃、韩成武没有计量核实毛猪油数量、来源，仅凭该公司人员陈述 500 吨，而对毛猪

油 591.4 吨及生产用活性土 30 吨、无证生产的菜油 100 吨进行封存。同年 10 月 22 日，韩成武以"杨林丰瑞公司采购的原料共59.143 吨不符合食品安全标准"建议立案查处，赛跃同意立案，并召开案审会经集体讨论，决定对杨林丰瑞公司给予行政处罚。10 月 24 日，嵩明县质监局作出对杨林丰瑞公司给予销毁不符合安全标准的原材料和罚款 1419432 元的行政处罚告知，并将行政处罚告知书送达该公司。之后，该公司申请从轻、减轻处罚。同年 12 月 9 日，赛跃、韩成武以企业配合调查及经济困难为由，未经集体讨论，决定减轻对杨林丰瑞公司的行政处罚，嵩明县质监局于 12 月 12 日作出行政处罚决定书，对杨林丰瑞公司作出销毁不符合食品安全标准的原料和罚款 20 万元的处罚，并下达责令改正通知书，责令杨林丰瑞公司于 2011 年 12 月 27 日前改正"采购的原料毛猪油不符合食品安全标准"的违法行为。12 月 13 日，嵩明县质监局解除了对毛猪油、活性土、菜油的封存，实际并未销毁该批原料。致使杨林丰瑞公司在 2011 年 11 月至 2012 月 3 月期间，使用已查获的原料无证生产食用猪油并流入社会，对人民群众的生命健康造成较大隐患。

2011 年 10 月至 11 月间，被告人赛跃、韩成武在查处该案的过程中，先后两次在办公室收受该公司吴庆伟（另案处理）分别送给的人民币 10 万元、3 万元。

2012 年 3 月 13 日，公安机关以该公司涉嫌生产、销售有毒、有害食品罪立案侦查。3 月 20 日，赛跃和韩成武得知该情况后，更改相关文书材料、销毁原始行政处罚文书、伪造质监局分析协调会、案审会记录及杨林丰瑞公司毛猪油原材料的销毁材料，将所收受的 13 万受贿款作为对杨林丰瑞公司的罚款存入罚没账户。

【诉讼过程】

2012 年 5 月 4 日，赛跃、韩成武因涉嫌徇私舞弊不移交刑事案件罪、受贿罪被云南省嵩明县人民检察院立案侦查，韩成武于5月7日被刑事拘留，赛跃于5月8日被刑事拘留，5月21日二人被逮捕。

该案由云南省嵩明县人民检察院反渎职侵权局侦查终结后，移送该院公诉部门审查起诉。云南省嵩明县人民检察院经审查认为，被告人赛跃、韩成武作为负有食品安全监督管理职责的国家机关工作人员，未认真履行职责，失职、渎职造成大量的问题猪油流向市场，后果特别严重；同时二被告人利用职务上的便利，非法收受他人贿赂，为他人谋取利益，二被告人之行为已触犯《中华人民共和国刑法》第四百零八条之一、第三百八十五条第一款之规定，应当以食品监管渎职罪、受贿罪追究刑事责任。2012年9月5日，云南省嵩明县人民检察院以被告人赛跃、韩成武犯食品监管渎职罪、受贿罪向云南省嵩明县人民法院提起公诉。

2012年11月26日，云南省嵩明县人民法院一审认为，被告人赛跃、韩成武作为国家工作人员，利用职务上的便利，非法收受他人财物，为他人谋取利益，其行为已构成受贿罪；被告人赛跃、韩成武作为质监局工作人员，在查办杨林丰瑞公司无生产许可证生产有毒、有害食品案件中玩忽职守、滥用职权，致使查获的不符合食品安全标准的原料用于生产，有毒、有害油脂流入社会，造成严重后果，其行为还构成食品监管渎职罪。鉴于杨林丰瑞公司被公安机关查处后，赛跃、韩成武向领导如实汇报受贿事实，且将受贿款以"罚款"上交，属自首，可从轻、减轻处罚。依照刑法相关条款之规定，判决被告人赛跃犯受贿罪和食品监管渎职罪，数罪并罚，判处有期徒刑六年；韩成武犯受贿罪和食品监管渎职罪，数罪并罚，判处有期徒刑二年六个月。

一审宣判后，赛跃、韩成武提出上诉。

2013年4月20日，云南省昆明市中级人民法院二审裁定驳回上诉，维持原判。

白静贪污违法所得没收案

（检例第 127 号）

【关键词】 违法所得没收　证明标准　鉴定人出庭　举证重点

【要旨】

检察机关提出没收违法所得申请，应有证据证明申请没收的财产直接或者间接来源于犯罪所得，或者能够排除财产合法来源的可能性。人民检察院出席申请没收违法所得案件庭审，应当重点对于申请没收的财产属于违法所得进行举证。对于专业性较强的案件，可以申请鉴定人出庭。

【基本案情】

犯罪嫌疑人白静，男，A 国有银行金融市场部投资中心本币投资处原处长。

利害关系人邢某某，白静亲属。

诉讼代理人牛某，邢某某儿子。

2008 至 2010 年间，白静伙同樊某某（曾任某国有控股的 B 证券公司投资银行事业部固定收益证券总部总经理助理、固定收益证券总部销售交易部总经理等职务，另案处理）等人先后成立了甲公司及乙公司，并在 C 银行股份有限公司为上述两公司开设了资金一般账户和进行银行间债券交易的丙类账户。白静、樊某某利用各自在 A 银行、B 证券公司负责债券买卖业务的职务便利，在 A 银行购入或卖出债券，或者利用 B 证券公司的资质、信用委托其他银行代为购入、经营银行债券过程中，增加交易环节，将白静实际控制的甲公司和乙公司引入交易流程，使上述两公司与 A 银行、B 证券公司进行关联交易，套取 A 银行、B 证券公司的应得利益。通过上述方式对 73 支债券交易进行操纵，甲公司和乙公司在未投入任何资金的情况下，套取国有资金共计人民币 2.06 亿余元。其中，400 余万元由樊某某占有使用，其他大部分资金由白静占有使用，白静使用 1.45 亿余元以全额付款方式购买 9 套房产，登记在自己妻子及其他亲属名下。该 9 套房产被办案机关依法查封。

【诉讼过程】

2013 年 9 月 9 日，内蒙古自治区公安厅以涉嫌职务侵占罪对白静立案侦查，查明白静已于 2013 年 7 月 31 日逃匿境外。2013 年 12 月 7 日，内蒙古自治区人民检察院对白静批准逮捕，同年 12 月 17 日国际刑警组织对白静发布红色通报。2019 年 2 月 2 日，内蒙古自治区公安厅将白静涉嫌贪污罪线索移送内蒙古自治区监察委员会，同年 2 月 28 日，内蒙古自治区监察委员会对白静立案调查。同年 5 月 20 日，内蒙古自治区监察委员会向内蒙古自治区人民检察院移送没收违法所得意见书。同年 5 月 24 日，内蒙古自治区人民检察院将案件交由呼和浩特市人民检察院办理。同年 6 月 6 日，呼和浩特市人民检察院向呼和浩特市中级人民法院提出没收违法所得申请。利害关系人及其诉讼代理人在法院公告期间申请参加诉讼，对检察机关没收违法所得申请没有提出异议。2020 年 11 月 13 日，呼和浩特市中级人民法院作出违法所得没收裁定，依法没收白静使用贪污违法所得购买的 9 套房产。

【检察履职情况】

（一）提前介入完善主体身份证据，依法妥善处理共同犯罪案件。内蒙古自治区检察机关提前介入白静案时，审查发现证明白静构成贪污罪主体身份的证据不足，而共同犯罪人樊某某已经被呼和浩特市赛罕区人民检察院以职务侵占罪提起公诉。检察机关依法将白静案和樊某某案一并审查，建议内蒙古自治区监察委员会针对二人主体身份进一步补充调取证据。监察机关根据检察机关列出的补充完善证据清单，补充调取了A银行党委会议纪要、B证券公司党政联席会议纪要、任命文件等证据，证明白静与樊某某均系国家工作人员，二人利用职务上的便利侵吞国有资产的共同犯罪行为应当定性为贪污罪。检察机关在与监察机关、公安机关、人民法院就案件新证据和适用程序等问题充分沟通后，依法适用违法所得没收程序申请没收白静贪污犯罪所得，依法对樊某某案变更起诉指控罪名。

（二）严格审查监察机关没收违法所得意见，准确界定申请没收的财产范围。监察机关调查期间依法查封、扣押、冻结了白静亲属名下11套房产及部分资金，没收违法所得意见书认定上述财产均来源于白静贪污犯罪所得，建议检察机关依法申请没收。检察机关审查认为，监察机关查封的9套房产系以全额付款方式购买，均登记在白静亲属名下，但登记购买人均未出资且对该9套房产不知情；9套房产的购买资金均来源于白静实际控制的甲公司和乙公司银行账户；白静伙同樊某某利用职务便利套取A银行和B证券公司资金后转入甲公司和乙公司银行账户。根据现有证据，可以认定该9套房产来源于白静贪污犯罪所得。

其余2套房产，现有证据证明其中1套系白静妻兄向白静借钱购买，且事后已将购房款项归还，检察机关认为无法认定该套房产属于白静贪污犯罪所得，不应列入申请没收的财产范围；另1套房产由樊某某购买并登记在樊名下，现有证据能够证明购房资金来源于二人贪污犯罪所得，但在樊某某案中处理更为妥当。监察机关冻结、扣押的资金，检察机关审查认为来源不清，且白静夫妇案发前一直在金融单位工作，收入较高，同时使用家庭收入进行了股票等金融类投资，现有证据尚达不到认定高度可能属于白静贪污违法所得的证明标准，不宜列入申请没收范围。监察机关认可上述意见。

（三）申请鉴定人出庭作证，增强庭审举证效果。本案证据繁杂、专业性强，白静贪污犯罪手段隐秘、过程复杂，在看似正常的银行间债券买卖过程中将其所控制公司引入交易流程，通过增加交易环节、控制交易价格，以低买高卖的方式套取 A 银行、B 证券公司应得利益。犯罪行为涉及银行间债券买卖的交易流程、交易策略、交易要素等专业知识，不为普通大众所熟知。2020 年 10 月 14 日，呼和浩特市中级人民法院公开开庭审理白静贪污违法所得没收案时，检察机关申请鉴定人出庭，就会计鉴定意见内容进行解释说明，对白静操纵债券交易过程和违法资金流向等进行全面分析，有力证明了白静贪污犯罪事实及贪污所得流向，增强了庭审举证效果。

（四）突出庭审举证重点，着重证明申请没收的财产属于违法所得。庭审中，检察机关针对白静有贪污犯罪事实出示相关证据。通过出示任职文件、会议纪要等证据，证明白静符合贪污罪主体要件；运用多媒体分类示证方式，分步骤展示白静对债券交易的操纵过程，证明其利用职务便利实施了贪污犯罪。对申请没收的 9 套房产属于白静贪污违法所得进行重点举证。出示购房合同、房产登记信息等书证及登记购买人证言，证明申请没收的 9 套房产系以全额付款方式购买，但登记购买人对房产不知情且未出资；出示委托付款书、付款凭证等书证，证明申请没收的 9 套房产的购买资金全部来源于白静控制的甲公司和乙公司银行账户；出示银行开户资料、银行流水等书证，相关证人证言，另案被告人樊某某供述及鉴定意见，并申请鉴定人出庭对鉴定意见进行说明，证明甲公司和乙公司银行账户的资金高度可能属于白静套取的 A 银行和 B 证券公司的国有资金，且部分用于购买房产等消费；出示查封、扣押通知书、接收协助执行法律文书登记表等书证，证明申请没收的 9 套房产已全部被监察机关依法查封。利害关系人及其诉讼代理人对检察机关出示的证据未提出异议。人民法院采信上述证据，依法裁定没收白静使用贪污违法所得购买的 9 套房产。

【指导意义】

（一）准确把握认定违法所得的证明标准，依法提出没收申请。检察机关提出没收违法所得申请，应当有证据证明有犯罪事实。除因犯罪嫌疑人、被告人逃匿无法收集的证据外，其他能够证明犯罪事实的证据都应当收集在案。在案证据应能够证明申请没收的财产具有高度可能系直接或者间接来源于违法所得或者系犯罪嫌疑人、被告人非法持有的违禁品、供犯罪所用的本人财物。对于在案证据无法证明部分财产系犯罪嫌疑人、被告人违法所得及其他涉案财产的，则不应列入申请没收的财产范围。

（二）证明申请没收的财产属于违法所得，是检察机关庭审举证的重点。人民法院开庭审理申请没收违法所得案件，人民检察院应当派员出席法庭承担举证责任。针对犯罪嫌疑人、被告人实施了法律规定的重大犯罪出示相关证据后，应当着重针对申请没收的财产属于违法所得进行举证。对于涉及金融证券类等重大复杂、专业性强的案件，检察机关可以申请人民法院通知鉴定人出庭作证，以增强证明效果。

【相关规定】

《中华人民共和国监察法》第四十八条

《中华人民共和国刑法》第三百八十二条第一款

《中华人民共和国刑事诉讼法》第二百九十八条、第二百九十九条、第三百条

《人民检察院刑事诉讼规则》第十二章第四节

《最高人民法院、最高人民检察院关于适用犯罪嫌疑人、被告人逃匿、死亡案件违法所得没收程序若干问题的规定》第一条至第三条，第五条至第十条，第十三条至第十七条

彭旭峰受贿，贾斯语受贿、洗钱违法所得没收案

（检例第 128 号）

【关键词】违法所得没收 主犯 洗钱罪 境外财产 国际刑事司法协助

【要旨】

对于跨境转移贪污贿赂所得的洗钱犯罪案件，检察机关应当依法适用特别程序追缴贪污贿赂违法所得。对于犯罪嫌疑人、被告人转移至境外的财产，如果有证据证明具有高度可能属于违法所得及其他涉案财产的，可以依法申请予以没收。对于共同犯罪的主犯逃匿境外，其他共同犯罪人已经在境内依照普通刑事诉讼程序处理的案件，应当充分考虑主犯应对全案事实负责以及国际刑事司法协助等因素，依法审慎适用特别程序追缴违法所得。

【基本案情】

犯罪嫌疑人彭旭峰，男，某市基础建设投资集团有限公司原党委书记，曾任某市住房和城乡建设委员会副主任、轨道交通集团有限公司党委书记、董事长。

犯罪嫌疑人贾斯语，女，自由职业，彭旭峰妻子。

利害关系人贾某，贾斯语亲属。

利害关系人蔡某，贾斯语亲属。

利害关系人邱某某，北京某国际投资咨询有限公司实际经营者。

另案被告人彭某一，彭旭峰弟弟，已被判刑。

（一）涉嫌受贿犯罪事实

2010 至 2017 年，彭旭峰利用担任某市住房和城乡建设委员会

副主任、轨道交通集团有限公司党委书记、董事长等职务上的便利，为有关单位或个人在承揽工程、承租土地及设备采购等事项上谋取利益，单独或者伙同贾斯语及彭某一等人非法收受上述单位或个人给予的财物共计折合人民币2.3亿余元和美元12万元。其中，彭旭峰伙同贾斯语非法收受他人给予的财物共计折合人民币31万余元、美元2万元。

2015至2017年，彭旭峰安排彭某一使用两人共同受贿所得人民币2085万余元，在长沙市购买7套房产。案发后，彭某一出售该7套房产，并向办案机关退缴房款人民币2574万余元。

2015年9月至2016年11月，彭旭峰安排彭某一将两人共同受贿所得人民币4500万元借给邱某某；2016年11月，彭旭峰和彭某一收受他人所送对邱某某人民币3000万元的债权，并收取了315万元利息。上述7500万元债权，邱某某以北京某国际投资咨询有限公司在某商业有限公司的40%股权设定抵押担保。案发后，办案机关冻结了上述股份，并将上述315万元利息予以扣押。

2010至2015年，彭旭峰、贾斯语将收受有关单位或个人所送黄金制品，分别存放于彭旭峰家中和贾某、蔡某家中。办案机关提取并扣押上述黄金制品。

（二）涉嫌洗钱犯罪事实

2012年至2017年，贾斯语将彭旭峰受贿犯罪所得人民币4299万余元通过地下钱庄或者借用他人账户转移至境外。

2014年至2017年，彭旭峰、贾斯语先后安排彭某一等人将彭旭峰受贿款兑换成外币后，转至贾斯语在其他国家开设的银行账户，先后用于在4个国家购买房产、国债及办理移民事宜等。应中华人民共和国刑事司法协助请求，相关国家对涉案房产、国债、资金等依法予以监管和控制。

【诉讼过程】

2017 年 4 月 1 日，湖南省岳阳市人民检察院以涉嫌受贿罪对彭旭峰立案侦查，查明彭旭峰已于同年 3 月 24 日逃匿境外。同年 4 月 25 日，湖南省人民检察院对彭旭峰决定逮捕，同年 5 月 10 日，国际刑警组织对彭旭峰发布红色通报。

2017 年 4 月 21 日，岳阳市人民检察院以涉嫌受贿罪、洗钱罪对贾斯语立案侦查，查明贾斯语已于同年 3 月 10 日逃匿境外。同年 4 月 25 日，湖南省人民检察院对贾斯语决定逮捕，同年 5 月 10 日，国际刑警组织对贾斯语发布红色通报。

2018 年 9 月 5 日，岳阳市人民检察院将本案移交岳阳市监察委员会办理。岳阳市监察委员会对彭旭峰、贾斯语涉嫌职务犯罪案件立案调查，并向岳阳市人民检察院移送没收违法所得意见书。2019 年 6 月 22 日，岳阳市人民检察院向岳阳市中级人民法院提出没收违法所得申请。利害关系人贾某、蔡某、邱某某在法院公告期间申请参加诉讼。其中贾某、蔡某对在案扣押的 38 万元提出异议，认为在案证据不能证明该 38 万元属于违法所得，同时提出彭旭峰、贾斯语未成年儿子在国内由其夫妇抚养，请求法庭从没收财产中为其预留生活、教育费用；邱某某对检察机关没收违法所得申请无异议，建议司法机关在执行时将冻结的某商业有限公司 40% 股份变卖后，扣除 7500 万元违法所得，剩余部分返还给其公司。2020 年 1 月 3 日，岳阳市中级人民法院作出违法所得没收裁定，依法没收彭旭峰实施受贿犯罪、贾斯语实施受贿、洗钱犯罪境内违法所得共计人民币 1 亿余元、黄金制品以及境外违法所得共计 5 处房产、250 万欧元国债及孳息、50 余万美元及孳息。同时对贾某、蔡某提出异议的 38 万元解除扣押，予以返还；对邱某某所提意见予以支持，在执行程序中依法处置。

【检察履职情况】

（一）提前介入完善证据体系。本案涉嫌受贿、洗钱犯罪数额特别巨大，涉案境外财产分布在 4 个国家，涉及大量通过刑事司法协助获取的境外证据。检察机关发挥提前介入作用，对监察机关提供的案卷材料进行全面审查，详尽梳理案件涉及的上下游犯罪、关联犯罪关系以及电子证据、境外证据、再生证据等，以受贿罪为主线，列明监察机关应予补充调查的问题，并对每一项补证内容进行分解细化，分析论证补证目的和方向。经过监察机关补充调查，进一步完善了有关受贿犯罪所得去向和涉嫌洗钱犯罪的证据。

（二）证明境外财产属于违法所得。在案证据显示彭旭峰、贾斯语将受贿所得转移至 4 个国家，用于购买房产、国债等。其中对在某国购买的房产，欠缺该国资金流向和购买过程的证据。检察机关认为，在案证据证明，贾斯语通过其外国银行账户向境外某公司转账 59.2 万美元，委托该境外公司购买上述某国房产，该公司将其中 49.4 万美元汇往某国，购房合同价款为 43.5 万美元。同一时期内彭旭峰多次安排他人，将共计人民币 390 余万元（折合 60 余万美元）受贿所得汇至贾斯语外国银行账户，汇款数额大于购房款。因此，可以认定彭旭峰、贾斯语在该国的房产高度可能来源于彭旭峰受贿所得，应当认定该房产为违法所得予以申请没收。检察机关对彭旭峰、贾斯语在上述 4 个国家的境外财产均提出没收申请，利害关系人及其诉讼代理人均未提出异议，法院裁定均予以支持。

（三）依法审慎适用特别程序追缴违法所得。本案彭旭峰涉嫌受贿犯罪事实，大部分系伙同彭某一共同实施，彭某一并未逃匿，其受贿案在国内依照普通刑事诉讼程序办理，二人共同受贿犯罪涉及的部分境内财产已在彭某一案中予以查封、扣押或冻结。检察机关审查认为，本案系利用彭旭峰的职权实施，彭旭峰系本案主犯，对受贿行为起到了决定作用，宜将彭某一案中与彭旭峰有关联的境内财产，如兄弟二人在长沙市购买的房产、共同借款给他人的资金等，均纳入违法所得没收程序申请没收。利害关系人及其诉讼代理人和彭某一对此均未提出异议。人民法院作出的违法所得没收裁定生效后，通过国际刑事司法协助申请境外执行，目前已得到部分国家承认。

【指导意义】

（一）依法加大对跨境转移贪污贿赂所得的洗钱犯罪打击力度。犯罪嫌疑人、被告人逃匿境外的贪污贿赂犯罪案件，一般均已先期将巨额资产转移至境外，我国刑法第一百九十一条明确规定此类跨境转移资产行为属于洗钱犯罪。《最高人民法院、最高人民检察院关于适用犯罪嫌疑人、被告人逃匿、死亡案件违法所得没收程序若干问题的规定》明确规定对于洗钱犯罪案件，可以适用特别程序追缴违法所得及其他涉案财产。检察机关在办理贪污贿赂犯罪案件中，应当加大对涉嫌洗钱犯罪线索的审查力度，对于符合法定条件的，应积极适用违法所得没收程序追缴违法所得。

（二）准确认定需要没收违法所得的境外财产。《最高人民法院、最高人民检察院关于适用犯罪嫌疑人、被告人逃匿、死亡案件违法所得没收程序若干问题的规定》明确规定对于适用违法所得没收程序案件，适用"具有高度可能"的证明标准。经审查，有证据证明犯罪嫌疑人、被告人将违法所得转移至境外，在境外购置财产的支出小于所转移的违法所得，且犯罪嫌疑人、被告人没有足以支付其在境外购置财产的其他收入来源的，可以认定其在境外购置的财产具有高度可能属于需要申请没收的违法所得。

（三）对于主犯逃匿境外的共同犯罪案件，依法审慎适用特别程序追缴违法所得。共同犯罪中，主犯对全部案件事实负责，犯罪后部分犯罪嫌疑人、被告人逃匿境外，部分犯罪嫌疑人、被告人在境内被司法机关依法查办的，如果境内境外均有涉案财产，且逃匿的犯罪嫌疑人、被告人是共同犯罪的主犯，依法适用特别程序追缴共同犯罪违法所得，有利于全面把握涉案事实，取得较好办案效果。

【相关规定】

《中华人民共和国监察法》第四十八条

《中华人民共和国刑法》第一百九十一条第一款、第三百八十五条第一款

《中华人民共和国刑事诉讼法》第二百九十八条、第二百九十九条、第三百条

《人民检察院刑事诉讼规则》第十二章第四节

《最高人民法院、最高人民检察院关于适用犯罪嫌疑人、被告人逃匿、死亡案件违法所得没收程序若干问题的规定》第一条至第三条，第五条至第十条，第十三条至第十七条

黄艳兰贪污违法所得没收案

（检例第 129 号）

【关键词】　违法所得没收　利害关系人异议　善意第三方

【要旨】

检察机关在适用违法所得没收程序中，应当承担证明有犯罪事实以及申请没收的财产属于违法所得及其他涉案财产的举证责任。利害关系人及其诉讼代理人参加诉讼并主张权利，但不能提供合法证据或者其主张明显与事实不符的，应当依法予以辩驳。善意第三方对申请没收财产享有合法权利的，应当依法予以保护。

【基本案情】

犯罪嫌疑人黄艳兰，女，原某市物资总公司（简称物资总公司）总经理、法定代表人。

利害关系人施某某，黄艳兰朋友。

利害关系人邓某某，黄艳兰亲属。

利害关系人 A 银行股份有限公司上海分行（简称 A 银行上海分行）。

利害关系人 B 银行股份有限公司上海市南支行（简称 B 银行市南支行）。

利害关系人 C 银行股份有限公司上海市虹桥开发区支行（简称 C 银行虹桥支行）。

1993 年 5 月至 1998 年 8 月，物资总公司用自有资金、银行贷款及融资借款经营期货等业务，由黄艳兰等人具体操作执行。其间，黄艳兰利用职务上的便利，先后控制和使用包括 D 商贸有限公司（简称 D 公司）等多个银行账户和证券账户进行期货交易，累计盈利人民币 1.8 亿余元，其中 1.1 亿余元未纳入物资总公司管理，由黄艳兰实际控制。

1997 年 7 月至 1999 年 4 月，黄艳兰直接或指使他人先后从 D 公司等六个账户转出人民币 3000.35 万元，以全额付款方式在上海购买 2 套房产，又向 A 银行上海分行、B 银行市南支行、C 银行虹桥支行按揭贷款在上海购买 50 套房产，分别登记在李某某（黄艳兰亲属）、施某某等人名下。在公司改制过程中，黄艳兰隐匿并占有上述房产。

2000 年 12 月，涉案 20 套房产因涉及民事纠纷被法院查封。为逃避债务，黄艳兰指使其亲属李某某将另外 32 套房产的合同权益虚假转让给施某某和高某某（施某某朋友），后又安排邓某某与施某某、高某某签订委托合同，继续由邓某某全权管理该房产。之后，黄艳兰指使邓某某出售 15 套，用部分售房款和剩余的 17 套房产（登记在施某某、高某某名下）出租所得款项又购买 6 套房产，其中 4 套登记在施某某名下，2 套登记在蒋某（邓某某亲属）名下，另将部分售房款和出租款存入以施某某等人名义开设的银行账户。经查，上述 23 套房产均以按揭贷款方式购买。2002 年 12 月至 2003 年 5 月，广西壮族自治区桂林市人民检察院依法查封了涉案 23 套房产，依法冻结施某某等人银行账户内存款人民币 90 余万元、美元 2.7 万余元。

【诉讼过程】

2002 年 8 月 14 日，桂林市人民检察院以涉嫌贪污罪对黄艳兰立案侦查，查明黄艳兰已于 2001 年 12 月 8 日逃匿境外。2002 年 8 月 16 日，桂林市人民检察院决定对黄艳兰刑事拘留，同年 12 月 30 日决定逮捕。2005 年 5 月 23 日，国际刑警组织对黄艳兰发布红色通报。2016 年 12 月 23 日，桂林市人民检察院向桂林市中级人民法院提出没收违法所得申请。利害关系人施某某、邓某某、A 银行上海分行、B 银行市南支行、C 银行虹桥支行申请参加诉讼，对涉案财产主张权利。2018 年 11 月 15 日，桂林市中级人民法院作出裁定，依法没收黄艳兰实施贪污犯罪所得 23 套房产、银行账户内存款人民币 90 余万元、美元 2.7 万余元及利息，依法向 A 银行上海分行、B 银行市南支行、C 银行虹桥支行支付贷款欠款本金、利息及实现债权的费用。利害关系人施某某、邓某某不服提出上诉。2019 年 6 月 29 日，广西壮族自治区高级人民法院驳回上诉，维持一审裁定。

【检察履职情况】

（一）详细梳理贪污资金流向，依法认定涉案财产属于贪污违法所得。检察机关经审查在案资金流向相关证据，结合对黄艳兰实施贪污犯罪行为的分析，证实黄艳兰贪污公款后购买 52 套房产，其中 2 套以全额付款方式购买，50 套以抵押贷款方式购买。司法机关已在相关民事诉讼中依法强制执行 20 套，黄艳兰指使邓某某出售 15 套，后用售房款和出租剩余 17 套房产所得款项又购买 6 套房产，另将部分售房款和出租房屋所得款项存入施某某等人名下银行账户。因此，在案 23 套房产以及存入施某某等人名下银行账户中的款项，均系黄艳兰贪污犯罪所得，依法应予以没收。

（二）针对性开展举证、质证、答辩，依法驳斥利害关系人不当异议。在开庭审理过程中，利害关系人邓某某及其诉讼代理人提出，以李某某名义开设的 E 期货账户曾转出 3077 万元至黄艳兰控制的 D 公司账户，购房资金来源于李某某从事期货交易的收益，并向法庭提交了开户资料等证据。出庭检察员对此从证据的合法性、真实性和关联性等方面，发表质证意见，提出邓某某及其诉讼代理人提交的开户资料等证据均为复印件，均未加盖出具单位公章，并有明显涂改痕迹，不具备证据的真实性。同时，根据证监会对涉案部分期货合约交易中有关单位和个人违规行为的处罚决定、期货公司出具的说明等书证、司法会计鉴定意见、检验鉴定意见以及相关证人证言，足以证实 E 期货账户系由黄艳兰指挥物资总公司工作人员开设和操作，账户内的保证金和资金高度可能属于物资总公司的公款。邓某某及其诉讼代理人所提意见与本案证据证明的事实不符，建议法庭不予采纳。另一利害关系人施某某及其诉讼代理人提出，施某某、高某某名下房产系施某某合法财产。对此，出庭检察员答辩指出，上述房产是相关民事纠纷过程中，黄艳兰为逃避债务，与李某某、黄某一（黄艳兰亲属）串通，将涉案房产登记到二人名下。且在变更登记后，施某某即将涉案房产委托给邓某某全权管理，涉案房产仍由邓某某实际控制，售房款、出租款等也均由邓某某控制和使用。施某某无法提交购房资金来源的证据，以证明其实际支付了购房款。因此，施某某及其诉讼代理人所提意见，与本案证据证明的事实不符，不应支持。法院对检察机关上述意见均予采纳。

（三）依法认定其他利害关系人身份，切实保护善意第三方合法权益。涉案 23 套房产均系黄艳兰利用贪污所得资金支付首付款后，向 A 银行上海分行、B 银行市南支行、C 银行虹桥支行以按揭贷款方式购买，三家银行对按揭贷款房产依法进行抵押，约定了担保债权的范围。诉讼期间，三家银行及其诉讼代理人提出，涉案房产的借款合同均合法有效，并享有抵押权，依法应当优先受偿。检察机关经审查认为，三家银行既未与黄艳兰串通，亦不明知黄艳兰购房首付款系贪污赃款，依法应当认定为善意第三方，其合法权益应当予以保护。根据《最高人民法院、最高人民检察院关于适用犯罪嫌疑人、被告人逃匿、死亡案件违法所得没收程序若干问题的规定》第七条第一款、第二款规定，检察机关依法认定上述三家银行系本案的"其他利害关系人"，对三家银行主张的优先受偿权，依法予以支持。

【指导意义】

（一）利害关系人对申请没收财产提出异议或主张权利的，检察人员出庭时应当作为质证重点。根据《最高人民法院、最高人民检察院关于适用犯罪嫌疑人、被告人逃匿、死亡案件违法所得没收程序若干问题的规定》第十五条的规定，利害关系人在诉讼中对检察机关申请没收的财产属于违法所得及其他涉案财产等相关事实及证据有异议的，可以提出意见；对申请没收财产主张权利的，应当出示相关证据。对于其提供的证据不合法，或其异议明显与客观事实不符的，出庭检察人员应当围绕财产状态、财产来源、与违法犯罪的关系等内容，有针对性地予以驳斥，建议人民法院依法不予支持。

（二）善意第三方对申请没收财产享有合法权益的，应当依法保护。对申请没收财产因抵押而享有优先受偿权的债权人，或者享有其他合法权利的利害关系人，如果在案证据能够证明其在抵押权设定时对该财产系违法所得不知情，或者有理由相信该财产为合法财产，依法应当认定为善意第三方，对其享有的担保物权或其他合法权利，依法应当予以保护。

【相关规定】

《中华人民共和国刑法》第三百八十二条第一款

《中华人民共和国合同法》第一百零七条、第二百零五条

《中华人民共和国担保法》第三十三条、第四十六条

《中华人民共和国刑事诉讼法》第二百九十八条、第二百九十九条、第三百条

《人民检察院刑事诉讼规则》第十二章第四节

《最高人民法院、最高人民检察院关于适用犯罪嫌疑人、被告人逃匿、死亡案件违法所得没收程序若干问题的规定》第一条至第三条，第五条至第十条，第十三条至十七条

任润厚受贿、巨额财产来源不明违法所得没收案

（检例第 130 号）

【关键词】 违法所得没收　巨额财产来源不明　财产混同　孳息

【要旨】

涉嫌巨额财产来源不明犯罪的人在立案前死亡，依照刑法规定应当追缴其违法所得及其他涉案财产的，可以依法适用违法所得没收程序。对涉案的巨额财产，可以由其近亲属或其他利害关系人说明来源。没有近亲属或其他利害关系人主张权利或者说明来源，或

者近亲属或其他利害关系人主张权利所提供的证据达不到相应证明标准，或说明的来源经查证不属实的，依法认定为违法所得予以申请没收。违法所得与合法财产混同并产生孳息的，可以按照违法所得占比计算孳息予以申请没收。

【基本案情】

犯罪嫌疑人任润厚，男，某省人民政府原副省长，曾任 A 矿业（集团）有限责任公司（简称 A 集团）董事长、总经理，B 环保能源开发股份有限公司（简称 B 环能公司）董事长。

利害关系人任某一，任润厚亲属。

利害关系人任某二，任润厚亲属。

利害关系人袁某，任润厚亲属。

（一）涉嫌受贿犯罪事实

2001 至 2013 年，犯罪嫌疑人任润厚利用担任 A 集团董事长、总经理，B 环能公司董事长，某省人民政府副省长等职务上的便利，为相关请托人在职务晋升、调整等事项上提供帮助，向下属单位有关人员索要人民币共计 70 万元用于贿选；要求具有行政管理关系的被管理单位为其支付旅游、疗养费用，共计人民币 123 万余元；收受他人所送人民币共计 30 万元，被办案机关依法扣押、冻结。

（二）涉嫌巨额财产来源不明犯罪事实

2000 年 9 月至 2014 年 8 月，犯罪嫌疑人任润厚及其亲属名下的财产和支出共计人民币 3100 余万元，港币 43 万余元，美元 104 万余元，欧元 21 万余元，加元 1 万元，英镑 100 镑；珠宝、玉石、黄金制品、字画、手表等物品 155 件。

任润厚的合法收入以及其亲属能够说明来源的财产为人民币 1835 万余元，港币 800 元，美元 1489 元，欧元 875 元，英镑 132 镑；物品 20 件。任润厚亲属对扣押、冻结在案的人民币 1265 万余元，港币 42 万余元，美元 104 万余元，欧元 21 万余元，加元 1 万元及物品 135 件不能说明来源。

【诉讼过程】

2014 年 9 月 20 日，任润厚因严重违纪被免职，同年 9 月 30 日因病死亡。经最高人民检察院指定管辖，江苏省人民检察院于 2016 年 7 月 11 日启动违法所得没收程序。同年 10 月 19 日，江苏省人民检察院将案件交由扬州市人民检察院办理。同年 12 月 2 日，扬州市人民检察院向扬州市中级人民法院提出没收违法所得申请。

利害关系人任某一、任某二、袁某申请参加诉讼。2017 年 6 月 21 日，扬州市中级人民法院公开开庭审理。同年 7 月 25 日，扬州市中级人民法院作出违法所得没收裁定，依法没收任润厚受贿犯罪所得人民币 30 万元及孳息；巨额财产来源不明犯罪所得人民币 1265 万余元、港元 42 万余元、美元 104 万余元、欧元 21 万余元、加元 1 万元及孳息，以及珠宝、玉石、黄金制品、字画、手表等物品 135 件。

【检察履职情况】

（一）准确把握立法精神，依法对立案前死亡的涉嫌贪污贿赂犯罪行为人适用违法所得没收程序。任润厚在纪检监察机关对其涉嫌严重违纪违法问题线索调查期间因病死亡。检察机关认为，与普通刑事诉讼程序旨在解决涉嫌犯罪人的定罪与量刑问题不同，违法所得没收作为特别程序主要解决涉嫌犯罪人的违法所得及其他涉案财产的追缴问题，不涉及对其刑事责任的追究。因此，涉嫌贪污贿赂犯罪行为人在立案前死亡的，虽然依法不再追究其刑事责任，但也应当通过违法所得没收程序追缴其违法所得。本案中，任润厚涉嫌受贿、巨额财产来源不明等重大犯罪，虽然未被刑事立案即死亡，但其犯罪所得及其他涉案财产依法仍应予以追缴，应当通过违法所得没收程序进行处理。

　　（二）认真核查财产来源证据，依法认定巨额财产来源不明的涉嫌犯罪事实及违法所得数额。办案中，检察机关对任润厚本人及其转移至亲属名下的财产情况、任润厚家庭支出及合法收入情况，进行了重点审查，通过对涉案 270 余个银行账户存款、现金、155 件物品的查封、扣押、冻结，对 160 余名证人复核取证等工作，查明了任润厚家庭财产的支出和收入情况。根据核查情况，将任润厚家庭的购房费用、购车费用、女儿留学费用、结婚赠与及债权共 929 万元纳入重大支出范围，计入财产总额。鉴于任润厚已经死亡，且死亡前未对本人及转移至亲属名下的财产和支出来源作出说明，检察机关依法向任润厚的亲属调查询问，由任润厚亲属说明财产和支出来源，并根据其说明情况向相关单位、人员核实，调取相关证据。对于相关证据证实及任润厚亲属能够说明合法来源的工资奖金、房租收入、卖房所得、投资盈利等共计 1806 万余元，以及手表、玉石、黄金制品等物品，依法在涉案财产总额中予以扣减。将犯罪嫌疑人及其亲属名下财产和家庭重大支出数额，减去家庭合法收入及其近亲属等利害关系人能说明合法来源的收入，作为任润厚涉嫌巨额财产来源不明罪的违法所得，据此提出没收违法所得申请。利害关系人任某一和袁某对检察机关没收申请没有提出异议。任某二对于检察机关将任润厚夫妇赠与的 50 万元购车款作为重大支出计入财产总额，提出异议，并提供购车发票证明其购买汽车裸车价格为 30 万元，提出余款 20 万元不能作为重大支出，应从没收金额中扣减。检察机关根据在案证据认为不应扣减，并在出庭时指出：该 50 万元系由任润厚夫妇赠与任某二，支出去向明确，且任润厚家庭财产与任某二家庭财产并无混同；购车费用除裸车价格外，还包括车辆购置税、保险费等其他费用；任某二没有提供证据，证明购车款结余部分返还给任润厚夫妇。因此，其主张在没收金额中扣减 20 万元的依据不足，不应支持。该意见被法院裁定采纳。

（三）依法审查合法财产与违法所得混同的财产，按违法所得所占比例认定和申请没收违法所得孳息。经审查认定，依法应当申请没收的巨额财产来源不明犯罪所得为人民币 1265 万余元、部分外币以及其他物品。冻结在案的任润厚及其亲属名下财产为人民币 1800 余万存款、部分外币以及其他物品。其中本金 1800 余万元存款产生了 169 万余元孳息。关于如何确定应当没收的孳息，检察机关认为，可以按该笔存款总额中违法所得所占比例（约 $1265/1800 = 70.2\%$），计算出违法所得相应的孳息，依法予以申请没收，剩余部分为合法财产及孳息，返还给其近亲属。法院经审理予以采纳。

【指导意义】

（一）涉嫌贪污贿赂等重大犯罪的人立案前死亡的，依法可以适用违法所得没收程序。违法所得没收程序的目的在于解决违法所得及其他涉案财产的追缴问题，不是追究被申请人的刑事责任。涉嫌实施贪污贿赂等重大犯罪行为的人，依照刑法规定应当追缴其犯罪所得及其他涉案财产的，无论立案之前死亡或立案后作为犯罪嫌疑人、被告人在诉讼中死亡，都可以适用违法所得没收程序。

（二）巨额财产来源不明犯罪案件中，本人因死亡不能对财产来源作出说明的，应当结合其近亲属说明的来源，或者其他利害关系人主张权利以及提供的证据情况，依法认定是否属于违法所得。已死亡人员的近亲属或其他利害关系人主张权利或说明来源的，应要求其提供相关证据或线索，并进行调查核实。没有近亲属或其他利害关系人主张权利或说明来源，或者近亲属或其他利害关系人虽然主张权利但提供的证据没有达到相应证明标准，或者说明的来源经查证不属实的，应当依法认定为违法所得，予以申请没收。

（三）违法所得与合法财产混同并产生孳息的，可以按照比例计算违法所得孳息。在依法查封、扣押、冻结的犯罪嫌疑人财产中，对违法所得与合法财产混同后产生的孳息，可以按照全案中合法财产与违法所得的比例，计算违法所得的孳息数额，依法申请没收。对合法财产及其产生的孳息，及时予以返还。

【相关规定】

《中华人民共和国刑法》第三百八十二条第一款、第三百八十五条第一款、第三百九十五条第一款

《中华人民共和国刑事诉讼法》第二百八十条第一款、第二百八十二条第一款

《人民检察院刑事诉讼规则》第十二章第四节

《最高人民法院、最高人民检察院关于适用犯罪嫌疑人、被告人逃匿、死亡案件违法所得没收程序若干问题的规定》第一条至第三条，第五条至第十条，第十三条至十七条

第七节　渎职罪

林志斌徇私舞弊暂予监外执行案

（检例第 3 号）

【关键词】 暂予监外执行监督[*]

【要旨】

司法工作人员收受贿赂，对不符合减刑、假释、暂予监外执行条件的罪犯，予以减刑、假释或者暂予监外执行的，应根据案件的具体情况，依法追究刑事责任。

---

[*] 关键词为编者为保持全书体例统一方便读者查阅添加。

【基本案情】

被告人林志斌，男，1964 年 8 月 21 日出生，汉族，原系吉林省吉林监狱第三监区监区长，大学文化。2008 年 11 月 1 日，因涉嫌徇私舞弊暂予监外执行罪被刑事拘留，2008 年 11 月 14 日被逮捕。

2003 年 12 月，高俊宏因犯合同诈骗罪，被北京市东城区人民法院判处有期徒刑十二年，2004 年 1 月入吉林省吉林监狱服刑。服刑期间，高俊宏认识了服刑犯人赵金喜，并请赵金喜为其办理保外就医。赵金喜找到时任吉林监狱第五监区副监区长的被告人林志斌，称高俊宏愿意出钱办理保外就医，让林志斌帮忙把手续办下来。林志斌答应帮助沟通此事。之后赵金喜找到服刑犯人杜迎涛，由杜迎涛配制了能表现出患病症状的药物。在赵金喜的安排下，高俊宏于同年 3 月 24 日服药后"发病"住院。林志斌明知高俊宏伪造病情，仍找到吉林监狱刑罚执行科的王连发（另案处理），让其为高俊宏办理保外就医，并主持召开了对高俊宏提请保外就医的监区干部讨论会。会上，林志斌隐瞒了高俊宏伪造病情的情况，致使讨论会通过了高俊宏的保外就医申请，然后其将高俊宏的保外就医相关材料报到刑罚执行科。期间高俊宏授意其弟高俊卫与赵金喜向林志斌行贿人民币 5 万元（林志斌将其中 3 万元交王连发）。2004 年 4 月 28 日，经吉林监狱呈报，吉林省监狱管理局以高俊宏双肺肺炎、感染性休克、呼吸衰竭，批准高俊宏暂予监外执行一年。同年 4 月 30 日，高俊宏被保外就医。2006 年 5 月 18 日，高俊宏被收监。

【诉讼过程】

2008 年 10 月 28 日，吉林省长春市宽城区人民检察院对林志斌涉嫌徇私舞弊暂予监外执行一案立案侦查。2009 年 8 月 4 日，长春市宽城区人民检察院以林志斌涉嫌徇私舞弊暂予监外执行罪向长春市宽城区人民法院提起公诉。2009 年 10 月 20 日，长春市宽城区人民法院作出（2009）宽刑初字第 223 号刑事判决，以被告人林志斌犯徇私舞弊暂予监外执行罪，判处有期徒刑三年。

崔建国环境监管失职案

（检例第 4 号）

【关键词】 渎职罪主体　国有事业单位工作人员　环境监管失职罪

【要旨】

实践中，一些国有公司、企业和事业单位经合法授权从事具体的管理市场经济和社会生活的工作，拥有一定管理公共事务和社会事务的职权，这些实际行使国家行政管理职权的公司、企业和事业单位工作人员，符合渎职罪主体要求；对其实施渎职行为构成犯罪的，应当依照刑法关于渎职罪的规定追究刑事责任。

【相关立法】

《中华人民共和国刑法》第四百零八条，全国人民代表大会常务委员会《关于〈中华人民共和国刑法〉第九章渎职罪主体适用问题的解释》。

【基本案情】

被告人崔建国，男，1960 年出生，原系江苏省盐城市饮用水源保护区环境监察支队二大队大队长。

江苏省盐城市标新化工有限公司（以下简称"标新公司"）位于该市二级饮用水保护区内的饮用水取水河蟒蛇河上游。根据国家、市、区的相关法律法规文件规定，标新公司为重点污染源，系"零排污"企业。标新公司于 2002 年 5 月经过江苏省盐城市环保局审批建设年产 500 吨氯代醚酮项目，2004 年 8 月通过验收。2005 年 11 月，标新公司未经批准在原有氯代醚酮生产车间套产甘宝素。2006 年 9 月建成甘宝素生产专用车间，含 11 台生产反应釜。氯代醚酮的生产过程中所产生的废水有钾盐水、母液、酸性废水、间接冷却水及生活污水。根据验收报告的要求，母液应外售，钾盐水、酸性废水、间接冷却水均应经过中和、吸附后回用（钾盐水也可收集后出售给有资质的单位）。但标新公司自生产以来，从未使用有关排污的技术处理设施。除在 2006 年至 2007 年部分钾盐废水（共50 吨左右）外售至阜宁助剂厂外，标新公司生产产生的钾盐废水及其他废水直接排放至厂区北侧或者东侧的河流中，导致 2009 年 2月发生盐城市区饮用水源严重污染事件。盐城市城西水厂、越河水厂水源遭受严重污染，所生产的自来水中酚类物质严重超标，近 20万盐城市居民生活饮用水和部分单位供水被迫中断 66 小时 40 分钟，造成直接经济损失 543 万余元，并在社会上造成恶劣影响。

盐城市环保局饮用水源保护区环境监察支队负责盐城市区饮用水源保护区的环境保护、污染防治工作，标新公司位于市饮用水源二级保护区范围内，属该支队二大队管辖。被告人崔建国作为二大队大队长，对标新公司环境保护监察工作负有直接领导责任。崔建国不认真履行环境保护监管职责，并于 2006 到 2008 年多次收受标新公司法定代表人胡某某小额财物。崔建国在日常检查中多次发现标新公司有冷却水和废水外排行为，但未按规定要求标新公司提供母液台账、合同、发票等材料，只是填写现场监察记录，也未向盐城市饮用水源保护区环境监察支队汇报标新公司违法排污情况。2008 年 12 月 6 日，盐城市饮用水源保护区环境监察支队对保护区内重点化工企业进行专项整治活动，并对标新公司发出整改通知，但崔建国未组织二人队监察人员对标新公司进行跟踪检查，监督标新公司整改。直至 2009 年 2 月 18 日，崔建国对标新公司进行检查时，只在该公司办公室填写了 1 份现场监察记录，未对排污情况进行现场检查，没有能及时发现和阻止标新公司向厂区外河流排放大量废液，以致发生盐城市饮用水源严重污染。在水污染事件发生后，崔建国为掩盖其工作严重不负责任，于 2009 年 2 月 21 日伪造了日期为 2008 年 12 月 10 日和 2009 年 2 月 16 日两份虚假监察记录，以逃避有关部门的查处。

【诉讼过程】

2009 年 3 月 14 日，崔建国因涉嫌环境监管失职罪由江苏省盐城市阜宁县人民检察院立案侦查，同日被刑事拘留，3 月 27 日被逮捕，5 月 13 日侦查终结移送审查起诉。2009 年 6 月 26 日，江苏省盐城市阜宁县人民检察院以被告人崔建国犯环境监管失职罪向阜宁县人民法院提起公诉。2009 年 12 月 16 日，阜宁县人民法院作出一审判决，认为被告人崔建国作为负有环境保护监督管理职责的国家机关工作人员，在履行环境监管职责过程中，严重不负责任，导致发生重大环境污染事故，致使公私财产遭受重大损失，其行为构成环境监管失职罪；依照《中华人民共和国刑法》第四百零八条的规定，判决崔建国犯环境监管失职罪，判处有期徒刑二年。一审判决后，崔建国以自己对标新公司只具有督查的职责，不具有监管的职责，不符合环境监管失职罪的主体要求等为由提出上诉。盐城市中级人民法院认为，崔建国身为国有事业单位的工作人员，在受国家机关的委托代表国家机关履行环境监督管理职责过程中，严重不负责任，导致发生重大环境污染事故，致使公私财产遭受重大损失，其行为构成环境监管失职罪。崔建国所在的盐城市饮用水源保护区环境监察支队为国有事业单位，由盐城市人民政府设立，其系受国家机关委托代表国家机关行使环境监管职权，原判决未引用全国人民代表大会常务委员会《关于〈中华人民共和国刑法〉第九章渎职罪主体适用问题的解释》的相关规定，直接认定崔建国系国家机关工作人员不当，予以纠正；原判认定崔建国犯罪事实清楚，定性正确，量刑恰当，审判程序合法。2010 年 1 月 21 日，盐城市中级人民法院二审终审裁定，驳回上诉，维持原判。

陈根明、林福娟、李德权滥用职权案

（检例第 5 号）

【关键词】 渎职罪主体　村基层组织人员　滥用职权罪

【要旨】

随着我国城镇建设和社会主义新农村建设逐步深入推进，村民委员会、居民委员会等基层组织协助人民政府管理社会发挥越来越重要的作用。实践中，对村民委员会、居民委员会等基层组织人员协助人民政府从事行政管理工作时，滥用职权、玩忽职守构成犯罪的，应当依照刑法关于渎职罪的规定追究刑事责任。

【相关立法】

《中华人民共和国刑法》第三百九十七条，全国人民代表大会常务委员会《关于〈中华人民共和国刑法〉第九章渎职罪主体适用问题的解释》。

【基本案情】

被告人陈根明，男，1946 年出生，原系上海市奉贤区四团镇推进小城镇社会保险（以下简称"镇保"）工作领导小组办公室负责人。

被告人林福娟，女，1960 年出生，原系上海市奉贤区四团镇杨家宅村党支部书记、村民委员会主任、村镇保工作负责人。

被告人李德权（曾用名李德元），男，1958 年出生，原系上海市奉贤区四团镇杨家宅村党支部委员、村民委员会副主任、村镇保工作经办人。

2004 年 1 月至 2006 年 6 月期间，被告人陈根明利用担任上海市奉贤区四团镇推进镇保工作领导小组办公室负责人的职务便利，被告人林福娟、李德权利用受上海市奉贤区四团镇人民政府委托分别担任杨家宅村镇保工作负责人、经办人的职务便利，在从事被征用农民集体所有土地负责农业人员就业和社会保障工作过程中，违反相关规定，采用虚增被征用土地面积等方法徇私舞弊，共同或者单独将杨家宅村、良民村、横桥村114名不符合镇保条件的人员纳入镇保范围，致使奉贤区四团镇人民政府为上述人员缴纳镇保费用共计人民币600余万元、上海市社会保险事业基金结算管理中心（以下简称"市社保中心"）为上述人员实际发放镇保资金共计人民币178万余元，并造成了恶劣的社会影响。其中，被告人陈根明共同及单独将71名不符合镇保条件人员纳入镇保范围，致使镇政府缴纳镇保费用共计人民币400余万元、市社保中心实际发放镇保资金共计人民币114万余元；被告人林福娟共同及单独将79名不符合镇保条件人员纳入镇保范围，致使镇政府缴纳镇保费用共计人民币400余万元、市社保中心实际发放镇保资金共计人民币124万余元；被告人李德权共同及单独将60名不符合镇保条件人员纳入镇保范围，致使镇政府缴纳镇保费用共计人民币300余万元，市社保中心实际发放镇保资金共计人民币95万余元。

【诉讼过程】

2008年4月15日，陈根明、林福娟、李德权因涉嫌滥用职权罪由上海市奉贤区人民检察院立案侦查，陈根明于4月15日被刑事拘留，4月29日被逮捕，林福娟、李德权于4月15日被取保候审，6月27日侦查终结移送审查起诉。2008年7月28日，上海市奉贤区人民检察院以被告人陈根明、林福娟、李德权犯滥用职权罪向奉贤区人民法院提起公诉。2008年12月15日，上海市奉贤区人民法院作出一审判决，认为被告人陈根明身为国家机关工作人员，被告人林福娟、李德权作为在受国家机关委托代表国家机关行使职权的组织中从事公务的人员，在负责或经办被征地人员就业和保障工作过程中，故意违反有关规定，共同或单独擅自将不符合镇保条件的人员纳入镇保范围，致使公共财产遭受重大损失，并造成恶劣社会影响，其行为均已触犯刑法，构成滥用职权罪，且有徇个人私情、私利的徇私舞弊情节。其中被告人陈根明、林福娟情节特别严重。犯罪后，三被告人在尚未被司法机关采取强制措施时，如实供述自己的罪行，属自首，依法可从轻或减轻处罚。依照《中华人民共和国刑法》第三百九十七条、第二十五条第一款、第六十七条第一款、第七十二条第一款、第七十三条第二、三款之规定，判决被告人陈根明犯滥用职权罪，判处有期徒刑二年；被告人林福娟犯滥用职权罪，判处有期徒刑一年六个月，宣告缓刑一年六个月；被告人李德权犯滥用职权罪，判处有期徒刑一年，宣告缓刑一年。一审判决后，被告人林福娟提出上诉。上海市第一中级人民法院二审终审裁定，驳回上诉，维持原判。

罗建华、罗镜添、朱炳灿、罗锦游滥用职权案

（检例第 6 号）

【关键词】滥用职权罪　重大损失　恶劣社会影响

【要旨】

根据刑法规定，滥用职权罪是指国家机关工作人员滥用职权，致使"公共财产、国家和人民利益遭受重大损失"的行为。实践中，对滥用职权"造成恶劣社会影响的"，应当依法认定为"致使公共财产、国家和人民利益遭受重大损失"。

【相关立法】

《中华人民共和国刑法》第三百九十七条，全国人民代表大会常务委员会《关于〈中华人民共和国刑法〉第九章渎职罪主体适用问题的解释》。

【基本案情】

被告人罗建华，男，1963 年出生，原系广州市城市管理综合执法局黄埔分局大沙街执法队协管员。

被告人罗镜添，男，1967 年出生，原系广州市城市管理综合执法局黄埔分局大沙街执法队协管员。

被告人朱炳灿，男，1964 年出生，原系广州市城市管理综合执法局黄埔分局大沙街执法队协管员。

被告人罗锦游，男，1987 年出生，原系广州市城市管理综合执法局黄埔分局大沙街执法队协管员。

2008 年 8 月至 2009 年 12 月期间，被告人罗建华、罗镜添、朱炳灿、罗锦游先后被广州市黄埔区人民政府大沙街道办事处招聘为广州市城市管理综合执法局黄埔分局大沙街执法队（以下简称"执法队"）协管员。上述四名被告人的工作职责是街道城市管理协管工作，包括动态巡查，参与街道、社区日常性的城管工作；劝阻和制止并督促改正违反城市管理法规的行为；配合综合执法部门，开展集中统一整治行动等。工作任务包括坚持巡查与守点相结合，及时劝导中心城区的乱摆卖行为等。罗建华、罗镜添从 2009 年 8 月至 2011 年 5 月担任协管员队长和副队长，此后由罗镜添担任队长，罗建华担任副队长。协管员队长职责是负责协管员人员召集，上班路段分配和日常考勤工作；副队长职责是协助队长开展日常工作，队长不在时履行队长职责。上述四名被告人上班时，身着统一发放的迷彩服，臂上戴着写有"大沙街城市管理督导员"的红袖章，手持一根木棍。2010 年 8 月至 2011 年 9 月期间，罗建华、罗镜添、朱炳灿、罗锦游和罗慧洪（另案处理）利用职务便利，先后多次向多名无照商贩索要 12 元、10 元、5 元不等的少量现金、香烟或直接在该路段的"士多店"拿烟再让部分无照商贩结账，后放弃履行职责，允许给予好处的无照商贩在严禁乱摆卖的地段非法占道经营。由于上述被告人的行为，导致该地段的无照商贩非法占道经营十分严重，几百档流动商贩恣意乱摆卖，严重影响了市容市貌和环境卫生，给周边商铺和住户的经营、生活、出行造成极大不便。由于执法不公，对给予钱财的商贩放任其占道经营，对其他没给好处费的无照商贩则进行驱赶或通知城管部门到场处罚，引起了群众强烈不满，城市管理执法部门执法人员在依法执行公务过程中遭遇多次暴力抗法，数名执法人员受伤住院。上述四名被告人的行为严重危害和影响了该地区的社会秩序、经济秩序、城市管理和治安管理，造成了恶劣的社会影响。

【诉讼过程】

2011 年 10 月 1 日，罗建华、罗镜添、朱炳灿、罗锦游四人因涉嫌敲诈勒索罪被广州市公安局黄埔分局刑事拘留，11 月 7 日被逮捕。11 月 10 日，广州市公安局黄埔分局将本案移交广州市黄埔区人民检察院。2011 年 11 月 10 日，罗建华、罗镜添、朱炳灿、罗锦游四人因涉嫌滥用职权罪由广州市黄埔区人民检察院立案侦查，12 月 9 日侦查终结移送审查起诉。2011 年 12 月 28 日，广州市黄埔区人民检察院以被告人罗建华、罗镜添、朱炳灿、罗锦游犯滥用职权罪向黄埔区人民法院提起公诉。2012 年 4 月 18 日，黄埔区人民法院一审判决，认为被告人罗建华、罗镜添、朱炳灿、罗锦游身为虽未列入国家机关人员编制但在国家机关中从事公务的人员，在代表国家行使职权时，长期不正确履行职权，大肆勒索辖区部分无照商贩的钱财，造成无照商贩非法占道经营十分严重，暴力抗法事件不断发生，社会影响相当恶劣，其行为触犯了《中华人民共和国刑法》第三百九十七条第一款的规定，构成滥用职权罪。被告人罗建华与罗镜添身为城管协管员前、后任队长及副队长不仅参与勒索无照商贩的钱财，放任无照商贩非法占道经营，而且也收受其下属勒索来的香烟，放任其下属胡作非为，在共同犯罪中所起作用相对较大，可对其酌情从重处罚。鉴于四被告人归案后能供述自己的罪行，可对其酌情从轻处罚。依照《中华人民共和国刑法》第三百九十七条第一款、第六十一条、《全国人民代表大会常务委员会关于〈中华人民共和国刑法〉第九章渎职罪主体适用问题的解释》的规定，判决被告人罗建华犯滥用职权罪，判处有期徒刑一年六个月；被告人罗镜添犯滥用职权罪，判处有期徒刑一年五个月；被告人朱炳灿犯滥用职权罪，判处有期徒刑一年二个月；被告人罗锦游犯滥用职权罪，判处有期徒刑一年二个月。一审判决后，四名被告人在法定期限内均未上诉，检察机关也没有提出抗诉，一审判决发生法律效力。

胡宝刚、郑伶徇私舞弊不移交刑事案件案

（检例第 7 号）

【关键词】 诉讼监督　徇私舞弊　不移交刑事案件罪

【要旨】

诉讼监督，是人民检察院依法履行法律监督的重要内容。实践中，检察机关和办案人员应当坚持办案与监督并重，建立健全行政执法与刑事司法有效衔接的工作机制，善于在办案中发现各种职务犯罪线索；对于行政执法人员徇私舞弊，不移送有关刑事案件构成犯罪的，应当依法追究刑事责任。

【相关立法】

《中华人民共和国刑法》第四百零二条

【基本案情】

被告人胡宝刚，男，1956 年出生，原系天津市工商行政管理局河西分局公平交易科科长。

被告人郑伶，男，1957 年出生，原系天津市工商行政管理局河西分局公平交易科科员。

被告人胡宝刚在担任天津市工商行政管理局河西分局（以下简称工商河西分局）公平交易科科长期间，于 2006 年 1 月 11 日上午，带领被告人郑伶等该科工作人员对群众举报的天津华夏神龙科贸发展有限公司（以下简称"神龙公司"）涉嫌非法传销问题进行现场检查，当场扣押财务报表及宣传资料若干，并于当日询问该公司法定代表人李蓬，李蓬承认其公司营业额为 114 万余元（与所扣押财务报表上数额一致），后由被告人郑伶具体负责办理该案。2006 年 3 月 16 日，被告人胡宝刚、郑伶在案件调查终结报告及处罚决定书中，认定神龙公司的行为属于非法传销行为，却隐瞒该案涉及经营数额巨大的事实，为牟取小集体罚款提成的利益，提出行政罚款的处罚意见。被告人胡宝刚在局长办公会上汇报该案时亦隐瞒涉及经营数额巨大的事实。2006 年 4 月 11 日，工商河西分局同意被告人胡宝刚、郑伶的处理意见，对当事人作出"责令停止违法行为，罚款 50 万元"的行政处罚，后李蓬分数次将 50 万元罚款交给工商河西分局。被告人胡宝刚、郑伶所在的公平交易科因此案得到 2.5 万元罚款提成。

李蓬在分期缴纳工商罚款期间，又成立河西、和平、南开分公司，由王福荫担任河西分公司负责人，继续进行变相传销活动，并造成被害人华某某等人经济损失共计 40 万余元人民币。公安机关接被害人举报后，查明李蓬进行传销活动非法经营数额共计 2277

万余元人民币（工商查处时为 1600 多万元）。天津市河西区人民检察院在审查起诉被告人李蓬、王福荫非法经营案过程中，办案人员发现胡宝刚、郑伶涉嫌徇私舞弊不移交被告人李蓬、王福荫非法经营刑事案件的犯罪线索。

【诉讼过程】

2010 年 1 月 13 日，胡宝刚、郑伶因涉嫌徇私舞弊不移交刑事案件罪由天津市河西区人民检察院立案侦查，并于同日被取保候审，3 月 15 日侦查终结移送审查起诉，因案情复杂，4 月 22 日依法延长审查起诉期限半个月，5 月 6 日退回补充侦查，6 月 4 日侦查终结重新移送审查起诉。2010 年 6 月 12 日，天津市河西区人民检察院以被告人胡宝刚、郑伶犯徇私舞弊不移交刑事案件罪向河西区人民法院提起公诉。2010 年 9 月 14 日，河西区人民法院作出一审判决，认为被告人胡宝刚、郑伶身为工商行政执法人员，在明知查处的非法传销行为涉及经营数额巨大，依法应当移交公安机关追究刑事责任的情况下，为牟取小集体利益，隐瞒不报违法事实涉及的金额，以罚代刑，不移交公安机关处理，致使犯罪嫌疑人在行政处罚期间，继续进行违法犯罪活动，情节严重，二被告人负有不可推卸的责任，其行为均已构成徇私舞弊不移交刑事案件罪，且系共同犯罪。依照《中华人民共和国刑法》第四百零二条、第二十五条第一款、第三十七条之规定，判决被告人胡宝刚、郑伶犯徇私舞弊不移交刑事案件罪。一审判决后，被告人胡宝刚、郑伶在法定期限内均没有上诉，检察机关也没有提出抗诉，一审判决发生法律效力。

杨周武玩忽职守、徇私枉法、受贿案

（检例第 8 号）

【关键词】 玩忽职守罪 徇私枉法罪 受贿罪 因果关系数罪并罚

【要旨】

本案要旨有两点：一是渎职犯罪因果关系的认定。如果负有监管职责的国家机关工作人员没有认真履行其监管职责，从而未能有效防止危害结果发生，那么，这些对危害结果具有"原因力"的渎职行为，应认定与危害结果之间具有刑法意义上的因果关系。二是渎职犯罪同时受贿的处罚原则。对于国家机关工作人员实施渎职犯罪并收受贿赂，同时构成受贿罪的，除刑法第三百九十九条有特别规定的外，以渎职犯罪和受贿罪数罪并罚。

【相关立法】

《中华人民共和国刑法》第三百九十七条、第三百九十九条、第三百八十五条、第六十九条。

【基本案情】

被告人杨周武，男，1958 年出生，原系深圳市公安局龙岗分局同乐派出所所长。

犯罪事实如下：

一、玩忽职守罪

1999 年 7 月 9 日，王静（另案处理）经营的深圳市龙岗区舞王歌舞厅经深圳市工商行政管理部门批准成立，经营地址在龙岗区龙平路。2006 年该歌舞厅被依法吊销营业执照。2007 年 9 月 8 日，王静未经相关部门审批，在龙岗街道龙东社区三和村经营舞王俱乐部，辖区派出所为同乐派出所。被告人杨周武自2001年10月开始担任同乐派出所所长。开业前几天，王静为取得同乐派出所对舞王俱乐部的关照，在杨周武之妻何晓初经营的川香酒家宴请了被告人杨周武等人。此后，同乐派出所三和责任区民警在对舞王俱乐部采集信息建档和日常检查中，发现王静无法提供消防许可证、娱乐经营许可证等必需证件，提供的营业执照复印件上的名称和地址与实际不符，且已过有效期。杨周武得知情况后没有督促责任区民警依法及时取缔舞王俱乐部。责任区民警还发现舞王俱乐部经营过程中存在超时超员、涉黄涉毒、未配备专业保安人员、发生多起治安案件等治安隐患，杨周武既没有依法责令舞王俱乐部停业整顿，也没有责令责任区民警跟踪监督舞王俱乐部进行整改。

2008年3月，根据龙岗区"扫雷"行动的安排和部署，同乐派出所成立"扫雷"专项行动小组，杨周武担任组长。有关部门将舞王俱乐部存在治安隐患和消防隐患等于2008年3月12日通报同乐派出所，但杨周武没有督促责任区民警跟踪落实整改措施，导致舞王俱乐部的安全隐患没有得到及时排除。

2008年6月至8月期间，广东省公安厅组织开展"百日信息会战"，杨周武没有督促责任区民警如实上报舞王俱乐部无证无照经营，没有对舞王俱乐部采取相应处理措施。舞王俱乐部未依照《消防法》《建筑工程消防监督审核管理规定》等规定要求取得消防验收许可，未通过申报开业前消防安全检查，擅自开业、违法经营，营业期间不落实安全管理制度和措施，导致2008年9月20日晚发生特大火灾，造成44人死亡、64人受伤的严重后果。在这起特大消防事故中，杨周武及其他有关单位的人员负有重要责任。

二、徇私枉法罪

2008年8月12日凌晨，江军、汪春蓉、赵志高等人在舞王俱乐部消费后乘坐电梯离开时与同时乘坐电梯的另外几名顾客发生口角，舞王俱乐部的保安员前来劝阻。争执过程中，舞王俱乐部的保安员易承桂及员工罗贤涛等五人与江军等人在舞王俱乐部一楼发生打斗，致江军受轻伤、汪春蓉、赵志高受轻微伤。杨周武指示以涉嫌故意伤害对舞王俱乐部罗贤涛、易承桂等五人立案侦查。次日，同乐派出所依法对涉案人员刑事拘留。案发后，舞王俱乐部负责人王静多次打电话给杨周武，并通过杨周武之妻何晓初帮忙请求调解，要求使其员工免受刑事处罚。王静并为此在龙岗中心城邮政局停车场处送给何晓初人民币3万元。何晓初收到钱后发短信告诉杨周武。杨周武明知该案不属于可以调解处理的案件，仍答应帮忙，并指派不是本案承办民警的刘力飚负责协调调解工作，于2008年9月6日促成双方以赔偿人民币11万元达成和解。杨周武随即安排办案民警将案件作调解结案。舞王俱乐部有关人员于9月7日被解除刑事拘留，未被追究刑事责任。

三、受贿罪

2007年9月至2008年9月，杨周武利用职务便利，为舞王俱乐部负责人王静谋取好处，单独收受或者通过妻子何晓初收受王静好处费，共计人民币30万元。

【诉讼过程】

2008年9月28日，杨周武因涉嫌徇私枉法罪由深圳市人民检察院立案侦查，10月25日被刑事拘留，11月7日被逮捕，11月13日侦查终结移交深圳市龙岗区人民检察院审查起诉。2008年11月24日，深圳市龙岗区人民检察院以被告人杨周武犯玩忽职守罪、徇私枉法罪和受贿罪向龙岗区人民法院提起公诉。审期间，延期审理一次。2009年5月9日，深圳市龙岗区人民法院作出一审判决，认为被告人杨周武作为同乐派出所的所长，对辖区内的娱乐场所负有监督管理职责，其明知舞王俱乐部未取得合法的营业执照擅自经营，且存在众多消防、治安隐患，但严重不负责任，不认真履行职责，使本应停业整顿或被取缔的舞王俱乐部持续违法经营达一年之久，并最终导致发生44人死亡、64人受伤的特大消防事故，造成了人民群众生命财产的重大损失，其行为已构成玩忽职守罪，情节特别严重；被告人杨周武明知舞王俱乐部发生的江军等人被打案应予刑事处罚，不符合调解结案的规定，仍指示将该案件予以调解结案，构成徇私枉法罪，但是鉴于杨周武在实施徇私枉法行为的同时有受贿行为，且该受贿事实已被起诉，依照刑法第三百九十九条的规定，应以受贿罪一罪定罪处罚；被告人杨周武作为国家工作人员，利用职务上的便利，非法收受舞王俱乐部负责人王静的巨额钱财，为其谋取利益，其行为已构成受贿罪；被告人杨周武在未被采取强制措施前即主动交代自己全部受贿事实，属于自首，并由其妻何晓初代为退清全部赃款，依法可以从轻处罚。依照《中华人民共和国刑法》第三百九十七条第一款、第三百九十九条第一款、第四款、第三百八十五条第一款、第三百八十六条、第三百八十三条第一款第（一）项、第二款、第六十四条、第六十七条第一款、第六十九条第一款之规定，判决被告人杨周武犯玩忽职守罪，判处有期徒刑五年；犯受贿罪，判处有期徒刑十年；总和刑期十五年，决定执行有期徒刑十三年；追缴受贿所得的赃款人民币30万元，依法予以没收并上缴国库。一审判决后，被告人杨周武在法定期限内没有上诉，检察机关也没有提出抗诉，一审判决发生法律效力。

下篇

检察工作指引

第一章　侦查监督

王玉雷不批准逮捕案

（检例第 27 号）

【关键词】侦查活动监督　排除非法证据　不批准逮捕

【基本案情】

王玉雷，男，1968 年 3 月生。

2014 年 2 月 18 日 22 时许，河北省顺平县公安局接王玉雷报案称：当日 22 时许，其在回家路上发现一名男子躺在地上，旁边有血迹。次日，顺平县公安局对此案立案侦查。经排查，顺平县公安局认为报案人王玉雷有重大嫌疑，遂于 2014 年 3 月 8 日以涉嫌故意杀人罪对王玉雷刑事拘留。

【诉讼过程】

2014 年 3 月 15 日，顺平县公安局提请顺平县人民检察院批准逮捕王玉雷。顺平县人民检察院办案人员在审查案件时，发现该案事实证据存在许多疑点和矛盾。在提讯过程中，王玉雷推翻了在公安机关所作的全部有罪供述，称有罪供述系被公安机关对其采取非法取证手段后作出。顺平县人民检察院认为，该案事实不清，证据不足，不符合批准逮捕条件。鉴于案情重大，顺平县人民检察院向保定市人民检察院进行了汇报。保定市人民检察院同意顺平县人民检察院的意见。2014 年 3 月 22 日，顺平县人民检察院对王玉雷作出不批准逮捕的决定。

【不批准逮捕理由】

顺平县人民检察院在审查公安机关的报捕材料和证据后认为：

一、该案主要证据之间存在矛盾，案件存在的疑点不能合理排除。公安机关认为王玉雷涉嫌故意杀人罪，但除王玉雷的有罪供述外，没有其他证据证实王玉雷实施了杀人行为，且有罪供述与其他证据相互矛盾。王玉雷先后九次接受侦查机关询问、讯问，其中前五次为无罪供述，后四次为有罪供述，前后供述存在矛盾；在有罪供述中，对作案工具有斧子、锤子、刨锛三种不同说法，但去向均未查明；供述的作案工具与尸体照片显示的创口形状不能同一认定。

二、影响定案的相关事实和部分重要证据未依法查证，关键物证未收集在案。侦查机关在办案过程中，对以下事实和证据未能依法查证属实：被害人尸检报告没有判断出被害人死亡的具体时间，公安机关认定王玉雷的作案时间不足信；王玉雷作案的动机不明；现场提取的手套没有进行 DNA 鉴定；王玉雷供述的三种凶器均未收集在案。

三、犯罪嫌疑人有罪供述属非法言词证据，应当依法予以排除。2014 年 3 月 18 日，顺平县人民检察院办案人员首次提审王玉雷时发现，其右臂被石膏固定、活动吃力，在询问该伤情原因时，其极力回避，虽然对杀人行为予以供认，但供述内容无法排除案件存在的疑点。在顺平县人民检察院驻所检察室人员发现王玉雷胳膊打了绷带并进行询问时，王玉雷自称是骨折旧伤复发。监所检察部门认为公安机关可能存在违法提讯情况，遂通报顺平县人民检察院侦查监督部门，提示在批捕过程中予以关注。鉴于王玉雷伤情可疑，顺平县人民检察院办案人员向检察长进行了汇报，检察长在阅卷后，亲自到看守所提审犯罪嫌疑人，并对讯问过程进行全程录音录像。经过耐心细致的思想疏导,王玉雷消除顾虑,推翻了在公安机关所作的全部有罪供述,称被害人王某被杀不是其所为,其有罪供述系被公安机关采取非法取证手段后作出。

2014年3月22日,顺平县人民检察院检察委员会研究认为,王玉雷有罪供述系采用非法手段取得,属于非法言词证据,依法应当予以排除。在排除王玉雷有罪供述后,其他在案证据不能证实王玉雷实施了犯罪行为,因此不应对其作出批准逮捕决定。

【案件结果】

2014年3月22日,顺平县人民检察院对王玉雷作出不批准逮捕决定。后公安机关依法解除王玉雷强制措施,予以释放。

顺平县人民检察院对此案进行跟踪监督,依法引导公安机关调查取证并抓获犯罪嫌疑人王斌。2014年7月14日,顺平县人民检察院以涉嫌故意杀人罪对王斌批准逮捕。2015年1月17日,保定市中级人民法院以故意杀人罪判处被告人王斌死刑,缓期二年执行,剥夺政治权利终身。被告人王斌未上诉,一审判决生效。

【要旨】

检察机关办理审查逮捕案件,要严格坚持证据合法性原则,既要善于发现非法证据,又要坚决排除非法证据。非法证据排除后,其他在案证据不能证明犯罪嫌疑人实施犯罪行为的,应当依法对犯罪嫌疑人作出不批准逮捕的决定。要加强对审查逮捕案件的跟踪监督,引导侦查机关全面及时收集证据,促进侦查活动依法规范进行。

【指导意义】

1. 严格坚持非法证据排除规则。根据我国刑事诉讼法第七十九条规定,逮捕的证据条件是"有证据证明有犯罪事实",这里的"证据"必须是依法取得的合法证据,不包括采取刑讯逼供、暴力取证等非法方法取得的证据。检察机关在审查逮捕过程中,要高度重视对证据合法性的审查，如果接到犯罪嫌疑人及其辩护人或者证人、被害人等关于刑讯逼供、暴力取证等非法行为的控告、举报及提供的线索，或者在审查案件材料时发现可能存在非法取证行为，以及刑事执行检察部门反映可能存在违法提讯情况的，应当认真进行审查，通过当面讯问犯罪嫌疑人、查看犯罪嫌疑人身体状况、识别犯罪嫌疑人供述是否自然可信以及调阅提审登记表、犯罪嫌疑人入所体检记录等途径，及时发现非法证据，坚决排除非法证据。

2. 严格把握作出批准逮捕决定的条件。构建以客观证据为核心的案件事实认定体系，高度重视无法排除合理怀疑的矛盾证据，注意利用收集在案的客观证据验证、比对全案证据，守住"犯罪事实不能没有、犯罪嫌疑人不能搞错"的逮捕底线。要坚持惩罚犯罪与保障人权并重的理念，重视犯罪嫌疑人不在犯罪现场、没有作案时间等方面的无罪证据以及侦查机关可能存在的非法取证行为的线索。综合审查全案证据，不能证明犯罪嫌疑人实施了犯罪行为的，应当依法作出不批准逮捕的决定。要结合办理审查逮捕案件，注意发挥检察机关侦查监督作用，引导侦查机关及时收集、补充其他证据，促进侦查活动依法规范进行。

【相关法律规定】

《中华人民共和国刑事诉讼法》

第五十四条　采用刑讯逼供等非法方法收集的犯罪嫌疑人、被告人供述和采用暴力、威胁等非法方法收集的证人证言、被害人陈述，应当予以排除。收集物证、书证不符合法定程序，可能严重影响司法公正的，应当予以补正或者作出合理解释；不能补正或者作出合理解释的，对该证据应当予以排除。

在侦查、审查起诉、审判时发现有应当排除的证据的，应当依法予以排除，不得作为起诉意见、起诉决定和判决的依据。

第七十九条　对有证据证明有犯罪事实，可能判处徒刑以上刑罚的犯罪嫌疑人、被告人，采取取保候审尚不足以防止发生下列社会危险性的，应当予以逮捕：

（一）可能实施新的犯罪的；

（二）有危害国家安全、公共安全或者社会秩序的现实危险的；

（三）可能毁灭、伪造证据，干扰证人作证或者串供的；

（四）可能对被害人、举报人、控告人实施打击报复的；

（五）企图自杀或者逃跑的。

对有证据证明有犯罪事实，可能判处十年有期徒刑以上刑罚的，或者有证据证明有犯罪事实，可能判处徒刑以上刑罚，曾经故意犯罪或者身份不明的，应当予以逮捕。

被取保候审、监视居住的犯罪嫌疑人、被告人违反取保候审、监视居住的规定，情节严重的，可以予以逮捕。

第八十六条　人民检察院审查批准逮捕，可以讯问犯罪嫌疑人；有下列情形之一的，应当讯问犯罪嫌疑人：

（一）对是否符合逮捕条件有疑问的；

（二）犯罪嫌疑人要求向检察人员当面陈述的；

（三）侦查活动可能有重大违法行为的。

人民检察院审查批准逮捕，可以询问证人等诉讼参与人，听取辩护律师的意见；辩护律师提出要求的，应当听取辩护律师的意见。

第八十八条　人民检察院对于公安机关提请批准逮捕的案件进行审查后，应当根据情况分别作出批准逮捕或者不批准逮捕的决定。对于批准逮捕的决定，公安机关应当立即执行，并且将执行情况及时通知人民检察院。对于不批准逮捕的，人民检察院应当说明理由，需要补充侦查的，应当同时通知公安机关。

第二章　诉讼监督

一、申诉案件

于英生申诉案

（检例第 25 号）

【关键词】刑事申诉　再审检察建议　改判无罪

【基本案情】

于英生，男，1962 年 3 月生。

1996 年 12 月 2 日，于英生的妻子韩某在家中被人杀害。安徽省蚌埠市中区公安分局侦查认为于英生有重大犯罪嫌疑，于 1996 年 12 月 12 日将其刑事拘留。1996 年 12 月 21 日，蚌埠市中市区人民检察院以于英生涉嫌故意杀人罪，将其批准逮捕。在侦查阶段的审讯中，于英生供认了杀害妻子的主要犯罪事实。蚌埠市中区公安分局侦查终结后，移送蚌埠市中市区人民检察院审查起诉。蚌埠市中市区人民检察院审查后，依法移送蚌埠市人民检察院审查起诉。1997 年 12 月 24 日，蚌埠市人民检察院以涉嫌故意杀人罪对于英生提起公诉。蚌埠市中级人民法院一审判决认定以下事实：1996 年 12 月 1 日，于英生一家三口在逛商场时，韩某将 2800 元现金交给于英生让其存入银行，但却不愿告诉这笔钱的来源，引起于英生的不满。12 月 2 日 7 时 20 分，于英生送其子去上学，回家后再次追问韩某 2800 元现金是哪来的。因韩某坚持不愿说明来源，二人发生争吵厮打。厮打过程中，于英生见韩某声音越来越大，即恼羞成怒将其推倒在床上，然后从厨房拿了一根塑料绳，将韩某的双手拧到背后捆上。接着又用棉被盖住韩某头面部并隔着棉被用双手紧捂其口鼻，将其捂昏迷后匆忙离开现场到单位上班。约 9 时 50 分，于英生从单位返回家中，发现韩某已经死亡，便先解开捆绑韩某的塑料绳，用菜刀对韩某的颈部割了数刀，然后将其内衣向上推至胸部、将其外面穿的毛线衣拉平，并将尸体翻成俯卧状。接着又将屋内家具的柜门、抽屉拉开，将物品翻乱，造成家中被抢劫、韩某被奸杀的假象。临走时，于英生又将液化气打开并点燃一根蜡烛放在床头柜上的烟灰缸里，企图使液化气排放到一定程度，烛火引燃液化气，达到烧毁现场的目的。后因被及时发现而未引燃。经法医鉴定：死者韩某口、鼻腔受暴力作用，致机械性窒息死亡。

【诉讼过程】

1998 年 4 月 7 日，蚌埠市中级人民法院以故意杀人罪判处于英生死刑，缓期二年执行。于英生不服，向安徽省高级人民法院提出上诉。

1998 年 9 月 14 日，安徽省高级人民法院以原审判决认定于英生故意杀人的部分事实不清，证据不足为由，裁定撤销原判，发回重审。被害人韩某的父母提起附带民事诉讼。

1999 年 9 月 16 日，蚌埠市中级人民法院以故意杀人罪判处于英生死刑，缓期二年执行。于英生不服，再次向安徽省高级人民法院提出上诉。

2000 年 5 月 15 日，安徽省高级人民法院以原审判决事实不清，证据不足为由，裁定撤销原判，发回重审。

2000 年 10 月 25 日，蚌埠市中级人民法院以故意杀人罪判处于英生无期徒刑。于英生不服，向安徽省高级人民法院提出上诉。

2002 年 7 月 1 日，安徽省高级人民法院裁定驳回上诉，维持原判。

2002 年 12 月 8 日，于英生向安徽省高级人民法院提出申诉。2004 年 8 月 9 日，安徽省高级人民法院驳回于英生的申诉。后于英生向安徽省人民检察院提出申诉。

安徽省人民检察院经复查，提请最高人民检察院按照审判监督程序提出抗诉。最高人民检察院经审查，于 2013 年 5 月 24 日向最高人民法院提出再审检察建议。

【建议再审理由】

最高人民检察院审查认为，原审判决、裁定认定于英生故意杀人的事实不清，证据不足，案件存在的矛盾和疑点无法得到合理排除，案件事实结论不具有唯一性。

一、原审判决认定事实的证据不确实、不充分。一是根据安徽省人民检察院复查调取的公安机关侦查内卷中的手写"现场手印检验报告"及其他相关证据，能够证实现场存在的 2 枚指纹不是于英生及其家人所留，但侦查机关并未将该情况写入检验报告。原审判决依据该"现场手印检验报告"得出"没有发现外人进入现场的痕迹"的结论与客观事实不符。二是关于于英生送孩子上学以及到单位上班的时间，缺少明确证据支持，且证人证言之间存在矛盾。原审判决认定于英生 9 时 50 分回家伪造现场，10 时 20 分回到单位，而于英生辩解其在 10 时左右回到单位，后接到传呼并用办公室电话回此传呼，并在侦查阶段将传呼机提交侦查机关。安徽省人民检察院复查及最高人民检察院审查时，相关人员证实侦查机关曾对有关人员及传呼机信息问题进行了调查，并调取了通话记录，但案卷中并没有相关调查材料及通话记录，于英生关于在 10 时左右回到单位的辩解不能合理排除。因此依据现有证据，原审判决认定于英生具有 20 分钟作案时间和 30 分钟伪造现场时间的证据不足。

二、原审判决定罪的主要证据之间存在矛盾。原审判决认定于英生有罪的证据主要是现场勘查笔录、尸检报告以及于英生曾作过的有罪供述。而于英生在侦查阶段虽曾作过有罪供述，但其有罪供述不稳定，时供时翻，供述前后矛盾。且其有罪供述与现场勘查笔录、尸检报告等证据亦存在诸多不一致的地方，如于英生曾作有罪供述中有关菜刀放置的位置、拽断电话线、用于点燃蜡烛的火柴梗丢弃在现场以及与被害人发生性行为等情节与现场勘查笔录、尸检报告等证据均存在矛盾。

三、原审判决认定于英生故意杀人的结论不具有唯一性。根据从公安机关侦查内卷中调取的手写"手印检验报告"以及 DNA 鉴定意见，现场提取到外来指纹，被害人阴道提取的精子也不是于英生的精子，因此存在其他人作案的可能。同时，根据侦查机关蜡烛燃烧试验反映的情况，该案存在杀害被害人并伪造现场均在 8 时之前完成的可能。原审判决认定于英生故意杀害韩某的证据未形成完整的证据链，认定的事实不能排除合理怀疑。

【案件结果】

2013 年 6 月 6 日，最高人民法院将最高人民检察院再审检察建议转安徽省高级人民法院。2013 年 6 月 27 日，安徽省高级人民法院对该案决定再审。2013 年 8 月 5 日，安徽省高级人民法院不公开开庭审理了该案。安徽省高级人民法院审理认为，原判决、裁定根据于英生的有罪供述、现场勘查笔录、尸体检验报告、刑事科学技术鉴定、证人证言等证据，认定原审被告人于英生杀害了韩某。但于英生供述中部分情节与现场勘查笔录、尸体检验报告、刑事科学技术鉴定等证据存在矛盾，且韩某阴道擦拭纱布及三角内裤上的精子经 DNA 鉴定不是于英生的，安徽省人民检察院提供的侦查人员从现场提取的没有比对结果的他人指纹等证据没有得到合理排除，因此原审判决、裁定认定于英生犯故意杀人罪的事实不清、证据不足，指控的犯罪不能成立。2013 年 8 月 8 日，安徽省高级人民法院作出再审判决：撤销原审判决裁定，原审被告人于英生无罪。

【要旨】

坚守防止冤假错案底线，是保障社会公平正义的重要方面。检察机关既要依法监督纠正确有错误的生效刑事裁判，又要注意在审查逮捕、审查起诉等环节有效发挥监督制约作用，努力从源头上防止冤假错案发生。在监督纠正冤错案件方面，要严格把握纠错标准，对于被告人供述反复，有罪供述前后矛盾，且有罪供述的关键情节与其他在案证据存在无法排除的重大矛盾，不能排除有其他人作案可能的，应当依法进行监督。

【指导意义】

1. 对案件事实结论应当坚持"唯一性"证明标准。刑事诉讼法第一百九十五条第一项规定："案件事实清楚，证据确实、充分，依据法律认定被告人有罪的，应当作出有罪判决。"刑事诉讼法第五十三条第二款对于认定"证据确实、充分"的条件进行了规定："（一）定罪量刑的事实都有证据证明；（二）据以定案的证据均经法定程序查证属实；（三）综合全案证据，对所认定的案件事实已排除合理怀疑。"排除合理怀疑，要求对于认定的案件事实，从证据角度已经没有符合常理的、有根据的怀疑，特别在是否存在犯罪事实和被告人是否实施了犯罪等关键问题上，确信证据指向的案件结论具有唯一性。只有坚持对案件事实结论的唯一性标准，才能够保证裁判认定的案件事实与客观事实相符，最大限度避免冤假错案的发生。

2. 坚持全面收集证据，严格把握纠错标准。在复查刑事申诉案件过程中，除全面审查原有证据外，还应当注意补充收集、调取能够证实被告人有罪或者无罪、犯罪情节轻重的新证据，通过正向肯定与反向否定，检验原审裁判是否做到案件事实清楚，证据确实、充分。要坚持疑罪从无原则，严格把握纠错标准，对于被告人有罪供述出现反复且前后矛盾，关键情节与其他在案证据存在无法排除的重大矛盾，不能排除有其他人作案可能的，应当认为认定主要案件事实的结论不具有唯一性。人民法院据此判决被告人有罪的，人民检察院应当按照审判监督程序向人民法院提出抗诉，或者向同级人民法院提出再审检察建议。

【相关法律规定】

《中华人民共和国刑事诉讼法》

第五十三条　对一切案件的判处都要重证据，重调查研究，不轻信口供。只有被告人供述，没有其他证据的，不能认定被告人有罪和处以刑罚；没有被告人供述，证据确实、充分的，可以认定被告人有罪和处以刑罚。

证据确实、充分，应当符合以下条件：

（一）定罪量刑的事实都有证据证明；

（二）据以定案的证据均经法定程序查证属实；

（三）综合全案证据，对所认定事实已排除合理怀疑。

第二百四十二条　当事人及其法定代理人、近亲属的申诉符合下列情形之一的，人民法院应当重新审判：

（一）有新的证据证明原判决、裁定认定的事实确有错误，可能影响定罪量刑的；

（二）据以定罪量刑的证据不确实、不充分、依法应当予以排除，或者证明案件事实的主要证据之间存在矛盾的；

（三）原判决、裁定适用法律确有错误的；

（四）违反法律规定的诉讼程序，可能影响公正审判的；

（五）审判人员在审理该案件的时候，有贪污受贿，徇私舞弊，枉法裁判行为的。

第二百四十三条　各级人民法院院长对本院已经发生法律效力的判决和裁定，如果发现在认定事实上或者在适用法律上确有错误，必须提交审判委员会处理。

最高人民法院对各级人民法院已经发生法律效力的判决和裁定，上级人民法院对下级人民法院已经发生法律效力的判决和裁定，如果发现确有错误，有权提审或者指令下级人民法院再审。

最高人民检察院对各级人民法院已经发生法律效力的判决和裁定，上级人民检察院对下级人民法院已经发生法律效力的判决和裁定，如果发现确有错误，有权按照审判监督程序向同级人民法院提出抗诉。

人民检察院抗诉的案件，接受抗诉的人民法院应当组成合议庭重新审理，对于原判决事实不清楚或者证据不足的，可以指令下级人民法院再审。

陈满申诉案

（检例第 26 号）

【关键词】 刑事申诉 刑事抗诉 改判无罪
【基本案情】

陈满，男，1963 年 2 月生。

1992 年 12 月 25 日 19 时 30 分许，海南省海口市振东区上坡下村 109 号发生火灾。19 时 58 分，海口市消防中队接警后赶到现场救火，并在灭火过程中发现室内有一具尸体，立即向公安机关报案。20 时 30 分，海口市公安局接报警后派员赴现场进行现场勘查及调查工作。经走访调查后确定，死者是居住在 109 号的钟某，曾经在此处租住的陈满有重大作案嫌疑。同年 12 月 28 日凌晨，公安机关将犯罪嫌疑人陈满抓获。1993 年 9 月 25 日，海口市人民检察院以陈满涉嫌故意杀人罪，将其批准逮捕。1993 年 11 月 29 日，海口市人民检察院以涉嫌故意杀人罪对陈满提起公诉。海口市中级人民法院一审判决认定以下事实：1992 年 1 月，被告人陈满搬到海口市上坡下村 109 号钟某所在公司的住房租住。期间，陈满因未交房租等，与钟某发生矛盾，钟某声称要向公安机关告发陈满私刻公章帮他人办工商执照之事，并于同年 12 月 17 日要陈满搬出上坡下村 109 号房。陈满怀恨在心，遂起杀害钟某的歹念。同年 12 月 25 日 19 时许，陈满发现上坡下村停电并得知钟某要返回四川老家，便从宁屯大厦窜至上坡下村 109 号，见钟某正在客厅喝酒，便与其聊天，随后从厨房拿起一把菜刀，趁钟某不备，向其头部、颈部、躯干部等处连砍数刀，致钟某当即死亡。后陈满将厨房的煤气罐搬到钟某卧室门口，用打火机点着火焚尸灭迹。大火烧毁了钟某卧室里的床及办公桌等家具，消防队员及时赶到，才将大火扑灭。经法医鉴定：被害人钟某身上有多处锐器伤、颈动脉被割断造成失血性休克死亡。

【诉讼过程】

1994 年 11 月 9 日，海口市中级人民法院以故意杀人罪判处陈满死刑，缓期二年执行，剥夺政治权利终身；以放火罪，判处有期徒刑九年，决定执行死刑，缓期二年执行，剥夺政治权利终身。

1994 年 11 月 13 日，海口市人民检察院以原审判决量刑过轻，应当判处死刑立即执行为由提出抗诉。1999 年 4 月 15 日，海南省高级人民法院驳回抗诉，维持原判。判决生效后，陈满的父母提出申诉。

2001 年 11 月 8 日，海南省高级人民法院经复查驳回申诉。陈满的父母仍不服，向海南省人民检察院提出申诉。2013 年 4 月 9 日，海南省人民检察院经审查，认为申诉人的申诉理由不成立，不符合立案复查条件。陈满不服，向最高人民检察院提出申诉。

2015 年 2 月 10 日，最高人民检察院按照审判监督程序向最高人民法院提出抗诉。

【抗诉理由】

最高人民检察院复查认为，原审判决据以定案的证据不确实、不充分，认定原审被告人陈满故意杀人、放火的事实不清，证据不足。

一、原审裁判认定陈满具有作案时间与在案证据证明的案件事实不符。原审裁判认定原审被告人陈满于 1992 年 12 月 25 日 19 时许，在海口市振东区上坡下村 109 号房间持刀将钟某杀死。根据证人杨某春、刘某生、章某胜的证言，能够证实在当日 19 时左右陈满仍在宁屯大厦，而根据证人何某庆、刘某清的证言，19 时多一点听到 109 号传出上气不接下气的"啊啊"声，大约过了 30 分钟看见 109 号起火。据此，有证据证明陈满案发时仍然在宁屯大厦，不可能在同一时间出现在案发现场，原审裁判认定陈满在 19 时许进入 109 号并实施杀人、放火行为与证人提供的情况不符。

二、原审裁判认定事实的证据不足，部分重要证据未经依法查证属实。原审裁判认定原审被告人陈满实施杀人、放火行为的主要证据，除陈满有罪供述为直接证据外，其他如公安机关火灾原因认定书、现场勘查笔录、现场照片、物证照片、法医检验报告书、物证检验报告书、刑事科学技术鉴定书等仅能证明被害人钟某被人杀害，现场遭到人为纵火；在案证人证言只是证明了发案时的相关情况、案发前后陈满的活动情况以及陈满与被害人的关系等情况，但均不能证实犯罪行为系陈满所为。而在现场提取的带血白衬衫、黑色男西装等物品在侦查阶段丢失，没有在原审法院庭审中出示并接受检验，因此不能作为定案的根据。

三、陈满有罪供述的真实性存在疑问。陈满在侦查阶段虽曾作过有罪供述，但其有罪供述不稳定，时供时翻，且与现场勘查笔录、法医检验报告等证据存在矛盾。如陈满供述杀人后厨房水龙头没有关，而现场勘查时，厨房水龙头呈关闭状，而是卫生间的水龙头没有关；陈满供述杀人后菜刀扔到被害人的卧室中，而现场勘查时，该菜刀放在厨房的砧板上，且在菜刀上未发现血迹、指纹等痕迹；陈满供述将"工作证"放在被害人身上，是为了制造自己被烧死假象的说法，与案发后其依然正常工作、并未逃避侦查的实际情况相矛盾。

【案件结果】

2015 年 4 月 24 日，最高人民法院作出再审决定，指令浙江省高级人民法院再审。2015 年 12 月 29 日，浙江省高级人民法院公开开庭审理了本案。法院经过审理认为，原审裁判据以定案的主要证据即陈满的有罪供述及辨认笔录的客观性、真实性存疑，依法不能作为定案依据；本案除原被告人陈满有罪供述外无其他证据指向陈满作案。因此，原审裁判认定原审被告人陈满故意杀人并放火焚尸灭迹的事实不清、证据不足，指控的犯罪不能成立。2016 年 1 月 25 日，浙江省高级人民法院作出再审判决：撤销原审判决裁定，原审被告人陈满无罪。

【要旨】

证据是刑事诉讼的基石，认定案件事实，必须以证据为根据。证据未经当庭出示、辨认、质证等法庭调查程序查证属实，不能作为定案的根据。对于在案发现场提取的物证等实物证据，未经鉴定，且在诉讼过程中丢失或者毁灭，无法在庭审中出示、质证，有罪供述的主要情节又得不到其他证据印证，而原审裁判认定被告人有罪的，应当依法进行监督。

【指导意义】

1. 切实强化证据裁判和证据审查意识。证据裁判原则是现代刑事诉讼的一项基本原则，是正确惩治犯罪，防止冤假错案的重要保障。证据裁判原则不仅要求认定案件事实必须以证据为依据，而且所依据的证据必须客观真实、合法有效。我国刑事诉讼法第四十八条第三款规定："证据必须经过查证属实，才能作为定案的根据。"这是证据使用的根本原则，违背这一原则就有可能导致冤假错案，放纵罪犯或者侵犯公民的合法权利。检察机关审查逮捕、审查起诉和复查刑事申诉案件，都必须注意对证据的客观性、合法性进行审查，及时防止和纠正冤假错案。对于刑事申诉案件，经审查，如果原审裁判据以定案的有关证据，在原审过程中未经法定程序证明其真实性、合法性，而人民法院据此认定被告人有罪的，人民检察院应当依法进行监督。

2. 坚持综合审查判断证据规则。刑事诉讼法第一百九十五条第一项规定："案件事实清楚，证据确实、充分，依据法律认定被告人有罪的，应当作出有罪判决。"证据确实、充分，不仅是对单一证据的要求，而且是对审查判断全案证据的要求。只有使各项证据相互印证，合理解释消除证据之间存在的矛盾，才能确保查明案件事实真相，避免出现冤假错案。特别是在将犯罪嫌疑人、被告人有罪供述作为定罪主要证据的案件中，尤其要重视以客观性证据检验补强口供等言词证据。只有口供而没有其他客观性证据，或者口供与其他客观性证据相互矛盾、不能相互印证，对所认定的事实不能排除合理怀疑的，应当坚持疑罪从无原则，不能认定被告人有罪。

【相关法律规定】

《中华人民共和国刑事诉讼法》

第四十八条　可以用于证明案件事实的材料，都是证据。

证据包括：（一）物证；（二）书证；（三）证人证言；（四）被害人陈述；（五）犯罪嫌疑人、被告人供述和辩解；（六）鉴定意见；（七）勘验、检查、辨认、侦查实验等笔录；（八）视听资料、电子数据。

证据必须经过查证属实，才能作为定案的根据。

第一百九十三条 法庭审理过程中，对与定罪、量刑有关的事实、证据都应当进行调查、辩论。

经审判长许可，公诉人、当事人和辩护人、诉讼代理人可以对证据和案件情况发表意见并且可以相互辩论。

审判长在宣布辩论终结后，被告人有最后陈述的权利。

二、抗诉案件

某实业公司诉某市住房和城乡建设局征收补偿认定纠纷抗诉案

（检例第 57 号）

【关键词】 行政抗诉　征收补偿　依职权监督　调查核实

【要旨】

人民检察院办理行政诉讼监督案件，应当秉持客观公正立场，既保护行政相对人的合法权益，又支持合法的行政行为。依职权启动监督程序，不以当事人向人民法院申请再审为前提。认为行政判决、裁定可能存在错误，通过书面审查难以认定的，应当进行调查核实。

【基本案情】

2015 年 9 月，某市政府决定对某片区实施棚户区改造项目房屋征收，市住房和城乡建设局（简称市住建局）依据土地房屋登记卡、测绘报告及房屋分户面积明细表，向某实业公司作出房屋征收补偿面积的复函，认定案涉大厦第四层存在自行加建面积为 203.78 平方米，第五层存在自行加建面积为 929.93 平方米，对自行加建部分按照建安成本给予某实业公司补偿。实业公司不服，认为第四层的 203.78 平方米和第五层的 187.26 平方米是规划许可允许建造且在案涉大厦建成时一并建造完成，并系经过法院裁定、判决而合法受让，遂向该市某区人民法院起诉，请求：确认复函违法并撤销；确认争议部分建筑合法并按非住宅房屋价值给予补偿。

2016 年 8 月 1 日，区人民法院作出行政判决，认为：案涉大厦目前尚未取得房屋所有权证，应当以规划许可的建筑面积来认定是否属于自行加建面积。土地房屋登记卡记载的面积，连同第四层和第五层的争议面积，共计 5560.55 平方米，未超过规划许可证件载明的面积 5674.62 平方米，应当认定争议建筑具有合法效力。某测绘公司 2011 年 11 月 13 日受法院委托，对案涉大厦进行测绘后出具了测绘报告，2015 年 12 月 25 日该测绘公司受市政府委托对该大厦测绘后出具测绘报告及房屋分户面积明细表，二者相互矛盾，2011 年测绘报告被市中级人民法院另案判决采信在先，其证明效力应当优于 2015 年出具的房屋分户面积明细表，因此对市住建局复函依据的房屋分户面积明细表不予采信。该判决还认为：该市中级人民法院另案民事判决将争议建筑作为合法财产分割归某实业公司所有，是发生法律效力的物权设立决定，应当认定争议的面积不是自行加建的面积。遂判决确认市住建局复函违法，责令其对争议部分建筑按非住宅房屋的补偿标准给予安置补偿或者货币补偿。

一审判决后，双方当事人均未提起上诉，也未申请再审。

【检察机关监督情况】

1. 线索发现。2018 年 4 月，该市人民检察院在处理当事人来函信件中发现该案判决可能存在错误，非住宅补偿标准（每平方米约 3 万元）与建安成本（每平方米约 2000 元）差距巨大，如果按照判决进行补偿，不仅放纵违法建设行为，而且政府将多支付补偿款 1000 余万元，严重损害国家利益，根据《人民检察院行政诉讼监督规则（试行）》第九条第一项之规定，决定依职权启动监督程序。

2. 调查核实。市人民检察院在审查案件过程中，发现一审期间实业公司提供的案涉大厦规划许可证件复印件是判决的关键证据之一，与其他证据存在矛盾，遂开展了以下调查核实工作：一是向法院调取案件卷宗材料；二是向市规划委员会、市不动产登记中心等单位调取规划许可证件及相关文件；三是向市不动产登记中心等单位及工作人员询问了解规划许可证件等文件复印件的来源和审核情况。经对以上材料进行审查和比对，发现法院卷宗中的规划许可证件等文件复印件记载的面积与市规划委员会保存的规划许可证件等文件原件记载的面积不一致。最终查明：实业公司向法院提供的规划许可证件等三份文件复印件，是从市不动产登记中心查询复印的，而该中心保存的这三份材料又是实业公司在申请办理房证时提供的复印件。市规划委员会于2018年7月19日向人民检察院出具的《关于协助说明规划许可相关内容的复函》证明：案涉大厦建筑规划许可总建筑面积为5074.62平方米。据此认定，实业公司提供的规划许可证件等3份文件复印件中5674.62平方米的面积系经涂改，规划许可的建筑面积应为5074.62平方米，二者相差600平方米。

3. 监督意见。市人民检察院审查后，认为区人民法院行政判决认定事实的主要证据系变造，且事实认定和法律适用存在错误。第一，2015年测绘报告的房屋分户面积明细表是受市人民政府委托，为了征收某片区棚户区改造项目房屋，对整个大厦建筑面积包括合法、非法加建面积而进行的测绘，应当作为认定争议面积是否属于合法建筑面积的依据。而2011年测绘报告则是另案为了处理有关当事人关于某酒店共有产权民事纠纷而进行的测绘，未就争议建筑部分是否合法予以认定或区分，不应作为认定建筑是否合法的依据。第二，根据检察机关调查核实情况，判决认定规划许可面积错误，以此为标准认定实际建筑面积未超过规划许可面积也存在错误。第三，根据市国土局土地房屋登记卡及附件、2015 年测绘报告的房屋分户面积明细表等证据，应当认定第四层、第五层存在擅自加建。第四，另案民事判决是对房屋权属进行的分割和划分，不应当作为认定建筑是否合法的依据。判决认定争议建筑不是自行加建，存在错误。市人民检察院遂于 2018 年 11 月 22 日依法向市中级人民法院提出抗诉。

4. 监督结果。市中级人民法院经过审查，于 2018 年 12 月 3 日作出行政裁定书，指令某区人民法院再审。2019 年 1 月 8 日，实业公司向某区人民法院提交撤诉申请。某区人民法院依照《中华人民共和国行政诉讼法》第六十二条之规定，裁定：（1）撤销本院原行政判决书；（2）准许实业公司撤回对市住建局的起诉。

2019 年 3 月 6 日，市中级人民法院对实业公司另案起诉的市住建局强制拆除行为违法及赔偿纠纷案作出终审行政判决，认定实业公司提交的案涉大厦规划许可证件等文件中 5674.62 平方米是经涂改后的面积，规划许可建筑面积应为 5074.62 平方米。实业公司对法院认定的上述事实无异议。该案最终判决驳回实业公司的诉讼请求。对变造证据行为的责任追究，另案处理。

【指导意义】

1. 人民检察院办理行政诉讼监督案件，应当秉持客观公正立场，既注重保护公民、法人和其他组织的合法权益，也注重支持合法的行政行为，保护国家利益和社会公共利益。人民检察院行政诉讼监督的重要任务是维护社会公平正义，监督人民法院依法审判和执行，促进行政机关依法行政。人民检察院是国家的法律监督机关，应当居中监督，不偏不倚，依法审查人民法院判决、裁定所基于的事实根据和法律依据，发现行政判决、裁定确有错误，符合法定监督条件的，依法提出抗诉或再审检察建议。本案中，人民检察院通过抗诉，监督人民法院纠正了错误判决，保护了国家利益，维护了社会公平正义。

2. 人民检察院依职权对行政裁判结果进行监督，不以当事人申请法院再审为前提。按照案件来源划分，对行政裁判结果进行监督分为当事人申请监督和依职权监督两类。法律规定当事人在申请检察建议或抗诉之前应当向法院提出再审申请，目的是为了防止当事人就同一案件重复申请、司法机关多头审查。人民检察院是国家的法律监督机关，是公共利益的代表，担负着维护司法公正、保证法律统一正确实施、维护国家利益和社会公共利益的重要任务，对于符合《人民检察院行政诉讼监督规则（试行）》第九条规定的行政诉讼案件，应当从监督人民法院依法审判、促进行政机关依法行政的目的出发，充分发挥检察监督职能作用，依职权主动进行监督，不受当事人是否申请再审的限制。本案中，虽然当事人未上诉也未向法院申请再审，但人民检察院发现存在损害国家利益的情形，遂按照《人民检察院行政诉讼监督规则（试行）》第九条第一项的规定，依职权启动了监督程序。

3. 人民检察院进行行政诉讼监督，通过书面审查卷宗、当事人提供的材料等对有关案件事实难以认定的，应当进行调查核实。《人民检察院组织法》规定，人民检察院行使法律监督权，可以进行调查核实。办理行政诉讼监督案件，通过对卷宗、当事人提供的材料等进行书面审查后，对有关事实仍然难以认定的，为查清案件事实，确保精准监督，应当进行调查核实。根据《人民检察院行政诉讼监督规则（试行）》等相关规定，调查核实可以采取以下措施：（1）查询、调取、复制相关证据材料；（2）询问当事人或者案外人；（3）咨询专业人员、相关部门或者行业协会等对专门问题的意见；（4）委托鉴定、评估、审计；（5）勘验物证、现场；（6）查明案件事实所需要采取的其他措施。调查核实的目的在于查明人民法院的行政判决、裁定是否存在错误，审判和执行活动是否符合法律规定，为决定是否监督提供依据和参考。本案中，市住建局作出复函时已有事实根据和法律依据，并在诉讼中及时向法庭提交，但法院因采信原告提供的虚假证据作出了错误判决。检察机关通过调查核实，向原审人民法院调取案件卷宗，向规划部门调取规划许可证件等文件原件，向出具书证的不动产登记中心及工作人员了解询问规划许可证件等文件复印件的形成过程，进而查明原审判决采信的关键证据存在涂改，为检察机关依法提出抗诉提供了根据。

【相关规定】

《中华人民共和国人民检察院组织法》第六条、第二十一条

《中华人民共和国行政诉讼法》第九十一条、第九十三条、第一百零一条

《中华人民共和国民事诉讼法》第二百一十条

《人民检察院行政诉讼监督规则（试行）》第九条、第十三条、第三十六条

《人民检察院民事诉讼监督规则（试行）》第六十六条

深圳市丙投资企业（有限合伙）被诉股东 损害赔偿责任纠纷抗诉案

（检例第 77 号）

【关键词】 企业资产重整　保护股东个人合法财产　优化营商环境　抗诉监督

【要旨】

公司股东应以出资额为限，对公司承担有限责任。股东未滥用

公司法人独立地位逃避债务并严重损害公司债权人利益的，不应对公司债务承担连带责任。检察机关应严格适用股东有限责任等产权制度，依法保护投资者的个人财产安全，让有恒产者有恒心。

【基本案情】

2007 年 11 月，惠州甲房产开发有限公司（以下简称甲公司）登记设立，为开发广东省惠州市某房产的房地产项目公司。甲公司多次对外借款。2010 年 1 月，因甲公司无力清偿债务，广东省惠州市中级人民法院受理债权人对甲公司提出的破产申请。在惠州乙发展有限公司（以下简称乙公司）提供 5000 万元破产重整保证金后，相关债权人于 2011 年 5 月撤回破产清算申请。2011 年 8 月，深圳市丙投资企业（有限合伙）（以下简称丙企业）与甲公司、惠州市丁房产开发有限公司（以下简称丁公司）、陈某军、乙公司签订《投资合作协议》及补充协议，约定丙企业以 2000 万元受让丁公司持有的甲公司 100% 股权，并向甲公司提供 1.48 亿元委托贷款，甲公司以案涉国有土地使用权等为丙企业的债权投资提供担保，丁公司、陈某军、乙公司亦提供连带责任担保。

2011 年 8 月 9 日，甲公司的股东变更为丙企业和陈某军，其中丙企业占股东出资额的 99.9%。2011 年 8 月 10 日，丙企业委托中国建设银行股份有限公司某分行将其 1.48 亿元款项借给甲公司，用于甲公司某项目运作和甲公司运营，甲公司和丁公司依约提供抵押担保。同日，1.48 亿元委托贷款和 2000 万元股权转让款转入甲公司。款项到位后，2011 年 8 月至 2012 年 4 月期间，为完成破产重整程序中债务清偿及期间发生的借款、担保等相关衍生事宜，甲公司依照合同约定及乙公司、债权人陈某忠等人指令，先后向丁公司、深圳市戊公司、深圳市己公司等多家公司转账，款项共计 1.605 亿元。

2012 年 11 月 1 日，诸某某将其持有的对甲公司债权中的 800 万元转让给赵某新，并通知债务人。2012 年 11 月 5 日，赵某新向浙江省兰溪市人民法院起诉，要求甲公司归还欠款 800 万元，丙企业承担连带责任。

兰溪市人民法院一审认为，丙企业是甲公司的绝对控股股东，其滥用公司法人独立地位和股东有限责任，对甲公司进行不正当支配和控制，且未将贷款用于房地产开发，其转移资产、逃避债务的行为严重损害公司债权人利益，应当对甲公司的债务承担连带责任，遂判决甲公司归还赵某新 800 万元借款，丙企业承担连带责任。丙企业不服，上诉至浙江省金华市中级人民法院。二审判决驳回上诉，维持原判。丙企业申请再审，浙江省高级人民法院裁定驳回其再审申请。

【检察机关监督情况】

1. 受理及审查情况。丙企业主张，甲公司对外转款均有特定用途，并非转移资产，丙企业并不存在滥用公司法人独立地位和股东有限责任的行为，不应承担连带责任，遂于 2016 年 2 月向浙江省金华市人民检察院申请监督。该院予以受理审查。

围绕丙企业是否存在滥用公司法人独立地位和股东有限责任逃避公司债务的问题，检察机关依法调阅原审案卷；核实相关工商登记信息，并对本案关键证人进行询问，相关证据可以证实甲公司于 2011 年 8 月至 2012 年 4 月期间的对外转款均具有正当事由，而非恶意转移资产，逃避债务。

2. 监督意见。金华市人民检察院就本案向浙江省人民检察院提请抗诉。浙江省人民检察院经审查认为，丙企业并未支配控制甲公司的资金支出，在丙企业受让股权后，甲公司仍然由原股东丁公司派人进行管理，公司管理人员未发生变化；甲公司向丁公司等公司多次转款均具有明确用途，而非恶意转移资产；丙企业与甲公司、丁公司等企业之间不存在人员、业务、财务的交叉或混同。因此，终审判决认定丙企业利用法人独立地位和股东有限责任逃避债务，属于认定事实和适用法律错误。2016 年 11 月 25 日，浙江省人民检察院依法向浙江省高级人民法院提出抗诉。

3. 监督结果。2018 年 1 月 31 日，浙江省高级人民法院作出（2017）浙民再 116 号民事判决，认定案涉委托贷款以及股权转让款的对外支付有合理解释，现有证据不足以证明丙企业有滥用公司法人独立地位和股东有限责任逃避债务的行为，判决撤销一、二审判决有关丙企业对案涉债务承担连带责任的判项，驳回赵某新对丙企业提出的诉讼请求。

【指导意义】

1. 严格适用公司有限责任制度，依法保护股东的个人财产安全。公司人格独立和股东有限责任是公司法的基本原则。否认公司独立人格，由滥用公司法人独立地位和股东有限责任的股东对公司债务承担连带责任，是股东有限责任的例外。在具体案件中应依据特定的法律事实和法律关系，综合判断和审慎适用，依法区分股东与公司的各自财产与债务，维护市场主体的独立性和正常的经济秩序。

2. 检察机关在审查股东损害公司债权人利益的案件时，应当严格区分企业正当融资担保与恶意转移公司资产逃避债务损害公司债权人利益违法行为的界限。如果公司股东没有利用经营权恶意转移公司资产谋一己之私，没有损害公司债权人利益的，依法不应当对公司债务承担连带偿还责任。

3. 检察机关应积极发挥监督职责，推动法治化营商环境建设。公司有限责任是具有标志性的现代企业法律制度，旨在科学化解市场风险，鼓励投资创造财富。产权是市场经济的基础、社会文明的基石和社会向前发展的动力，投资者无法回避市场风险，但需要筑牢企业家个人和家庭与企业之间的财产风险"防火墙"，对于依法出资和合法经营的，即使企业关闭停产，也能守住股东个人和家庭的合法财产底线，真正让有恒产者有恒心，优化营商环境，保护企业家的投资创业热情，为完善市场秩序提供法治保障。

【相关规定】

《中华人民共和国公司法》第二十条

《中华人民共和国民事诉讼法》第二百条、第二百零八条

三、虚假诉讼监督

广州乙置业公司等骗取支付令
执行虚假诉讼监督案

（检例第 52 号）

【关键词】　骗取支付令　侵吞国有资产检察建议

【要旨】

当事人恶意串通、虚构债务，骗取法院支付令，并在执行过程中通谋达成和解协议，通过以物抵债的方式侵占国有资产，损害司法秩序，构成虚假诉讼。检察机关对此类案件应当依法进行监督，充分发挥法律监督职能，维护司法秩序，保护国有资产。

【基本案情】

2003 年起，国有企业甲农工商公司因未按期偿还银行贷款被诉至法院，银行账户被查封。为转移甲农工商公司及其下属公司的资产，甲农工商公司班子成员以个人名义出资，于 2003 年 5 月 26 日成立广州乙置业公司，甲农工商公司经理张某任乙置业公司董事长，其他班子成员任乙置业公司股东兼管理人员。

2004 年 6 月 23 日和 2005 年 2 月 20 日，乙置业公司分别与借款人甲农工商公司下属丙实业公司和丁果园场签订金额为 251.846

万元和 1600 万元的借款协议,丙实业公司以自有房产为借款提供抵押担保。乙置业公司没有自有流动运营资金和自有业务,其出借的资金主要来源于甲农工商公司委托其代管的资金。

丙实业公司借款时,甲农工商公司在乙置业公司已经存放有 13893401.67 元理财资金可以调拨,但甲农工商公司未调拨理财资金,反而由下属的丙实业公司以房产抵押的方式借款。丁果园场借款时,在 1600 万元借款到账的 1—3 天内便以"往来款"名义划付到案外人账户,案外人又在 5 天内通过银行转账方式将等额资金划还给乙置业公司。

上述借款到期后,乙置业公司立即向广州市白云区人民法院申请支付令,要求偿还借款。2004 年 9 月 6 日,法院作出(2004)云法民二督字第 23 号支付令,责令丙实业公司履行付款义务;2005 年 11 月 9 日,法院作出(2005)云法民二督字第 16 号支付令,责令丁果园场履行付款义务。丙实业公司与丁果园场未提出异议,并在执行过程中迅速与乙置业公司达成以房抵债的和解协议。2004 年 10 月 11 日,丙实业公司与乙置业公司签署和解协议,以自有房产抵偿 251.846 万元债务。丙实业公司还主动以自有的 36 栋房产为丁果园场借款提供执行担保。2006 年 2 月、4 月,法院先后裁定将丁果园场的房产作价 611.7212 万元、丙实业公司担保房产作价 396.9387 万元以物抵债给乙置业公司。

案发后,甲农工商公司的主管单位于 2013 年 9 月 10 日委托评估,评估报告显示,以法院裁定抵债日为评估基准日,涉案房产评估价值合计 1.09 亿余元,比法院裁定以物抵债的价格高出 9640 万余元,国有资产受到严重损害。

【检察机关监督情况】

1. 线索发现。2016 年 4 月,广东省人民检察院在办理甲农工商公司经理张某贪污、受贿刑事案件的过程中,发现乙置业公司可能存在骗取支付令、侵吞国有资产的行为，遂将案件线索交广州市人民检察院办理。广州市人民检察院依职权启动监督程序，与白云区人民检察院组成办案组共同办理该案。

2. 调查核实。办案组调取法院支付令与执行案件卷宗，经审查发现，乙置业公司与丙实业公司、丁果园场在诉讼过程中对借款事实等问题的陈述高度一致；三方在执行过程中主动、迅速达成以物抵债的和解协议，而缺乏通常诉讼所具有的对抗性；经审查张某贪污、受贿案的刑事卷宗，发现甲农工商公司、乙置业公司的班子成员存在合谋串通、侵吞国有资产的主观故意；经审查工商登记资料，发现乙置业公司没有自有资金，其资金来源于代管的甲农工商公司资金；经调取银行流水清单，核实了借款资金流转情况。办案组沿涉案资金、房产的转移路径，逐步厘清案情脉络，并重新询问相关涉案人员，最终获取张某等人的证言，进一步夯实证据。

3. 监督意见。2016年10月8日，白云区人民检察院就白云区人民法院前述两份支付令分别发出穗云检民（行）违监（2016）4号、5号检察建议书，指出乙置业公司与丙实业公司、丁果园场恶意串通、虚构债务，骗取法院支付令，借执行和解程序侵吞国有资产，损害了正常司法秩序，建议法院撤销涉案支付令。

4. 监督结果。2018年5月15日，白云区人民法院作出（2018）粤0111民督监1号、2号民事裁定书，分别确认前述涉案支付令错误，裁定予以撤销，驳回乙置业公司的支付令申请。同年10月，白云区人民法院依据生效裁定执行回转，至此，1.09亿余元的国有资产损失得以挽回。甲农工商公司原班子成员张某等人因涉嫌犯贪污罪、受贿罪，已被广州市人民检察院提起公诉。

【指导意义】

1. 虚构债务骗取支付令成为民事虚假诉讼的一种表现形式，应当加强法律监督。民事诉讼法规定的督促程序，旨在使债权人便捷高效地获得强制执行依据，解决纠纷。司法实践中，有的当事人正是利用法院发出支付令以形式审查为主、实质问题不易被发现的特点，恶意串通、虚构债务骗取支付令并获得执行，侵害其他民事主体的合法权益。本案乙置业公司与丙实业公司、丁果园场恶意串通、虚构债务申请支付令，构成虚假诉讼。由于法院在发出支付令时无需经过诉讼程序，仅对当事人提供的事实、证据进行形式审查，因此，骗取支付令的虚假诉讼案件通常具有一定的隐蔽性，检察机关应当加强对此类案件的监督，充分发挥法律监督职能。

2. 办理虚假诉讼案件重点围绕捏造事实行为进行审查。虚假诉讼通常以捏造的事实启动民事诉讼程序，检察机关应当以此为重点内容开展调查核实工作。本案办理过程中，办案组通过调阅张某刑事案件卷宗材料掌握案情，以刑事案件中固定的证据作为本案办理的突破口；通过重点审查涉案公司的企业法人营业执照、公司章程、公司登记申请书、股东会决议等工商资料，确认丙实业公司和丁果园场均由甲农工商公司设立，均系全民所有制企业，名下房产属于国有财产，上述公司的主要班子成员存在交叉任职等事实；通过调取报税资料、会计账册、资金代管协议等档案材料发现，乙置业公司没有自有流动运营资金和业务，其资金来源于代管的甲农工商公司资金；通过调取银行流水清单，发现丁果园场在借款到账后即以"往来款"名义划付至案外人账户，案外人随即将等额资金划还至乙置业公司，查明了借款资金流转的情况。一系列事实和证据均指向当事人存在恶意串通、虚构债务骗取支付令的行为。

3. 发现和办理虚假诉讼案件，检察机关应当形成整体合力。虚假诉讼不仅侵害其他民事主体的合法权益，影响经济社会生活秩序，更对司法公信力、司法秩序造成严重侵害，检察机关应当形成整体合力，加大法律监督力度。检察机关各业务部门在履行职责过程中发现民事虚假诉讼线索的，均应及时向民事检察部门移送；并积极探索建立各业务部门之间的线索双向移送、反馈机制，线索共享、信息互联机制。本案即是检察机关在办理刑事案件过程中发现可能存在民事虚假诉讼线索，民事检察部门由此进行深入调查的典型案例。

【相关规定】

《中华人民共和国民事诉讼法》第十四条、第二百一十六条

《最高人民法院关于适用〈中华人民共和国民事诉讼法〉的解释》第四百一十四条

《人民检察院民事诉讼监督规则（试行)》第九十九条

武汉乙投资公司等骗取调解书虚假诉讼监督案

（检例第 53 号）

【关键词】 虚假调解逃避债务民事抗诉

【要旨】

伪造证据、虚构事实提起诉讼，骗取人民法院调解书，妨害司法秩序、损害司法权威，不仅可能损害他人合法权益，而且损害国家和社会公共利益的，构成虚假诉讼。检察机关办理此类虚假诉讼监督案件，应当从交易和诉讼中的异常现象出发，追踪利益流向，查明当事人之间的通谋行为，确认是否构成虚假诉讼，依法予以监督。

【基本案情】

2010 年 4 月 26 日，甲商贸公司以商品房预售合同纠纷为由向武汉市蔡甸区人民法院起诉乙投资公司，称双方于 2008 年 4 月 30

日签订《商品房订购协议书》，约定甲商贸公司购买乙投资公司天润工业园项目约 4 万平方米的商品房，总价款人民币 7375 万元，甲公司支付 1475 万元定金，乙投资公司于收到定金后 30 日内完成上述项目地块的抵押登记注销，双方再签订正式《商品房买卖合同》。协议签订后，甲商贸公司依约支付定金，但乙投资公司未解除土地抵押登记，甲商贸公司遂提出四起商品房预售合同纠纷诉讼，诉请判令乙投资公司双倍返还定金，诉讼标的额分别为 700 万元、700 万元、750 万元、800 万元，共计 2950 万元。武汉市蔡甸区人民法院受理后，适用简易程序审理、以调解方式结案，作出（2010）蔡民二初字第 79 号、第 80 号、第 81 号、第 82 号民事调解书，分别确认乙投资公司双倍返还定金 700 万元、700 万元、750 万元、800 万元，合计 2950 万元。甲商贸公司随即向该法院申请执行，领取可供执行的款项 2065 万元。

【检察机关监督情况】

1. 线索发现。2015 年，武汉市人民检察院接到案外人相关举报，经对上述案件进行审查，初步梳理出如下案件线索：一是法院受理异常。双方只签订有一份《商品房订购协议书》，甲商贸公司却拆分提出四起诉讼；甲商贸公司已支付定金为 1475 万元，依据当时湖北省法院案件级别管辖规定，基层法院受理标的额在 800 万元以下的案件，本案明显属于为回避级别管辖规定而拆分起诉，法院受理异常。二是均适用简易程序由同一名审判人员审结，从受理到审理、制发调解书在 5 天内全部完成。三是庭审无对抗性，乙投资公司对甲商贸公司主张的事实、证据及诉讼请求全部认可，双方当事人及代理人在整个诉讼过程中陈述高度一致。四是均快速进入执行程序、快速执结。

2. 调查核实。针对初步梳理的案件线索，武汉市人民检察院随即开展调查核实。第一步，通过裁判文书网查询到乙投资公司作为被告或被执行人的案件在武汉市蔡甸区人民法院已有 40 余件，总标的额 1.3 亿余元，乙投资公司已经资不抵债；第二步，通过银行查询执行款流向，发现甲商贸公司收到 2065 万元执行款后，将其中 1600 万元转账至乙投资公司法定代表人方某的个人账户，320 万元转账至丙公司、丁公司；第三步，通过查询工商信息，发现方某系乙投资公司法定代表人，而甲、乙、丙、丁四公司系关联公司，实际控制人均为成某某；第四步，调阅法院卷宗，发现方某本人参加了四起案件的全部诉讼过程；第五步，经进一步调查方某个人银行账户，发现方某在本案诉讼前后与武汉市蔡甸区人民法院民二庭原庭长杨某某之间存在金额达 100 余万元的资金往来。检察人员据此判断该四起案件可能是乙投资公司串通关联公司提起的虚假诉讼。经进一步审查发现，甲商贸公司、乙投资公司的实际控制人成某某通过受让债权取得乙投资公司 80% 的股权，后因经营不善产生巨额债务，遂指使甲商贸公司，伪造了以上《商品房订购协议书》，并将甲商贸公司其他业务的银行资金往来明细作为支付定金 1475 万元的证据，由甲商贸公司向武汉市蔡甸区人民法院提起诉讼，请求"被告乙投资公司双倍返还定金 2950 万元"，企图达到转移公司资产、逃避公司债务的非法目的。该院民二庭庭长杨某某在明知甲、乙投资公司的实际控制人为同一人，且该院对案件无管辖权的情况下，主动建议甲商贸公司将一案拆分为 4 个案件起诉；案件转审判庭后，杨某某向承办法官隐瞒上述情况，指示其按照简易程序快速调解结案；进入执行后，杨某某又将该案原、被告公司的实际控制人为同一人的情况告知本院执行二庭原庭长童某，希望快速执行。在杨某某、童某的参与下，案件迅速执行结案。

3. 监督意见。2016 年 10 月 21 日，武汉市人民检察院就（2010）蔡民二初字第 79 号、第 80 号、第 81 号、第 82 号民事调解书，向武汉市中级人民法院提出抗诉，认为本案调解书认定的事实与案件真实情况明显不符，四起诉讼均系双方当事人恶意串通为逃避公司债务提起的虚假诉讼，应当依法纠正。首先，从《商品房订购协议书》的表面形式来看，明显与正常的商品房买卖交易惯例不符，连所订购房屋的具体位置、房号都没有约定；其次，乙投资公司法定代表人方某在刑事侦查中供述双方不存在真实的商品房买卖合同关系，四份商品房订购协议书系伪造，目的是通过双倍返还购房定金的方式转移公司资产，逃避公司债务；再次，在双方无房屋买卖交易的情况下，不存在支付及返还"定金"之说。证明甲商贸公司支付1475万元定金的证据是7张银行凭证，其中一笔600万的汇款人为案外人戊公司；甲商贸公司陆续汇入乙投资公司875万元后，乙投资公司又向甲商贸公司汇回175万元，甲商贸公司汇入乙投资公司账户的金额实际仅有700万元，且属于公司内部的调度款。

4. 监督结果。2018年1月16日，武汉市中级人民法院对武汉市人民检察院抗诉的四起案件作出民事裁定，指令武汉市蔡甸区人民法院再审。2018年11月19日，武汉市蔡甸区人民法院分别作出再审判决：撤销武汉市蔡甸区人民法院（2010）蔡民二初字第79号、第80号、第81号、第82号四份民事调解书；驳回甲商贸公司全部诉讼请求。2017年，武汉市蔡甸区人民法院民二庭原庭长杨某某、执行二庭原庭长童某被以受贿罪追究刑事责任。

【指导意义】

1. 对于虚假诉讼形成的民事调解书，检察机关应当依法监督。虚假诉讼的民事调解有其特殊性，此类案件以调解书形式出现，从外表看是当事人在处分自己的民事权利义务，与他人无关。但其实质是当事人利用调解书形式达到了某种非法目的，获得了某种非法利益，或者损害了他人的合法权益。当事人这种以调解形式达到非法目的或获取非法利益的行为，利用了人民法院的审判权，从实质上突破了调解各方私益的范畴，所处分和损害的利益已不仅仅是当事人的私益，还妨碍司法秩序，损害司法权威，侵害国家和社会公共利益，应当依法监督。对于此类虚假民事调解，检察机关可以依照民事诉讼法的相关规定提出抗诉。

2. 注重对案件中异常现象的调查核实，查明虚假诉讼的真相。检察机关对办案中发现的异于常理的现象要进行调查，这些异常既包括交易的异常，也包括诉讼的异常。例如，合同约定和合同履行明显不符合交易惯例和常识，可能存在通谋的；案件的立、审、执较之同地区同类型案件异常迅速的；庭审过程明显缺乏对抗性，双方当事人在诉讼过程对主张的案件事实和证据高度一致等。检察机关要敏锐捕捉异常现象，有针对性运用调查核实措施，还案件事实以本来面目。

【相关规定】

《中华人民共和国民事诉讼法》第一百一十二条、第一百一十三条、第二百零八条、第二百一十条

《中华人民共和国刑法》第三百零七条之一

陕西甲实业公司等公证执行
虚假诉讼监督案

（检例第 54 号）

【关键词】 虚假公证　非诉执行监督检察建议

【要旨】

当事人恶意串通、捏造事实，骗取公证文书并申请法院强制执行，侵害他人合法权益，损害司法秩序和司法权威，构成虚假诉讼。检察机关对此类虚假诉讼应当依法监督，规范非诉执行行为，

维护司法秩序和社会诚信。

【基本案情】

2011 年，陕西甲实业公司董事长高某因非法吸收公众存款罪被追究刑事责任；2012 年底，甲实业公司名下资产陕西某酒店被西安市中级人民法院查封拍卖，拍卖所得用于退赔集资款和偿还债务。

2013 年 11 月，高某保外就医期间与郗某、高某萍、高某云、王某、杜某、唐某、耿某等人商议，由高某以甲实业公司名义出具借条，虚构甲实业公司曾于 2006、2007 年向郗某等七人借款的事实，并分别签订还款协议书。2013 年 12 月，甲实业公司委托代理人与郗某等七人前往西安市莲湖区公证处，对涉案还款协议书分别办理《具有强制执行效力的债权文书公证书》，莲湖区公证处向郗某等七人出具《执行证书》。2013 年 12 月，郗某等七人依据《执行证书》，向西安市雁塔区人民法院申请执行。2014 年 3 月，西安市雁塔区人民法院作出执行裁定书，以甲实业公司名下财产被西安市中级人民法院拍卖，尚需等待分配方案确定后再恢复执行为由，裁定本案执行程序终结。西安市中级人民法院确定分配方案后，雁塔区人民法院恢复执行并向西安市中级人民法院上报郗某等七人债权请求分配。

【检察机关监督情况】

1. 线索发现。2015 年 11 月，检察机关接到债权人不服西安市中级人民法院制定的债权分配方案，提出高某所涉部分债务涉嫌虚构的举报。雁塔区人民检察院接到举报后，根据债权人提供的线索对高某所涉债务进行清查，发现该七起虚假公证案件线索。

2. 调查核实。雁塔区人民检察院对案件线索依法进行调查核实。首先，到高某服刑的监狱和保外就医的医院对其行踪进行调查，并随即询问了王某、郗某、耿某，郗某等人承认了基于利益因素配合高某虚构甲实业公司借款的事实；其次，雁塔区人民检察院到公证机关调取公证卷宗，向西安市中级人民法院了解甲实业公司执行案件相关情况。经调查核实发现，高某与郗某等七人为套取执行款，逃避债务，虚构甲实业公司向郗某等七人借款1180万元的事实、伪造还款协议书等证据，并对虚构的借款事实进行公证，向西安市雁塔区人民法院申请强制执行该公证债权文书。

3. 监督意见。在查明相关案件事实的基础上，2015年11月，雁塔区人民检察院将涉嫌虚假诉讼刑事案件的线索移交西安市公安局雁塔分局立案侦查。2016年9月23日，雁塔区人民检察院针对雁塔区人民法院的执行活动发出检察建议，指出甲实业公司与郗某等七人恶意串通，伪造借款凭据和还款协议，《执行证书》中的内容与事实不符，由于公证债权文书确有错误，建议依法不予执行。

4. 监督结果。2016年10月24日，雁塔区人民法院回函称，经调取刑事卷宗中郗某等人涉嫌虚假诉讼犯罪的相关证据材料，确认相关公证内容确系捏造，经合议庭合议决定，对相关执行证书裁定不予执行。2017年7月16日，雁塔区人民法院作出（2017）陕0113执异153至159号七份执行裁定书，认定郗某等申请执行人在公证活动进行期间存在虚假行为，公证债权文书的内容与事实不符，裁定对相关公证书及执行证书不予执行。后高某等四人因构成虚假诉讼罪被追究刑事责任。

【指导意义】

1. 利用虚假公证申请法院强制执行是民事虚假诉讼的一种表现形式，应当加强检察监督。对债权文书赋予强制执行效力是法律赋予公证机关的特殊职能，经赋强公证的债权文书，可以不经诉讼直接成为人民法院的执行依据。近年来，对虚假债权文书进行公证的行为时有发生，一些当事人与他人恶意串通，对虚假的赠与合同、买卖合同，或抵偿债务协议进行公证，并申请法院强制执行，以达到转移财产、逃避债务的目的。本案中，甲实业公司与郗某等七人捏造虚假借款事实申请公证，并向人民法院申请强制执行、参与执行财产分配就属于此类情形，不仅损害了案外人的合法债权，同时也损害了诉讼秩序和司法公正，影响社会诚信。本案中，检察机关和公安机关已经查实系虚假公证，由检察机关建议人民法院不予执行较之利害关系人申请公证机关撤销公证更有利于保护债权人合法权益。

2. 加强对执行公证债权文书等非诉执行行为的监督，促进公证活动依法有序开展。根据《公证法》规定，公证机关应当对当事人的身份、申请办理该项公证的资格以及相应的权利；提供的文书内容是否完备，含义是否清晰，签名、印鉴是否齐全；提供的证明材料是否真实、合法、充分；申请公证的事项是否真实、合法等内容进行审查。检察机关在对人民法院执行公证债权文书等非诉执行行为进行监督时，如果发现公证机关未依照法律规定程序和要求进行公证的，应当建议公证机关予以纠正。

【相关规定】

《中华人民共和国民事诉讼法》第二百三十五条

最高人民法院、最高人民检察院《关于民事执行活动法律监督若干问题的规定》第三条

《中华人民共和国公证法》第二十八条

福建王某兴等人劳动仲裁执行
虚假诉讼监督案

（检例第 55 号）

【关键词】　虚假劳动仲裁　仲裁执行监督　检察建议

【要旨】

为从执行款项中优先受偿，当事人伪造证据将普通债权债务关

系虚构为劳动争议申请劳动仲裁，获取仲裁裁决或调解书，据此向人民法院申请强制执行，构成虚假诉讼。检察机关对此类虚假诉讼行为应当依法进行监督。

【基本案情】

2014 年，王某兴借款 339500 元给甲茶叶公司原法定代表人王某贵，多次催讨未果。2017 年 5 月，甲茶叶公司因所欠到期债务未偿还，厂房和土地被武平县人民法院拍卖。2017 年 7 月下旬，王某兴为实现其出借给王某贵个人的借款能从甲茶叶公司资产拍卖款中优先受偿的目的，与甲茶叶公司新法定代表人王某福（王某贵之子）商议申请仲裁事宜。双方共同编造甲茶叶公司拖欠王某兴、王某兴妻子及女儿等 13 人 414700 元工资款的书面材料，并向武平县劳动人事争议仲裁委员会申请劳动仲裁。2017 年 7 月 31 日，仲裁员曾某明在明知该 13 人不是甲茶叶公司员工的情况下，作出武劳仲案（2017）19 号仲裁调解书，确认甲茶叶公司应支付给王某兴等 13 人工资款合计 414700 元，由武平县人民法院在甲茶叶公司土地拍卖款中直接支付到武平县人力资源和社会保障局农民工工资账户，限于 2017 年 7 月 31 日履行完毕。同年 8 月 1 日，王某兴以另外 12 人委托代理人的身份向武平县人民法院申请强制执行。同月 4 日，武平县人民法院立案执行，裁定：（1）冻结、划拨甲茶叶公司在银行的存款；（2）查封、扣押、拍卖、变卖甲茶叶公司的所有财产；（3）扣留、提取甲茶叶公司的收入。

【检察机关监督情况】

1. 线索发现。2017 年 8 月初，武平县人民检察院在开展执行监督专项活动中发现，在武平县人民法院对被执行人甲茶叶公司的拍卖款进行分配时，突然新增多名自称甲茶叶公司员工的申请执行人，以仲裁调解书为依据申请参与执行款分配。鉴于甲茶叶公司2014 年就已停产，本案存在虚假仲裁的可能性。

2. 调查核实。首先，检察人员调取了法院的执行卷宗，从 13 个申请执行人的住址、年龄和性别等身份信息初步判断，他们可能存在夫妻关系或其他亲戚关系，随后至公安机关查询户籍信息证实了申请执行人之间的上述亲属关系；其次，经查询工商登记信息，2013 年至 2015 年底，王某兴独资经营一家汽车修配公司，2015 年以后在广东佛山经营不锈钢制品，王某兴之女一直在外地居住，王某兴一家在甲茶叶公司工作的可能性不存在；再次，检察人员经对申请人执行人李某林、曾某秀夫妇进行调查询问，发现其长期经营百货商店，亦未在甲茶叶公司工作过，仲裁员曾某明与其有亲属关系；最后，检察人员经对王某福进行说服教育，王某福交待了其与王某兴合谋提起虚假仲裁的事实，王某兴亦承认其与另外 12 人均与甲茶叶公司不存在劳动关系，"授权委托书"上的签名系伪造，仲裁员曾某明清楚申请人与甲茶叶公司之间不存在劳动关系但仍出具了仲裁调解书。

3. 监督意见。2017 年 8 月 24 日，武平县人民检察院向武平县劳动人事争议仲裁委员会发出检察建议书，指出王某兴、王某福虚构事实申请劳动仲裁，仲裁员在明知的情况下仍作出虚假仲裁调解书，使得王某贵的个人借款变成了甲茶业公司的劳动报酬债务，损害了甲茶业公司其他债权人的合法权益，建议撤销该案仲裁调解书。仲裁委撤销仲裁调解书后，2017 年 8 月 28 日，武平县人民检察院向武平县人民法院发出检察建议书，指出王某兴与王某福共同虚构事实获取仲裁调解书后向法院申请执行，法院据此裁定执行，损害了甲茶业公司其他债权人的合法权益，妨碍民事诉讼秩序，损害司法权威，且据以执行的仲裁调解书已被撤销，建议法院终结执行。

4. 监督结果。2017 年 8 月 24 日，武平县劳动人事争议仲裁委员会作出武劳仲决（2017）1 号决定书，撤销武劳仲案（2017）19 号

仲裁调解书。2017 年 8 月 29 日，武平县人民法院裁定终结（2017）
闽 0824 执 888 号执行案件的执行，并于同年 9 月 25 日书面回复武平
县人民检察院。王某兴、王某福因构成虚假诉讼罪被追究刑事责任，
曾某明因构成枉法仲裁罪被追究刑事责任。

【指导意义】

1. 以虚假劳动仲裁申请执行是民事虚假诉讼的一种情形，应当
加强检察监督。在清算、破产和执行程序中，立法和司法对职工工
资债权给予了优先保护：在公司清算程序中职工工资优先支付；在
破产程序中职工工资属于优先受偿债权；在执行程序中追索劳动报
酬优先考虑。正是由于立法和司法的优先保护，有的债权人为实现
自身普通债权优先受偿的目的，与债务人甚至仲裁员恶意串通，伪
造证据，捏造拖欠劳动报酬的事实申请劳动仲裁，获取仲裁文书向
人民法院申请执行。检察机关在对人民法院执行仲裁裁决书、调解
书的活动进行法律监督时，应重点审查是否存在虚假仲裁行为，对
查实为虚假仲裁的，应建议法院终结执行，防止执行款错误分配。
注重加强与仲裁机构及其主管部门的沟通，共同防范虚假仲裁行为。

2. 办理虚假诉讼监督案件，应当保持对线索的高度敏感性。虚
假诉讼案件的表面事实和证据与真实情况往往具有较大差距，当事
人之间利益纠葛复杂，多存在通谋，检察机关要敏于发现案件线
索，充分做好调查核实工作。本案中，检察人员在执行监督活动中
发现虚假仲裁线索，及时开展调查核实工作，认真审查当事人之间
的身份关系、户籍信息、经济往来等事项，分析当事人的从业、居
住等情况，有步骤地开展调查工作，夯实证据基础，最终查清虚假
劳动仲裁的事实。

3. 检察机关在办理虚假诉讼案件中，发现仲裁活动违法的，应
当依法进行监督。根据《仲裁法》及《劳动争议调解仲裁法》的
规定，仲裁裁决被撤销的法定情形包括：仲裁庭组成或者仲裁程序

违反法定程序，裁决所根据的证据系伪造，对方当事人隐瞒了足以影响公正裁决的证据，仲裁员在仲裁该案时有索贿受贿，徇私舞弊，枉法裁决行为等。根据《人民检察院检察建议工作规定》，人民检察院可以直接向本院所办理案件的涉案单位、本级有关主管机关以及其他有关单位提出检察建议。检察机关在办理虚假诉讼案件中，发现仲裁裁决虚假的，应当依法发出检察建议要求纠正；发现仲裁员涉嫌枉法仲裁犯罪的，依法移送犯罪线索。

【相关规定】

《中华人民共和国民事诉讼法》第二百三十五条

最高人民法院、最高人民检察院《关于民事执行活动法律监督若干问题的规定》第一条

最高人民法院、最高人民检察院《关于办理虚假诉讼刑事案件适用法律若干问题的解释》第一条第三款、第二条第一款

最高人民法院《关于防范和制裁虚假诉讼的指导意见》第八条

《中华人民共和国仲裁法》第五十八条、第五十九条

《中华人民共和国劳动争议调解仲裁法》第四十九条

《人民检察院检察建议工作规定》第三条

江西熊某等交通事故保险理赔虚假诉讼监督案

（检例第 56 号）

【关键词】　保险理赔　伪造证据　民事抗诉

【要旨】

假冒原告名义提起诉讼，采取伪造证据、虚假陈述等手段，取

得法院生效裁判文书，非法获取保险理赔款，构成虚假诉讼。检察机关在履行职责过程中发现虚假诉讼案件线索，应当强化线索发现和调查核实的能力，查明违法事实，纠正错误裁判。

【基本案情】

2012年10月21日，张某驾驶轿车与熊某驾驶摩托车发生碰撞，致使熊某受伤、车辆受损，交通事故责任认定书认定张某负事故全部责任，熊某无责任。熊某伤情经司法鉴定为九级伤残。张某驾驶的轿车在甲保险公司投保交强险和商业第三者责任险。

事故发生后，熊某经他人介绍同意由周某与保险公司交涉该案保险理赔事宜，但并未委托其提起诉讼，周某为此向熊某支付了5万元。张某亦经同一人介绍同意将该案保险赔偿事宜交周某处理，并出具了委托代理诉讼的《特别授权委托书》。2013年3月18日，周某冒用熊某的名义向上饶市信州区人民法院提起诉讼，周某冒用熊某名义签署起诉状和授权委托书，冒用委托代理人的名义签署庭审笔录、宣判笔录和送达回证，熊某及被冒用的"委托代理人"对此均不知情。该案中，周某还作为张某的诉讼代理人参加诉讼。

此外，本案事故发生时，熊某为农村户籍，从事钢筋工工作，居住上饶县某某村家中，而周某为实现牟取高额保险赔偿金的目的，伪造公司证明和工资表，并利用虚假材料到公安机关开具证明，证明熊某在2011年9月至2012年10月在县城工作并居住。2013年6月17日，上饶市信州区人民法院作出（2013）信民一初字第470号民事判决，判令甲保险公司在保险限额内向原告熊某赔偿医疗费、伤残赔偿金、被抚养人生活费等共计118723.33元。甲保险公司不服一审判决，上诉至上饶市中级人民法院。2013年10月18日，上饶市中级人民法院作出（2013）饶中民一终字第573号民事调解书，确认甲保险公司赔偿熊某医疗费、残疾赔偿金、被抚养人生活费等共计106723元。

【检察机关监督情况】

1. 线索发现。2016 年 3 月，上饶市检察机关在履行职责中发现，熊某在人民法院作出生效裁判后又提起诉讼，经调阅相关卷宗，发现周某近两年来代理十余件道路交通事故责任涉保险索赔案件，相关案件中存在当事人本人未出庭、委托代理手续不全、熊某的工作证明与个人基本情况明显不符等疑点，初步判断有虚假诉讼嫌疑。

2. 调查核实。根据案件线索，检察机关重点开展了以下调查核实工作：一是向熊某本人了解情况，查明 2013 年 3 月 18 日的民事起诉状非熊某本人的意思表示，起诉状中签名也非熊某本人所签，熊某本人对该起诉讼毫不知情，并不认识起诉状中所载原告委托代理人，亦未委托其参加诉讼；二是向有关单位核实熊某出险前的经常居住地和工作地，查明周某为套用城镇居民人均可支配收入的赔偿标准获取非法利益，指使某汽车服务公司伪造了熊某工作证明和居住证明；三是对周某代理的 13 件道路交通事故保险理赔案件进行梳理，发现均涉嫌虚假诉讼，本案最为典型；四是及时将线索移送公安机关，进一步查实了周某通过冒用他人名义虚构诉讼主体、伪造授权委托书、伪造工作证明以及利用虚假证据材料骗取公安机关证明文件等事实。

3. 监督意见。2016 年 6 月 26 日，上饶市人民检察院提请抗诉。2016 年 11 月 5 日，江西省人民检察院提出抗诉，认为上饶市中级人民法院（2013）饶中民一终字第 573 号民事调解书系虚假调解，周某伪造原告起诉状、假冒原告及其诉讼代理人提起虚假诉讼，非法套取高额保险赔偿金，扰乱诉讼秩序，损害社会公共利益和他人合法权益。

4. 监督结果。2017 年 8 月 1 日，江西省高级人民法院作出（2017）赣民再第 45 号民事裁定书，认为本案是一起由周某假冒熊某诉讼代理人向法院提起的虚假诉讼案件，熊某本人及被冒用的诉讼代理人并未提起和参加诉讼，原一审判决和原二审调解书均有错误，裁定撤销，终结本案审理程序。同时，江西省高级人民法院还作出（2017）赣民再第 45 号民事制裁决定书，对周某进行民事制裁。2019 年 1 月，上饶市中级人民法院决定对一审法官、信州区人民法院立案庭副庭长戴某给予撤职处分。

【指导意义】

检察机关办理民事虚假诉讼监督案件，应当强化线索发现和调查核实的能力。虚假诉讼具有较强的隐蔽性和欺骗性，仅从诉讼活动表面难以甄别，要求检察人员在履职过程中有敏锐的线索发现意识。本案中，就线索发现而言，检察人员注重把握了以下几个方面：一是庭审过程的异常，"原告代理人"或无法发表意见，或陈述、抗辩前后矛盾；二是案件材料和证据异常，熊某工作证明与其基本情况、履历明显不符；三是调解结案异常，甲保险公司二审中并未提交新的证据，"原告代理人"为了迅速达成调解协议，主动提出减少保险赔偿数额，不符合常理。以发现的异常情况为线索，开展深入地调查核实工作，是突破案件瓶颈的关键。根据案件具体情况，可以综合运用询问有关当事人或者知情人，查阅、调取、复制相关法律文书或者证据材料、案卷材料，查询财务账目、银行存款记录，勘验、鉴定、审计以及向有关部门进行专业咨询等调查措施。同时，应主动加强与公安机关、人民法院、司法行政部门的沟通协作。本案中，检察机关及时移送刑事犯罪案件线索，通过公安机关侦查取证手段，查实了周某虚假诉讼的事实。

【相关规定】

《中华人民共和国民事诉讼法》第二百零八条

《人民检察院民事诉讼监督规则（试行）》第二十三条

四、行政诉讼监督

某材料公司诉重庆市某区安监局、市安监局行政处罚及行政复议检察监督案

(检例第 116 号)

【关键词】行政争议实质性化解 行政处罚 释法说理

【要旨】

人民检察院办理行政诉讼监督案件，应当在履行法律监督职责中开展行政争议实质性化解工作，促进案结事了。人民检察院化解行政争议应当注重释法说理，有效回应当事人诉求，解心结、释法结。

【基本案情】

2017 年 5 月，重庆某防火材料有限公司（以下简称材料公司）与重庆某建设有限公司（以下简称建设公司）签订产品购销合同，约定材料公司向建设公司承建的某项目提供防火卷帘门，并负责安装调试。2017 年 8 月 18 日，材料公司职工程某到现场对车库防火卷帘门进行安装调试时，承担其他施工任务的某装饰设计工程公司（以下简称设计公司）职工苟某因施工放线需要，按动卷帘门起升启动按钮，导致程某卷入卷帘门窒息死亡。

2017 年 9 月 26 日，重庆市某区城乡建设委员会依据《重庆市建筑管理条例》第四十七条、第六十六条之规定，对建设公司作出责令停止施工和罚款 3 万元的行政处罚。2018 年 1 月 26 日，重庆市某区安全生产监督管理局（以下简称区安监局）认为材料公司没有按照公司《安全生产管理制度》的要求对工人开展安全教育；在调试防火卷帘门时未在开关处设置警示标志，违反了《中华人民共

和国安全生产法》第二十五条第一款和第三十二条的规定，依据该法第一百零九条第（一）项的规定作出行政处罚决定，对材料公司罚款28万元；依据该法第九十二条第（一）项的规定分别对材料公司法定代表人冯某罚款1万余元、对建设公司项目经理罚款2万余元；依据《重庆市安全生产条例》第五十八条的规定对监理公司经理罚款1万余元。材料公司不服行政处罚决定，向市安监局申请行政复议。2018年5月10日，市安监局作出行政复议决定，维持区安监局行政处罚决定。

2018年5月25日，材料公司向人民法院提起行政诉讼，请求撤销区安监局作出的行政处罚决定和市安监局作出的行政复议决定。人民法院一审认为，材料公司派员到现场配合购货方完成产品消防自检属于生产经营活动，负有安全生产管理的义务，材料公司的违法行为系造成安全生产事故的直接原因，对此次事故的发生负有责任，区安监局作出的行政处罚决定事实清楚、证据充分，程序合法，适用法律法规正确，市安监局作出的复议决定程序合法，并无不当，遂于2018年11月19日判决驳回材料公司的诉讼请求。

材料公司不服一审判决，向重庆市第一中级人民法院提起上诉，该院二审判决驳回上诉，维持原判。材料公司向重庆市高级人民法院申请再审，该院于2019年9月2日裁定驳回材料公司的再审申请。

【检察机关履职情况】

1. 案件来源。材料公司以案涉行政处罚决定违法以及原审法院判决不当为由，于2019年10月23日向重庆市人民检察院第一分院申请监督，检察机关依法受理，并由副检察长作为承办检察官办理。

2. 调查核实。为查明原审判决和被诉行政处罚决定是否合法，检察机关在阅卷审查的基础上进行了以下调查核实工作：一是对区安监局所作行政处罚进行调卷审查；二是听取材料公司法定代表人冯某申请监督意见和理由，询问了解案涉安全生产事故发生详细过程及材料公司职工程某工伤死亡赔偿情况。检察机关查明，根据产品购销合同约定，防火卷帘门调试作业属于材料公司生产经营活动，材料公司对其生产经营活动应承担相应的安全生产管理责任；事故发生的直接原因系程某违章操作、未设置警示标志，间接原因系材料公司安全教育培训不到位、建设公司项目经理履职不到位、监理单位现场协调不到位，某区城乡建设委员会依法对建设公司作出了处理，法院判决认定材料公司违法行为系事故发生直接原因，应承担责任，并无不当。在社会保险机构支付工伤死亡赔偿金的基础上，材料公司补助死亡职工家属24万元。

3. 释法说理。面对承办检察官，冯某坚持认为行政处罚不公，案涉事故的生产经营组织者系建设公司，事故发生系第三方（设计公司）违规操作直接导致，与材料公司没有直接因果关系，材料公司也是受害者，所受处罚过重。鉴于此案涉及民营企业和多方责任，经过行政复议、一审、二审、再审多次处理，材料公司始终不服，申请监督后，对检察机关的审查意见仍然不服，重庆市人民检察院向最高人民检察院请示。最高人民检察院领导高度重视，经审阅案卷后赴重庆与承办检察官共同接待材料公司法定代表人冯某及委托代理人邹某。在当面听取申请人的意见和诉求后，最高人民检察院领导分析了行政处罚和人民法院判决的合法性、合理性，指出安装调试防火卷帘门是材料公司履行合同义务的生产经营活动，材料公司负有安全生产管理责任；该事故属于综合责任事故，相关行政机关在裁量范围内依法对材料公司、建设公司、监理方都作了处罚，事故各方承担了相应的责任，程序上基本公正，法院判决并无不当。最高人民检察院领导还站在民营企业长远发展和维护申请人合法权益的角度，说法理、谈情理、讲道理，对材料公司积极认同社会责任给予死亡员工家属抚恤金的做法予以充分肯定；同时表示，解决好企业的烦心事和揪心事，是党中央的明确要求，检察机关对于涉及民企的案件格外重视，依法予以平等保护，希望材料公司辩证看待安全事故，从中汲取教训，将更多精力投入生产经营，让企业走得更稳、更远。针对材料公司反映的行政执法不规范、案件处理不平衡等问题，最高人民检察院领导表示检察机关可在深入调查核实后，提出相应的检察建议。

4. 争议化解。经最高人民检察院领导释法说理，材料公司法定代表人冯某对检察机关所作的工作和提出的意见表示认可。2019 年 12 月 5 日，冯某向检察机关提交撤回监督申请书，检察机关依法作出终结审查决定，本案行政争议成功化解。

5. 诉源治理。重庆市人民检察院第一分院经调查核实，建议区应急管理局（因机构改革原安监局职能并入应急管理局）全面调查是否遗漏相关责任主体，针对区安监局超期提交事故调查报告等执法不规范问题，建议规范行政执法办案程序，提高行政执法办案效率，在个案处理中加强释法说理，减少行政争议，增强行政执法公信力。区应急管理局收到检察建议后，组织原事故调查组进行补充调查，将设计公司生产安全管理不合规问题移交行业主管部门区住房城乡建设委依法处理；为促进今后规范执法，建立案件审核委员会制度，加强对事故调查及作出行政处罚的审核把关，确保行政执法规范严谨。

【指导意义】

（一）人民检察院办理行政诉讼监督案件，应当坚持把实质性化解行政争议作为重要职责，努力实现案结事了政和。人民检察院办理行政诉讼监督案件，应当践行以人民为中心的监督理念，全面贯彻行政诉讼法确定的立法目的，在监督人民法院公正司法、促进行政机关依法行政的同时，着眼于实质性化解行政争议，加强调查核实，针对行政争议产生的基础事实和申请人在诉讼中的实质诉求，综合运用抗诉、检察建议、公开听证、司法救助等方式，促使行政争议得到合法合理的解决，维护公民、法人和其他组织的合法权益。

（二）人民检察院化解行政争议，应当加强释法说理，有效回应当事人诉求。围绕案件事实和证据，阐明事理、释明法理、讲明情理，为当事人解心结、释法结，既体现法的力度，又体现法理情交融的温度，让当事人感受到法律监督的公正性、透明度。

【相关规定】

《中华人民共和国行政诉讼法》第十一条

《中华人民共和国安全生产法》第二十五条第一款、第三十二条、第九十二条、第一百零九条

《人民检察院行政诉讼监督规则（试行）》第三十四条、第三十六条

《人民检察院民事诉讼监督规则（试行）》第七十五条第一款

《人民检察院检察建议工作规定》第十一条

陈某诉江苏省某市某区人民政府强制拆迁及行政赔偿检察监督案

（检例第 117 号）

【关键词】行政争议实质性化解　行政赔偿　赔偿义务机关促成和解

【要旨】

人民检察院办理未经人民法院实体审理的行政赔偿监督案件，

依据行政委托关系确定行政机关为赔偿责任主体的，可以促使双方当事人在法定补偿和赔偿标准幅度内达成和解。对于疑难复杂行政争议，应当充分发挥检察一体化优势，凝聚化解行政争议合力。

【基本案情】

2013 年，陈某位于某村民小组的房屋被损毁，陈某向江苏省某市某区公安局报警要求处理，公安局认为该案属于政府征地拆迁，不属于公安机关受案范围，未予立案。2015 年 8 月 18 日，陈某向某市中级人民法院提起行政诉讼，请求确认区人民政府拆除其房屋及厂房（与房屋一体）的行政行为违法，并判决赔偿其损失。某市中级人民法院经审理认为，陈某的起诉缺乏事实根据，不能证明案涉房屋系区政府拆除，故裁定驳回起诉。陈某不服，提起上诉。江苏省高级人民法院裁定驳回上诉，维持原裁定。陈某提出再审申请，被最高人民法院裁定驳回。

【检察机关履职情况】

1. 案件来源。陈某不服人民法院生效裁定，向检察机关申请监督。江苏省人民检察院依法受理，经审查，提请最高人民检察院抗诉。

2. 调查核实。最高人民检察院围绕陈某的房屋是否在被拆迁范围内、区人民政府是否是拆除案涉房屋的责任主体、案涉被拆除房屋是否为合法建筑等问题进行调查核实，调取案涉拆迁地块用地红线图、拆迁补偿档案等书证，询问区自然资源和规划局工作人员、参与拆迁的某建筑拆除公司负责人、拆迁小组成员以及陈某等。检察机关查明，案涉拆迁地块系用于区人民政府 2012 年为民办实事重点工程菜市场建设项目，征收拆迁由区人民政府主导、推动和组织实施，区人民政府为此专门成立城市建设指挥部，全面负责拆迁补偿相关事宜。区城市资产经营有限公司代表区人民政府作为拆迁人，委托某房屋拆迁公司具体实施。房屋拆迁公司与菜市场拆迁户签订协议并组织实施拆迁。陈某被拆除房屋在拆迁范围内，总面积

$330.82m^2$，其中合法应补偿面积 $176.52m^2$。陈某诉请所称厂房系违法建筑，不能按规定给予补偿安置，主张停工停产损失因其未能提供工厂经营的证据材料，不能得到支持。陈某对补偿的期望值与区人民政府的补偿方案差距悬殊，双方始终未能就拆迁补偿事宜达成一致意见，房屋拆迁公司指派实施专项拆除的某建筑拆除公司对陈某的房屋进行了强制拆除。

3. 监督意见。检察机关审查认为，案涉强制拆除行为系因行政征收拆迁引起，区人民政府作为最初委托主体和征收行为主体，其委托的公司在未与陈某达成拆迁补偿协议的情况下违反法定程序实施强制拆除，区人民政府应当对受委托公司的行为后果承担责任。原审人民法院以被告主体不适格裁定驳回起诉不当。最高人民检察院在办案中了解到陈某的实质诉求是得到赔偿，陈某房屋被强制拆除后，区人民政府曾多次与陈某协商，表示作为征收主体愿意承担补偿责任。江苏省人民检察院办案过程中也曾促双方和解。最高人民检察院经研究后认为，本案系以主体不适格驳回起诉案件，即使通过抗诉解决了主体适格问题，实现陈某合法诉求，仍需经历行政确认和赔偿诉讼，促成双方和解更有利于及时实现陈某的实质诉求。鉴于双方均有和解意愿，最高人民检察院决定推动区人民政府与陈某达成和解，实质性化解行政争议。

4. 争议化解。最高人民检察院成立由分管院领导担任主办检察官的办案组，与江苏省三级检察机关联动，共同开展化解工作。2019 年 12 月 18 日，办案组赴江苏陈某居住地面对面沟通，通过释法说理促其放弃超出法律和政策规定的不合理诉求；与区人民政府工作人员座谈，听取意见并强调人民政府应当秉持诚实信用原则，对受委托主体的违法行为依法承担责任。省、市、区三级检察机关加强与区政府对接，检察机关多次接待陈某，协调区司法局为陈某推荐法律援助律师；推动行政机关召开有陈某、法律援助律师、人大代表、政协委员、街道办、司法局参加的听证会。在四级检察院合力推动和各方积极参与下，双方按照拆迁安置补偿标准和相关利率达成补偿赔偿协议。

2020年7月31日，陈某向检察机关提交撤回监督申请，最高人民检察院依法作出终结审查决定。持续7年的行政争议最终化解。

【指导意义】

（一）人民检察院办理未经人民法院实体审理的行政赔偿监督案件，可以促使应当担责的行政机关在法定补偿标准幅度内承担赔偿责任，与对方当事人达成和解。受行政机关委托从事征收拆迁等行政事务的公司从事受委托的行为违法，给公民、法人或者其他组织造成损失的，由委托的行政机关承担赔偿责任。检察机关办理行政强制拆除引起的行政赔偿诉讼监督案件，在查清案件事实、厘清各方责任的基础上，兼顾监督公权和保障私权双重目标，既要促使行政机关对其委托事务实施过程中发生的违法后果承担责任，又要将双方达成的赔偿协议限定在法定范围和幅度内，确保公平合法地解决行政赔偿争议。

（二）检察机关在化解行政争议过程中应当充分发挥检察一体化优势，凝聚合力，促进疑难复杂行政争议的化解。检察机关对于久拖未结的疑难复杂行政争议，可以根据案件实际情况多级联动，上级检察机关通过交办、督办、参与调处等方式，发挥协调指导作用，争议所在地检察机关充分调查、走访，发挥熟悉当地情况、就近开展工作的优势，齐心协力做好行政争议实质性化解工作。

【相关规定】

《中华人民共和国行政诉讼法》第十一条、第四十九条、第九十一条

《中华人民共和国国家赔偿法》第七条、第三十六条

《人民检察院行政诉讼监督规则（试行）》第十三条、第二十条

魏某等 19 人诉山西省某市发展和改革局
不履行法定职责检察监督案

（检例第 118 号）

【关键词】 行政争议实质性化解　履行法定职责　抗诉　公开听证
解决同类问题

【要旨】

检察机关提出抗诉的行政案件，为保障申请人及时实现合法诉求，维护未提起行政诉讼的同等情况的其他主体合法权益，可以继续跟进推动行政争议化解，通过公开听证等方式，促成解决同类问题。对行政机关以法律、法规和规范性文件规定不明确为由履职不到位导致的行政争议，应当协调有关部门予以明确，推动行政争议解决，促进系统治理。

【基本案情】

2013 年，山西省某市人民政府决定对该市某小区实施整体拆迁改造，于同年 10 月与魏某等被征收人签订《某小区房屋征收与安置补偿协议书》。2014 年 3 月，该市某街道办事处某居委会与山西某房地产开发有限公司（以下简称房地产公司）签订《小区片区改造项目合作开发协议书》，由房地产公司对案涉小区进行开发改造。2015 年 3 月，案涉小区拆迁改造被确定为棚户区改造项目。在回迁安置过程中，房地产公司委托某物业管理有限公司（以下简称物业公司）向回迁安置户收取了供水、供气、供热等设施建设费。2017 年 6 月 30 日，魏某等 19 人投诉至某市发展和改革局，要求对物业公司乱收费行为进行查处，7 月 10 日，该局予以受理并立案，在查处案件过程中，该局认为《山西省棚户区改造工作实施方案》第十四条的规定不明确，遂于 8 月 11 日向某市人民政府作出请示。市人民政府市长办公会提出协调处理指导意见，未就该局提出的问题给出明确答复。11 月 20 日该局将相关情况告知申请人，后未作出相应的行政处理决定。

2017 年 9 月 5 日，魏某等 19 人向人民法院提起行政诉讼，要求确认发展和改革局行政不作为违法，并判令其依法履行法定职责。人民法院经审理认为，对辖区内的价格活动进行监督检查，对价格违法行为实施行政处罚属于发展和改革局的法定职责。魏某等 19 人就物业公司收费问题投诉后，发展和改革局及时立案，并进行了一系列检查、调查和协调工作，又因法规依据适用问题向上请示，虽然尚未作出行政行为，但案件仍在办理之中，被告不构成行政不作为。依照《中华人民共和国行政诉讼法》第六十九条之规定，判决驳回魏某等人的诉讼请求。魏某等 19 人不服，提出上诉。2018 年 3 月 27 日某市中级人民法院审理认为，发展和改革局在立案查处过程中，因法律依据不明确，政策界限不清晰，且在全市范围内有较大影响，特向上级行政机关请示，具有一定的必要性，虽未在法定期限内作出行政行为，但其理由具有一定正当性，因此不构成不履行行政职能。依照《中华人民共和国行政诉讼法》第八十九条第一款第（一）项的规定，判决驳回上诉，维持原判。魏某等 19 人提出再审申请，被山西省高级人民法院驳回。

【检察机关履职情况】

1. 案件来源。魏某等 19 人不服人民法院的生效判决，向某市人民检察院申请监督。某市人民检察院依法受理，经审查，提请山西省人民检察院抗诉。

2. 调查核实。为查明物业公司向魏某等人收取相关费用的行为是否合法，发展和改革局是否已经依法履职，山西省人民检察院进行了以下调查核实工作：一是向山西省人民政府发函，商请制定机关对《山西省棚户区改造工作实施方案》第十四条"……棚户区改造新建安置小区有线电视和供水、供电、供气、供热、排水、通讯、道路等市政公用设施，由各相关单位出资配套建设，不得收取入网、管网增容等经营性收费，有线电视初装费减半收取"进行解释。二是与山西省住房和建设厅进行座谈，了解棚户区改造的相关政策。三是对案涉小区所在街道办事处、居委会、市场监督管理局（2019 年机构改革，发展和改革局相关职能划入市场监督管理局）、住房和城乡建设局，市供热、供水、供气等公司有关负责人员以及当事人进行询问。

检察机关查明，根据山西省政府有关文件规定和山西省住房和建设厅对山西省人民检察院的函复意见，棚户区改造项目建设供水、供气、供热等市政公用设施产生的费用，由市政公用设施的相应主管部门或责任单位承担。案涉小区在棚户区改造过程中，市场监督管理局和市供水、供气、供热公司等相关单位向房地产公司收取回迁安置小区供水、供气、供热等基础设施建设和安装费用，因此房地产公司委托物业公司向魏某等回迁安置户收取自来水入网费、供热二次管网材料费和安装费。

3. 监督意见。山西省人民检察院经审查认为，发展和改革局虽然对魏某等 19 人的投诉事项进行了立案、调查，针对法律适用和政策界限问题向市政府请示，市政府提出了协调处理指导意见，但发展和改革局未作出相应的处理决定，根据《价格违法行为举报处理规定》，发展和改革局存在行政不作为的情形。因此，原审判决认为发展和改革局不构成不履行行政职能，属认定事实不清，适用法律错误。2020 年 6 月 8 日，依法向山西省高级人民法院提出抗诉。

4. 争议化解。抗诉后双方当事人均向检察机关表达和解意愿，鉴于申请人魏某等 19 人虽然提起的是履行职责之诉，但实质诉求是退还已缴纳的供水、供气、供暖初装费，即使在抗诉再审后赢得诉讼，实现实质诉求仍需向对方当事人主张权利乃至提起给付之诉，同时，案涉小区还有未提出诉讼的 189 户安置户存在同类问题，山西省人民检察院在与法院沟通后，决定跟进推动行政争议实质性化解。2020 年 6 月 17 日，山西省人民检察院邀请某市政府主要领导、市场监督管理局、住建局和供水、供气、供热公司负责人等进行沟通对接，初步形成"承建方（房地产公司）收费无依据"的一致意见；6 月 23 日，山西省人民检察院召开魏某等 19 人申请检察监督案公开听证会，邀请全国政协委员、某市人大代表，相关行政机关负责人和房地产公司法定代表人参加听证会。听证会围绕市场监督局是否履职到位、案涉小区回迁户可否享受棚户区改造政策、《山西省棚户区改造工作实施方案》第十四条如何理解适用、房地产公司是否应退款等四方面焦点问题，听取各方意见，促成房地产公司与魏某等 19 人对争议处理意见达成一致，签订和解协议。行政主管部门在充分了解法律政策及安置户权益受损后，认同对案涉小区同等情况的其他 189 户安置户的权利参照协议确定的方案予以保障。某市财政支付房地产公司 150 万元，房地产公司自行承担 94 万余元，由房地产公司将违规收取的费用统一退还至魏某等 19 人及其他 189 户回迁安置户。本案行政争议实质性化解，检察机关依法撤回抗诉。

【指导意义】

（一）检察机关办理行政诉讼监督案件，为及时实现申请人合法诉求和维护具有同等情况但未提起行政诉讼的其他主体的合法权益，提出抗诉后可以继续跟进推动行政争议化解，通过公开听证等方式，促成解决同类问题。人民检察院办理行政诉讼监督案件，应当从有效解决争议，维护当事人合法权益，减少诉累出发，对于与案件相关的同类问题，除抗诉之外，注重采取跟进督促、沟通协调、公开听证等方式，推动行政争议实质性化解。

（二）人民检察院对于行政机关以法律、法规和规范性文件规定不明确为由履职不到位导致的行政争议，应积极协调有关部门作出解释。准确适用法律法规是依法公正解决争议的基本前提，也是精准监督、促进行政争议实质性化解的必然要求。人民检察院办理行政诉讼监督案件，对于行政机关以法律法规和规范性文件规定不明确、政策界限不清晰为由执行相关规定不到位的情况，可以商请政策制定机关进行解释，明确规则，解决分歧，促进争议解决的同时推进系统治理。

【相关规定】

《中华人民共和国行政诉讼法》第七十二条、第八十九条

《价格违法行为举报处理规定》（2014.5.1 国家发展和改革委员会）第十条、第十一条

《山西省行政执法条例》（2001.10.1 山西省人大常委会）第二十五条

《人民检察院行政诉讼监督规则（试行）》第三十六条

《人民检察院民事诉讼监督规则（试行）》第一百一十四条

王某凤等 45 人诉北京市某区某镇政府强制拆除和行政赔偿检察监督系列案

（检例第 120 号）

【关键词】行政争议实质性化解　民事纠纷与行政争议交织　一并化解

【要旨】

人民检察院办理行政诉讼监督案件，应当把实质性化解行政争

议作为"监督权力"和"保障权利"的结合点和着力点。对与行政争议直接相关的民事纠纷应一并审查，促进各方达成和解，通过解决民事纠纷促进行政争议的一并化解，及时有效保护各方当事人的合法权益。

【基本案情】

2001年，北京市某区某镇人民政府（以下简称镇政府）根据北京市政府办公厅《关于确定本市郊区中心镇的通知》，在案涉地块以加快小城镇步伐发展文艺事业为由报建文化艺术园，该文化艺术园项目最终由山西省某集团公司组建的北京某文化交流有限公司（以下简称文化公司）进行建设。镇政府与文化公司签订《协议书》，约定镇政府向文化公司提供土地160亩，由后者出资在文化艺术园区建大学一所及相关配套的运动场所、娱乐、休闲设施和教职工公寓，协议有效期为70年。协议签订后，文化公司在案涉地块建设教学楼等设施10栋和家属楼5栋，于2004年起将5栋家属楼共计238套房屋陆续出售给某集团公司职工，并完成了物业交割。

2008年3月，因文化公司一直未办理相关审批手续且经营不善导致教学楼闲置，镇政府将案涉地块转让给北京市某培训学校（以下简称培训学校）用于大学城建设，同时，要求培训学校对地上建筑物妥善回购。2009年1月，培训学校与文化公司就10栋教学楼达成转让协议，同时签订《家属楼转让委托协议》，培训学校出资，委托文化公司以购房价格的1.6倍回购已出售家属楼。2017年6月，因案涉建筑未办理乡村建设规划许可证，违反了《中华人民共和国城乡规划法》第四十一条、《北京市城乡规划条例》第四十一条、第四十二条，镇政府在调查后，向培训学校下达限期拆除通知、限期拆除决定书，并于2018年2月将案涉房屋强制拆除。

　　王某凤等 45 名购房者认为其是案涉被拆除房屋的实际居住人，镇政府所作的限期拆除通知、限期拆除决定缺乏事实和法律依据，程序严重违法，侵害了 45 名购房者的合法权益，于 2018 年 10 月先后提起 144 件行政诉讼，请求人民法院判决确认镇政府作出的限期拆除通知、限期拆除决定违法，并依法给予行政赔偿。北京市某区人民法院经审理认为，45 名申请人并非限期拆除通知、限期拆除决定的行政相对人，在案证据亦不足以证明其与该限期拆除通知、强制拆除行为具有法律上的利害关系，故以 45 名申请人不具有原告主体资格为由裁定驳回起诉，并据此驳回申请人后续的行政赔偿诉讼请求。45 名申请人的上诉和再审申请被上级人民法院以相同理由裁定驳回。

【检察机关履职情况】

　　1. 案件来源。2020 年 1 月至 6 月，王某凤等 45 人对人民法院驳回起诉裁定不服，就该系列案件中的 127 件（限期拆除通知类 38 件、强制拆除类 44 件、行政赔偿类 45 件）陆续向北京市人民检察院第一分院申请监督。检察机关依法予以受理。

　　2. 调查核实。为查清事实，厘清法律关系，检察机关审查了审判卷宗，并对王某凤等申请人、北京市某区政府、某镇政府和案涉企业相关人员进行询问，调取案涉房屋建设的有关文件，核实申请人提交的《文化公司教工住宅楼内部销售合同》、文化公司所制《住房所有权证》，文化公司作为物业管理方与申请人签订的《小区管理协议书》以及《购房付款收据》等书证。检察机关查明，案涉房屋系由文化公司出资建设，并在 2006 年与申请人签订《教工住宅楼内部销售合同》，申请人缴纳了房款，文化公司交付了房屋，并向申请人颁发了文化公司自制的《住房所有权证》。销售合同约定，"如由于房屋造成的一切问题均由甲方（注：文化公司）负责，如因产权造成乙方（注：购房者）无法居住的问题时乙方提出退房，甲方按房屋购买原价加银行同期贷款利息来归还乙方"。培训学校与文化公司《家属楼转让委托协议》签订后，案涉家属楼部分住户与文化公司解除购房合同并领取补偿款。2018年2月，案涉房屋被强制拆除时，本案45名申请人在内的部分购房者未能与文化公司达成回购协议。

3. 监督意见。检察机关经审查后认为，王某凤等45名申请人虽然未取得产权证明，但其作为房屋的实际购买者和使用人，直接受到被诉行政行为实际影响，属于行政行为的利害关系人，应当享有对案涉房屋相关处理决定的知情权和申辩权。镇政府在拆除案涉房屋的过程中仅将培训学校作为行政行为相对人，剥夺了申请人应享有的陈述、申辩等法定权利。原审法院认为申请人并非限期拆除通知的相对人，不具有法律上利害关系，以其不具有原告主体资格裁定驳回申请人对限期拆除通知、强制拆除行为提起的诉讼，并据此驳回申请人的行政赔偿诉讼请求，系认定事实不清，适用法律错误。

检察机关经分析研究，认为案涉房屋被认定为"违建"属实，但申请人支付了房屋价款享有居住和使用利益。房屋被强制拆除的根源在于房屋建设者即文化公司未办理相关审批手续，案件的关键问题是房屋购买者民事权益的保护与赔偿问题。鉴于文化公司与购房者就因产权造成无法居住的责任承担在购房合同中已有约定，且双方有民事和解意愿，为保护当事人合法权益，避免行政、民事案件分别机械处理导致循环诉讼，检察机关决定通过推动45名申请人与文化公司达成民事和解，促进本案行政争议的实质性化解。

4. 争议化解。本案中，从案涉房屋建设立项到被认定为违建拆除，18年间市域治理政策不断调整，政策变迁等历史原因也是引发诉讼的因素之一。检察机关与镇政府沟通联系，促其出面协调文化公司、培训学校，同时依托镇政府促成案涉各方历经9轮磋商，最终达成以 2010 年补偿数额为基础，以屋内物品、装修损失赔偿金额为补充的和解方案，落实和解资金 2044.5 万元。2020 年 6 月，45 名申请人先后与文化公司签订和解协议，并撤回监督申请，检察机关作出终结审查决定，127 件行政诉讼系列案件得以一并化解。

5. 促进社会治理。检察机关通过审查该系列案件，发现镇政府在本案处理过程中存在执法不规范、缺乏工作合力、方式方法单一等问题，既不利于地区经济发展和政府良好形象的塑造，也容易形成矛盾风险，影响社会和谐稳定。检察机关向镇政府发出检察建议，建议其提升行政管理能力，健全执法全过程记录制度，进一步创新群众工作思路方法，努力提升执法服务水平。收到检察机关检察建议后，镇政府高度重视，立即召开会议研究并部署落实整改，2020 年 12 月 27 日向北京市人民检察院第一分院反馈了整改情况。

【指导意义】

（一）人民检察院办理行政诉讼监督系列案件，应当把行政争议实质性化解作为"监督权力"与"保障权利"的结合点，促进各方达成和解。涉众型行政诉讼监督案件，申请人人数众多，处理不当可能影响社会大局稳定。检察机关办理行政检察系列案件，应当在查清案件事实、明晰法律关系、厘清是非责任基础上，秉持服务大局、司法为民理念，恪守客观公正立场，依托基层政府搭建各方磋商平台，畅通群众表达渠道，回应当事人诉求，促进各方在合法合理范围内实现和解。

（二）人民检察院办理与民事纠纷相互交织的行政诉讼监督案件，应当加强分析研判，通过推动民事纠纷的解决促进行政争议一并化解。2014 年修改的行政诉讼法增设了在行政诉讼中一并审理民事争议的制度，在涉及行政许可、登记、征收、征用和行政机关对民事争议所作的裁决的行政诉讼中，当事人申请一并解决相关民事争议的，人民法院可以一并审理，有利于减轻当事人讼累，提高司法效率。检察机关办理涉民事纠纷的行政检察案件，通过查明行政争议背后的民事法律关系，分析申请人的真实诉求，综合研判民事纠纷解决对行政争议解决的作用，促使双方当事人达成民事和解，进而推动民事纠纷行政争议一并化解。

【相关规定】

《中华人民共和国行政诉讼法》第九十一条、第九十三条

《中华人民共和国人民检察院组织法》第二十一条

《人民检察院行政诉讼监督规则（试行)》第十三条、第二十条

《人民检察院检察建议工作规定》第十一条

姚某诉福建省某县民政局撤销婚姻登记检察监督案

（检例第 121 号）

【关键词】 行政争议实质性化解　超过起诉期限　调查核实　公开听证　撤销冒名婚姻登记　刑事立案监督

【要旨】

人民检察院对于人民法院以超过起诉期限为由不予立案或者驳回起诉，当事人通过诉讼途径未能实现正当诉求的行政案件，应当发挥法律监督职能，通过促进行政机关依法履职，维护当事人合法权益。人民检察院办理行政诉讼监督案件，应当综合运用调查核实、公开听证、专家论证、检察建议、司法救助等多种方式，促进行政争议实质性化解。人民检察院办理婚姻登记行政诉讼监督案件，对确属冒名婚姻登记的应当建议民政部门依法撤销，发现有关个人涉嫌犯罪的，应当依法监督有关部门立案侦查。

【基本案情】

2013 年 12 月 11 日，一女子使用广西"莫某某"的姓名和身份证明与姚某登记结婚，并收取礼金 7 万余元。登记次日，该女子失踪。姚某向福建省某县民政局申请撤销婚姻登记，民政局认为根据法律规定只有受胁迫登记的才予以撤销，但姚某与"莫某某"的婚姻登记不存在胁迫情形，故未予受理。2019 年 5 月 24 日，姚某向广西壮族自治区某县人民法院提起离婚诉讼，人民法院经审理查明，莫某某于 2010 年 7 月 26 日已与戚某登记结婚，该莫某某非 2013 年与姚某登记结婚的"莫某某"，在人民法院释明后，姚某撤回起诉。2019 年 8 月 21 日，姚某再次向广西壮族自治区某县人民法院提起诉讼，要求宣告其与"莫某某"的婚姻无效。莫某某本人出庭应诉，经人民法院审理查明，结婚证照片上的女子并非该莫某某，莫某某并未与姚某办理结婚登记，故姚某的诉讼请求没有事实依据，人民法院遂裁定驳回姚某的起诉。

2020 年 1 月 3 日，姚某向人民法院提起行政诉讼，请求撤销某县民政局于 2013 年 12 月颁发的结婚证。法院审查后认为，该结婚证系 2013 年 12 月 11 日登记颁发，姚某于 2020 年 1 月 3 日就此提起诉讼，已逾 5 年起诉期限，不符合立案条件，依法裁定不予立案。姚某不服，随后向某市中级人民法院提起上诉、向福建省高级人民法院申请再审，均未获得支持。

【检察机关履职情况】

1. 案件来源。2020 年 7 月，姚某向福建省某市人民检察院申请监督，检察机关初步审查后认为，姚某的起诉确已超过起诉期限，人民法院裁定不予立案并无不当，但姚某要求撤销婚姻登记诉求合法合理，提起民事诉讼、行政诉讼均未获人民法院裁判支持，行政机关又表示无权主动撤销，姚某的正当诉求无法通过其他途径实现，检察机关决定对此案开展行政争议实质性化解。

2. 调查核实。为查明案涉婚姻是否应当被撤销，检察机关重点围绕案涉婚姻是否存在冒名登记开展调查核实。一是向某县民政局调取《婚姻登记档案》及婚姻登记信息等材料，查明与姚某登记合影照片中的"莫某某"与身份证上的莫某某长相出入较大。且"莫某某"名下共有 5 次婚姻登记信息同时存续，依次在广西、浙江、山西、福建、安徽五省份。二是多次询问姚某及相关证人了解案情和诉讼过程，初步查明"莫某某"收取姚某 7 万元彩礼，冒用他人身份登记结婚并于次日出走等事实。三是福建省三级检察机关组成办案组赴山西跨省开展调查，走访多个相关单位和当事人，查明"莫某某"在山西省某县婚姻登记档案材料中的签名及照片与在福建省某县民政局办理婚姻登记的"莫某某"高度相似；山西某县同"莫某某"办理结婚登记的张某陈述其亦受骗并曾向公安机关报案。检察机关同时查明，姚某撤销婚姻登记的诉求持续 7 年未能得到解决，致使姚某不能与未婚妻登记结婚，两个子女难以落户就学。

3. 公开听证与专家论证。为进一步厘清案件事实、统一认识分歧，检察机关决定进行公开听证。2020 年 9 月 16 日，检察机关邀请人大代表、政协委员、法学专家、政府法律顾问等参与公开听证。听证会重点围绕县民政局是否应当撤销姚某的婚姻登记展开，姚某和行政机关发表了意见，听证员对案涉有关问题进行询问并发表评议意见，多数意见认为县民政局应主动撤销婚姻登记。针对"冒名登记婚姻"应否撤销的法律适用问题，检察机关又邀请法学专家召开论证会。与会专家认为，1994 年《婚姻登记管理条例》规定，婚姻登记机关发现申请婚姻登记的当事人弄虚作假、骗取婚姻登记的，应当撤销婚姻登记，并宣布婚姻无效。虽然此后颁布的《中华人民共和国婚姻法》（2001 年）和《中华人民共和国民法典》均未再将"冒名结婚""假结婚"等明确规定为当事人可请求撤销婚姻的情形，但在检察机关充分调查核实认定骗婚事实的基础上，民政部门主动纠正错误的颁证行为符合立法精神。

4. 监督意见。检察机关认为，根据《中华人民共和国婚姻法》第八条、《婚姻登记条例》第七条的规定，进行结婚登记的，男女双方必须亲自到婚姻登记机关进行结婚登记，婚姻登记机关应当对申请结婚登记当事人出具的证件、证明材料进行审查并询问相关情况，对于当事人符合结婚条件的，予以登记，发给结婚证。县民政局在"莫某某"系冒名的情况下为其与姚某办理结婚登记，缺乏婚姻登记的合法要件。基于已查明的事实，婚姻登记行为存在错误且对姚某造成重大影响，县民政局应予以纠正。2020 年 9 月 1 日，检察机关向县民政局发出检察建议，建议其重新审查姚某的婚姻登记程序，并及时作出相关处理决定。针对"莫某某"冒用他人身份证明结婚、骗取财物涉嫌犯罪的行为，福建省某县人民检察院启动立案监督程序，通知县公安局依法立案侦查。目前"莫某某"已被抓获，该案正在侦办中。

5. 争议化解。2020 年 10 月 10 日，某县民政局注销了姚某与"莫某某"的婚姻登记，姚某的诉求得以实现，持续 7 年的行政争议得到实质性化解。同年 10 月 14 日，某县民政局为姚某和其未婚妻岳某某办理了婚姻登记。鉴于因撤销婚姻登记一案，姚某长期奔波申诉，生活陷入困境，某县人民检察院决定给予姚某司法救助 4 万元，并帮助姚某解决子女就学等实际困难。

【指导意义】

（一）对于因超过起诉期限被人民法院裁定不予立案或者驳回起诉，当事人通过诉讼途径难以维护合法权益的案件，检察机关应当发挥法律监督职能，促进行政争议实质性化解。人民法院以超过法定起诉期限裁定不予立案或者驳回起诉并无不当的行政案件，并不意味着被诉行政行为当然合法。对这类案件，检察机关不能简单作出不支持监督申请决定，而应当从促进依法行政、推动行政争议实质性化解的角度，进一步审查行政行为的合法性，通过检察建议的方式，督促行政机关依法履行职责，保护公民合法权利，解决好群众身边的操心事、烦心事、揪心事。

（二）人民检察院办理行政诉讼监督案件，应当加大调查核实、公开听证、专家论证、司法救助力度，促进行政争议实质性化解。不少行政争议持续时间长、当事人双方矛盾深。化解行政争议应当以精准化为导向，加强精细化审查，通过调查核实、公开听证等方式查明案件事实，辨明是非，为化解争议奠定基础。针对法律适用的争议，可以邀请专家参与分析论证，统一法律适用分歧。对于行政行为存在违法或瑕疵的，应当有针对性地提出检察建议，促使行政争议从根本上解决。对于当事人因多年诉讼确有生活困难，符合司法救助条件的，检察机关应积极协调司法救助，纾解当事人的生活窘困，体现司法温暖，促进社会和谐。

（三）人民检察院办理婚姻登记行政诉讼监督案件，对确属冒名婚姻登记的应当建议民政部门依法撤销，发现有关个人涉嫌犯罪的，应当依法监督公安机关立案侦查。《中华人民共和国婚姻法》及《中华人民共和国民法典》未规定冒名登记结婚、假结婚可撤销情形，但结婚自愿是婚姻法的最基本原则，提供虚假身份信息的一方当事人不具备缔结婚姻的真实意思表示，缺乏基本的结婚合意要件。人民检察院办理婚姻登记行政诉讼监督案件，经调查核实有证据证明婚姻登记一方当事人确属"骗婚"的，应当建议婚姻登记机关依法撤销婚姻登记。发现涉嫌犯罪的，应当监督公安机关依法立案查处。

【相关规定】

《中华人民共和国行政诉讼法》第一条、第十一条

《中华人民共和国人民检察院组织法》第二十一条

《中华人民共和国刑事诉讼法》第一百一十三条

《中华人民共和国婚姻法》第八条

《婚姻登记条例》第七条

《人民检察院行政诉讼监督规则（试行）》第十三条、第三十四条、第三十六条

《人民检察院检察建议工作规定》第十一条

五、审判监督

福建甲光电公司、福建乙科技公司与福建丁物业公司物业服务合同纠纷和解案

（检例第 80 号）

【关键词】 企业债务纠纷 不影响审判违法监督 多元化解机制 检察调处

【要旨】

检察机关办理民事监督案件，在不影响审判违法监督的前提下，可以引导当事人和解，但必须尊重当事人意愿，遵循意思自治与合法原则，在查清事实、厘清责任的基础上，依法促成和解，减轻当事人诉累，营造良好营商环境。

【基本案情】

福州软件园兴建于 1999 年 3 月，是福建省迄今为止规模最大的软件产业园区。2007 年，福建甲光电有限公司（以下简称甲公司）、福建乙科技有限公司（以下简称乙公司）等进驻软件园，购买园区土地建设自有研发楼。为提升园区服务质量，2011 年 1 月 28 日，福州丙开发有限公司（以下简称丙公司）通过招投标方式确定福建丁物业有限公司（以下简称丁公司）作为物业服务中标单

位，中标价为 1.3 元/平方米/月。2011 年 3 月 28 日，丙公司与丁公司签订物业服务合同。甲公司、乙公司等多家公司认为，其自建园区相对独立封闭，未得到物业服务，且自身未与物业公司签订物业服务合同，因此拒绝交纳物业费，引发纠纷。丁公司于 2013 年 10 月向福建省福州市鼓楼区人民法院起诉，请求甲公司、乙公司支付拖欠的物业服务费及违约金。

鼓楼区人民法院一审认为，签订物业服务合同的一方须为物业的建设单位，甲公司的办公楼系其自建，故丙公司签订的物业服务合同对甲公司、乙公司无约束力，但丁公司对园区的道路、绿化等配套设施进行日常维护管养，甲公司、乙公司享受了基础设施服务，故应当支付物业费，酌定物业服务费标准为合同标准的 30%，即 0.39 元/平方米/月。丁公司不服，上诉至福建省福州市中级人民法院。二审判决驳回上诉，维持原判。

丁公司向福建省高级人民法院申请再审。再审法院认为，丙公司是园区公共区域的建设单位，其依法选聘物业服务企业并签订物业服务合同，对园区内公司具有相应约束力，改判甲公司、乙公司按照 1.3 元/平方米/月的标准交纳物业服务费。

【检察机关监督情况】

1. 受理情况。甲公司、乙公司等民营企业认为其自建园区未享受物业服务，且丙公司无权代表业主签订物业服务合同，遂于 2018 年 11 月向福建省人民检察院申请监督。该院予以受理审查。

2. 调查核实。为查清事实，检察机关走访福州市某管理委员会和丙公司，并实地查看甲公司、乙公司等多家民营企业的自建园区，调阅三次审理的审判案卷，全面掌握案件事实和争议症结。同时，在调查走访中也了解到，再审败诉对甲公司、乙公司等民营企业的营商环境产生一定影响，特别是与物业公司发生的长期纠纷也影响了企业的正常经营。

3. 和解过程及结果。福建省人民检察院经研究认为，由于丁公司仅对甲公司等自有园区以外的公共区域提供物业服务，仍按照合同标准确定物业服务费，有违公平合理原则。为此，检察机关多次约谈物业公司和相关科技公司的法定代表人及诉讼代理人，认真听取并分析双方意见，解释法律规定，各方一致认为此案的最佳处理方式是和解结案。在检察机关引导下，双方自愿达成和解协议，丁公司同意甲公司、乙公司按照 0.85 元/平方米/月的标准交纳物业服务费，对之前六年的物业服务费一并结算，即时履行完毕，并将和解协议送交执行法院，执行法院终结本案执行。2019 年 8 月，福建省人民检察院作出终结审查决定。

【指导意义】

1. 坚持和发展新时代"枫桥经验"，构建和谐营商环境。各级人民检察院办理民事监督案件，应当积极践行"枫桥经验"，在不影响审判违法监督、不损害国家利益、社会公共利益及他人合法权益的前提下，可以引导当事人自愿达成和解协议。由于民事监督案件涉及的法律关系已经为生效裁判确认，人民检察院应当把握和解的适用条件，避免损害裁判的既判力。如果生效裁判并无不当，人民检察院应当释法说理，说服申请人息诉罢访；如果人民法院的生效裁判违反法律相关规定，同级人民检察院在尊重当事人意愿的前提下可以引导当事人和解，节约司法资源、化解矛盾纠纷，真正实现"双赢、共赢、多赢"。

2. 检察机关引导当事人达成和解协议的，应当加强与法院执行程序的衔接。人民检察院办理民事监督案件，引导达成和解的，要注意与人民法院执行程序的衔接。当事人达成和解协议后，检察机关应当告知当事人向执行法院递交和解协议，必要时检察机关也可以主动告知执行法院相关和解情况，由执行法院按照执行和解的法律规定办理，以实现案结事了。

【相关规定】

《中华人民共和国民事诉讼法》第七条、第二百条、第二百零八条

《人民检察院民事诉讼监督规则（试行）》第五十五条、第六十六条、第七十五条第一款第（二）项

刘远鹏涉嫌生产、销售"伪劣产品"（不起诉）案

（检例第 85 号）

【关键词】 民营企业　创新产品　强制标准　听证　不起诉

【要旨】

检察机关办理涉企案件，应当注意保护企业创新发展。对涉及创新的争议案件，可以通过听证方式开展审查。对专业性问题，应当加强与行业主管部门沟通，充分听取行业意见和专家意见，促进完善相关行业领域标准。

【基本案情】

被不起诉人刘远鹏（化名），男，1982 年 5 月出生，浙江动迈有限公司（化名）法定代表人。

2017 年 10 月 26 日，刘远鹏以每台 1200 元的价格将其公司生产的"T600D"型电动跑步机对外出售，销售金额合计 5 万余元。浙江省永康市市场监督管理部门通过产品质量抽查，委托浙江省家具与五金研究所对所抽样品的 18 个项目进行检验，发现该跑步机"外部结构""脚踏平台"不符合国家强制标准，被鉴定为不合格产品。2017 年 11 月至 12 月，刘远鹏将研发的"智能平板健走跑步

机"以跑步机的名义对外出售，销售金额共计 701.4 万元。经市场监督管理部门委托宁波出入境检验检疫技术中心检验，该产品未根据"跑步机附加的特殊安全要求和试验方法"加装"紧急停止开关"，且"安全扶手""脚踏平台"不符合国家强制标准，被鉴定为不合格产品。

【检察机关履职过程】

2018 年 9 月 21 日，浙江省永康市公安局以刘远鹏涉嫌生产、销售伪劣产品罪对其立案侦查并采取刑事拘留强制措施。案发后，永康市人民检察院介入侦查时了解到涉案企业系当地纳税优胜企业，涉案"智能平板健走跑步机"是该公司历经三年的研发成果，拥有十余项专利。在案件基本事实查清，主要证据已固定的情况下，考虑到刘远鹏系企业负责人和核心技术人员，为保障企业的正常生产经营，检察机关建议对刘远鹏变更强制措施。2018 年 10 月 16 日，公安机关决定对刘远鹏改为取保候审。

2018 年 11 月 2 日，公安机关将案件移送永康市人民检察院审查起诉。经审查，本案的关键问题在于："智能平板健走跑步机"是创新产品还是不合格产品？能否按照跑步机的国家强制标准认定该产品为不合格产品？经赴该企业实地调查核实，永康市人民检察院发现"智能平板健走跑步机"运行速度与传统跑步机有明显区别。通过电话回访，了解到消费者对该产品的质量投诉为零，且普遍反映该产品使用便捷，未造成人身伤害和财产损失。检察机关经进一步审查，鉴定报告中认定"智能平板健走跑步机"为不合格产品的主要依据，是该产品没有根据跑步机的国家强制标准，加装紧急停止装置、安全扶手、脚踏平台等特殊安全配置。经进一步核实，涉案"智能平板健走跑步机"最高限速仅 8 公里/小时，远低于传统跑步机 20 公里/小时的速度，加装该公司自主研发的红外感应智能控速、启停系统后，实际使用安全可靠，并无加装前述特殊安全配置的必要。检察机关又进一步咨询了行业协会和专业人士，业内认为"智能平板健走跑步机"是一种新型健身器材，对其适用传统跑步机标准认定是否安全不尽合理。综合全案证据，永康市人民检察院认为，"智能平板健走跑步机"可能是一种区别于传统跑步机的创新产品，鉴定报告依据传统跑步机质量标准认定其为伪劣产品，合理性存疑。

2019年3月11日，永康市人民检察院对本案进行听证，邀请侦查人员、辩护律师、人大代表、相关职能部门代表和跑步机协会代表共20余人参加听证。经评议，与会听证员一致认为，涉案"智能平板健走跑步机"是企业创新产品，从消费者使用体验和技术参数分析，使用该产品不存在现实隐患，在国家标准出台前，不宜以跑步机的强制标准为依据认定其为不合格产品。

结合听证意见，永康市人民检察院经审查，认定刘远鹏生产、销售的"智能平板健走跑步机"在运行速度、结构设计等方面与传统意义上的跑步机有明显区别，是一种创新产品。对其质量不宜以传统跑步机的标准予以认定，因其性能指标符合"固定式健身器材通用安全要求和试验方法"的国家标准，不属于伪劣产品，刘远鹏生产、销售该创新产品的行为不构成犯罪。综合全案事实，2019年4月28日，永康市人民检察院依法对刘远鹏作出不起诉决定。

该案办理后，经与行业主管、监管部门研究，永康市人民检察院建议永康市市场监督管理部门层报国家有关部委请示"智能平板健走跑步机"的标准适用问题。经层报国家市场监督管理总局，总局书面答复："智能平板健走跑步机"因具有运行速度较慢、结构相对简单、外形小巧等特点，是一种"创新产品"，不适用跑步机的国家标准。总局同时还就"走跑步机"类产品的名称、宣传、安全标准等方面，提出了规范性意见。

【指导意义】

（一）对创新产品要进行实质性审查判断，不宜简单套用现有产品标准认定为"伪劣产品"。刑法规定，以不合格产品冒充合格产品的，构成生产、销售伪劣产品罪。认定"不合格产品"，以违反《产品质量法》规定的相关质量要求为前提。《产品质量法》要求产品"不存在危及人身、财产安全的不合理的危险"，"有保障人体健康和人身、财产安全的国家标准、行业标准的，应当符合该标准"的要求；同时，产品还应当具备使用性能。根据这些要求，对于已有国家标准、行业标准的传统产品，只有符合标准的才能认定为合格产品；对于尚无国家标准、行业标准的创新产品，应当本着既鼓励创新，又保证人身、财产安全的原则，多方听取意见，进行实质性研判。创新产品在使用性能方面与传统产品存在实质性差别的，不宜简单化套用传统产品的标准认定是否"合格"。创新产品不存在危及人身、财产安全隐患，且具备应有使用性能的，不应当认定为伪劣产品。相关质量检验机构作出鉴定意见的，检察机关应当进行实质审查。

（二）改进办案方式，加强对民营企业的平等保护。办理涉民营企业案件，要有针对性地转变理念，改进方法，严格把握罪与非罪、捕与不捕、诉与不诉的界限标准，把办案与保护企业经营结合起来，通过办案保护企业创新，在办案过程中，注重保障企业正常经营活动。要注重运用听证方式办理涉企疑难案件，善于听取行业意见和专家意见，准确理解法律规定，将法律判断、专业判断与民众的朴素认知结合起来，力争办案"三个效果"的统一。

（三）立足办案积极参与社会治理，促进相关规章制度和行业标准的制定完善。办理涉及企业经营管理和产品技术革新的案件，发现个案反映出的问题带有普遍性、行业性的，应当及时通过与行业主管部门进行沟通并采取提出检察建议等方式，促使行业主管部门制定完善相关制度规范和行业标准等，推进相关领域规章制度健全完善，促进提升治理效果。

【相关规定】

《中华人民共和国刑法》第一百四十条

《中华人民共和国刑事诉讼法》第一百七十七条

《中华人民共和国产品质量法》第二十六条

《最高人民法院、最高人民检察院关于办理生产、销售伪劣商品刑事案件具体应用法律若干问题的解释》第一条

第三章　执行监督

一、行政非诉执行监督

浙江省某市国土资源局申请强制执行
杜某非法占地处罚决定监督案

（检例第 58 号）

【关键词】行政非诉执行监督　违法占地　遗漏请求事项　专项监督

【要旨】

人民检察院行政非诉执行监督要发挥监督法院公正司法、促进行政机关依法行政的双重监督功能。发现人民法院对行政非诉执行申请裁定遗漏请求事项的，应当依法监督。对于行政非诉执行中的普遍性问题，可以以个案为切入点开展专项监督活动。

【基本案情】

2014 年 5 月，浙江省某市某区某镇村民杜某未经批准，擅自在该村占用土地 681.46 平方米，其中建造活动板房 112.07 平方米，硬化水泥地面 569.39 平方米。市国土资源局认为杜某的行为违反了《中华人民共和国土地管理法》和《基本农田保护条例》规定，根据《中华人民共和国土地管理法》第七十六条、《中华人民共和国土地管理法实施条例》第四十二条及《浙江省国土资源行政处罚裁量权执行标准》规定，作出行政处罚决定：（1）责令退还非法占用土地 681.46 平方米；（2）对其中符合土地利用总体规划的 45.46 平方米土地上的建筑物和设施，予以没收；（3）对不符合土地利用总体规划的 636 平方米土地（基本农田）上的建筑物和设施，予以拆除；（4）对非法占用规划内土地 45.46 平方米的行为处以每平方米 11 元的罚款，非法占用规划外土地 636 平方米的行为处以每平方米 21 元的罚款，共计人民币 13856.06 元。杜某在规定的期限内未履行该处罚决定第 3 项和第 4 项内容，亦未申请行政复议或提起行政诉讼，经催告仍未履行。市国土资源局遂于 2017 年 7 月 21 日向某市某区人民法院申请强制执行杜某违法占地行政处罚决定第 3 项和第 4 项内容。区人民法院立案受理后，于 2017 年 7 月 25 日作出行政裁定书，裁定准予执行市国土资源局行政处罚决定第 3 项内容，并由某镇政府组织实施。某镇政府未在法定期限内执行法院裁定。

【检察机关监督情况】

1. 线索发现。区人民检察院在办理其他案件过程中发现该案线索。经初步调查了解，某镇政府未根据法院裁定书内容组织实施拆除，土地未恢复至复耕条件，杜某也未履行缴纳罚款的义务，遂依职权启动监督程序。

2. 调查核实。根据案件线索，检察机关重点开展了以下调查核实工作：一是向法院调阅了案件卷宗材料；二是向当地国土管理部门工作人员了解案涉行政处罚决定执行情况和申请法院强制执行的情况；三是检察人员到违法占地现场进行实地查看。最终查明：市国土资源局的行政处罚决定有充分的事实根据，申请法院强制执行符合法律规定，目前行政处罚决定中罚款仍未缴纳，法院裁定拆除的地上建筑物和设施亦未被拆除。

3. 监督意见。2018 年 5 月，区人民检察院分别向区人民法院和某镇政府提出检察建议，建议区人民法院查明该案未就行政处罚决定第 4 项罚款作出裁定的原因，并依法处理，建议某镇政府查明违法建筑物和设施未拆除的原因，并依法处置。

4. 监督结果。区人民法院收到检察建议后于 2018 年 5 月 30 日作出补充裁定，准予强制执行市国土资源局作出的 13856.06 元罚款决定，7 月该款执行到位。某镇政府收到检察建议后，迅速行动，案涉违法建筑物和设施于 2018 年 7 月被拆除。

5. 专项监督。区人民检察院在办理该案过程中，发现农村违法占地行政处罚未执行到位问题突出，遂决定就国土资源领域行政非诉执行开展专项监督活动，共监督法院裁定遗漏强制执行请求事项等案件 17 件，乡镇街道未执行法院裁判文书确定的义务案件 18 件。市人民检察院通过认真研究后发现辖区内类似问题较多，遂于 2018 年 5 月在全市检察机关开展专项监督活动。截至 2019 年 2 月专项活动结束时，通过检察机关监督，全市共整治拆除各类违法建筑物及设施 45.5 万平方米，恢复土地原状 23 万平方米，退还非法占用土地 21.7 万平方米。市中级人民法院针对检察机关专项监督活动中发现的问题，在全市法院系统开展专项评查，有效规范了行政非诉执行的受理、审查和实施等活动。

【指导意义】

1. 人民检察院履行行政非诉执行监督职能，应当发挥既监督人民法院公正司法又促进行政机关依法行政的双重功能，实现双赢多赢共赢。行政非诉执行监督对于促进人民法院依法、公正、高效履行行政非诉执行职能，促进行政机关依法履行职责，维护公共利益和社会秩序，保护公民、法人和其他组织的合法权益，具有重要作用。人民检察院对人民法院行政非诉执行的受理、审查和实施等各个环节开展监督，针对存在的违法情形提出检察建议，有利于促进人民法院依法审查行政决定、正确作出裁定并实施，防止对违法的行政决定予以强制执行，保护行政相对人的合法权益。开展行政非诉执行监督，应当注意审查行政行为的合法性，包括是否具备行政主体资格、是否明显缺乏事实根据、是否明显缺乏法律法规依据、是否损害被执行人合法权益等。对于行政行为明显违法，人民法院仍裁定准予执行的，应当向人民法院和行政机关提出检察建议予以纠正，防止被执行人合法权益受损。对于行政行为符合法律规定的，应当引导行政相对人依法履行法定义务，支持行政机关依法行政。

2. 人民法院对行政非诉执行申请裁定遗漏请求事项的，人民检察院应当依法提出检察建议予以监督。根据《中华人民共和国行政强制法》第五十七条和第五十八条的规定，人民法院受理行政机关强制执行申请后进行书面审查，应当对行政机关提出的强制执行申请请求事项作出是否准予执行的裁定。本案中，市国土资源局向区人民法院申请强制执行的项目中包括强制执行 13856.06 元罚款，但区人民法院却未对该请求事项予以裁定，致使罚款无法通过强制执行方式收缴，影响了行政决定的公信力。人民检察院应当对人民法院遗漏申请事项的裁定依法提出检察建议予以纠正。

3. 人民检察院应当坚持在办案中监督、在监督中办案的理念，在办理行政非诉执行监督案件过程中，注重以个案为突破口，积极开展专项活动，促进一个区域内一类问题的解决。人民检察院履行行政非诉执行监督职责，要注重举一反三，深挖细查，以小见大，以点带面，针对人民法院行政非诉执行受理、审查和实施等各个环节存在的普遍性问题开展专项活动，实现办理一案、影响一片的监督效果。某市两级检察机关在成功办理本案的基础上，开展专项监督活动，有力推进了全市国土资源领域"执行难"等问题的解决，促进了行政管理目标的实现。市中级人民法院针对检察机关专项监督活动中发现的问题，在全市法院系统开展专项评查，规范了行政非诉执行活动。

【相关规定】

《中华人民共和国行政诉讼法》第十一条、第九十七条、第一百零一条

《中华人民共和国民事诉讼法》第二百三十五条

《中华人民共和国行政强制法》第五十三条、第五十七条、第五十八条

《人民检察院行政诉讼监督规则（试行）》第二十九条

《最高人民法院最高人民检察院关于民事执行活动法律监督若干问题的规定》第一条、第二十一条

《人民检察院检察建议工作规定》第十一条

湖北省某县水利局申请强制执行
肖某河道违法建设处罚决定监督案

（检例第 59 号）

【关键词】行政非诉执行监督　河道违法建设强制拆除

【要旨】

办理行政非诉执行监督案件，应当查明行政机关对相关事项是否具有直接强制执行权，对具有直接强制执行权的行政机关向人民法院申请强制执行，人民法院不应当受理而受理的，应当依法进行监督。人民检察院在履行行政非诉执行监督职责中，发现行政机关的行政行为存在违法或不当履职情形的，可以向行政机关提出检察建议。

【基本案情】

2011 年 9 月，湖北省某县村民肖某未经许可，擅自在某水库库

区（河道）管理范围内316国道某大桥下建房（房基）5间，占地面积289.8平方米。2011年11月3日，某县水利局根据《中华人民共和国水法》第六十五条作出《行政处罚决定书》，要求肖某立即停止在桥下建房的违法行为，限7日内拆除所建房屋，恢复原貌；罚款5万元；并告知肖某不服处罚决定申请复议和提起诉讼的期限，注明期满不申请复议、不起诉又不履行处罚决定，将依法申请人民法院强制执行。肖某在规定的期限内未履行该处罚决定，亦未申请复议或提起行政诉讼。2012年3月29日，县水利局向法院申请强制执行。2012年4月23日，县人民法院作出行政裁定书，裁定准予执行行政处罚决定，责令肖某履行处罚决定书确定的义务。但肖某未停止违法建设，截至2017年4月，肖某已在河道区域违法建成四层房屋，建筑面积约520平方米。

【检察机关监督情况】

1. 线索发现。县人民检察院于2017年4月通过某日报《"踢皮球"执法现象何时休?》的报道发现案件线索，依职权启动监督程序。检察机关经调查发现，肖某在河道内违法建设的行为持续多年，违反了国家河道管理规定，违法建筑物严重影响行洪、防洪安全。水利局和法院对违法建筑物未被强制拆除的原因则各执一词。法院认为，对违反水法的建筑物，水利局是法律明确授予强制执行权的行政机关，法院不能作为该案强制执行主体。但水利局认为，其没有强制执行手段，应当由法院强制执行。

2. 监督意见。检察机关审查认为：法律没有赋予水利局采取查封、扣押、冻结、划拨财产等强制执行措施的权力，对于不缴纳罚款的，水利局可以向法院申请强制执行；但根据行政强制法和水法等相关规定，水利局对于河道违法建筑物具有强行拆除的权力，不应当向法院申请强制执行。因此，水利局向法院申请执行行政处罚决定中的拆除违法建筑物部分，法院不应当受理而受理并裁定准予执行，违反法律规定。县人民检察院于 2017 年 5 月向县水利局提出检察建议，建议其依法强制拆除违法建筑物；同年 8 月向县人民法院提出检察建议，建议其依法履职、规范行政非诉执行案件受理等工作。

3. 监督结果。县水利局收到检察建议后，立即向当地党委政府报告。在县委、县政府的大力支持下，河道违法建筑物被依法拆除。县人民法院收到检察建议后，回复表示今后要加强案件审查，对行政机关具有强制执行权而向法院申请强制执行的案件裁定不予受理。

【指导意义】

1. 人民检察院办理行政非诉执行监督案件，应当依法查明行政机关对相关事项是否具有直接强制执行权。我国行政强制法规定的行政强制执行，包括行政机关直接强制执行和行政机关申请人民法院强制执行两种类型。法律赋予某些行政机关以直接强制执行权的主要目的是提高行政效率，及时执行行政决定。如果行政机关有直接强制执行权，又向人民法院申请执行，不但浪费司法资源，而且容易引起相互推诿，降低行政效率。人民检察院办理行政非诉执行监督案件，应当查明行政机关是否具有直接强制执行权，对具有直接强制执行权的行政机关向人民法院申请强制执行，人民法院不应当受理而受理的，应当依法进行监督。《中华人民共和国水法》第六十五条第一款规定，"在河道管理范围内建设妨碍行洪的建筑物、构筑物，或者从事影响河势稳定、危害河岸堤防安全和其他妨碍河道行洪的活动的，由县级以上人民政府水行政主管部门或者流域管理机构依据职权，责令停止违法行为，限期拆除违法建筑物、构筑物，恢复原状；逾期不拆除、不恢复原状的，强行拆除……"根据上述规定，对河道管理范围内妨碍行洪的建筑物、构筑物，水行政主管部门具有直接强行拆除的权力。但在本案中，水利局本应直接强制执行，却向人民法院申请执行，人民法院不应当受理而受理、不应当裁定准予执行而裁定准予执行，致使两个单位相互推诿，河道安全隐患长期得不到消除，人民检察院依法提出检察建议，促进了问题的解决。

2. 人民检察院在履行行政非诉执行监督职责中，发现行政机关的行政行为存在违法或不当履职情形的，可以向行政机关提出检察建议。《人民检察院检察建议工作规定》第十一条规定，"人民检察院在办理案件中发现社会治理工作存在下列情形之一的，可以向有关单位和部门提出改进工作、完善治理的检察建议：……（四）相关单位或者部门不依法及时履行职责，致使个人或者组织合法权益受到损害或者存在损害危险，需要及时整改消除的；……"根据上述规定，检察机关发现行政机关向人民法院提出强制执行申请存在不当，怠于履行法定职责的，应当向行政机关提出检察建议。对由于行政机关违法行为致使损害持续存在甚至继续扩大的，应当更加重视，优先快速办理，促进行政执行效率提高，及时消除损害、减少损失，维护人民群众的合法权益。本案中，检察机关针对水利局怠于履职行为，依法提出检察建议，促使河道违法建筑物被拆除，保障了行洪、泄洪安全，保护了当地人民群众的生命财产安全。

【相关规定】

《中华人民共和国行政诉讼法》第二十五条、第九十七条、第一百零一条

《中华人民共和国民事诉讼法》第二百三十五条

《中华人民共和国行政强制法》第四条、第十三条、第三十四条、第四十四条、第五十三条

《中华人民共和国水法》第三十七条、第六十五条

《人民检察院行政诉讼监督规则（试行)》第二十九条

《人民检察院检察建议工作规定》第十一条

山东省某包装公司及魏某安全生产
违法行政非诉执行检察监督案

（检例第 119 号）

【关键词】　行政争议实质性化解　　非诉执行监督　　公开听证
检察建议

【要旨】

人民检察院办理当事人申请监督并提出合法正当诉求的行政非诉执行监督案件，可以立足法律监督职能开展行政争议实质性化解工作。人民检察院通过监督人民法院非诉执行活动，审查行政行为是否合法，发现人民法院执行活动违反法律规定，行政机关违法行使职权或者不行使职权的，应当提出检察建议。

【基本案情】

山东省某包装有限公司（以下简称包装公司）是一家连续多年被评为纳税信用 A 级、残疾人职工占 41.2%、获评为残疾人就业创业扶贫示范基地等荣誉称号的福利性民营企业。2018 年 7 月，包装公司发生一般安全事故，经调解，累计向安全事故受害人赔偿 100 万元。2018 年 10 月 22 日，山东省某县安全生产监督管理局（以下简称县安监局）认为该公司未全面落实安全生产主体责任导致发生安全事故，违反《中华人民共和国安全生产法》第一百零九条规定，对该公司作出罚款 35 万元的行政处罚决定；认为公司负责人魏某未履行安全生产管理职责，违反《中华人民共和国安全生产法》第九十二条规定，对魏某作出罚款 4.68 万元的行政处罚决定。后经该公司及魏某申请，2018 年 11 月 8 日县安监局出具《延期（分期）缴纳罚款批准书》，同意该公司及魏某延期至 2019 年 3 月 30 日前缴纳罚款。

2019 年 3 月，公司及魏某因经济困难再次提出延期缴纳罚款请求。经公司驻地乡政府协调，2019 年 4 月 22 日县应急管理局（机构改革后安全生产监管职能并入县应急管理局，以下简称县应急局）同意该公司及魏某延期至 2019 年 7 月 31 日前缴纳罚款，但未出具书面意见。2019 年 4 月 30 日，在经营资金紧张情况下，包装公司缴纳 10 万元罚款。

2019 年 7 月 12 日，县应急局认为包装公司未及时全额缴纳罚款，违反《中华人民共和国行政处罚法》第五十一条规定，对包装公司及魏某分别作出 35 万元、4.68 万元加处罚款决定。

经催告，2019 年 8 月 5 日，县应急局向县人民法院申请强制执行原处罚款剩余的 25 万元及魏某的 4.68 万元个人原处罚款，县人民法院分别作出准予强制执行裁定。2019 年 10 月，魏某缴纳个人 4.68 万元原处罚款。2020 年 3 月 6 日、10 日，县应急局分别向县人民法院申请强制执行对包装公司及魏某的加处罚款决定，某县人民法院分别作出准予强制执行裁定。期间，包装公司及魏某对原行政处罚、加处罚款决定不服，向行政机关提出异议，并多次向市、县相关部门反映情况。

【检察机关履职情况】

1. 案件来源。2020 年 4 月 9 日，魏某认为处罚对象错误，不服人民法院准予强制执行县安监局处罚决定的行政裁定，包装公司及魏某不服人民法院准予强制执行县应急局加处罚款决定的行政裁定，向县人民检察院申请监督。

2. 调查核实。受理案件后，县人民检察院重点开展了以下调查核实工作：一是调阅案卷材料，审查行政处罚及法院受理审查情况；二是向县应急局时任主要负责人、相关执法人员了解公司及魏某行政处罚、加处罚款执法和申请法院强制执行情况；三是到包装公司实地查看，了解公司生产经营状况；四是到公司驻地乡政府了解其协调延期缴纳的情况。检察机关经调查核实并向县人民法院审判人员了解情况，查明：包装公司发生安全事故时，原总经理于某已因股权纠纷、挪用资金等原因离开公司，由魏某实际负责；乡政府出具证明，企业法定代表人陈某证实，县应急局亦认可 2019 年 4 月 22 日经乡政府协调同意包装公司及魏某延期至 2019 年 7 月 31 日前缴纳、未出具书面意见的事实；包装公司在事故发生后已进行整改。

3. 公开听证。县人民检察院多次与包装公司、县应急局沟通，争议双方对加处罚款是否适当、加处罚款决定是否应当撤销等存在重大分歧。为进一步查清案件事实，统一对法律适用的认识，推动行政争议实质性化解，县人民检察院邀请法律专家、人大代表等为听证员，组织对该案进行公开听证。听证员一致认为，对魏某的原行政处罚符合法律规定，处罚适当；对包装公司及魏某作出加处罚款明显不当，应予纠正。

4. 监督意见。县人民检察院经审查：（1）对魏某的原行政处罚符合法律规定，处罚适当；县人民法院裁定准予强制执行加处罚款，认定事实与客观事实不符。向县人民法院发出检察建议，建议依法纠正对包装公司及魏某准予强制执行加处罚款的行政裁定。（2）县应急局实际已同意包装公司和魏某延期缴纳罚款，其在延期缴纳罚款期间对包装公司及魏某作出加处罚款决定明显不当。向县应急局发出检察建议，建议重新审查对公司及魏某作出的加处罚款决定，规范执法行为，同时建议县应急局依法加强对企业的安全生产监管，推动企业规范发展。（3）建议包装公司进一步加强内部管理，规范企业经营，重视安全生产，提高风险防范能力。

5. 争议化解。收到检察建议后，县人民法院撤销了对包装公司及魏某的准予强制执行加处罚款行政裁定书；县应急局撤销了对包装公司及魏某的加处罚款决定，表示今后进一步规范执法行为。

【指导意义】

（一）行政相对人未就行政决定申请复议、提起诉讼，在行政非诉执行阶段向检察机关申请监督提出合法正当诉求的，检察机关可以立足法律监督职能依法开展行政争议实质性化解工作。行政机关申请人民法院强制执行行政决定，人民法院裁定准予强制执行，行政相对人认为行政决定及行政裁定违法，侵犯其正当权益，向人民检察院申请监督的，人民检察院应当受理。人民检察院办理行政非诉执行监督案件，可以通过调查核实、公开听证和提出检察建议等方式，查清案件事实，明晰权责，凝聚共识，推动行政机关与行政相对人之间的争议得到实质性处理，实现案结事了政和。

（二）人民检察院办理行政非诉执行监督案件，通过监督人民法院行政非诉执行活动，审查行政机关行政行为是否合法，强制执行是否侵犯相对人合法权益。中央全面依法治国委员会《关于加强综合治理从源头切实解决执行难问题的意见》提出，检察机关要加强对行政执行包括非诉执行活动的法律监督，推动依法执行、规范执行。人民检察院监督人民法院非诉执行活动，应当审查准予执行行政裁定认定事实是否清楚、适用法律是否正确，发现人民法院执行活动违反法律规定，行政机关违法行使职权或者不行使职权的，应当提出检察建议，促进人民法院公正司法、行政机关依法行政。

【相关规定】

《中华人民共和国行政诉讼法》第十一条

《中华人民共和国行政强制法》第四十二条

《中华人民共和国行政处罚法》（2017年）第五十一条、第五十二条

《中华人民共和国安全生产法》第九十二条、第一百零九条

《人民检察院行政诉讼监督规则（试行）》第二十九条、第三十四条

《人民检察院检察建议工作规定》第九条

二、申请执行监督

某牧业公司被错列失信被执行人
名单执行监督案

（检例第 78 号）

【关键词】企业借贷纠纷　失信被执行人　妨碍企业正常经营　执行违法监督

【要旨】

查封、扣押、冻结的财产足以清偿生效法律文书确定的债务的，执行法院不应将被执行人纳入失信被执行人名单。执行法院违法将被执行人纳入失信被执行人名单的，检察机关应当及时发出检察建议，监督法院纠正对被执行人违法采取的信用惩戒措施，以维护企业的正常经营秩序，优化营商环境。

【基本案情】

张某奎系山西省临汾市某牧业有限公司（以下简称某牧业公司）法定代表人。乔某与某牧业公司、张某奎因民间借贷产生纠纷。2016 年 9 月 16 日，山西省临汾市尧都区人民法院判决张某奎、某牧业公司归还乔某借款本金 18 万元及利息 6.14 万元，自 2016 年 2 月 1 日起至判决生效之日止，按约定月息 2 分的利率承担该借款利息。

判决生效后，乔某向尧都区人民法院申请强制执行。尧都区人

民法院作出执行裁定，冻结被执行人张某奎、某牧业公司银行存款281280元，查封张某奎名下房产一套，同时还决定将某牧业公司、张某奎纳入失信被执行人名单。该查封裁定作出后，执行法院未送达当事人。

【检察机关监督情况】

1. 受理情况。山西省临汾市尧都区人民检察院发现乔某与某牧业公司、张某奎民间借贷纠纷一案执行行为违法，并予以立案审查。

2. 审查核实。经审查执行案卷，检察机关发现：一是被执行人被法院冻结、查封的财产足以清偿生效法律文书确定的债务，不符合纳入失信被执行人名单的法定情形；二是法院作出的查封裁定书未向当事人送达。同时，检察机关了解到，某牧业公司被纳入失信被执行人名单后，银行贷款被暂停发放，经营陷入困境。

3. 监督意见。尧都区人民检察院经审查认为，执行法院存在以下违法情形：一是将张某奎纳入失信被执行人名单属于适用法律错误。《最高人民法院关于公布失信被执行人名单信息的若干规定》第三条规定："被采取查封、扣押、冻结等措施的财产足以清偿生效法律文书确定债务的，人民法院不得将被执行人纳入失信被执行人名单。"本案执行程序中，被执行人张某奎、某牧业公司被冻结的存款和被查封的房产足以清偿生效裁判确定的债务。因此，执行法院将其纳入失信被执行人名单，显属违法。二是未向当事人送达执行裁定书。《最高人民法院关于人民法院民事执行中查封、扣押、冻结财产的规定》第一条规定："人民法院查封、扣押、冻结被执行人的动产、不动产及其他财产权，应当作出裁定，并送达被执行人和申请执行人。查封、扣押、冻结裁定书送达时发生法律效力。"本案中法院制作执行裁定书后，长期未向当事人送达，违反了上述规定。

4. 监督结果。2017 年 11 月 28 日，尧都区人民检察院向尧都区人民法院提出检察建议，建议该院依法纠正违法执行行为。尧都区人民法院采纳了检察建议，于 2017 年 12 月 8 日将执行裁定书送达当事人，并撤销了将张某奎、某牧业公司纳入失信被执行人名单的决定。

【指导意义】

1. 规范适用失信被执行人名单制度，对于保证执行程序的公正性具有重要意义。失信被执行人名单制度以信用惩戒的方式约束被执行人，提高了执行活动的质量和效率，对于破解"执行难"起到了重要作用。在维护申请执行人利益的同时，执行的谦抑原则要求尽可能避免对被执行人合法权益造成损害。

2. 检察机关应积极履行监督职能，确保失信被执行人名单制度规范运行。失信被执行人名单制度的规范运行，对于建立诚实守信、依法履约的良好社会风气意义重大。但该项制度应当依法运用，否则将降低被执行人的社会信誉度，给其社会生活、商业经营等带来不便。执行法院查封、冻结的财产足以清偿债务的，将企业或其法定代表人纳入失信被执行人名单是不妥当的，检察机关应对违法执行行为予以监督，切实维护企业或个人合法权益。

3. 检察机关应加强对执行法律文书送达的监督，保障当事人的知情权和申辩权。执行法院在作出查封、扣押、冻结被执行人财产的裁定后，应当依法送达申请执行人和被执行人。执行法院未送达当事人，既损害了当事人的诉讼权利，亦损害了司法权威。检察机关在履行监督职责时应注意审查相关诉讼文书送达的合法性，对执行法院送达违法的行为及时提出检察建议，监督执行法院予以纠正，保障当事人行使诉讼权利。

【相关规定】

《人民检察院民事诉讼监督规则（试行）》第一百零二条

《最高人民法院关于人民法院民事执行中查封、扣押、冻结财产的规定》第一条

《最高人民法院关于公布失信被执行人名单信息的若干规定》第三条

南漳县丙房地产开发有限责任公司
被明显超标的额查封执行监督案

（检例第 79 号）

【关键词】诉讼保全　超标的额查封　依法保护企业资产安全　审判程序违法监督

【要旨】

查封、扣押、冻结被执行人财产应与生效法律文书确定的被执行人的债务相当，不得明显超出被执行人应当履行义务的范围。检察机关对于明显超标的额查封的违法行为，应提出检察建议，督促执行法院予以纠正，以保护民营企业产权，优化营商环境。

【基本案情】

2015 年 5 月 26 日，襄阳市甲小额贷款股份有限责任公司（以下简称甲小贷公司）、襄阳市乙工程总公司（以下简称乙公司）向湖北省襄阳市樊城区人民法院提起民事诉讼，请求判令南漳县丙房地产开发有限责任公司（以下简称丙公司）、南漳县丁建筑安装工程有限责任公司（以下简称丁公司）、洪某生偿还借款 5589 万元及利息，并申请对价值 6671 万元的房产进行保全。同日，樊城区人民法院立案受理并作出财产保全裁定，查封丙公司、丁公司及洪某生的房产共计 210 套。丙公司认为查封明显超出标的额，于 2015

年 6 月提出异议，但樊城区人民法院未书面回复。

2015 年 7 月至 2016 年 10 月期间，樊城区人民法院对当事人双方的多起借款纠纷作出民事判决，判令丙公司、丁公司、洪某生偿还乙公司、甲小贷公司借款合计 5536.2 万元及利息约 438 万元。在本案执行阶段，丙公司向执行法院提出房产评估申请，经执行法院同意，由丙公司委托鉴定机构进行评估，评估结果为查封的房产市场价值为 1.21 亿元。丙公司提出执行异议，但樊城区人民法院审查后认定，丙公司提出的执行异议依据不充分，且未在法定期限内申请复议，故不予支持。由于丙公司已建成的 210 套商品房均被执行法院查封，无法正常销售，企业资金断流，经营陷入困境。

【检察机关监督情况】

1. 受理情况。2016 年 12 月 27 日，丙公司、丁公司以樊城区人民法院明显超标的额查封为由，向樊城区人民检察院申请监督。该院予以受理审查。

2. 审查核实。樊城区人民检察院对案件线索依法进行调查核实。询问了申请人丙公司；前往樊城区人民法院查阅了审判与执行案卷，收集相关法律文书、价格鉴定报告与其他书证；实地前往被查封楼盘进行现场勘查。经审查核实发现，相关裁判文书确定的债务总额为 5974 万元，且甲小贷公司、乙公司申请查封的标的额仅为 6671 万元，而执行法院实际查封的房产价值为 1.21 亿元，存在明显超标的额查封的问题。

3. 监督意见。樊城区人民检察院认为，樊城区人民法院查封的 210 套房产价值为 1.21 亿元，查封财产价值明显超出生效裁判文书确定的债务数额，违反《中华人民共和国民事诉讼法》第二百四十二条规定及《最高人民法院关于人民法院民事执行中查封、扣押、冻结财产的规定》第二十一条规定，存在明显超标的额查封被执行人财产的违法行为。2017 年 3 月 20 日，樊城区人民检察院向樊城区人民法院发出检察建议，建议对超标的额查封的违法行为予以纠正。

4. 监督结果。收到检察建议书后，樊城区人民法院认定本案确系超标的额查封，于 2017 年 4 月 17 日发出协助执行通知书，通知某县住房保障管理局解除对被执行人先期查封的 210 套商品房中 109 套的查封。解封后，丙公司得以顺利出售商品房，回收售楼款，改善资金困境，并及时发放拖欠的农民工工资，积极协商偿还本案剩余债务。

【指导意义】

1. 纠正明显超标的额的违法查封行为，消除对涉案企业正常生产经营的不利影响。执行程序的适度原则要求对执行措施限制在合理的范围内，执行目的与执行手段之间的基本平衡。纠正明显超标的额的违法查封行为，对于盘活企业资产，激发企业活力，特别是保障民营企业的可持续发展十分重要。

2. 办理明显超标的额查封的民事监督案件，应当围绕保全范围和标的物价值进行审查。查封、扣押、冻结等强制执行措施的违法使用，将限制企业生产要素的自由流动，降低市场主体创造社会财富的活力。因此，在认定是否明显超标的额查封时，不仅需要查明主债权、利息、违约金及为实现债权而支出的合理费用，还要结合查封财产是否为可分物、财产上是否设定其他影响债权实现的权利负担等因素予以综合考虑。做到监督有据，准确有效。

3. 诉讼保全措施延续到执行程序后，检察机关应按执行监督程序进行审查。诉讼保全发生于裁判生效前的审判活动，目的是保障生效裁判的履行。裁判生效后即转入强制执行程序。对于明显超标的额查封的财产，应依法提出执行检察建议，监督执行法院纠正错误执行行为。

【相关规定】

《中华人民共和国民事诉讼法》第二百四十二条

《最高人民法院关于人民法院民事执行中查封、扣押、冻结财产的规定》第二十一条

《人民检察院民事诉讼监督规则（试行）》第一百零二条

江苏某银行申请执行监督案

（检例第 108 号）

【关键词】 执行案件案外人　保证责任　执行行为异议　程序指引错误　执行监督

【要旨】

质权人为实现约定债权申请执行法院解除对质物的冻结措施，向法院承诺对申请解除冻结错误造成的损失承担责任，该承诺不是对出质人债务的保证，人民法院不应裁定执行其财产。对人民法院错误裁定执行其财产的行为不服提出的异议是对执行行为的异议，对该异议裁定不服的救济途径为复议程序而非执行异议之诉。

【基本案情】

2014 年 7 月 9 日，某银行与某公司签订《最高额银行承兑汇票承兑合同》，约定承兑最高限额不超过 1000 万元。同日，毛某芹与某银行签订《质押合同》，约定毛某芹以其名下某银行开具的 2 张存单共计 1000 万元对前述承兑合同项下借款提供质押担保，约定若主债权到期（包括提前到期）债务人未予清偿的，某银行有权实现质权；质押期限为 2014 年 7 月 9 日至 2015 年 1 月 9 日。当日，毛某芹向某银行交付上述质押存单 2 张并签订《权利质押清单》。某银行依约向某公司开具 2 张共计 1000 万元的承兑汇票并承兑付款，但某公司未能在票据到期日将应付票据款交存某银行。

2014 年 11 月 10 日，江苏省扬中市人民法院在审理某小额贷款公司诉借款人杨某娥、连带保证人毛某芹民间借贷纠纷案中，根据某小额贷款公司的诉讼保全申请，冻结了毛某芹已质押给某银行的 500 万元的存单。

2015 年 1 月 7 日，某银行以涉案存单到期为由向扬中市人民法院提出解除冻结的书面申请，未获批准。同年 4 月 28 日，某银行根据法院要求，出具《承诺》一份，载明："现我单位申请解除对该质押存单的冻结，若申请解除冻结的行为存在错误导致损失的，我单位提供反担保，对上述存单的申请解除冻结行为承担责任。"次日，法院解除冻结。

2015 年 6 月 8 日，扬中市人民法院对某小额贷款公司诉杨某娥、毛某芹等人的民间借贷纠纷案作出判决，判令杨某娥偿还某小额贷款公司借款 200 万元本息，毛某芹等人共同承担连带还款责任。同年 12 月 29 日，某小额贷款公司申请强制执行。扬中市人民法院作出（2015）扬执字第 1614 号裁定，以某银行出具的《承诺》系自愿为毛某芹提供保证，故依据《最高人民法院关于人民法院执行工作若干问题的规定（试行）》（以下简称《执行工作若干规定》）第 85 条规定，裁定某银行在保证责任范围内对某小额贷款公司承担清偿责任。

某银行不服，向扬中市人民法院提出执行异议，认为其因行使质权需要，申请对涉案存单解除冻结并无过错，法院要求其承担保证责任无事实依据。扬中市人民法院于 2016 年 3 月 7 日作出（2016）苏 1182 执异 5 号裁定，认为某银行自愿为毛某芹提供保证，法院裁定执行其财产符合法律规定，遂裁定驳回异议，并告之如不服可在 15 日内向法院提起诉讼。

某银行遂根据法院指引，提起执行异议之诉，请求：确认某银行对涉案存单享有质权，其出具的《承诺》不构成保证；撤销扬中市人民法院追加其为被执行人的裁定及驳回异议裁定。2016 年 7 月 28 日，扬中市人民法院认为该案应当依照审判监督程序处理，裁定驳回起诉。某银行不服提起上诉。镇江市中级人民法院认为某银行可通过普通确权诉讼另行主张质权，驳回上诉。

2016 年底，某银行按照镇江市中级人民法院的指引，以毛某芹为被告、某小额贷款公司为第三人，向扬中市人民法院提起质押合同诉讼。2017 年 11 月 14 日，该院作出（2016）苏 1182 民初 4094 号判决，确认某银行对涉案存单享有质权，其提供的《承诺》不构成对毛某芹债务的担保。某小额贷款公司不服提起上诉。2018 年 5 月 24 日，镇江市中级人民法院二审判决驳回上诉，维持原判。

【检察机关履职情况】

1. 线索来源。2017 年 3 月初，某银行向扬中市人民检察院申请执行监督，主张其对毛某芹涉案存单享有质权，《承诺》不构成担保，扬中市人民法院据此追加其为被执行人违法。

2. 调查核实。扬中市人民检察院受理某银行的监督申请后，查明以下事实：一是对涉案合同进行了审查，确认某银行对涉案存单享有质权。因某公司未能在票据到期日将应付票据款 1000 万元交存某银行，某银行有权根据《质押合同》约定对毛某芹质押的 1000 万元存单行使优先受偿权。二是本案执行期间，执行法院同时执行的另案，即毛某芹与王某龙民间借贷纠纷案的审判及执行情况。该案一审中，法院依王某龙申请冻结了毛某芹在某银行的 12 张存单共计 6400 万元，某银行同样以其对 12 张存单享有质权为由申请法院解除冻结，并向法院出具书面承诺，内容与本案《承诺》基本一致。法院解除对上述存单的冻结后，王某龙不服，先后提出执行异议和执行异议之诉，法院一审、二审、再审均认为某银行对该 12 张存单享有质权，依法享有优先受偿权，对王某龙提出的诉求未予支持。

3. 监督意见。2017 年 3 月 14 日，扬中市人民检察院向扬中市人民法院发出检察建议书，指出某银行出具的《承诺》不构成担保法意义上的保证，法院裁定由其承担还款责任，缺乏事实依据和法律依据。法院对某银行提出的异议予以驳回且引导其提起执行异议之诉，在执行异议之诉被驳回后又告之其依照审判监督程序处理，导致某银行饱受诉累，建议法院依法纠正错误执行行为。

2017 年 7 月 28 日，扬中市人民法院回函以某银行提起质权确认之诉为由，未采纳检察建议。扬中市人民检察院对该案持续跟进监督，发现在质押合同纠纷案件审理期间，法院根据某小额贷款公司的申请已强行划扣某银行 260 万元。在质押合同纠纷一案判决确认某银行对涉案存单享有质权，《承诺》不构成对毛某芹债务的担保后，法院亦未将划转的 260 万元执行回转。扬中市人民检察院遂于 2018 年 8 月 1 日，再次向扬中市人民法院发出检察建议，指出：某银行与毛某芹、某小额贷款公司质押合同纠纷一案已全部审理完毕，原复函中提出的"某银行正在提起质权确认之诉"的情形已不复存在，建议法院依法纠错并进行执行回转。

4. 监督结果。2019 年 1 月 25 日，扬中市人民法院向扬中市人民检察院复函称，该院作出的（2015）扬执字第 1614 号裁定确有错误，应予纠正，对检察建议予以采纳。该院已于 2018 年 9 月 6 日裁定执行回转，某小额贷款公司已将 260 万元执行款返还某银行。

【指导意义】

（一）质权人为申请解除对质物的冻结，向法院承诺对申请解除冻结错误造成的损失承担责任，不是对出质人债务的保证，法院裁定执行其财产错误。《执行工作若干规定》第 85 条规定，人民法院在审理案件期间，保证人为被执行人提供保证，人民法院据此解除保全措施的，案件审结后如果被执行人无财产可供执行或其财产不足清偿债务时，人民法院有权裁定执行保证人在保证责任范围内的财产。执行程序中将案外人认定为保证人，意味着直接使得生效法律文书列明的被执行人以外的人承担实体责任，对当事人权利义务将产生无法律依据的不当影响，因此关于保证责任的认定应严格遵循有关法律规定，根据当事人真实意思表示慎重审查认定。本案中，某银行作为案外人，只有在向法院明确其愿意为被执行人毛某芹的债务提供保证时，法院才可裁定执行某银行在保证责任范围内的财产。某银行出具的《承诺》虽然有"反担保"一词，但反担保是指债务人为保证人提供的担保，某银行与毛某芹并非债务人与保证人的关系，某银行也未作出为毛某芹的债务提供担保的意思表示，因此不构成反担保。《承诺》是某银行应法院要求出具，内容是愿对其申请解除冻结错误可能导致的损失承担责任，并非为毛某芹对某小额贷款公司的担保债务提供保证，因此不属于《执行工作若干规定》第85条规定的"保证人为被执行人提供保证"的情形，人民法院据此裁定执行某银行的财产错误。

（二）执行程序中应正确区分对执行行为的异议与对执行标的的异议，准确适用不同的法律救济途径。《中华人民共和国民事诉讼法》第二百二十五条及第二百二十七条对执行行为异议和执行标的异议规定了不同的救济途径，当事人、利害关系人对执行行为异议裁定不服的，可向上级人民法院申请复议，对执行标的异议裁定不服的，可提起执行异议之诉。本案中，某银行是对法院认定《承诺》系对毛某芹担保的债务提供保证，并据此裁定执行其财产的行为不服，属于对执行行为提出的异议，而非对执行标的提出的异议，对该异议裁定不服的救济途径为复议程序，人民法院引导其提起执行异议之诉，程序指引有误。在某银行提起执行异议之诉后，人民法院认为该案应当依照审判监督程序处理，驳回起诉亦属适用法律错误。根据《最高人民法院关于适用〈中华人民共和国民事诉讼法〉的解释》第三百一十二条规定，人民法院应当对某银行就涉案存单是否享有足以排除强制执行的民事权益进行审理，并对其提出的确权诉讼请求一并作出裁判，而不应指引其另行提起普通确权诉讼主张质权。

（三）对已经设立质权的标的物，人民法院可以采取财产保全措施，但不影响质权人的优先受偿权。根据《最高人民法院关于适用〈中华人民共和国民事诉讼法〉的解释》第一百五十七条的规定，人民法院对抵押物、质押物、留置物可以采取财产保全措施，但不影响抵押权人、质权人、留置权人的优先受偿权。某银行作为涉案存单的质权人，有权请求法院解除冻结，法院在某银行提供有关证据证明其对涉案存单享有质权的情况下，应解除对涉案存单的冻结。此时申请诉讼保全的权利人若有异议，可以向法院提出，若在执行异议程序中仍不能解决双方争议，则可提起执行异议之诉。本案法院在解除对涉案存单冻结后，诉讼保全申请人某小额贷款公司并未提出异议的情况下，裁定执行该存单财产并指引某银行提起执行异议之诉及质权确权之诉，事实上混淆了本案争议焦点，适用法律及程序指引均存在错误。

人民检察院在依法履行民事执行法律监督职责时，经调查核实，发现人民法院执行活动存在上述违反法律规定情形的，应当依法提出检察建议。对于人民法院已错误划扣的财产应当建议法院进行执行回转。

【相关规定】

《最高人民法院关于人民法院执行工作若干问题的规定（试行）》第八十五条

《中华人民共和国民事诉讼法》第二百二十五条、第二百二十七条、第二百三十五条

《最高人民法院关于适用〈中华人民共和国民事诉讼法〉的解释》第三百一十二条

《中华人民共和国担保法》第四条

湖北某房地产公司申请执行监督案

（检例第 109 号）

【关键词】鉴定材料　评估结果明显失实　评估异议　执行人员违法　执行监督

【要旨】

对于民事执行监督中当事人有证据证明执行标的物评估结果失实问题，人民检察院应当依法受理并围绕影响评估结果的关键性因素进行调查核实；经过调查核实查明违法情形属实的，人民检察院应当依法监督纠正；对于发现的执行人员和相关人员违纪、违法犯罪线索应当及时移送有关单位或部门处理。

【基本案情】

2004 年 9 月，某银行与某娱乐公司、某房地产公司因借款合同纠纷，向武汉仲裁委员会申请仲裁。武汉仲裁委员会裁决某娱乐公司向某银行偿还贷款本息共计 3590.45 万元，某银行对担保人某房地产公司抵押的财产优先受偿。裁决生效后，某银行于 2004 年 11 月向湖北省武汉市中级人民法院申请强制执行，后因某银行以当时拍卖变现抵押物会对该行造成较大损失为由，向武汉市中级人民法院申请暂缓拍卖，该院于 2005 年 10 月裁定终结本次执行程序，并向申请执行人发放债权凭证。2013 年 1 月，某银行申请恢复执行，武汉市中级人民法院于 2013 年 2 月作出（2004）武执字第 428 号执行裁定，对某房地产公司唯一资产——位于武汉市硚口区某地块1.3 万余平方米的土地进行为期两年的查封，并于 2015 年 1 月作出（2004）武执字第 00428－1 号执行裁定，对上述土地续查封一年。

上述两份执行裁定均未向某房地产公司和某银行送达。2014 年 7 月，武汉市中级人民法院委托评估机构对上述土地使用权价值进行评估，评估价为 5778.57 万元。某房地产公司对上述评估结果不服，提出执行异议，武汉市中级人民法院未对评估过程中是否存在程序违法进行审查，亦未交评估机构对异议内容进行复核。

2015 年 2 月 25 日，涉案土地公开拍卖，某置业公司经两轮竞价，以 5798.57 万元的价格竞买成交。2016 年 6 月，武汉市土地交易中心为竞买人办理变更使用权人登记时，为确定税费对涉案土地再次委托评估，确定总地价为 21300.7 万元。后武汉市土地交易中心与某置业公司签订《国有建设用地使用权成交确认书》。

【检察机关履职情况】

1. 线索来源。2018 年 3 月，某房地产公司认为本案执行行为违反法律规定，向湖北省武汉市人民检察院申请监督，主要理由是执行程序中涉案土地的容积率明显有误，土地价值严重低估。武汉市人民检察院依法受理。

2. 调查核实。武汉市人民检察院通过调查核实查明以下事实：一是武汉市国土资源和规划局保存的原始地籍资料显示，涉案土地出让时容积率为 4.16。二是武汉市中级人民法院执行人员曾于委托评估前调取该地籍资料并入卷，但委托评估时未向评估机构提供。三是本案土地价格评估时，评估人员未查实涉案土地容积率，自行依据周边情况设定容积率为 2.0。四是某房地产公司及本案其他债权人曾于 2014 年 9 月和 2015 年 2 月提出执行异议，法院未予处理。五是竞买后，某置业公司变更权属登记时，武汉市国土资源和规划局硚口分局经核算确定涉案土地的容积率为 4.61，并依此办理权属变更登记公示；为确定土地交易税费，武汉市土地交易中心委托三家评估机构分别进行价值评估，其中估价为 21300.7 万元的结果居中，该交易中心按 21300.7 万元的总地价确定交易税费。六是某置业公司后已在涉案土地上开发"盛世公馆"项目并销售，建设用地规划许可证载明用地面积 13214.19 平方米，建设规模 60969.75 平方米，据此计算容积率为 4.61。

3. 监督意见。武汉市人民检察院认为武汉市中级人民法院在本案执行程序中存在下列违法情形：第一，在已调取地籍资料的情况下，未将地籍资料移交给评估公司，未对委托评估资料的完整性负责，致使涉案土地评估价格 5778.57 万元明显低于实际市场价格；第二，未依法对某房地产公司提出的执行异议进行审查并作出处理；第三，未依法送达法律文书。2018 年 4 月 13 日，武汉市人民检察院向武汉市中级人民法院发出检察建议书，建议依法纠正错误执行行为；采取有效措施，统筹解决执行纠错及某房地产公司破产问题，维护某房地产公司及其债权人的合法权益；对执行人员的失职行为按照《人民法院工作人员处分条例》的规定予以处理。另，本案在启动监督程序后，对发现的职务犯罪线索已移送有关部门。

4. 监督结果。武汉市中级人民法院收到检察建议书后，于 2018 年 6 月 6 日立案审查；2018 年 11 月 8 日，该院复函武汉市人民检察院，确认执行人员委托鉴定时未依法移交调取的鉴定资料，未能保证鉴定资料的充分性、完整性，导致评估价格明显低于市场价格、评估结果失实，损害被执行人合法权益，且存在其他程序违法问题；2018 年 12 月 29 日，该院作出（2018）鄂 01 执监 9 号执行裁定，撤销该院对案涉地块土地使用权的网络司法拍卖；2019 年 1 月 14 日，武汉市中级人民法院再次复函武汉市人民检察院，确认竞买人之间存在恶意串通的行为，严重扰乱司法拍卖秩序。

就本案造成的财产损害，某房地产公司以某置业公司为被告，提起财产损害赔偿之诉，武汉市中级人民法院已作出二审判决，判令某置业公司赔偿某房地产公司财产损失 11760.09 万元及相应利息；就该判决的履行，双方已达成具体的履行协议。

另，对本案移送的犯罪线索，有关部门已分别对某置业公司法定代表人翟某、某评估公司法定代表人贾某、估价师黄某4人立案。经湖北省武汉市洪山区人民检察院依法提起公诉，洪山区人民法院经审理认定翟某以威胁手段，强迫他人退出拍卖，导致翟某所控制的公司拍得土地使用权的价格远低于实际价值，以翟某犯强迫交易罪，判处有期徒刑二年，缓刑二年，并处罚金二万元，判决现已生效。贾某、黄某被武汉市中级人民法院二审以提供虚假证明文件罪分别判处有期徒刑一年零三个月、一年零六个月，并处罚金。

【指导意义】

（一）对于可能存在的执行标的物评估结果失实的问题，人民检察院应着重围绕影响评估结果的关键性因素进行调查核实。执行标的物评估结果失实，特别是评估结果明显低于市场价格损害财产权利人利益，是执行监督中当事人反映比较集中的一类问题，尤以土地、房产和重大设备价值评估为多发领域。评估结果失实是检察机关依法履职的线索来源，人民检察院应据此重点审查是否存在违法情形导致评估结果失实，查明违法情形属实的，应当依法监督。土地作为执行标的物时，其市场价格与土地容积率、地段、周边配套等因素密切相关，人民检察院调查核实违法情形时应当重点围绕决定土地价格的密切相关因素进行。以土地容积率为例，可以查实地块出让时确定的容积率、执行人员对容积率的查明掌握情况、评估鉴定机构确定容积率的方法、权属变更登记公示时的容积率和确定土地交易税费时的容积率，遇有容积率的确定存在前后明显差异的情形，应重点查实确定容积率的方法、途径和变化因素等。

（二）查实执行活动存在违法情形的，应当予以监督纠正，对于相关人员可能存在的违纪违法和犯罪线索，应当按规定移送有关部门处理。人民检察院开展执行监督工作，对确有错误的执行案件，应当建议人民法院依法纠正；发现执行人员违纪违法的，应建议人民法院予以处理；发现涉嫌犯罪的，应当将案件线索依法移送有关单位或部门。办理涉及评估鉴定的执行监督案件时，应当注意查明人民法院委托评估鉴定是否向评估鉴定机构提供了真实、完整、充分的评估鉴定材料，是否将已掌握的相关情况全部告知评估鉴定机构，从中发现委托评估鉴定过程中是否存在违法行为。

【相关规定】

《中华人民共和国拍卖法》第三十七条

《司法鉴定程序通则》第十三条

黑龙江何某申请执行监督案

（检例第 110 号）

【关键词】 夫妻共同债务认定 执行依据 违法追加被执行人 程序违法 跟进监督

【要旨】

执行程序应当按照生效判决等确定的执行依据进行，变更、追加被执行人应当遵循法定原则和程序，不得在法律和司法解释规定之外或者未经依法改判的情况下变更、追加被执行人。对于执行程序中违法变更、追加被执行人的，人民检察院应当依法监督。

【基本案情】

张某与何某系夫妻关系。2009 年至 2010 年，张某因销售燃煤急需资金，向魏某借款共计 35 万元，到期未偿还。魏某以张某为被告向黑龙江省铁力市人民法院提起诉讼。2012年2月27日，铁力市人民法院作出（2011）铁民初字第833号民事判决，判令"被告张某于本判决发生法律效力后十五日内偿还原告魏某本金35万元"。张某不服一审判决，上诉至伊春市中级人民法院，二审驳回上诉、维持原判。2012年8月6日，魏某向铁力市人民法院申请执行。2014年1月22日，张某与何某协议离婚。

2015年7月30日，铁力市人民法院作出（2012）铁执字167-2号执行裁定，以借款系夫妻共同债务为由，裁定追加何某为被执行人，并冻结何某工资。

何某向铁力市人民法院提出书面异议。2015年12月28日，铁力市人民法院作出（2015）铁执异字第16号执行裁定，认为婚姻关系存续期间，夫妻一方以个人名义所负债务，除债权人与债务人明确约定为个人债务或夫妻约定婚姻关系存续期间财产归各自所有外，都应视为夫妻共同债务，裁定驳回何某的异议。何某不服该裁定，向黑龙江伊春市中级人民法院申请复议。2016年4月11日，伊春市中级人民法院作出（2016）黑07执复2号执行裁定，驳回何某的复议申请。

【检察机关履职情况】

1. 线索来源。2017年5月31日，何某向黑龙江铁力市人民检察院申请执行监督，认为铁力市人民法院在执行程序中追加被执行人违法。铁力市人民检察院依法受理。

2. 监督意见。2017年6月28日，铁力市人民检察院向铁力市人民法院发出检察建议书，认为铁力市人民法院裁定追加何某为被执行人缺乏法律依据，建议纠正。7月26日，铁力市人民法院复函，认为追加何某为被执行人适用法律准确，程序合法，且上级法院已作出执行异议复议裁定，故不予采纳检察建议。铁力市人民检察院提请伊春市人民检察院跟进监督。11月8日，伊春市人民检察院向伊春市中级人民法院发出检察建议书，认为生效判决并未确认案涉款项为夫妻共同债务，执行环节不应直接改变执行依据，在未经法院改判的情况下不应直接将判决确认的个人债务推定为夫妻共同债务；追加何某为被执行人，既影响判决的既判力，又剥夺何某诉讼权利，使得何某未经审判程序即需承担义务，建议纠正。

3. 监督结果。2018 年 3 月 22 日，伊春市中级人民法院作出（2018）黑 07 民监 1 号回复函，认为铁力市人民法院不应追加何某为被执行人，经该院审判委员会讨论决定，采纳伊春市人民检察院的检察建议。4 月 16 日，伊春市中级人民法院作出（2018）黑 07 执监 3 号执行裁定，撤销铁力市人民法院（2012）铁执字 167 - 2 号执行裁定。后铁力市人民法院解除对何某工资账户的冻结。

【指导意义】

（一）违法追加被执行人，人民检察院应当依法监督。审判和执行程序分工不同，当事人实体权利义务应由审判程序予以确定，执行程序通常不应直接确定当事人实体权利义务，只能依照执行依据予以执行。变更、追加被执行人应当遵循法定原则，对于法律或司法解释规定情形之外的，不能变更、追加，否则实质上剥夺了当事人的诉讼权利，属于程序违法。"未经审判程序，不得要求未举债的夫妻一方承担民事责任"的具体规定虽然是 2017 年 2 月最高人民法院在《关于依法妥善审理涉及夫妻债务案件有关问题的通知》中才明确表述的，但是，人民法院在执行程序中追加被执行人的基本原则、程序一直是确定的，这一规定只是对确定夫妻共同债务既有规则的重申。人民检察院发现执行程序中人民法院违法追加被执行人的，应当依法进行监督。

（二）办理可能涉及夫妻共同债务的案件，既要注重保护债权人的合法权利，又要注重保护未共同举债的夫妻另一方的合法权利。涉夫妻共同债务案件事关交易安全、社会诚信和家庭稳定，办理此类案件过程中，既要注意到可能存在夫妻双方恶意串通损害债权人利益的情形，也要注意到可能存在夫妻一方与债权人恶意串通损害配偶利益的情形，特别是要防止简单化地将夫妻关系存续期间发生的债务都认定为夫妻共同债务。如严格按照《民法典》第一千零六十四条的规定认定是否属于夫妻共同债务，同时要严守法定程序，保障当事人诉讼权利。如有证据证明可能存在夫妻双方恶意串通损害债权人利益的，应经由审判程序认定夫妻共同债务，而非在执行程序中直接追加夫妻另一方为被执行人。

（三）人民检察院认为人民法院对检察建议处理结果错误，可以提请上级院跟进监督。检察建议是人民检察院履行法律监督职能的重要方式。发现人民法院对人民检察院提出的检察建议未在规定的期限内作出处理并书面回复，以及对检察建议的处理结果错误的，应当按照有关规定进行监督，或者提请上级院监督。

【相关规定】

《人民检察院民事诉讼监督规则（试行）》第一百一十七条

三、社区矫正执行监督

社区矫正对象孙某某撤销缓刑监督案

（检例第 131 号）

【关键词】　社区矫正监督　违反规定外出、出境　调查核实　撤销缓刑

【要旨】

人民检察院应当加强对社区矫正机构监督管理和教育帮扶社区矫正对象等社区矫正工作的法律监督，保证社区矫正活动依法进

行。人民检察院开展社区矫正法律监督，应当综合运用查阅档案、调查询问、信息核查等多种方式，查明社区矫正中是否存在违法情形，精准提出监督意见。对宣告缓刑的社区矫正对象违反法律、行政法规和监督管理规定的，应当结合违法违规的客观事实和主观情节，准确认定是否属于"情节严重"应予撤销缓刑情形。对符合撤销缓刑情形但社区矫正机构未依法向人民法院提出撤销缓刑建议的，人民检察院应当向社区矫正机构提出纠正意见；对社区矫正工作中存在普遍性、倾向性违法问题或者有重大隐患的，人民检察院应当提出检察建议。

【基本案情】

社区矫正对象孙某某，男，1978年9月出生，2016年7月6日因犯非法买卖枪支罪被天津市滨海新区人民法院判处有期徒刑三年，宣告缓刑四年，缓刑考验期自2016年7月17日至2020年7月16日止。孙某某在北京市海淀区某镇司法所接受社区矫正。2019年，北京市海淀区人民检察院在日常监督时发现孙某某存在未经批准擅自外出、出境等应当撤销缓刑情形，依法监督社区矫正机构提请人民法院对孙某某撤销缓刑，收监执行原判有期徒刑三年。

【检察机关履职过程】

1. 线索发现。2019年，海淀区人民检察院在日常监督中发现，社区矫正对象孙某某在被实施电子监管期间，电子定位轨迹出现中断情形，孙某某可能存在故意逃避监管等违法违规行为。

2. 调查核实。海淀区人民检察院开展了以下调查核实工作。一是通过查看社区矫正综合管理平台和社区矫正档案，发现司法所对孙某某进行监督管理时，缺乏实地查访、信息核查等监管措施。二是向铁路、航空、出入境等部门调取孙某某社区矫正期间出行信息，并与请假批准手续记录对比，发现孙某某在被实施电子监管期间故意对电子定位装置不充电擅自外出一次，在被摘除电子定位装置（因法律法规调整，孙某某不再符合使用电子定位装置条件）后又利用每个月到司法所当面报到的间隔期间擅自外出二十余次，最长一次达十九天，其中违法出境两次、累计十一天。三是对孙某某进行询问，其对未经批准擅自外出的事实予以承认。

3. 监督意见。海淀区人民检察院经审查认为，孙某某在社区矫正期间多次违规外出并两次违法出境，违反了《中华人民共和国刑法》第七十五条、《中华人民共和国出境入境管理法》第十二条及《社区矫正实施办法》（2020 年 7 月 1 日废止，有关规定内容被 2020 年 7 月 1 日起施行的《中华人民共和国社区矫正法实施办法》吸收）第二十五条规定，且情节严重，于 2019 年 5 月 24 日向海淀区司法局提出纠正意见，建议其向法院提出撤销缓刑建议。同时，向海淀区某镇司法所制发《纠正违法通知书》，依法纠正社区矫正监管教育措施落实不到位等问题。为促进本辖区社区矫正工作全面规范提升，海淀区人民检察院对近三年办理的社区矫正监督案件进行全面梳理，针对发现的监督管理中存在的普遍性、倾向性问题，于 2019 年 10 月 21 日向海淀区司法局发出《检察建议书》，建议：建立有效监督管理机制，综合运用实地查访、信息化核查、通信联络等方式，准确掌握社区矫正对象实际情况；加强与出入境管理部门以及公安派出所的沟通协作和信息互通，采取有效措施防止社区矫正对象违法出境和违规外出等问题的发生。

4. 监督结果。2019 年 6 月 19 日，海淀区司法局向天津市滨海新区人民法院制发《撤销缓刑建议书》。2019 年 7 月 22 日，滨海新区人民法院作出刑事裁定，撤销孙某某宣告缓刑四年，收监执行原判有期徒刑三年。同时，海淀区司法局采纳检察建议进行了整改：一是完善自身督察机制。采取专项督察、定项督察、随机督察、派驻督察等方式，进一步强化社区矫正监管教育措施的落实。二是完善与出入境管理部门及公安派出所的协作和信息互通机制。在采取原有出入境备案措施基础上，全面落实社区矫正对象护照、港澳台通行证暂停使用制度；同时加强与公安派出所的信息互通机制，及时排查社区矫正对象有无违规出行和违法出境等情况。三是加强社区矫正与法律监督配合机制。邀请检察机关共同研判社区矫正执法风险、开展线上线下警示教育，形成司法合力，以监督促社区矫正规范提升。四是对相关责任人员予以党政纪处分。

【指导意义】

（一）人民检察院开展社区矫正法律监督工作，应依法全面履行法律监督职责，确保社区矫正法的正确实施。《中华人民共和国社区矫正法》规定，对被判处管制、宣告缓刑、假释和暂予监外执行的罪犯，依法实行社区矫正，并规定人民检察院依法对社区矫正工作实行法律监督。人民检察院应当加强对社区矫正机构监督管理和教育帮扶社区矫正对象等社区矫正工作的法律监督，保证社区矫正工作依法进行，促进社区矫正对象顺利融入社会，预防社区矫正对象再次违法犯罪。在开展社区矫正监督工作时，应当加强对社区矫正档案和信息管理平台中社区矫正对象的日常监管教育、请假外出审批、考核奖惩等有关情况的审查。对于发现的违法违规监督线索，要及时开展调查核实，查清违法违规事实，准确适用法律，精准提出监督意见，更好地满足人民群众对司法公正和社会和谐稳定的需求。

（二）人民检察院办理撤销缓刑监督案件时，应当全面考量行为人主客观情形，依法判断是否符合"其他违反有关法律、行政法规和监督管理规定，情节严重"的撤销缓刑情形。现行《中华人民共和国社区矫正法实施办法》第四十六条第一款第五项沿用了2012年3月1日实施的《社区矫正实施办法》（2020年7月1日废止）第二十五条第一款第五项的规定，对社区矫正对象撤销缓刑情形规定了兜底性条款，即有"其他违反有关法律、行政法规和监督管理规定，情节严重的情形"，应当提出撤销缓刑建议。认定是否达到"情节严重"时，应当全面考量社区矫正对象违反有关法律、行政法规和监督管理规定行为的性质、次数、频率、手段、事由、后果等客观事实，并在准确把握其主观恶性大小的基础上作出综合认定。具有撤销缓刑情形而社区矫正机构未依法提出撤销缓刑建议的，人民检察院应当向社区矫正机构提出纠正意见，监督社区矫正机构向人民法院提出撤销缓刑建议。

（三）人民检察院应当依法监督社区矫正机构加强对社区矫正对象的监督管理，完善与公安机关等的沟通协作机制，防止社区矫正对象非法出境。社区矫正对象在社区矫正期间应当遵守外出、报告、会客等监管规定。依据《中华人民共和国出境入境管理法》规定，被判处刑罚尚未执行完毕的罪犯，不准出境。人民检察院应当监督社区矫正机构加强对社区矫正对象遵守禁止出境等规定情况的监督管理，督促社区矫正机构会同公安机关等部门完善沟通协作和信息互通机制，防止社区矫正对象非法出境。

（四）对社区矫正工作中存在的普遍性、倾向性违法问题和重大隐患，人民检察院应当充分运用检察建议等提升监督效果。检察建议是检察机关履行法律监督职责的重要方式。人民检察院办理社区矫正监督案件时，发现社区矫正机构存在的普遍性问题和管理漏洞，应充分运用检察建议，依法依规提出有针对性的建议，督促执行机关整改落实、规范管理、堵塞漏洞，最大限度地发挥法律监督促进社会治理的效果，实现法律监督工作和社区矫正工作的双促进、双提升。

【相关规定】

《中华人民共和国刑法》第七十五条、第七十七条

《中华人民共和国出境入境管理法》第十二条

《中华人民共和国社区矫正法》第二十七条

《中华人民共和国社区矫正法实施办法》第二十七条、第四十六条（2020 年 7 月 1 日起施行）

《社区矫正实施办法》第十三条、第二十五条（2012 年 3 月 1 日起施行，2020 年 7 月 1 日废止）

《人民检察院刑事诉讼规则》第六百四十四条

《人民检察院检察建议工作规定》第九条

社区矫正对象崔某某暂予监外执行收监执行监督案

（检例第 132 号）

【关键词】社区矫正监督　重点审查对象　变更执行地　保外就医情形消失　暂予监外执行收监执行

【要旨】

人民检察院开展社区矫正法律监督工作，应当加强对因患严重疾病被暂予监外执行以及变更执行地等社区矫正对象的监督管理活动的监督。人民检察院在监督工作中应当准确把握暂予监外执行适用条件，必要时聘请有专门知识的人辅助审查。发现社区矫正对象暂予监外执行情形消失且刑期未满的，应当依法提出收监执行的检察建议，维护刑罚执行公平公正。

【基本案情】

社区矫正对象崔某某，男，1958 年 8 月出生，原山东某国有企业总经理。2015 年 6 月 2 日因犯受贿罪被山东省淄博市博山区人民法院判处有期徒刑十年，刑期至 2025 年 1 月 20 日止。2015 年 7 月 4 日，崔某某被交付山东省淄博监狱服刑。2016 年 5 月 6

日，崔某某因在监狱中诊断患有胃癌被暂予监外执行，在山东省淄博市博山区某镇司法所接受社区矫正。因其儿子在上海工作并定居，崔某某被暂予监外执行后在上海接受手术及化疗。后为便于病情复查及照料看护，崔某某提出申请变更社区矫正执行地至上海市金山区。2017年3月6日，崔某某变更至上海市金山区某镇司法所接受社区矫正。崔某某在上海市金山区接受社区矫正期间能遵守社区矫正相关规定，按时向社区矫正机构报告病情复查情况，矫正表现良好。

2020年，金山区人民检察院结合病情诊断、专家意见和法医审查报告认为，崔某某化疗结束后三年期间未发现癌症复发或转移现象，暂予监外执行情形消失且刑期未满，依法监督社区矫正机构提请监狱管理机关将崔某某收监执行。

【检察机关履职过程】

1. 线索发现。2020年7月，金山区人民检察院邀请区人大代表、政协委员、医师等，以辖区内被暂予监外执行的职务犯罪社区矫正对象监督管理工作为重点，开展专项监督。检察人员发现，崔某某自2017年6月化疗结束至2020年7月，由上海市静安区中心医院出具的历次复诊小结中，均未见明显的胃癌症状描述，其是否仍符合暂予监外执行情形需要进一步调查。

2. 调查核实。为全面掌握崔某某身体健康状况和接受社区矫正情况，金山区人民检察院查阅了崔某某刑罚变更执行和接受日常监管矫正文书档案，以及原始病历资料和每三个月的病情复查材料等，询问了社区矫正工作人员及崔某某。同时为更精准判断崔某某暂予监外执行监督工作中所涉及的医学问题，金山区人民检察院邀请主任医师杨某某作为有专门知识的人全程参与，提出咨询意见。经调查核实，崔某某在社区矫正期间能够遵守各项规定，一直接受治疗，病情较为稳定。杨某某根据调查核实情况，出具"初步认为其胃癌术后恢复情况良好，无癌症复发指征"的专家意见。

3. 监督意见。2020年9月23日，金山区人民检察院向金山区司法局提出检察建议，建议其组织对崔某某进行病情复查和鉴定。如鉴定结果为不再符合暂予监外执行情形，应当及时提请收监执行。金山区司法局采纳了检察建议，组织病情复查。复旦大学附属金山医院作出"目前癌症未发现明显复发或转移"的诊断结论。2020年10月15日，金山区司法局就崔某某收监执行征求金山区人民检察院意见。金山区人民检察院结合病情诊断、专家意见和法医审查报告认为，崔某某化疗结束后三年期间未发现癌症复发或转移现象，可以认定其暂予监外执行情形消失且刑期未满，符合收监执行情形，遂向金山区司法局制发《检察意见书》，同意对崔某某收监执行。

4. 监督结果。2020年10月20日，金山区司法局向山东省监狱管理局发出《收监执行建议书》。2020年10月30日，山东省监狱管理局制发《暂予监外执行收监决定书》，决定将崔某某依法收监执行。2020年11月2日，崔某某被收监执行。

【指导意义】

（一）人民检察院开展社区矫正监督工作，对于保外就医的社区矫正对象是否符合暂予监外执行条件应当加强审查。对于交付社区矫正、变更执行地的保外就医社区矫正对象，检察机关应及时审查是否符合暂予监外执行条件。对于保外就医的职务犯罪、破坏金融管理秩序和金融诈骗犯罪、黑社会性质组织犯罪等社区矫正对象，特别是在监内服刑时间较短、剩余刑期较长的人员，应当予以重点审查。社区矫正期间，人民检察院应监督社区矫正机构及时掌握暂予监外执行社区矫正对象身体状况及疾病治疗等情况，每三个月审查保外就医社区矫正对象病情复查情况。必要时，人民检察院可以自行组织或者要求社区矫正机构对社区矫正对象重新组织诊断、检查或者鉴别。为保证相关结果客观公正，诊断、检查的医疗机构应当与暂予监外执行社区矫正对象日常就诊的医疗机构不同且不存在利益相关。对于暂予监外执行情形消失的，人民检察院应当及时提出收监执行的检察建议，防止"一保到底"，切实维护刑罚执行公平公正。

（二）人民检察院开展社区矫正监督工作，可充分结合专家意见，综合判断社区矫正对象是否符合继续保外就医条件。人民检察院在对保外就医社区矫正对象的监督管理活动开展法律监督时，要重点关注社区矫正对象的身体健康状况，依法判断是否仍属于《保外就医严重疾病范围》规定的严重疾病情形。人民检察院在甄别病情是否发生重大变化、保外就医情形是否消失时，可以邀请有专门知识的人参与，辅助对病情复查诊断书及相关化验单、影像学资料、病历、鉴定意见等材料进行审查，并充分考虑专家意见后进行综合判断。

（三）人民检察院应加强对变更社区矫正执行地的监督，切实防止通过变更执行地逃避刑罚执行问题的发生。为促进社区矫正对象顺利融入社会，因工作变动、居所变化、生活需要等正当理由，社区矫正对象可以申请变更社区矫正执行地。人民检察院应当加强对变更社区矫正执行地等情形的法律监督，重点审查变更理由是否合理、相关证明材料是否充分、变更审批手续、交付接收程序等是否合法规范，同时应当监督变更执行地后的社区矫正机构加强对社区矫正对象的监督管理。

【相关规定】

《中华人民共和国刑事诉讼法》第二百六十八条

《中华人民共和国社区矫正法》第二十七条、第四十九条

《中华人民共和国社区矫正法实施办法》第二十四条、第三十条、第三十一条、第四十九条（2020 年 7 月 1 日起施行）

《社区矫正实施办法》第十四条、第二十六条（2012 年 3 月 1 日起施行，2020 年 7 月 1 日废止）

《暂予监外执行规定》第二十一条、第二十三条、第三十一条

《人民检察院刑事诉讼规则》第六百四十四条

社区矫正对象王某减刑监督案

（检例第 133 号）

【关键词】社区矫正监督　见义勇为　重大立功　减刑监督　检察听证

【要旨】

人民检察院开展社区矫正法律监督工作，应当坚持客观公正立场，既监督纠正社区矫正中的违法行为，又依法维护社区矫正对象合法权益。发现宣告缓刑的社区矫正对象有见义勇为、抢险救灾等突出表现的，应当监督相关部门审查确定是否属于重大立功情形，是否符合减刑条件。对有重大社会影响的减刑监督案件，人民检察院可以召开听证会，围绕社区矫正对象是否符合重大立功等重点内容进行听证，结合原判罪名情节、社区矫正期间表现等依法提出检察建议。

【基本案情】

社区矫正对象王某，男，1989 年 6 月出生，2018 年 3 月 14 日因犯诈骗罪被浙江省德清县人民法院判处有期徒刑三年，宣告缓刑四年，并处罚金人民币六万元，缓刑考验期自 2018 年 3 月 27 日至 2022 年 3 月 26 日止。王某在浙江省德清县某街道司法所接受社区矫正。社区矫正期间，王某能够积极接受教育管理，各方面表现良好。

2019年11月12日上午，王某在德清县某街道进行社区服务时，发现社区卫生服务站门口的道路上，一辆正在施工的热熔划线工程车上的液化气罐突然起火，危及周边安全。王某见状主动上前施救，并成功排除险情。经德清县人民检察院监督，王某的行为被法院依法认定为重大立功，符合减刑的法定条件。湖州市中级人民法院依法裁定对王某减去有期徒刑六个月，缩减缓刑考验期一年。

【检察机关履职过程】

1. 线索发现。救火事件经新闻媒体报道后，德清县人民检察院检察人员通过查看现场照片，并与德清县社区矫正机构确认，主动救火的人是社区矫正对象王某。德清县人民检察院认为，王某的行为可能构成重大立功情形，符合减刑条件。

2. 调查核实。德清县人民检察院将王某主动救火的情况向社区矫正机构反映，但社区矫正机构未及时进行核查。检察机关随即开展调查核实等工作。一是审查救火事件的基本事实和证据。通过走访事发现场，询问事发地社区工作人员、社区医生、道路施工人员、消防救援人员及周边群众，收集调取现场照片等证据，了解到当日工程车上的液化气罐突然起火，王某发现后三次往返火场灭火，最后爬上工程车徒手将有随时被引爆风险的7个液化气罐全部拧紧，成功排除一起重大火灾爆炸险情。灭火过程中，王某身体多处受伤。事发地位于德清县城闹市区，来往车辆和行人较多，周边均为居民区，一旦发生爆炸可能造成重大事故。二是审查王某在社区矫正期间的表现情况。全面调取王某的社区矫正档案材料，询问王某和社区矫正机构工作人员，了解到王某原判罚金刑已履行完毕，其在社区矫正期间能够认罪悔罪，遵守法律法规和监督管理规定，积极参加教育学习和社区服务，月度考核中多次获得表扬。三是论证是否符合重大立功情形。会同公安机关、人民法院和社区矫正机构等部门，就王某的行为是否属于重大立功表现等问题进行分析论证，推动社区矫正机构有针对性地开展调查取证。2019年12月25日，德清县人民检察院向德清县公安局发出王某见义勇为举荐书，德清县公安局核实后于2020年1月3日依法确定王某的行为系见义勇为。四是召开公开听证会。考虑到王某见义勇为行为已被媒体宣传报道，具有较大的社会影响，德清县人民检察院围绕是否构成重大立功等问题组织召开检察听证会，邀请省市县三级人大代表和政协委员、社区矫正机构代表等人员作为听证员，当事人及其代理律师也参加听证。听证员认为，王某见义勇为行为成功排除了一起重大事故，符合重大立功的条件，有力传播了社会正能量，建议德清县人民检察院依法监督德清县司法局对王某提请减刑。

3. 监督意见。2020年4月17日，德清县人民检察院依法向德清县司法局提出对社区矫正对象王某提请减刑的检察建议。

4. 监督结果。2020年7月1日，湖州市司法局在审查德清县司法局报送的减刑建议书后，向湖州市中级人民法院提出减刑建议。湖州市中级人民法院经审理认为，社区矫正对象王某在排除重大事故中有见义勇为行为，且表现突出，构成重大立功，符合减刑的法定条件。2020年7月13日，湖州市中级人民法院依法裁定对王某减去有期徒刑六个月，缩减缓刑考验期一年。

【指导意义】

（一）人民检察院开展社区矫正法律监督工作，发现宣告缓刑社区矫正对象有重大立功线索的，应当监督社区矫正机构进行调查核实，依法维护社区矫正对象合法权益。根据有关法律和司法解释的规定，宣告缓刑的罪犯，一般不适用减刑；在缓刑考验期内有重大立功表现的，可以参照《中华人民共和国刑法》第七十八条的规定，予以减刑。因此，人民检察院在监督工作中发现社区矫正对象有见义勇为等突出表现，可能构成重大立功的，应当监督社区矫正机构及时进行调查，依法予以确认。必要时，人民检察院可以自行开展调查核实。

（二）人民检察院在办理减刑监督案件时，可以通过公开听证方式听取各方意见，最大程度凝聚共识，确保案件办理质效。人民检察院办理有重大社会影响的社区矫正对象减刑监督案件，可以运用公开听证方式开展案件审查工作，广泛听取意见，并通过以案释法，弘扬社会主义核心价值观。在听证过程中，应重点围绕社区矫正对象的行为是否符合《中华人民共和国刑法》第七十八条规定的重大立功情形听取意见。人民检察院综合听证员意见，结合社区矫正对象见义勇为的具体表现、有效避免或阻止发生的危害后果，以及原判罪名情节、社会危害程度和社区矫正期间表现等因素，经审慎研究，依法认定符合减刑条件的，应当向刑罚执行机关提出提请减刑的检察建议。

【相关规定】

《中华人民共和国刑法》第七十八条

《中华人民共和国刑事诉讼法》第二百七十三条

《中华人民共和国社区矫正法》第三十三条

《中华人民共和国社区矫正法实施办法》第三十三条、第四十二条（2020 年 7 月 1 日起施行）

《最高人民法院关于办理减刑、假释案件具体应用法律的规定》第五条、第十八条

《人民检察院刑事诉讼规则》第六百四十四条

《人民检察院办理减刑、假释案件规定》第九条

社区矫正对象管某某申请外出监督案

（检例第 134 号）

【关键词】 社区矫正监督 生产经营需要 申请外出 依申请监督 跟进监督

【要旨】

人民检察院开展社区矫正法律监督工作，应当监督社区矫正机构依法履行社区矫正对象申请外出的审批职责。社区矫正对象因生产经营需要等正当理由申请外出，社区矫正机构未予批准，申请人民检察院监督的，人民检察院应当在调查核实后依法监督社区矫正机构批准。社区矫正机构批准外出的，人民检察院应当监督社区矫正机构加强对社区矫正对象外出期间的动态监督管理，确保社区矫正对象"放得出""管得住"。

【基本案情】

社区矫正对象管某某，男，1970 年 5 月出生，江苏某电子科技有限公司控股股东、实际控制人。2016 年 7 月 21 日，管某某因犯虚开增值税专用发票罪被江苏省昆山市人民法院判处有期徒刑三年，宣告缓刑五年，缓刑考验期自 2016 年 8 月 2 日至 2021 年 8 月 1 日止。管某某在安徽省芜湖市湾沚区某司法所接受社区矫正。管某某在社区矫正期间遵纪守法，服从监督管理，表现良好。

2020 年 8 月，芜湖市湾沚区人民检察院根据管某某的申请，依法对某司法所不批准管某某外出申请进行监督。经监督，社区矫正机构依法批准管某某外出申请。

【检察机关履职过程】

1. 线索发现。2020 年 8 月，湾沚区人民检察院接到社区矫正对象管某某反映，其经营的某电子公司因生产经营陷入困境，亟需本人赴上海、江苏等地洽谈业务，其向某司法所申请外出，未获批准，遂向湾沚区人民检察院提出法律监督申请。

2. 调查核实。受理管某某的申请后，湾沚区人民检察院开展了以下调查核实工作：一是了解司法所不批准管某某外出的理由。主要是担心管某某外出后，可能发生脱管或重新犯罪等问题。二是调查管某某外出的必要性。经实地走访管某某经营的公司，查阅公司营业执照、纳税申报表和业务合同等材料，询问公司相关人员，查明管某某经营的公司共有员工近 200 名，年均销售额 7000 万元，年均纳税 400 余万元。管某某是公司的实际控制人，公司业务一直由管某某负责经营管理。另查明新冠疫情发生以来，其公司销售业绩下滑约 40%，面临停产危险，亟需管某某赴上海、江苏等地拓展加工销售市场，帮助公司复工复产。三是评估管某某的社会危险性。经查阅管某某原刑事案件卷宗、社区矫正档案，走访社区矫正工作人员，综合分析其原犯罪事实、性质、情节、社会危害性、认罪悔罪态度等情况，同时查明管某某在犯罪后认罪悔罪态度较好，在社区矫正期间认真遵守法律法规和社区矫正监督管理规定，未发生漏管、脱管情况。

3. 监督意见。湾沚区人民检察院审查认为，管某某因犯虚开增值税专用发票罪被判处有期徒刑三年，宣告缓刑五年，且为初犯，能认罪悔罪。同时，管某某在社区矫正期间，能严格遵守社区矫正监督管理规定，创业热情较高、回报社会意愿较强，现实表现良好，造成社会危险的可能性较小，其申请外出从事企业亟需开展的生产经营活动，符合《中华人民共和国社区矫正法》第二十七条第一款、《中华人民共和国社区矫正法实施办法》第二十六条关于申请外出的条件。2020年8月26日，湾沚区人民检察院与湾沚区司法局召开联席会议，检察机关结合管某某原判罪名情节、有期徒刑缓刑考验期间改造表现、申请外出事由等情形，提出社区矫正机构应依法批准管某某外出的检察意见，并与该区司法局就批准管某某请假外出事宜达成共识。

4. 监督结果。2020年9月10日，某司法所批准管某某外出4天。之后，管某某又因生产经营需要申请外出共计11次，均被批准。管某某因外出开展经营业务，促进企业转型升级，在疫情防控常态化条件下，企业未出现停产、裁员情况，稳定提供就业岗位近两百个。

管某某外出期间，湾沚区人民检察院监督司法所建立社区矫正对象重点监督台账，并与司法所对接，通过登陆司法局社区矫正智慧矫正系统，动态获悉司法所对管某某的监督管理情况。该司法所通过电话通讯、微信实时定位、社区矫正智慧监管系统平台推送信息等方式，核查管某某行动轨迹，并将相关情况及时通报湾沚区人民检察院，实现对管某某的动态监管。

【指导意义】

（一）人民检察院开展社区矫正法律监督工作，应当监督社区矫正机构依法开展社区矫正对象外出申请审批工作。开展社区矫正法律监督，应当自觉服务保障经济社会发展大局，依法维护社区矫正对象合法权益，保障正常生产经营活动的开展。对于社区矫正对象因生产经营需要等有正当理由的外出申请，社区矫正机构未批准，申请人民检察院监督的，人民检察院可综合社区矫正对象所在企业经营状况、个人在企业经营中的职责地位、外出理由是否合理紧迫、原犯罪性质和情节、社区矫正期间表现等情况，判断申请外出的必要性和可能发生的社会危险性，准确提出监督意见。对于社区矫正对象确因生产经营、就医、就学等正当理由申请外出且无社会危险性的，应当认定为符合《中华人民共和国社区矫正法》第二十七条第一款规定，建议社区矫正机构依法予以批准。

（二）对于社区矫正机构批准社区矫正对象外出的，人民检察院应当监督社区矫正机构加强对外出社区矫正对象的动态监管。社区矫正对象经批准外出，仍应接受社区矫正机构的监督管理。人民检察院应当监督社区矫正机构将批准外出社区矫正对象列为重点监管对象，按照《中华人民共和国社区矫正法》和相关法律法规规定，采取电话联络、实时视频或者信息化大数据等高科技手段加强动态管理。必要时，可以建议外出目的地社区矫正机构协助进行监督管理，确保社区矫正对象"放得出""管得住"。

【相关规定】

《中华人民共和国社区矫正法》第二十七条

《中华人民共和国社区矫正法实施办法》第二十六条、第二十八条（2020 年 7 月 1 日起施行）

社区矫正对象贾某某申请经常性
跨市县活动监督案

（检例第 135 号）

【关键词】 社区矫正监督　经常性跨市县活动　依申请监督
简化审批

【要旨】

人民检察院开展社区矫正法律监督工作，应当切实加强社区矫正对象合法权益保障，着力解决人民群众"急难愁盼"问题。对于社区矫正对象因正常工作、生活需要申请经常性跨市县（包含跨不同省份之间的市、县）活动的，人民检察院应当监督社区矫正机构依法予以批准，并简化批准程序和方式。

【基本案情】

社区矫正对象贾某某，男，1978 年 2 月出生，汽车驾驶员。2020 年 11 月 2 日，贾某某因犯非法侵入住宅罪被河南省滑县人民法院判处有期徒刑十个月，宣告缓刑一年，缓刑考验期自 2020 年 12 月 3 日至 2021 年 12 月 2 日止。贾某某在河南省滑县某镇司法所接受社区矫正。贾某某在社区矫正期间遵纪守法，服从监督管理，表现良好。

2021 年 1 月，河南省滑县人民检察院根据贾某某的申请，依法对滑县司法局不批准贾某某经常性跨市、县活动申请进行监督。经监督，社区矫正机构依法简化批准程序和方式，批准贾某某经常性跨市、县活动申请。

【检察机关履职过程】

1. 线索发现。2021 年 1 月，河南省滑县人民检察院接到社区矫正对象贾某某反映，其以从事长途货运服务为生，在社区矫正期间，因正常工作和生活需要经常性跨市、县活动，于 2020 年 12 月 8 日向滑县司法局申请经常性跨市、县活动，未获批准。现已严重影响其工作和生活，申请检察机关对滑县司法局进行监督。

2. 调查核实。滑县人民检察院受理申请后，开展以下调查核实工作：一是了解社区矫正机构不批准贾某某申请的理由。通过走访滑县司法局，询问社区工作人员，了解到滑县司法局不批准贾某某经常性跨市、县活动外出申请的理由为：根据《中华人民共和国社区矫正法》第二十七条、《中华人民共和国社区矫正法实施办法》第二十九条规定，社区矫正对象申请经常性跨市、县活动的，可以简化批准程序和方式，批准一次的有效期为六个月。但现行法律法规没有明确经常性跨市、县活动能否跨省，因此不予批准。贾某某可以在每次外出时，临时单独申请，社区矫正机构将根据申请予以审批。二是了解贾某某申请经常性跨市、县活动的必要性。通过调取贾某某家庭情况信息、父母及岳父母病历、贷款信息、银行流水，询问贾某某及其家属、村委会成员，了解到贾某某承包某运输公司滑县至江苏和山东某运输线路，每月需往返 5 至 8 次，频次较高；运输任务一般临时通知，接到任务后再向社区矫正机构申请外出，严重影响其按时完成运输任务。贾某某全家的生活支出主要依赖其工作收入，现因无法完成运输任务，收入锐减，已开始举债偿还每月一万余元的货车贷款和房贷，家庭正常生活开支难以维持。三是评估贾某某的社会危险性。经查阅贾某某原刑事案件卷宗、社区矫正档案，走访社区矫正工作人员，了解到贾某某犯非法侵入住宅罪系亲属之间矛盾引发，被宣告缓刑，社区矫正表现良好，社会危险性较小；其从事长途运输期间未发现违反交通运输法律法规行为。

3. 监督意见。滑县人民检察院经审查认为，一是"经常性跨市、县活动"应当包含跨不同省份之间的市、县。《中华人民共和国社区矫正法》《中华人民共和国社区矫正法实施办法》规定"社区矫正对象因正常工作和生活需要，申请经常性跨市、县活动"的主要目的，是为了帮助社区矫正对象解决正常工作需要和日常生活中遇到的实际困难，让其更好地回归社会。因此，根据立法精神，可以将"经常性跨市、县活动"中的"跨市、县"理解为包含跨省份之间的市、县。二是贾某某申请经常性跨市、县活动确有必要。贾某某的运输任务一般临时通知，每次单独申请严重影响其正常工作需要。贾某某一直从事货运服务，运输收入为家庭生活的唯一来源，如无货运服务收入，其家庭生活将无以为继，不利于贾某某顺利融入社会，易产生社会不稳定因素。贾某某申请社区矫正机构简化批准程序和方式，一次性批准其六个月经常性跨市、县活动，确有必要。

2021 年 1 月 20 日，滑县人民检察院邀请人大代表、政协委员、律师、纪检监察人员作为听证员，就贾某某申请经常性跨市、县活动的必要性、社会危险性等问题组织了听证会。听证员一致认为，贾某某确属因正常工作和生活需要经常性跨市、县活动，社会危险性较小，一次性批准其六个月内可以跨市、县活动，更有利于解决贾某某家庭困难问题，帮助其更好地回归社会。滑县人民检察院参考听证意见并研究后，依法向滑县司法局提出检察意见，建议滑县司法局批准贾某某经常性跨市、县活动的申请。

4. 监督结果。2021 年 1 月 21 日，滑县司法局就"经常性跨市、县活动"范围理解问题逐级请示上级司法行政部门后，批准贾某某经常性跨市、县活动六个月。2021 年 10 月，河南省司法厅印发《河南省社区矫正对象外出审批管理办法》，明确社区矫正对象申请跨市、县活动范围包括但不限于本省。

贾某某外出活动期间，滑县人民检察院跟进监督滑县司法局加强对贾某某的教育管理措施，保证社区矫正效果。2021 年 5 月，滑县人民检察院进行回访调查，了解到贾某某外出期间能够遵守法律法规，通过经常性跨市、县活动从事货运服务的收入保障了家庭正常生活。

【指导意义】

（一）人民检察院开展社区矫正法律监督工作，应当切实加强社区矫正对象合法权益保障，着力解决人民群众"急难愁盼"问题。回应新时代人民群众新要求，着力解决人民群众"急难愁盼"问题，是检察机关落实"司法为民"要求的重要体现。人民检察院履行社区矫正法律监督职责，要立足于厚植党的执政根基、维护社会秩序稳定，办理好事关社区矫正对象等人民群众切身利益的每一起"小案"，努力解决人民群众操心事、烦心事、揪心事，不断提升人民群众的获得感、幸福感、安全感。

（二）准确把握立法精神，厘清"经常性跨市、县活动"界限。对社区矫正对象因正常工作和生活需要提出经常性跨市、县活动申请进行审批时，应当将经常性跨市、县活动所指的"市、县"理解为，既包括本省域内的市、县，也包括不同省份之间的市、县。对因正常工作和生活需要，以相对固定时间、频次经常性跨市、县活动的长途货运司机、物流押送员、销售员等特定社区矫正对象，人民检察院应当监督社区矫正机构依法履职，简化批准程序和方式，批准社区矫正对象经常性跨市、县活动的申请。

【相关规定】

《中华人民共和国社区矫正法》第二十七条

《中华人民共和国社区矫正法实施办法》第二十六条、第二十八条、第二十九条（2020 年 7 月 1 日起施行）

四、国家赔偿

朱红蔚申请无罪逮捕赔偿案

（法例 42 号）

【关键词】 国家赔偿　刑事赔偿　无罪逮捕精神损害赔偿

【裁判要点】

1. 国家机关及其工作人员行使职权时侵犯公民人身自由权，严重影响受害人正常的工作、生活，导致其精神极度痛苦，属于造成精神损害严重后果。

2. 赔偿义务机关支付精神损害抚慰金的数额，应当根据侵权行为的手段、场合、方式等具体情节，侵权行为造成的影响、后果，以及当地平均生活水平等综合因素确定。

【相关法条】

《中华人民共和国国家赔偿法》第三十五条

【基本案情】

赔偿请求人朱红蔚申请称：检察机关的错误羁押致使其遭受了极大的物质损失和精神损害，申请最高人民法院赔偿委员会维持广东省人民检察院支付侵犯人身自由的赔偿金的决定，并决定由广东省人民检察院登报赔礼道歉、消除影响、恢复名誉，赔偿精神损害抚慰金200万元，赔付被扣押车辆、被拍卖房产等损失。

广东省人民检察院答辩称：朱红蔚被无罪羁押873天，广东省人民检察院依法决定支付侵犯人身自由的赔偿金124254.09元，已向朱红蔚当面道歉，并为帮助朱红蔚恢复经营走访了相关工商管理部门及向有关银行出具情况说明。广东省人民检察院未参与涉案车辆的扣押，不应对此承担赔偿责任。朱红蔚未能提供精神损害后果严重的证据，其要求支付精神损害抚慰金的请求不应予支持，其他请求不属于国家赔偿范围。

法院经审理查明：因涉嫌犯合同诈骗罪，朱红蔚于2005年7月25日被刑事拘留，同年8月26日被取保候审。2006年5月26日，广东省人民检察院以粤检侦监核〔2006〕4号复核决定书批准逮捕朱红蔚。同年6月1日，朱红蔚被执行逮捕。2008年9月11日，广东省深圳市中级人民法院以指控依据不足为由，判决宣告朱红蔚无罪。同月19日，朱红蔚被释放。朱红蔚被羁押时间共计875天。2011年3月15日，朱红蔚以无罪逮捕为由向广东省人民检察院申请国家赔偿。同年7月19日，广东省人民检察院作出粤检赔决〔2011〕1号刑事赔偿决定：按照2010年度全国职工日平均工资标准支付侵犯人身自由的赔偿金124254.09元（142.33元×873天）；口头赔礼道歉并依法在职能范围内为朱红蔚恢复生产提供方便；对支付精神损害抚慰金的请求不予支持。

另查明：（1）朱红蔚之女朱某某在朱红蔚被刑事拘留时未满18 周岁，至 2012 年抑郁症仍未愈。（2）深圳一和实业有限公司自2004 年由朱红蔚任董事长兼法定代表人，2005 年以来未参加年检。（3）朱红蔚另案申请深圳市公安局赔偿被扣押车辆损失，广东省高级人民法院赔偿委员会以朱红蔚无证据证明其系车辆所有权人和受到实际损失为由，决定驳回朱红蔚赔偿申请。（4）2011 年 9 月 5日，广东省高级人民法院、广东省人民检察院、广东省公安厅联合发布粤高法〔2011〕382 号《关于在国家赔偿工作中适用精神损害抚慰金若干问题的座谈会纪要》。该纪要发布后，广东省人民检察院表示可据此支付精神损害抚慰金。

【裁判结果】

最高人民法院赔偿委员会于 2012 年 6 月 18 日作出（2011）法委赔字第 4 号国家赔偿决定：维持广东省人民检察院粤检赔决〔2011〕1 号刑事赔偿决定第二项；撤销广东省人民检察院粤检赔决〔2011〕1 号刑事赔偿决定第一、三项；广东省人民检察院向朱红蔚支付侵犯人身自由的赔偿金 142318.75 元；广东省人民检察院向朱红蔚支付精神损害抚慰金 50000 元；驳回朱红蔚的其他赔偿请求。

【裁判理由】

最高人民法院认为：赔偿请求人朱红蔚于 2011 年 3 月 15 日向赔偿义务机关广东省人民检察院提出赔偿请求，本案应适用修订后的《中华人民共和国国家赔偿法》。朱红蔚被实际羁押时间为 875天，广东省人民检察院计算为 873 天有误，应予纠正。根据《最高人民法院关于人民法院执行〈中华人民共和国国家赔偿法〉几个问题的解释》第六条规定，赔偿委员会变更赔偿义务机关尚未生效的赔偿决定，应以作出本赔偿决定时的上年度即 2011 年度全国职工日平均工资 162.65 元为赔偿标准。因此，广东省人民检察院应按照 2011 年度全国职工日平均工资标准向朱红蔚支付侵犯人身自由 875 天的赔偿金 142318.75 元。朱红蔚被宣告无罪后,广东省人民检察院已决定向朱红蔚以口头方式赔礼道歉,并为其恢复生产提供方便,从而在侵权行为范围内为朱红蔚消除影响、恢复名誉,该项决定应予维持。朱红蔚另要求广东省人民检察院以登报方式赔礼道歉,不予支持。

朱红蔚被羁押 875 天,正常的家庭生活和公司经营也因此受到影响,导致其精神极度痛苦,应认定精神损害后果严重。对朱红蔚主张的精神损害抚慰金,根据自 2005 年朱红蔚被羁押以来深圳一和实业有限公司不能正常经营,朱红蔚之女患抑郁症未愈,以及粤高法〔2011〕382 号《关于在国家赔偿工作中适用精神损害抚慰金若干问题的座谈会纪要》明确的广东省赔偿精神损害抚慰金的参考标准,结合赔偿协商协调情况以及当地平均生活水平等情况,确定为 50000 元。朱红蔚提出的其他请求,不予支持。

卜新光申请刑事违法追缴赔偿案

(法例 44 号)

【关键词】 国家赔偿 刑事赔偿 刑事追缴发还赃物
【裁判要点】

公安机关根据人民法院生效刑事判决将判令追缴的赃物发还被害单位,并未侵犯赔偿请求人的合法权益,不属于《中华人民共和国国家赔偿法》第十八条第一项规定的情形,不应承担国家赔偿责任。

【相关法条】

《中华人民共和国国家赔偿法》第十八条

【基本案情】

赔偿请求人卜新光以安徽省公安厅皖公刑赔字〔2011〕01 号刑事赔偿决定、中华人民共和国公安部（以下简称公安部）公刑赔复字〔2011〕1 号刑事赔偿复议决定与事实不符，适用法律不当为由，向最高人民法院赔偿委员会提出赔偿申请，称安徽省公安厅越权处置经济纠纷，以其购买的"深坑村土地"抵偿银行欠款违法，提出安徽省公安厅赔偿经济损失 316.6 万元等赔偿请求。

法院经审理查明：赔偿请求人卜新光因涉嫌伪造公司印章罪、非法出具金融票证罪和挪用资金罪被安徽省公安厅立案侦查，于 1999 年 9 月 5 日被逮捕，捕前系深圳新晖实业发展有限责任公司（以下简称新晖公司）总经理。2001 年 11 月 20 日，合肥市中级人民法院作出（2001）合刑初字第 68 号刑事判决，认定卜新光自 1995 年 1 月起承包经营安徽省信托投资公司深圳证券业务部（以下简称安信证券部）期间，未经安徽省信托投资公司（以下简称安信公司）授权，安排其聘用人员私自刻制、使用属于安信公司专有的公司印章，并用此假印章伪造安信公司法人授权委托书、法定代表人证明书及给深圳证券交易所的担保文书，获得了安信证券部的营业资格，其行为构成伪造印章罪；卜新光在承包经营安信证券部期间，违反金融管理法规，两次向他人开具虚假的资信证明，造成 1032 万元的重大经济损失，其行为又构成非法出具金融票证罪；在承包经营过程中，作为安信证券部总经理，利用职务之便，直接或间接将安信证券部资金 9173.2286 万元挪用，用于其个人所有的新晖公司投资及各项费用，与安信证券部经营业务没有关联，且造成的经济损失由安信证券部、安信公司承担法律责任，应视为卜新光挪用证券部资金归个人使用，其行为构成挪用资金罪。案发后，安徽省公安厅追回赃款 1689.05 万元，赃物、住房折合 1627 万元；查封新晖公司投资的价值 2840 万元房产和 1950 万元的土地使用权，共计价值 8106.05 万元。卜新光一人犯数罪，应数罪并罚，遂判决：一、卜新光犯伪造公司印章罪，判处有期徒刑二年；犯非法出具金融票证罪，判处有期徒刑八年；犯挪用资金罪，判处有期徒刑十年，决定执行有期徒刑十五年。

二、赃款、赃物共计 8106.05 万元予以追缴。卜新光不服，提起上诉。安徽省高级人民法院于 2002 年 2 月 22 日作出（2002）皖刑终字第 34 号刑事裁定，驳回上诉，维持原判。上述刑事判决认定查封和判令追缴的土地使用权即指卜新光以新晖公司名义投资的"深坑村土地"使用权。2009 年 8 月 4 日，卜新光刑满释放。

又查明：在卜新光刑事犯罪案发后，深圳发展银行人民桥支行（原系深圳发展银行营业部，以下简称深发行）以与卜新光、安信证券部、安信公司存在拆借 2500 万元的债务纠纷为由，于 1999 年 12 月 28 日向深圳市中级人民法院提起民事诉讼，案号为（2000）深中法经调初字第 72 号；深发行还以与安信证券部、安信公司存在担保借款纠纷，拆借资金合同和保证金存款协议纠纷为由，于 2000 年 3 月 10 日，同时向深圳市罗湖区人民法院提起民事诉讼，该院立案审理，案号分别为（2000）深罗法经一初字第 372 号、（2000）深罗法经一初字第 373 号。2000 年 4 月 19 日，安徽省公安厅致函深圳市中级人民法院、罗湖区人民法院，请法院根据最高人民法院《关于在审理经济纠纷案件中涉及经济犯罪嫌疑若干问题的规定》第十二条的规定，对民事案件中止审理并依法移送安徽省公安厅统一侦办。2000 年 7 月 15 日，罗湖区人民法院将其受理的（2000）深罗法经一初字第 372 号、（2000）深罗法经一初字第 373 号民事案件移送安徽省公安厅。2000 年 8 月 24 日，安徽省公安厅刑事警察总队对"深坑村土地"进行查封。对（2000）深中法经调初字第 72 号深发行诉安信证券部、安信公司的拆借金额 2500 万元债务纠纷案件，深圳市中级人民法院经审理认为，该案涉嫌刑事犯罪，于 2001 年 9 月 21 日将该案移送安徽省公安厅侦查处理，同时通知深发行、安信公司、安信证券部已将该民事案件移送安徽省公安厅。安徽省公安厅在合肥市中级人民法院（2001）合刑初字第 68 号刑事判决生效后，对"深坑村土地"予以解封并将追缴的土地使用权返还被害单位安信证券部，用于抵偿安徽省公安厅侦办的（2000）深中法经调初字第 72 号民事案件中卜新光以安信证券部名义拆借深发行 2500 万元的债务。

再查明：在卜新光刑事犯罪案发后，深发行认为安信证券部向该行融资 2000 万元，只清偿 1200 万元，余款 800 万元逾期未付，以债券回购协议纠纷为由，向深圳市中级人民法院起诉卜新光及安信证券部、安信公司，要求连带清偿欠款 800 万元及利息 300 万元。深圳市中级人民法院 1999 年 11 月 9 日作出（1998）深中法经一初字第 311 号民事判决：卜新光返还给深发行 2570016 元及使用 2000 万元期间的利息；卜新光财产不足清偿债务时，由安信证券部和安信公司承担补充清偿责任。该民事判决在执行中已由深发行与安信公司达成和解，以其他财产抵偿。

【裁判结果】

最高人民法院赔偿委员会于 2011 年 11 月 24 日作出（2011）法委赔字第 1 号赔偿委员会决定：维持安徽省公安厅皖公刑赔字〔2011〕1 号刑事赔偿决定和中华人民共和国公安部公赔复字〔2011〕1 号刑事赔偿复议决定。

【裁判理由】

最高人民法院认为：卜新光在承包经营安信证券部期间，未经安信公司授权，私刻安信公司印章并冒用，违反金融管理法规向他人开具虚假的资信证明，利用职务之便，挪用安信证券部资金

9173.2286万元，已被合肥市中级人民法院（2001）合刑初字第68号刑事判决认定构成伪造印章罪、非法出具金融票证罪、挪用资金罪，对包括卜新光以新晖公司名义投资的"深坑村土地"使用权在内的、共计价值8106.05万元（其中土地使用权价值1950万元）的赃款、赃物判决予以追缴。卜新光以新晖公司出资购买的该土地部分使用权属其个人合法财产的理由不成立，人民法院生效刑事判决已将新晖公司投资的"深坑村土地"价值1950万元的使用权作为卜新光挪用资金罪的赃款、赃物的一部分予以追缴，卜新光无权对人民法院生效判决追缴的财产要求国家赔偿。

关于卜新光主张安徽省公安厅以"深坑村土地"抵偿其欠深发行800万元，造成直接财产损失316.6万元的主张。在卜新光涉嫌犯罪案发后，深发行起诉卜新光及安信证券部、安信公司800万元债券回购协议案，深圳市中级人民法院作出（1998）深中法经一初字第311号民事判决并已执行。该案与深圳市中级人民法院于2001年9月21日移送安徽省公安厅侦办的（2000）深中法经调初字第72号，深发行起诉卜新光及安信证券部、安信公司拆借2500万元的债务纠纷案，不是同一民事案件。安徽省公安厅在刑事判决生效后，将判决追缴的价值1950万元的"深坑村土地"使用权发还给其侦办的卜新光以安信证券部名义拆借深发行2500万元资金案的被害单位，具有事实依据，没有损害其利益。卜新光主张安徽省公安厅以"深坑村土地"抵偿其欠深发行800万元，与事实不符。卜新光要求安徽省公安厅赔偿违法返还"深坑村土地"造成其316.6万元损失无事实与法律依据。

综上，"深坑村土地"已经安徽省高级人民法院（2002）皖刑终字第34号刑事裁定予以追缴，赔偿请求人卜新光主张安徽省公安厅违法返还土地给其造成316.6万元的损失没有法律依据，其他请求没有事实根据，不符合国家赔偿法的规定，不予支持。

第四章　公益诉讼

山东省烟台市人民检察院诉王振殿、马群凯环境民事公益诉讼案

（法例 133 号）

【关键词】民事环境　民事公益诉讼　水污染生态环境修复责任
自净功能

【裁判要点】

污染者违反国家规定向水域排污造成生态环境损害，以被污染水域有自净功能、水质得到恢复为由主张免除或者减轻生态环境修复责任的，人民法院不予支持。

【相关法条】

1.《中华人民共和国侵权责任法》第 4 条第 1 款、第 8 条、第 65 条、第 66 条

2.《中华人民共和国环境保护法》第 64 条

【基本案情】

2014 年 2 月至 4 月期间，王振殿、马群凯在未办理任何注册、安检、环评等手续的情况下，在莱州市柞村镇消水庄村沙场大院北侧车间从事盐酸清洗长石颗粒项目，王振殿提供场地、人员和部分资金，马群凯出资建设反应池、传授技术、提供设备、购进原料、出售成品。在作业过程中产生约 60 吨的废酸液，该废酸液被王振

殿先储存于厂院北墙外的废水池内。废酸液储存于废水池期间存在明显的渗漏迹象，渗漏的废酸液对废水池周边土壤和地下水造成污染。废酸液又被通过厂院东墙和西墙外的排水沟排入村北的消水河，对消水河内水体造成污染。2014 年 4 月底，王振殿、马群凯盐酸清洗长石颗粒作业被莱州市公安局查获关停后，盐酸清洗长石颗粒剩余的 20 余吨废酸液被王振殿填埋在反应池内。该废酸液经莱州市环境监测站监测和莱州市环境保护局认定，监测 PH 值小于 2，根据国家危险废物名录及危险废物鉴定标准和鉴别方法，属于废物类别为 "HW34 废酸中代码为 900 - 300 - 34" 的危险废物。2016 年 6 月 1 日，被告人马群凯因犯污染环境罪，被判处有期徒刑一年六个月，缓刑二年，并处罚金人民币二万元（所判罚金已缴纳）；被告人王振殿犯污染环境罪，被判处有期徒刑一年二个月，缓刑二年，并处罚金人民币二万元（所判罚金已缴纳）。

莱州市公安局办理王振殿污染环境刑事一案中，莱州市公安局食药环侦大队《现场勘验检查工作记录》中记载 "中心现场位于消水沙场院内北侧一废弃车间内。车间内西侧南北方向排列有两个长 20m、宽 6m、平均深 1.5m 的反应池，反应池底部为斜坡。车间北侧见一夹道，夹道内见三个长 15m、宽 2.6m、深 2m 的水泥池。" 现车间内西侧的北池废酸液被沙土填埋，受污染沙土总重为 223 吨。

2015 年 11 月 27 日，莱州市公安局食品药品与环境犯罪侦查大队委托山东省环境保护科学研究设计院环境风险与污染损害鉴定评估中心对莱州市王振殿、马群凯污染环境案造成的环境损害程度及数额进行鉴定评估。该机构于 2016 年 2 月作出莱州市王振殿、马群凯污染环境案环境损害检验报告，认定：本次评估可量化的环境损害为应急处置费用和生态环境损害费用，应急处置费用为酸洗池内受污染沙土的处置费用 5.6 万元，生态环境损害费用为偷排酸洗废水造成的生态损害修复费用 72 万元，合计为 77.6 万元。

2016 年 4 月 6 日,莱州市人民检察院向莱州市环境保护局发出莱检民(行)行政违监〔2016〕37068300001 号检察建议,"建议对消水河流域的其他企业、小车间等的排污情况进行全面摸排,看是否还存在向消水河流域排放污染物的行为"。莱州市环境保护局于同年 5 月 3 日回复称,"我局在收到莱州市人民检察院检察建议书后,立即组织执法人员对消水河流域的企业、小车间的排污情况进行全面排查,经严格执法,未发现有向消水河流域排放废酸等危险废物的环境违法行为"。

2017 年 2 月 8 日,山东省烟台市中级人民法院会同公益诉讼人及王振殿、马群凯、烟台市环保局、莱州市环保局、消水庄村委对王振殿、马群凯实施侵权行为造成的污染区域包括酸洗池内的沙土和周边居民区的部分居民家中水井地下水进行了现场勘验并取样监测,取证现场拍摄照片 22 张。环保部门向人民法院提交了 2017 年 2 月 13 日水质监测达标报告(8 个监测点位水质监测结果均为达标)及其委托山东恒诚检测科技有限公司出具的 2017 年 2 月 14 日酸洗池固体废物检测报告(酸洗反应南池 -40cm PH 值 =9.02,-70cm PH 值 =9.18,北池 -40cm PH 值 =2.85,-70cm PH 值 =2.52)。公益诉讼人向人民法院提交的 2017 年 3 月 3 日由莱州市环境保护局委托山东恒诚检测科技有限公司对王振殿酸洗池废池的检测报告,载明:反应池南池 -1.2m PH 值 =9.7,北池 -1.2m PH 值 <2。公益诉讼人认为,《危险废物鉴别标准浸出毒性鉴别 GB5085.3 -2007》和《土壤环境监测技术规范》(HJ/t166 -2004)规定,PH 值≥12.5 或者≤2.0 时为具有腐蚀性的危险废物。国家危险废物名录(2016 版)HW34 废酸一项 900 -300 -34 类为"使用酸进行清洗产生的废酸液";HW49 其他废物一项 900 -041 -49 类为"含有或沾染毒性、感染性危险废物的废弃包装物、容器、过滤吸附介质"。涉案酸洗池内受污染沙土属于危险废物,酸洗池内

的受污染沙土总量都应该按照危险废物进行处置。

公益诉讼人提交的山东省地质环境监测总站水工环高级工程师刘炜金就地下水污染演变过程所做的咨询报告专家意见，载明：一、地下水环境的污染发展过程。1. 污染因子通过地表入渗进入饱和带（潜水含水层地下水水位以上至地表的地层），通过渗漏达到地下水水位进入含水层。2. 进入含水层，初始在水头压力作用下向四周扩散形成一个沿地下水流向展布的似圆状污染区。3. 当污染物持续入渗，在地下水水动力的作用下，污染因子随着地下水径流，向下游扩散，一般沿地下水流向以初始形成的污染区为起点呈扇形或椭圆形向下流拓展扩大。4. 随着地下水径流形成的污染区不断拓展，污染面积不断扩大，污染因子的浓度不断增大，造成对地下水环境的污染，在污染源没有切断的情况下，污染区将沿着地下水径流方向不断拓展。二、污染区域的演变过程、地下水污染的演变过程，主要受污染的持续性，包气带的渗漏性，含水层的渗透性，土壤及含水层岩土的吸附性，地下水径流条件等因素密切相关。1. 长期污染演变过程。在污染因子进入地表通过饱和带向下渗漏的过程中，部分被饱和带岩土吸附，污染包气带的岩土层；初始进入含水层的污染因子浓度较低，当经过一段时间渗漏途经吸附达到饱和后，进入含水层的污染因子浓度将逐渐接近或达到污水的浓度。进入含水层向下游拓展过程中，通过地下水的稀释和含水层的吸附，开始会逐渐降低。达到饱和后，随着污染因子的不断注入，达到一定浓度的污染区将不断向下游拓展，污染区域面积将不断扩大。2. 短期污染演变过程。短期污染是指污水进入地下水环境经过一定时期，消除污染源，已进入地下水环境的污染因子和污染区域的变化过程。①污染因子的演变过程。在消除污染源阻断污染因子进入地下水环境的情况下，随着上游地下水径流和污染区地下水径流扩大区域的地下水的稀释，及含水层岩土的吸附作用，污染水域的地下水浓度将逐渐降低，水质逐渐好转。②污染区域的变化。在消除污染源，污水阻止进入含水层后，地下水污染区域将随着时间的推移，在地下水径流水动力的作用下，整个污染区将逐渐向下游移动扩大，随着污染区扩大、岩土吸附作用的加强，含水层中地下水水质将逐渐好转，在经过一定时间后，污染因子将吸附于岩土层和稀释于地下水中，改善污染区地下水环境，最终使原污染区达到有关水质要求标准。

【裁判结果】

山东省烟台市中级人民法院于 2017 年 5 月 31 日作出（2017）鲁 06 民初 8 号民事判决：一、被告王振殿、马群凯在本判决生效之日起三十日内在烟台市环境保护局的监督下按照危险废物的处置要求将酸洗池内受污染沙土 223 吨进行处置，消除危险；如不能自行处置，则由环境保护主管部门委托第三方进行处置，被告王振殿、马群凯赔偿酸洗危险废物处置费用 5.6 万元，支付至烟台市环境公益诉讼基金帐户。二、被告王振殿、马群凯在本判决生效之日起九十日内对莱州市柞村镇消水庄村沙场大院北侧车间周边地下水、土壤和消水河内水体的污染治理制定修复方案并进行修复，逾期不履行修复义务或者修复未达到保护生态环境社会公共利益标准的，赔偿因其偷排酸洗废水造成的生态损害修复费用 72 万元，支付至烟台市环境公益诉讼基金帐户。该案宣判后，双方均未提出上诉，判决已发生法律效力。

【裁判理由】

法院生效裁判认为：

一、关于王振殿、马群凯侵权行为认定问题

（一）关于涉案危险废物数量及处置费用的认定问题

审理中，山东恒诚检测科技有限公司出具的检测报告指出涉案酸洗反应南池 $-40cm$、$-70cm$ 及 $-1.2m$ 深度的 ph 值均在正常值范围内；北池 $-1.2mph$ 值 <2 属于危险废物。涉案酸洗池的北池内

原为王振殿、马群凯使用盐酸进行长石颗粒清洗产生的废酸液，后其用沙土进行了填埋，根据国家危险废物名录（2016 版）HW34 废酸 900 - 300 - 34 和 HW49 其他废物一项 900 - 041 - 49 类规定，现整个池中填埋的沙土吸附池中的废酸液，成为含有或沾染腐蚀性毒性的危险废物。山东省环境保护科学研究设计院环境风险与污染损害鉴定评估中心出具的环境损害检验报告中将酸洗池北池内受污染沙土总量 223 吨作为危险废物量，参照《环境污染损害数额计算推荐方法》中给出的"土地资源参照单位修复治理成本"清洗法的单位治理成本 250 - 800 元/吨，本案取值 250 元/吨予以计算处置费用 5.6 万元，具有事实和法律依据，并无不当，予以采信。（具体计算方法为：20m×6m×平均深度 1.3m×密度 1.3t/m3＝203t 沙土＋20t 废酸＝223t×250 元/t＝5.6 万元）

（二）关于涉案土壤、地表水及地下水污染生态损害修复费用的认定问题

莱州市环境监测站监测报告显示，废水池内残留废水的 PH 值 < 2，属于强酸性废水。王振殿、马群凯通过废水池、排水沟排放的酸洗废水系危险废物亦为有毒物质污染环境，致部分居民家中水井颜色变黄，味道呛人，无法饮用。监测发现部分居民家中井水的 PH 值低于背景值，氯化物、总硬度远高于背景值，且明显超标。储存于废水池期间渗漏的废水渗透至周边土壤和地下水，排入沟内的废水流入消水河。涉案污染区域周边没有其他类似污染源，可以确定受污染地下水系黄色、具有刺鼻气味，且氯化物浓度较高的污染物，即王振殿、马群凯实施的环境污染行为造成。

2017 年 2 月 13 日水质监测报告显示，在原水质监测范围内的部分监测点位，水质监测结果达标。根据地质环境监测专家出具的意见，可知在消除污染源阻断污染因子进入地下水环境的情况下，随着上游地下水径流和污染区地下水径流扩大区域的地下

水稀释及含水层岩土的吸附作用，污染水域的地下水浓度将逐渐降低，水质逐渐好转。地下水污染区域将随着时间的推移，在地下水径流水动力的作用下，整个污染区将逐渐向下游移动扩大。经过一定时间，原污染区可能达到有关水质要求标准，但这并不意味着地区生态环境好转或已修复。王振殿、马群凯仍应当承担其污染区域的环境生态损害修复责任。在被告不能自行修复的情况下，根据《环境污染损害数额计算推荐方法》和《突发环境事件应急处置阶段环境损害评估推荐方法》的规定，采用虚拟治理成本法估算王振殿、马群凯偷排废水造成的生态损害修复费用。虚拟治理成本是指工业企业或污水处理厂治理等量的排放到环境中的污染物应该花费的成本，即污染物排放量与单位污染物虚拟治理成本的乘积。单位污染物虚拟治理成本是指突发环境事件发生地的工业企业或污水处理厂单位污染物治理平均成本。在量化生态环境损害时，可以根据受污染影响区域的环境功能敏感程度分别乘以 1.5－10 的倍数作为环境损害数额的上下限值。本案受污染区域的土壤、Ⅲ类地下水及消水河Ⅴ类地表水生态损害修复费用，山东省环境保护科学研究设计院环境风险与污染损害鉴定评估中心出具的环境损害检验报告中取虚拟治理成本的 6 倍，按照已生效的莱州市人民法院（2016）鲁 0683 刑初 136 号刑事判决书认定的偷排酸洗废水 60 吨的数额计算，造成的生态损害修复费用为 72 万元，即单位虚拟治理成本 2000 元/t×60t×6 倍＝72 万元具有事实和法律依据，并无不当。

二、关于侵权责任问题

《中华人民共和国侵权责任法》第六十五条规定，"因污染环境造成损害的，污染者应当承担侵权责任"。第六十六条规定，"因污染环境发生纠纷，污染者应当就法律规定的不承担责任或者减轻责任的情形及其行为与损害之间不存在因果关系承担举证责任"。山东省莱州市人民法院作出的（2016）鲁 0683 刑初 136 号刑事判决书认定王振殿、马群凯实施的环境污染行为与所造成的环境污染损害后果之间存在因果关系，王振殿、马群凯对此没有异议，并且已经发生法律效力。根据《中华人民共和国环境保护法》第六十四条、《中华人民共和国侵权责任法》第八条、第六十五条、第六十六条、《最高人民法院关于审理环境侵权责任纠纷案件适用法律若干问题的解释》第十四条之规定，王振殿、马群凯应当对其污染环境造成社会公共利益受到损害的行为承担侵权责任。

（生效裁判审判人员：曲振涛、鲁晓辉、孙波）

江苏省徐州市人民检察院诉苏州其安工艺品有限公司等环境民事公益诉讼案

（法例 135 号）

【关键词】民事环境　民事公益诉讼　环境信息不利推定

【裁判要点】

在环境民事公益诉讼中，原告有证据证明被告产生危险废物并实施了污染物处置行为，被告拒不提供其处置污染物情况等环境信息，导致无法查明污染物去向的，人民法院可以推定原告主张的环境污染事实成立。

【相关法条】

《中华人民共和国固体废物污染环境防治法》第 55 条、第 57 条、第 59 条

【基本案情】

2015年5、6月份，苏州其安工艺品有限公司（以下简称其安公司）将其工业生产活动中产生的83桶硫酸废液，以每桶1300－3600元不等的价格，交由黄克峰处置。黄克峰将上述硫酸废液运至苏州市区其租用的场院内，后以每桶2000元的价格委托何传义处置，何传义又以每桶1000元的价格委托王克义处置。王克义到物流园马路边等处随机联系外地牌号货车车主或司机，分多次将上述83桶硫酸废液直接从黄克峰存放处运出，要求他们带出苏州后随意处置，共支出运费43000元。其中，魏以东将15桶硫酸废液从苏州运至沛县经济开发区后，在农地里倾倒3桶，余下12桶被丢弃在某工地上。除以上15桶之外，其余68桶硫酸废液王克义无法说明去向。2015年12月，沛县环保部门巡查时发现12桶硫酸废液。经鉴定，确定该硫酸废液是危险废物。2016年10月，其安公司将12桶硫酸废液合法处置，支付费用116740.08元。

2017年8月2日，江苏省沛县人民检察院对其安公司、江晓鸣、黄克峰、何传义、王克义、魏以东等向徐州铁路运输法院提起公诉，该案经江苏省徐州市中级人民法院二审后，终审判决认定其安公司、江晓鸣、黄克峰、何传义、王克义、魏以东等构成污染环境罪。

江苏省徐州市人民检察院在履行职责中发现以上破坏生态环境的行为后，依法公告了准备提起本案诉讼的相关情况，公告期内未有法律规定的机关和有关组织提起诉讼。2018年5月，江苏省徐州市人民检察院向江苏省徐州市中级人民法院提起本案诉讼，请求判令其安公司、黄克峰、何传义、王克义、魏以东连带赔偿倾倒3桶硫酸废液和非法处置68桶硫酸废液造成的生态环境修复费用，并支付其为本案支付的专家辅助人咨询费、公告费，要求五被告共同在省级媒体上公开赔礼道歉。

【裁判结果】

江苏省徐州市中级人民法院于 2018 年 9 月 28 日作出（2018）苏 03 民初 256 号民事判决：一、苏州其安工艺品有限公司、黄克峰、何传义、王克义、魏以东于判决生效后三十日内，连带赔偿因倾倒 3 桶硫酸废液所产生的生态环境修复费用 204415 元，支付至徐州市环境保护公益金专项资金账户；二、苏州其安工艺品有限公司、黄克峰、何传义、王克义于判决生效后三十日内，连带赔偿因非法处置 68 桶硫酸废液所产生的生态环境修复费用 4630852 元，支付至徐州市环境保护公益金专项资金账户；三、苏州其安工艺品有限公司、黄克峰、何传义、王克义、魏以东于判决生效后三十日内连带支付江苏省徐州市人民检察院为本案支付的合理费用 3800 元；四、苏州其安工艺品有限公司、黄克峰、何传义、王克义、魏以东于判决生效后三十日内共同在省级媒体上就非法处置硫酸废液行为公开赔礼道歉。一审宣判后，各当事人均未上诉，判决已发生法律效力。

【裁判理由】

法院生效裁判认为：

一、关于在沛县经济开发区倾倒 3 桶硫酸废液造成的生态环境损害，五被告应否承担连带赔偿责任及赔偿数额如何确定问题

《中华人民共和国固体废物污染环境防治法》（以下简称固体废物法）第五十五条规定："产生危险废物的单位，必须按照国家有关规定处置危险废物，不得擅自倾倒、堆放"。第五十七条规定："从事收集、贮存、处置危险废物经营活动的单位，必须向县级以上人民政府环境保护行政主管部门申请领取经营许可证……禁止无经营许可证或者不按照经营许可证规定从事危险废物收集、贮存、利用、处置的经营活动"。本案中，其安公司明知黄克峰无危险废物经营许可证，仍将危险废物硫酸废液交由其处置；黄克峰、何

传义、王克义、魏以东明知自己无危险废物经营许可证，仍接收其安公司的硫酸废液并非法处置。其安公司与黄克峰、何传义、王克义、魏以东分别实施违法行为，层层获取非法利益，最终导致危险废物被非法处置，对此造成的生态环境损害，应当承担赔偿责任。五被告的行为均系生态环境遭受损害的必要条件，构成共同侵权，应当在各自参与非法处置危险废物的数量范围内承担连带责任。

本案中，倾倒3桶硫酸废液污染土壤的事实客观存在，但污染发生至今长达三年有余，且倾倒地已进行工业建设，目前已无法将受损的土壤完全恢复。根据《环境损害鉴定评估推荐方法（第Ⅱ版）》和原环境保护部《关于虚拟治理成本法适用情形与计算方法的说明》（以下简称《虚拟治理成本法说明》），对倾倒3桶硫酸废液所产生的生态环境修复费用，可以适用"虚拟治理成本法"予以确定，其计算公式为：污染物排放量×污染物单位治理成本×受损害环境敏感系数。公益诉讼起诉人委托的技术专家提出的倾倒3桶硫酸废液所致生态环境修复费用为204415元（4.28×6822.92×7）的意见，理据充分，应予采纳。该项生态环境损害系其安公司、黄克峰、何传义、王克义、魏以东五被告的共同违法行为所致，五被告应连带承担204415元的赔偿责任。

二、关于五被告应否就其余68桶硫酸废液承担生态环境损害赔偿责任，赔偿数额如何确定问题

根据固体废物法等法律法规，我国实行危险废物转移联单制度，申报登记危险废物的流向、处置情况等，是危险废物产生单位的法定义务；如实记载危险废物的来源、去向、处置情况等，是危险废物经营单位的法定义务；产生、收集、贮存、运输、利用、处置危险废物的单位和个人，均应设置危险废物识别标志，均有采取措施防止危险废物污染环境的法定义务。本案中，其安公司对硫酸

废液未履行申报登记义务，未依法申请领取危险废物转移联单，黄克峰、何传义、王克义三被告非法从事危险废物经营活动，没有记录硫酸废液的流向及处置情况等，其安公司、黄克峰、何传义、王克义四被告逃避国家监管，非法转移危险废物，不能说明 68 桶硫酸废液的处置情况，没有采取措施防止硫酸废液污染环境，且 68 桶硫酸废液均没有设置危险废物识别标志，而容器上又留有出水口，即使运出苏州后被整体丢弃，也存在液体流出污染环境甚至危害人身财产安全的极大风险。因此，根据《最高人民法院关于审理环境民事公益诉讼案件适用法律若干问题的解释》第十三条"原告请求被告提供其排放的主要污染物名称、排放方式、排放浓度和总量、超标排放情况以及防治污染设施的建设和运行情况等环境信息，法律、法规、规章规定被告应当持有或者有证据证明被告持有而拒不提供，如果原告主张相关事实不利于被告的，人民法院可以推定该主张成立"之规定，本案应当推定其余 68 桶硫酸废液被非法处置并污染了环境的事实成立。

关于该项损害的赔偿数额。根据《虚拟治理成本法说明》，该项损害的具体情况不明确，其产生的生态环境修复费用，也可以适用"虚拟治理成本法"予以确定。如前所述，68 桶硫酸废液的重量仍应以每桶 1.426 吨计算，共计 96.96 吨；单位治理成本仍应确定为 6822.92 元。关于受损害环境敏感系数。本案非法处置 68 桶硫酸废液实际损害的环境介质及环境功能区类别不明，可能损害的环境介质包括土壤、地表水或地下水中的一种或多种。而不同的环境介质、不同的环境功能区类别，其所对应的环境功能区敏感系数不同，存在 2－11 等多种可能。公益诉讼起诉人主张适用的系数 7，处于环境敏感系数的中位，对应Ⅱ类地表水、Ⅱ类土壤、Ⅲ类地下水，而且本案中已经查明的 3 桶硫酸废液实际污染的环境介质即为Ⅱ类土壤。同时，四被告也未能举证证明 68 桶硫酸废液实际污染了敏感系数更低的环境介质。因此，公益诉讼起诉人的主张具有合理性，同时体现了对逃避国家监管、非法转移处置危险废物违法行为的适度惩罚，应予采纳。综上，公益诉讼起诉人主张非法处置 68 桶硫酸废液产生的生态环境修复费用为 4630852 元（96.96 × 6822.92 × 7），应予支持。同时，如果今后查明 68 桶硫酸废液实际污染了敏感系数更高的环境介质，以上修复费用尚不足以弥补生态环境损害的，法律规定的机关和有关组织仍可以就新发现的事实向被告另行主张。该项生态环境损害系其安公司、黄克峰、何传义、王克义四被告的共同违法行为所致，四被告应连带承担 4630852 元的赔偿责任。

综上所述，生态文明建设是关系中华民族永续发展的根本大计，生态环境没有替代品，保护生态环境人人有责。产生、收集、贮存、运输、利用、处置危险废物的单位和个人，必须严格履行法律义务，切实采取措施防止危险废物对环境的污染。被告其安公司、黄克峰、何传义、王克义、魏以东没有履行法律义务，逃避国家监管，非法转移处置危险废物，任由危险废物污染环境，对此造成的生态环境损害，应当依法承担侵权责任。

（生效裁判审判人员：马荣、李娟、张演亮、陈虎、费艳、韩正娟、吴德恩）

吉林省白山市人民检察院诉
白山市江源区卫生和计划生育局、
白山市江源区中医院环境公益诉讼案

（法例 136 号）

【关键词】行政环境　行政公益诉讼　环境民事公益诉讼
分别立案一并审理

【裁判要点】

人民法院在审理人民检察院提起的环境行政公益诉讼案件时，对人民检察院就同一污染环境行为提起的环境民事公益诉讼，可以参照行政诉讼法及其司法解释规定，采取分别立案、一并审理、分别判决的方式处理。

【相关法条】

《中华人民共和国行政诉讼法》第 61 条

【基本案情】

白山市江源区中医院新建综合楼时，未建设符合环保要求的污水处理设施即投入使用。吉林省白山市人民检察院发现该线索后，进行了调查。调查发现白山市江源区中医院通过渗井、渗坑排放医疗污水。经对其排放的医疗污水及渗井周边土壤取样检验，化学需氧量、五日生化需氧量、悬浮物、总余氯等均超过国家标准。还发现白山市江源区卫生和计划生育局在白山市江源区中医院未提交环评合格报告的情况下，对其《医疗机构职业许可证》校验为合格，且对其违法排放医疗污水的行为未及时制止，存在违法行为。检察机关在履行了提起公益诉讼的前置程序后，诉至法院，请求：1. 确认被告白山市江源区卫生和计划生育局于 2015 年 5 月 18 日为第三人白山市江源区中医院校验《医疗机构执业许可证》的行为违法；2. 判令白山市江源区卫生和计划生育局履行法定监管职责，责令白山市江源区卫生和计划生育局限期对白山市江源区中医院的医疗污水净化处理设施进行整改；3. 判令白山市江源区中医院立即停止违法排放医疗污水。

【裁判结果】

白山市中级人民法院于 2016 年 7 月 15 日以（2016）吉 06 行初 4 号行政判决，确认被告白山市江源区卫生和计划生育局于 2015 年 5 月 18 日对第三人白山市江源区中医院《医疗机构执业许可证》校验合格的行政行为违法；责令被告白山市江源区卫生和计划生育局履行监管职责，监督第三人白山市江源区中医院在三个月内完成医疗污水处理设施的整改。同日，白山市中级人民法院作出（2016）吉 06 民初 19 号民事判决，判令被告白山市江源区中医院立即停止违法排放医疗污水。一审宣判后，各方均未上诉，判决已经发生法律效力。

【裁判理由】

法院生效裁判认为，根据国务院《医疗机构管理条例》第五条及第四十条的规定，白山市江源区卫生和计划生育局对辖区内医疗机构具有监督管理的法定职责。《吉林省医疗机构审批管理办法（试行）》第四十四条规定，医疗机构申请校验时应提交校验申请、执业登记项目变更情况、接受整改情况、环评合格报告等材料。白山市江源区卫生和计划生育局在白山市江源区中医院未提交环评合格报告的情况下，对其《医疗机构职业许可证》校验为合格，违反上述规定，该校验行为违法。白山市江源区中医院违法排放医疗污水，导致周边地下水及土壤存在重大污染风险。白山市江源区卫生和计划生育局作为卫生行政主管部门，未及时制止，其怠于履行监管职责的行为违法。白山市江源区中医院通过渗井、渗坑违法排放医疗污水，且污水处理设施建设完工及环评验收需要一定的时间，故白山市江源区卫生和计划生育局应当继续履行监管职责，督促白山市江源区中医院污水处理工程及时完工，达到环评要求并投入使用，符合《吉林省医疗机构审批管理办法（试行）》第四十四条规定的校验医疗机构执业许可证的条件。

《中华人民共和国侵权责任法》第六十五条、第六十六条规定，因污染环境造成损害的，污染者应当承担侵权责任。因污染环境发生纠纷，污染者应当就法律规定的不承担责任或者减轻责任的情形及其行为与损害之间不存在因果关系承担举证责任。本案中，根据公益诉讼人的举证和查明的相关事实，可以确定白山市江源区中医院未安装符合环保要求的污水处理设备，通过渗井、渗坑实施了排放医疗污水的行为。从检测机构的检测结果及检测意见可知，其排放的医疗污水，对附近地下水及周边土壤存在重大环境污染风险。白山市江源区中医院虽辩称其未建设符合环保要求的排污设备系因政府对公办医院投入建设资金不足所致，但该理由不能否定其客观上实施了排污行为，产生了周边地下水及土壤存在重大环境污染风险的损害结果，以及排污行为与损害结果存在因果关系的基本事实。且环境污染具有不可逆的特点，故作出立即停止违法排放医疗污水的判决。

（生效裁判审判人员：张文宽、王辉、历彦飞）

云南省剑川县人民检察院诉
剑川县森林公安局怠于履行
法定职责环境行政公益诉讼案

（法例 137 号）

【关键词】 行政环境   行政公益诉讼   怠于履行法定职责
审查标准

【裁判要点】

环境行政公益诉讼中，人民法院应当以相对人的违法行为是否
得到有效制止，行政机关是否充分、及时、有效采取法定监管措
施，以及国家利益或者社会公共利益是否得到有效保护，作为审查
行政机关是否履行法定职责的标准。

【相关法条】

1.《中华人民共和国森林法》第 13 条、第 20 条

2.《中华人民共和国森林法实施条例》第 43 条

3.《中华人民共和国行政诉讼法》第 70 条、第 74 条

【基本案情】

2013 年 1 月，剑川县居民王寿全受玉鑫公司的委托在国有林
区开挖公路，被剑川县红旗林业局护林人员发现并制止，剑川县
林业局接报后交剑川县森林公安局进行查处。剑川县森林公安局
于 2013 年 2 月 20 日向王寿全送达了林业行政处罚听证权利告知
书，并于同年 2 月 27 日向王寿全送达了剑川县林业局剑林罚书字
（2013）第 288 号林业行政处罚决定书。行政处罚决定书载明：

玉鑫公司在未取得合法的林地征占用手续的情况下，委托王寿全于 2013 年 1 月 13 日至 19 日期间，在 13 林班 21、22 小班之间用挖掘机开挖公路长度为 494.8 米、平均宽度为 4.5 米、面积为 2226.6 平方米，共计 3.34 亩。根据《中华人民共和国森林法实施条例》第四十三条第一款规定，决定对王寿全及玉鑫公司给予如下行政处罚：1. 责令限期恢复原状；2. 处非法改变用途林地每平方米 10 元的罚款，即 22266.00 元。2013 年 3 月 29 日玉鑫公司交纳了罚款后，剑川县森林公安局即对该案予以结案。其后直到 2016 年 11 月 9 日，剑川县森林公安局没有督促玉鑫公司和王寿全履行"限期恢复原状"的行政义务，所破坏的森林植被至今没有得到恢复。

2016 年 11 月 9 日，剑川县人民检察院向剑川县森林公安局发出检察建议，建议依法履行职责，认真落实行政处罚决定，采取有效措施，恢复森林植被。2016 年 12 月 8 日，剑川县森林公安局回复称自接到《检察建议书》后，即刻进行认真研究，采取了积极的措施，并派民警到王寿全家对剑林罚书字（2013）第 288 号处罚决定第一项责令限期恢复原状进行催告，鉴于王寿全死亡，执行终止。对玉鑫公司，剑川县森林公安局没有向其发出催告书。

另查明，剑川县森林公安局为剑川县林业局所属的正科级机构，2013 年年初，剑川县林业局向其授权委托办理本县境内的所有涉及林业、林地处罚的林政处罚案件。2013 年 9 月 27 日，云南省人民政府《关于云南省林业部门相对集中林业行政处罚权工作方案的批复》，授权各级森林公安机关在全省范围内开展相对集中林业行政处罚权工作，同年 11 月 20 日，经云南省人民政府授权，云南省人民政府法制办公室对森林公安机关行政执法主体资格单位及执法权限进行了公告，剑川县森林公安局也是具有行政执法主体资格和执法权限的单位之一，同年 12 月 11 日，云南省林业厅发出通知，决定自 2014 年 1 月 1 日起，各级森林公安机关依法行使省政府批准的 62 项林业行政处罚权和 11 项行政强制权。

【裁判结果】

云南省剑川县人民法院于 2017 年 6 月 19 日作出（2017）云 2931 行初 1 号行政判决：一、确认被告剑川县森林公安局怠于履行剑林罚书字（2013）第 288 号处罚决定第一项内容的行为违法；二、责令被告剑川县森林公安局继续履行法定职责。宣判后，当事人服判息诉，均未提起上诉，判决已发生法律效力，剑川县森林公安局也积极履行了判决。

【裁判理由】

法院生效裁判认为，公益诉讼人提起本案诉讼符合最高人民法院《人民法院审理人民检察院提起公益诉讼试点工作实施办法》及最高人民检察院《人民检察院提起公益诉讼试点工作实施办法》规定的行政公益诉讼受案范围，符合起诉条件。《中华人民共和国行政诉讼法》第二十六条第六款规定："行政机关被撤销或者职权变更的，继续行使其职权的行政机关是被告"，2013 年 9 月 27 日，云南省人民政府《关于云南省林业部门相对集中林业行政处罚权工作方案的批复》授权各级森林公安机关相对集中行使林业行政部门的部分行政处罚权，因此，根据规定剑川县森林公安局行使原来由剑川县林业局行使的林业行政处罚权，是适格的被告主体。本案中，剑川县森林公安局在查明玉鑫公司及王寿全擅自改变林地的事实后，以剑川县林业局名义作出对玉鑫公司和王寿全责令限期恢复原状和罚款 22266.00 元的行政处罚决定符合法律规定，但在玉鑫公司缴纳罚款后三年多时间里没有督促玉鑫公司和王寿全对破坏的林地恢复原状，也没有代为履行，致使玉鑫公司和王寿全擅自改变的林地至今没有恢复原状，且未提供证据证明有相关合法、合理的事由，其行为显然不当，是怠于履行法定职责的行为。行政处罚决定没有执行完毕，剑川县森林公安局依法应该继续履行法定职责，采取有效措施，督促行政相对人限期恢复被改变林地的原状。

（生效裁判审判人员：赵新科、白灿山、张吉元）

秦家学滥伐林木刑事附带民事公益诉讼案

（法例 172 号）

【关键词】刑事　滥伐林木罪　生态修复　补植复绿　专家意见　保证金

【裁判要点】

1. 人民法院确定被告人森林生态环境修复义务时，可以参考专家意见及林业规划设计单位、自然保护区主管部门等出具的专业意见，明确履行修复义务的树种、树龄、地点、数量、存活率及完成时间等具体要求。

2. 被告人自愿交纳保证金作为履行生态环境修复义务担保的，人民法院可以将该情形作为从轻量刑情节。

【相关法条】

《中华人民共和国民法典》第 179 条（本案适用的是自 2010 年 7 月 1 日起实施的《中华人民共和国侵权责任法》第 15 条）

《中华人民共和国森林法》第 56 条、第 57 条、第 76 条（本案适用的是 2009 年 8 月 27 日修正的《中华人民共和国森林法》第 32 条、第 39 条）

【基本案情】

湖南省保靖县人民检察院指控被告人秦家学犯滥伐林木罪向保靖县人民法院提起公诉，在诉讼过程中，保靖县人民检察院以社会公共利益受到损害为由，又向保靖县人民法院提起附带民事公益诉讼。

保靖县人民检察院认为，应当以滥伐林木罪追究被告人秦家学刑事责任。同时，被告人行为严重破坏了生态环境，致使社会公共利益遭受到损害，根据侵权责任法的相关规定，应当补植复绿，向公众赔礼道歉。被告人秦家学对公诉机关的指控无异议。但辩称，其是林木的实际经营者和所有权人，且积极交纳补植复绿的保证金，请求从轻判处。

保靖县人民法院经审理查明，湖南省保靖县以 1958 年成立的保靖县国营白云山林场为核心，于 1998 年成立白云山县级自然保护区。后该保护区于 2005 年评定为白云山省级自然保护区，并完成了公益林区划界定；又于 2013 年评定为湖南白云山国家级自然保护区。其间，被告人秦家学于 1998 年承包了位于该县毛沟镇卧当村白云山自然保护区核心区内"土地坳"（地名）的山林，次年起开始有计划地植造杉木林，该林地位于公益林范围内，属于公益林地。2016 年 9 月至 2017 年 1 月，秦家学在没有办理《林木采伐许可证》情况下，违反森林法，擅自采伐其承包该林地上的杉木林并销售，所采伐区域位于该保护区核心区域内面积为 117.5 亩，核心区外面积为 15.46 亩。经鉴定，秦家学共砍伐林木 1010 株，林木蓄积为 153.3675 立方米。后保靖县林业勘测规划设计队出具补植补造作业设计说明证明，该受损公益林补植复绿的人工苗等费用为人民币 66025 元。

人民法院审理期间，保靖县林业勘测规划设计队及保靖县林业局、白云山国家级自然保护区又对该受损公益林补植复绿提出了具体建议和专业要求。秦家学预交补植复绿保证金 66025 元，保证履行补植复绿义务。

【裁判结果】

湖南省保靖县人民法院于 2018 年 8 月 3 日作出（2018）湘3125 刑初 5 号刑事附带民事判决，认定被告人秦家学犯滥伐林木罪，判处有期徒刑三年，缓刑四年，并处罚金人民币 1 万元，并于判决生效后两年内在湖南白云山国家级自然保护区内"土地坳"栽植一年生杉树苗 5050 株，存活率达到 90% 以上。宣判后，没有上诉、抗诉，一审判决已发生法律效力。被告人依照判决，在原砍伐林地等处栽植一年生杉树苗 5050 株，且存活率达到 100%。

【裁判理由】

法院生效裁判认为：被告人秦家学违反森林法规定，未经林业主管部门许可，无证滥伐白云山国家级自然保护区核心区内的公益林，数量巨大，构成滥伐林木罪。辩护人提出的被告人系初犯、认罪，积极交纳补植补绿的保证金 66025 元到法院的执行账户，有悔罪表现，应当从轻判处的辩护意见，予以采信。白云山国家级自然保护区位于中国十七个生物多样性关键地区之一的武陵山区及酉水流域，是云贵高原、四川盆地至雪峰山区、湘中丘陵之间动植物资源自然流动通道的重要节点，是长江流域洞庭湖支流沅江的重要水源涵养区，其森林资源具有保持水土、维护生物多样性等多方面重要作用。被告人所承包、栽植并管理的树木，已经成为白云山国家级自然保护区森林资源的不可分割的有机组成部分。被告人无证滥伐该树木且数量巨大，其行为严重破坏了白云山国家级自然保护区生态环境，危及生物多样性保护，使社会公共利益遭受到严重损害，性质上属于一种侵权行为。附带民事公益诉讼不是传统意义上的民事诉讼，公益诉讼起诉人也不是一般意义上的受害人。公益诉讼起诉人要求被告人承担恢复原状法律责任的诉讼请求，于法有据，予以支持。根据保靖县林业勘测规划设计队出具的"土地坳"补植补造作业设计说明以及白云山自然保护区管理局、保靖县林业局等部门专家提供的专业资料和建议，参照森林法第三十九条第二款规定，对公益诉讼起诉人提出的被告人应补种树木的诉讼请求，应认为有科学、合理的根据和法律依据，予以支持。辩护人提出被告人作为林地承包者的经营权利也应当依法保护的意见，有其合理之处，在具体确定被告人法律责任时予以考虑。遂作出上述判决。

（生效裁判审判人员：龙鸥玲、徐岩松、向福生、彭菲、彭举忠、彭大江、贾长金）

北京市朝阳区自然之友环境研究所诉
中国水电顾问集团新平开发有限公司、
中国电建集团昆明勘测设计研究院有限公司
生态环境保护民事公益诉讼案

（法例 173 号）

【关键词】民事　生态环境保护民事公益诉讼　损害社会公共利益　重大风险　濒危野生动植物

【裁判要点】

人民法院审理环境民事公益诉讼案件，应当贯彻保护优先、预防为主原则。原告提供证据证明项目建设将对濒危野生动植物栖息地及生态系统造成毁灭性、不可逆转的损害后果，人民法院应当从被保护对象的独有价值、损害结果发生的可能性、损害后果的严重性及不可逆性等方面，综合判断被告的行为是否具有《最高人民法院关于审理环境民事公益诉讼案件适用法律若干问题的解释》第一条规定的"损害社会公共利益重大风险"。

【相关法条】

《中华人民共和国环境保护法》（2014年4月24日修订）第5条

【基本案情】

　　戛洒江一级水电站工程由中国水电顾问集团新平开发有限公司（以下简称新平公司）开发建设，中国电建集团昆明勘测设计研究院有限公司（以下简称昆明设计院）是该工程总承包方及受托编制《云南省红河（元江）干流戛洒江一级水电站环境影响报告书》（以下简称《环境影响报告书》）的技术单位。戛洒江一级水电站坝址位于云南省新平县境内，下游距新平县水塘镇约6.5千米，电站采用堤坝式开发，坝型为混凝土面板堆石坝，最大坝高175.5米，水库正常蓄水位675米，淹没区域涉及红河上游的戛洒江、石羊江及支流绿汁江、小江河。水库淹没影响和建设征地涉及新平县和双柏县8个乡（镇）。戛洒江一级水电站项目建设自2011年至2014年分别取得了国家发展改革委、原国土资源部、生态环境部等多个相关主管部门关于用地、环评、建设等批复和同意。2017年7月21日，生态环境部办公厅向新平公司发出《关于责成开展云南省红河（元江）干流戛洒江一级水电站环境影响后评价的函》（以下简称《责成后评价函》），责成新平公司就该项目建设开展环境影响后评价，采取改进措施，并报生态环境部备案。后评价工作完成前，不得蓄水发电。2017年8月至今，新平公司主动停止对戛洒江一级水电站建设项目的施工。按工程进度，戛洒江一级水电站建设项目现已完成"三通一平"工程并修建了导流洞。

　　绿孔雀为典型热带、亚热带林栖鸟类，主要在河谷地带的常绿阔叶林、落叶阔叶林及针阔混合林中活动，杂食类，为稀有种类，属国家一级保护动物，在中国濒危动物红皮书中列为"濒危"物种。就绿孔雀相关问题，昆明市中级人民法院发函云南省林业和草原局，2019 年 4 月 4 日云南省林业和草原局进行了函复。此后，昆明市中级人民法院又向该局调取了其编制的《元江中上游绿孔雀种群现状调查报告》，该报告载明戛洒江一级水电站建成后，蓄水水库将淹没海拔 680 米以下河谷地区，将对绿孔雀目前利用的沙浴地、河滩求偶场等适宜栖息地产生较大影响。同时，由于戛洒江一级水电站的建设，淹没区公路将改造重修，也会破坏绿孔雀等野生动物适宜栖息地。对暂停建设的戛洒江一级水电站，应评估停建影响，保护和恢复绿孔雀栖息地措施等。2018 年 6 月 29 日，云南省人民政府下发《云南省人民政府关于发布云南省生态保护红线的通知》，对外发布《云南省生态保护红线》。根据《云南省生态保护红线》附件 1 《云南省生态保护红线分布图》所示，戛洒江一级水电站淹没区大部分被划入红河（元江）干热河谷及山原水土保持生态保护红线范围，在该区域内，绿孔雀为其中一种重点保护物种。

陈氏苏铁为国家一级保护植物。2015 年后被列入《云南省生物物种红色名录（2017 版）》，为极危物种。原告北京市朝阳区自然之友环境研究所（以下简称自然之友研究所）提交了其在绿汁江、石羊江河谷等戛洒江一级水电站淹没区拍摄到的陈氏苏铁照片。证人刘某（中国科学院助理研究员）出庭作证，陈氏苏铁仅在我国红河流域分布。按照世界自然保护联盟的评价标准，陈氏苏铁应为濒危。

自然之友研究所向昆明市中级人民法院起诉，请求人民法院判令新平公司及昆明设计院共同消除戛洒江一级水电站建设对绿孔雀、陈氏苏铁等珍稀濒危野生动植物以及热带季雨林和热带雨林侵害危险，立即停止水电站建设，不得截留蓄水，不得对该水电站淹没区内植被进行砍伐。

【裁判结果】

云南省昆明市中级人民法院于 2020 年 3 月 16 日作出（2017）云 01 民初 2299 号民事判决：一、新平公司立即停止基于现有环境影响评价下的戛洒江一级水电站建设项目，不得截流蓄水，不得对该水电站淹没区内植被进行砍伐。对戛洒江一级水电站的后续处理，待新平公司按生态环境部要求完成环境影响后评价，采取改进措施并报生态环境部备案后，由相关行政主管部门视具体情况依法作出决定；二、由新平公司于本判决生效后三十日内向自然之友研究所支付因诉讼发生的合理费用 8 万元；三、驳回自然之友研究所的其他诉讼请求。宣判后，自然之友研究所以戛洒江一级水电站应当永久性停建为由，新平公司以水电站已经停建且划入生态红线，应当驳回自然之友研究所诉讼请求为由，分别提起上诉。云南省高级人民法院于 2020 年 12 月 22 日作出（2020）云民终 824 号民事判决：驳回上诉，维持原判。

【裁判理由】

法院生效裁判认为：本案符合《最高人民法院关于审理环境民事公益诉讼案件适用法律若干问题的解释》第一条"对已经损害社会公共利益或者具有损害社会公共利益重大风险的污染环境、破坏生态的行为提起诉讼"规定中"具有损害社会公共利益重大风险"的法定情形，属于预防性环境公益诉讼。预防性环境公益诉讼突破了"无损害即无救济"的诉讼救济理念，是环境保护法"保护优先，预防为主"原则在环境司法中的具体落实与体现。预防性环境公益诉讼的核心要素是具有重大风险，重大风险是指对"环境"可能造成重大损害危险的一系列行为。本案中，自然之友研究所已举证证明戛洒江一级水电站如果继续建设，则案涉工程淹没区势必导致国家一级保护动物绿孔雀的栖息地及国家一级保护植物陈氏苏铁的生境被淹没，生物生境面临重大风险的可能性毋庸置疑。此外，从损害后果的严重性来看，戛洒江一级水电站下游淹没区动植物种类丰富，生物多样性价值及遗传资源价值可观，该区域不仅是绿孔雀及陈氏苏铁等珍稀物种赖以生存的栖息地，也是各类生物与大面积原始雨林、热带雨林片段共同构成的一个完整生态系统，若水电站继续建设所产生的损害将是可以直观估计预测且不可逆转的。而针对该现实上的重大风险，新平公司并未就其不存在的主张加以有效证实，而仅以《环境影响报告书》加以反驳，缺乏足够证明力。因此，结合生态环境部责成新平公司对项目开展后评价工作的情况及戛洒江一级水电站未对绿孔雀采取任何保护措施等事实，可以认定戛洒江一级水电站继续建设将对绿孔雀栖息地、陈氏苏铁生境以及整个生态系统生物多样性和生物安全构成重大风险。

根据环境影响评价法第二十七条"在项目建设、运行过程中产生不符合经审批的环境影响评价文件的情形的，建设单位应当组织环境影响后评价，采取改进措施，并报原环境影响评价文件审批部门和建设项目审批部门备案；原环境影响评价文件审批部门也可以责成建设单位进行环境影响后评价，采取改进措施"的规定，2017年7月21日，生态环境部办公厅针对本案建设项目，向新平公司发出《责成后评价函》，责成新平公司就该项目建设开展环境影响后评价，采取改进措施，并报生态环境部备案，后评价完成前不得蓄水发电符合上述法律规定。目前，案涉电站已经处于停建状态，新平公司业已向其上级主管单位申请停建案涉项目并获批复同意，绿孔雀生态栖息地存在的重大风险已经得到了有效的控制。在新平公司对案涉项目申请停建但未向相关行政部门备案并通过审批的情况下，鉴于生态环境部已经责成新平公司开展环境影响后评价，且对于尚不明确的事实状态的重大风险程度，案涉水电站是否继续建设等一系列问题，也需经环境主管部门审批备案决定后，才能确定案涉项目今后能否继续建设或是永久性停建，因此，案涉项目应在新平公司作出环境影响后评价后由行政主管机关视具体情况依法作出决定。

（生效裁判审判人员：向凯、苏静巍、田奇慧）

中国生物多样性保护与绿色发展
基金会诉雅砻江流域水电开发有限公司
生态环境保护民事公益诉讼案

（法例 174 号）

【关键词】民事　生态环境保护民事公益诉讼　潜在风险　预防性措施　濒危野生植物

【裁判要点】

人民法院审理环境民事公益诉讼案件，应当贯彻绿色发展理念和风险预防原则，根据现有证据和科学技术认为项目建成后可能对案涉地濒危野生植物生存环境造成破坏，存在影响其生存的潜在风险，从而损害生态环境公共利益的，可以判决被告采取预防性措施，将对濒危野生植物生存的影响纳入建设项目的环境影响评价，促进环境保护和经济发展的协调。

【相关法条】

《中华人民共和国环境保护法》（2014 年 4 月 24 日修订）第 5 条

【基本案情】

雅砻江上的牙根梯级水电站由雅砻江流域水电开发有限公司（以下简称雅砻江公司）负责建设和管理，现处于项目预可研阶段，水电站及其辅助工程（公路等）尚未开工建设。

2013 年 9 月 2 日发布的中国生物多样性红色名录中五小叶槭被评定为"极危"。2016 年 2 月 9 日，五小叶槭列入《四川省重点保护植物名录》。2018 年 8 月 10 日，世界自然保护联盟在其红色名录中将五小叶槭评估为"极度濒危"。当时我国《国家重点保护野生植物名录》中无五小叶槭。2016 年 9 月 26 日，四川省质量技术监督局发布《五小叶槭播种育苗技术规程》。案涉五小叶槭种群位于四川省雅江县麻郎措乡沃洛希村，当地林业部门已在就近的通乡公路堡坎上设立保护牌。

2006 年 6 月，中国水电顾问集团成都勘测设计研究院（以下简称成勘院）完成《四川省雅砻江中游（两河口至卡拉河段）水电规划报告》，报告中将牙根梯级水电站列入规划，该规划报告于 2006 年 8 月通过了水电水利规划设计总院会同四川省发展改革委组织的审查。2008 年 12 月，四川省人民政府以川府函〔2008〕368 号文批复同意该规划。2010 年 3 月，成勘院根据牙根梯级水库淹没区最新情况将原规划的牙根梯级调整为牙根一级（正常蓄水位 2602m）、牙根二级（正常蓄水位 2560m）两级开发，形成《四川省雅砻江两河口至牙根河段水电开发方案研究报告》，该报告于 2010 年 8 月经水电水利规划设计总院会同四川省发展改革委审查通过。

2013 年 1 月 6 日、4 月 13 日国家发展改革委办公厅批复：同意牙根二级水电站、牙根一级水电站开展前期工作。由雅砻江公司负责建设和管理，按照项目核准的有关规定，组织开展水电站的各项前期工作。待有关前期工作落实、具备核准条件后，再分别将牙根梯级水电站项目申请报告上报我委。对项目建设的意见，以我委对项目申请报告的核准意见为准。未经核准不得开工建设。

中国生物多样性保护与绿色发展基金会（以下简称绿发会）认

为，雅江县麻郎措乡沃洛希村附近的五小叶槭种群是当今世界上残存最大的五小叶槭种群，是唯一还有自然繁衍能力的种群。牙根梯级水电站即将修建，根据五小叶槭雅江种群的分布区海拔高度和水电站水位高度对比数值，牙根梯级水电站以及配套的公路建设将直接威胁到五小叶槭的生存，对社会公共利益构成直接威胁，绿发会遂提起本案预防性公益诉讼。

【裁判结果】

四川省甘孜藏族自治州中级人民法院于2020年12月17日作出 (2015) 甘民初字第45号民事判决：一、被告雅砻江公司应当将五小叶槭的生存作为牙根梯级水电站项目可研阶段环境评价工作的重要内容，环境影响报告书经环境保护行政主管部门审批通过后，才能继续开展下一步的工作；二、原告绿发会为本案诉讼产生的必要费用4万元、合理的律师费1万元，合计5万元，上述款项在本院其他环境民事公益诉讼案件中判决被告承担的生态环境修复费用、生态环境受到损害至恢复原状期间服务功能损失费用等费用（环境公益诉讼资金）中支付（待本院有其他环境公益诉讼资金后执行）；三、驳回原告绿发会的其他诉讼请求。一审宣判后当事人未上诉，判决已发生法律效力。

【裁判理由】

法院生效裁判认为：我国是联合国《生物多样性公约》缔约国，应该遵守其约定。《生物多样性公约》中规定，我们在注意到生物多样性遭受严重减少或损失的威胁时，不应以缺乏充分的科学定论为理由，而推迟采取旨在避免或尽量减轻此种威胁的措施；各国有责任保护它自己的生物多样性并以可持久的方式使用它自己的生物资源；每一缔约国应尽可能并酌情采取适当程序，要求就其可能对生物多样性产生严重不利影响的拟议项目进行环境影响评估，以期避免或尽量减轻这种影响。因此，我国有保护生物多样性的义务。同时，《生物多样性公约》规定，认识到经济和社会发展以及根除贫困是发展中国家第一和压倒一切的优先事务。按照《中华人民共和国节约能源法》第四条"节约资源是我国的基本国策。国家实施节约与开发并举、把节约放在首位的能源发展战略"的规定和《中华人民共和国可再生能源法》第二条第一款"本法所称可再生能源，是指风能、太阳能、水能、生物质能、地热能、海洋能等非化石能源"的规定，可再生能源是我国重要的能源资源，在满足能源要求，改善能源结构，减少环境污染，促进经济发展等方面具有重要作用。而水能资源是最具规模开发效益、技术最成熟的可再生能源。因此开发建设水电站，将水能资源优势转化为经济优势，在国家有关部门的监管下，利用丰富的水能资源，合理开发水电符合我国国情。但是，我国水能资源蕴藏丰富的地区，往往也是自然环境良好、生态功能重要、生物物种丰富和地质条件脆弱的地区。根据《中华人民共和国环境保护法》《最高人民法院关于审理环境民事公益诉讼案件适用法律若干问题的解释》的相关规定，环境保护是我国的基本国策，并且环境保护应当坚持保护优先、预防为主的原则。预防原则要求在环境资源利用行为实施之前和实施之中，采取政治、法律、经济和行政等手段，防止环境利用行为导致环境污染或者生态破坏现象发生。它包括两层含义：一是运用已有的知识和经验，对开发和利用环境行为带来的可能的环境危害采取措施以避免危害的发生；二是在科学技术水平不确定的条件下，基于现实的科学知识评价风险，即对开发和利用环境的行为可能带来的尚未明确或者无法具体确定的环境危害进行事前预测、分析和评价，以促使开发决策避免可能造成的环境危害及其风险出现。因此，环境保护与经济发展的关系并不是完全对立的，而是相辅相成的，正确处理好保护与发展的关系，将生态优先的原则贯穿到水电规划开发的全过程，二者可以相互促进，达到经济和环境的协调发展。利用环境资源的行为如果造成环境污染、生态资源破坏，往往具有不可逆性，被污染的环境、被破坏的生态资源很多时候难以恢复，单纯事后的经济补偿不足以弥补对生态环境造成的损失，故对环境污染、生态破坏行为应注重防范于未然，才能真正实现环境保护的目的。

具体到本案中，鉴于五小叶槭在生物多样性红色名录中的等级及案涉牙根梯级水电站建成后可能存在对案涉地五小叶槭原生存环境造成破坏、影响其生存的潜在风险，可能损害社会公共利益。根据我国水电项目核准流程的规定，水电项目分为项目规划、项目预可研、项目可研、项目核准四个阶段，考虑到案涉牙根梯级水电站现处在项目预可研阶段，因此责令被告在项目可研阶段，加强对案涉五小叶槭的环境影响评价并履行法定审批手续后才能进行下一步的工作，尽可能避免出现危及野生五小叶槭生存的风险是必要和合理的。故绿发会作为符合条件的社会组织在牙根梯级水电站建设可能存在损害环境公共利益重大风险的情况下，提出"依法判令被告立即采取适当措施，确保不因雅砻江水电梯级开发计划的实施而破坏珍贵濒危野生植物五小叶槭的生存"的诉讼请求，于法有据，人民法院予以支持。

鉴于案涉水电站尚未开工建设，故绿发会提出"依法判令被告在采取的措施不足以消除对五小叶槭的生存威胁之前，暂停牙根梯级水电站及其辅助设施（含配套道路）的一切建设工程"的诉讼请求，无事实基础，人民法院不予支持。

（生效裁判审判人员：张犁、王彤、吴杰、姜莉、魏康清、薛斌、龚先彬）

江苏省泰州市人民检察院诉
王小朋等 59 人生态破坏民事公益诉讼案

（法例 175 号）

【关键词】民事　生态破坏民事公益诉讼　非法捕捞　共同侵权
生态资源损害赔偿

【裁判要点】

1. 当收购者明知其所收购的鱼苗系非法捕捞所得，仍与非法捕捞者建立固定买卖关系，形成完整利益链条，共同损害生态资源的，收购者应当与捕捞者对共同实施侵权行为造成的生态资源损失承担连带赔偿责任。

2. 侵权人使用禁用网具非法捕捞，在造成其捕捞的特定鱼类资源损失的同时，也破坏了相应区域其他水生生物资源，严重损害生物多样性的，应当承担包括特定鱼类资源损失和其他水生生物资源损失在内的生态资源损失赔偿责任。当生态资源损失难以确定时，人民法院应当结合生态破坏的范围和程度、资源的稀缺性、恢复所需费用等因素，充分考量非法行为的方式破坏性、时间敏感性、地点特殊性等特点，并参考专家意见，综合作出判断。

【相关法条】

《中华人民共和国民法典》第 1168 条（本案适用的是自 2010 年 7 月 1 日起实施的《中华人民共和国侵权责任法》第 8 条）

《中华人民共和国环境保护法》（2014 年 4 月 24 日修订）第 64 条

【基本案情】

长江鳗鱼苗是具有重要经济价值且禁止捕捞的水生动物苗种。

2018 年上半年，董瑞山等 38 人单独或共同在长江干流水域使用禁用渔具非法捕捞长江鳗鱼苗并出售谋利。王小朋等 13 人明知长江鳗鱼苗系非法捕捞所得，单独收购或者通过签订合伙协议、共同出资等方式建立收购鳗鱼苗的合伙组织，共同出资收购并统一对外出售，向高锦初等 7 人以及董瑞山等 38 人非法贩卖或捕捞人员收购鳗鱼苗 116999 条。秦利兵在明知王小朋等人向其出售的鳗鱼苗系在长江中非法捕捞所得的情况下，仍多次向王小朋等人收购鳗鱼苗 40263 条。

王小朋等人非法捕捞水产品罪、掩饰、隐瞒犯罪所得罪已经另案刑事生效判决予以认定。2019 年 7 月 15 日，公益诉讼起诉人江苏省泰州市人民检察院以王小朋等 59 人实施非法捕捞、贩卖、收购长江鳗鱼苗行为，破坏长江生态资源，损害社会公共利益为由提起民事公益诉讼。

【裁判结果】

江苏省南京市中级人民法院于 2019 年 10 月 24 日作出（2019）苏 01 民初 2005 号民事判决：一、王小朋等 13 名非法收购者对其非法买卖鳗鱼苗所造成的生态资源损失连带赔偿人民币 8589168 元；二、其他收购者、捕捞者根据其参与非法买卖或捕捞的鳗鱼苗数量，承担相应赔偿责任或与直接收购者承担连带赔偿责任。王小朋等 11 名被告提出上诉，江苏省高级人民法院于 2019 年 12 月 31 日作出（2019）苏民终 1734 号民事判决：驳回上诉，维持原判。

【裁判理由】

法院生效裁判认为：一、非法捕捞造成生态资源严重破坏，当销售是非法捕捞的唯一目的，且收购者与非法捕捞者形成了固定的买卖关系时，收购行为诱发了非法捕捞，共同损害了生态资源，收购者应当与捕捞者对共同实施的生态破坏行为造成的生态资源损失承担连带赔偿责任。

鳗鱼苗于2014年被世界自然保护联盟列为濒危物种，也属于江苏省重点保护鱼类。鳗鱼苗特征明显，无法直接食用，针对这一特定物种，没有大规模的收购，捕捞行为毫无价值。收购是非法捕捞鳗鱼苗实现获利的唯一渠道，缺乏收购行为，非法捕捞难以实现经济价值，也就不可能持续反复地实施，巨大的市场需求系引发非法捕捞和层层收购行为的主要原因。案涉收购鳗鱼苗行为具有日常性、经常性，在收购行为中形成高度组织化，每一个捕捞者和收购者对于自身在利益链条中所处的位置、作用以及通过非法捕捞、出售收购、加价出售、养殖出售不同方式获取利益的目的均有明确的认知。捕捞者使用网目极小的张网方式捕捞鳗鱼苗，收购者对于鳗鱼苗的体态特征充分了解，意味着其明知捕捞体态如此细小的鳗鱼苗必然使用有别于对自然生态中其他鱼类的捕捞方式，非法捕捞者于长江水生生物资源繁衍生殖的重要时段，尤其是禁渔期内，在长江干流水域采用"绝户网"大规模、多次非法捕捞长江鳗鱼苗，必将造成长江生态资源损失和生物多样性破坏，收购者与捕捞者存在放任长江鳗鱼资源及其他生态资源损害结果出现的故意。非法捕捞与收购已经形成了固定买卖关系和完整利益链条。这一链条中，相邻环节均从非法捕捞行为中获得利益，具有高度协同性，行为与长江生态资源损害结果之间具有法律上的因果关系，共同导致生态资源损害。预防非法捕捞行为，应从源头上彻底切断利益链条，让非法收购、贩卖鳗鱼苗的共同侵权者付出经济代价，与非法捕捞者在各自所涉的生态资源损失范围内对长江生态资源损害后果承担连带赔偿责任。

二、生态资源损失在无法准确统计时，应结合生态破坏的范围和程度、资源的稀缺性等因素，充分考量非法行为的方式破坏性、时间敏感性和地点特殊性，并参考专家意见，酌情作出判断。

综合考虑非法捕捞鳗鱼苗方式系采用网目极小的张网进行捕捞，加之捕捞时间的敏感性、捕捞频率的高强度性、捕捞地点的特殊性，不仅对鳗鱼种群的稳定造成严重威胁，还必然会造成对其他渔业生物的损害，进而破坏了长江生物资源的多样性，给长江生态资源带来极大的损害。依照《最高人民法院关于审理环境民事公益诉讼案件适用法律若干问题的解释》第二十三条的规定，综合考量非法捕捞鳗鱼苗对生态资源造成的实际损害，酌定以鳗鱼资源损失价值的 2.5 倍确定生态资源损失。主要依据有两点：

一是案涉非法捕捞鳗鱼苗方式的破坏性。捕捞者系采用网目极小的张网捕捞鳗鱼苗，所使用张网的网目尺寸违反了《农业部关于长江干流实施捕捞准用渔具和过渡渔具最小网目尺寸制度的通告》中不小于 3 毫米的规定，属于禁用网具。捕捞时必将对包括其他小型鱼类在内的水生物种造成误捕，严重破坏相应区域水生生物资源。案涉鳗鱼苗数量达 116999 条，捕捞次数多、捕捞网具多、捕捞区域大，必将对长江生态资源产生较大危害。

二是案涉非法捕捞鳗鱼苗的时间敏感性和地点特殊性。案涉的捕捞、收购行为主要发生于长江禁渔期，该时期系包括鳗鱼资源在内的长江水生生物资源繁衍生殖的重要时段。捕捞地点位于长江干流水域，系日本鳗鲡洄游通道，在洄游通道中对幼苗进行捕捞，使其脱离自然水体后被贩卖，不仅妨碍鳗鲡种群繁衍，且同时误捕其他渔获物，会导致其他水生生物减少，导致其他鱼类饵料不足，进而造成长江水域食物链相邻环节的破坏，进一步造成生物多样性损害。

考虑到生态资源的保护与被告生存发展权利之间的平衡，在确定生态损害赔偿责任款项时可以考虑被告退缴违法所得的情况，以及在被告确无履行能力的情况下，可以考虑采用劳务代偿的方式，如参加保护长江生态环境等公益性质的活动或者配合参与长江沿岸河道管理、加固、垃圾清理等方面的工作，折抵一定赔偿数额。

（生效裁判审判人员：刘建功、赵黎、臧静）

湖南省益阳市人民检察院诉夏顺安等 15 人
生态破坏民事公益诉讼案

（法例 176 号）

【关键词】 民事 生态破坏民事公益诉讼 生态环境修复 损害担责 全面赔偿 非法采砂

【裁判要点】

人民法院审理环境民事公益诉讼案件，应当贯彻损害担责、全面赔偿原则，对于破坏生态违法犯罪行为不仅要依法追究刑事责任，还要依法追究生态环境损害民事责任。认定非法采砂行为所导致的生态环境损害范围和损失时，应当根据水环境质量、河床结构、水源涵养、水生生物资源等方面的受损情况进行全面评估、合理认定。

【相关法条】

《中华人民共和国环境保护法》（2014 年 4 月 24 日修订）第 64 条

【基本案情】

2016 年 6 月至 11 月，夏顺安等人为牟取非法利益，分别驾驶九江采 158 号、湘沅江采 1168 号、江苏籍 999 号等采砂船至洞庭湖下塞湖区域非规划区非法采砂，非法获利 2243.333 万元。夏顺安等人的非法采砂行为构成非法采矿罪，被相关刑事生效判决予以认定。2019 年 7 月，湖南省益阳市人民检察院提起民事公益诉讼，请求判令夏顺安等人对其非法采砂行为所造成的生态环境损害承担连带赔偿责任，并赔礼道歉。经湖南省环境保护科学研究院生态环境损害司法鉴定中心鉴定，夏顺安等 15 人非法采砂行为对非法采砂区域的生态环境造成的影响分为水环境质量受损、河床结构受损、水源涵养受损和水生生物资源受损，所造成生态环境影响的空间范围共计约 9.9 万平方米，其中造成的水生生物资源损失为 2.653 万元，修复水生生物资源受损和河床结构与水源涵养受损所需的费用分别为 7.969 万元和 865.61 万元，合计 873.579 万元。

【裁判结果】

湖南省益阳市中级人民法院于 2020 年 6 月 8 日作出（2019）湘 09 民初 94 号民事判决：一、夏顺安等 15 人私自开采国家矿产资源，其非法采砂行为严重破坏了采砂区域的生态环境，判决被告夏顺安对非法采砂造成的采砂水域河床原始结构、水源涵养量修复费用 865.61 万元、水生生物资源修复费用 7.969 万元，共计 873.579 万元生态环境修复费用承担赔偿责任；二、其他 14 名被告依据其具体侵权行为分别在 824 万元至 3.8 万元不等范围内承担连带责任；三、夏顺安等 15 人就非法采矿行为在国家级媒体公开赔礼道歉。被告王德贵提出上诉，湖南省高级人民法院于 2020 年 12 月 29 日作出（2020）湘民终 1862 号民事判决：驳回上诉，维持原判。

【裁判理由】

法院生效裁判认为：根据我国相关矿产资源法律法规的规定，开采矿产资源必须依法申请许可证，取得采矿权。夏顺安等 15 人在下塞湖区域挖取的砂石系国家矿产资源。根据沅江市砂石资源开采管理领导小组办公室证明、益阳市水务局《情况说明》、湘阴县河道砂石综合执法局证明、岳阳市河道砂石服务中心证明，并结合另案生效判决认定的事实及各被告当庭陈述，可证明被告未依法获得许可，私自开采国家矿产资源，应认定为非法采砂。

非法采砂行为不仅造成国家资源损失，还对生态环境造成损害，致使国家利益和社会公共利益遭受损失。矿产资源兼具经济属性和生态属性，不能仅重视矿产资源的经济价值保护，而忽视矿产资源生态价值救济。非法采砂违法犯罪行为不仅需要依法承担刑事责任，还要依法承担生态环境损害赔偿民事责任。应当按照谁污染谁治理、谁破坏谁担责的原则，依法追究非法采砂行为人的刑事、民事法律责任。

本案中，夏顺安等 15 人的非法采砂生态破坏行为，导致了洞庭湖生态系统的损害，具体包括丰富的鱼类、虾蟹类和螺蚌等软体动物生物资源的损失，并严重威胁洞庭湖河床的稳定性及防洪安全，破坏水生生物资源繁衍生存环境。为确保生态环境损害数额认定的科学性、全面性和合理性，人民法院委托具备资格的机构进行司法鉴定，通过对生态环境损害鉴定意见的司法审查，合理确定生态破坏行为所导致生态环境损害的赔偿数额。本案中，人民法院指导鉴定专家按照全面赔偿原则，对非法采砂行为所导致的采砂区域河床、水源涵养、生物栖息地、鱼虾生物资源、水环境质量等遭受的破坏进行全方位的鉴定，根据抽取砂土总量、膨胀系数、水中松散沙土的密度、含水比例，以及洞庭湖平均鱼类资源产量等指标量化了各类损失程度。被告虽主张公共利益受损与其无关联，但本案各被告当庭陈述均认可实施了采砂行为，根据另案生效判决认定的事实及审理查明的事实，各被告实施的采砂行为非法，且鉴定意见书明确了采砂行为造成生态环境受损，故认定被告的采砂行为破坏了生态环境资源。各被告未提交反驳证据推翻案涉鉴定意见，经审查，对鉴定意见载明的各项损失及修复费用予以确认。

根据《中华人民共和国环境保护法》第六十四条规定，因污染环境和破坏生态造成损害的，应当依照《中华人民共和国侵权责任法》的有关规定承担侵权责任。《中华人民共和国侵权责任法》第八条规定，二人以上共同实施侵权行为，造成他人损害的，应当承担连带责任。《最高人民法院关于审理环境民事公益诉讼案件适用法律若干问题的解释》第二十条第二款规定，人民法院可以在判决被告修复生态环境的同时，确定被告不履行修复义务时应承担的生态环境修复费用；也可以直接判决被告承担生态环境修复费用。根据审理查明的事实并依据上述法律规定，夏顺安等 15 人在各自参与非法采砂数量范围内构成共同侵权，应在各自参与非法采砂数量范围内承担连带赔偿生态环境修复费用的民事责任。

（生效裁判审判人员：伍胜、闫伟、曾志燕）

海南临高盈海船务有限公司诉三沙市渔政支队行政处罚案

（法例 177 号）

【关键词】行政　行政处罚　《濒危野生动植物种国际贸易公约》非法运输　珍贵、濒危水生野生动物及其制品　珊瑚、砗磲

【裁判要点】

我国为《濒危野生动植物种国际贸易公约》缔约国，对于列入该公约附录一、附录二中的珊瑚、砗磲的所有种，无论活体、死体，还是相关制品，均应依法给予保护。行为人非法运输该公约附录一、附录二中的珊瑚、砗磲，行政机关依照野生动物保护法等有关规定作出行政处罚的，人民法院应予支持。

【相关法条】

《中华人民共和国野生动物保护法》（2018 年 10 月 26 日修订）第 33 条（本案适用的是 2009 年 8 月 27 日修订的《中华人民共和国野生动物保护法》第 23 条）

《中华人民共和国水生野生动物保护实施条例》（2013 年 12 月 7 日修订）第 2 条、第 20 条、第 28 条、第 48 条

【基本案情】

砗磲是一种主要生活在热带海域的珍贵贝类，在我国及世界范围内均为重点保护的水生野生动物。砗磲全部9个种均为《濒危野生动植物种国际贸易公约》附录二物种，其中的大砗磲（又名库氏砗磲）为国家一级保护动物。2014年8月21日，海南省公安边防总队海警第三支队在三沙海域开展巡逻管控过程中，发现原告海南临高盈海船务有限公司（以下简称盈海公司）所属的"椰丰616"号船违法装载大量砗磲贝壳，遂将其查获，并将该案交由三沙市综合执法局先行查处。后因该案属于被告三沙市渔政支队的职权范围，三沙市综合执法局将该案转交被告具体办理。经查实，原告未持有《水生野生动物特许运输许可证》，涉案船舶共装载砗磲贝壳250吨，经专业机构鉴定和评估，该250吨砗磲贝壳中98%为大砗磲，属国家一级保护动物，2%为砗蚝（属于砗磲科），属《濒危野生动植物种国际贸易公约》附录二物种，涉案砗磲贝壳总价值为373500元。据此，被告作出琼三沙渔政罚字〔2018〕01号行政处罚决定书，以原告的"椰丰616"号船未持有《水生野生动物特许运输许可证》擅自运输砗磲贝壳的行为违反《中华人民共和国野生动物保护法》等法律规定，对原告处以没收砗磲贝壳250吨及按照实物价值3倍罚款人民币1120500元的行政处罚。原告不服，向海口海事法院提起行政诉讼，请求撤销该行政处罚决定。

【裁判结果】

海口海事法院于2018年11月30日作出（2018）琼72行初14号行政判决，认为三沙市渔政支队作出的行政处罚决定事实清楚，证据确凿，适用法律、法规正确，符合法定程序，判决驳回原告盈海公司的诉讼请求。判决后，盈海公司提出上诉，海南省高级人民法院于2019年4月10日作出（2019）琼行终125号行政判决：驳回上诉，维持原判。

【裁判理由】

法院生效裁判认为：一、我国作为《濒危野生动植物种国际贸易公约》缔约国，应当严格、全面履行公约义务，对已列入该公约附录一、附录二中的珊瑚、砗磲的所有种，无论活体、死体，还是相关制品，均应依法给予保护。砗磲属受保护的珍贵、濒危水生野生动物，砗磲贝壳为受我国法律保护的水生野生动物产品。根据《最高人民法院关于审理发生在我国管辖海域相关案件若干问题的规定（二）》第七条第三款及《中华人民共和国水生野生动物保护实施条例》第二条的规定，列入《国家重点保护野生动物名录》中国家一、二级保护的，以及列入《濒危野生动植物种国际贸易公约》附录一、附录二中所有水生野生动物物种，无论属于活体、死体，还是相关制品（水生野生动物的任何部分及其衍生品），均受到法律保护。案涉大砗磲属《国家重点保护野生动物名录》中的国家一级保护动物，砗蚝属《濒危野生动植物种国际贸易公约》附录二物种，二者均受法律保护。盈海公司运输行为的客体虽然是砗磲贝壳，但作为双壳纲动物，砗磲的贝壳属于其作为动物的一部分，因此，应当将砗磲贝壳认定为《中华人民共和国水生野生动物保护实施条例》第二条规定应受保护的水生野生动物产品；盈海公司关于其运输的砗磲为死体，不违反法律、行政法规的抗辩不能成立。

二、非法开发利用野生动物资源"产业链"中所涉及的非法采捕、收购、运输、加工、销售珍贵、濒危野生动物及其制品等行为均构成违法并需承担相应的法律责任。非法运输珍贵、濒危野生动物及其产品的行为是非法开发利用野生动物资源"产业链"的重要一环，应承担相应的法律后果和责任。根据案发时生效的《中华人民共和国野生动物保护法》（2009年8月27日修订）第二十三条、《中华人民共和国水生野生动物保护实施条例》第二十条及《中华人民共和国水生野生动物利用特许办法》第二十九条的规定，运输、携带国家重点保护野生动物或者其产品出县境的，必须经省、自治区、直辖市政府野生动物行政主管部门或者其授权的单位批准并取得相应许可证明。本案中，盈海公司未经批准并取得相关许可证明，就将案涉砗磲贝壳从三沙市向海南岛运输，已构成违法，故三沙市渔政支队对其处以罚款具有法律、行政法规依据。

（生效裁判审判人员：王峻、张爽、冯坤）

北海市乃志海洋科技有限公司诉
北海市海洋与渔业局行政处罚案

（法例 178 号）

【关键词】行政　行政处罚　非法围海、填海　海岸线保护海洋生态环境　共同违法认定　从轻或者减轻行政处罚

【裁判要点】

1. 行为人未依法取得海域使用权，在海岸线向海一侧以平整场地及围堰护岸等方式，实施筑堤围割海域，将海域填成土地并形成有效岸线，改变海域自然属性的用海活动可以认定为构成非法围海、填海。

2. 同一海域内，行为人在无共同违法意思联络的情形下，先后各自以其独立的行为进行围海、填海，并造成不同损害后果的，不属于共同违法的情形。行政机关认定各行为人的上述行为已构成独立的行政违法行为，并对各行为人进行相互独立的行政处罚，人民法院应予支持。对于同一海域内先后存在两个以上相互独立的非法围海、填海行为，行为人应各自承担相应的行政法律责任，在后的违法行为不因在先的违法行为适用从轻或者减轻行政处罚的有关规定。

【相关法条】

《中华人民共和国行政处罚法》（2021年1月22日修订）第32条（本案适用的是2017年9月1日修订的《中华人民共和国行政处罚法》第27条）

《中华人民共和国海域使用管理法》第42条

【基本案情】

北海市乃志海洋科技有限公司（以下简称乃志公司）诉称：其未实施围海、填海行为，实施该行为的主体是北海市渔沣海水养殖有限公司（以下简称渔沣公司）。即使认定其存在非法围海、填海行为，因其与渔沣公司在同一海域内实施了占用海域行为，应由所有实施违法行为的主体共同承担责任，对其从轻或减轻处罚。北海市海洋与渔业局（以下简称海洋渔业局）以乃志公司非法占用并实施围海、填海0.38公顷海域，作出缴纳海域使用金十五倍罚款的行政处罚，缺乏事实和法律依据，属于从重处罚，请求撤销该行政处罚决定。

海洋渔业局辩称：现场调查笔录及照片等证据证实乃志公司实施了围海造地的行为，其分别对乃志公司和渔沣公司的违法行为进行了查处，确定乃志公司缴纳罚款数额符合法律规定。

法院经审理查明：2013年6月1日，渔沣公司与北海市铁山港区兴港镇石头埠村小组签订《农村土地租赁合同》，约定石头埠村小组将位于石头埠村海边的空地租给渔沣公司管理使用，该地块位于石头埠村海边左邻避风港右靠北林码头，与海堤公路平齐，沿街边100米，沿海卜进深145米，共21.78亩，作为海产品冷冻场地。合同涉及租用的海边空地实际位置在海岸线之外。同年7至9月间，渔沣公司雇请他人抽取海沙填到涉案海域，形成沙堆。2016年5月12日，乃志公司与渔沣公司签订《土地承包合同转让协议》，乃志公司取得渔沣公司在原合同中的权利。同年7至9月间，乃志公司在未依法取得海域使用权的情况下，对其租赁的海边空地（实为海滩涂）利用机械和车辆从外运来泥土、建筑废料进行场地平整，建设临时码头，形成陆域，准备建设冷冻厂。

2017年10月，海洋渔业局对该围海、填海施工行为进行立案查处，测定乃志公司填占海域面积为0.38公顷。经听取乃志公司陈述申辩意见，召开听证会，并经两次会审，海洋渔业局作出北海渔处罚〔2017〕09号行政处罚决定书，对乃志公司作出行政处罚：责令退还非法占用海域，恢复海域原状，并处非法占用海域期间内该海域面积应缴纳海域使用金十五倍计人民币256.77万元的罚款。乃志公司不服，提起行政诉讼，请求撤销该行政处罚决定。

【裁判结果】

北海海事法院于2018年9月17日作出（2018）桂72行初2号行政判决，驳回原告乃志公司的诉讼请求。宣判后，乃志公司提出上诉。广西壮族自治区高级人民法院于2019年6月26日作出（2018）桂行终1163号行政判决：驳回上诉，维持原判。

【裁判理由】

法院生效裁判认为：乃志公司占用的海边空地在海岸线（天然岸线）之外向海一侧，实为海滩涂。其公司使用自有铲车、勾机等机械，从外运来泥土和建筑废料对渔沣公司吹填形成的沙堆进行平整、充实，形成临时码头，并在临时码头西南面新填了部分海域，建造了临时码头北面靠海一侧的沙袋围堰和护岸设施。上述平整填充场地以及围堰护岸等行为，导致海域自然属性改变，形成有效岸线，属于围海、填海行为。乃志公司未取得案涉0.38公顷海域的合法使用权，在该区域内进行围海、填海，构成非法围海、填海。

渔沣公司与乃志公司均在案涉海域进行了一定的围海、填海活动,但二者的违法行为具有可分性和独立性,并非共同违法行为。首先,渔沣公司与乃志公司既无共同违法的意思联络,亦非共同实施违法行为。从时间上分析,渔沣公司系于 2013 年 7 月至 9 月间雇请他人抽取海沙填到涉案海域,形成沙堆。而乃志公司系于 2016 年 5 月 12 日通过签订转让协议的方式取得渔沣公司在原合同中的权利,并于 2016 年 7 月至 9 月期间对涉案海域进行场地平整,建设临时码头,形成陆域。二者进行围海、填海活动的时间间隔较远,相互独立,并无彼此配合的情形。其次,渔沣公司与乃志公司的违法性质不同。渔沣公司仅是抽取海沙填入涉案海域,形成沙堆,其行为违法程度较轻。而乃志公司已对涉案海域进行了围堰和场地平整,并建设临时码头,形成了陆域,其行为违法情节更严重,性质更为恶劣。再次,渔沣公司与乃志公司的行为所造成的损害后果不同。渔沣公司的行为尚未完全改变涉案海域的海洋环境,而乃志公司对涉案海域进行围堰及场地平整,设立临时码头,形成了陆域,其行为已完全改变了涉案海域的海洋生态环境,构成了非法围海、填海,损害后果更为严重。海洋渔业局认定乃志公司与渔沣公司的违法行为相互独立并分别立案查处,有事实及法律依据,并无不当。乃志公司主张海洋渔业局存在选择性执法,以及渔沣公司应当与其共同承担责任的抗辩意见不能成立。

乃志公司被查处后并未主动采取措施减轻或消除其围海、填海造地的危害后果,不存在从轻或减轻处罚的情形,故乃志公司主张从轻或减轻行政处罚,缺乏法律依据。乃志公司平整和围填涉案海域,占填海域面积为 0.38 公顷,其行为改变了该海域的自然属性,形成陆域,对近海生态造成不利的影响。海洋渔业局依据海域使用管理法第四十二条规定的"处非法占用海域期间内该海域面积应缴纳的海域使用金十倍以上二十倍以下的罚款",决定按十五倍处罚,未违反行政处罚法关于行政处罚适用的相关规定,符合中国海监总队《关于进一步规范海洋行政处罚裁量权行使的若干意见》对于行政处罚幅度中的一般处罚，并非从重处罚，作出罚款人民币256.77万元的处罚决定，认定事实清楚，适用法律并无不当。

（生效裁判审判人员：张辉、蒋新江、熊梅）

许建惠、许玉仙民事公益诉讼案

（检例第28号）

【关键词】民事公益诉讼　生态环境修复　虚拟治理成本法

【基本案情】

许建惠，男，1962年4月1日生。

许玉仙，女，1965年5月15日生。

2010年上半年至2014年9月，许建惠、许玉仙在江苏省常州市武进区遥观镇东方村租用他人厂房，在无营业执照、无危险废物经营许可证的情况下，擅自从事废树脂桶和废油桶的清洗业务。洗桶产生的废水通过排污沟排向无防渗漏措施的露天污水池，产生的残渣被堆放在污水池周围。

2014年9月1日，公安机关在许建惠、许玉仙洗桶现场查获废桶7789只，其中6289只尚未清洗。经鉴定，未清洗的桶及桶内物质均属于危险废物，现场地下水、污水池内废水以及污水池四周堆放的残渣、污水池底部沉积物中均检出铬、锌等多种重金属和总石油烃、氯代烷烃、苯系物等多种有机物。

2015年6月17日，许建惠、许玉仙因犯污染环境罪被常州市武进区人民法院分别判处有期徒刑二年六个月、缓刑四年，有期徒刑二年、缓刑四年，并分别判处罚金。许建惠、许玉仙虽被依法追究刑事责任，但现场尚留存 130 只未清洗的废桶、残渣、污水和污泥尚未清除，对土壤和地下水持续造成污染。

【诉前程序】

经调查，在常州市民政局登记的三家环保类社会组织，均不符合法律对提起公益诉讼主体要求的相关规定，不能作为原告向常州市中级人民法院提起环境民事公益诉讼。

【诉讼过程】

2015 年 12 月 21 日，常州市人民检察院以公益诉讼人身份，向常州市中级人民法院提起民事公益诉讼，诉求：1. 判令二被告依法及时处置场地内遗留的危险废物，消除危险；2. 判令二被告依法及时修复被污染的土壤，恢复原状；3. 判令二被告依法赔偿场地排污对环境影响的修复费用，以虚拟治理成本 30 万元为基数，根据该区域环境敏感程度以 4.5 - 6 倍计算赔偿数额。常州市人民检察院认为：

一、许建惠、许玉仙非法洗桶行为造成了严重的环境污染损害后果。现场留存的大量废桶、残渣，污水池里的废水、污泥，均属于有毒物质，并且仍在对环境造成污染。经检测，污水池下方的地下水、土壤已遭到严重污染。

二、许建惠、许玉仙的行为与环境污染损害后果之间存在因果关系。污水池附近区域的地下水中检测出的污染物与洗桶产生的特征污染物相同，而周边的纺织、塑料和铝制品加工企业等不会产生该系列的特征污染物。

【案件结果】

庭审过程中，公益诉讼人向法院申请由市环保局从常州市环境应急专家库中甄选的环境专家苏衡博士作为专家辅助人，就本案涉及的环境专业性问题发表意见。

2016 年 4 月 14 日，常州市中级人民法院作出一审判决：

1. 被告许建惠、许玉仙于本判决发生法律效力之日起十五日内，将常州市武进区遥观镇东方村洗桶场地内留存的 130 只废桶、两个污水池中蓄积的污水及池底污泥以及厂区内堆放的残渣委托有处理资质的单位全部清理处置，消除继续污染环境危险。

2. 被告许建惠、许玉仙于本判决发生法律效力之日起三十日内，委托有土壤处理资质的单位制定土壤修复方案，提交常州市环保局审核通过后，六十日内实施。

3. 被告许建惠、许玉仙赔偿对环境造成的其他损失 150 万元，该款于判决发生法律效力之日起三十日内支付至常州市环境公益基金专用账户。

一审宣判后，许建惠、许玉仙均未上诉，判决已发生法律效力。

本案的办理得到当地政府、相关行政执法部门以及公益组织的广泛关注和支持，对引导政府完善社会治理，促进环保等行政执法部门加强履职起到了积极作用。本案经 20 多家媒体直播庭审、跟踪报道，激发了社会公众关注公益诉讼的热情。当地政府将本案作为典型案例，以生效判决文书作为宣教材料，对当地企业开展宣传教育，为进一步推进公益保护工作营造了良好的社会氛围。

【要旨】

1. 侵权人因同一行为已经承担行政责任或者刑事责任的，不影响承担民事侵权责任。

2. 环境污染导致生态环境损害无法通过恢复工程完全恢复的，恢复成本远远大于其收益的或者缺乏生态环境损害恢复评价指标的，可以参考虚拟治理成本法计算修复费用。

3. 专业技术问题，可以引入专家辅助人。专家意见经质证，可以作为认定事实的根据。

【指导意义】

本案是全国人大常委会授权检察机关开展公益诉讼试点工作后

全国首例由检察机关提起的民事公益诉讼案件。

1. 围绕侵权构成要件，开展调查核实。虽然污染环境侵权案件因果关系适用举证责任倒置原则，但为保证依法准确监督，检察机关仍应充分开展调查核实，查明案件事实。调查核实主要包括以下方面：（1）侵权人实施了污染环境的行为；（2）侵权人的行为已经损害社会公共利益；（3）侵权人实施的污染环境行为与损害结果之间具有关联性。

2. 准确定位民事侵权责任，提起公益诉讼。《中华人民共和国侵权责任法》第四条规定，侵权人因同一行为应当承担行政责任或者刑事责任的，不影响依法承担侵权责任。污染环境肇事人、食品药品安全领域侵害众多消费者合法权益等损害社会公共利益的侵权人，因该侵权行为受过行政或刑事处罚，不影响检察机关对该侵权人提起民事公益诉讼。罚款或罚金均不属于民事侵权责任范畴，不能抵销损害社会公共利益的侵权损害赔偿金额。

3. 围绕环境污染情况，提出合理诉求。检察机关提起环境民事公益诉讼，应当结合具体案情和相关证据合理确定污染者承担停止侵害、排除妨碍、消除危险、恢复原状、赔礼道歉、赔偿损失等民事责任。检察机关提起环境民事公益诉讼的第一诉求应是停止侵害、排除危险和恢复原状。其中，"恢复原状"应当是在有恢复原状的可能和必要的前提下，要求损害者承担治理污染和修复生态的责任。无法完全恢复或恢复成本远远大于其收益的，可以准许采用替代性修复方式，也可以要求被告承担生态环境修复费用。

4. 围绕生态环境修复实际，确定赔偿费用。生态环境修复费用包括制定、实施修复方案的费用和监测、监管等费用。环境污染所致生态环境损害无法通过恢复工程完全恢复的，恢复成本远大于收益的，缺乏生态环境损害恢复评价指标、生态环境修复费用难以确定的，可以参考环境保护部制定的《环境损害鉴定评估推荐方法》，采用虚拟治理成本法计算修复费用，即在虚拟治理成本基数的基础上，根据受污染区域的环境功能敏感程度与对应的敏感系数相乘予以合理确定。

5. 围绕专业技术问题，引入专家辅助人。环境民事公益诉讼案件，涉及土壤污染、非法排污、因果关系、环境修复等大量的专业技术问题，检察机关可以通过甄选环境专家协助办案，厘清关键证据中的专业性技术问题。专家辅助人出庭就鉴定人作出的鉴定意见或者就因果关系、生态环境修复方式、生态环境修复费用以及生态环境受到损害至恢复原状期间服务功能的损失等专门性问题，作出说明或提出意见，经质证后可以作为认定事实的根据。

【相关规定】

《中华人民共和国侵权责任法》（2009 年 12 月 26 日第十一届全国人民代表大会常务委员会第十二次会议通过）

第四条　侵权人因同一行为应当承担行政责任或者刑事责任的，不影响依法承担侵权责任。

因同一行为应当承担侵权责任和行政责任、刑事责任，侵权人的财产不足以支付的，先承担侵权责任。

《中华人民共和国固体废物污染环境防治法》（2013 年修正）

第十七条　收集、贮存、运输、利用、处置固体废物的单位和个人，必须采取防扬散、防流失、防渗漏或者其他防止污染环境的措施；不得擅自倾倒、堆放、丢弃、遗撒固体废物。

禁止任何单位或者个人向江河、湖泊、运河、渠道、水库及其最高水位线以下的滩地和岸坡等法律、法规规定禁止倾倒、堆放废弃物的地点倾倒、堆放固体废物。

《最高人民法院关于审理环境民事公益诉讼案件适用法律若干问题的解释》（2014 年 12 月 8 日最高人民法院审判委员会第 1631 次会议通过）

第十五条　当事人申请通知有专门知识的人出庭，就鉴定人作出的鉴定意见或者就因果关系、生态环境修复方式、生态环境修复费用以及生态环境受到损害至恢复原状期间服务功能的损失等专门性问题提出意见的，人民法院可以准许。

前款规定的专家意见经质证，可以作为认定事实的根据。

第二十条　原告请求恢复原状的，人民法院可以依法判决被告将生态环境修复到损害发生之前的状态和功能。无法完全修复的，可以准许采用替代性修复方式。

人民法院可以在判决被告修复生态环境的同时，确定被告不履行修复义务时应承担的生态环境修复费用；也可以直接判决被告承担生态环境修复费用。

生态环境修复费用包括制定、实施修复方案的费用和监测、监管等费用。

第二十三条　生态环境修复费用难以确定或者确定具体数额所需鉴定费用明显过高的，人民法院可以结合污染环境、破坏生态的范围和程度、生态环境的稀缺性、生态环境恢复的难易程度、防治污染设备的运行成本、被告因侵害行为所获得的利益以及过错程度等因素，并可以参考负有环境保护监督管理职责的部门的意见、专家意见等，予以合理确定。

《人民检察院提起公益诉讼试点工作实施办法》（2015年12月16日最高人民检察院第十二届检察委员会第四十五次会议通过）

第十四条　经过诉前程序，法律规定的机关和有关组织没有提起民事公益诉讼，或者没有适格主体提起诉讼，社会公共利益仍处于受侵害状态的，人民检察院可以提起民事公益诉讼。

第十七条　人民检察院提起民事公益诉讼应当提交下列材料：

（一）民事公益诉讼起诉书；

（二）被告的行为已经损害社会公共利益的初步证明材料。

《环境损害鉴定评估推荐方法》（第Ⅱ版）

A.2.3　虚拟治理成本法

虚拟治理成本是按照现行的治理技术和水平治理排放到环境中的污染物所需要的支出。虚拟治理成本法适用于环境污染所致生态环境损害无法通过恢复工程完全恢复、恢复成本远远大于其收益或缺乏生态环境损害恢复评价指标的情形。虚拟治理成本法的具体计算方法见《突发环境事件应急处置阶段环境损害评估技术规范》。

《突发环境事件应急处置阶段环境损害评估推荐方法》（《突发环境事件应急处置阶段环境损害评估技术规范》）

附F　虚拟治理成本法

虚拟治理成本是指工业企业或污水处理厂治理等量的排放到环境中的污染物应该花费的成本，即污染物排放量与单位污染物虚拟治理成本的乘积。单位污染物虚拟治理成本是指突发环境事件发生地的工业企业或污水处理厂单位污染物治理平均成本（含固定资产折旧）。在量化生态环境损害时，可以根据受污染影响区域的环境功能敏感程度分别乘以1.5—10的倍数作为环境损害数额的上下限值，确定原则见附表F-1。利用虚拟治理成本法计算得到的环境损害可以作为生态环境损害赔偿的依据。

附表 F-1　利用虚拟治理成本法确定生态环境损害数额的原则

环境功能区类型	生态环境损害数额
地表水	
Ⅰ类	大于虚拟治理成本的8倍
Ⅱ类	虚拟治理成本的6—8倍
Ⅲ类	虚拟治理成本的4.5—6倍
Ⅳ类	虚拟治理成本的3—4.5倍
Ⅴ类	虚拟治理成本的1.5—3倍

续表

地下水污染	
Ⅰ类	大于虚拟治理成本的 10 倍
Ⅱ类	虚拟治理成本的 8—10 倍
Ⅲ类	虚拟治理成本的 6—8 倍
Ⅳ类	虚拟治理成本的 4—6 倍
Ⅴ类	虚拟治理成本的 2—4 倍
环境空气污染	
Ⅰ类	大于虚拟治理成本的 5 倍
Ⅱ类	虚拟治理成本的 3—5 倍
Ⅲ类	虚拟治理成本的 1.5—3 倍
土壤污染	
Ⅰ类	大于虚拟治理成本的 8 倍
Ⅱ类	虚拟治理成本的 4—8 倍
Ⅲ类	虚拟治理成本的 2—4 倍

注：本表中所指的环境功能区类型以现状功能区为准。

白山市江源区卫生和计划生育局及江源区
中医院行政附带民事公益诉讼案

（检例第 29 号）

【关键词】行政附带民事公益诉讼 诉前程序 管辖

【基本案情】

2012 年，吉林省白山市江源区中医院建设综合楼时未建设污水处理设施，综合楼未经环保验收即投入使用，并将医疗污水经消毒粉处理后直接排入院内渗井及院外渗坑，污染了周边地下水及土壤。2014 年 1 月 8 日，江源区中医院在进行建筑设施改建时，未执行建设项目的防治污染措施应当与主体工程同时设计、同时施工、同时投产使用的"三同时"制度，江源区环保局对区中医院作出罚款行政处罚和责令改正、限期办理环保验收的行政处理。江源区中医院因污水处理系统建设资金未到位，继续通过渗井、渗坑排放医疗污水。

2015年5月18日，在江源区中医院未提供环评合格报告的情况下，江源区卫生和计划生育局对区中医院《医疗机构执业许可证》校验结果评定为合格。

【诉前程序】

2015年11月18日，吉林省白山市江源区人民检察院向区卫生和计划生育局发出检察建议，建议该局依法履行监督管理职责，采取有效措施，制止江源区中医院违法排放医疗污水。江源区卫生和计划生育局于2015年11月23日向区中医院发出整改通知，并于2015年12月10日向江源区人民检察院作出回复，但一直未能有效制止江源区中医院违法排放医疗污水，导致社会公共利益持续处于受侵害状态。

经咨询吉林省环保厅，白山市环保局、民政局，吉林省内没有符合法律规定条件的可以提起公益诉讼的社会公益组织。

【诉讼过程】

2016年2月29日，白山市人民检察院以公益诉讼人身份向白山市中级人民法院提起行政附带民事公益诉讼，诉求判令江源区中医院立即停止违法排放医疗污水，确认江源区卫生和计划生育局校验监管行为违法，并要求江源区卫生和计划生育局立即履行法定监管职责责令区中医院有效整改建设污水净化设施。白山市人民检察院认为：

一、江源区中医院排放医疗污水造成了环境污染及更大环境污染风险隐患。经取样检测，医疗污水及渗井周边土壤化学需氧量、五日生化需氧量、悬浮物、总余氯等均超出国家规定的标准限值，已造成周边地下水、土壤污染。鉴定意见认为，医疗污水的排放可引起医源性细菌对地下水、生活用水及周边土壤的污染，存在细菌传播的隐患。

二、江源区卫生和计划生育局怠于履行监管职责。江源区卫生和计划生育局对辖区内医疗机构具有监督管理的法定职责。江源区人民检察院发出检察建议后，江源区卫生和计划生育局虽然发出整改通知并回复，并通过向江源区人民政府申请资金的方式，促使区中医院污水处理工程投入建设。但江源区中医院仍通过渗井、渗坑违法排放医疗污水，导致社会公共利益持续处于受侵害状态。

三、江源区卫生和计划生育局的校验行为违法。卫生部《医疗机构管理条例实施细则》第三十五条、《吉林省医疗机构审批管理办法（试行）》第四十四条规定，医疗机构申请校验时应提交校验申请、执业登记项目变更情况、接受整改情况、环评合格报告等材料。在江源区中医院未提交环评合格报告的情况下，江源区卫生和计划生育局对区中医院的《医疗机构执业许可证》校验为合格，违反上述规章和规范性文件的规定，江源区卫生和计划生育局的校验行为违法。

【案件结果】

2016年5月11日，白山市中级人民法院公开开庭审理了本案。同年7月15日，白山市中级人民法院分别作出一审行政判决和民事判决。行政判决确认江源区卫生和计划生育局于2015年5月18日对江源区中医院《医疗机构执业许可证》校验合格的行政行为违法；判令江源区卫生和计划生育局履行监督管理职责，监督江源区中医院在三个月内完成医疗污水处理设施的整改。民事判决判令江源区中医院立即停止违法排放医疗污水。

一审宣判后，江源区卫生和计划生育局、中医院均未上诉，判决已发生法律效力。

本案判决作出后，白山市委、市政府为积极推动整改，专门开展医疗废物、废水的专项治理活动，并要求江源区政府拨款 90 余万元，购买并安装医疗污水净化处理设备。江源区政府主动接受监督，积极整改，拨款 90 余万元推动完成整改工作。吉林省人民检察院就全省范围内存在的医疗垃圾和污水处理不规范等问题，向省卫计委、环保厅发出检察建议，与省卫计委、环保厅召开座谈会，联合发文开展专项执法检查，推动在全省范围内对医疗垃圾和污水处理问题的全面调研、全面检查、全面治理。

【要旨】

检察机关在履行职责中发现负有监督管理职责的行政机关存在违法行政行为，导致发生污染环境，侵害社会公共利益的行为，且违法行政行为是民事侵权行为的先决或者前提行为，在履行行政公益诉讼和民事公益诉讼诉前程序后，违法行政行为和民事侵权行为未得到纠正，在没有适格主体或者适格主体不提起诉讼的情况下，检察机关可以参照《中华人民共和国行政诉讼法》第六十一条第一款的规定，向人民法院提起行政附带民事公益诉讼，由法院一并审理。

【指导意义】

本案是公益诉讼试点后全国首例行政附带民事公益诉讼案。

1. 检察机关作为公益诉讼人，可以提起行政附带民事公益诉讼。根据《人民检察院提起公益诉讼试点工作实施办法》（以下简称《检察院实施办法》）第五十六条和《人民法院审理人民检察院提起公益诉讼案件试点工作实施办法》（以下简称《法院实施办法》）第四条、第十四条、第二十三条的规定，人民检察院以公益诉讼人身份提起民事或行政公益诉讼，诉讼权利义务参照民事诉讼法、行政诉讼法关于原告诉讼权利义务的规定。人民法院审理人民检察院提起的公益诉讼案件,《检察院实施办法》《法院实施办法》没有规定的,适用民事诉讼法、行政诉讼法及相关司法解释的规定。

根据《检察院实施办法》第一条和第二十八条规定,试点阶段人民检察院可以同时提起民事公益诉讼和行政公益诉讼的仅为污染环境领域。人民检察院能否直接提起行政附带民事公益诉讼,《检察院实施办法》和《法院实施办法》均没有明确规定。根据《检察院实施办法》第五十六条和《法院实施办法》第二十三条规定,没有规定的即适用民事诉讼法、行政诉讼法及相关司法解释的规定。其中《中华人民共和国行政诉讼法》第六十一条第一款规定了行政附带民事诉讼制度,该制度的设立主要是源于程序效益原则,有利于节约诉讼成本,优化审判资源,统一司法判决和增强判决权威性。在试点的检察机关提起的公益诉讼中,存在生态环境领域侵害社会公共利益的民事侵权行为,而负有监督管理职责的行政机关又存在违法行政行为,且违法行政行为是民事侵权行为的先决或前提行为,为督促行政机关依法正确履行职责,一并解决民事主体对国家利益和社会公共利益造成侵害的问题,检察机关可以参照《中华人民共和国行政诉讼法》第六十一条第一款的规定,向人民法院提起行政附带民事公益诉讼,由法院一并审理。

2. 检察机关提起行政附带民事公益诉讼,应当同时履行行政公益诉讼和民事公益诉讼诉前程序。《检察院实施办法》规定,人民检察院提起民事公益诉讼或行政公益诉讼,都必须严格履行诉前程序。行政附带民事公益诉讼涵盖民事公益诉讼和行政公益诉讼,提起公益诉讼前,人民检察院应当发出检察建议依法督促行政机关纠正违法行为、履行法定职责,并督促、支持法律规定的机关和有关组织提请民事公益诉讼。

3. 检察机关提起行政附带民事公益诉讼案件,原则上由市

（分、州）以上人民检察院办理。《检察院实施办法》第二条第一款、第二十九条第一款、第四款规定："人民检察院提起民事公益诉讼的案件，一般由侵权行为地、损害结果地或者被告住所地的市（分、州）人民检察院管辖""人民检察院提起行政公益诉讼的案件，一般由违法行使职权或者不作为的行政机关所在地的基层人民检察院管辖""上级人民检察院认为确有必要，可以办理下级人民检察院管辖的案件"。由于检察机关提起的行政公益诉讼和民事公益诉讼管辖级别不同，民事公益诉讼一般不由基层人民检察院管辖，而上级人民检察院可以办理下级人民检察院的行政公益诉讼案件，故行政附带民事公益诉讼原则上应由市（分、州）以上人民检察院向中级人民法院提起。

有管辖权的市（分、州）人民检察院根据《检察院实施办法》第二条第四款规定将案件交办的，基层人民检察院也可以提起行政附带民事公益诉讼。

【相关规定】

《中华人民共和国行政诉讼法》（2014 年修正）

第六十一条　在涉及行政许可、登记、征收、征用和行政机关对民事争议所作的裁决的行政诉讼中，当事人申请一并解决相关民事争议的，人民法院可以一并审理。

在行政诉讼中，人民法院认为行政案件的审理需以民事诉讼的裁判为依据的，可以裁定中止行政诉讼。

《人民检察院提起公益诉讼试点工作实施办法》（2015 年 12 月 16 日最高人民检察院第十二届检察委员会第四十五次会议通过）

第一条　人民检察院履行职责中发现污染环境、食品药品安全领域侵害众多消费者合法权益等损害社会公共利益的行为，在没有适格主体或者适格主体不提起诉讼的情况下，可以向人民法院提起民事公益诉讼。

人民检察院履行职责包括履行职务犯罪侦查、批准或者决定逮捕、审查起诉、控告检察、诉讼监督等职责。

第二条　人民检察院提起民事公益诉讼的案件，一般由侵权行为地、损害结果地或者被告住所地的市（分、州）人民检察院管辖。

有管辖权的人民检察院由于特殊原因，不能行使管辖权的，应当由上级人民检察院指定本区域其他试点地区人民检察院管辖。

上级人民检察院认为确有必要，可以办理下级人民检察院管辖的案件。下级人民检察院认为需要由上级人民检察院办理的，可以报请上级人民检察院办理。

有管辖权的人民检察院认为有必要将本院管辖的民事公益诉讼案件交下级人民检察院办理的，应当报请其上一级人民检察院批准。

第二十八条　人民检察院履行职责中发现生态环境和资源保护、国有资产保护、国有土地使用权出让等领域负有监督管理职责的行政机关违法行使职权或者不作为，造成国家和社会公共利益受到侵害，公民、法人和其他社会组织由于没有直接利害关系，没有也无法提起诉讼的，可以向人民法院提起行政公益诉讼。

人民检察院履行职责包括履行职务犯罪侦查、批准或者决定逮捕、审查起诉、控告检察、诉讼监督等职责。

第二十九条　人民检察院提起行政公益诉讼的案件，一般由违法行使职权或者不作为的行政机关所在地的基层人民检察院管辖。

违法行使职权或者不作为的行政机关是县级以上人民政府的案件，由市（分、州）人民检察院管辖。

有管辖权的人民检察院由于特殊原因，不能行使管辖权的，应当由上级人民检察院指定本区域其他试点地区人民检察院管辖。

上级人民检察院认为确有必要，可以办理下级人民检察院管辖的案件。下级人民检察院认为需要由上级人民检察院办理的，可以报请上级人民检察院办理。

第五十六条 本办法未规定的，分别适用民事诉讼法、行政诉讼法以及相关司法解释的规定。

《人民法院审理人民检察院提起公益诉讼案件试点工作实施办法》(2016 年 2 月 22 日由最高人民法院审判委员会第 1679 次会议通过)

第四条 人民检察院以公益诉讼人身份提起民事公益诉讼，诉讼权利义务参照民事诉讼法关于原告诉讼权利义务的规定。民事公益诉讼的被告是被诉实施损害社会公共利益行为的公民、法人或者其他组织。

第十四条 人民检察院以公益诉讼人身份提起行政公益诉讼，诉讼权利义务参照行政诉讼法关于原告诉讼权利义务的规定。行政公益诉讼的被告是生态环境和资源保护、国有资产保护、国有土地使用权出让等领域行使职权或者负有行政职责的行政机关，以及法律、法规、规章授权的组织。

第二十三条 人民法院审理人民检察院提起的公益诉讼案件，本办法没有规定的，适用《中华人民共和国民事诉讼法》《中华人民共和国行政诉讼法》及相关司法解释的规定。

郧阳区林业局行政公益诉讼案

(检例第 30 号)

【关键词】行政公益诉讼 公共利益 依法履行法定职责

【基本案情】

2013 年 3 月至 4 月，金兴国、吴刚、赵丰强在未经县级林业主管部门同意、未办理林地使用许可手续的情况下，在湖北省十堰市郧阳区杨溪铺镇财神庙村五组、卜家河村一组、杨溪铺村大沟处，相继占用国家和省级生态公益林地 0.28 公顷、0.22 公顷、0.28 公顷开采建筑石料。2013 年 4 月 22 日、4 月 30 日、5 月 2 日，郧阳区林业局对金兴国、吴刚、赵丰强作出行政处罚决定，责令金兴国、吴刚、赵丰强停止违法行为，恢复所毁林地原状，分别处以 56028 元、22000 元、28000 元罚款，限期十五日内缴清。金兴国、吴刚、赵丰强在收到行政处罚决定书后，在法定期限内均未申请行政复议，也未提起行政诉讼，仅分别缴纳罚款 20000 元、15000 元、20000 元，未将被毁公益林地恢复原状。郧阳区林业局在法定期限内既未催告三名行政相对人履行行政处罚决定所确定的义务，也未向人民法院申请强制执行，致使其作出的行政处罚决定未得到全部执行，被毁公益林地未得到及时修复。

【诉前程序】

2015 年 12 月 12 日，郧阳区人民检察院向区林业局发出检察建议，建议区林业局规范执法，认真落实行政处罚决定，采取有效措施，恢复森林植被。区林业局收到检察建议后，在规定期限内既未按检察建议进行整改落实，也未书面回复。

郧阳区人民检察院经调查核实，没有公民、法人和其他社会组织因公益林被毁而提起相关诉讼。

【诉讼过程】

2016 年 2 月 29 日，郧阳区人民检察院以公益诉讼人身份向郧阳区人民法院提起行政公益诉讼，要求法院确认区林业局未依法履行职责违法，并判令其依法继续履行职责。郧阳区人民检察院认为：

一、金兴国等 3 人破坏了公益林，损害了社会公共利益。根据国家林业局、财政部制定的《国家级公益林区划界定办法》第二条、《湖北省生态公益林管理办法》第二条规定，公益林有提供公益性服务的典型目的，金兴国等 3 人非法改变公益林用途，导致公共利益受损。专家意见认为，金兴国等 3 人共破坏 11.7 亩生态公益林，单从森林资源方面已造成对公共生态环境影响。

二、郧阳区林业局怠于履职，行政处罚决定得不到有效执行，国家和社会公共利益持续处于受侵害状态。区林业局对其辖区内的森林资源有管理和监督的职责。针对金兴国等3人的违法行为，区林业局已对金兴国等3人处以限期恢复林地原状和罚款的行政处罚决定。作出行政处罚决定后，区林业局还应根据《中华人民共和国行政处罚法》第五十一条规定，对金兴国等3人逾期未履行生效行政处罚决定的行为，依法采取法律规定的措施督促履行。但区林业局怠于履职，致使行政处罚决定得不到有效执行，被金兴国等3人非法改变用途的林地未恢复原状，剩余罚款未依法收缴，区林业局也没有对金兴国等3人加处罚款，导致国家和社会公共利益持续处于受侵害状态。

案件审理过程中，经郧阳区林业局督促，吴刚、赵丰强相继将罚款及加处罚款全部缴清，金兴国缴纳了全部罚款及部分加处罚款，剩余加处罚款以经济困难为由申请缓缴，区林业局批准了金兴国缓缴加处罚款的请求。同时，金兴国等三人均在被毁林地上补栽了苗木。受郧阳区人民法院委托，十堰市林业调查规划设计院对被毁林地当前生态恢复程度及生态恢复所需期限进行了鉴定，鉴定意见为：造林时间、树种、苗木质量、造林密度、造林方式等符合林业造林相关技术要求，在正常管护的情况下修复期限至少需要三年的时间才能达到郁闭要求。

郧阳区林业局在案件审理期间提交了一套对被毁林地拟定的管护方案。方案中，区林业局明确表示愿意继续履行监督管理职责，采取有效措施进行补救，恢复被毁林地的生态功能，并且成立领导小组，明确责任单位、管护范围、管护措施和相关要求。

【案件结果】

2016年5月5日，郧阳区人民法院作出一审判决：确认郧阳区林业局在对金兴国、吴刚、赵丰强作出行政处罚决定后，未依法履行后续监督、管理和申请人民法院强制执行法定职责的行为违法；责令区林业局继续履行收缴剩余加处罚款的法定职责；责令区林业局继续履行被毁林地生态修复工作的监督、管理法定职责。

一审宣判后，郧阳区林业局未上诉，判决已发生法律效力。

案件办理期间，十堰市、郧阳区两级党委和政府主要领导表态要积极支持检察机关提起公益诉讼。庭审期间组织了 70 余名相关行政机关负责人到庭旁听。郧阳区林业局局长当庭就其怠于履职行为鞠躬道歉。

案件宣判后，湖北省林业厅专门向全省林业行政部门下发文件，要求各级林业部门高度重视检察机关监督，引以为戒，认真整改、切实规范林业执法，并在全省范围内开展规范执法自查活动，查找、整改违法作为和不作为的问题。

【要旨】

负有监督管理职责的行政机关对侵害生态环境和资源保护领域的侵权人进行行政处罚后，怠于履行法定职责，既未依法履行后续监督、管理职责，也未申请人民法院强制执行，导致国家和社会公共利益未脱离受侵害状态，经诉前程序后，人民检察院可以向人民法院提起行政公益诉讼。

【指导意义】

1. 检察机关提起公益诉讼的前提是公共利益受到侵害。公共利益可以界定为：由不特定多数主体享有的，具有基本性、整体性和发展性的重大利益。在实践中，判断被侵害的利益是否属于公共利益范畴，可以从以下几个方面来把握：一是公共利益的主体是不特定的多数人。公共利益首先是一种多数人的利益，但又不同于一般的多数人利益，其享有主体具有开放性。二是公共利益具有基本性。公共利益是有关国家和社会共同体及其成员生存和发展的基本利益，如公共安全、公共秩序、自然环境和公民的生命、健康、自由等。三是公共利益具有整体性和层次性。公共利益是一种整体性利益，可以分享，但不可以分割。公共利益不仅有涉及全国范围的存在形式，也有某个地区的存在形式。四是公共利益具有发展性。公共利益始终与社会价值取向联系在一起，会随着时代的发展变化而变化，也会随着不同社会价值观的改变而变动。五是公共利益具有重大性。其涉及不特定多数人，涉及公共政策变动，涉及公权与私权的限度，代表的利益都是重大利益。六是公共利益具有相对性。它受时空条件的影响，在此时此地认定为公共利益的事项，彼时彼地可能应认定为非公共利益。

2. 行政机关没有依法履行法定职责与国家和社会公共利益受到侵害是检察机关提起行政公益诉讼的必要条件。判断负有监督管理职责的行政机关是否依法履职，关键要厘清行政机关的法定职责和行政机关是否依法履职到位；判断国家和社会公共利益是否受侵害，要看违法行政行为造成国家和社会公共利益的实然侵害，发出检察建议后要看国家和社会公共利益是否脱离被侵害状态。

【相关规定】

《中华人民共和国行政处罚法》（2009 年修正）

第五十一条　当事人逾期不履行行政处罚决定的，作出行政处罚决定的行政机关可以采取下列措施：

（一）到期不缴纳罚款的，每日按罚款数额的百分之三加处罚款；

（二）根据法律规定，将查封、扣押的财物拍卖或者将冻结的存款划拨抵缴罚款；

（三）申请人民法院强制执行。

《中华人民共和国行政强制法》（2011 年 6 月 30 日第十一届全国人民代表大会常务委员会第二十一次会议通过）

第五十条　行政机关依法作出要求当事人履行排除妨碍、恢复原状等义务的行政决定，当事人逾期不履行，经催告仍不履行，其后果已经或者将危害交通安全、造成环境污染或者破坏自然资源的，行政机关可以代履行，或者委托没有利害关系的第三人代履行。

第五十三条 当事人在法定期限内不申请行政复议或者提起行政诉讼，又不履行行政决定的，没有行政强制执行权的行政机关可以自期限届满之日起三个月内，依照本章规定申请人民法院强制执行。

《人民检察院提起公益诉讼试点工作实施办法》（2015年12月16日最高人民检察院第十二届检察委员会第四十五次会议通过）

第二十八条 人民检察院履行职责中发现生态环境和资源保护、国有资产保护、国有土地使用权出让等领域负有监督管理职责的行政机关违法行使职权或者不作为，造成国家和社会公共利益受到侵害，公民、法人和其他社会组织由于没有直接利害关系，没有也无法提起诉讼的，可以向人民法院提起行政公益诉讼。

人民检察院履行职责包括履行职务犯罪侦查、批准或者决定逮捕、审查起诉、控告检察、诉讼监督等职责。

清流县环保局行政公益诉讼案

（检例第31号）

【关键词】行政公益诉讼违法 行政行为变更诉讼请求

【基本案情】

2014年7月31日，福建省三明市清流县环保局会同县公安局现场制止刘文胜非法焚烧电子垃圾，当场查扣危险废物电子垃圾

28580千克并存放在附近的养猪场。2014年8月，清流县环保局将扣押的电子垃圾转移至不具有贮存危险废物条件的东莹公司仓库存放。2014年9月2日，清流县公安局对刘文胜涉嫌污染环境案刑事立案侦查，并于2015年5月5日作出扣押决定书，扣押刘文胜污染环境案中的危险废物电子垃圾。清流县环保局未将电子垃圾移交公安机关，于2015年5月12日将电子垃圾转移到不具有贮存危险废物条件的九利公司仓库存放。

【诉前程序】

因刘文胜涉嫌污染环境罪一案事实不清，证据不足，清流县人民检察院于2015年7月7日作出不起诉决定，并于7月9日向县环保局发出检察建议，建议其对扣押的电子垃圾和焚烧后的电子垃圾残留物进行无害化处置。2015年7月22日，清流县环保局回函称，拟将电子垃圾等危险废物交由有资质的单位处置。2015年12月16日，清流县人民检察院得知县环保局逾期仍未对扣押的电子垃圾和焚烧电子垃圾残留物进行无害化处置，也未对刘文胜作出行政处罚。

清流县人民检察院经调查核实，没有公民、法人和其他社会组织因县环保局非法贮存危险物品而提起相关诉讼。

【诉讼过程】

2015年12月21日，清流县人民检察院以公益诉讼人身份向清流县人民法院提起行政公益诉讼，诉求法院确认清流县环保局怠于履行职责行为违法并判决其依法履行职责。清流县人民检察院认为：

一、清流县环保局作为涉案电子垃圾的实际监管人，在明知涉案电子垃圾属于危险废物，具有毒性，理应依法管理并及时处置的情形下，没有寻找符合贮存条件的场所进行贮存，而是将危险废物从扣押现场转移至附近的养猪场、再转至没有危险废物经营许可证资质的东莹公司,后再租用同样不具资质的九利公司仓库进行贮存,且未设置危险废物识别标志。清流县环保局的行为属于不依法履行职责的违法行政行为。

二、清流县环保局作为地方环境保护主管部门,在检察机关对刘文胜作出不起诉决定后,未对刘文胜非法收集、贮存、焚烧电子垃圾的行为作出行政处罚,属于行政不作为。

三、经检察机关发出检察建议督促后,清流县环保局仍怠于依法履行职责,使社会公共利益持续处于被侵害状态,导致重大环境风险和隐患。

2015年12月29日,三明市中级人民法院作出行政裁定书,指定该案由明溪县人民法院管辖。2016年1月5日,清流县环保局向三明市环保局提出危险废物跨市转移,并于1月11日得到批准。2016年1月18日,清流县公安局告知县环保局,清流县人民检察院对犯罪嫌疑人刘文胜作出不起诉决定。1月23日,清流县环保局对刘文胜作出责令停止生产并对焚烧现场残留物进行无害化处理及罚款2万元的行政处罚。同日清流县环保局将涉案的28580千克电子垃圾交由福建德晟环保技术有限公司处置。

鉴于清流县环保局在诉讼期间已对刘文胜的违法行为进行行政处罚并依法处置危险废物,清流县人民检察院将诉讼请求变更为确认被告清流县环保局处置危险废物的行为违法。

【案件结果】

2016年3月1日,明溪县人民法院依法作出一审判决,确认被告清流县环保局处置危险废物的行为违法。

一审宣判后,清流县环保局未上诉,判决已发生法律效力。

福建省清流县人民检察院诉县环保局不依法履行职责一案,受到社会各界广泛关注,产生积极反响。福建省政府下发文件充分肯定检察机关提起公益诉讼的积极作用,指出"该案充分体现了人民检察院作为国家法律监督机关，在促进依法行政、推进法治政府建设中发挥的积极作用。该案在福建省乃至全国都有典型的示范意义，建议由环境保护督察办公室在环保系统内通报，吸取教训"。并采纳检察机关跟进监督建议，要求"省环境保护督察办公室开展环境专项督察，对各地相关部门不积极落实环保法律法规等行政不作为加强督察，督促相关部门予以整改，严肃问责"。中央电视台等主流媒体均对该案办理进行报道并给予积极评价。

【要旨】

1. 发出检察建议是检察机关提起行政公益诉讼的前置程序，目的是为了增强行政机关纠正违法行政行为的主动性，有效节约司法资源。

2. 行政公益诉讼审理过程中，行政机关纠正违法行为或者依法履行职责而使人民检察院的诉讼请求实现的，人民检察院可以变更诉讼请求。

【指导意义】

1. 检察机关提起行政公益诉讼，必须严格履行诉前程序。提起公益诉讼前，人民检察院应当依法督促行政机关纠正违法行政行为、履行法定职责。诉前程序主要目的在于增强行政机关纠正违法行政行为的主动性，也是为了最大限度地节约诉讼成本和司法资源。通过诉前程序推动侵害公益问题的解决，不仅是检察机关提起公益诉讼工作的重要内容，也是公益诉讼制度价值的重要体现。只有当行政机关应当纠正而拒不纠正，坚持不履行法定职责，致使国家和社会公共利益持续处于受侵害状态的，检察机关才应当提起行政公益诉讼。检察机关提起行政公益诉讼仅是在公共利益严重受损而无相关救济渠道时的一种司法补救措施，具有救济性和终局性。

2. 依法适时变更诉讼请求。《人民检察院提起公益诉讼试点工作实施办法》第四十九条规定，在行政公益诉讼审理过程中，行政机关纠正违法行为或者依法履行职责而使人民检察院的诉讼请求全部实现的，人民检察院可以变更诉讼请求，请求判决确认行政行为违法，或者撤回起诉。该条规定的目的在于实现诉讼请求的同时，提高诉讼效率，节约司法资源。检察机关提出检察建议和提起行政公益诉讼，目的都是为了督促涉案行政机关积极依法履行职责，有效维护国家和社会公共利益。

【相关规定】

《中华人民共和国固体废物污染环境防治法》（2013年修正）

第十条 国务院环境保护行政主管部门对全国固体废物污染环境的防治工作实施统一监督管理。国务院有关部门在各自的职责范围内负责固体废物污染环境防治的监督管理工作。

县级以上地方人民政府环境保护行政主管部门对本行政区域内固体废物污染环境的防治工作实施统一监督管理。县级以上地方人民政府有关部门在各自的职责范围内负责固体废物污染环境防治的监督管理工作。

国务院建设行政主管部门和县级以上地方人民政府环境卫生行政主管部门负责生活垃圾清扫、收集、贮存、运输和处置的监督管理工作。

第十七条 收集、贮存、运输、利用、处置固体废物的单位和个人，必须采取防扬散、防流失、防渗漏或者其他防止污染环境的措施；不得擅自倾倒、堆放、丢弃、遗撒固体废物。

禁止任何单位或者个人向江河、湖泊、运河、渠道、水库及其最高水位线以下的滩地和岸坡等法律、法规规定禁止倾倒、堆放废弃物的地点倾倒、堆放固体废物。

第五十二条 对危险废物的容器和包装物以及收集、贮存、运输、处置危险废物的设施、场所，必须设置危险废物识别标志。

第五十八条 收集、贮存危险废物，必须按照危险废物特性分类进行。禁止混合收集、贮存、运输、处置性质不相容而未经安全性处置的危险废物。

贮存危险废物必须采取符合国家环境保护标准的防护措施，并不得超过一年；确需延长期限的，必须报经原批准经营许可证的环境保护行政主管部门批准；法律、行政法规另有规定的除外。

禁止将危险废物混入非危险废物中贮存。

《人民检察院提起公益诉讼试点工作实施办法》（2015 年 12 月 16 日最高人民检察院第十二届检察委员会第四十五次会议通过）

第四十条　在提起行政公益诉讼之前，人民检察院应当先行向相关行政机关提出检察建议，督促其纠正违法行为或者依法履行职责。行政机关应当在收到检察建议书后一个月内依法办理，并将办理情况及时书面回复人民检察院。

第四十一条　经过诉前程序，行政机关拒不纠正违法行为或者不履行法定职责，国家和社会公共利益仍处于受侵害状态的，人民检察院可以提起行政公益诉讼。

第四十九条　在行政公益诉讼审理过程中，被告纠正违法行为或者依法履行职责而使人民检察院的诉讼请求全部实现的，人民检察院可以变更诉讼请求，请求判决确认行政行为违法，或者撤回起诉。

锦屏县环保局行政公益诉讼案

（检例第 32 号）

【关键词】 行政公益诉讼　指定集中管辖　履行法定职责到位

【基本案情】

2014 年 8 月 5 日，贵州省黔东南州锦屏县环保局在执法检查中发现鸿发石材公司、雄军石材公司等七家石材加工企业均存在未按建设项目环保设施"同时设计、同时施工、同时投产"要求配套建设，并将生产中的污水直接排放清水江，造成清水江悬浮物和油污污染的后果。锦屏县环保局责令鸿发石材公司、雄军石材公司等七家石材加工企业立即停产整改。鸿发石材公司等七家石材加工企业在收到停产整改通知后，在未完成环境保护设施建设和报请验收的情形下，仍擅自开工生产并继续向清水江排污。

【诉前程序】

2014 年 8 月 15 日，锦屏县人民检察院在开展督促起诉工作中发现上述七家企业没有停产整改，向锦屏县环保局发出检察建议，建议锦屏县环保局及时跟进对上述七家企业的督促与检查，对于不按要求整改的企业依法依规进行处罚，并将情况书面回复检察院。2015 年 4 月 16 日，锦屏县人民检察院发现鸿发石材公司和雄军石材公司仍未修建环保设施却一直生产、排污，遂再次向锦屏县环保局发出检察建议，督促县环保局履行监督管理职责，对鸿发石材公司和雄军石材公司的违法行为进行制止和处罚并书面回复。对于上述检察建议，锦屏县环保局均逾期未答复，也未依法履行监督管理职责，督促违法企业停业整改。2015 年 11 月 11 日，锦屏县环保局责令鸿发石材公司、雄军石材公司立即停止生产。12 月 1 日，锦屏县环保局对鸿发石材公司和雄军石材公司分别作出罚款 1 万元的行政处罚。但锦屏县环保局仍没有向锦屏县人民检察院书面回复。

锦屏县人民检察院经调查核实，没有公民、法人和其他社会组织因鸿发石材公司和雄军石材公司非法排污行为而提起相关诉讼。

【诉讼过程】

2015 年 12 月 18 日，锦屏县人民检察院根据《贵州省高级人民法院关于环境保护案件指定集中管辖的规定（试行）》，以公益诉讼人身份向福泉市人民法院提起行政公益诉讼，诉求判令：1. 确认锦屏县环保局对鸿发石材公司、雄军石材公司等企业违法生产怠于履行监督管理职责的行为违法；2. 判令锦屏县环保局履行行政监督管理职责，依法对鸿发石材公司、雄军石材公司进行处罚。锦屏县人民检察院认为：

一、锦屏县环保局具有环境保护工作监督管理的职责。根据《中华人民共和国环境保护法》第十条规定，锦屏县环保局作为锦屏县的环境保护主管部门，监督管理本县生态环境保护工作是其法定职责。

二、锦屏县环保局明知生产企业违法却没有有效制止。锦屏县环保局发现鸿发石材公司、雄军石材公司等七家企业的违法行为后，虽责令违法企业限期整改，但并未继续就整改情况进行监督管理。经检察机关多次督促，仍未履行环境保护的监督管理职责，导致排污企业的违法行为未得到制止，其怠于履行职责的行为与其行政职能是相违背的。

三、国家和社会公共利益未脱离被侵害状态。锦屏县环保局不依法及时履行职责，继续放任上述企业违法生产，进一步加剧清水江的水质污染和生态破坏。污水中高浓度悬浮物常年沉积于河床，还将给下游水库的行洪、泄洪带来安全隐患，国家和社会公共利益受到更加严重的侵害。

2015 年 12 月 24 日，锦屏县环保局向锦屏县人民检察院书面回复，称其已对鸿发石材公司、雄军石材公司予以处罚。2015 年 12 月 29 日，锦屏县人民检察院经现场查看，发现鸿发石材公司和雄军石材公司仍在生产，污水在未经有效处理的情况下仍排向清水江。2015 年 12 月 31 日，锦屏县政府组织国土、环保、安监等部门，开展非煤矿山集中整治专项行动，对清水江沿河两岸包括鸿发石材公司、雄军石材公司在内存在环境违法行为的石材加工企业全部实行关停。

庭审过程中，锦屏县人民检察院申请撤回诉讼请求中的第二项，即：判令锦屏县环保局履行行政监督管理职责，依法对鸿发石材公司、雄军石材公司进行处罚的诉讼请求。

【案件结果】

2016年1月13日，福泉市人民法院依法作出一审判决，确认被告锦屏县环保局在2014年8月5日至2015年12月31日对鸿发、雄军等企业违法生产的行为怠于履行监督管理职责的行为违法。

一审宣判后，锦屏县环保局未上诉，判决已发生法律效力。

案件庭审期间，黔东南州各市县环保局局长、锦屏县政府行政职能部门的主要负责人、生态环境破坏较严重的乡镇一把手均到庭参与旁听，实现了办理一案、教育一片的警示效果。庭审结束后，锦屏县环保局局长表示："公益诉讼是检察院对环境保护工作的支持和促进，在以后的工作中一定要加以改进落实，要举一反三，加强与政法等部门的协作沟通，共同为保护生态环境作贡献。"

该案一审宣判后，贵州省委、省政府领导高度重视，密切关注案件后续整改工作，省环保厅根据要求立即成立工作小组赶赴黔东南州和锦屏县，就依法做好涉案企业处理进行指导，并向全省各级环保主管部门专题通报了案件情况，明确要求在全省推动建立环保行政执法责任制，完善环保行政执法制度和程序。要求全省各级环保部门及执法人员要以此为鉴，积极支持配合检察机关公益诉讼工作，大力提高依法行政意识，加强和改进环境执法监管工作。锦屏县委总结案件经验教训，对环保工作进行了专题研究部署，及时成立联合执法领导小组专项整治锦屏县非煤矿山，明确了具体整改目标、整治内容和整改要求，从源头上遏制和治理环境污染问题。

【要旨】

1. 行政相对人违法行为是否停止可以作为判断行政机关履行法定职责到位的一个标准。

2. 生态环保民事、行政案件可以指定集中管辖。

【指导意义】

1. 行政机关违法作为或不作为是人民检察院提起行政公益诉讼的前提条件。实践中，环境保护执法是一项连续性、持续性强的执法工作，检察机关在判断行政机关是否尽到生态环境和资源监管保护的法定职责时，行政相对人违法行为是否停止可以作为一个判断标准。行政机关虽有执法行为，但没有依照法定职责执法到位，导致行政相对人的违法行为仍在继续，造成生态环境和资源受到侵害的后果，经人民检察院督促依法履职后，行政机关在一定期限内仍然没有依法履职到位，国家和社会公共利益仍处在被侵害状态，人民检察院可以将行政机关作为被告提起行政公益诉讼。

2. 生态环保民事、行政案件可以指定集中管辖。根据《中华人民共和国民事诉讼法》第三十八条、《中华人民共和国行政诉讼法》第十八条第二款、《最高人民法院关于审理环境民事公益诉讼案件适用法律若干问题的解释》第七条、《最高人民法院关于行政案件管辖若干问题的规定》第五条、第九条的规定，生态环保民事、行政案件可以根据审判工作的实际情况，指定集中管辖。生态环保民事、行政案件采取集中管辖模式，有利于避免对跨行政区划环境污染分段治理，各自为政，治标不治本的问题；有利于在对区域内污染情况进行整体评估的基础上，统一司法政策和裁判尺度，实现司法裁判法律效果和社会效果的统一；有利于避免因按行政区划管辖案件带来的地方保护。

【相关规定】

《中华人民共和国民事诉讼法》（2012 年修正）

第三十八条　上级人民法院有权审理下级人民法院管辖的第一审民事案件；确有必要将本院管辖的第一审民事案件交下级人民法院审理的，应当报请其上级人民法院批准。

下级人民法院对它所管辖的第一审民事案件，认为需要由上级人民法院审理的，可以报请上级人民法院审理。

《中华人民共和国行政诉讼法》（2014 年修正）

第十八条　行政案件由最初作出行政行为的行政机关所在地人民法院管辖。经复议的案件，也可以由复议机关所在地人民法院管辖。

经最高人民法院批准，高级人民法院可以根据审判工作的实际情况，确定若干人民法院跨行政区域管辖行政案件。

《中华人民共和国环境保护法》（2014 年修订）

第十条　国务院环境保护主管部门，对全国环境保护工作实施统一监督管理；县级以上地方人民政府环境保护主管部门，对本行政区域环境保护工作实施统一监督管理。

县级以上人民政府有关部门和军队环境保护部门，依照有关法律的规定对资源保护和污染防治等环境保护工作实施监督管理。

第四十一条　建设项目中防治污染的设施，应当与主体工程同时设计、同时施工、同时投产使用。防治污染的设施应当符合经批准的环境影响评价文件的要求，不得擅自拆除或者闲置。

《最高人民法院关于审理环境民事公益诉讼案件适用法律若干问题的解释》（2014 年 12 月 8 日最高人民法院审判委员会第 1631 次会议通过）

第七条　经最高人民法院批准，高级人民法院可以根据本辖区环境和生态保护的实际情况，在辖区内确定部分中级人民法院受理第一审环境民事公益诉讼案件。

中级人民法院管辖环境民事公益诉讼案件的区域由高级人民法院确定。

《最高人民法院关于行政案件管辖若干问题的规定》（2007 年 12 月 17 日由最高人民法院审判委员会第 1441 次会议通过）

第五条　中级人民法院对基层人民法院管辖的第一审行政案件，根据案件情况，可以决定自己审理，也可以指定本辖区其他基层人民法院管辖。

第九条　中级人民法院和高级人民法院管辖的第一审行政案件需要由上一级人民法院审理或者指定管辖的，参照本规定。

《建设项目环境保护管理条例》（1998年11月18日国务院第10次常务会议通过，1998年11月29日发布施行）

第二十八条　违反本条例规定，建设项目需要配套建设的环境保护设施未建成、未经验收或者经验收不合格，主体工程正式投入生产或者使用的，由审批该建设项目环境影响报告书、环境影响报告表或者环境影响登记表的环境保护行政主管部门责令停止生产或者使用，可以处10万元以下的罚款。

陕西省宝鸡市环境保护局凤翔分局不全面履职案

（检例第49号）

【关键词】行政公益诉讼　环境保护依法全面履职

【要旨】

行政机关在履行环境保护监管职责时，虽有履职行为，但未依法全面运用行政监管手段制止违法行为，检察机关经诉前程序仍未实现督促行政机关依法全面履职目的的，应当向人民法院提起行政公益诉讼。

【基本案情】

2014年5月，陕西长青能源化工有限公司（以下简称长青能化）年产60万吨甲醇工程项目建成，并经陕西省环境保护厅审批投入试生产至 2014 年 12 月 31 日。2014 年 11 月 24 日，陕西省发布《关中地区重点行业大气污染物排放限值》地方标准，燃煤锅炉颗粒物排放限值为 20mg/m³，自 2015 年 1 月 1 日起实施。长青能化试生产期间，燃煤锅炉大气污染物排放值基本处于地方标准 20mg/m³ 以上，国家标准 50mg/m³ 以下。

2015 年 1 月 1 日，长青能化试生产期满后未停止生产且燃煤锅炉颗粒物排放值持续在 20mg/m³ 以上 50mg/m³ 以下。

2015 年 7 月 7 日，陕西省宝鸡市环境保护局凤翔分局（以下简称凤翔分局）向长青能化下达《环境违法行为限期改正通知书》，责令其限期改正生产甲醇环保违规行为，否则将予以高限处罚。长青能化没有整改到位，凤翔分局未作出高限处罚。2015 年 11 月 18 日，凤翔分局向长青能化下达《行政处罚决定书》，限其于一个月内整改到位，并处以 5 万元罚款。但该企业并未停止甲醇项目生产，颗粒物超标排放问题依然没有得到有效解决，对周围大气造成污染。

【诉前程序】

2015 年 11 月下旬，陕西省宝鸡市人民检察院在办案中发现凤翔分局可能有履职不尽责的情况，遂指定凤翔县人民检察院开展调查。凤翔县人民检察院查明：长青能化超期试生产且颗粒物超标排放，而凤翔分局虽对长青能化作出行政处罚，但未依法全面履职。2015 年 12 月 3 日，凤翔县人民检察院向凤翔分局发出《检察建议书》，建议其依法履职，督促长青能化上线治污减排设备，确保环保达标。

2016 年 1 月 4 日，凤翔分局书面回复凤翔县人民检察院称：2015 年 12 月 24 日对长青能化下达《责令限制生产决定书》，责令该公司限产。2015 年 12 月 30 日作出《排污核定与排污费缴纳决定书》，对长青能化 2015 年 10 月至 12 月间颗粒物超标排放加收排污费。

　　针对凤翔分局回复意见，凤翔县人民检察院进一步查明：凤翔分局作出责令限制生产决定、加收排污费等措施后，长青能化虽然按要求限制生产，但其治污减排设备建设项目未正式投入使用，颗粒物排放依然超过限值。

【诉讼过程】

　　鉴于检察建议未实现应有效果，2016年5月11日，凤翔县人民检察院向凤翔县人民法院提起行政公益诉讼。凤翔县人民法院受理后，认为符合起诉条件，但不宜由凤翔县人民法院管辖。经向宝鸡市中级人民法院请示指定管辖，2016年5月13日，宝鸡市中级人民法院依法裁定本案由宝鸡市陈仓区人民法院管辖。2016年11月10日，宝鸡市陈仓区人民法院对本案公开开庭审理。

　　（一）法庭调查

　　出庭检察人员宣读起诉书，请求：1.确认凤翔分局未依法全面履职的行为违法；2.判令凤翔分局依法全面履行职责，督促长青能化采取有效措施，确保颗粒物排放符合标准。

　　凤翔分局答辩状称其对企业采取了行政处罚、责令限制生产等措施，已经全面履行职责。诉讼前，长青能化减污设备已经运行，检察机关不需要再提起诉讼。

　　法庭举证、质证阶段，围绕凤翔分局是否依法全面履行法定职责，出庭检察人员出示了凤翔分局行政职责范围的依据，2015年1月1日至2016年5月8日长青能化颗粒物排放数据等证据。证明截至提起诉讼前，长青能化湿电除尘系统没有竣工验收并且颗粒物依然超标排放，持续给周围大气环境造成污染问题没有彻底解决。

　　凤翔分局针对起诉书，提交了对长青能化日常监管的表格及2015年7月以来对长青能化作出的各类处罚文书等证据材料，证明已经依法全面履行了对相对人的环境监管职责。

　　针对凤翔分局提出的证据，出庭检察人员认为，其只能证明凤翔分局对长青能化作出了行政处罚，但不能证明依法全面履职并实现了履职目的。诉讼前，长青能化排放仍存在不达标的情况。

（二）法庭辩论

出庭检察人员指出，凤翔分局未依法全面履职主要表现在三个方面：

一是凤翔分局未依法监管相对人严格执行建设项目环境保护设施设计、施工、使用"三同时"的规定。长青能化的环境保护设施虽然与建设项目同时设计、同时施工，但并未同时使用。

二是凤翔分局初期未采取有效措施对长青能化违法排放颗粒物的行为作出处理。自2015年1月1日起，长青能化颗粒物排放浓度均超过$20mg/m^3$的标准，最高达$72mg/m^3$。凤翔分局却未采取有效行政监管措施予以处置，直到2015年7月7日才对颗粒物超标排放违法行为作出《环境违法行为限期改正通知书》。

三是凤翔分局未依法全面运用监管措施督促长青能化纠正违法行为。长青能化在收到《环境违法行为限期改正通知书》后两个月内未按要求整改到位，凤翔分局未采取相应措施作出高限处罚。

凤翔分局答辩称：已履行了法定职责，多次对长青能化作出行政处罚，颗粒物超标排放是由于地方标准的变化。2016年3月27日，长青能化减污设备已经运行，检察机关无需提起诉讼。

针对凤翔分局答辩，检察机关提出辩论意见：对于长青能化的排污行为，凤翔分局虽有履职行为，但履职不尽责。一是作出的5万元罚款不是高限处罚。二是按照相关规定，在地方标准严于国家标准的情况下，依法应当执行地方标准。三是2016年3月27日，长青能化减污设备已经上线运行，但颗粒物排放数据仍不稳定，仍有不达标的问题。四是诉讼中，凤翔分局于2016年5月16日才作出按日连续处罚的行政处罚，对长青能化违法行为罚款645万元。

2016年8月22日，长青能化减污设备经评估正式投入运行，经第三方检测机构的检测，长青能化颗粒物排放已持续稳定符合国家和地方排放标准。2016 年 12 月 20 日，检察机关撤回了第二项诉讼请求，即督促长青能化采取有效措施，确保颗粒物排放达到国家标准和地方标准。

（三）审理结果

2016 年 12 月 28 日，陕西省宝鸡市陈仓区人民法院作出一审判决，确认被告凤翔分局未依法全面履行对相对人长青能化环境监管职责的行为违法。

【指导意义】

诉前程序是检察机关提起公益诉讼的前置程序。办理公益诉讼案件，要对违法事实进行调查核实，围绕行政机关不依法履职或者不全面履职行为的客观表现、主观过错、与国家利益或者社会公共利益遭受侵害后果的关系以及相关的法律依据、政策要求、文件规定等全面收集、固定证据，在查清事实的基础上依法提出检察建议，督促行政机关纠正违法、依法履职。行政机关未在检察建议要求的期限内依法全面履行职责，国家利益或者社会公共利益仍然遭受侵害的，检察机关应当依法向人民法院提起公益诉讼。

对行政机关不依法履行法定职责的判断和认定，应以法律规定的行政机关法定职责为依据，对照行政机关的执法权力清单和责任清单，以是否全面运用或者穷尽法律法规和规范性文件规定的行政监管手段制止违法行为，国家利益或者社会公共利益是否得到了有效保护为标准。行政机关虽然采取了部分行政监管或者处罚措施，但未依法全面运用或者穷尽行政监管手段制止违法行为，国家利益或者社会公共利益受侵害状态没有得到有效纠正的，应认定行政机关不依法全面履职。

【相关规定】

《中华人民共和国环境保护法》第十五条第二款

《中华人民共和国大气污染防治法》第五条、第七条、第四十三条、第九十九条

《中华人民共和国行政处罚法》第五十一条

《中华人民共和国行政诉讼法》第二十五条第四款

《环境保护主管部门实施按日连续处罚办法》第五条、第十条

《建设项目环境保护管理条例》第十五条、第二十条第一款

《建设项目竣工环境保护验收管理办法》第十四条、第十七条第三款

《火电厂大气污染物排放标准》

《关中地区重点行业大气污染物排放限值》

湖南省长沙县城乡规划建设局等不依法履职案

（检例第 50 号）

【关键词】 行政公益诉讼　生态环境保护督促履职

【要旨】

检察机关通过检察建议实现了督促行政机关依法履职、维护国家利益和社会公共利益目的的，不需要再向人民法院提起诉讼。

【基本案情】

2013 年 6 月，长沙威尼斯城房地产开发有限公司（以下简称威尼斯城房产公司）开发的威尼斯城第四期项目开始建设。该项目将原定项目建设的性质、规模、容积率等作出重大调整，开工建设前未按照《中华人民共和国环境影响评价法》的规定重新报批环境影响评价文件。2016 年 8 月 29 日，湖南省长沙县行政执法局对威尼斯城房产公司作出行政处罚决定，责令该公司停止第四期项目建

设，并处以 10 万元罚款。威尼斯城房产公司虽然缴纳了罚款但并未停止建设。截至 2018 年 3 月 7 日，该项目已经建成 1—6 栋。7—8 栋未取得施工许可证即开始进行基坑施工（停工状态），9 栋未开工建设。

【提出检察建议】

2017 年 7 月 20 日，湖南省长沙市人民检察院在参与中央环保督查组督查过程中，发现长沙县城乡规划建设局、长沙县行政执法局不依法履行职责致使国家和社会公共利益受损的线索。报告湖南省人民检察院后，湖南省人民检察院将案件线索交长沙市人民检察院办理。

长沙市人民检察院调查发现，2003 年 4 月 22 日至 2017 年 3 月 14 日，威尼斯城第四期项目建设用地位于参照饮用水水源一级保护区保护范围内。2017 年 3 月 14 日后，根据湖南省人民政府调整后的饮用水水源保护区划定，该建设项目用地位于饮用水水源二级保护区保护范围内。经调查核实，长沙市人民检察院认为长沙县城乡规划建设局等三行政机关不依法履行职责，对当地生态环境、饮用水水源安全造成重大影响，侵害了社会公共利益。其中：

长沙县城乡规划建设局明知威尼斯城第四期项目必须重新申报环境影响评价文件，但在未重新申报的情况下，发放建设工程规划许可证和建筑工程施工许可证，导致项目违法建设，给当地生态环境造成重大影响。

长沙县行政执法局明知威尼斯城第四期项目环境影响评价未申报通过、未批先建的情况下，在作出责令停止建设，并处以罚款 10 万元的决定后，未进一步采取措施，导致该项目 1—6 栋最终建设完成，同时对该项目 7—8 栋无建筑工程施工许可就开挖基坑的违法行为未责令恢复原状，造成重大生态环境影响。

长沙县环境保护局明知威尼斯城第四期项目环境影响评价未申

报通过,却在该项目 1—6 栋建设工程规划许可证申请表上盖章予以认可,造成违法建设行为发生,给当地生态环境造成重大影响。

2017 年 12 月 18 日、2018 年 3 月 16 日,长沙市人民检察院先后分别向长沙县城乡规划建设局、长沙县行政执法局和长沙县环境保护局发出检察建议:一是建议长沙县行政执法局依法对威尼斯城房产公司未依法停止建设,仍处于继续状态的违法行为进行处罚,责令对违法在建工程恢复原状。二是建议三行政机关在职责范围内依法处理威尼斯城第四期项目环境影响评价、建设工程规划许可和建筑工程施工许可等问题。三是建议三行政机关依法加强对该项目行政许可的审批管理和执法监管,杜绝类似违法行为再次发生。

检察机关发出检察建议后,与长沙县行政执法局等三机关以及长沙县人民政府进行了反复协调沟通,促进相关检察建议落实。三机关均按期对长沙市人民检察院检察建议进行了书面回复。2018 年 4 月 10 日,长沙县行政执法局根据检察建议的要求对威尼斯城房产公司作出行政处罚决定:责令该公司立即停止第四期项目建设;对 7—8 栋基坑恢复原状,并处罚款 4365058.67 元。威尼斯城房产公司接受处罚并对 7—8 栋基坑恢复原状。长沙县城乡规划建设局、长沙县环境保护局根据检察建议的要求加大对该项目的监管力度,对类似行政审批流程进行规范,对相关责任人员进行追责,给予四名工作人员相应的行政处分。

2018 年 2 月 9 日,长沙县人民政府就纠正违法行为与长沙市人民检察院沟通并对相关问题提出处置意见。因该案涉及饮用水水源地保护区调整,长沙市人民检察院依法向长沙县人民政府发出工作建议,建议该县及时向上级机关申报重新划定饮用水水源地保护区范围;对该项目监管和执法中暴露出来的相关违法违规问题依法依规进行处理;加强对建设项目审批的管理和监督、对招商引资项目的管理,进一步规范行政许可、行政审批行为,切实防止损害生态环境和资源保护行为的发生。

2018 年 5 月 17 日，长沙县人民政府就工作建议向长沙市人民检察院作出书面回复，对威尼斯城第四期项目违法建设的处置提出具体的工作意见和实施办法。长沙市人民检察院认为，威尼斯城第四期项目违法建设对当地生态环境和饮用水水源地造成重大影响，损害社会公共利益，考虑到该项目 1—6 栋已经销售完毕，仅第 6 栋就涉及 320 户，涉及众多群众利益，撤销该项目的建设工程规划许可证和建筑工程施工许可证并拆除建筑，将损害不知情群众的利益。经论证，采取取水口上移变更饮用水水源地保护区范围等补救措施，不影响威尼斯城众多业主的合法权益和生活稳定，社会效果和法律效果较好。根据长沙市人民检察院的建议，长沙县人民政府上移饮用水取水口。2018 年 5 月 31 日，新建设的长沙县星沙第二水厂取水泵站已经通水。2018 年 10 月 29 日，经湖南省人民政府批准，长沙市人民政府对饮用水水源地保护范围进行了调整。

【指导意义】

检察机关办理公益诉讼案件，应当着眼于切实维护国家利益和社会公共利益的目标，加强与行政机关沟通协调，注重各项实际措施的落实到位。充分发挥诉前程序的功能作用，努力实现案件办理政治效果、社会效果和法律效果的有机统一。对于一个污染环境或者破坏生态的事件，多个行政机关存在违法行使职权或者不作为情形的，检察机关可以分别提出检察建议，督促其依法履行各自职责。依据法律规定，有多种行政监管、处罚措施可选择时，应从最大限度保护国家利益或者社会公共利益出发，建议行政机关采取尽量不减损非侵权主体的合法权益、实际效果最好的监管处罚措施。

【相关规定】

《中华人民共和国环境保护法》第六十一条

《中华人民共和国水污染防治法》第六十六条

《中华人民共和国环境影响评价法》第三十一条

《中华人民共和国行政诉讼法》第二十五条第四款

《环境行政处罚办法》第十一条

湖北省天门市人民检察院诉拖市
镇政府不依法履行职责行政公益诉讼案

（检例第 63 号）

【关键词】行政公益诉讼　行政监管职责　违法建设农村垃圾治理

【要旨】

一级政府对本行政区域的环境质量保护负有法定职责。政府在履行农村环境综合整治职责中违法行使职权或者不作为，损害社会公共利益的，检察机关可以发出检察建议督促其依法履职。对于行政机关作出的整改回复，检察机关应当跟进调查；对于无正当理由未整改到位的，可以依法提起行政公益诉讼。

【基本案情】

2005 年 4 月，湖北省天门市拖市镇人民政府（以下简称拖市镇政府）违反《中华人民共和国土地管理法》，未办理农用地转为建设用地相关手续，也未按照《中华人民共和国环境保护法》开展环境影响评价，与天门市拖市镇拖市村村民委员会签订《关于垃圾场征用土地的协议》，租用该村 5.1 亩农用地建设垃圾填埋场，用于拖市镇区生活垃圾的填埋。该垃圾填埋场于同年 4 月投入运行，至 2016 年 10 月停止。该垃圾填埋场在运行过程中，违反污染防治设施必须与主体工程同时设计、同时施工、同时投产使用的"三同时"规定，未按照规范建设防渗工程等相关污染防治设施，对周边环境造成了严重污染。

【诉前程序】

2017年2月，天门市人民检察院发现拖市镇政府在没有申报审批获得合法手续的情况下，未建设必要配套环境保护设施，以"以租代征"的形式，违法建设、运行生活垃圾填埋场，在运行过程中存在对周边环境造成严重污染、损害公益的行为，决定立案审查。

调查核实过程中，检察机关查阅了拖市镇政府关于租用拖市村集体土地建设垃圾填埋场的会议纪要、文件、协议等档案材料；督促天门市环境保护局进行了现场勘查；采集了现场影像资料，询问了相关人员。基本查明：拖市镇政府未办理用地审批、环境评价等法定手续，建设并运行生活垃圾填埋场，未建设防渗工程、垃圾渗滤液疏导、收集和处理系统、雨水分流系统、地下水导排和监测设施等必要配套环境保护设施，垃圾填埋场在运行过程中对周边环境造成严重污染。根据《中华人民共和国地方各级人民代表大会和地方各级人民政府组织法》《中华人民共和国环境保护法》等相关法律规定，拖市镇政府作为一级人民政府，对本行政区域负有环境保护职责，应当对自身违法行使职权造成环境污染的行为予以纠正，并及时治理污染，修复生态环境。

2017年3月6日，天门市人民检察院向拖市镇政府发出检察建议，督促其依法履职，纠正违法行为并采取补救措施，修复区域生态环境，恢复农用地功能。检察建议书发出后，天门市人民检察院多次与拖市镇政府进行沟通，督促整改。3月22日，拖市镇政府针对检察建议书作出书面回复称：其已将该垃圾填埋场的垃圾清运至天门市垃圾处理场进行集中处理，并投入资金、落实专人对垃圾场周围进行了清理、消毒，运送土壤进行了回填处理，杜绝了垃圾污染，且在该处设立了禁止倾倒垃圾的警示牌。

4月12日，天门市人民检察院对拖市镇政府的整改情况进行跟进调查时发现，拖市镇政府虽然采取了一些整改措施，但整改后的垃圾填埋场表层覆土不到1米，覆土下仍有大量垃圾。天门市人民检察院委托湖北省环境科学研究院对垃圾填埋场垃圾渗滤液及周边地下水样进行检测。检测结果表明，拖市镇垃圾填埋场周边地下水样中铬、铅超标严重，渗滤液中含有重金属、氨氮、磷等污染物。经专家检测评价认为，该垃圾填埋场周边水质显示出典型的垃圾渗滤液污染特性，严重影响当地居民的健康和生态安全；现存垃圾随着时间推移还会产生大量渗滤液，若不采取措施将会对周边水体和汉江造成持续15年到20年的长期生态污染风险；建议采取清理转移的方法，将垃圾清挖送到市区垃圾处理场，垃圾渗滤液抽取送城区污水处理厂处理，原址采用回填土壤绿化。

【诉讼过程】

（一）提起诉讼

通过诉前调查取证，天门市人民检察院固定了相关证据，认定拖市镇政府采取有限整改措施后，其违法行政行为造成的公益侵害仍在持续。经湖北省人民检察院批准，2017年6月29日，天门市人民检察院向天门市人民法院提起行政公益诉讼，请求判令：1. 确认拖市镇政府建立、运行该垃圾填埋场，造成周边环境污染的行政行为违法；2. 判令拖市镇政府继续履行职责，对关停后的该垃圾填埋场环境进行综合整治，消除污染，修复生态。

（二）法庭审理

2017年12月22日，天门市人民法院公开开庭审理了本案。

法庭审理过程中，拖市镇政府答辩认为：1. 只有县级以上政府及其环保部门才是具有环境保护职责的行政机关，其作为镇政府，不具有该项职责；2. 检察机关关于垃圾填埋场污染周边环境的证据不充分；3. 镇政府建设垃圾填埋场的行为并非行政行为，在行政诉讼中不具有可诉性。

针对镇政府答辩意见，天门市人民检察院向法院提交了《天门市委办公室、市政府办公室关于印发乡镇综合配套改革三个配套文件的通知》《市环保局关于拖市镇垃圾填埋场环境问题的复函》、湖北省环境科学研究院《检测报告》、相关专家出具的《关于天门市拖市镇区垃圾填埋场污染潜在生态风险的评估意见》、垃圾填埋场现场照片等证据。天门市人民检察院认为，《中华人民共和国环境保护法》第六条第二款规定，地方各级人民政府应当对本行政区域的环境质量负责；第三十三条第二款规定，县级、乡级人民政府应当提高农村环境保护公共服务水平，推动农村环境综合整治；第三十七条规定，地方各级人民政府应当采取措施，组织对生活废弃物的分类处置、回收利用。本案中，镇政府与村委会签订征地协议，建设、运行垃圾填埋场，目的是为了处置镇区生活垃圾，履行农村环境综合整治职责，是行使职权的行政行为。但其履职不到位，未办理用地审批、环境评价，未建设防渗工程、渗滤液处理、地下水导排监测等必要配套设施，导致周边环境严重污染，造成社会公共利益受到损害，应当依法履职，采取积极措施治理污染，修复生态；拖市镇政府在收到检察建议后，虽然对该垃圾填埋场做了覆土处理，但未完全进行治理，检察机关经跟进调查和委托检测，确认社会公共利益仍处于受侵害状态。综上，拖市镇政府答辩理由不成立。

（三）审理结果

2018年3月19日，天门市人民法院作出判决，支持了检察机关全部诉讼请求，认定拖市镇政府作为一级政府，具有环境保护的法定职责；拖市镇政府建设垃圾填埋场是履行职权行政行为；根据现有证据，该垃圾填埋场存在潜在污染风险；拖市镇政府治理垃圾填埋场是其违法后应当承担的法律义务，其应当继续履行整治义务。判决如下：1. 确认被告拖市镇政府建设、运行垃圾填埋场的行政行为违法；2. 责令被告拖市镇政府对垃圾填埋场采取补救措施，继续进行综合整治。

（四）案件办理效果

该案判决后，拖市镇政府积极履职，组织清运原垃圾填埋场覆土下的各类垃圾 1000 余立方并进行了无害处理。经湖北省相关部门审批同意，2018 年 4 月至 12 月，在垃圾填埋场原址上新建污水处理厂一座，设计产能日处理污水 500 吨。目前该污水处理厂已投入使用。

该案办理后，天门市人民检察院摸排发现全市乡镇垃圾填埋场普遍存在环境污染风险问题。经过全面调查分析，天门市人民检察院向天门市委、市政府报送《关于建议进一步加强对全市乡镇垃圾填埋场进行整治的报告》，提出了将乡镇垃圾填埋场整治工作纳入天门市污染防治工作总体规划、进行清挖转运以及覆土植绿等建议。天门市委、市政府高度重视，相关职能部门迅速组织力量，对全市乡镇 27 个非正规垃圾填埋场、堆放点进行了专项重点督查，整治恢复土地近 8.5 万平方米。

【指导意义】

改善农村人居环境是以习近平同志为核心的党中央作出的重大决策，是实施乡村振兴战略的重要内容。加强农村生活垃圾治理，是改善农村人居环境的重要环节，也是推进乡村生态振兴的关键之举，对于促进乡村治理具有重大意义。

（一）基层人民政府应当对本行政区域的环境质量负责，其在农村环境综合整治中违法行使职权或者不作为，导致环境污染损害社会公共利益的，检察机关可以督促其依法履职。《中华人民共和国地方各级人民代表大会和地方各级人民政府组织法》《中华人民共和国环境保护法》《村庄和集镇规划建设管理条例》等法律法规规定了基层人民政府对农村环境保护、农村环境综合整治等具有管理职责。其在履行上述法定职责时，存在违法行使职权或者不作为，造成社会公共利益损害的，符合《中华人民共和国行政诉讼法》第二十五条第四款规定的情形，检察机关可以向其发出检察建议，督促依法履行职责。对于行政机关作出的整改回复，检察机关应当跟进调查，对于无正当理由未整改到位的，依法提起行政公益诉讼。

（二）涉及多个行政机关监管职责的公益损害行为，检察机关应当综合考虑各行政机关具体监管职责、履职尽责情况、违法行使职权或者不作为与公益受损的关联程度、实施公益修复的有效性等因素确定重点监督对象。农村违法建设垃圾填埋场可能涉及的行政监管部门包括规划、环保、国土、城建、基层人民政府等多个行政机关，而基层人民政府一般在农村环境治理、生活垃圾处置方面起主导作用。如果环境污染行为与基层人民政府违法行使职权直接相关，检察机关可以重点监督基层人民政府，督促其依法全面履职，根据需要也可以同时督促环保部门发挥监管职责，以形成合力，促使环境污染行为得到有效纠正。检察机关通过办案发现本地普遍存在类似环境污染行为的，可以经过深入调查，向当地党委、政府提出建议，以引起重视，促使问题"一揽子"解决。

【相关规定】

《中华人民共和国行政诉讼法》第二十五条

《中华人民共和国地方各级人民代表大会和地方各级人民政府组织法》第六十一条

《中华人民共和国环境保护法》第六条、第十九条、第三十三条、第三十七条、第四十一条

《中华人民共和国土地管理法》第四十四条

《最高人民法院、最高人民检察院关于检察公益诉讼案件适用法律若干问题的解释》第二十一条

《村庄和集镇规划建设管理条例》第三十九条

盛开水务公司污染环境刑事
附带民事公益诉讼案

（检例第 86 号）

【关键词】刑事附带民事公益诉讼　参与调解　连带责任　替代性修复

【要旨】

检察机关办理环境污染民事公益诉讼案件，可以在查清事实明确责任的基础上，遵循自愿、合法和最大限度保护公共利益的原则，积极参与调解。造成环境污染公司的控股股东自愿加入诉讼，愿意承担连带责任并提供担保的，检察机关可以依申请将其列为第三人，让其作为共同赔偿主体，督促其运用现金赔偿、替代性修复等方式，承担生态损害赔偿的连带责任。对办案中发现的带有普遍性的问题，检察机关可以通过提出检察建议、立法建议等方式，促进社会治理创新。

【基本案情】

被告单位南京盛开水务有限公司（化名，以下简称盛开水务公司），住所地南京某工业园区。

被告人郑一庚（化名），男，1965 年 3 月出生，南京盛开水务公司总经理。

盛开水务公司于 2003 年 5 月成立，主营污水处理业务。2014 年

10 月至 2017 年 4 月，该公司在高浓度废水处理系统未运行、SBR（序批式活性污泥处理技术，主要用于处理水中有机物）反应池无法正常使用的情况下，利用暗管向长江违法排放高浓度废水 28.46 万立方米和含有危险废物的混合废液 54.06 吨。该公司还采取在二期废水处理系统中篡改在线监测仪器数据的方式，逃避监管，向长江偷排含有毒有害成分污泥 4362.53 吨及超标污水 906.86 万立方米。上述排污行为造成生态环境损害，经鉴定评估，按照虚拟治理成本法的方式，以单位治理成本总数乘以环境敏感系数，认定生态环境修复费用约 4.70 亿元。

【检察机关履职过程】

（一）提起公诉追究刑事责任

2017 年 4 月 10 日，南京市公安局水上分局对盛开水务公司等以污染环境罪立案侦查。2017 年 8 月 25 日，公安机关对该案侦查终结后移送南京市鼓楼区人民检察院审查起诉。2018 年 1 月 23 日，根据南京市环境资源类案件集中管辖的要求，南京市鼓楼区人民检察院向南京市中级人民法院指定的南京市玄武区人民法院提起公诉。

2018 年 10 月、2019 年 3 月，南京市玄武区人民法院对该案开庭审理。庭审围绕危险废物判定、涉案公司处理工艺、污染标准认定、虚拟治理成本适用方法等问题展开法庭调查和辩论。经审理，法院采纳检察机关刑事指控，认定被告单位及被告人郑一庚等构成污染环境罪。2019 年 5 月 17 日，玄武区人民法院以污染环境罪判处被告单位盛开水务公司罚金 5000 万元；判处被告人郑一庚等 12 人有期徒刑六年至一年不等，并处罚金 200 万元至 5 万元不等。一审判决作出后，盛开水务公司及郑一庚等提出上诉，2019 年 10 月 15 日，南京市中级人民法院作出二审裁定，维持原判。

（二）提起刑事附带民事公益诉讼

南京市鼓楼区人民检察院在介入侦查、引导取证过程中发现公益受损的案件线索，遂决定作为公益诉讼案件立案。2017 年 9 月 22 日，按照公益诉讼试点工作要求，该院根据实际情况，采取走访环保部门及辖区具有提起环境公益诉讼资格的公益组织的方式履行了诉前程序，环保部门和公益组织明确表示不就该案提起公益诉讼。

公益诉讼案件立案后，检察机关进一步收集完善侵权主体、非法排污数量、因果关系等方面证据，并委托环保部南京生态环境研究所等专业机构，组织 20 余次专家论证会，出具 6 份阶段性鉴定意见。2018 年 9 月 14 日，南京市鼓楼区人民检察院对盛开水务公司提起刑事附带民事公益诉讼，诉请法院判令其在省级以上媒体公开赔礼道歉并承担约 4.70 亿元生态环境损害赔偿责任。2018 年 10 月、2019 年 3 月，人民法院在两次开庭审理中，对民事公益诉讼案件与刑事部分一并进行了审理。2019 年 5 月 7 日，盛开水务公司对民事公益诉讼部分提出调解申请，但其资产为 1 亿元左右，无力全额承担 4.7 亿元的赔偿费用。其控股股东盛开（中国）投资有限公司（化名，以下简称盛开投资公司，持有盛开水务公司 95% 的股份）具有赔付能力及代为修复环境的意愿，自愿申请加入诉讼，愿意进行环境修复并出具担保函，检察机关和人民法院经审查均予以认可。

调解过程中，检察机关提出"现金赔偿 + 替代性修复"调解方案，由盛开水务公司承担现金赔偿责任，盛开投资公司承担连带责任。同时，盛开投资公司承担替代性修复义务，并确定承担替代性修复义务的具体措施，包括新建污水处理厂、现有污水处理厂提标改造、设立保护江豚公益项目等内容。

经过多次磋商，被告及盛开投资公司认同检察机关关于该案环境损害鉴定方法、赔偿标准与赔偿总额、赔偿方式等问题的主张。2019 年 12 月 27 日，在南京市玄武区人民法院的主持下，检察机关与盛开水务公司、盛开投资公司共同签署分四期支付2.37亿元的现金赔偿及承担2.33亿元替代性修复义务的调解协议。2019年12月31日，法院对该调解协议在人民法院网进行了为期30日的公告，公告期间未收到异议反馈。2020年2月7日，调解协议签订。目前，盛开投资公司已按期支付1.17亿元赔偿金，剩余1.20亿元分三年支付。替代性修复项目正在有序进行中。

（三）参与社会治理，推动地方立法

办理该案后，检察机关针对办案中发现的环境监管漏洞等问题，积极推动完善社会治理。一是针对办案中发现的污水排放核定标准中氯离子浓度过高等问题，鉴于环保部门未尽到充分注意义务，检察机关发出检察建议，要求将氯离子浓度纳入江苏省《化学工业水污染物排放标准》予以监管，被建议单位予以采纳。二是对包括盛开公司在内的300余名化工企业负责人和环保管理人员开展警示教育，增强公司管理人员环境保护意识和法治意识，促进加强水污染防治监管。三是结合本案，对长江水污染问题开展调研，针对长江生态保护的行政监管部门多，职能交叉、衔接不畅等问题，提出制定"南京市长江生态环境保护实施条例"的立法建议，获得南京市人大常委会采纳，并决定适时研究制定该地方性法规，助力长江生态保护，促进区域治理体系和治理能力现代化建设。

【指导意义】

（一）环境公益诉讼中，检察机关可以在最大限度保护公共利益的前提下参与调解。检察机关办理环境污染类案件，要充分发挥民事公益诉讼职能，注重服务经济社会发展。既要落实"用最严格制度最严密法治保护生态环境"的原则要求，又要注意办案方式方法的创新。在办案中遇到企业因重罚而资不抵债，可能破产关闭等情况时，不能机械办案或者一罚了之。依据相关法律规定，检察机关可以与被告就赔偿问题进行调解。与一般的民事调解不同，检察机关代表国家提起公益诉讼，在调解中应当保障公共利益最大化实现。在被告愿意积极赔偿的情况下，检察机关考虑生态修复需要，综合评估被告财务状况、预期收入情况、赔偿意愿等情节，可以推进运用现金赔偿、替代性修复等方式，既落实责任承担，又确保受损环境得以修复。在实施替代性修复时，对替代性修复项目应当进行评估论证。项目应当既有利于生态环境恢复，又具有公益性，同时，还应当经人民检察院、人民法院和社会公众的认可。

（二）股东自愿申请加入公益诉讼，检察机关经审查认为有利于生态环境公益保护的，可以同意其请求。在环境民事公益诉讼中，被告单位的控股股东自愿共同承担公益损害赔偿责任，检察机关经审查认为其加入确实有利于生态环境修复等公益保护的，可以准许，并经人民法院认可，将其列为第三人。是否准许加入诉讼，检察机关需要重点审查控股股东是否与损害发生确无法律上的义务和责任。如果控股股东对损害的发生具有法律上的义务和责任，则应当由人民法院追加其参加诉讼，不能由其自主选择是否参加诉讼。

（三）在公益诉讼中，检察机关应当注重运用检察建议、立法建议等多种方式，推动社会治理创新。检察机关办理涉环境类公益诉讼案件，针对生态环境执法、监管、社会治理等方面存在的问题，可以运用检察建议等方式，督促相关行政部门履职，促进区域生态环境质量改善。对于涉及地方治理的重点问题，可以采取提出立法建议的方式，促进社会治理创新，推进法制完善。对于法治教育和宣传普及中存在的问题，应当按照"谁执法谁普法"的原则，结合办案以案释法，对相关特殊行业从业人员开展法治宣传教育，提升环境保护法治意识。

【相关规定】

《中华人民共和国刑事诉讼法》第一百零一条

《中华人民共和国民事诉讼法》第五十一条、第五十五条

《中华人民共和国水污染防治法》第十条、第三十九条

《中华人民共和国环境保护法》第六条、第四十二条、第六十四条

《最高人民法院、最高人民检察院关于检察公益诉讼案件适用法律若干问题的解释》第二十条

《最高人民法院关于审理环境民事公益诉讼案件适用法律若干问题的解释》第四条、第二十五条

《最高人民法院关于适用〈中华人民共和国刑事诉讼法〉的解释》第一百五十九条

《最高人民法院、最高人民检察院关于人民检察院提起刑事附带民事公益诉讼应否履行诉前公告程序问题的批复》

北京市海淀区人民检察院督促落实
未成年人禁烟保护案

（检例第 88 号）

【关键词】　行政公益诉讼　　未成年人司法保护　　检察建议
禁烟保护

【要旨】

未成年人合法权益受到侵犯涉及公共利益的，人民检察院应当提起公益诉讼予以司法保护。校园周边存在向未成年人出售烟草制品等违法行为时，检察机关可以采取提出检察建议的方式，督促相关行政部门依法履职，加强校园周边环境整治，推进未成年人权益保护。

【基本案情】

北京市海淀区人民检察院在法治进校园宣传活动中，结合调查

核实发现，本区学校周边的部分零售经营场所存在违法出售烟草制品等行为，使得未成年人可轻易获得烟草制品，可能损害未成年人的身心健康，违反《未成年人保护法》《烟草专卖法》等相关法律规定。2019 年 5 月 17 日，海淀区人民检察院决定针对未成年人禁烟保护予以行政公益诉讼立案。经调查核实发现，本区存在违法向未成年人出售烟草制品等明显违法的情形，相关行政监管部门履职不到位。经海淀区人民检察院向区烟草专卖局、区市场监督管理局发出诉前检察建议，两机关高度重视检察建议提出的问题，积极履行监管职责，采取切实有效整改措施消除学校周边可随意购买烟草制品的问题。

【检察机关履职过程】

（一）调查核实

北京市海淀区人民检察院对该案立案后，组成检察官办案组在一个月内对辖区 30 多所中小学周边的 100 余处烟草零售经营场所进行走访调查，发现在涉及未成年人禁烟保护问题上存在以下违法现象：一是学校周围存在经营者向未成年人出售烟草制品的违法行为。二是在未成年人经常出入的便利店等零售场所，经营者未设置不向未成年人出售烟草制品的明显标识。

针对部分经营者存在的违反《未成年人保护法》《烟草专卖法》等现象，海淀区人民检察院研究梳理相关行政监管部门职责认为：区烟草专卖局作为烟草专卖行政主管部门，应当对上述违法行为履行监管职责，责令相关经营者纠正违法行为，并对其处以罚款等行政处罚；区市场监督管理局作为学校周边禁售烟草制品的行政主管部门，应当发挥监管职责，责令经营者停止违法零售业务，并采取没收违法所得、处以罚款等行政处罚。两机关均未依法履职。

经调查核实，海淀区人民检察院认为，应当通过履行行政公益诉讼检察职能督促行政机关依法履行职责，纠正相关市场主体违法行为，切实保护未成年人身心健康。

（二）制发检察建议

2019 年 5 月 24 日，海淀区人民检察院向区烟草专卖局、区市场监督管理局发出诉前检察建议：一是依法履行监督管理职责，对上述经营者的违法行为进行查处。二是进一步加强对辖区内未成年人禁烟保护问题的监管力度，建立健全长效工作机制，切实保护未成年人身心健康及合法权益。两机关收到检察建议后，迅速制定整改落实方案，并开展联合执法行动，对涉案违法经营者进行查处。海淀区人民检察院全程跟进监督，强化沟通协作，多次监督现场执法检查活动，确保整改效果。

2019 年 7 月，海淀区人民检察院先后收到区烟草专卖局、区市场监管局关于落实检察建议情况的回函。回函称检察建议中的涉案违法行为全部得到整改：对未依法设置标识的违法行为，已责令违法经营者在显著位置张贴了标识；对向未成年人出售烟草制品的违法行为，按法定程序立案审查后，对经营者作出罚款 1 万元的行政处罚决定，当事人均已缴纳罚款；对学校周边 100 米内存在违法行为的经营主体分别作出责令停止销售烟草制品、没收违法所得、罚款等处理决定。

（三）健全长效机制

在办理个案的基础上，海淀区人民检察院还与行政机关加大沟通协作力度，切实发挥"以点带面"的示范引领效应，着力构建解决和防范涉案问题的长效机制。一是开展全区类似问题排查。海淀区市场监督管理局对全区中小学校、少年宫等 85 家单位周边销售烟草制品商户进行全面摸排整治；海淀区烟草专卖局逐户排查是否设置控烟标识，加大对向未成年人出售烟草制品的查处力度。二是在全区范围内开展形式多样的控烟预防活动。开展宣传讲解，建立辖区街道互助小组，聘请第三方机构暗访检查，做到防控"零距离"；两机关还联合召开专项行动约谈会，加强对通过互联网推广和销售烟草制品行为的监测、劝阻和制止。海淀区人民检察院在办案同时注重总结宣传，邀请新华社等主流媒体对案件进行广泛报道，引起较大反响。2019 年 10 月 29 日，国家卫生健康委等八部门联合印发《关于进一步加强青少年控烟工作的通知》。同年 10 月 30 日，国家烟草专卖局和国家市场监督管理总局联合发布《关于进一步保护未成年人免受电子烟侵害的通告》。

【指导意义】

（一）检察机关可以运用公益诉讼的方式，依法保护未成年人权益。未成年人司法保护是未成年人权益保护的重要内容。2020 年 10 月 17 日第十三届全国人民代表大会常务委员会第二十二次会议修订通过的《未成年人保护法》第五十九条规定："学校、幼儿园周边不得设置烟、酒、彩票销售网点。禁止向未成年人销售烟、酒、彩票或者兑付彩票奖金。烟、酒和彩票经营者应当在显著位置设置不向未成年人销售烟、酒或者彩票的标志；对难以判明是否是未成年人的，应当要求其出示身份证件。"第一百零六条规定："未成年人合法权益受到侵犯，相关组织和个人未代为提起诉讼的，人民检察院可以督促、支持其提起诉讼；涉及公共利益的，人民检察院有权提起公益诉讼。"根据法律规定，检察机关可以针对校园周边存在售卖烟、酒制品，销售彩票，售卖不合格食品，不审查未成年人身份即允许未成年人进入网吧等常见的侵犯未成年人权益的问题，依法运用公益诉讼的方式，提出诉前检察建议，督促行政机关依法履职，切断未成年人获取烟酒等的途径，防止未成年人沉溺网络，实现社会问题的前端治理。

（二）检察机关在办案中要注重沟通协作，强化部门联动，确保监督效果。在公益诉讼案件办理过程中，应当通过事前全面调查取证，事中充分沟通协调，事后严格跟踪监督，凝聚各方共识，确保有效发挥公益诉讼诉前检察建议实效，督促行政机关切实依法履职，最大限度提高检察机关办理行政公益诉讼案件的质量和效率。

（三）检察机关就办案中发现的社会问题，要推动建立健全长效工作机制。为切实净化未成年人成长环境，助力未成年人健康成长，检察机关可以结合办理的案件，推动搭建多部门配合协作的平台，实现"检察＋行政＋学校＋社会"的多维度联动协调，形成良性互动的工作机制，推进社会治理的改善。

【相关规定】

《中华人民共和国行政诉讼法》第二十五条

《中华人民共和国未成年人保护法》第五十九条、第一百零六条（2020 年 10 月 17 日第十三届全国人民代表大会常务委员会第二十二次会议第二次修订，自 2021 年 6 月 1 日起施行）

《中华人民共和国烟草专卖法》第五条

《中华人民共和国烟草专卖法实施条例》第四条

《最高人民法院、最高人民检察院关于检察公益诉讼案件适用法律若干问题的解释》第二十一条

黑龙江省检察机关督促治理二次供水安全公益诉讼案

（检例第 89 号）

【关键词】重大民生　区域治理　协同整改　检察建议　社会治理

【要旨】

检察机关办理涉及重大民生的公益诉讼案件，如果其他地方存在类似问题时，应当在依法办理的同时，向上级人民检察院报告。

对于较大区域内存在公共利益受损情形且涉及多个行政部门监管职责的问题，可以由上级人民检察院向人民政府提出检察建议，促使其统筹各部门协同整改。

【基本案情】

2018 年 6 月，黑龙江省鸡西市滴道区人民检察院收到市民投诉，反映该区供水公司所属的二次供水设施存在严重安全隐患。二次供水是指为了补偿市政供水管线压力缺乏或者高层建筑用水需求，将城市公共供水设施提供的生活用水在入户之前，经再度储存、加压和消毒后，通过管道或者容器输送给用户的供水方式。

《中华人民共和国传染病防治法》规定，饮用水供水单位从事生产或者供应活动，应当依法取得卫生许可证；《二次供水设施卫生规范》规定，二次供水管理单位每年应对设施进行一次全面清洗，消毒，并对水质进行检验，直接从事供、管水人员必须取得体检合格证，经卫生知识培训后方可上岗工作，且每年需要进行一次健康检查。

鸡西市滴道区人民检察院经调查发现，该区供水公司所属的小半道泵站负责将滴道区北山水厂的生活饮用水通过加压供给滴道区 1.8 万户约 5.4 万居民。该泵站未取得卫生许可证擅自进行二次供水，直接从事供水的人员未取得健康证直接上岗，加压站水箱未按规定进行定期清洗消毒，违反相关法律规定，水质存在安全隐患。

【检察机关履职过程】

（一）鸡西市滴道区人民检察院履职情况

发现二次供水公共安全隐患后，鸡西市滴道区人民检察院于 2018 年 6 月 12 日决定立案，6 月 14 日分别向该区卫生健康委员会、住房和城乡建设局发出检察建议，建议行政机关切实履行职责，消除居民生活饮用水卫生安全隐患，建立健全卫生许可等相关制度，严格监督小半道泵站二次供水卫生，并责令其限期改正。收到检察建议后，区卫生健康委和城乡建设局高度重视并迅速行动，依法履行职责进行整改，并回复了整改情况。与此同时，鸡西市滴道区人民检察院将相关情况向鸡西市人民检察院报告。

（二）鸡西市人民检察院履职情况

鸡西市人民检察院分析认为，上述个案中发现的问题可能具有更大范围的普遍性，遂在全市部署二次供水安全行政公益诉讼类案监督，共摸排"二次供水"公益诉讼案件线索 57 件并全部立案。经调查核实，2018 年 10 月，鸡西市人民检察院向鸡西市卫生健康委、住房和城乡建设局等部门提出检察建议。收到检察建议后，鸡西市卫生健康委等积极督促供水公司整改。经整改，鸡西市卫生健康委为验收后合格的供水单位签发卫生许可证。为巩固治理效果，鸡西市人民检察院还推动并参与起草《鸡西市城市二次供水管理条例》，拟以地方性法规形式建立健全二次供水管理运行的长效机制，填补社会治理疏漏。该条例于 2020 年 6 月 12 日经鸡西市人民政府常务会议审议通过，已提请鸡西市人大常委会审议。鸡西市人民检察院在"二次供水安全"类案监督活动取得良好效果后，将监督情况上报黑龙江省人民检察院。

（三）黑龙江省人民检察院履职情况

1. 调查核实

黑龙江省人民检察院经初步调查认为，二次供水安全隐患在全省具有普遍性，危及公共健康。为推动集中解决全省二次供水安全问题，黑龙江省人民检察院以专项监督的方式，对全省相关居民小区及自来水公司的二次供水安全状况进行实地调查。调查发现，全省二次供水单位达不到卫生许可条件的情况突出；存在未取得健康证的人员直接从事供水工作、未按规定进行二次供水设施储水设施清洗消毒和水质监测、采取卫生防护和安全防范措施及在储水池或者水箱附近长期堆放垃圾、水箱无盖无锁等违法违规问题。省卫生健康委员会、省住房和城乡建设厅等行政部门存在违反相关法律，履职不到位导致水质存在安全隐患，危及公共安全健康的问题。针对以上问题，黑龙江省人民检察院先后赴省卫生健康委员会、省住房和城乡建设厅等省级行政主管部门及部分市、县、区调查核实情况，就其各自职责领域有关问题作进一步沟通。

结合调查核实掌握的情况，黑龙江省人民检察院研判认为，全省二次供水行政监管领域存在治理疏漏。一是二次供水单位管理不到位，运维水平低，应急响应滞后，部分供水设施老化，影响供水稳定和水质安全。二是政府主导作用有待进一步发挥，相关行政主管部门协调配合不够，缺少信息沟通和执法联动，且监管手段落后，监测智能化和覆盖度不够。三是部分老旧小区二次供水设施权属单位和管理单位不明晰，资金短缺问题突出。四是相关政策不完善。《黑龙江省生活饮用水卫生监督管理条例》对各部门职责做了框架性规定，但部门之间分工协作机制不够明确。对此，仅靠基层检察机关以个案监督方式督促基层行政单位依法履职，难以从根本上解决问题，需要督促上级人民政府发挥主体作用，统筹相关部门进行系统性、源头性治理并形成长效机制，才能取得最佳效果。

2. 制发检察建议

在深入调查核实的基础上，为提升督促履职的精准度，黑龙江省人民检察院专门听取各行政主管部门的监管难点和需要协同推动的重点事项，征求有关专家学者、人大代表、政协委员、律师的意见建议；并就检察公益诉讼从个案监督到类案监督乃至促进省域内行业治理的工作思路，与黑龙江省人民政府进行多次沟通。在上述工作基础上，2019年12月20日，黑龙江省人民检察院向黑龙江省人民政府送达检察建议书，建议：一是加强二次供水设施运行维护管理，推行供水服务到终端，逐步实现城市公共供水企业统建统管。二是强化相关职能部门行政监管，建立健全行政执法信息共享机制，建立严格的抽检和通报制度，加大惩戒力度，提高违法成本。三是发挥政府统筹作用，强化系统监管促进系统共治，将二次供水监管成效纳入政府及其职能部门目标考核评价体系。四是加强资金保障，统筹使用政策资金，综合施策融通资金，保障配套资金到位。五是完善相关配套政策，完善二次供水制度规范，建立联合执法机制，加强供水设施改造。

收到检察建议书后，黑龙江省人民政府高度重视。2020 年 1 月 12 日，黑龙江省人民政府在向黑龙江省第十三届人民代表大会第四次会议作的工作报告中指出，要"加快城市二次供水设施改造"。4 月 28 日，黑龙江省住房和城乡建设厅发布《黑龙江省既有小区供水设施改造技术导则》，加强对城市老旧小区二次供水设施改造工程设计的技术指导。同年 5 月，黑龙江省住房和城乡建设厅和省卫生健康委员会联合制定相关工作方案，对全省二次供水泵站和管网底数、老旧二次供水泵站数量、健康卫生许可等情况进行全面普查，建立问题台账，明确 2020 年改造目标任务。6 月 23 日，黑龙江省人民政府召开全省城镇二次供水设施改造工作电视电话会议，明确三年之内完成全部"老、旧、散、小、差"二次供水设施的改造，从根本上解决二次供水"最后一公里"的安全卫生问题。经认真开展整改工作，黑龙江省住房和城乡建设厅、省卫生健康委员会分别向省人民检察院回复了整改落实的情况。

【指导意义】

（一）检察机关在办案中要自觉践行司法为民宗旨，密切关注重大民生问题，通过履行法定职责，积极参与社会治理。供水是基础性的民生工程，关系广大居民的身体健康。针对辖区内二次供水存在的安全隐患和治理疏漏，检察机关在深入调查核实和广泛听取意见的基础上，有针对性地向行政主管部门提出检察建议，积极推动行政机关依法全面履职，切实保障城镇居民生活用水的"最后一公里"安全，彰显司法为民的责任担当。

（二）检察机关开展公益诉讼工作，既要办好个案，又要注重从个案到类案的拓展，更好地提升监督效果。检察机关办理涉及重大民生的公益诉讼案件，如认为其他地方也有类似问题时，应当在依法办理的同时，向上级人民检察院报告。如果公益受损问题在一定区域内具有多发性和普遍性，基层人民检察院难以解决的，应当及时将案件线索向上级人民检察院报告。上级人民检察院应当及时受理，并发挥"检察一体"的优势，组织开展调查核实。在办理涉及重大民生公共利益且具有多发性的公益诉讼案件时，上级人民检察院可以采取类案监督的方式，集中解决区域或者行业内普遍存在的公益受损问题，达到"办理一案，整治一片"的效果。

（三）对于重大公益受损问题，应当向有统筹协调职能的单位提出检察建议，促成问题的系统性整改。对于相关管理制度不完善、涉及上级行政机关监管职责或者多个行政机关职能交叉等因素而致使涉及面广的重大公益受损问题，应当由上级检察机关督促同级政府或者相关部门依法履职。省级人民政府在省域社会治理体系中居于重要地位，对于涉及省域范围的社会治理问题，省级人民检察院可以向其提出检察建议，从根本上推动问题的解决，促进自上而下进行源头性、系统性整改，形成公益保护的长效机制，发挥检察机关在社会治理中的积极作用。

【相关规定】

《中华人民共和国行政诉讼法》第二十五条

《中华人民共和国传染病防治法》第十四条、第二十九条、第五十三条、第七十三条

《城市供水条例》第七条

《人民检察院检察建议工作规定》第五条、第十条

海南省海口市人民检察院诉
海南 A 公司等三被告非法向海洋倾倒
建筑垃圾民事公益诉讼案

（检例第 111 号）

【关键词】民事公益诉讼　海洋倾废　联合调查　检察建议
二审出庭

【要旨】

对于海洋生态环境损害，行政机关的履职行为不能有效维护公益，又未提起生态环境损害赔偿诉讼的，检察机关可以依法提起民事公益诉讼。公益诉讼案件二审开庭，上一级人民检察院应当派员出庭，与下级检察机关共同参加法庭调查、法庭辩论、发表意见等，积极履行出庭职责。

【基本案情】

2018 年，海口 B 公司中标美丽沙项目两地块土石方施工工程后，将土石方外运工程分包给海南 A 公司。陈某（A 公司实际控制人）以 A 公司的名义申请临时码头，虚假承诺将开挖的土石方用船运到湛江市某荒地进行处置，实际上却组织人员将工程固废倾倒于海口市美丽沙海域。

【发现线索和调查核实】

海口市秀英区人民检察院在"12345"平台发现，群众多次举报有运泥船在美丽沙海域附近倾倒废物，随后通过多次蹲点和无人机巡查，拍摄到船舶向海洋倾倒建筑垃圾的行为。

海口市人民检察院（以下简称海口市院）检察官在前期工作基础上，2018年12月14日与海洋行政执法人员共同出海，联合开展特定海域调查行动，在海上截获一艘已倾倒完建筑垃圾正返回临时码头的开底船。12月17日，针对行政机关对相关海域多次违法倾倒建筑垃圾行为存在未依法履职问题，海口市院作出行政公益诉讼立案决定。2019年1月2日，海口市院向海口市海洋与渔业局送达检察建议，要求查处非法倾废行为，并追究违法行为人生态环境损害赔偿责任。2019年5月16日，海口市海洋与渔业局对A公司及公司实际控制人陈某各处10万元罚款。

检察机关调查发现，A公司无海洋倾废许可，倾倒的海域亦非政府指定的海洋倾废区域。申请美丽沙临时码头时A公司声称将开挖出的建筑垃圾运往湛江市某经济合作社，但经实地调查，建筑垃圾均未被运往湛江进行处置，相关合同系伪造。陈某系A公司实际控制人及船舶所有人，经手办理涉案合同签订、申请码头、联系调度倾废船舶等事宜，并获取大部分违法所得。B公司虽在招标时书面承诺外运土方绝不倾倒入海，却通过组织车辆同步运输等方式积极配合A公司海上倾废活动，B公司对海洋生态环境侵害构成共同侵权，依法应当承担连带责任。

检察机关还发现，行政处罚认定的非法倾废量为1.57万立方米，与当事人接受调查时自报的数量一致，但该数量明显与事实不符。根据工程结算凭证等证据，检察机关查明A公司海洋倾废量至少为6.9万立方米。

经委托生态环境部华南环境科学研究所（以下简称华南所）鉴定，倾倒入海的建筑垃圾中含有镉、汞、镍、铅、砷、铜等有毒有害物质，这些有毒有害物质会进入海洋生物链，破坏海洋生态环境和资源，生态环境损害量化共计860.064万元。

在本案调查过程中，对可能涉嫌污染环境罪的线索，海口市院公益诉讼检察部门于 2019 年 1 月 21 日将其移送刑事检察部门审查。根据调查情况及鉴定意见，依据刑法第 338 条及有关司法解释的相关规定，海口市院刑事检察部门与公安机关刑侦部门经研究，认为现有证据不能认定该倾废行为已构成污染环境罪。

检察机关书面建议海口市自然资源和规划局（承接原海洋与渔业局相关职能）依法启动海洋生态环境损害赔偿程序，该局于 2019 年 8 月 11 日回函称，因正处于机构改革中，缺乏法律专业人才和诉讼经验，请求检察机关提起民事公益诉讼。

【诉讼过程】

2019 年 8 月 23 日，海口市院发布诉前公告，公告期满，没有其他适格主体提起民事公益诉讼。

2019 年 11 月，海口市院以 A 公司、陈某、B 公司为共同被告向海口海事法院提起民事公益诉讼，请求判令：1. 被告 A 公司赔偿生态环境损害费 860.064 万元，被告陈某和 B 公司承担连带赔偿责任。2. 三被告在全国发行的媒体上公开赔礼道歉。3. 三被告承担本案鉴定费 47.5 万元及公告费。检察机关申请了财产保全，法院查封了陈某名下的房产、船舶，冻结了陈某、B 公司的银行账户。

（一）一审情况

2020 年 3 月 26 日，海口海事法院开庭审理此案。三被告辩称，鉴定评估在资质、取样、程序、依据等方面均存在问题，损害赔偿金量化为 860.064 万元与事实不符；实际海洋倾废数量没有 6.9 万立方米。A 公司还辩称，美丽沙项目用地原系填海造地，倾倒的土方原本就来源于海洋，系清洁疏浚物，不是建筑垃圾，且鉴定和监测显示有毒有害物质均未超标，倾倒的土方对海洋无损害。陈某辩称其与 A 公司不存在财产混同，不应承担连带责任；涉案土方均倾倒于政府规定的海域；已被处以 20 万元行政罚款，不应再承担巨额赔偿。B 公司辩称，合同已明确要求 A 公司要合法合规处置建筑垃圾，作为发包人其不再负有任何义务；起诉认为其通过组织车辆同步运输等方式积极配合海洋倾废没有事实根据。

检察机关根据调查收集的档案、书证、询问笔录、视听资料、鉴定意见等 56 份证据，进行了有针对性的举证、质证和辩论。根据无人机拍摄的现场视频等证据，涉案建筑垃圾倾倒入海的地点即美丽沙海域；根据现场开挖情况、车辆运输、工程款支付等结算证据，可以证明倾倒入海的建筑垃圾量至少为 6.9 万立方米；检察机关依法委托的华南所是生态环境部编制的《环境损害评估推荐机构名录（第一批）》推荐的环境损害鉴定评估机构，具备水环境、土壤环境、固体废弃物处置、环境风险评估、污染损害评估等多方面专业评估资质，其出具的环境损害鉴定评估报告程序规范，量化生态环境损害赔偿金为 860.064 万元的结论具有专业性和科学性；倾倒入海的建筑垃圾虽未达到危险废物标准，但含有毒有害物质，已对海洋生态环境造成损害；民事赔偿与行政处罚系不同法律性质的责任形式，不能相互替代，陈某应承担的环境损害民事赔偿责任不应因受到行政处罚而免除；B 公司作为建筑垃圾的直接生产单位，陈某作为 A 公司的实际控制人和倾废船舶的所有人，与 A 公司三方分工协作，相互配合，共同完成非法倾废行为，实际上是以合同分包为名，行非法倾废之实，构成共同侵权，依法应当承担连带赔偿责任。

2020 年 3 月 26 日，海口海事法院当庭宣判，支持检察机关的全部诉讼请求。

（二）二审情况

三被告对一审判决不服，向海南省高级人民法院提出上诉。主要理由是：定案的关键证据即鉴定意见在资质、程序、检材取样、计算方式、依据的法律法规等方面存在重大错误；倾倒的淤泥、土方并非建筑垃圾；倾倒物未造成海洋生态环境损害；倾倒入海的建筑垃圾仅 1.5 万立方米等。

2020 年 8 月 13 日，二审开庭审理。海南省人民检察院指派 2 名检察官，与海口市院检察官共同参加庭审活动。海口市院出庭检察官围绕诉讼请求及争议焦点进行了举证，以视频、数据、鉴定意见和评估报告等，证明三被告共同实施了污染海洋环境侵权行为，依法应当承担赔偿损失等民事责任。海南省人民检察院出庭检察官参加了整个庭审活动，并阐明：所倾倒对象的性质并非疏浚物，而属于建筑垃圾；案涉倾废数量认定依据准确，符合法律、司法解释的规定；鉴定意见认定倾倒垃圾对海洋生态环境造成的损害数额清楚、取样程序规范。华南所参与鉴定的专家出庭接受质询，对 30 多个问题进行了专业解答。2020 年 11 月 23 日，海南省高级人民法院作出二审判决，驳回上诉，维持原判。

【指导意义】

（一）检察机关应加强海洋生态环境检察公益诉讼与生态环境损害赔偿制度的衔接，切实维护公共利益。对于海洋生态环境保护，行政机关担负着第一顺位职责，生态损害赔偿制度具有优先适用性，公益诉讼检察则具有补充性和兜底性。海洋监管部门虽然对违法行为人进行了行政处罚，但未能完全实现维护公益的目的，经书面建议和督促后又不提起生态环境损害赔偿诉讼的，检察机关可以不再继续通过行政公益诉讼督促行政机关履职而直接对违法行为人依法提起民事公益诉讼，切实发挥保护海洋生态环境、维护社会公共利益的职能作用。

（二）综合运用各类调查手段，查明公益损害的事实，确定公益损害赔偿数额。检察机关可利用无人机等科技手段充分履行调查职能，全面查明海洋污染情况。鉴于海洋调查取证的特殊性，在前期必要工作基础上，还可以与行政机关联合调查，完成特定现场取证。针对海洋生态损害后果，检察机关应委托有资质的专业鉴定机构出具鉴定评估意见，可通过召开专家论证会等形式进行审查论证，同时协调做好鉴定人出庭作证、应对提问和质询等工作，使鉴定意见经得起庭审考验。

（三）注意发挥上级检察机关派员二审出庭作用，形成维护公共利益的合力。根据最高人民法院、最高人民检察院《关于检察公益诉讼案件适用法律若干问题的解释》，人民法院审理第二审案件，由提起公益诉讼的人民检察院派员出庭，上一级人民检察院也可以派员参加。人民检察院办理公益诉讼案件的任务是充分发挥法律监督职能作用，维护宪法法律权威，维护社会公平正义，维护国家利益和社会公共利益。对于公益诉讼二审案件，原起诉检察院和上级检察院都应立足于法律监督职能和公益诉讼任务，全力以赴，认真履行法定职责，共同做好出庭工作。上级检察院应当指派检察官在全面阅卷审查和熟悉案情的基础上做好各种预案，与下级检察院的检察官共同出席二审庭审全过程。两级院出庭检察官应当加强协调配合，上级检察院出庭人员可以在庭审的各个阶段发表意见，与下级检察院出庭人员形成合力，从而取得良好的庭审效果。

【相关规定】

《中华人民共和国民事诉讼法》第五十五条第二款

《中华人民共和国海洋环境保护法》第四条、第八十九条

《中华人民共和国侵权责任法》第八条、第十五条、第六十五条

《最高人民法院、最高人民检察院关于检察公益诉讼案件适用法律若干问题的规定》第十一条、第十三条

《最高人民法院关于审理海洋自然资源与生态环境损害赔偿纠纷案件若干问题的规定》第七条

《最高人民法院关于审理环境民事公益诉讼案件适用法律若干问题的解释》第十八条、第二十二条

《中华人民共和国海洋倾废管理条例》第六条

江苏省睢宁县人民检察院督促处置
危险废物行政公益诉讼案

（检例第 112 号）

【关键词】 行政公益诉讼　刑事附带民事公益诉讼　危险废物污染　代处置

【要旨】

对犯罪行为造成的持续污染，检察机关可综合运用刑事检察和公益诉讼检察职能，对损害国家利益和社会公共利益的情形进行全方位监督。公安机关调查取证完成后，犯罪嫌疑人无力处置污染物，行政机关又不履行代处置义务的，检察机关应当督促其依法履职。

【基本案情】

2017 年 10 月，冯某某等将从浙江舟山市嘉达清舱有限公司（以下简称嘉达公司）非法收购的船舶清舱油泥，运输至江苏省睢宁县岚山镇境内，非法倾倒过程中被公安机关现场查获，清理出油泥及污染物共计 135 吨。徐州市睢宁生态环境局（原睢宁县环境保护局）将油泥转移至一停车场内，其中 71 吨用塑料桶贮存、64 吨临时放置货车上。经江苏省环境科学研究院鉴定，涉案油泥属于《国家危险废物名录》（2016 年版）中的"废矿物油与含矿物油废物"，其中所含甲苯、四氯乙烯、四氯化碳等成分均超过《危险废物鉴别标准 浸出毒性鉴别》（GB 5085.3—2007）相应标准值，系具有毒性和易燃性的危险废物。

根据当地集中管辖规定，睢宁县公安局 2018 年 5 月将刑事案件移送徐州铁路运输检察院审查起诉。徐州铁路运输检察院于 7 月 23

日就刑事部分向徐州铁路运输法院提起公诉，并于9月18日提起刑事附带民事公益诉讼。2019年8月8日，徐州铁路运输法院作出刑事附带民事公益诉讼判决书，支持检察机关全部诉讼请求，判令冯某某等人赔偿尚未倾倒的64吨油泥需要支出的应急处置费545166元、135吨油泥混合物处置费用931665.8元。同时，冯某某等五人分别被判处有期徒刑六年至一年八个月不等刑罚，嘉达公司被判处罚金五十万元。各被告均未提出上诉，并主动支付相关处置费用。

2019年4月17日，在刑事附带民事公益诉讼案件审理期间，鉴于本案刑事诉讼证据已经固定，涉案油泥在未按规定进行专业技术封存的情况下存放长达18个月，持续造成环境污染，睢宁县人民检察院（以下简称睢宁县院）会同法院、公安、生态环境局等部门召开油泥处置协调会并形成会议纪要，鉴于污染者处于刑事羁押状态，检察机关已经通过刑事附带民事公益诉讼要求判令其承担环境修复费用，为避免污染持续发生，依据《固体废物污染环境防治法》《行政强制法》相关规定，应由环境主管部门组织对污染物代为处置。但会后，生态环境局仍未依法履职。

【调查核实和督促履职】

针对生态环境局怠于履职情形，睢宁县院于2019年5月22日以行政公益诉讼案件立案，并多次到油泥存放现场调查取证，向公安机关核实相关情况，通过拍照、录像、询问证人等方式固定现场证据。经现场勘查，贮存油泥的塑料桶未采取专业技术封存，现场未设置危险废物识别标识，亦未采取防扬散、流失、渗漏或者其他防止污染环境的措施，油泥持续挥发并部分渗漏，对周边空气、土壤造成二次污染。

2019年5月27日，睢宁县院向生态环境局发出诉前检察建议，督促该局依法履行环境监管职责。2019年7月2日，该局书面回复称，其没有处置固体废物的职责，且油泥作为刑事案件证据，不能在办案过程中处置。

对此，睢宁县院再次向公安机关核实涉案污染物最新情况，并到油泥堆放现场跟进调查，证实油泥处置不影响刑事案件办理；检察建议发出后，生态环境局始终未履行代处置职责。因值梅雨季节，油泥渗漏、流淌情形加重，生态环境仍持续受到侵害。

【诉讼过程】

2019 年 7 月 16 日，睢宁县院以徐州市睢宁生态环境局为被告，向徐州铁路运输法院提起行政公益诉讼。2019 年 8 月 14 日，徐州铁路运输法院公开开庭审理本案。

（一）法庭调查

出庭检察人员宣读起诉书，请求：1. 确认被告对涉案危险废物贮存状况不履行监管职责的行为违法；2. 判令被告依法履行监管职责，尽快将涉案危险废物移交有处置资质的单位依法处置。

睢宁县生态环境局辩称：油泥作为刑事案件的重要物证，暂不能处置。该局已联系有资质单位落实处置工作，并当庭出示了向公安机关移送涉嫌犯罪线索的卷宗等证据。

在法庭举证、质证阶段，睢宁县院围绕生态环境局在危废处置上的法定职责、权限、法律依据，以及由于该局不依法履行职责致使公共利益受到侵害等情况向法庭出示了相关证据。

（二）法庭辩论

出庭检察人员发表辩论意见认为：一是根据《环境保护法》《固体废物污染环境防治法》等法律规定，被告人因刑事犯罪被羁押而无法处置危险废物，生态环境局应当依法履行代处置职责。二是生态环境局不依法履职，致使部分油泥渗漏、流淌，造成周边空气、土壤严重污染，侵害了社会公共利益。

生态环境局辩称：一是该局已对油泥进行鉴定，并移交公安机关立案侦查；二是该局履行了油泥贮存的监管职责，符合危险废物转移、贮存的规范化标准;三是油泥系刑事案件的重要物证,该局多次征求公安机关意见,公安机关认为案件未结,油泥不能处置。

针对答辩意见,睢宁县院认为,生态环境局虽然在案发之初将犯罪线索移交,但在明知油泥系危险废物的情况下,未及时将油泥委托有危险品保管资质的公司贮存,且未采取有效的防扬散、流失、渗漏等措施,而是任其长期露天放置。公安机关出具的《情况说明》证实生态环境局并未与其联系处置油泥事宜,且在油泥处置协调会明确生态环境局的处置职责后,亦未及时履职。

(三)审理结果

2019年11月15日,徐州铁路运输法院作出行政公益诉讼判决,支持了检察机关的起诉意见。生态环境局未上诉,判决生效。

庭审后,生态环境局在网上发布采购公示、中标公告,确定了危废处置公司。在生态环境局的监督下,该公司对涉案油泥及部分受污染的土壤进行了无害化处置,对涉案现场进行了规范化处置。检察机关对上述过程进行了全程监督。

【指导意义】

(一)检察机关可以在办理环境污染犯罪案件中,综合运用刑事诉讼、民事公益诉讼职能,同时追究环境污染者的刑事责任和环境损害赔偿责任。依据最高人民法院、最高人民检察院《关于检察公益诉讼案件适用法律若干问题的解释》规定,人民检察院对破坏生态环境和资源保护等损害社会公共利益的犯罪行为提起刑事公诉时,可以向人民法院一并提起附带民事公益诉讼,由人民法院同一审判组织审理。检察机关可以依据相关规定,诉请判令违法行为人承担生态环境损害赔偿责任,包括污染物处置费用、生态环境修复费用等。检察机关要注重加强刑事检察与公益诉讼检察职能的衔接和协同,形成惩治不法行为、修复生态环境的合力。

(二)违法行为人对造成的环境污染拒绝履行或者没有能力履

行环境修复义务，导致环境污染持续发生，损害国家利益或者社会公共利益的，检察机关可以通过行政公益诉讼督促污染物所在地的环境主管部门履行代处置职责。《环境保护法》规定，县级以上地方人民政府环境保护主管部门对本行政区域环境保护工作实施统一监督管理。违法行为人跨区域倾倒危险废物，危险废物倾倒地的环境主管部门对本行政区域内的环境污染具有监督管理职责。违法行为人拒绝履行或者没有能力履行环境修复义务的，检察机关可以依据《固体废物污染环境防治法》《行政强制法》相关规定，督促危险废物倾倒地的环境主管部门代为处置。

（三）针对行政执法与刑事司法衔接中涉案物品不及时处置可能导致公益受损的情况，检察机关可以通过公益诉讼程序督促行政机关及时进行处置。依据环境保护部、公安部、最高人民检察院《环境保护行政执法与刑事司法衔接工作办法》的规定，对具有危险性或者环境危害性的涉案物品，环境执法机关和刑事司法机关应当加强衔接、及时处置。针对实践中行政执法与刑事司法衔接中涉案物品危害环境的情形，刑事证据固定后，即应开展对受损环境的修复工作，行政机关以处置对象系涉案证物或者刑事案件未结为由拒绝组织对具有环境危害性的涉案物品代为处置，导致国家利益或者社会公共利益受损的，检察机关应当开展公益诉讼监督，及时维护公共利益，充分发挥检察公益诉讼的独特价值。

【相关规定】

《中华人民共和国行政诉讼法》第二十五条第四款

《中华人民共和国环境保护法》第十条

《中华人民共和国固体废物污染环境防治法（2016）》第十条第二款、第十七条第一款、第五十二条、第五十五条、第六十八条

《中华人民共和国固体废物污染环境防治法（2020）》第九条

第二款、第二十条第一款、第七十七条、第八十一条第三款、第一百一十三条

《中华人民共和国行政强制法》第五十条

《最高人民法院、最高人民检察院关于检察公益诉讼案件适用法律若干问题的解释》第二十一条

《危险废物经营许可证管理办法》第四条、第五条、第十七条。

《环境保护行政执法与刑事司法衔接工作办法》第十条第二款

河南省人民检察院郑州铁路运输分院
督促整治违建塘坝危害
高铁运营安全行政公益诉讼案

（检例第 113 号）

【关键词】 行政公益诉讼　高铁运营安全　侵害危险　跨区划管辖

【要旨】

对于高铁运营安全存在的重大安全隐患，行政机关未依法履职的，检察机关可以开展行政公益诉讼。对于跨行政区划的公益诉讼案件，可以指定铁路运输检察机关管辖。涉及多级、多地人民政府及其职能部门职责的，对具有统筹协调职责的上级人民政府发出检察建议。

【基本案情】

2016 年 2 月以来，三门峡市陕州区菜园乡、湖滨区交口乡部分村民在郑州到西安高速铁路（以下简称"郑西高铁"）南交口大桥桥梁南北两侧距桥墩不足 100 米处，分别修路筑坝、填土造田，造

成桥梁南侧（上游）塘坝内蓄水约 1 万立方米，存在汛期溃坝冲击桥梁的风险；北侧（下游）形成堰塞湖，浸泡高铁桥墩，造成高铁运营重大安全隐患。经河南省防汛抗旱指挥部协调，三门峡市相关部门采取了开挖排洪渠、人工抽水等临时性解决措施，但仍未根本解决高铁桥梁防洪安全隐患问题。

【调查核实和督促履职】

2017 年 3 月至 12 月，最高人民检察院组织开展推动解决铁路线下安全隐患专项活动。河南省人民检察院郑州市铁路运输分院（以下简称"郑州铁检分院"）发现该重大公共安全隐患线索，向河南省人民检察院汇报相关情况。2018 年 1 月 8 日，河南省人民检察院指定郑州铁检分院管辖该案。

郑州铁检分院经现场勘验，调取行政机关监管职责及执法情况的证据材料，询问铁路安全监管部门、铁路企业、沿线村民等相关人员，查明违建塘坝、堰塞湖浸泡高铁桥墩，造成高铁运营重大安全隐患的事实。根据《中华人民共和国铁路安全法》《铁路安全管理条例》等规定，研判当地政府及其有关部门负有的监管职责和实际履职情况。郑州铁检分院认为：三门峡市陕州区、湖滨区人民政府和市区两级水利、国土、安全生产等相关职能部门未依法全面履行安全生产监督管理、防洪和保障铁路安全职责，造成高铁运营重大安全隐患，国家和社会公共利益受到严重威胁。三门峡市人民政府具有保障铁路安全职责，由其对下属两个区人民政府和相关职能部门进行统筹调度，更有利于高效解决问题。

2018 年 3 月 7 日，郑州铁检分院依法向三门峡市人民政府发出行政公益诉讼诉前检察建议：一是督促行政主管部门、国土资源主管部门和安全生产监督管理部门全面履行法定职责，对上下游填土筑坝、修建影响高铁桥梁安全设施的行为依法进行处罚。二是制定符合铁路安全标准的根本性整治方案，消除高铁运营安全隐患。

检察建议发出后，三门峡市人民政府对下属两个区级政府、多个职能部门进行统筹调度，由三门峡市委政法委、市水利局等部门组成专项整治工作组，市财政拨付资金 240 余万元用于南交口大桥上下游堰塞湖除险工程。市政府对该工程"统一设计方案、统一组织施工、统一督导检查、统一资金使用"，委托专业公司进行勘测设计，并邀请专家对设计方案进行评审，铁路安全监督管理部门审核后全面组织施工。2018 年汛期前，堰塞湖除险工程如期完成。

2018 年 6 月 14 日，受三门峡市人民政府邀请，河南省人民检察院、郑州铁检分院及郑西铁路客运专线有限公司、中国铁路郑州局集团有限公司、武汉铁路监督管理局等相关部门到现场查看、验收，一致认为南交口大桥上下游堰塞湖除险工程施工质量良好，能够满足排洪泄洪条件，危及郑西高铁运营安全的重大风险得到排除。

【指导意义】

（一）高铁运营安全是安全生产领域的重要组成部分，事关国家利益和社会公共利益，检察机关可以通过公益诉讼督促消除安全隐患。检察机关积极、稳妥探索办理安全生产领域案件，有助于监督解决安全生产活动中行政监管缺失、不到位及执法不严等问题，减少安全生产事故隐患。铁路沿线存在的安全隐患，严重威胁出行群众的生命和财产安全。根据铁路安全法律法规，铁路沿线地方各级人民政府和县级以上人民政府有关部门应当按照各自职责，防范和制止危害铁路安全的行为，协调和处置保障铁路安全的有关事项，做好保障铁路安全有关工作。针对违法围垦造田、拦河筑坝等危害铁路运营安全问题等特殊领域，检察机关应依法履行公益诉讼监督职能，坚持预防为主的原则，在铁路安全受到侵害或者存在侵害危险时即督促行政机关消除隐患、依法履职，及时制止侵害、消除危险，避免造成无法挽回的严重后果。

（二）对于跨行政区划的公益诉讼案件，应综合考虑案件性质、领域、公益损害程度、需协调部门等因素确定管辖检察机关。对于跨多个行政区域涉铁案件，需要协调铁路部门、相关地方政府及其职能部门共同解决的，可以指定铁路运输检察分院管辖，发挥专门检察院跨行政区划的管理体制优势和办理涉铁案件的专业优势，同时更有效凝聚铁路、地方和相关行政部门的工作合力。

（三）对跨行政区划、行政部门职能交叉的案件，涉及不同层级人民政府和多个职能部门的，人民检察院应向其共同的上级行政机关发出检察建议。两个以上县级人民政府和市县两级水利、国土、安全生产等多个职能部门均具有与案涉事项相关的安全生产监督管理、防洪和保障铁路安全的法定职责，可以由人民检察院对能够发挥统筹作用的市级人民政府发送检察建议，督促市级人民政府对下级政府及相关职能部门进行协调调度，以提高监督效果，节约司法成本。

（四）检察机关履行公益诉讼职责，应当持续跟进监督，推动问题整改落实到位。行政机关虽然采取了部分行政监管措施，但国家利益和社会公共利益受损问题没有根本解决的，检察机关应当督促其依法全面履职。针对重大疑难复杂案件，可以采取委托专业机构、组织评审会或邀请相关部门参与等方式对诉前检察建议落实成效进行评估，提高评判结果公信力。

【相关规定】

《中华人民共和国行政诉讼法》第二十五条第四款

《中华人民共和国安全生产法》第五十九条

《中华人民共和国铁路法》第七条

《中华人民共和国防洪法》第七条、第八条、第三十四条

《铁路安全管理条例》第四条、第三十七条、第九十一条

江西省上饶市人民检察院诉
张某某等三人故意损毁三清山巨蟒峰
民事公益诉讼案

（检例第 114 号）

【关键词】民事公益诉讼　自然遗迹　风景名胜　生态服务价值损失　专家意见

【要旨】

破坏自然遗迹和风景名胜的行为，属于"破坏生态环境和资源保护"的公益诉讼案件范围，检察机关依法可以提起民事公益诉讼。对独特景观的生态服务价值损失，可以采用"条件价值法"进行评估，确定损害赔偿数额。

【基本案情】

江西省上饶市境内的三清山景区属于世界自然遗产地、世界地质公园、国家重点风景名胜区、国家 5A 级景区。巨蟒峰位于其核心景区，是经长期自然风化和重力崩解作用形成的巨型花岗岩石柱，是具有世界级地质地貌意义的地质遗迹，2017 年被认证为"世界最高的天然蟒峰"，是不可再生的珍稀自然资源性资产、可持续利用的自然遗产，具有重大科学价值、美学价值和经济价值。

2017 年 4 月 15 日，张某某、毛某某、张某前往三清山风景名胜区攀爬巨蟒峰，并采用电钻钻孔、打岩钉、布绳索的方式先后攀爬至巨蟒峰顶部。经现场勘查，张某某等在巨蟒峰自下而上打入岩钉 26 枚。公安机关委托专家组论证认为，钉入巨蟒峰的 26 枚岩钉属于钢铁物质，会直接诱发和加重巨蟒峰物理、化学、生物风化过程，巨蟒峰的最细处（直径约7米）已至少被打入4个岩钉，形成了新裂隙，会加快花岗岩柱体的侵蚀进程，甚至造成其崩解。张某某等三人的打岩钉攀爬行为对巨蟒峰造成了永久性的损害，破坏了自然遗产的自然性、原始性完整性。

【发现线索和调查核实】

2017年10月张某某等三人因涉嫌故意损毁名胜古迹罪被公安机关移送起诉（2019年12月26日，上饶市中级人民法院作出刑事判决，认定张某某、毛某某、张某犯故意损毁名胜古迹罪，分别判处张某某、毛某某有期徒刑一年、六个月，处罚金人民币十万元、五万元，张某免予刑事处罚）。上饶市信州区人民检察院在审查起诉过程中发现该三人故意损毁三清山巨蟒峰的行为可能损害社会公共利益，于2018年3月29日将线索移送上饶市人民检察院。

上饶市人民检察院认为，自然遗迹、风景名胜是环境的组成部分，三清山巨蟒峰的世界级地质地貌意义承载着特殊的遗迹价值和广泛的公共利益。张某某等三人的损害行为侵害了生态环境和不特定社会公众的环境权益，本案属于生态环境民事公益诉讼的案件范围。三人在明知法律禁止破坏景物设施的情况下，故意实施破坏性攀爬行为，造成不可修复的严重损毁和极大的负面影响，存在加速山体崩塌的重大风险。三人具备事前共同谋划、事中相互配合等行为，符合共同侵权的构成要件，依法应当承担连带责任。

2018年5月，上饶市人民检察院委托江西财经大学三名专家成立专家组对三清山巨蟒峰的受损价值进行评估，并形成《评估报告》。专家组采用国际通用的条件价值法对三清山巨蟒峰受损后果进行价值评估〔按：条件价值法是原环境保护部下发的《环境损害鉴定评估推荐方法》（第Ⅱ版）确定的方法之一，是在假想市场情况下，直接调查和询问人们对某一环境效益改善或资源保护的措施的支付意愿，或者对环境或资源质量损失的接受赔偿意愿，以人们的支付意愿或受偿意愿来估计环境效益改善或环境质量损失的经济价值。该评估方法的科学性在世界范围内得到认可]，分析得出该事件对巨蟒峰生态服务价值造成损失的最低阈值为 0.119—2.37 亿元。

【诉讼过程】

（一）诉前公告

2018 年 4 月 18 日，上饶市人民检察院发出公告，告知法律规定的机关和有关组织可以提起民事公益诉讼。公告期满后，没有法定的机关和组织提起诉讼。

（二）一审程序

上饶市人民检察院于 2018 年 8 月 29 日向上饶市中级人民法院提起民事公益诉讼，诉请判令三被告依法对巨蟒峰非使用价值造成的损失 0.119 亿元和专家评估费 15 万元承担连带赔偿责任，并在全国性新闻媒体上公开赔礼道歉。

庭审过程中，三被告辩称：1. 上饶市人民检察院不符合法定的起诉条件。2. 三被告的行为不符合侵权责任的构成要件，且本案发生前存在他人在巨蟒峰上打岩钉的情况，三清山管委会在巨蟒峰上建设的监控系统也有损害作用，三被告造成的损害属于多因一果的损害，应由各方分担责任。3. 江西财经大学专家组所采用的评估方法不科学、数据不可靠，评估报告不能采信。公益诉讼起诉人答辩如下：第一，根据环境保护法第二条的规定，自然遗迹、风景名胜是环境的组成部分，本案属于环境民事公益诉讼的案件范围。本案系检察机关在履行职责中发现，且已经履行诉前公告程序，上饶市人民检察院对本案提起民事公益诉讼符合法定程序和条件。第二，三被告在明知法律禁止在景物上刻划、涂污以及以其他方式破坏景物设施的情况下，故意实施破坏性攀爬行为，且事前共同谋划，事中相互配合，符合共同侵权的构成要件，依法应当承担连带侵权责任。专家组出具的《评估报告》系针对三被告在巨蟒峰打入 26 个岩钉造成的损害进行的评估，不涉及他人造成的损害；三清山风景名胜区管理委员会案发后出于维护公共利益考量，依法经许可和设计后在巨蟒峰周围安装监测设施（共计 6 个摄像头），该监测设施均不在巨蟒峰独柱体岩石上，避免了对巨蟒峰独柱体岩石的损害，其行为与三被告的行为不具有同一性。第三，此次评估所采用的条件价值法是经国家行政主管部门认可、国际通用的价值评估法，科学有据，评估过程严谨规范。评估专家依法出庭接受了质证，该专家意见可以作为认定损害赔偿数额的依据。

2019 年 12 月 27 日，上饶市中级人民法院作出一审判决，在参照江西财经大学专家组的评估报告，并兼顾三被告的经济条件和赔偿能力等基础上，判令三被告连带赔偿环境资源损失 600 万元，连带承担专家评估费 15 万元，并在全国性媒体上刊登公告向社会公众赔礼道歉。

（三）二审程序

张某某、张某对一审判决不服，提出上诉。江西省高级人民法院于 2020 年 5 月 8 日公开开庭进行了审理，江西省人民检察院与上饶市人民检察院共同派员出席法庭，就案件事实、证据、程序和一审判决情况发表了意见。江西省高级人民法院于 2020 年 5 月 18 日作出二审判决，驳回上诉，维持原判。

【指导意义】

（一）对景观生态服务价值的破坏行为，检察机关依法可以提起公益诉讼。自然遗迹和风景名胜是环境的组成部分，属于不可再生资源，具有代表性的自然遗迹和风景名胜的生态服务价值表现在社会公众对其享有的游憩权益和对独特景观的观赏权益。任何对其进行破坏的行为都是损害人类共同享有的环境资源、损害社会公共利益，检察机关应当及时依法开展公益诉讼检察。

（二）对独特景观的生态服务价值损失，可以采用条件价值法进行评估。因独特的环境资源、自然景观缺乏真实的交易市场，其环境资源和生态服务的价值难以用常规的市场方法评估，损害赔偿数额无法通过司法鉴定予以确定。在此情况下，检察机关可以委托专家，采用原环境保护部《环境损害鉴定评估推荐方法》（第Ⅱ版）和《生态环境损害鉴定评估技术指南总纲》中推荐使用的条件价值法进行评估，该方法被认为特别适用于独特景观、文物古迹等生态服务价值评估。评估后的结果可以专家意见书的方式进行举证，作为法院审理案件的参考依据。

（三）检察机关要综合运用刑事、公益诉讼司法手段打击破坏自然遗迹和风景名胜的行为，提高此类破坏行为的违法犯罪成本。损害赔偿数额可根据专家意见和案件综合因素合理确定。对于严重破坏或损害自然遗迹、风景名胜的行为，行为人应当依法承担刑事责任。其造成的公共利益损害，在无法恢复原状的情况下，可根据《侵权责任法》诉请侵权人赔偿损失。由行为人承担高额环境资源损失赔偿的民事侵权责任，充分体现了公益诉讼保护公共利益的独特制度价值，既有助于修复受损的公共利益，又能警示潜在的违法者，唤醒广大公众保护环境、珍惜自然资源的意识。环境损害赔偿数额的确定，可依据《最高人民法院关于审理环境民事公益诉讼案件适用法律若干问题的解释》相关规定，结合破坏行为的范围和程度、环境资源的稀缺性、恢复难易程度、涉案人的赔偿能力等综合考量。

【相关规定】

《中华人民共和国民事诉讼法》第五十五条第二款

《中华人民共和国环境保护法》第二条、第二十九条、六十四条

《中华人民共和国侵权责任法》第六条、第八条、第十五条

《最高人民法院关于审理环境民事公益诉讼案件适用法律若干问题的解释》第十五条、第十八条、第二十二条、第二十三条

《最高人民法院、最高人民检察院关于检察公益诉讼案件适用法律若干问题的解释》第八条、第九条、第十一条

《风景名胜区条例》第二十四条第一款、第三款、第二十六条第三项

贵州省榕江县人民检察院督促保护传统村落行政公益诉讼案

（检例第 115 号）

【关键词】 行政公益诉讼　传统村落保护　推动完善地方立法　促进乡村振兴

【要旨】

纳入《中国传统村落名录》的传统村落属于环境保护法所规定的"环境"范围。地方政府及其相关职能部门对传统村落保护未依法履行监管、保护职责的，检察机关应发挥行政公益诉讼职能督促其依法履职。对具有一定普遍性的问题，可以结合办案促进相关政策转化和地方立法完善。

【基本案情】

贵州省黔东南州有 409 个村入选《中国传统村落名录》，包括榕江县栽麻镇宰荡侗寨、归柳侗寨。2018 年 3 月，黔东南州检察机关部署开展传统村落保护专项行动，榕江县人民检察院在专项行动中发现，栽麻镇宰荡、归柳两个侗寨的村民私自占用农田、河道、溪流新建住房，违规翻修旧房，严重破坏了中国传统村落的整体风

貌，损害了国家利益和社会公共利益。

【调查核实和督促履职】

2018 年 4 月，榕江县人民检察院对本案决定立案并进行调查核实。通过现场勘验，询问村民及政府工作人员，查阅相关文件资料等，查明：栽麻镇宰荡、归柳两个侗寨部分村民未批先建砖混、砖木结构房屋的情况比较严重，导致大量修建的水泥砖房取代了民族传统木质瓦房，此外，加装墙壁瓷砖、铝合金门窗等新型建筑材料、加盖彩色铁皮瓦等现象，严重破坏了中国传统村落的整体格局和原始风貌，影响了侗寨这一民族文化遗产的保护和传承。贵州省颁布的《贵州省传统村落保护和发展条例》《黔东南苗族侗族自治州民族文化村寨保护条例》明确规定，乡镇人民政府负责本行政区域内传统村落保护和发展的具体工作。栽麻镇人民政府作为栽麻镇宰荡、归柳侗寨保护和发展工作的法定主体，未依法落实传统村落保护发展规划和控制性保护措施，未开展传统村落保护宣传、管理工作，对村民擅自新建、改建、扩建建（构）筑物等行为未及时予以制止和引导，导致传统村落格局和整体风貌遭到严重破坏。

2018 年 5 月 7 日，榕江县人民检察院向榕江县栽麻镇人民政府发出行政公益诉讼诉前检察建议，建议对宰荡侗寨和归柳侗寨两个传统村落依法履行保护监管职责。榕江县栽麻镇人民政府未对违章建筑进行监管，也未在规定的期限内对检察建议作出书面回复。榕江县人民检察院两次向该镇政府催办，仍未予回复。此后榕江县检察院办案人员先后 4 次回访宰荡侗寨和归柳侗寨，原有破坏传统村落的违法建筑不但没有整改，数量不减反增，国家利益和社会公共利益持续处于受侵害状态。

【诉讼过程】

（一）提起诉讼

2018 年 12 月 28 日，经贵州省人民检察院批准，榕江县人民检察院根据行政诉讼集中管辖的规定，向黎平县人民法院提起行政公益诉讼，请求确认榕江县栽麻镇人民政府对中国传统村落宰荡侗寨和归柳侗寨不依法履行监管职责的行为违法；判令榕江县栽麻镇人民政府对破坏中国传统村落宰荡侗寨、归柳侗寨整体风貌的违法行为依法履行监管职责。

（二）法庭审理

2019 年 2 月 27 日，黎平县人民法院公开审理了本案。榕江县人民检察院出示了现场调查图片、走访当地村民以及政府工作人员的调查笔录，提供了《中国传统村落名录》等相关书证，证实宰荡侗寨和归柳侗寨已被列为"中国传统村落"，因违章建筑致使整体风貌受到严重破坏的客观事实。榕江县人民检察院认为，依据《贵州省传统村落保护和发展条例》等规定，栽麻镇人民政府对本行政区域内传统村落的保护和发展负有法定监管职责，检察机关发出诉前建议后，其仍未采取积极有效的监管、保护措施，传统村落整体风貌始终处于遭受破坏的状态中。

经庭审质证，栽麻镇人民政府对于未依法履职的事实予以认可，但提出传统村落的保护需要自然资源、住建部门等多部门协调配合，村民保护传统村落的意识淡薄，保护传统村落与村民改善生活条件的需求存在现实冲突和矛盾。

榕江县人民检察院指出，栽麻镇人民政府是本行政区内传统村落保护工作的责任者，对破坏传统村落的违法行为负有不可推卸的监管职责。栽麻镇人民政府应依法履职，协调各职能部门形成保护合力，加大力度发展生态旅游等相关产业，让村民共享传统村落保护与发展带来的红利和成果。

（三）审理结果

经依法审理，法院当庭作出判决，支持检察机关全部诉讼请求，栽麻镇人民政府当庭表示不上诉。

（四）案件办理效果

判决生效后，榕江县人民检察院督促栽麻镇人民政府加大监管力度，对宰荡侗寨和归柳侗寨采取相应的保护措施，逐步拆除破坏中国传统村落风貌的违章建筑。2019 年 5 月，榕江县人民检察院在跟进监督时发现，违章建筑已经全部拆除。

诉讼过程中，榕江县人民政府下发了《榕江县传统村落保护管理办法（试行）》，对本地传统村落保护的具体措施、发展规划、法律责任进行了详细规定。此后，榕江县人民检察院积极与县自然资源、住建、规划等部门沟通，推动相关部门与同济大学签订技术服务合同，形成《榕江县侗族传统村落居民修缮与新建民居设计导则》，既延续传统民居风貌，又满足村民改善房屋质量和居住条件的现实需求。同时，协同两村村委会将传统村落保护纳入村规民约，增强村民保护传统村落的自觉性。

2019 年 9 月，黔东南州人民检察院就传统村落保护向州人大做专题报告，并提出地方立法完善建议。2020 年 4 月 29 日，《黔东南苗族侗族自治州民族文化村寨保护条例》（2008 年 9 月 1 日施行）修订审议通过，确立了传统村落分级、分类保护原则，进一步明确了各相关部门职责，并增加规定了"检察机关针对行政机关违法行使职权或行政不作为，破坏传统村落、损害国家利益或社会公共利益的，可以依法提起行政公益诉讼"相关条款。黔东南州检察机关还推动协调传统村落保护资金 1.43 亿元，该州雷山县等地检察机关与相关行政部门形成了"传统村落保护与发展合作框架协议书"，改善传统村落的基础设施和公共服务设施配套项目，在保护中挖掘旅游资源，形成有特色的传统村落旅游金牌路线，让村民实现家门口创业、就业、增收，实现脱贫致富。当地对传统村落的保护与建设，既坚持了人与自然和谐共生，又因地制宜、发展特色经济，良好契合了我国乡村振兴战略发展。

【指导意义】

（一）加强传统村落保护，是检察机关行政公益诉讼的法定职能范围。传统村落属于《中华人民共和国环境保护法》第二条中列明的"环境"范畴，是影响人类生存和发展的人文遗迹。传统村落具有丰富的历史、文化、科学、艺术、社会、经济价值和独特的民族地域特色，是国家利益和社会公共利益的重要组成部分。政府和相关职能部门对传统村落保护未依法履行监管职责的，检察机关应当发挥行政公益诉讼职能，督促其依法履行职责，传承和保护传统村落所承载的人文环境、本地历史和民族文化，助力和服务脱贫攻坚、乡村振兴等国家重大战略。

（二）检察机关可以结合公益诉讼办案推进完善传统村落保护的配套制度机制。在传统村落、民族地域特色环境或其他人文遗迹保护领域，行政部门疏于或怠于履职存在多方面原因，或因法律、政策不完善，或因协调难、矛盾多、阻力大而难于充分履职，检察机关要及时督促相关行政部门依法履职。同时，还应坚持以人为本的原则，正视人民群众追求美好生活的合理要求。保护传统文化和改善人民生活从根本上讲具有一致性，保护好传统文化及其价值内涵本身就是保护村落百姓的财富与利益。检察机关在发挥监督职能的过程中，要平衡好传统文化保护和社会经济发展，以人民为中心，积极协调、配合、支持相关部门保护、改善群众生活环境的政策落实，为推动政策转化和地方立法完善贡献检察力量，真正实现"双赢、多赢、共赢"。

【相关规定】

《中华人民共和国行政诉讼法》第二十五条第四款

《中华人民共和国环境保护法》第二条

《中华人民共和国城乡规划法》第六十五条

《最高人民法院、最高人民检察院关于检察公益诉讼案件适用法律若干问题的解释》第二十一条

李某滨与李某峰财产损害赔偿
纠纷支持起诉案

（检例第 122 号）

【关键词】 残疾人权益保障　支持起诉　监护人侵权　协助收集证据

【要旨】

因监护人侵害智力残疾的被监护人财产权，智力残疾人诉请赔偿损失存在障碍而请求支持起诉的，检察机关可以围绕法定起诉条件协助其收集证据，为其起诉维权提供帮助。在支持起诉程序中，检察机关应当依法履行支持起诉职能，保障当事人平等行使诉权。

【基本案情】

李某滨系三级智力残疾人，日常生活由弟弟李某峰照料。2017年1月24日，李某峰以李某滨监护人身份与案外人季某签订房屋买卖协议，将登记在李某滨名下并实际为其所有的一套房屋以130万元价款出售给季某。签约后，售房款130万元转入李某峰银行账户内，房屋所有权变更登记至季某名下。2017年8月23日，李某峰又将该售房款转入其个人名下另一银行账户内。2018年12月17日，李某峰因肝脏疾病住院治疗。2018年12月24日，李某峰与妻子杨某敏协议离婚，约定夫妻双方共同共有的天津市河西区的房产、所有存款及其他夫妻共同财产全部归杨某敏所有。2019年1月至6月，李某峰陆续将上述130万元售房款转出，用于支付其肝脏移植手术费用。2019年7月，李某峰病逝。2019年10月，李某峰之女李某将李某峰银行账户内204519.33元返还给李某滨、李某峰姐姐李某光，剩余售房款未返还。

2020 年 1 月 13 日，天津市河西区人民法院（以下简称河西区法院）作出一审民事判决，认定李某滨为限制民事行为能力人，指定李某光为李某滨的监护人。后李某光向李某峰前妻杨某敏、女儿李某追索未返还的售房款未果。2020 年 1 月 21 日，李某滨向河西区法院提起民事诉讼，请求判令杨某敏、李某赔偿损失。因售房由原监护人李某峰实施，李某滨不了解售房价款、售房款去向等具体情节，无法提出具体的诉讼请求，河西区法院未予受理。

【检察机关履职过程】

1. 受理情况。2020 年 1 月 21 日，李某滨以其系智力残疾人，无法收集法院受理案件所需证据为由，向天津市河西区人民检察院（以下简称河西区检察院）申请支持起诉，该院审查后予以受理。

2. 审查过程。河西区检察院经向河西区法院了解情况后确认，法院认定李某滨为限制民事行为能力人、李某光为监护人的民事判决已生效。经向天津市规划和自然资源局了解，2017 年 1 月 24 日，李某峰以李某滨监护人名义与案外人季某签订房屋买卖协议，将李某滨名下房屋以 130 万元价格出售给季某并办理过户手续。河西区检察院与河西区司法局联系，帮助李某滨聘请法律援助律师，提供无偿法律服务。

3. 支持起诉意见。2020 年 1 月 22 日，李某滨监护人李某光作为法定代理人再次向河西区法院提起财产损害赔偿诉讼，河西区检察院同日发出支持起诉意见书。检察机关认为，李某滨系三级智力残疾人，属于特殊群体，系支持起诉对象。李某滨名下房产被监护人李某峰售出后，售房款被李某峰私自挪用，李某滨的财产权益受到严重侵害，有权通过民事诉讼程序获得救济，是民事诉讼适格主体。本案有明确被告，具体的诉讼请求和事实、理由，属于人民法院受理民事诉讼的范围和受诉人民法院管辖，符合法定起诉受理条件。

4. 裁判结果。2020 年 1 月 22 日，河西区法院受理李某滨的起诉。2020 年 10 月 21 日，河西区法院作出一审民事判决。法院认定，李某峰将李某滨名下房产出售并将售房款 130 万元私自挪用，其行为构成侵权，造成被监护人李某滨财产损失 1095480.67 元，应当承担侵权赔偿责任。杨某敏与李某峰原为夫妻关系，于 2018 年 12 月 24 日协议离婚，约定将夫妻共同财产中的天津市河西区的房产和其他夫妻共同财产全部归杨某敏所有，住院治疗费使用出售李某滨房产所得房款支付，属于恶意串通侵害他人财产。杨某敏是侵权行为的受益人，应在受益的财产范围内承担民事责任。据此，该院作出一审判决，判令杨某敏以天津市河西区房产市场价值 1/2 份额为限承担赔偿李某滨 1095480.67 元的责任。判决生效后，李某滨已于 2020 年 12 月 17 日收到判决确定给付的全部款项。

【指导意义】

（一）依法履行支持起诉职能，保障残疾人等特殊群体平等行使诉权。《中华人民共和国民事诉讼法》第十五条规定："机关、社会团体、企业事业单位对损害国家、集体或者个人民事权益的行为，可以支持受损害的单位或者个人向人民法院起诉。"支持起诉的要义是支持受损害的单位或者个人起诉，特别是支持特殊群体能够通过行使诉权获得救济，保障双方当事人诉权实质平等。适用条件上，检察机关支持起诉原则上以有关行政机关、社会团体等部门履职后仍未实现最低维权目标为前提条件。在支持起诉程序中，检察机关应当秉持客观公正立场，遵循自愿原则、处分原则、诉权平等原则等民事诉讼基本原则，避免造成诉权失衡；可以综合运用提供法律咨询、协助收集证据、提出支持起诉意见、协调提供法律援助等方式为残疾人等特殊群体起诉维权提供帮助。支持起诉并非代替当事人行使诉权，检察机关不能独立启动诉讼程序。除有涉及国家利益、社会公共利益等重大影响的案件外，检察机关一般不出席法庭；出庭时可以宣读支持起诉意见书，但不参与举证、质证等其他庭审活动；当事人撤回起诉的，支持起诉程序自行终结，检察机关无需撤回支持起诉意见。

（二）被监护人的财产权受到监护人侵害，人民法院以诉讼请求不具体为由未予受理的，检察机关可以依申请支持其起诉。监护人应当履行法定职责，保护被监护人的人身权和财产权不受侵害。监护人擅自出售被监护人名下房产用于个人医疗、购房等个人支出，侵害被监护人财产权益的，被监护人有权请求监护人赔偿损失。客观上，智力残疾人等被监护人诉讼能力偏弱，在其权利受到侵害时，难以凭个人之力通过民事诉讼程序获得救济。检察机关对于履职过程中发现的残疾人合法权益受到侵害的线索，应当先行督促残疾人联合会、残疾人居住地的居民委员会、村民委员会等社会团体、自治组织为残疾人维权提供法律帮助。残疾人径行向人民法院起诉的，应当告知其有权申请法律援助。认知能力低下的残疾人因财产权受到侵害提起损害赔偿诉讼，人民法院未告知其有权申请法律援助，以其诉讼请求不具体为由未予受理的，在尊重其真实意愿的前提下，检察机关可以依申请支持起诉，帮助其获得法律救济。

（三）综合运用协助收集证据、协调提供法律援助等方式，为智力残疾人起诉维权提供帮助。依照民事诉讼法相关规定，原告起诉必须符合法定条件。智力残疾人作为限制行为能力人虽然可以实施与其智力、精神状况相适应的民事法律行为，但难以独立、充分围绕法定起诉条件收集证据，提出诉讼请求。在支持起诉程序中，检察机关可以通过提供法律咨询，加强释法说理，引导智力残疾人自行收集证据；智力残疾人无法自行收集的，检察机关可以依法协助其收集确定当事人具体诉讼请求、证明原被告与案件争议事实存在关联并符合起诉条件的相应证据。检察机关可以与司法行政部门协调，为智力残疾人提供法律援助，由法律援助人员作为智力残疾人的委托代理人参加诉讼。

【相关规定】

《中华人民共和国民事诉讼法》第十五条、第一百一十九条

《中华人民共和国残疾人保障法》第九条、第六十条

胡某祥、万某妹与胡某平赡养纠纷支持起诉案

（检例第 123 号）

【关键词】老年人权益保障　支持起诉　不履行赡养义务　多元化解机制

【要旨】

老年人依法起诉要求成年子女履行赡养义务，但是缺乏起诉维权能力的，检察机关可以依老年人提出的申请，支持其起诉维权。支持起诉的检察机关可以运用多元化解纠纷机制，修复受损家庭关系。案件办结后，可以开展案件回访，巩固办案效果。

【基本案情】

胡某祥、万某妹系夫妻。胡某祥现年 84 岁，基本丧失劳动能力。万某妹现年 75 岁，2019 年 7 月因出血性脑梗死、高血压、糖尿病等先后住院两次，丧失自理能力。胡某祥、万某妹夫妇育有五名子女且均已成家，其中长女胡某玉患有精神疾病无赡养能力，次子胡某平有赡养能力但拒绝赡养父母，其余三子女不同程度地承担赡养义务。胡某祥、万某妹夫妻每月收入不足 1400 元，无力支付医疗费、护理费，生活陷入困境。

【检察机关履职过程】

1. 受理情况。2019 年 12 月 17 日，胡某祥、万某妹夫妇因次子胡某平不履行赡养义务，生活陷入困境，就起诉维权事宜向江西省南昌市青山湖区罗家镇司法所申请法律援助，并向江西省南昌市青山湖区人民检察院（以下简称青山湖区检察院）申请支持起诉，该院审查后予以受理。

2. 审查过程。青山湖区检察院经询问当事人、实地走访等了解到，胡某祥、万某妹夫妇生活基本不能自理，次子胡某平以其父母不抚养孙辈、财产分配不均等为由拒不分担老人医疗费、护理费，经村民委员会调解未果。考虑到本案系家事纠纷，应联合司法所、村民委员会等引导调处缓解家庭矛盾，青山湖区检察院开展一系列有针对性的矛盾化解工作。一是主动约谈胡某平夫妇，向其宣讲老年人权益保障法等相关法律，阐明拒绝赡养老人的法律后果；二是主动邀请胡某平亲戚邻居参与矛盾化解，帮助胡某平夫妇认识到拒绝赡养老人带来的亲情损害，与社会主义核心价值观相悖。经多次调解，胡某平夫妇对父母的态度发生较大变化，愿意花钱请人护理，但其同意承担的费用与客观需要尚有一定差距，无法达成和解协议。

3. 支持起诉意见。2019 年 12 月 23 日，胡某祥、万某妹向江西省南昌市青山湖区人民法院（以下简称青山湖区法院）提起诉讼，青山湖区检察院同日发出支持起诉意见书。检察机关认为，敬老爱老自古以来就是中华民族的传统美德。成年子女应当履行对父母经济供养、生活照料和精神慰藉的赡养义务，使患病的父母及时得到治疗和护理。胡某平作为胡某祥、万某妹之子，拒不履行赡养义务，有违法律规定。

4. 裁判结果。青山湖区法院受理本案后，青山湖区检察院主动就前期矛盾纠纷化解情况与法院沟通，配合开展调解工作。在法院、检察院、派出所、司法所等共同努力下，当事人达成调解协议。2019 年 12 月 26 日，青山湖区法院作出民事调解书：一、胡某祥、万某妹的生活费由其自理，子女胡会某、胡和某、胡某包及胡某平每月按顺序轮流负责护理父母胡某祥、万某妹，胡某平支付相应的护理费；二、胡某祥、万某妹的医疗费用由子女胡某平、胡某包各负担一半。

本案办结后，青山湖区检察院与青山湖区法院会签《关于加强民事支持起诉工作的协作意见》、与江西省南昌市青山湖区司法局会签《关于建立支持起诉和法律援助工作联系机制的规定》。青山湖区检察院联合当地村委会，开展"送法进乡村"活动，结合本案及其他相关案例开展普法宣传，教育引导村民知法守法，促进村风改善和乡村治理。2020 年 12 月 30 日，青山湖区检察院联合法院、妇联、民政局、司法所以及村委会等相关单位，再次回访了胡某祥、万某妹夫妇。胡某祥反映，其子胡某平不仅及时给付医药费、护理费，还经常上门探望。胡某祥对检察机关等单位帮助修复受损家庭关系，实现家庭和睦，表示衷心感谢。

【指导意义】

（一）运用多元化解纠纷机制，修复受损家庭关系。支持老年人追索赡养费案件，属于家事纠纷，要把化解矛盾、消除对立、修复受损家庭关系作为价值追求，坚持和发展新时代"枫桥经验"，将多元化解纠纷机制贯穿于支持起诉工作始终。要与司法行政机关、村委会、居委会基层群众性自治组织及人民调解组织等紧密合作，找准纠纷症结所在，做实做深矛盾化解工作，促使当事人达成和解协议。当事人未能达成和解协议诉至人民法院的，积极配合人民法院开展诉讼调解工作。通过人民调解、诉讼调解，最大限度地修复受损的家庭关系，树立优良家风，弘扬家庭美德。

（二）老年人缺乏起诉维权能力的，检察机关可以支持老年人起诉。百善孝为先。让老年人老有所养、老有所依是践行社会主义核心价值观的必然要求，是弘扬家庭美德的主要途径。成年子女不履行赡养义务的，缺乏劳动能力或者生活困难的父母有权要求成年子女给付赡养费。维护保障老年人合法权益是全社会的共同责任，县级以上人民政府负责老龄工作的机构，负责组织、协调、指导、督促有关部门做好老年人权益保障工作。基层群众性自治组织和依法设立的老年人组织亦负有维护老年人合法权益，为老年人服务的职责。检察机关履职中发现老年人合法权益受到侵害的，应当先行联系政府有关部门、基层群众性组织等为老年人维权提供帮助。老年人因年龄、身体、文化等原因不能独立提起诉讼追索赡养费而陷入生活困境的，其维权获得帮助后尚未解困的，检察机关可以支持老年人起诉，帮助老年人行使诉权，维护老年人的合法权益。

（三）积极开展案件回访，巩固办案效果。赡养包括经济帮助与亲情慰藉，缺一不可。新矛盾、新问题的出现可能造成修复的家庭关系再次破裂。办理此类案件，不能一诉了之，而要持续关注并巩固办案效果。灵活采取电话回访、实地回访、联合回访等形式，跟踪了解生效裁判执行情况和家庭关系现状，及时化解新矛盾、解决新问题。

【相关规定】

《中华人民共和国民事诉讼法》第十五条

《中华人民共和国民法总则》第二十六条第二款

《中华人民共和国老年人权益保障法》第十四条、第十五条第一款、第十九条第二款

孙某宽等 78 人与某农业公司追索
劳动报酬纠纷支持起诉案

（检例第 124 号）

【关键词】进城务工人员权益保障　支持起诉　追索劳动报酬
服务保障企业发展

【要旨】

劳动报酬是进城务工人员维持生计的基本保障，用人单位未按
照国家规定和劳动合同约定及时足额支付劳动报酬的，检察机关应
当因案制宜，通过督促人力资源社会保障等单位履职尽责、支持起
诉、移送拒不支付劳动报酬罪线索等方式保障进城务工人员获得劳
动报酬。

【基本案情】

某农业公司负责温州市某现代农业园项目运营，招聘孙某宽等
78 名进城务工人员从事日常生产经营，但双方未签订劳动合同。
2016 年 3 月，某农业公司资金周转困难，至 2017 年 11 月共拖欠 78
名进城务工人员工资 128.324 万元。2018 年 1 月初，78 名进城务工
人员仍未能领到拖欠的工资，多次到有关部门上访。

【检察机关履职过程】

1. 受理情况。2018 年 1 月，浙江省温州市龙湾区人民检察院
（以下简称龙湾区检察院）在参与人力资源社会保障部门开展的进
城务工人员讨薪专项监督活动中，发现某农业公司存在拖欠众多进
城务工人员工资的线索。该院及时与人力资源社会保障、财政等部
门共同努力，协调动用应急周转金 50 万元，为 78 名进城务工人员

垫付部分工资。2018 年 4 月 11 日,孙某宽等 78 名进城务工人员向龙湾区检察院申请支持起诉,请求检察机关为其起诉讨薪提供法律帮助。该院审查后予以受理。

2. 审查过程。龙湾区检察院查明:经某农业公司与 78 名进城务工人员共同确认,2016 年 3 月至 2017 年 11 月间,欠薪金额总计 128.324 万元。在前期开展矛盾化解工作的基础上,龙湾区检察院继续与 78 名进城务工人员、某农业公司沟通交流,引导双方当事人达成和解协议,但因某农业公司资金周转暂时困难未果。

3. 支持起诉意见。2018 年 4 月 20 日,孙某宽等 78 人向浙江省温州市龙湾区人民法院(以下简称龙湾区法院)提起诉讼,龙湾区检察院同日发出支持起诉意见书。检察机关认为,某农业公司长期拖欠众多进城务工人员劳动报酬总计 128.324 万元,进城务工人员作为支持起诉申请人请求某农业公司支付劳动报酬,事实清楚,证据充分,孙某宽等 78 人提起的诉讼应予受理。

4. 裁判结果。2018 年 4 月 20 日,龙湾区法院受理孙某宽等 78 人的起诉。庭审前,检察机关认为,某农业公司系有发展潜力的企业,资金暂时周转困难,且有关单位已动用应急周转金垫付部分拖欠的劳动报酬,建议法院主持双方调解。在龙湾区法院、检察院共同努力下,当事人达成调解协议。2018 年 4 月 27 日,龙湾区法院出具调解书,确认某农业公司于 2018 年 5 月 27 日前支付所欠孙某宽等 78 人的工资(扣除已领取的垫付金额)。某农业公司现已履行调解书确定的给付义务,经营状况良好。有关单位与某农业公司就 50 万元垫付款的后续处理已达成协议。

【指导意义】

(一)因案制宜,妥善解决欠薪问题。进城务工人员享有按时足额获得劳动报酬的权利。人力资源社会保障部门负有组织实施劳动保障监察、协调劳动者维权工作,依法查处涉劳动保障重大案件的职责。检察机关履职中发现拖欠劳动报酬线索的，应当甄别是否属于恶意欠薪。对于恶意欠薪，可能涉嫌拒不支付劳动报酬罪的，应当将犯罪线索移送公安机关立案审查。对于欠薪行为未构成犯罪的，可以协调人力资源社会保障部门履职尽责。对人力资源社会保障等职能部门履职后仍未能获得劳动报酬的，检察机关应当在尊重进城务工人员意愿的前提下，依法支持其起诉维权。

（二）依法履职，切实保护劳动者的合法权益。劳动报酬是进城务工人员维持生计的基本保障。根治进城务工人员欠薪问题，关乎进城务工人员切身利益，关乎社会和谐稳定。进城务工人员多在建筑、餐饮、快递等行业就业，因相关市场不规范、未签订劳动合同、法律知识欠缺等原因，部分进城务工人员起诉讨薪往往会遇到诸如确定用工主体难、明确诉讼请求难等问题。对经政府主管部门协调后仍未能获得劳动报酬的进城务工人员，检察机关应当及时通过提供法律咨询、协助收集证据等方式支持进城务工人员追索劳动报酬，维护其合法权益，促进社会和谐稳定。

（三）加强配合，保障进城务工人员获得劳动报酬的同时，服务保障企业发展。对于企业因经营管理、政策调整、市场变化等因素暂时无力支付进城务工人员工资的情形，可以运用多元化解纠纷机制，做好矛盾化解工作，引导进城务工人员与企业共渡难关。同时，加强与人力资源社会保障、财政、街道等单位协作配合，在为进城务工人员提供基本生活保障的前提下，为企业恢复正常经营提供缓冲期，服务保障企业发展。

【相关规定】

《中华人民共和国民事诉讼法》第十五条

《中华人民共和国劳动法》第三条

《中华人民共和国劳动合同法》第三十条

安某民等 80 人与某环境公司确认
劳动关系纠纷支持起诉案

（检例第 125 号）

【关键词】　劳动者权益保障　支持起诉　确认劳动关系　社会保险

【要旨】

劳动者要求用人单位补办社保登记、补缴社会保险费未果的，检察机关可以协助收集证据、提出支持起诉意见，支持劳动者起诉确认劳动关系，为其办理社保登记、补缴社会保险费提供帮助。

【基本案情】

安某民等 80 人自 2003 年起先后在南京市某环卫所（系事业单位，以下简称某环卫所）从事环卫工作。双方未订立劳动合同，也未办理社保登记、缴纳社会保险费。2012 年 11 月，某环卫所改制转企为某环境公司。安某民等 80 人继续在某环境公司工作，但仍未订立劳动合同。2018 年，安某民等 80 人多次向某环境公司提出补办社保登记手续、补缴入职以来社会保险费等诉求未果。2020 年 3 月 16 日，安某民等 80 人向劳动争议仲裁机构申请确认与某环境公司之间存在劳动关系。劳动争议仲裁机构以劳动者未提交与某环境公司存在劳动关系的初步证据为由未予受理。2020 年 3 月 31 日，安某民等 80 人诉至江苏省南京市玄武区人民法院（以下简称玄武区法院），请求确认与某环境公司存在劳动关系。

【检察机关履职过程】

1. 受理情况。2020 年 4 月 20 日，安某民等 80 人因无法收集某环境公司改制的证据等原因，向江苏省南京市玄武区人民检察院

（以下简称玄武区检察院）申请支持起诉，请求检察机关为其维权提供法律帮助，该院审查后予以受理。

2. 审查过程。玄武区检察院从南京市玄武区城管局调取了某环卫所改制的相关文件，证明用人单位的沿革及 80 人事实劳动关系的承继，该证据与确认劳动关系及劳动者的工作年限密切相关。从相关街道办事处和某环境公司调取了某环卫所改制前后的工资发放签名表，证明安某民等 80 人与某环境公司存在劳动关系。经询问当事人、走访了解，玄武区检察院查明：安某民等 80 人在某环卫所从事环卫工作均已超过 10 年。某环卫所改制转企后，安某民等 80 人向某环境公司提出补办社保登记、补缴社会保险费未果而形成群体性诉求。经梳理相关证据材料、逐人逐项核对，某环境公司需补缴安某民等 80 人社会保险费共计 400 余万元。

3. 支持起诉意见。2020 年 4 月 27 日，玄武区检察院分别向玄武区法院发出支持起诉意见书。检察机关认为，劳动者的合法权益受法律保护。安某民等 80 名劳动者与某环卫所存在事实劳动关系。某环卫所改制后，某环境公司承继其权利义务并延续与安某民等 80 人的劳动关系。安某民等 80 人提出的诉讼请求具有事实和法律依据。

4. 裁判结果。玄武区法院一审审理中，玄武区检察院派员到庭宣读支持起诉意见书。2020 年 9 月，玄武区法院作出一审民事判决。法院认定，用人单位自用工之日起即与劳动者建立劳动关系。安某民等人在某环卫所从事环卫工作，即与该所建立劳动关系。后某环卫所改制转企，相应的权利义务应由某环境公司承继，遂确认安某民等人与某环境公司存在劳动关系。一审判决生效后，社保部门为安某民等人补办了社保登记手续。玄武区检察院积极协调有关行政部门和用人单位确定社会保险费筹集方案并促成资金落实到位。后社保部门分别为 75 名环卫工人办理了补缴社会保险费手续。

【指导意义】

（一）劳动者提出补办社保登记、补缴社会保险费未果的，检察机关可以支持其起诉确认劳动关系，为其补办社保登记、补缴社会保险费提供帮助。国家建立基本养老保险、基本医疗保险等社会保险制度，保障劳动者在年老、患病、工伤、失业等情况下依法从国家和社会获得物质帮助的权利。用人单位应当依法为劳动者办理社会保险。实践中，部分用人单位未办理社保登记、未足额缴纳社会保险费，侵害了劳动者合法权益，使得劳动者难以实现老有所养、老有所医。检察机关履职中发现用人单位未依规为职工办理社会保险登记、未足额缴纳社会保险费的，应当先行协调政府责任部门履职尽责。经相关责任部门处理后仍未实现最低维权目标的，依照现行法律规定，劳动者诉请用人单位补办社保登记、补缴社会保险费存在客观障碍的，检察机关可依劳动者申请支持起诉确认劳动关系。人民法院确认劳动关系的生效裁判，可以作为办理社保登记、补缴社会保险费的依据。

（二）协助劳动者收集证据，为其起诉维权提供帮助。依照民事诉讼法相关规定，人民法院立案后发现不符合起诉条件的，裁定驳回原告的起诉。据此，因无法独立、充分地围绕法定起诉条件收集证据，劳动者在诉讼中可能丧失司法救济的机会。检察机关在诉讼中可依申请围绕法定起诉条件协助劳动者补充相关证据。一是协助收集被告身份的完整信息，比如用人单位变更材料、改制文件等。二是协助收集与具体诉讼请求和事实相关的起诉必备证据。比如，完整的工资支付凭证或者记录、工作证、招工招聘登记表、考勤表等。检察机关支持起诉的目的是保障劳动者实现诉权平等，而非代替劳动者行使诉权，检察机关不能独立启动诉讼程序。对于具有重大社会意义或者法律意义的案件，经商人民法院，检察机关可以出庭宣读支持起诉意见书。

【相关规定】

《中华人民共和国民事诉讼法》第十五条

《中华人民共和国劳动合同法》第七条、第三十四条

《中华人民共和国劳动法》第七十条、第七十三条

《中华人民共和国劳动争议调解仲裁法》第二条、第五条

张某云与张某森离婚纠纷支持起诉案

（检例第 126 号）

【关键词】 妇女权益保障　支持起诉　反家庭暴力　尊重家暴受害人真实意愿

【要旨】

反家庭暴力是国家、社会和每个家庭的共同责任，检察机关应当加强与公安机关、人民法院、工会、共产主义青年团、妇女联合会、残疾人联合会、居民委员会、村民委员会等单位、组织的协作配合，形成维护家庭暴力受害人合法权益的合力。在充分尊重家庭暴力受害人真实意愿的前提下，对惧于家庭暴力不敢起诉，未获得妇女联合会等单位帮助的，检察机关可依申请支持家庭暴力受害人起诉维权。

【基本案情】

2006 年 3 月 9 日，张某云与张某森登记结婚。2019 年 6 月，因张某森实施家庭暴力，张某云起诉离婚。河北省武邑县人民法院（以下简称武邑县法院）审理后认定，夫妻双方结婚十余年，因家庭琐事发生纠纷，夫妻关系不睦，但夫妻感情尚未破裂；虽然张某云提交因遭受家庭暴力受伤的照片，但未能提供充分证据证实达到

婚姻法规定的"家庭暴力"并导致夫妻感情确已破裂的程度，考虑到双方婚后育有两个子女，且尚未成年，父母离婚往往会对孩子成长产生不利影响，为顾及双方子女利益，家庭关系稳定，社会和谐，判决不准张某云与张某森离婚。一审判决生效后，张某森与张某云继续分居。张某森仍时常殴打、恐吓张某云，导致张某云无法正常生活，夫妻关系并未改善，反而更加恶化。

【检察机关履职过程】

1. 受理情况。2020年4月12日，张某云以遭受家庭暴力请求离婚为由向河北省武邑县司法局申请法律援助。在该局指引下，张某云向河北省武邑县人民检察院（以下简称武邑县检察院）申请支持起诉，该院审查后予以受理。

2. 审查过程。武邑县检察院通过询问张某云，查阅张某云母亲王某同报案材料、派出所出警记录、张某云伤情照片、微信聊天记录等调查核实工作，查明：张某森对张某云多次实施殴打，造成张某云面部、颈部多处淤青、眼球充血；张某森还对张某云实施经常性恐吓等精神强制，致使张某云在第一次离婚诉讼时不敢出庭。武邑县检察院对张某云进行心理疏导，引导其走出心理阴影；向其宣讲反家庭暴力法等相关法律规定，鼓励其敢于向家庭暴力说不，勇于维护自身合法权益。

3. 支持起诉意见。2020年4月16日，张某云再次向武邑县法院提起离婚诉讼，武邑县检察院同日发出支持起诉意见书。检察机关认为，张某云长期遭受家庭暴力，系家暴受害妇女，其合法权益依法应得到保护，根据《中华人民共和国民事诉讼法》第十五条之规定，可以支持其向人民法院起诉离婚。

4. 裁判结果。2020年4月16日，武邑县法院受理张某云的起诉。2020年5月28日，武邑县法院作出一审民事判决，认定张某云遭受家庭暴力的事实，认为夫妻感情确已破裂，准予张某云与张某森离婚。一审判决后，张某森提出上诉。2020 年 7 月 15 日，河北省衡水市中级人民法院作出民事调解书，双方当事人同意离婚，并就子女抚养、夫妻共同财产分割等达成协议。

【指导意义】

（一）加强协作配合，形成保护家庭暴力受害人的合力。国家禁止任何形式的家庭暴力。"法不入家门"已成为历史，反对家庭暴力不仅是家事，更是国家和全社会的共同责任。《反家庭暴力法》第四条规定，县级以上人民政府有关部门、司法机关、人民团体、社会组织、居民委员会、村民委员会、企事业单位，应当依照本法和有关法律规定，做好反家庭暴力工作。第六条至第十条、第十四条等诸多条款规定司法机关、行政机关、社会团体、群众性自治组织等在反家暴工作中的责任与义务。检察机关履职中发现家暴线索的，应当先行协调相关责任单位履职尽责。检察机关除做好家庭暴力受害人的法律宣讲、心理疏导外，可以与民政部门联系，将家庭暴力受害人安置到救助管理机构或者福利机构提供的临时庇护场所，提供临时生活帮助；可以引导家庭暴力受害人向公安机关报案、向人民法院申请人身保护令，保护其人身安全；对于涉嫌虐待犯罪的，可以引导家庭暴力受害人向人民法院提起刑事自诉追究加害人的刑事及附带民事赔偿责任。

（二）尊重家庭暴力受害人真实意愿，依申请支持其起诉维权。家庭暴力受害人享有婚姻自主权、人身损害赔偿请求权。家庭暴力受害人因害怕本人、父母、子女遭受报复等而不敢起诉维权，在获得妇女联合会等部门帮助下仍未能实现维权目标的，在充分尊重家庭暴力受害人真实意愿的前提下，检察机关可依其申请支持起诉，维护其合法权益。

【相关规定】

《中华人民共和国民事诉讼法》第十五条

《中华人民共和国婚姻法》第三条、四十三条、四十五条、四十六条

《中华人民共和国反家庭暴力法》第二条、第三条

《中华人民共和国妇女权益保障法》第四十六条

北京市人民检察院督促保护儿童个人信息
权益行政公益诉讼案

（检例第 141 号）

【关键词】民事公益诉讼　行政公益诉讼　侵犯儿童个人信息权益　综合司法保护　案件管辖

【要旨】

检察机关在办理涉未成年人刑事案件时，应当注意发现公益诉讼案件线索，通过综合发挥未成年人检察职能，促推未成年人保护社会治理。网络运营者未依法履行网络保护义务，相关行政机关监管不到位，侵犯儿童个人信息权益的，检察机关可以依法综合开展民事公益诉讼和行政公益诉讼。网络保护公益诉讼案件，在多个检察机关均具有管辖权时，民事公益诉讼应当层报共同的上级检察机关指定管辖，行政公益诉讼一般由互联网企业注册地检察机关管辖。

【基本案情】

某 App 是北京某公司开发运营的一款知名短视频应用类软件。该 App 在未以显著、清晰的方式告知并征得儿童监护人明示同意的情况下，允许儿童注册账号，并收集、存储儿童网络账户、位置、联系方式，以及儿童面部识别特征、声音识别特征等个人敏感信

息。在未再次征得儿童监护人明示同意的情况下，运用后台算法，向具有浏览儿童内容视频喜好的用户直接推送含有儿童个人信息的短视频。该 App 未对儿童账号采取区分管理措施，默认用户点击"关注"后即可与儿童账号私信联系，并能获取其地理位置、面部特征等个人信息。2018 年 1 月至 2019 年 5 月，徐某某收到该 App 后台推送的含有儿童个人信息的短视频，通过其私信功能联系多名儿童，并对其中 3 名儿童实施猥亵犯罪。

【检察机关履职过程】

（一）民事公益诉讼案件办理

2020 年 7 月，浙江省杭州市余杭区人民检察院在办理徐某某猥亵儿童案时发现北京某公司侵犯儿童个人信息民事公益诉讼案件线索，遂依托互联网技术开展初步调查。检察机关综合 App 收集处理的个人信息数量、App 用户言词证据等证据材料，以证明 App 收集处理儿童个人信息的事实。对该 App 用户服务协议、隐私权保护政策、应用界面等内容进行手机截图，收集儿童用户未经监护人同意即可注册使用 App 的言词证据；使用"区块链"取证设备证明 App 采取监护人默示同意、一次性授权概括同意等方式收集处理儿童个人信息等，以证明 App 收集处理儿童个人信息行为的侵权性质。收集固定数百名儿童个人信息权益受到侵犯的证据，以证明危害后果。提取固定徐某某供述等，以证明 App 侵权行为与实害后果具有因果关系。

经调查并听取当地网信、公安、法院意见，组织互联网领域法律专家、技术专家进行论证，余杭区人民检察院认为，北京某公司运营的短视频 App 在收集、存储、使用儿童个人信息过程中，未遵循正当必要、知情同意、目的明确、安全保障、依法利用原则，其行为违反了民法总则、未成年人保护法、网络安全法关于未成年人民事行为能力、个人信息保护、对未成年人给予特殊优先保护、网络经营者应当依法收集使用个人信息等相关规定，违反了国家互联网信息办公室《儿童个人信息网络保护规定》中"网络运营者收集、使用、转移、披露儿童个人信息的，应当以显著、清晰的方式告知儿童监护人，并应当征得儿童监护人的同意""网络运营者因业务需要，确需超出约定的目的、范围使用儿童个人信息的，应当再次征得儿童监护人的同意"等相关规定，属于违法违规收集、使用儿童个人信息、侵犯儿童个人信息的行为。

据该公司提供数据显示，2020 年，平台 14 岁以下实名注册用户数量约为 7.8 万，14 至 18 岁实名注册用户数量约为 62 万，18 岁以下未实名注册未成年人用户数量以头像、简介、背景等基础维度模型测算约为 1000 余万。该 App 的行为致使众多儿童个人信息权益被侵犯，相关信息面临被泄露、违法使用的风险，给儿童人身、财产安全造成威胁，严重损害了社会公共利益。

该案为涉互联网案件，北京、浙江等地相关检察机关均具有管辖权。余杭区为徐某某猥亵儿童案发生地，杭州市为杭州互联网法院所在地，考虑到调查取证、诉讼便利等因素，经浙江省检察机关层报最高人民检察院指定管辖，2020 年 9 月，余杭区人民检察院对该线索以民事公益诉讼案件立案。9 月 15 日，余杭区人民检察院发布诉前公告，公告期满，没有其他适格主体提起民事公益诉讼。12 月 2 日，余杭区人民检察院向杭州互联网法院提起民事公益诉讼，请求判令：北京某公司立即停止实施利用 App 侵犯儿童个人信息权益的行为，赔礼道歉、消除影响、赔偿损失。

检察机关发布诉前公告的同时，将公告送达北京某公司。该公司表达积极整改并希望调解结案的意愿。检察机关依据相关法律法规，推动公司完善管理，提出具体要求。北京某公司积极配合，对所运营 App 中儿童用户注册环节、儿童个人信息储存、使用和共享环节、儿童网络安全主动性保护等方面细化出 34 项整改措施，突出落实"监护人明示同意"等规则，重点制定单独的儿童个人信息保护规则、用户协议，建立专门儿童信息保护池、创建推送涉未成年人内容的独立算法等制度机制，并明确落实整改措施时间表。同时，该公司表示将结合整改，完善管理制度，自愿接受网信等部门审查，并愿意公开赔礼道歉、赔偿损失。

2021年2月7日，杭州互联网法院公开开庭审理此案。北京某公司对公益诉讼诉求均予认可，对检察机关依法履行公益诉讼职责、促进企业完善管理表示感谢。在法庭组织下，双方在确认相关事实证据的基础上达成调解协议：一是被告停止对儿童个人信息权益的侵权行为，对涉案App按照双方确认的整改方案、时间推进表执行整改；二是被告完成整改后，对整改情况及效果进行评估，并向公益诉讼起诉人、人民法院出具报告书；三是被告将整改方案及整改完成情况报送网信部门，接受审查；四是被告在《法治日报》及涉案App首页公开赔礼道歉。经30日公告，3月11日，杭州互联网法院出具调解书结案。

（二）行政公益诉讼案件办理

鉴于该案同时反映出相关行政主管机关对北京某公司监管不到位的行政公益诉讼案件线索，经浙江省检察机关请示，2020年10月，最高人民检察院将该线索交北京市人民检察院办理。

10月22日，北京市人民检察院对该案以行政公益诉讼立案，经调查向北京市互联网信息办公室提出依法履行监管职责，全面排查、发现和处置违法情形，推动完善儿童个人信息权益网络保护的特殊条款，落实监护人同意的法律规定等相关建议。

12月4日，北京市网信办将其约谈北京某公司负责人、推进该公司严格落实网络保护责任及提升优化软件等履职监管情况函复北京市人民检察院。根据检察机关工作建议，北京市网信办制定了《关于开展未成年人信息安全保护专项整治的工作方案》，对属地重点直播和短视频平台逐一梳理，压实网站主体责任，并将此次专项整治工作与未成年人网络环境治理等专项工作有效衔接，形成保障未成年人用网安全管理合力。

2021年4月16日，最高人民检察院向国家互联网信息办公室通报该案有关情况，提出开展短视频行业侵犯儿童个人信息权益问题专项治理，压实网络运营者未成年人保护责任，促进互联网企业对算法等相关技术规则改进提升，推动行业源头治理，建立健全风险防范长效机制，督促企业依法经营等工作建议，强化对网络空间侵犯未成年人权益行为的监管整治。12月31日，国家网信办、工信部、公安部、市场监管总局联合发布《互联网信息服务算法推荐管理规定》，对应用算法推荐技术提供互联网信息服务的治理和相关监督管理工作作出了进一步规范。

【指导意义】

（一）统筹运用四大检察职能，充分发挥未成年人检察工作优势，为未成年人提供全面综合司法保护。未成年人保护案件中一个侵害行为往往涉及多个法律关系，检察机关应当在办案履职中强化综合司法保护意识，尤其是在办理刑事案件的过程中，要同步审查未成年人其他权益是否遭受损害，推进未成年人刑事案件办理与涉未成年人民事、行政、公益诉讼案件办理相互融合，在线索发现、调查取证、综合治理等方面统筹推动，充分发挥法律监督的能动性、及时性和有效性，以四大检察业务融合发展加大未成年人全面综合司法保护力度。

（二）检察机关可以综合运用民事公益诉讼和行政公益诉讼职能，对网络侵犯未成年人个人信息权益的情形进行监督。不特定人群的个人信息权益具有公益属性。对未成年人个人信息权益应予以特殊、优先保护。针对网络侵犯未成年人个人信息权益的情形，检察机关可以综合开展民事公益诉讼和行政公益诉讼，并注重加强两种诉讼类型的衔接和协同。通过对网络运营者提起民事公益诉讼，使其承担违法行为的民事责任，实现对公共利益的有效救济。通过行政公益诉讼督促行政主管部门依法充分履行监管职责，实现最大限度保护未成年人合法权益的目的。

（三）对于跨行政区划的未成年人网络保护公益诉讼案件，应综合考虑案件性质、领域、诉讼便利、有利整改等因素，确定管辖机关。涉网络案件通常具有企业注册地、主要营业地、服务覆盖地、侵权行为地、侵害结果地分离的特点。检察机关办理未成年人网络保护公益诉讼案件，在涉及多个行政区划，多个检察院均具有管辖权的情形下，民事公益诉讼案件应当层报共同的上级检察院指定，一般应当由损害结果发生地检察机关管辖；行政公益诉讼案件一般应当由网络企业注册地检察机关管辖，以便利行政监管。

【相关规定】

《中华人民共和国民法总则》（2017年施行）第一百七十九条（现为《中华人民共和国民法典》第一百七十九条）

《中华人民共和国民法典》（2021年施行）第一千零三十四条、第一千零三十五条、第一千一百六十七条、第一千一百八十二条

《中华人民共和国未成年人保护法》（2020年修订）第一百零六条

《中华人民共和国网络安全法》（2017年施行）第四十一条、第四十三条、第七十六条

《中华人民共和国民事诉讼法》（2017年修订）第五十五条（现为2021年修订后的第五十八条）

《最高人民法院、最高人民检察院关于检察公益诉讼案件适用法律若干问题的解释》（法释〔2018〕6号）第十三条（现为2020年修订后的第十三条）

《最高人民法院关于互联网法院审理案件若干问题的规定》（2018 年施行）第二条

国家互联网信息办公室《儿童个人信息网络保护规定》（2019 年施行）第二条、第四条、第七条、第八条、第九条、第十条、第十一条、第十三条、第十四条

江苏省宿迁市人民检察院对章某为未成年人文身提起民事公益诉讼案

（检例第 142 号）

【关键词】民事公益诉讼　未成年人文身治理　最有利于未成年人原则　公共利益

【要旨】

为未成年人提供文身服务，损害未成年人身心健康，影响未成年人成长发展，侵犯公共利益，检察机关可以基于最有利于未成年人原则提起公益诉讼。在办理个案的基础上，检察机关可以针对此类问题的监管盲区，提出完善管理的检察建议，推动解决监管缺失问题，健全完善制度，促进社会治理。

【基本案情】

2017 年 6 月以来，章某在江苏省沭阳县沭城街道中华步行街经营某文身馆，累计为数百人提供文身服务，其中未成年人 40 余名。章某还在未取得医疗美容许可证的情况下，为 7 名未成年人清除文身。其间，曾有未成年人家长因反对章某为其子女文身而与其发生纠纷，公安机关介入处理。部分未成年人及父母反映因文身导致就学、就业受阻，文身难以清除，清除过程痛苦且易留疤痕，但章某

仍然向未成年人提供文身服务。

【检察机关履职过程】

（一）发现线索和调查核实

2020 年 4 月，江苏省沭阳县人民检察院在办理未成年人刑事案件中发现，一些涉案未成年人存在不同程度的文身，且大部分是满臂、满背的大面积文身，有文身馆存在为未成年人提供文身、清除文身服务的行为。其中，章某经营的文身馆先后为 40 余名未成年人文身，并在未取得医疗美容许可证的情况下为 7 名未成年人清除文身。根据卫生部办公厅《医疗美容项目分级管理目录》，清除文身属于医疗美容项目。2020 年 10 月 31 日，沭阳县人民检察院向县卫生健康局发出行政公益诉讼诉前检察建议，建议该局依法履行对无证清除文身行为的监管职责。县卫生健康局联合市场监督管理局、商务局在全县范围内整治无证清除文身乱象，对 5 家文身馆立案，并处以 2.5 万元罚款的行政处罚。

沭阳县人民检察院认为，未成年人文身具有易感染、难复原、就业受限制、易被标签化等危害。章某为未成年人提供文身服务，危害未成年人的身体权、健康权，影响其发展，损害社会公共利益。虽然现行相关规定对文身行业的归类管理不尽完善，对为未成年人文身也没有明确的禁止性规定，但是根据未成年人保护法关于"保护未成年人，应当坚持最有利于未成年人的原则"，以及法律对未成年人给予特殊、优先保护的规定，可以通过履行民事公益诉讼检察职能，禁止文身场所经营者继续向未成年人提供文身服务，切实保护未成年人身心健康。

2020 年 12 月，沭阳县人民检察院立案并开展调查取证工作。围绕提供文身服务时章某主观上是否明知未成年人年龄、危害后果、公共利益属性等，与章某、40 余名未成年人及其法定代理人等开展谈话询问 70 余次；对文身馆开展现场勘查、提取相关物证，拍照固定证据；向案件当事人调取支付凭证、门诊病历、发票等书证，进一步证明文身行为事实；检索文身法医学鉴定实例等文献资料以及《中国人民解放军内务条令（试行）》《关于印发公务员录用体检特殊标准（试行）的通知》等规定，对部分未成年人及父母反映的文身难以清除，导致就学、参军、就业等受阻情况进一步调查核实。

（二）诉讼过程

2020年12月25日，沭阳县人民检察院发布诉前公告。公告期满，没有适格主体提起民事公益诉讼。2021年4月12日，沭阳县人民检察院依据民事公益诉讼级别管辖的规定，将案件移送宿迁市人民检察院审查起诉。5月6日，宿迁市人民检察院向宿迁市中级人民法院提起民事公益诉讼，请求判令：章某不得向未成年人提供文身服务，并在国家级媒体向社会公众公开赔礼道歉。

2021年5月24日，宿迁市中级人民法院公开开庭审理本案。检察机关围绕诉讼请求、争议焦点、案件的来源和程序合法性、文身行为事实、文身损害后果等3组13项证据进行多媒体示证，发表质证意见。同时申请了沭阳县中医院美容中心主任医师、南京大学法学院教授作为专家辅助人出庭，证实文身对身体造成创伤，具有不可逆、难以复原等特征；未成年人文身后，易遭社会排斥，给未成年人造成心理创伤，文身行为还会在未成年人群体中产生模仿效应。

被告及其诉讼代理人提出，法律没有禁止给未成年人文身，现行法律没有明确界定公共利益，章某的行为未达到涉及全体或多数未成年人利益的程度，不应认定为侵犯社会公共利益。公益诉讼起诉人提出答辩意见：第一，向未成年人提供文身服务损害社会公共利益。章某对文身对象不进行筛选，对未成年人文身行为予以放任，且文身经营活动具有开放性特征，导致其提供文身服务的未成年人数量众多。文身行为可能在未成年人中随时、随机出现，侵犯未成年人权益，属于侵犯社会公共利益，符合检察机关提起公益诉讼的情形。第二，文身破坏皮肤组织健康且极难清除，清除文身需要多次、反复治疗，并留下疤痕。文身容易被贴上负面评价的标签，易出现效仿和排斥双重效应，影响未成年人正常学习、生活、就业、社交。第三，未成年人心智尚不成熟，缺乏社会经验，对自身行为甄别能力不足，对行为后果缺乏理性判断，很多未成年人对自己的文身行为表示后悔。未成年人正值生长发育期，对任何可能改变其正常身体发育状态、影响其健康成长的行为均应受到合理规制。《中华人民共和国民法典》对未成年人实施民事法律行为的保护规定，《中华人民共和国未成年人保护法》对未成年人生存权、发展权、受保护权、参与权等权利保护规定，都是体现对未成年人的特殊、优先保护。章某明知未成年人文身的损害后果，仍为未成年人文身，不仅侵犯未成年人的身体权、健康权，也影响未成年人发展。

2021 年 6 月 1 日，宿迁市中级人民法院作出一审判决，判令章某停止向未成年人提供文身服务，并在判决生效之日起十日内在国家级媒体公开向社会公众书面赔礼道歉。一审宣判后，章某当庭表示不上诉并愿意履行判决确定的义务。2021 年 6 月 3 日，章某在《中国青年报》发表《公开道歉书》，向文身的未成年人、家人以及社会各界公开赔礼道歉，并表示今后不再为未成年人文身。

针对文身行业归类不明、监管主体不清、对为未成年人文身行政执法依据不足等问题，沭阳县人民检察院推动起草并由沭阳县人大常委会审议出台《关于加强未成年人文身治理工作的决议》，明确文身场所不允许未成年人进入，任何人不得为未成年人提供文身服务，不得强迫、劝诱未成年人文身。同时结合各行政部门的职能，对各部门在文身治理中的职责、任务进行规范，并对为未成年人文身的从业人员从信用记录等方面予以规制，提供可操作性规则，促进问题源头治理。

【指导意义】

（一）为未成年人提供文身服务，侵犯未成年人合法权益，损害社会公共利益，属于检察机关公益诉讼监督范畴。文身对未成年人的身心健康和发展均有不同程度的现实影响和潜在危害。未成年人身心尚未成熟，认知和辨别能力较弱，自护能力不足，对文身给自身成长和未来发展带来的影响缺乏预见和判断。为未成年人提供文身服务，侵犯未成年人合法权益，且侵犯行为具有持续性和反复性，侵犯结果和范围可能随时扩大，应当认定为侵犯社会公共利益，检察机关可以提起公益诉讼。

（二）在法律规定不够明确具体、未成年人合法权益亟待保护的情况下，基于最有利于未成年人的原则，检察机关可以提起公益诉讼。《中华人民共和国未成年人保护法》确立的最有利于未成年人的原则，是联合国《儿童权利公约》确定的儿童利益最大化原则的中国化表达。检察机关在处理关乎未成年人的问题时，要全方位考虑未成年人的长远利益和根本利益，综合考虑未成年人身心特点和健康发展需要，选择最有利于未成年人的方案，采取最有利于未成年人的措施，给予未成年人特殊、优先保护。在涉及未成年人利益的案件中，当法律规定不够明确具体，各部门、各方责任难以界定，但未成年人的权益受到严重侵犯或面临侵犯危险、公益亟需保护时，检察机关可立足最有利于未成年人的原则，通过公益诉讼方式维护未成年人合法权益。

（三）检察机关可以结合个案办理推动健全制度、完善监管，促进社会治理。检察机关在办理公益诉讼案件过程中，应当用足用好现有法律规定，督促行政机关依法充分履职。对于存在法律、政策不完善、行政监管缺失等问题的，检察机关可以在个案办理的基础上，推动解决因行政监管有限性和社会事务复杂性造成的监管盲区，促进健全制度和完善管理。

【相关规定】

《中华人民共和国民法典》（2021 年施行）第十九条、第一百一十条、第一百七十九条

《中华人民共和国未成年人保护法》（2020 年修订）第三条、第四条、第六条、第一百条、第一百零六条

《中华人民共和国民事诉讼法》（2017 年修订）第五十五条（现为 2021 年修订后的第五十八条）

《最高人民法院、最高人民检察院关于检察公益诉讼案件适用法律若干问题的解释》（法释〔2018〕6 号）第五条、第十三条（现为 2020 年修订后的第五条、第十三条）

《最高人民法院关于适用〈中华人民共和国民法典〉时间效力的若干规定》（法释〔2020〕15 号）第一条、第二条

福建省福清市人民检察院督促消除
幼儿园安全隐患行政公益诉讼案

（检例第 143 号）

【关键词】　行政公益诉讼　　无证办学　　公益诉讼检察建议　社会治理检察建议

【要旨】

教育服务场所存在安全隐患，但行政监管不到位，侵犯未成年人合法权益的，检察机关可以开展行政公益诉讼，督促行政机关依法充分履职。检察机关在办理未成年人保护公益诉讼案件中，可以

综合运用不同类型检察建议，推动未成年人权益保护的源头治理和综合治理。检察机关在督促行政机关依法全面履职过程中，应当推动行政机关选择最有利于保护未成年人合法权益的履职方式。

【基本案情】

2018 年 3 月以来，福建省福清市音西街道等 7 个街道（镇）共有无证幼儿园 16 所，在园幼儿约 1500 人。16 所幼儿园均未按规定配备消防设施，未经消防审批验收合格。其中部分幼儿园建在加油站、综合汽车站出入口、高压输变线电力走廊等危险路段，部分幼儿园直接租用普通民宅且在高层建筑内办学，部分幼儿园未经教育局审批擅自改变园址，部分幼儿园使用无资质车辆集中接送幼儿并超载，部分幼儿园玩教具配备、室内外设施设备、保健室设施、卫生设施及其他附属设施配置不达标。

【检察机关履职过程】

2018 年 3 月，福建省福清市人民检察院在办理三起"黑校车"危险驾驶案过程中，发现部分涉案幼儿园系无证办学，存在安全隐患。经调查核实，前述 16 所幼儿园无证办学违反了《中华人民共和国未成年人保护法》《中华人民共和国民办教育促进法》和住房和城乡建设部、国家发改委批准发布的《幼儿园建设标准》等法律法规、部门规章中关于保障幼儿园场所安全、办学许可证及幼儿园选址、消防等方面的规定要求。福清市教育局作为教育主管部门虽多次发出《责令停止办学行为通知书》，并向相关街道（镇）发函要求取缔，但监管手段有限、处罚措施未落到实处，也未能有效推动相关部门解决问题。无证幼儿园所在街道办事处及镇政府未严格执行《福州市学前教育管理办法》关于依法取缔无证幼儿园的规定，使部分无证幼儿园被检查时停办，检查后又复开。相关人民政府、行政机关履职不到位，使无证幼儿园长期存在，影响幼儿的生命权、健康权、受教育权。

　　2018 年 4 月，福清市人民检察院向福清市教育局、相关街道办事处和镇政府发出行政公益诉讼诉前检察建议：一是疏堵结合，妥善处理无证幼儿园。对缺乏基本办园条件，存在严重安全隐患的无证幼儿园，依法关停、取缔，并妥善分流在园幼儿和从业人员。对经整改后有条件取得办园许可证的无证幼儿园，主动引导，给予支持，积极促进整改以达到获取办学许可证条件，确保在园幼儿安全、健康。二是科学规划，形成合理布局。科学测算辖区内学龄前儿童数量分布，做好统筹规划工作，引导民办幼儿园合理布局，与公办幼儿园互补互惠。三是齐抓共管，落实主体责任。街道办事处、镇政府应当组织专门力量负责对无证幼儿园实施动态监管、指导整改、依法取缔工作，并协调教育、卫健、消防、物价、食药监局等部门齐抓共管，形成治理合力。福清市教育局、相关街道办事处和镇政府表示曾多次对无证幼儿园作出行政处罚并采取取缔措施，但始终无法根治，这与当地学前教育发展不平衡不充分密切相关，需要多个职能部门协同治理，建议由市政府统筹协调。

　　为提高监督效果，福清市人民检察院向福清市人民政府发出社会治理检察建议，建议市政府牵头，各部门各司其职，齐抓共管，通过落实责任主体和设定绩效考核指标等方式将无证幼儿园治理工作落到实处。检察建议发出后，福清市人民政府会同福清市人民检察院，召集相关街道（镇）、教育、公安、消防、安监等部门举行圆桌会议，制定联合执法方案，针对无证幼儿园选址布局、消防设施、校车营运、设施配备不达标等方面存在的隐患与问题，进行整改落实，同时明确各部门具体分工，全程监督联合执法进展。经整改，福清市教育局及相关街道（镇）回复检察建议落实情况：3 家经整改后符合办学条件的幼儿园已申请并取得办学许可，13 家整改后不符合办学条件的均已取缔关停，原在园幼儿已妥善分流至附近公办幼儿园或有资质的民办幼儿园就读。福清市人民检察院持续跟进检察建议的落实情况，定期走访、了解、调查无证幼儿园取缔后是否有反弹现象，并建议福清市人民政府定期组织开展"回头看"工作。

检察机关通过案件办理，既推动消除了幼儿园安全隐患，又妥善解决了幼儿就读问题，取得了良好的社会治理效果。此后，福清市未再发现无证民办幼儿园，政府部门持续推动普惠性幼儿园建设，公办幼儿园学额比为66%，较2017年上升6个百分点，全市普惠学额覆盖率达92.62%。

【指导意义】

（一）教育服务场所存在安全隐患，行政机关没有充分履职的，检察机关可以开展行政公益诉讼。对未成年人负有教育、照顾、看护等职责的教育服务场所，明知不符合办学条件，存在安全隐患，仍向未成年人开放，使未成年人合法权益面临风险，行政主管部门未依法充分履职，致使公共利益受到侵犯的，检察机关可以依法开展行政公益诉讼。

（二）不同层级人民政府和多个职能部门均具有与涉案事项相关的法定职责的，检察机关可以向能够发挥统筹作用的人民政府发出检察建议。相关人民政府、行政部门未依法完全充分履职导致公益损害的，检察机关可以通过公益诉讼检察建议督促履职。为提升监督效果，可以向能够发挥统筹作用的人民政府发出社会治理检察建议，推动人民政府对下级政府及相关职能部门进行协调调度，形成治理合力。

（三）检察机关应当建议行政机关采用有效履职方式，推动涉及未成年人合法权益问题实质性解决。行政机关对安全隐患无法消除的教育服务场所依法取缔关停时，检察机关应当建议行政机关疏堵结合、分类治理，根据未成年人及家长实际需要妥善安置受教育的未成年人，保障未成年人继续享有接受教育、照顾、看护、健康发展等权利，落实检察公益诉讼双赢多赢共赢理念。

【相关规定】

《中华人民共和国未成年人保护法》（2020 年修订）第一百零六条

《中华人民共和国未成年人保护法》（2012 年修正）第二十二条（现为 2020 年修订后的第三十五条、三十六条）

《中华人民共和国行政诉讼法》（2017 年修订）第二十五条

《中华人民共和国民办教育促进法》（2018 年修正）第三条、第十二条、第十八条、第六十四条

《最高人民法院、最高人民检察院关于检察公益诉讼案件适用法律若干问题的解释》（法释〔2018〕6 号）第二十一条（现为2020 年修订后的第二十一条）

贵州省沿河土家族自治县人民检察院督促履行食品安全监管职责行政公益诉讼案

（检例第 144 号）

【关键词】　行政公益诉讼　校园周边食品安全　线索发现　跟进监督　提起诉讼

【要旨】

检察机关在履职中可以通过多种渠道发现未成年人保护公益诉讼案件线索。消除校园周边食品安全隐患，规范校园周边秩序，是未成年人保护公益诉讼检察的重点领域。对于易发多发易反弹的未成年人保护顽疾问题，检察机关应当在诉前检察建议发出后持续跟进监督，对于行政机关未能依法全面、充分履职的，应依法提起诉

讼，将公益保护落到实处。

【基本案情】

2018 年秋季学期开学后，贵州省铜仁市沿河土家族自治县（以下简称"沿河县"）民族小学等 7 所中小学周边存在流动食品经营者占道制售肠粉、炒粉、油炸土豆、奶茶等食品，供周边中小学生食用的问题。流动食品经营者在未依法办理食品经营相关手续的情况下，以车辆为餐饮作业工具，未配备食品经营卫生设施，未按规定公示健康证明，未穿戴清洁的工作衣帽，所售卖食品存在安全隐患，影响中小学生身体健康，同时占道经营行为严重影响交通安全和社会管理秩序。

【检察机关履职过程】

（一）调查核实和督促履职

2018 年 9 月，检察机关接到人大代表和家长师生反映，沿河县民族小学等学校周边存在流动食品经营者以车辆为餐饮作业工具，违法向未成年学生售卖食品的现象，影响未成年人食品安全、交通安全和校园周边秩序。获取该线索后，沿河县人民检察院经调查认为：流动食品经营者未经办理经营许可或备案登记等相关手续即以车辆为餐饮作业工具进行食品经营活动，存在食品卫生安全隐患，危害未成年人身体健康，对校园周边交通安全和社会秩序造成影响。沿河县市场监管局怠于履行食品安全监督管理职责，导致食品经营者在中小学校园周边占道经营、制售食品的行为形成多发乱象，侵犯了未成年人合法权益，遂决定作为行政公益诉讼案件予以立案。

9 月 13 日，沿河县人民检察院依法向沿河县市场监管局发出行政公益诉讼诉前检察建议，建议其依法履行职责，依法调查处理城区学校周边的流动食品经营者违法经营行为。11 月 12 日，沿河县市场监管局书面回复称，已取缔了所有学校周边以车辆为餐饮作业工具的食品经营活动，对校园周边环境联合开展了专项执法检查。沿河县人民检察院对诉前检察建议落实情况进行跟踪监督，发现沿河县市场监管局在检察机关发出检察建议后，虽采取了取缔、劝离等措施，但食品经营者以流动作业方式在校园周边向未成年学生制售食品的问题仍时常反弹，未能得到有效遏制，社会公共利益持续处于受侵犯状态。

（二）诉讼过程

2019 年 8 月 8 日，沿河县人民检察院根据贵州省高级人民法院关于行政案件集中管辖的规定，向贵州省铜仁市思南县人民法院提起行政公益诉讼，请求确认被告沿河县市场监管局对城区校园周边无证食品经营者的违法经营行为怠于履行监督管理职责违法，判决沿河县市场监管局对城区校园周边无证食品经营者的违法经营行为依法履行职责。

12 月 27 日，思南县人民法院公开开庭审理本案。沿河县市场监管局辩称，其不具有划定临时区域和固定时段供食品摊贩经营的职责，无直接管理流动食品摊贩的职权。沿河县人民检察院答辩指出，食品摊贩是食品经营者的类型之一。对食品安全的保护是未成年人保护的重要内容，不应因食品经营者无固定经营场所而放松对食品安全的监管。根据《中华人民共和国食品安全法》《贵州省食品安全条例》及市场监管局"三定"方案等规定，市场监管局承担食品生产经营监督管理职责，负有食品安全监督管理，组织实施食品生产经营许可管理，指导食品生产小作坊、小餐饮登记管理和食品小摊贩备案管理的职责，对违法情形应当由其责令改正、给予警告、处以罚款及没收违法所得等。2020 年 8 月 1 日，思南县人民法院作出判决，支持沿河县人民检察院全部诉讼请求。沿河县市场监管局未提出上诉。

判决生效后，沿河县人民检察院持续监督判决的执行，并促成沿河县人民政府牵头制定《沿河土家族自治县城区校园周边食品安全综合治理实施方案》，组织沿河县市场监管局、城市管理局、公安局、教育局、街道办事处开展城区校园周边食品安全综合治理专项行动，加强法治宣传，划定经营区域，引导流动食品经营者进行备案登记、规范经营。该县中小学校园周边流动食品经营者的经营和生活得到保障，校园周边环境秩序和交通安全得到有效治理。

【指导意义】

（一）全面正确理解"履职中发现"的含义，多渠道拓展案件线索来源。未成年人保护公益诉讼案件线索，既可以在办理其他涉未成年人案件中发现，也可以通过人大代表、政协委员转交、新闻媒体反映以及法治副校长送法进校园、开展未成年人保护主题检察开放日活动、参加未成年人保护联席会议等渠道发现。要立足法律监督职能，注意拓展未成年人保护案件线索发现渠道，通过依法履职，切实维护未成年人合法权益。

（二）校园周边食品安全涉及未成年人合法权益，是未成年人保护检察公益诉讼的工作重点。食品安全事关未成年人身心健康。消除校园周边食品安全隐患，维护校园周边秩序和交通安全，是未成年人保护检察公益诉讼的工作重点。负有监管职责的行政机关不依法充分履职，致社会公共利益持续处于被侵犯状态的，检察机关应当认真分析研究行政机关监管职责，合理确定监督对象，以促使全面履职、有效整改。

（三）检察机关履行公益诉讼职责，应当持续跟进监督，推动问题整改落实到位。对于校园周边食品安全等易发多发易反弹的未成年人保护顽疾问题，检察机关发出公益诉讼诉前检察建议后，要持续跟进落实。行政机关根据诉前检察建议采取了监督管理措施，但未成年人合法权益受侵犯状态尚未得到有效遏制或隐患尚未消除的，要结合行政机关的职责范围、履职条件、履职方式、履职效果等进行综合分析，行政机关未依照法律规定全面、充分履职的，检察机关应当依法提起诉讼。

【相关规定】

《中华人民共和国未成年人保护法》（2020 年修订）第一百零六条

《中华人民共和国食品安全法》（2018 年修订）第二条、第三十三条、第三十五条、第三十六条、第一百二十二条、第一百二十六条

《中华人民共和国行政诉讼法》（2017 年修订）第二十五条

《最高人民法院、最高人民检察院关于检察公益诉讼案件适用法律若干问题的解释》（法释〔2018〕6 号）第二十一条（现为 2020 年修订后的第二十一条）

江苏省溧阳市人民检察院督促整治网吧违规接纳未成年人行政公益诉讼案

（检例第 145 号）

【关键词】行政公益诉讼　不适宜未成年人活动场所　社会支持体系　综合治理

【要旨】

不适宜未成年人活动场所违规接纳未成年人进入，损害未成年人身心健康，易滋生违法犯罪，侵犯社会公共利益。检察机关应当依法履行公益诉讼职责，推动行政机关落实监管措施。充分发挥未成年人检察工作社会支持体系作用，促进社会综合治理，形成未成年人保护合力。

【基本案情】

2019 年以来，江苏省溧阳市所辖市区及农村地区部分网吧存在违规接纳未成年人上网的问题。有的网吧未在入口处显著位置悬挂未成年人禁入标志，有的网吧经营者在未成年人进入网吧时未要求其出示身份证件并核对年龄，有的网吧经营者发现未成年人进入后，仍然使用成年人身份证帮助其开户上网，家长多次反映但未能得到解决。

【检察机关履职过程】

2019 年 11 月，江苏省溧阳市人民检察院在办理未成年人孟某某盗窃案中发现，溧阳市辖区内多家网吧违规接纳未成年人上网，部分未成年人甚至通宵在网吧上网。溧阳市人民检察院通过发放 120 份调查问卷、调查走访全市所有 58 家网吧等方式，全面了解辖区内未成年人随意进出网吧的数量和比例，发现 120 名受访未成年人中曾随意进出网吧未受制止的占 32%。未成年人出入网吧影响身心健康，易沾染不良习气，甚至滋生违法犯罪问题。根据《中华人民共和国未成年人保护法》、国务院《互联网上网服务营业场所管理条例》相关规定，市文体广电和旅游局负责对依法设立的互联网上网服务营业场所的经营活动进行监督管理。

2020 年 3 月 2 日，溧阳市人民检察院向市文旅局发出行政公益诉讼诉前检察建议：一是结合实际情况，处罚涉案网吧；二是联合相关部门，推动专项执法；三是发挥社会力量，加强监督宣传；四是加强监督管理，规范网吧经营；五是完善制度，建立长效机制。

收到检察建议后，市文旅局对涉案网吧分别给予警告并罚款 3000 元的行政处罚，对相关责任人进行约谈。市文旅局、市公安局运用信息技术，联合推出双重严防系统，在全市所有网吧内全部强制上线运行，将网吧经营管理后台数据接入公安机关，实现对网吧运行数据的有效监控，确保从源头上杜绝网吧违规接纳未成年人现象。市文旅局在全市开展了为期6个月的"清风行动"，通过定期通报、签订承诺书、"文明网吧"创建等形式，推动网吧规范经营。

5月2日，市文旅局向检察机关书面回复检察建议落实情况，提出进一步加强网吧监管的工作措施：一是严格审批，强化退出机制，对违法违规的网吧一律列入黑名单；二是对照标准，完善监管体系，会同公安机关建设信息化监管平台；三是依法管理，推进社会监督，聘请200余名市场监督员对网吧进行监督；四是定人定岗，实行网格监管，全市每个网吧均有对应的管理执法人员，进行滚动式巡查；五是严管重罚，在寒假、暑假和法定节假日开展专项治理。

溧阳市人民检察院与市文旅局、市公安局召开联席会议，从2020年6月开始开展三个月的"回头看"工作。检察机关将办案中发现的放任未成年人进入营业性娱乐场所、酒吧、网吧的未成年人父母或其他监护人情况，向妇联、关工委等通报，推动妇联、关工委发挥自身优势，动员社会力量，开展家庭教育指导。积极协同相关职能部门，链接司法社工、"五老"、社区网格员、志愿者等多方资源力量，推动构建常态化监管网络体系，有效防止网吧违规接纳未成年人进入的问题复发和反弹。溧阳市人民检察院注重延伸办案效果，扩大保护范围，牵头与市教育局、公安局、司法局、团市委、卫健局、妇联等6家单位会签《关于加强未成年人权益保护的意见》，建立市青少年法治教育基地，推动形成全市未成年人保护大格局。

【指导意义】

（一）不适宜未成年人活动的场所多次违规接纳未成年人进入，行政监管不到位的，检察机关可以通过行政公益诉讼督促监管履职。营业性娱乐场所、酒吧、网吧等不适宜未成年人活动场所违规接纳未成年人，以及旅馆、宾馆、酒店等住宿经营者违规接待未成年人入住等，易对未成年人身心健康造成不良影响甚至诱发违法犯罪。上述违规行为发现难、监管难、易反弹，检察机关发现行政机关未依法充分履行监管执法职责的，可以通过行政公益诉讼，督促和支持行政机关依法履职，及时查处违规接纳未成年人的行为，避免出现侵犯未成年人合法权益和诱发违法犯罪等危害后果。

（二）充分发挥未成年人检察工作社会支持体系作用，促进构建未成年人保护大格局。检察机关在积极履行未成年人司法保护职责的同时，应当充分发挥未成年人检察工作社会支持体系优势，加强跨部门协同协作，引入并汇聚更多社会资源和专业力量参与，深入推进未成年人检察办案与社会化保护优势互补，促进齐抓共管和协同治理，以更强的综合保护合力，促进未成年人保护法律规定不折不扣地落到实处。

【相关规定】

《中华人民共和国未成年人保护法》（2020 年修订）第一百零六条

《中华人民共和国未成年人保护法》（2012 年修正）第三十六条、第六十六条（现为 2020 年修订后的第五十八条、第一百二十三条）

《中华人民共和国行政诉讼法》（2017 年修订）第二十五条

《互联网上网服务营业场所管理条例》（2019 年修订）第二十一条、第三十一条

《最高人民法院、最高人民检察院关于检察公益诉讼案件适用法律若干问题的解释》（法释〔2018〕6 号）第二十一条（现为 2020 年修订后的第二十一条）

仇某侵害英雄烈士名誉、荣誉案

（检例第 136 号）

【关键词】 侵害英雄烈士名誉、荣誉　情节严重　刑事附带民事公益诉讼

【要旨】

侵害英雄烈士名誉、荣誉罪中的"英雄烈士"，是指已经牺牲、逝世的英雄烈士。在同一案件中，行为人所侵害的群体中既有烈士，又有健在的英雄模范人物时，应当整体评价为侵害英雄烈士名誉、荣誉的行为，不宜区别适用侵害英雄烈士名誉、荣誉罪和侮辱罪、诽谤罪。《刑法修正案（十一）》实施后，以侮辱、诽谤或者其他方式侵害英雄烈士名誉、荣誉的行为，情节严重的，构成侵害英雄烈士名誉、荣誉罪。行为人利用信息网络侵害英雄烈士名誉、荣誉，引起广泛传播，造成恶劣社会影响的，应当认定为"情节严重"。英雄烈士没有近亲属或者近亲属不提起民事诉讼的，检察机关在提起公诉时，可以一并提起附带民事公益诉讼。

【基本案情】

被告人仇某，男，1982 年出生，南京某投资管理有限公司法定代表人。

2020 年 6 月，印度军队公然违背与我方达成的共识，悍然越线挑衅。在与之交涉和激烈斗争中，团长祁发宝身先士卒，身负重伤；营长陈红军、战士陈祥榕突入重围营救，奋力反击，英勇牺牲；战士肖思远突围后义无反顾返回营救战友，战斗至生命最后一刻；战士王焯冉在渡河支援途中，拼力救助被冲散的战友脱险，自

己却淹没在冰河中。边防官兵誓死捍卫祖国领土，彰显了新时代卫国戍边官兵的昂扬风貌。同年 6 月，陈红军、陈祥榕、肖思远、王焯冉被评定为烈士；2021 年 2 月，中央军委追授陈红军"卫国戍边英雄"荣誉称号，追记陈祥榕、肖思远、王焯冉一等功，授予祁发宝"卫国戍边英雄团长"荣誉称号。

2021 年 2 月 19 日上午，仇某在卫国戍边官兵英雄事迹宣传报道后，为博取眼球，获得更多关注，在住处使用其新浪微博账号"辣笔小球"（粉丝数 250 余万），先后发布 2 条微博，歪曲卫国戍边官兵祁发宝、陈红军、陈祥榕、肖思远、王焯冉等人的英雄事迹，诋毁、贬损卫国戍边官兵的英雄精神。

上述微博在网络上迅速扩散，引起公众强烈愤慨，造成恶劣社会影响。截至当日 15 时 30 分，仇某删除微博时，上述 2 条微博共计被阅读 202569 次、转发 122 次、评论 280 次。

【检察履职情况】

（一）引导侦查取证

2021 年 2 月 20 日，江苏省南京市公安局建邺分局对仇某以涉嫌寻衅滋事罪立案侦查并刑事拘留。当日，江苏省南京市建邺区人民检察院经公安机关商请介入侦查，围绕犯罪对象、动机、情节、行为方式及造成的社会影响等方面提出收集证据的意见，并同步开展公益诉讼立案调查。

（二）审查逮捕

2021 年 2 月 25 日，建邺分局以仇某涉嫌寻衅滋事罪提请批准逮捕。3 月 1 日，建邺区人民检察院以仇某涉嫌侵害英雄烈士名誉、荣誉罪批准逮捕。检察机关认为：首先，仇某发布微博，以戏谑口吻贬损英雄团长"临阵脱逃"，并提出四名战士因为营救团长而牺牲、立功，质疑牺牲人数、诋毁牺牲战士的价值，侵害了祁发宝等整个战斗团体的名誉、荣誉，根据刑法第二百九十三条、《最高人民法院、最高人民检察院关于办理利用信息网络实施诽谤等刑事案件适用法律若干问题的解释》（以下简称《网络诽谤的解释》）第五条的规定，已涉嫌寻衅滋事罪；其次，仇某的行为符合3月1日实施的《刑法修正案（十一）》增设的侵害英雄烈士名誉、荣誉罪的规定，根据刑法第十二条规定的"从旧兼从轻"原则，应当按《刑法修正案（十一）》处理；再次，仇某作为有250余万粉丝的微博博主，在国家弘扬卫国戍边官兵英雄事迹的特定时间节点实施上述行为，其言论在网络迅速、广泛扩散，造成恶劣社会影响，应当认定为"情节严重"。

（三）审查起诉

2021年3月11日，建邺分局以仇某涉嫌侵害英雄烈士名誉、荣誉罪移送审查起诉。因本案系新罪名案件，没有类案和量刑指导意见供参考，建邺区人民检察院在依法审查证据、认定事实基础上，邀请不同职业、年龄、文化程度的群众参加听证，就量刑问题听取意见，并对仇某依法开展认罪认罚教育工作。仇某认罪认罚，同意量刑建议和程序适用，在辩护人见证下自愿签署具结书。

4月26日，建邺区人民检察院以仇某涉嫌侵害英雄烈士名誉、荣誉罪提起公诉，提出有期徒刑八个月的量刑建议。同时，检察机关就公益诉讼听取祁发宝和烈士近亲属的意见，他们提出希望检察机关依法办理。检察机关遂提起附带民事公益诉讼，请求判令仇某在国内主要门户网站及全国性媒体公开赔礼道歉、消除影响。

（四）指控与证明犯罪

2021年5月31日，江苏省南京市建邺区人民法院依法公开开庭审理本案。仇某对检察机关指控的事实、证据及量刑建议均无异议，当庭再次表示认罪认罚，真诚向英雄烈士及其家属道歉，向社会各界忏悔。辩护人对指控罪名不持异议，认为仇某主观恶性较小，发布的微博虽多次发酵，但绝大多数网友对仇某的观点是不赞同的，造成的不良影响较小。公诉人答辩指出，仇某作为具有媒体从业经历的"网络大V"，恶意用游戏术语诋毁、贬损卫国戍边官兵，主观恶性明显。其微博账户拥有250余万粉丝，其不当言论在网络上迅速扩散、蔓延，网友对其口诛笔伐，恰恰说明其言论严重伤害民众情感，损害社会公共利益。

公益诉讼起诉人出示证据，证明仇某的行为、后果，发表了公益诉讼的意见。仇某及其诉讼代理人对检察机关提起刑事附带民事公益诉讼的事实、证据及诉讼请求均无异议。

（五）处理结果

建邺区人民法院审理后当庭宣判，采纳检察机关指控的事实、罪名及量刑建议，支持检察机关的公益诉讼，以仇某犯侵害英雄烈士名誉、荣誉罪判处有期徒刑八个月，并责令仇某自判决生效之日起十日内通过国内主要门户网站及全国性媒体公开赔礼道歉，消除影响。判决宣告后，仇某未提出上诉，判决已生效。2021年6月25日，仇某在《法治日报》及法制网发布道歉声明。

【指导意义】

（一）对侵害英雄烈士名誉、荣誉罪中的"英雄烈士"应当依照刑法修正案的本意作适当解释。本罪中的"英雄烈士"，是指已经牺牲、逝世的英雄烈士。如果行为人以侮辱、诽谤或者其他方式侵害健在的英雄模范人物名誉、荣誉，构成犯罪的，可以适用侮辱罪、诽谤罪追究刑事责任。但是，如果在同一案件中，行为人的行为所侵害的群体中既有已牺牲的烈士，又有健在的英雄模范人物时，应当整体评价为侵害英雄烈士名誉、荣誉的行为，不宜区别适用侵害英雄烈士名誉、荣誉罪和侮辱罪、诽谤罪。虽不属于烈士，但事迹、精神被社会普遍公认的已故英雄模范人物的名誉、荣誉被侵害的，因他们为国家、民族和人民作出巨大贡献和牺牲，其名誉、荣誉承载着社会主义核心价值观，应当纳入侵害英雄烈士名誉、荣誉罪的犯罪对象，与英雄烈士的名誉、荣誉予以刑法上的一体保护。

（二）《刑法修正案（十一）》实施后，侮辱、诽谤英雄烈士名誉、荣誉，情节严重的，构成侵害英雄烈士名誉、荣誉罪。《刑法修正案（十一）》实施前，实施侮辱、诽谤英雄烈士名誉、荣誉的行为，构成犯罪的，可以按照寻衅滋事罪追究刑事责任。《刑法修正案（十一）》实施后，对上述行为认定为侵害英雄烈士名誉、荣誉罪，符合立法精神，更具有针对性，更有利于实现对英雄烈士名誉、荣誉的特殊保护。发生在《刑法修正案（十一）》实施前的行为，实施后尚未处理或者正在处理的，应当根据刑法第十二条规定的"从旧兼从轻"原则，以侵害英雄烈士名誉、荣誉罪追究刑事责任。

（三）侵害英雄烈士名誉、荣誉罪中"情节严重"的认定，可以参照《网络诽谤的解释》的规定，并可以结合案发时间节点、社会影响等综合认定。《网络诽谤的解释》第二条规定，同一诽谤信息实际被点击、浏览次数达到 5000 次以上，或者被转发次数达到 500 次以上的；造成被害人或者其近亲属精神失常、自残、自杀等严重后果的；二年内曾因诽谤受过行政处罚，又诽谤他人的；具有其他情节严重的情形的，属于"情节严重"。办理利用信息网络侵害英雄烈士名誉、荣誉案件时，可以参照上述标准，或者虽未达到上述数量、情节要求，但在特定时间节点通过具有公共空间属性的网络平台和媒介公然侵害英雄烈士名誉、荣誉，引起广泛传播，造成恶劣社会影响的，也可以认定为"情节严重"。对于只是在相对封闭的网络空间，如在亲友微信群、微信朋友圈等发表不当言论，没有造成大范围传播的，可以不认定为"情节严重"。

（四）刑事检察和公益诉讼检察依法协同履职，维护社会公共利益。检察机关办理侵害英雄烈士名誉、荣誉案件，在英雄烈士没有近亲属，或者经征询意见，近亲属不提出民事诉讼时，应当充分履行刑事检察和公益诉讼检察职能，提起公诉的同时，可以向人民法院一并提起附带民事公益诉讼，同步推进刑事责任和民事责任的追究，实现审判阶段刑事诉讼、附带民事公益诉讼由人民法院同一合议庭审理、同步判决，提高诉讼效率、确保庭审效果。

【相关规定】

《中华人民共和国刑法》第十二条、第二百九十九条之一

《中华人民共和国民法典》第一百八十五条

《中华人民共和国英雄烈士保护法》第二十二条、第二十五条、第二十六条

《中华人民共和国国家勋章和国家荣誉称号法》第二条、第三条、第四条

《国家功勋荣誉表彰条例》第一条、第二条、第五条、第六条、第七条、第八条、第十四条

《最高人民法院、最高人民检察院关于办理利用信息网络实施诽谤等刑事案件适用法律若干问题的解释》第二条、第五条

《最高人民法院、最高人民检察院关于检察公益诉讼案件适用法律若干问题的解释》第二十条